二十四史

文白对照精华版·精选精译

《二十四史》编委会·编

第八册

南齐书
梁书
陈书
魏书
北齐书
周书
隋书

线装书局

史记

汉书

后汉书

三国志

晋书

宋书

南齐书

梁书

陈书

魏书

北齐书

周书

隋书

南史

北史

旧唐书

新唐书

旧五代史

新五代史

宋史

辽史

金史

元史

明史

南齐书

列 传

南齐书卷二十五

列传第六

张敬儿

张敬儿,南阳冠军人也。本名苟儿,宋明帝以其名鄙,改焉。父丑,为郡将军,官至节府参军。

敬儿年少便弓马,有胆气,好射虎,发无不中。南阳新野风俗出骑射,而敬儿尤多膂力,求入队为曲阿戍驿将,州差补府将,还为郡马队副,转队主。稍官宁蛮府行参军。随同郡人刘胡领军伐襄阳诸山蛮,深入险阻,所向皆破。又击湖阳蛮,官军引退,蛮贼追者数千人,敬儿单马在后,冲突贼军,数十合,杀数十人,箭中左腋,贼不能抗。

平西将军山阳王休祐镇寿阳,求善骑射人。敬儿自占见宠,为长(史)兼行参军,领白直队。泰始初,除宁朔将军,随府转参骠骑军事,署中兵。领军讨义嘉贼,与刘胡相拒于鹊尾洲,启明帝乞本郡,事平,为南阳太守,将军如故。初,王玄谟为雍州,土断敬儿家属舞阴,敬儿至郡,复还冠军。

三年,薛安都子柏令、环龙等窃据顺阳、广平,略义成、扶风界,刺史巴陵王休若遣敬儿及新野太守刘攘兵攻讨,合战,破走之。徙为顺阳太守，将军如故。

南阳蛮动，复以敬儿为南阳太守。遭母丧还家，朝廷疑桂阳王休范，密为之备，乃起敬儿为宁朔将军、越骑校尉。桂阳事起，隶太祖顿新亭，贼矢石即交，休范白服乘舆往劳楼下，城中望见其左右人兵不多，敬儿与黄回白太祖曰："桂阳所在，备防寡阙，若诈降而取之，此必可擒也。"太祖曰："卿若能办事，当以本州相赏。"敬儿相与出城南，放仗走，大呼称降，休范喜，召至舆侧，回阳致太祖密意，休范信之。回目敬儿，敬儿夺取休范防身刀，斩休范首，休范左右数百人皆惊散，敬儿驰马持首归新亭。除骁骑将军，加辅国将军。

太祖以敬儿人位即轻，不欲便使为襄阳重镇，敬儿求之不已，乃微动太祖曰："沈攸之在荆州，公知其欲何所作？不出敬儿以防之，恐非公之利也。"太祖笑而无言，乃以敬儿为持节、督雍梁二州郢司二郡军事、雍州刺史，将军如故，封襄阳县侯，二千户。部伍泊沔口，敬儿乘舴艋过江，诣晋熙王燮。中江遇风船覆，左右丁壮者各泅走，余二小吏没舱下，叫呼"官"敬儿两掖挟之，随船覆仰，常得在水上，如此翻覆行数十里，方得迎接。失所持节，更给之。

沈攸之闻敬儿上，遣人伺觇。见雍州迎军仪甚盛，虑见掩袭，密自防备。敬儿至镇，厚结攸之，信馈不绝。得其事迹，密白太祖。攸之得太祖书翰，论选用方伯密事，辄以示敬儿，以为反闲，敬儿终无二心。元徽末，襄阳大水，平地数丈，百姓资财皆漂没，襄阳虚耗。太祖与攸之书，令赈贷之，攸之竟不历意。

敬儿与攸之司马刘攘兵情款，及苍梧废，敬儿疑攸之当因此起兵，密以问攘兵，攘兵无所言，寄敬儿马镫一只，敬儿乃为之备。升明元年冬，攸之反，遣使报敬儿，敬儿劳接周至为设酒食，谓之曰："沈公那忽使君来，君殊可命。"乃列仗于厅事前斩之，集部曰，（倾）〔侦〕攸之下，当袭江陵。

时攸之遗太祖书曰：

吾闻鱼相忘于江湖，人相忘于道术，彼我可谓通之矣。大明之中，谬奉圣主，忝同侍卫，情存契阔，交著断金，乃分帛而衣，等粮而食。值景和昏暴，心烂形燋，若斯之苦，宁可言尽。吾自分碎首于阁下，足下亦惧灭族于舍人。尔时盘石之心即固，义无贰计，蹙迫时难，相引求全。天道矜善，此理不空。结姻之始，实关于厚。及明帝龙飞，诸人皆为鬼矣。吾与足下，得蒙大造，亲过凤眷，遇若代臣，录共心迹，复忝驱使，临崩之日，吾豫在遗托，加荣授宠，恩深位高。谁复情谢古人，粗识忠节，誓心仰报，期之必死。此诚志竟未申遂，先帝登遐，微愿永夺。自尔已来，与足下言面殆绝，非唯分张形迹，自然至此，脱杖一告，未常不对纸流涕，岂愿相谢于今哉？苟有所怀，不容不白。

初得贤子赜疏，云得家信，云足下有废立之事，安国宁民，此功巍巍，非吾等常人所能信也。俄奉皇太后假令，云足下潜构深略，独断怀抱，一何能壮。但冠虽弊，不可承足，盖共尊高故耳。足下交结左右，亲行杀逆，以免身患。卿当谓龙逢、比干，痴人耳。凡废立大事，不可广谋，但袁、褚遗寄，刘又国之近戚，数臣地籍实为膏腴，人位并居时望，若此不与议，复谁可得共披心胸者哉？昏明改易，自古有之，岂独大宋中屯邪？

前代盛典，焕盈篇史，请为足下言之。群公共议，宜启太后，奉令而行，当以王礼出第。足下乃可不通大理，要听君子之言，岂可周灭天理，一何苦兹？《孝经》云"资于事父以事君"。纵为宗社大计，不尔，宁不识有君亲之意邪？乃复虑以家危，啗以爵赏，小人无状，遂行弑害。吾虽寡识，窃求古比，岂有为臣而有近日之事邪？使一旦荼毒，身首分离，生自可恨，死者何罪？且有登斋之赏，此科出于何文？凡在臣隶，谁不惋骇。华夷扣心，行路泣血。乃至不殡，使流虫在户，自古以来，此例有几？卫国微小，故有弘演，不图我宋，独无其人。抚膺惆怅，不能自己。足下与向之杀者何异"？人情易反，还成嗟悲，为子君者，无乃难乎！蹊田之譬，岂复有异？管仲有言，君善未尝不谏。足下谏诤不闻，甘崔杼之罪，何恶逆之苦！

昔太甲还位，伊不自疑；昌邑之过，不可称数，霍光荷托，尚共议于朝班，然后废之。由有汤沐之施，论者不以劫主为名，桓温之心，未忘于篡，海西失道，人伦顿尽，废之以公，犹礼处之。当温强盛，谁能相抗，尚畏惧于形迹，四海不惬，未尝有乐推之者。伊尹、霍光，名高于臣节，桓氏亦得免于胁夺，凡是诸事，布于书策，若此易晓，岂待指掌。卿常言比迹夷、叔，如何一旦行过桀、跖邪？

圣明启运，苍生重造，普天率土，谁不歌抃，实是披心罄节、奉公忘私之日。而卿大收宫妓，劫夺天藏，器械金宝，必充私室，移易朝旧，布置私党，被甲入殿，内外宫閤管籥，悉关家人。吾不知子孟、孔明遗训如此？王、谢、陶、庾行此举止？

且朱方帝乡，非亲不授，足下非国戚也，一旦专纵自树，云是儿守台城，父居东府，一家两录，何以异此？知卿防固重复，猜畏万端，言以御远，实为防内。若德允物望，夷貉犹可推心共处，如其失理乖道，金城汤池无所用也。文长以戈戟自卫，何解灭亡。吴起有云："义礼不脩，舟中之人皆雠也。"足下既无伍员之痛，苟怀贪惏，而有贼宋之心，吾宁捐申包之节邪？

闻求忠臣者必出孝子之门，卿忠孝于斯尽矣！今窃天府金帛以行奸惠，盗国权爵以结人情，具授非其理，合我则赏，此事已复不可恒用，用之既讫，恐非忠策。且受者不感，识者不知，不能遏奸折谋，诚节慨惋。隔碛数千，无因自对，不能知复何情颜，当与足下叙平生旧款？吾闻前哲绝交，不出恶言，但此自陈名节于胸心，因告别于千载。放笔增叹，公私湣泪，想不深怪往言。然天下耳目，岂伊可诬。抑亦当自知投仗无疆，为必先及。

太祖出顿新亭，报攸之书曰：

辱足下诮书，交道不终，为耻已足。欲下便来，何故多周君子。

吾结发入仕，岂期还大，盖感子路之言，每不择官而宦。逮文帝之世，初被圣明鉴赏；及孝武之朝，复蒙英主顾眄。因此感激，未能自反。及与足下敛袂定交，款著分好，何尝不劝慕古人国士之心，务重前良忠贞之节。至于契阔杯酒，殷勤携袖，荐女成姻，志相然诺，义信之笃，谁与闲之。又乃景和陵虐，事切忧畏，明帝正位，连同休显，启臆论心，安危岂贰。元徽之季，听高道庆邪言，欲相讨伐，发威施赦，已行外内。于时臣子钳口，道路以目。吾以分交义重，患难宜均，犯陵白刃，以相任保。悖主手敕，今封送相示，岂不畏威，念周旋之义耳。推此阴惠，何愧怀抱，不云足下猥含祸诐。前遣王思文所牒朝事，盖情等家国，共详衷否，虚心小大，必以先输。问张雍州迁代之日，将欲谁拟？本是逆论来事，非欲代张，乃封此示张，激使见怒。若张惑一言，果兴怨恨，事负雅素，君子所不可为，况张之奉国，忠亮有本，情之见与，意契不贰邪？又张雍州启事，称彼中蛮动，兼民遭水患，敕令足下思经拯之计。吾亦有白，论国如家，布情而往，每思虚达。事之相接，恒必猜离。反谓无故遣信，此乃觇察。平谅之襟，动则相阻，伤负心期，自谁作故？先时足下遣信，寻盟敦旧，厉以笃终，吾止附还白，申螫情本，契然远要，方固金石。今日举错，定是谁恧久言邪？

元徽末德，势亡禋祀，足下备闻，无待巫述。太后惟忧，式遵前诰，兴毁之略，事属鄙躬。黜昏树明，实惟前则，宁宗静国，何愧前脩。废立有章，足下所允，冠弊之讥，将以何语？封为郡王，宁为失礼？景和无名，方之不愈乎？龙逢自匹夫之美，伊、霍则社稷之臣，同异相乘，非吾所受也。登斋有尝，寿寂已蒙之于前；同谋获功，明皇亦行之于昔。此则接踵成事，谁敢异之。

谓其大收宫女，劫夺天藏，器械金宝，必充私室。必若虚设市虎，亦可不翅此言；若以此诈民，天下岂患无眼。心苟无瑕，非所耿介。甲杖之授，事既旧典，岂见有任镇邦家，勋经定主，而可得出入轻单，不资宠卫！斯之患虑，岂直身忧。祗奉此恩，职惟事理。

朱方之牧，公卿佥意，吾亦谓微勋之次，无忝一州。且魏、晋旧事，帝乡蕃职，何尝豫州必曹，司州必马？折胶受柱，在体非愧。袁粲据石头，足下无不可；吾之守东府，来告便谓非。动容见疾，频笑入戾，乃如是乎！

袁粲、刘秉，受遇深重，家国既安，不思抚镇，遂与足下表里潜规，据城之夜，岂顾社稷。幸天未长乱，宗庙有灵，即与褚卫军协谋义断，以时殄灭。想足下闻之，怅然孤沮。小儿忝侍中，代来之泽，遇直上台，便呼一家两录。发不择言，良以太甚。吾之方寸，古列共言，乃以陶、庾往贤，大见讥责，足下自省，讵得以此见贻邪？此踪夷、叔，论吾则可，行过桀、蹠，无乃近诬哉！

谓吾不朝，此则良诲，朝之与否，想更问之。足下受先帝之恩施，拥戎西州，鼎湖之日，率土载奔，而宴安中流，酣饮自若，即怀狼望，陵侮皇朝。晋熙殿下，以皇弟代镇，而断割候迎，罔蔑宗子，驱略士马，（志）〔悉〕以西上，郢中所遗，（示）〔仅〕余劣弱。昔征茅不入，犹动义师；况荆州物产，雍、嶓、交、梁之会，自足下为牧，荐献何品？良马功卒，彼中不无，良皮美罽，商赂所聚，前后贡奉，多少何如？唯闻太官时纳饮食耳。桂阳之难，坐观成败，自以雍容汉南，西伯可拟。赖原即天世，非望亦消。又招集逋亡，断遏行侣，治舟试舰，恒以朝廷为旗的，秣马按锸，常愿天下有风尘，为人臣者，固若是邪！至乃不遵制书，敕下如空，国恩莫行，命令拥隔，诏除郡县，辄自板代，罢官去职，禁还京师。凶人出境，无不千里寻蹑，而反慕台将，来必厚加给赏。太妃遣使市马，赍宝往蜀，足下悉皆断折，以为私财，此皆远迩共闻，暴于视听。

主上睿明当璧，寓县同庆，绝域奉贽，万国通书，而盘桓百日，始有单骑，事存送往，于此可征。不朝如此，谁应受诮？反以见呵，非所反侧。今乃勒兵以阛象阙，长戟以指魏阙，不亦为忠臣孝子之所痛心疾首邪？贤子元琰获免虎口，及凌波西迈，吾所发遣。犹推素怀，不畏嗤嗤。足下尚复灭君臣之纪，况吾布衣之交乎？遂事不谏，既往难咎。今六师西向，为足下忧之。

敬儿告变使至，太祖大喜，进号镇军将军，加散骑常侍，改为都督，给鼓吹一部。攸之于郢城败走，其子元琰〔与兼长史江乂、别驾传宣等守江陵城。敬儿〕军至白水，元琰闻城外鹤唳，谓是叫声，心惧欲走。其夜，乂、宣闻门出奔，城溃，元琰奔宠洲，见杀。百姓既相抄敚，敬儿至江陵，诛攸之亲党，没入其财物数十万，悉以入私。攸之于汤渚村自经死，居民送首荆州，敬儿使盾擎之，盖以青繐，徇诸市郭，乃送京师。进号征西将军，爵为公，增邑为四千户。

敬儿于襄阳城西起宅，聚财货。又欲移羊叔子堕泪碑，于其处立台，纲纪谏曰："羊太傅遗德，不宜迁动。"敬儿曰："太傅是谁？我不识也。"敬儿弟恭儿，不肯出官，常居上保村中，与居民不异。敬儿呼纳之甚厚，恭儿月一出视敬儿，辄复去。恭儿本名猪儿，随敬儿改名也。

初，敬儿既斩沈攸之，使报随郡太守刘道宗，聚众得千余人，立营顿。司州刺史姚道和不杀攸之使，密令道宗罢军。及攸之围郢，道和遣军顿堇城为郢援，事平，依例蒙爵赏。敬儿具以启闻。建元元年，太祖令有司奏道和罪，诛之。道和字敬邕，羌主姚兴孙也。父万寿，伪镇东大将军，降宋武帝，卒于散骑侍郎。道和出身为孝武安北行佐，有世名，颇读书史。常诳人云："祖天子，父天子，身经作皇太子。"元徽中为游击将军，随太祖新亭破桂阳贼有功，为抚军司马，出为司州，疑怯无断，故及于诛。

三年，征敬儿为护军将军，常侍如故。敬儿武将，不习朝仪，闻当内迁，乃于密室中屏人学揖让答对，空中俯仰，如此竟日，妾侍窃窥笑焉。太祖即位，授侍中、中军将军。以敬儿秩穷五等，一仍前封。建元二年，迁散骑常侍，车骑将军，置佐史。太祖崩，敬儿于家窃泣曰："官家大老天子，可惜！太子年少，向我所不及也。"遗诏加敬儿开府仪同三司，将拜，谓其妓妾曰："我拜后，应开黄阁。"因口自为鼓声。既拜，王敬则戏之，呼为褚渊。敬儿曰："我马上所得，终不能作华林阁勋也。"敬则甚恨。

敬儿始不识书，晚既为方伯，乃习学读《孝经》《论语》。

于新林慈姥庙为妾乞儿呪神，自称三公。然而意知满足，初得鼓吹，羞便奏之。

初娶前妻毛氏，生子道文。后娶尚氏，尚氏有美色，敬儿弃前妻而纳之。尚氏犹居襄阳宅不自随，敬儿虑不复外出，乃迎家口悉下至都。启世祖，不蒙劳问，敬儿心疑。及垣崇祖死，愈恐惧，妻谓敬儿曰："昔时梦手热如火，而君得南阳郡。元徽中，梦半身热，而君得本州。今复梦举体热矣。"有阉人闻其言，说之。事达世祖。敬儿又遣使与蛮中交关，世祖疑其有异志。永明元年，敕朝臣华林八关斋，于坐收敬儿。敬儿左右雷仲显知有变，抱敬儿而泣。敬儿脱冠貂投地曰："用此物误我。"少日，伏诛。诏曰："敬儿蠢兹边裔，昏迷不悛。属值宋季多难，颇获野战之力。拔迹行伍，超登非分。而愚躁无已，矜伐滋深。往莅本州，久苞异志。在昔含弘，庶能惩革。位班三槐，秩穷五等，怀音靡闻，奸回屡构。去岁迄今，嫌贰滋甚。镇东将军敬则、丹阳尹安民每侍接之日，陈其凶狡，必图反噬。朕犹谓恩义所感，本质可移。顷者已来，衅戾遂著，自以子弟在西，足动殊俗，招扇群蛮，规扰樊、夏。假托妖巫，用相震惑，妄设征祥，潜图问鼎。履霜于开连之辰，坚冰于嗣业之世，此而可忍，孰不可容！天道祸淫，逆谋显露。建康民汤天获商行入蛮，备睹奸计，信驿书翰，证验炳明。便可收掩，式正刑辟；同党所及，特皆原宥。"子道文，武陵内史，道畅，征虏功曹，道固弟道休，并伏诛。少子道庆，见宥。后数年，上与豫章主嶷三日曲水内宴，舴艋船流至御坐前覆没，上由是言及敬儿，悔杀之。

恭儿官至员外郎。在襄阳，闻敬儿败，将数十骑走入蛮中。收捕不得。后首出，上原其罪。

译文：

张敬儿是南阳冠军人。本名苟儿，宋明帝刘彧认为他的名字粗俗，改成这个名字。父亲名丑，是郡将军，官做到节府参军。

张敬儿少年时熟习弓马，有胆量勇气，喜好射猛虎，百发百中。南阳新野习俗喜欢骑马射箭，尤其是张敬儿更有强劲的体力，请求参加军队做曲阿戍驿将，州府让他补做府将，不久做郡马队副，转做队主。逐渐升做宁蛮府行参军。张敬儿随同郡人刘胡带领队伍讨伐襄阳各山中的蛮人，深入艰难险阻地带，所攻之敌都被击败。又攻击湖阳蛮，官军退却，蛮人追兵有几千人，张敬儿单身独骑断后，冲突追兵，交战几十回合，杀死数十人，被射中左腋，但敌兵终于不能抵抗退却。

平西将军山阳王刘休祐坐镇寿阳，募求善于骑射的人才。张敬儿前去自报受到宠信，做长史兼行参军，领白直队。泰始初年，授官做宁朔将军，随府转参骠骑军事，隶属中兵。率领军队讨伐晋安王刘子勋的叛军，同叛将刘胡在鹊尾洲对抗。张敬儿启奏明帝请求回本郡做官。战事平定后，做南阳太守，将军职位不变。当初，王玄谟做雍州刺史，按土断法把张敬儿的籍贯划归舞阴，张敬儿到南阳郡后，又把籍贯改回冠军县。

泰始三年，薛安都之子薛柏令、薛环龙等私自占据顺阳、广平，侵略义成、扶风等地，刺史巴陵王刘休若派遣张敬儿和新野太守刘攘兵进军讨伐，会战后，敌兵败逃。调任张敬儿做顺阳太守，将军职位不变。

南阳蛮人蠢动，又用张敬儿做南阳太守，因为母亲去世，张敬儿回到家乡。朝廷怀疑桂阳王刘休范有反心，暗中对他加以提防，于是起用张敬儿做宁朔将军、越骑校尉。桂阳王反叛事起，张敬儿隶属齐高帝萧道成驻军在新亭，贼兵发射矢石交战开始，刘休范身穿白衣乘坐竹轿来到楼下劳军，城中人望见刘休范左右随从的兵员不多，张敬儿和黄回对齐高帝萧道成说："眼前桂阳王所在的那一带，防守力量不足，假如用诈降的办法智取，一定能活捉他。"齐高帝说："你要能办成这事，将会赏你做雍州刺史。"张敬儿和黄回出城向南，故意丢弃兵器奔逃，大声呼叫投降，刘休范听了很喜欢，召唤张敬儿和黄回来到竹轿旁接见，黄回诈称齐太祖有秘密投降之意，刘休范相信不疑，黄回用眼睛示意张敬儿，张敬儿突然夺下刘休范的防身佩刀，砍下刘休范的头，刘休范左右几百人都惊恐逃散，张敬儿快马带上人头回到新亭。因此被授官骁骑将军，加官为辅国将军。

齐高帝因为张敬儿出身地位轻贱低微，不打算立即让他掌管襄阳重镇，张敬儿不断请求，用含蓄的言语打动齐高帝说："沈攸之坐镇荆州，您知道他想干什么？不派出我张敬儿前去防备，恐怕对您不会有利的。"齐武帝笑而不语，于是用张敬儿做持节、都督雍梁二州和郢司二郡军事、雍州刺史，将军职位不变，封襄阳县侯，食邑二千户。张敬儿的船队停泊在沔口，张敬儿乘小船过江，去拜见晋熙王刘燮。船到江心遇风翻沉，左右丁壮和随从各自泅水漂散，剩下两个小吏沉在船前横木之下，叫喊"官家"，张敬儿用两臂把他们夹在腋下，随着船在风浪中起落，但总能浮在水面上，这样随船翻覆漂行几十里，才得到人们的接应救援。张敬儿失落了所带的符节，又补发给他新的。

沈攸之得知张敬儿逆流而上，派人去监视侦察。发现雍州迎接张敬儿的队伍军容盛大，沈攸之担心遭到突然袭击，暗自加以防备。张敬儿到雍州之后，热情和沈攸之结交，信使和馈赠不断。每当得到有关沈攸之的情况，便秘密向齐高帝报告。沈攸之接到齐高帝的书信，信中谈到选人继任雍州刺史等机密内容，沈攸之便把这信送给张敬儿看，用这信来离间张敬儿和齐高帝的关系，张敬儿始终没有二心。元徽末年，襄阳大水成灾，平地水深几丈，百姓的资财全都漂走淹没，襄阳地方损失很大。齐高帝给沈攸之来信，命令沈攸之救济襄阳，沈攸之竟然不放在心上。

张敬儿和沈攸之的司马刘攘兵情感甚好，当苍梧王刘昱被废时，张敬儿猜想沈攸之会趁机起兵，张敬儿秘密向刘攘兵探问情况，刘攘兵对张敬儿没说什么情况，只是送给他一只马镫，张敬儿从此加意防备。宋顺帝升明元年冬，沈攸之反叛，派遣使者通知张敬儿，张敬儿对来使慰劳接待周到，为他设了酒席，对使者说："沈公怎么那么匆忙派您前来，您也确实是能完成使命的。"于是排列开队伍在办事厅前杀了来使，召集部队，侦候沈攸之一旦顺江而下，便出兵袭击江陵。

这时沈攸之给齐高帝一封信，说：

我听说鱼儿各自游在江湖里彼此相忘，人们各自生活在道术里不相往来，这种情况跟我可以说一脉相通的。宋武帝大明年间，荣幸地尊奉圣明的君主，也有幸能和你同在侍卫的班列，我们之间情感亲密，同心重义，平分布帛做衣穿，均分粮食做饭吃。前废帝景和年间，我们内心焦灼身形憔悴，像那时的痛苦，哪里用语言可以说尽。我曾经自料将在殿阁之下粉身碎首，您也担心会遭到小人的谗害而一门被杀。那时节我们的心志坚固有如磐石，在道义上绝无别的想法，艰难地度过了危难时刻，相互援助以求得保全。天道是同情善人的，这个道理是真实的。我们的儿女能够结成婚姻的原因，那是由于我们交情的深厚。等到明帝即位，原先专擅朝政的奸佞之臣都已经死去。我与您能够受到极大的恩遇，亲近超过了一般的皇亲贵戚，对待我们如同老臣，皇帝也明白我们的忠贞，再度加以重用。皇帝驾崩之日，我参与在受遗诏顾命的行列，加赐荣耀给予宠信，皇恩深厚职位高贵。虽然我的志向情操不如古人，但是也约略懂得忠贞节操，发誓尽心上报皇恩，立志为皇帝尽忠效死。这种忠诚的心志竟未能实现，先帝逝世，微小的心愿就被永远夺走了。从此以后，和您的言谈会面几乎断绝了，不只是因为人已经离开，而是自然而然地到了这个地步，偶尔得到您的一封来信，未尝不对着信纸流泪，哪里想得到今天互相讥诮呀！但一旦心里有想法，又禁不住不向您加以表白。

当初得到令郎萧赜的书信，说他得到家信，说你干了废旧帝立新帝的事情，安定国家宁和百姓，这一功业盛大，不是我等普通人所能做到的。不久接到皇太后赐给我的命令，说你深思远虑，智谋果断，多么能干有力。但是帽子虽然破旧，不可以垫在脚下，不外是人们都尊重高尚的缘故吧。你交结左右大臣，亲自谋杀主上，借此免除自身的祸难。你该把关龙逄、比干说成是傻瓜了吧！凡是国家废立君主的大事，不可扩大参与谋划的人员，但是袁粲、褚渊是受遗诏相托的大臣，刘秉又是国家的近亲，这几位大臣所在地区全都是富饶之地，身份地位都受到时人的仰望，假如这些人不得参与议事，还有谁是可以在一起讲真心实话的人呢？昏君和明主的更替变换，是自古就有的事，难道大宋就可以中断不行吗？

前代留下的重要法度，全都分明地记在史册里，让我给你说一说。朝臣群聚共议大事，应当事先启奏太后，接到命令然后行事，应当按照对待王侯的礼节请皇帝出宫到私宅。你竟然可以不按照大道理办事，不邀请君子听取意见，怎么可以背逆灭绝天理，到了如此地步？《孝经》说："恭敬地用心侍奉父亲从而才能侍奉国君。"即使出于为宗庙社稷的考虑，不按《孝经》的话办事，难道还不懂得有君亲大义吗？可是你一再想到的是私家的安危，拿爵位赏赐去收买小人，小人行事无法无天，便做出来杀君害主的罪行。我虽然孤陋寡闻，想到和古人相比，哪里有做人臣子的可以干出近来发生的逆行呢？假如一旦实行残杀，使人身首分离，这样活着的人当然可恨，死去的究竟犯了什么死罪？况且参与谋害的人都有封爵之赏，这法令出于什么条文？凡是做臣子的，谁不为此感到忧恨惊骇。华夏蛮夷为之痛心，行路人哭出血泪，甚至不加殡葬，让尸虫爬出户外，自古以来，这样的事有几桩？卫国很弱小，古时有烈士弘演，想不到我们宋代，单单没有这样的忠臣。摸着胸口悲愤，不能按捺。你同古代篡弑之臣有什么区别？人心叛逆，反而造成可悲的结局，做您国君的人，岂不是太难了吗！这和那件踏了田苗便夺走人家耕牛的譬喻，难道还有什么差别吗？管仲说过，国君有善行也未尝因此就不规谏他的过失。没听说您对国君有过任何谏诤，而是甘心犯下崔杼一样弑君之罪的，为什么恶逆那么严重。

　　古时候商王太甲恢复君位，放逐他的伊尹仍然照样忠心；昌邑王的罪过，数说不尽，霍光受遗诏的嘱托，尚且和大臣共同在朝廷商议废立大事，然后才决定废掉昌邑王。对昌邑王还有赐给汤木邑的待遇，评论者并不拿劫持主上的名义来看待这件事。桓温的野心，从来没有忘记篡位，晋海西公无道，人伦丧尽，被废掉王位贬为公爵，还是按礼法待他。当时桓温强盛，谁能对抗他，尚且恐惧做事露出马脚，天下人们不满，未尝有人乐于推举桓温称帝的。伊尹、霍光，在保持臣节方面享有很高的声誉，桓温也免于遭受胁迫篡夺王位的恶名，所有这些事情，都记载在史书里，事情如此明白易懂，哪里还需要别人来指点。您常说自己的行为可以同伯夷、叔齐相比，为什么一旦之间所作所为又超过了夏桀、盗跖呢？

圣明的君主开创了国家新的命运，百姓得到了重生，普天下的民众，谁不欢欣鼓舞，这是臣下披心尽职、公而忘私的时刻。但是你大量掠取宫女乐伎，抢夺宫中的宝库，器物金玉珍宝，放满自己的私宅，撤换前朝的老臣，安插个人私党，披甲带剑出入宫殿，掌管宫廷内外门户锁钥的，完全都是您家族的私人。我不知道霍光、诸葛亮的遗训就是这样的吗？晋朝的王导、谢安、陶侃、庾亮也会干出这种举动？

况且三吴地方是帝王之都，不是皇亲不能授官在这里，您不是国君的近戚，一旦专横自立，于是您儿子守卫宫廷，您作父亲的住进东府，一家两人在朝廷做宰相，有什么比这更特殊的？我知道您防备严密，心怀种种畏惧猜疑，表面说的是防御远方的外患，实际是为的防止内部的变乱。假如您德行高尚深孚众望，就是夷貊外族还可以同心共处，要是干了违背道理的坏事，就是倚仗金城汤池也是没用的。晋朝杨骏用戈戟自卫，也不能免于灭亡。吴起曾说："对人不讲礼仪，一条船上的人都是仇敌。"您既没有伍子胥遭到的杀父灭家的痛苦，如果怀着贪婪之心，有灭亡宋朝的野心，我怎会抛弃申包胥的节操呢！

我听说求取忠臣一定要到孝子的家门里，您的忠孝到现在已经完全丧失了！如今私自动用朝廷府库的财帛实施奸诈的恩惠，盗用国家的权力爵位结交人情，况且你授官分赏不合正理，凡是投合自己心意的就有赏，这种伎俩已经不能经常使用，即使尽了所有的金帛，怕是也无济于事。何况受赏的不一定感恩，有识之士只是没有认清你的罪行，如今没有人来阻遏奸邪挫败阴谋，实在让有气节的人感到愤慨痛心。远隔几千里，我没有机会去同您当面对话,不知道还能以什么感情,再有机会和您来叙说昔日的交谊呢?我听说前代的贤人绝交时,不出恶言恶语,我只是在这里陈述我心中对名节的看法,顺便和您永远告别。放下笔无限慨叹,为公为私都让人潸然泪下,想您不会怪罪上面说的话。然而天下人的耳目,怎么能随意欺骗蒙蔽。或许您会明白无处可以遁逃,遭到恶报一定首当其冲。

齐高帝出兵驻屯在新亭,给沈攸之回信说:

辱蒙你写来讥诮我的信,交友的情分没有善始善终,我感到十分羞耻。您打算顺江下来就来,为什么故意诬蔑君子。

自我成年进入仕途,哪里期望有远大前程,因为是感到子路说的话有道理,所以不挑剔官职的大小便就任。到宋文帝时期,开始受到圣明皇帝的赏识;到孝武帝时代,又受到英明主上的照顾。因此感激朝廷的厚恩,没有辞官归家。等到和您定交结为朋友,情意十分和好,何尝不敬慕古代国士的志向,力求珍重前代贤良忠贞的气节。至于离合宴饮,送女联姻,志诚信赖,信义深厚,有谁能使我们分开。到了景和时代前废帝暴虐,国家大事令人十分担心忧虑,明帝即位,国家命运同时得到了美好光明的前途,对皇帝开诚布公议论政事,考虑国家安危没有二心。后废帝元徽末年,皇帝听信高道庆的谗言,打算发兵讨伐您,怒气大发下达命令,已经在朝廷内外公布。这时候朝中的大臣都噤口不言,走道的人都是用眼睛互相看看。由于我同你友情深厚,应当为你分担患难,冒着杀头之罪,替您担保。现在我把昏君的手敕,封好之后送给您看。难道我不怕皇帝的威严,只是顾念我们交友的义气罢了。推想我暗中给您的恩惠,哪里愧对了平时的怀抱，没想到您口吐害人的险恶邪言。先前派王思文送去的关于朝廷事务的文书，只是因为感情如同一家，所以与您共同商议可否，事情不论大小，一定要先送给您裁决。问到张敬儿转官卸任的时候，打算由谁来接替他的职位，这本是事先商量和预料未来的事情，并不是想立刻取代张敬儿的职务，您竟然封好这信送给张敬儿，使张敬儿受到激怒。假如张敬儿被这些话弄糊涂了，定会对我产生怨恨，干这种事有悖于正直纯洁的友谊，是君子不该做的事，何况张敬儿对待国家，忠诚正直有牢固的根基，我和他的交情，意气投合不分彼此？又张敬儿寄来的文书里说，雍州地方蛮人蠢动，加上百姓遭到水灾，曾经命令您考虑对策和救灾的办法。我也曾有信给您，议论国事如同关心家事，向您说明我的意见，每次都得不到相应的回报。公事方面的往来，经常遭到猜忌，反而说是无故派来使者，是对你的窥伺和侦察。正直诚实的襟怀，轻易遭到阻塞，伤害并辜负了内心的期望，是谁首先造成了这种情况？前些时候您派信使来，重温故旧情意，用始终忠实于友谊勉励我，我当时只附上一封回信，申明我竭尽友情的本心，一心同您远远相约，友谊要像金石一般牢固。今天的举动做法，究竟是谁愧对了多年的约言呢？

元徽年间后废帝道德败坏，国家面临危亡的形势，这些情况您已经完全知道了，不需要我重复述说。皇太后心中忧虑，遵照前代的遗训，考虑国家兴废的大计，并把这样的大事交付给我。废除昏君扶立明主，实际这也是前代的准则，使宗庙安宁国家平静，有什么愧对前代贤人的地方？废旧立新是有原则的，也是你认可的，拿破旧帽子的譬喻来讽刺我，是根据什么说的呢？把后废帝贬为郡王，难道是失礼的做法吗？前废帝被黜时没有任何封号，后废帝和他相比不是好多了吗？关龙逢当然是常人中的美才，伊尹、霍光则是忠于社稷之臣，不同的时代相继续，他们的美誉和功绩不是我能比拟的。登上高位受到爵位的赏赐，在前代的寿寂之已经得到了这种恩惠；使共同谋划废黜昏君的臣子获得嘉奖，过去的明帝也是这样做的。这些都是接连出现的事实，谁敢对此提出异议。

来信说我大量劫掠宫女，抢夺宫中的宝库，器物金玉珍宝，全都放进私家。假如一定编造谎言虚语，也可以说出不止于这样的话；要是用这些话去欺骗百姓，难道还担心天下的人不能识破。只要心里没有邪念，这些诺言是不足介意的。接受赏赐的兵甲器杖，这是按原有的制度做的，难道眼看着担负镇守国家重任，有安定帝业功勋的大臣，反而可以单人独马出入，没有盛大的警卫吗？这种审慎的防患措施，哪里只是为自己担忧。所以接受这样的恩宠，主要是从事情的需要出发的。

三吴地方长官的委任，是满朝公卿一致同意的，我也认为自己的功勋虽然微末，也无愧于做一州的长官。再说按魏、晋朝代的旧例说，在帝王之乡担任屏藩职务的，在豫州的何尝必得姓曹，在司州的何曾必得姓司马？您的见解拘泥僵化，在我看来当之无愧。袁粲擅自窃据石头，您并不表示反对；我职守在东府，来信便指责说不对。我的一举一动都遭到忌恨，一颦一笑都看作是罪过，事实难道真是那样吗！

袁粲、刘秉，受到国家深厚的恩惠，家国都得到了安定，不考虑怎样安抚百姓保卫国家，反而同您内外勾结暗中谋划，私自带兵占据石头城的时候，哪里还考虑国家的安宁。幸亏上天不再助长祸乱，宗庙祖宗有灵，我立即同褚将军褚渊共同商议做出正义的决断，及时加以剿灭。我想你听到这事，一定会感到怅然孤独沮丧。小儿荣幸得任侍中，这是来自前代的恩泽，登于朝廷台省,您便叫嚷这是一家两个宰相。您说话不加考虑,这实在是太过分了。我内心的思想,是古代烈士共同称颂的忠义,你竟然用陶侃、庾亮这样的先贤,尽情地讥笑我,您自己仔细想想,怎么把这样的侮辱加给我呢?用伯夷、叔齐的事迹做比方,评论我的为人是合适的,说我的作为超过了夏桀、盗跖,难道不是近于诬蔑吗?

指责我不恭奉朝廷,这倒是很好的教导,至于恭奉或不恭奉朝廷的事,倒想再问问您。您受到了先帝的恩惠和赏赐,带兵驻守西州,当先帝逝世之日,天下的臣民都号哭奔走,可是您却安然屯兵在长江中流,痛快地喝酒,和平时一样,怀着贪婪之心,侵犯和凌辱朝廷。晋熙王刘燮殿下,以皇弟身份代为镇守郢州,而您拒不恭候迎接,欺凌蔑视宗亲王子,反而驱赶掠取人马,全部裹胁西上,郢州残留的,只是些劣弱的军事力量。古代天子征调苞茅楚国不及时供应,齐桓公还出动义兵兴师问罪;况且荆州物产丰饶,是雍、嶲、交、梁各州物产聚会的地方,自从您做长官,向朝廷进献了什么物品?最好的战马和强健的士兵,那些地方不是没有,上好的皮革美好的毡毯,商人买卖积聚的财物,前前后后您贡奉上来的,数量有多少质量又如何?只听说您不过有时仅进献一点饮食而已。桂阳王造反,你坐观成败,自认为安然占有汉南地面,力量可以同当年的周文王相比。幸亏桂阳王很快死去,您非分的妄想也破灭了。此后您又召集亡命之徒,截断往来行人商旅,制造战船,经常把朝廷看成是攻击的目标,喂饱战马手按长剑,常常盼着天下发生寇警出现叛乱,作为臣子的,就应该是这个样子吗?甚至于不遵守朝廷的诏令,诏书下来如同一纸空文,国家的恩泽不能推行,朝廷的命令遭到阻隔,国家任用的郡县官员,总是用自己的人员取代,罢官离职的人员,一概禁止回到京城。凶残叛逃的人，总是奔走千里跟踪追寻，又策反招募京城的将军，到来的都给予优厚的赏赐。皇太妃派人去买马，往蜀地送财宝，您全都加以截断扣留，成了自己的私财，这些都是远近共知的，是暴露在天下人耳目中的事实。

主上圣智聪明登上帝位，普天同庆，远方前来朝奉，各国来信恭贺，但是您却在犹豫百天之后，才派来单人独骑，对事新主送旧主的态度，从这里可以看出您的表现。像这样不朝奉皇帝，是谁应当受到讥刺和责备？现在反而对我进行责难，我是不会为此睡不着觉的。如今你统率军队来窥伺宫廷，挥动长戟指向朝堂，不也是干出了遭到忠臣孝子为之痛心疾首的事情吗？令郎沈元琰能够逃出虎口，得以乘船西进，这是我设法放走的。对您我还想敞开平素的怀抱，不怕讥刺和嘲笑。您连君臣之间的关系都要断绝，更何况我们之间只是布衣之交呢？过去的事情已经不可改变，已往的事情难再弄清是非。现在天子的六军向西进发，我在这里为你担忧。

张敬儿派遣报告事变的使者到来后，齐高帝非常高兴，进封张敬儿做镇军将军，加官做散骑常侍，又改授都督，赐给鼓吹乐队一部。沈攸之从郢城败逃，他儿子沈元琰和兼任长史的江𫘝、别驾傅宣等据守江陵城。张敬儿的部队前进到达白水，沈元琰听到城外的鹤唳认为是叫战的声音，心里恐惧打算逃走。当天夜里，江𫘝、傅宣打开城门出逃，江陵城守兵崩溃，沈元琰逃到宠州，被杀。战乱中百姓相互抄掠抢夺，张敬儿进入江陵，杀掉沈攸之的亲属和同党，没收他们的财物价值几十万，全归自己私有。沈攸之在汤渚村上吊自杀，村民把他的头送到荆州，张敬儿让人用盾牌擎着人头，上面罩着青伞，在市里城外示众，然后送往京城。张敬儿进号为征西将军，赐封公爵，增加食邑到四千户。

张敬儿在襄阳城西修建住宅，聚敛钱财。又打算搬走晋朝羊叔子的堕泪碑，在碑址建立官署，手下人进谏说："这碑代表着羊太傅的遗德，不宜迁徙挪动。"张敬儿说："羊太傅是谁？我不知道。"张敬儿的弟弟张恭儿，不愿出来做官，经常住在上保村里，和普通村民没有两样。张敬儿招呼接待他很优厚，张恭儿每月出来看望张敬儿一次，见了面便回去。恭儿本名猪儿，是随张敬儿一齐改的名字。

当初，张敬儿杀掉沈攸之以后，派人通知随郡太守刘道宗，聚集兵力一千多人，修起营垒驻军。司州刺史姚道和不杀沈攸之的使者，秘密下令给刘道宗停止用兵。当沈攸之围城时，姚道和派兵驻屯在董城作为郢城的外援，战事平定后，按例受到爵赏。张敬儿把姚道和的情况全都上奏给朝廷。齐建元元年，高帝下令主管官员上奏姚道和的罪行，把他杀掉。姚道和字敬邕，是羌族后秦君主姚兴的孙子。父亲姚万寿，是后秦的镇东大将军，归降宋武帝，死在做散骑侍郎的职位上。姚道和出身做宋孝武帝安北行佐，当代有名，读了很多杂书和史书。常对人吹嘘说："我祖父是天子，我父亲是天子，我自己曾是皇太子。"宋后废帝徽元年间做游击将军，曾随从齐高帝在新亭攻打桂阳王叛军有功，做抚军司马，出京做司州刺史，为人多疑怯懦没有果断，所以终于遭到杀害。

元徽三年，召回张敬儿做护军将军，常侍职务不变。张敬儿是武将，不熟悉朝廷礼仪，听说要转官到朝廷去，便一个人躲在密室里背着人学习揖让礼仪和对话的方法，望着空中礼拜起立，这样整天地练习，伎妾和侍从偷着看了发笑。齐高帝即位后，授官做侍中，中军将军。因为张敬儿的秩禄已经达到五等爵中的最高等级，一切仍按原来的赏赐不变。建元二年，转官做散骑常侍，车骑将军，设置佐史。齐高帝驾崩，张敬儿在家里独自哭泣说："官家大老天子，可惜！太子年纪幼小，今后我是力所不及了。"遗诏赐张敬儿开府仪同三司，当要举行授官典礼前，张敬儿对伎妾说："我拜官之后，我的官署就该设黄阁了！"于是在嘴里弹着舌头打响发出敲鼓声。拜官之后，王敬则和他开玩笑，称呼他作褚渊。张敬儿说："我的官职是在马上作战得到的，总不能看成是在华林阁杀掉前废帝那样的功勋吧。"王敬则听了心里特别怀恨。

张敬儿原本不识字，到晚年做了地方长官，便开始学习诵读《孝经》《论语》。在新林慈姥庙替妾求子向神祝告，自称是三公。然而他心里知道满足，一开始得到鼓吹乐队，还不好意思就加以演奏。

当初娶前妻毛氏，生下儿子张道文。以后又娶尚氏，尚氏姿色美貌，张敬儿抛弃前妻娶了她。尚氏还留在襄阳没随从进京，张敬儿想到不会再出京做官，便把家口全接到京里来。曾经有事启奏齐武帝萧赜，没有得到慰劳和关怀，张敬儿心中不安。当垣崇祖死后，更加恐惧，他妻子对他说："早先我梦到手热如同火烧一样，您便做了南阳太守。元徽年间，梦到半个身子发烧，您做了本州刺史。现在梦到全身发热了。"有宦官听到这个传闻，便传扬出去，事情传到齐武帝那里。张敬儿还派人到蛮人地区交往，武帝怀疑他有异心。永明元年，下令朝中大臣到华林园八关斋，在坐席上逮捕了张敬儿。张敬儿的近侍雷仲显知道要发生变故，抱着张敬儿大哭。张敬儿脱下缀有貂尾的帽子扔到地上说："因为这个东西害了我。"过不几天，被杀。诏书说："张敬儿企图勾结边境的蛮人蠢动作乱，昏庸迷乱不理政事。当宋代末年多有战乱，获得许多野战攻城的功劳。他从行伍中出身，得到了非分的高官厚赏。但是他愚顽狂躁不已，越发夸功自傲。往年在州中任职，长久怀有异志。朝廷以前宽宏大度，希望他能有所警惕和改变。他的职位在三公的班列，秩禄达到五等的最高级，听不到他有感恩戴德的好言语，却屡次有奸邪的图谋。从去年到目前，嫌恶朝廷的贰心越来越甚。镇东将军王敬则、丹阳尹李安民每当进侍接见，便陈述他的凶恶狡诈，一定会反咬朝廷。我还以为张敬儿受到恩义的感动，本性能够改变。最近以来，罪恶背逆的迹象更加显著，自以为子弟在西方，足以发动外族肇事，招募煽动各蛮族作乱，企图扰乱樊、夏地区。他还假托妖言巫人，用来恐吓迷惑人心，虚构一些神异的预兆，暗中图谋篡夺皇位。他在国家开通好运的时刻心怀着邪恶，在我开始继承先帝基业的时候企图谋反，对张敬儿的这些罪行容忍了，那还有什么不可容忍的！天道惩罚祸害，使叛逆的阴谋暴露出来。建康人汤天获到蛮人地方做买卖，全部发现了张敬儿的奸计，由驿站传来了书信，证据确凿明显。立即可以逮捕，明正典刑；凡涉及的同党，全都特别加以宽恕。"儿子张道文，武陵内史张道畅，征虏功曹张道固，弟弟张道休，一同被杀。小儿子张道庆，受到宽恕。过几年之后，武帝和豫章王萧嶷在三月三日宫里的曲水宴上，小船漂流到皇帝御座前翻沉了，武帝由此谈到了张敬儿当年翻船救人的事，后悔杀了张敬儿。

张恭儿官做到员外郎。在襄阳，听到张敬儿被杀消息，带领几十骑兵逃进蛮人地区，朝廷没有追捕到。以后出来自首，武帝赦免了他的罪。

南齐书卷二十六

列传第七

王敬则

王敬则，晋陵南沙人也。母为女巫，生敬则而胞衣紫色，谓人曰："此儿有鼓角相。"敬则年长，两腋下生乳各长数寸。梦骑五色师子。年二十余，善拍张。补刀戟左右。景和使敬则跳刀，高与白虎幢等，如此五六，接无不中。补侠毂队主，领细铠左右。与寿寂之同弑景和。明帝即位，以为直阁将军。坐捉刀入殿启事，系尚方十余日，乃复直阁。除奋武将军，封重安县子，邑三百五十户。敬则少时于草中射猎，有虫如鸟豆集其身，摘去乃脱，其处皆流血。敬则恶之，诣道士卜，道士曰："不须忧，此封侯之瑞也。"敬则闻之喜，故出都自效，至是如言。

泰始初，以敬则为龙骧将军、军主，随宁朔将军刘怀珍征寿春，殷琰遣将刘从筑四垒于死虎，怀珍遣敬则以千人绕后，直出横塘，贼众惊退。除奉朝请，出补（东武）暨阳令。

敬则初出都，〔至〕陆主山下，宗侣十余船同发，敬则船独不进，乃令弟入水推之，见一乌漆棺。敬则曰："尔非凡器。若是吉善，使船速进。吾富贵，当改葬尔。"船须臾去。敬则既入县，收此棺葬之。

军荒之后，县有一部劫逃紫山中为民患，敬则遣人致意劫帅，可悉出首，当相申论。治下庙神甚酷烈，百姓信之，敬则引神为誓，必不相负。劫帅既出，敬则于庙中设会，于座收缚，曰："吾先启神，若负誓，还神十牛。今不违誓。"即杀十牛解神，并斩诸劫，百姓悦之。迁员外郎。

元徽二年，随太祖拒桂阳贼于新亭，敬则与羽林监陈显达、宁朔将军高道庆乘舸艒于江中迎战，大破贼水军，焚其舟舰。事宁，带南泰山太守，左侠毂主，转越骑校尉，安成王车骑参军。

苍梧王狂虐，左右不自保，敬则以太祖有威名，归诚奉事。每下直，辄往领府。夜著青衣，扶匐道路，为太祖听察苍梧去来。太祖命敬则于殿内伺机，未有定日。既而杨玉夫等危急殒帝，敬则时在家，玉夫将首投敬则，敬则驰诣太祖。太祖臣苍梧所诳，不开门。敬则于门外大呼曰："是敬则耳。"门犹不开。乃于墙上投进其首，太祖索水洗视，视竟，乃戎服出。

敬则从入宫，至承明门，门郎疑非苍梧还，敬则虑人觇见，以刀环塞窒孔，呼开门甚急。卫尉丞颜灵宝窥见太祖乘马在外，窃谓亲人曰："今若不开内领军，天下会是乱耳。"门开，敬则随太祖入殿。明旦，四贵集议，敬则拔白刃在床侧跳跃曰："官应处分，谁敢作同异者！"升明元年，迁员外散骑常侍、辅国将军、骁骑将军、领临淮太守，增封为千三百户，知殿内宿卫兵事。

沈攸之事起，进敬则号冠军将军。太祖入守朝堂，袁粲起兵夕，领军刘韫、直阁将军卜伯兴等于宫内相应，戒严将发。敬则开关掩袭，皆杀之。殿内窃发尽平，敬则之力也。迁右卫将军，常侍如故。增封为二千五百户，寻又加五百户。又封敬则子元迁为东乡侯，邑三百七十户。齐台建，为中领军。

太祖将受禅，材官荐易太极殿柱，从帝欲避土，不肯出宫逊位。明日，当临轩，帝又逃宫内。敬则将举入迎帝，启譬令出。帝拍敬则手曰："必无过虑，当饷辅国十万钱。

建元元年，出为使持节、散骑常侍、都督南兖兖徐青冀五州军事、平北将军、南兖州刺史，封寻阳郡公，邑三千户。加敬则妻怀氏爵为寻阳国夫人。二年，进号安北将军。虏寇淮、泗，敬则恐，委镇还都，百姓皆惊散奔走，上以其功臣，不问，以为都官尚书、抚军。

寻迁使持节、散骑常侍、安东将军、吴兴太守。郡旧多剽掠，有十数岁小儿于路取遗物，杀之以徇，自此道不拾遗，郡无劫盗。又录得一偷，召其亲属于前鞭之，令偷身长扫街路，久之乃令偷举旧偷自代，诸偷恐为其所识，皆逃走，境内以清。出行，从市过，见屠肉枙，欢曰："吴兴昔无此枙，是我少时在此所作也。"

迁护军将军，常侍如故，以家为府。三年，以改葬去职，诏赠敬则母寻阳公国太夫人。改授侍中、抚军将军。太祖遗诏敬则以本官领丹阳尹。寻迁为使持节、散骑常侍、都督会稽东阳新安临海永嘉五郡军事、镇东将军、会稽太守。永明二年，给鼓吹一部。

会土边带湖海，民丁无士庶皆保塘役，敬则以功力有余，悉评敛为钱，送台库以为便宜，上许之。竟陵王子良启曰：

伏寻三吴内地，国之关辅，百度所资。民庶彫流，日有困殆，蚕农罕获，饥寒尤甚，富者稍增其饶，贫者转钟其弊，可为痛心，难以辞尽。顷钱贵物贱，殆欲兼倍，凡在触类，莫不如兹。稼穑难劝，斛直数，（今）机杼勤苦，匹裁三百。所以然者，实亦有田。年常岁调，既有定期，僮恤所上，咸是见直。东闲钱多剪凿，鲜复完者，公家所受，必须员大，以两代一，困于所贸，鞭捶质系，益致无聊。

臣昔忝会稽，粗闲物俗，塘丁所上，本不入官。良由陂湖宜壅，桥路须通，均夫订直，民自为用。若甲分毁坏，则年一修改；若乙限坚完，则终岁无役。今郡通课此直，悉以还台，租赋之外，更生一调。致令塘路崩芜，湖源泄散，害民损政，实此为剧。

建元初，狡虏游魂，军用殷广。浙东五郡，丁税一千，乃有质卖妻儿，以充此限，道路愁穷，不可闻见，所逋尚多，收上事绝，臣登其启闻。即蒙蠲原。而此年租课，三分逋一，明知徒足扰民，实自弊国。愚谓塘丁一条，宜还复旧，在所逋恤优量原除。凡应受钱，不限大小，作令在所，折市布帛。若民有杂物，是军国所须者，听随价准直，不必（其）应送钱，于分不亏其用，在私实荷其渥。

昔晋氏初迁，江左草创，绢布所直，十倍于今，赋调多少，因时增减。永初中，官布一匹，直钱一千，而民间所输，听为九百。渐及元嘉，物价转贱，私货则束直六千，官受则匹准五百，所以每欲优民，必为降落。今入官好布，匹堪百余，其四民所送，犹依旧制。昔为刻上，今为刻下，民庶空俭，岂不由之？

救民拯弊，莫过减赋。时和岁稔，尚尔虚乏，傥值水旱，宁可熟念。且西京炽强，实基三辅，东都全固，寔赖三河，历代所同，古今一揆。石头以外，裁足自供府州，方山以东，深关朝廷根本。夫股肱要重，不可不恤宜蒙宽政，少加优养。略其目前小利，取其长久大益，无患民赀不殷，国财不阜也。宗臣重寄，咸云利国，窃如愚管，未见可安。

上不纳。

三年，进号征东将军。宋广州刺史王翼之子妾路氏，刚暴，数杀婢，翼之子法明告敬则，敬则付山阴狱杀之，路氏家诉，为有司所奏，山阴令刘岱坐弃市刑。敬则入朝，上谓敬则曰："人命至重，是谁下意杀之？都不启闻？"敬则曰："是臣愚意。臣知何物科法，见背后有节，便言应得杀人。"刘岱亦引罪，上乃赦之。敬同免官，以公领郡。

明年，迁侍中、中军将军。寻与王俭俱即本号要府仪同三司，俭既固让，敬则亦不即受。七年，出为使持节、散骑常侍、都督豫州郢州之西阳司州之汝南二郡军事、征西大将军、豫州刺史，开府如故。进号骠骑。十一年，迁司空，常侍如故。世祖崩，遗诏改加侍中。高宗辅政，密有废立意，隆昌元年，出敬则为使持节、都督会稽东阳临海永嘉新安五郡军事、会稽太守，本官如故。海陵王立，进位太尉。

敬则名位虽达，不以富贵自遇，危拱傍遑，略不尝坐，接士庶皆吴语，而殷勤周悉。初为散骑使虏，于北馆种杨柳，后员外郎虞长耀北使还，敬则问："我昔种杨柳树，今若大小？"长耀曰："虏中以为甘棠。"敬则笑而不答。

世祖御座赋诗，敬则执纸曰："臣几落此奴度内。"世祖问："此何言？"敬则曰："臣若知书，不过作尚书都令史耳，那得今日？"敬则虽不大识书，而性甚警黠，临州郡，令省事读辞，下教判决，皆不失理。

明帝即位，进大司马，增邑千户。台使拜授日，雨大洪注，敬则文武皆失色，一客在傍曰："公由来如此，昔拜丹阳吴兴时亦然。"敬则大悦，曰："我宿命应得雨。"乃列羽仪，备朝服，道引出听事拜受，意犹不自得，吐舌久之，至事竟。

帝既多杀害，敬则自以高、武旧臣，心怀忧恐。帝虽外厚其礼，而内相疑备，数访问敬则饮食体干堪宜，闻其衰老，且以居内地，故得少安。三年中，遣萧坦之将斋仗五百人，行武进陵。敬则诸子在都。忧怖无计。上知之，遣敬则世子仲雄入东安慰之。仲雄善弹琴，当时新绝。江左有蔡邕焦尾琴，在主衣库，上敕五日一给仲雄。仲雄于御前鼓琴作《懊侬曲歌》曰："常叹负情侬，郎今果行许！"帝愈猜愧。

永泰元年，帝疾，屡经危殆。以张瓌为平东将军、吴郡太守，置兵佐，密防敬则。内外传言当有异处分。敬则闻之，窃曰："东今有谁？祗是欲平我耳！"诸子怖惧，第五子幼隆遣正员将军徐岳密以情告徐州行事谢朓为计，若同者，当往报敬则。朓执岳驰启之。敬则城局参军徐庶家在京口，其子密以报庶，庶以告敬则五官王公林。公林，敬则族子，常所委信。公林劝敬则急送启赐儿死，单舟星夜还都。敬则令司马张思祖草启，既而曰："若尔，诸郎在都，要应有信，且忍一夕。"其夜，呼僚佐文武樗蒲赌钱，谓众曰："卿诸人欲令我作何计？"莫敢先答。防阁丁兴怀曰："官祗应作耳。"敬则不作声。明旦，召山阴令王询、台（侍）〔传〕御史钟离祖愿，敬则横刀跂坐，问询等"发丁可得几人？传库见有几钱物"，询答"县丁卒不可上"。祖愿称"传物多未输入"。敬则怒，将出斩之。王公林又谏敬则曰："官是事皆可悔，惟此事不可悔！官讵不更思！"敬则唾其面曰："小子！我做事，何关汝小子！"乃起兵。

上诏曰："谢朓启事腾徐岳列如右。王敬则禀质凶猾，本谢人纲。直以宋季多艰，颇有膂力之用，驱奖所至，遂升荣显。皇连肇基，预闻末议，功非匡国，赏实震主。爵冠执圭，身登衣衮，固以《风》《雅》作刺，缙绅侧目。而溪谷易盈，鸱枭难改，猜心内骇，丑辞外布。永明之朝，履霜有渐，隆昌之世，坚冰将著，从容附会，朕有力焉。及景历惟新，推诚尽礼，中使相望，轩冕成阴。乃嫌迹愈兴，祸图兹构，收合亡命，结党聚群，外候边警，内伺国隙。元迁兄弟，中萃渊薮，奸契潜通，将谋窃发。朓即姻家，岳又邑子，取据匪他，昭然以信。方、邵之美未闻，韩、彭之衅已积。此而可容，孰寄刑典！便可即遣收掩，肃明国宪。大辟所加，其父子而已；凡诸诖误，一从荡涤。"收敬则子员外郎世雄、记室参军季哲、太子洗马幼隆、太子舍人少安等，于宅杀之。长子黄门郎元迁，为宁朔将军，领千人于徐州击虏，敕徐州刺史徐玄庆杀之。

敬则招集配衣，二三日便发，欲劫前中书令何胤还为尚书令，长史王弄璋、司马张思祖止之。乃率实甲万人过浙江，谓思祖曰："应须作檄。"思祖曰："公今自还朝，何用作此。"敬则乃止。

朝廷遣辅国将军前军司马左兴盛、后军将军直阁将军崔恭祖、辅国将国刘山阳、龙骧将军直阁将军马军主胡松三千余人，筑垒于曲阿长冈，右仆射沈文季为持节都督，屯湖头，备京口路。

敬则〔以〕旧将举事，百姓檐篙荷锸随逐之，十余万众。至晋陵，南沙人范脩化杀县令公上延孙以应之。敬则至武进陵口，恸哭乘肩舆而前。遇兴盛、山阳二砦，尽力攻之。兴盛使军人遥告敬则曰："公儿死已尽，公持许底作？"官军不敌欲退，而围不开，各死战。胡松领马军突其后，白丁无器仗，皆惊散，敬则军大败。敬则索马，再上不得上，兴盛军（客）〔容〕袁文旷斩之，传首。是时上疾已笃，敬则仓卒东起，朝廷震惧。东昏侯在东宫，议欲叛，使人上屋望，见征虏亭失火，谓敬则至，急装欲走。有告敬则者，敬则曰："檀公三十六策，走是上计。汝父子唯应急走耳。"敬则之来，声势甚盛，裁少日而败,时年七十余。

封左兴盛新吴县男,崔恭祖遂兴县男,刘山阳湘阴县男,胡松沙阳县男,各四百户,赏平敬则也。又赠公上延孙为射声校尉。

译文:

　　王敬则,晋陵南沙人。母亲是女巫,生下王敬则时胞衣是紫色的,他母亲对人说:"这孩子有做将军的面相。"王敬则长大后,两腋下生出乳头每个长有几寸。他还梦到过自己骑着五色狮子。年纪二十多岁时,王敬则善于跳北方的拍手抚髀的舞蹈。补官做刀戟左右。宋前废帝让王敬则向空中掷刀为戏,他掷出的刀和七丈五尺长的白虎幢一样高,这样掷五六次,没有一次接不中的。补做侠毂队主,统率细铠左右。又曾和寿寂之一起杀死宋前废帝。宋明帝刘彧即位后,用他做直阁将军。因为带刀上殿奏事,被囚禁在监狱里十多天,才恢复直阁职务。又授官做奋武将军,封做重安县子爵,食邑三百五十户。王敬则少年时曾经在草莽中射猎,像乌豆一样的飞虫纷纷落在他身上,用手搔扒便脱落了,虫子落过的皮肤上都出血。王敬则从心里厌恶这件事,便到和尚那里去占卜,和尚说:"不必担心,这可是封侯的好兆头啊。"王敬则听了心里暗自高兴,于是便离开家去京城投效朝廷,到这时果然像和尚说的一样受封为侯。

　　宋明帝泰始初年,用王敬则做龙骧将军、军主,随同宁朔将军刘怀珍出征寿春,叛将殷琰派将军刘从在死虎地方修起四座营垒,刘怀珍派王敬则带领一千人绕到敌后,直接袭击横塘,贼军惊恐退却。授王敬则为奉朝请,出京补官做暨阳县令。

　　王敬则当初离开京城,来到陆主山下时,同姓结伴的人分别乘十几条船一齐出发,唯独王敬则的船不能前进,他就让弟弟下水推船，在水中发现一口乌漆棺材。王敬则发愿说："你不是一般的物件。假如对我是吉利美好的预兆，便让船快快前进。等我富贵之后，将会给你改葬。"说完船便很快驶离岸边。王敬则到县里任官之后，果然捞起这口棺材重新加以安葬。

军事战乱之后，县里有一伙强盗逃进紫山里成为扰民的祸害，王敬则给强盗的头领送去信，说可以出来自首，并且会帮助他们说情减罪。县里有个神庙很有威严灵验，百姓们都诚心信奉，王敬则公开对神发誓，一定不背叛对强盗首领的许诺。强盗的头领都来到之后，王敬则就在庙里设宴会，在席上把这些头领都绑起来，他说："我先前敬告过神灵，假如背叛誓言，就杀十头牛还愿。现在我不违背许下的愿。"立刻宰十头牛表明不辜负对神的誓言，同时斩了那些强盗头领，百姓都为此高兴。王敬则被调做员外郎。

宋后废帝（苍梧王）元徽二年，王敬则随同齐高帝萧道成在新亭抗拒反贼桂阳王刘休范，王敬则和羽林监陈显达、宁朔将军高道庆在大江上乘战船迎战，大破敌人水军，又放火烧掉敌船。战争平定后，王敬则兼做南泰山太守，右侠毂主，转官做越骑校尉，宋安成王刘准的车骑参军。

苍梧王刘昱狂暴残虐，朝中左右大臣人人自危，王敬则认为萧道成有威信有声望，便竭尽诚心侍奉他。每当退班之后，便来到中领军萧道成的官署。夜里王敬则穿上黑衣服，隐伏在大道上，替萧道成侦察探听苍梧王的行踪。萧道成还密令王敬则在宫中殿里伺机行事，但还没有决定动手的日子。不久，杨玉夫等人在紧急时刻杀掉后废帝，王敬则当时正在家里，杨玉夫把后废帝的头送给王敬则，王敬则便骑上马跑去见萧道成，萧道成担心受苍梧王的诳骗，不敢立即开门。王敬则在门外高声说："我是王敬则!"门还是不开。于是王敬则便把人头从墙上扔进去,萧道成拿水洗了细看,看完,便全副武装开门出来。

王敬则随从萧道成进入皇宫,来到承明门,门郎怀疑不是苍梧王回宫,王敬则怕被人识破,便用刀环把门旁墙上的小门堵上,厉声高喊开门。卫尉丞颜灵宝偷看发现萧道成的坐骑在门外,私下对亲近的人说:"现在如果不开门让领军进来,天下将从此大乱。"门打开后,王敬则便紧跟萧道成进入殿上。天亮后,四贵(萧道成、袁粲、褚渊、刘秉)在殿上集会议事,王敬则拔出刀站在萧道成座椅旁跳着脚说:"官家应当决断,看谁敢表示异议!"宋顺帝升明元年,王敬则升任员外散骑常侍、辅国将军、骁骑将军、兼领临淮太守,增赐封邑一千三百户,统领宫内宿卫兵事。

沈攸之叛乱事件发生后,晋升王敬则号称冠军将军。萧道成入守宫廷,袁粲起兵反叛的当天晚上,领军刘韫、直阁将军卜伯兴等在宫里做内应,已经戒严准备出发。这时王敬则打开宫门发起突然袭击,把刘韫、卜伯兴等全都杀掉。这次在宫廷里密谋的叛乱能够全被平息,靠的是王敬则的力量,提升王敬则做右卫将军,常侍官职不变。增赐封邑二千五百户,不久又追加五百户。又封王敬则长子王元迁做东乡侯,食邑三百七十户。齐朝建国后,王敬则做中领军。

萧道成将要受宋帝让位做皇帝之前,材官建议要更换太极殿的柱子,宋顺帝要避免动土不祥,不肯离开皇宫让出帝位。第二天临朝的时候,顺帝躲避逃进宫里。王敬则带人抬着竹轿进到宫里接顺帝,并且劝说让他出来。顺帝拍着王敬则的手说:"如果没有发生我所担心的事,我将会赏赐给辅国将军你十万钱。"

齐高帝建元元年,王敬则出任使持节、散骑常侍、都督南充、徐、青、冀五州军事、平北将军、南兖州刺史，封为寻阳郡公，食邑三千户。加赐王敬则妻怀氏爵号为寻阳国夫人。建元二年，晋升王敬则做安北将军。北魏入侵淮、泗地区，王敬则畏惧敌人，放弃镇守职责逃回京城，地方百姓全都惊慌奔走逃散，齐高帝因为他是功臣，没有加罪，用他做都官尚书、抚军。

不入转做使持节、散骑常侍、安东将军、吴兴太守。郡中原先多有强抢掠夺案件发生，有个十多岁的小孩在路上捡拾别人遗落的东西，被王敬则杀了示众，从此路不拾遗，郡无强盗。有一次逮到一个小偷，王敬则便召来他的亲属当面鞭挞，还命令小偷长期清扫街道，过了很久又命令他检举先前的小偷作他的替身，很多窃贼怕被他认出来，都外逃出走，境内由此清静。一次王敬则外出，从市场路过，看到肉铺里有挂秤的木杆，感叹说："吴兴原先没有这种木杆，这还是我青年时在这里制作的。"

王敬则转官做护军将军，常侍官职不变，他把自己的家当作办公的官署。三年，因为给母亲改葬离职，皇帝下诏赠赐王敬则母亲为寻阳公国太夫人。另授官侍中、抚军将军。齐高帝留下遗诏让王敬则按照原职身份兼做丹阳尹。不久转官做使持节、散骑常侍、都督会稽、东阳、新安、临海、永嘉五郡军事、镇东将军、会稽太守。齐武帝永明二年，赐给一部鼓吹乐队。

会稽郡滨海多湖，民丁不分士庶全都负担保护修葺塘堰的劳役，王敬则认为这项事功和力役用不尽有剩余，便把力役折合成现钱加以征收敛取，把钱送进国库供随时使用，皇帝诏准。竟陵王萧子良上书报告说：

我认为三吴地区，是国家京都的外围，各种开支用度全都依靠这个地区的赋税收入。这里民众日渐流徙减少，生产生活一天天更加困难，蚕桑农业很少有收成，饥寒状况再加严重，富人稍稍增收些财物，穷人接着就陷入困境，让人痛心的事，难于用言辞说尽。近来钱币增值物品价贱，几乎要达到成倍的差距，凡是钱和物相关的事，无不都是这种情况。农业生产艰难，一斛粮食才卖几十个钱，纺织更是勤苦，一匹布才值三百钱。所以出现这种状况，其实是有原因的。平时一年的税收，既有固定期限，雇佣僮隶，全用现钱。东方五郡流通的钱币多半遭到剪削凿损，很少有完整的，公家收敛的钱币，必须又圆又大，民众得用两个钱顶一个钱，百姓陷进交换钱币的困扰之中。官府鞭挞逮捕押禁百姓，更加使百姓落到没有依靠的地步。

我过去曾经在会稽做官，大略熟悉这地方的物产习俗，塘丁所交的役钱，原本并不上缴官府。实际是因为陂湖需要围堵，桥梁道路必须修通，民夫均摊一定的役钱，留在地方供给民事应用。如果甲处毁坏，那么每年就需要修筑；假如乙项工程坚固完好，那么这一年便没有力役之劳。如今郡里一概收敛这笔钱款，又全都送交国库，这等于在租税之外，又增加一种税收。这就造成了陂塘道路崩塌毁坏，湖水流泄散出，既扰害百姓又败坏了政事，这实在是太严重了。

建元初年，北方的强敌不断进犯侵扰，军费大量增加。浙东五郡，每丁抽税一千，竟造成有的人家典卖妻子儿女，用来完足这种税额，道路上随处可见陷入愁苦中的百姓，令人不忍听不忍看。民间逃税的很多，官府该收的租税已经断绝了来路，我当即启奏呈上，立刻得到免除抽税的命令。但是近年来的税租，有三分之一逃避不交，从表面上说这是白白地扰乱百姓，从事实上看这是损害国家。按我的意见塘丁一事，应当恢复原有的制度，所有逃避拖欠的租税，应当采取宽大的政策加以免除。凡是官府该收的现钱,不限多少,便可下令各地方,折价买成布匹。假如百姓有各种物品,凡是对军事或国家有用的,准许按市价定值抵税,不必完全缴纳现钱,这样对公家并不减少需用的物资,对私人实际上得到了宽惠。

当年东晋刚刚南迁时,江南地面才得到进一步开发,那时绢布的价钱,比现在高出十倍,国家赋调多少,随时加以调整增减。永初年间,官布一匹,价值一千,可是民间交来的,价格只算九百。等到元嘉年间,物品价格趋贱,私价十匹布值六千,官府收受反而一匹布只折价五百,所以每次想让惠给平民,最终还是降低了百姓的实惠。限令缴送官府的好布,每匹才百多个钱,但是四方民众需要缴纳的钱数,还是按照先前的旧价不变。过去是侵夺官府的利益,如今成为损害百姓的利益,百姓的贫穷困苦,难道不是由这种政策造成的?

解救民众挽回弊政,莫过于减轻赋税。即使时令调和年成丰收,百姓尚且贫乏空虚,一旦遭到水旱之灾,又怎么指望能有收获。何况西汉时期的强盛,完全靠三辅地区的物产,东汉时期的坚固,完全靠三河地面的物产,这是历代相同,古今一理。现在京城以外地区,租税收入才仅能满足供应本州本府的需要,方山以东地区,深深关系到朝廷的存亡。像股肱是人体重要的部分一样,对会稽等郡不可不加以照顾调养。应该得到宽大的政策,稍稍加以优待。减少目前的小利,可以获得长远的大利,这样就不愁百姓的资财不富裕起来,国库的积财不充足。我是皇帝宗亲之臣受到国家的重托,所说的都应当是有利国家的事,上面说的意见可能愚陋短浅,不见得是妥当。

齐武帝没采纳这意见。

三年，王敬则进号做征东将军。宋朝广州刺史王翼之儿子的妾路氏，性格刚烈暴虐，多次杀死婢女，王翼之儿子王法明向王敬则告发此事，王敬则把路氏交付给山阴狱官杀掉，路氏家族起诉，被有关衙门上奏，山阴县令因此被判死刑。王敬则上朝时，齐武帝对他说："人命至关重要不得轻易处决，是谁决定杀路氏的？连这样的事都不启奏。"王敬则说："是我的愚见。我不知道什么是法律文件，看到身后有朝廷赐下的符节，我认为就有权力判决杀人。"刘岱也向上承认罪过，皇帝便赦免了他。王敬则被免官，以公爵身份担任郡守职务。

明年，转官做侍中、中军将军。不久与王俭一起根据原有官号加赐开府仪同三司，王俭既坚决辞让，王敬则也不肯接受。七年，出京做使持节、散骑常侍、都督豫州、郢州的西阳、司州的汝南两郡军事、征西大将军、豫州刺史，开府不变。又进号骠骑将军。十一年，转调做司空，常侍不变。齐武帝驾崩，遗诏另加官做侍中。明帝萧鸾当朝辅政，暗中有废立皇帝的意图，隆昌元年，放王敬则出京做使持节、都督会稽、东阳、临海、永嘉、新安五郡军事，会稽太守，原官不变。海陵王萧昭文立为皇帝时，进位做太尉。

王敬则的名号官位虽然显达，但是从来不自恃富贵，端庄恭谨不敢苟安，几乎不曾安然闲坐，接待士大夫和庶人全说当地吴语，而且殷勤周到。当初做散骑常侍时曾经出使北魏，在北方客馆亲手种过杨柳，后来员外郎虞长耀出使从北魏回来，王敬则问："我当年种的杨柳树，如今多么大小？"虞长耀说："北方人都把它当作召公种的甘棠树哩！"王敬则听了笑而不答。

武帝曾在宴席上和众臣一起作诗，王敬则拿着纸说："我什么时候落进到这东西的圈子里。"武帝问："这说的是什么？"

王敬则说:"我假如知书识字,不过只能做个尚书都令史而已,哪里会有今天的地位。"王敬则虽然不大识字读书,但是禀性很精明聪慧,做州郡官时,让省事给他读公文,他下发告谕决断案件,全都不违背法令准则。

齐明帝即位后,进位做大司马,增加食邑一千户。朝廷使臣来授官那天,大雨倾盆,王敬则左右的文武官员都惊慌失色,一个门客在旁说:"您从来是这样,当年拜受丹阳、吴兴官职时也下这么大的雨。"于是排列开仪仗,穿好朝服,由随从引领出来到办事厅前行礼拜受官职,王敬则心里还是不自在,久久吐着舌头,直到仪式结束。

明帝杀害很多宗室大臣,王敬则认为自己是高帝、武帝的老臣,心里恐惧不安。明帝虽然在表面上对王敬则厚礼相待,其实内心里对他猜疑提防,多次打听王敬则的饮食和身体状况,听说王敬则衰老,况且就处在京城附近,因此多少有点放心。建武三年,明帝派萧坦之率领宫仪仗兵五百人,巡视武进陵。当时王敬则的几个儿子在京城里,为王敬则担忧恐惧而没有办法。当明帝知道后,派王敬则长子王仲雄到东边去安慰王敬则。王仲雄善于弹琴,在当时新巧绝伦。江左有蔡邕的焦尾琴,收藏在宫内主衣库,皇帝下令每隔五天让王仲雄演奏一回。王仲雄在皇帝面前弹琴时曾唱过《懊侬曲歌》:"常常叹息怕你对我负情,郎今天果然如此!"明帝更加猜忌不安。

永泰元年,明帝病重,多次病危。这时用张瓌做平东将军、吴郡太守,设置兵佐,严密防备王敬则。京城内外谣传将有非常的行动。王敬则听到消息后,私下说:"如今东边还有谁?只是想要削平我罢了。"他的几个儿子也恐惧忧虑,第五子王幼隆派正员将军徐岳把情况秘密报告给徐州行事谢朓寻求对策,假如意见相同，将去向王敬则报告。谢朓抓住徐岳并火速向皇帝告发。王敬则成局参军徐庶的家在京口，他儿子把情况秘密报告给徐庶，徐庶把情况转告给王敬则的五官王公林。王公林是王敬则同族兄弟的儿子，常受到王敬则的重用和信任。王公林劝王敬则赶快向皇帝启奏请求把王幼隆赐死，派一条快船连夜进京。王敬则让司马张思祖草拟奏书，然后又说："假如事情是这么严重，我儿子在京里，总会派人来的，暂且再忍一夜。"当晚，王敬则招呼文武僚佐在一起赌博，王敬则这时对众人说："你们诸位打算让我采取什么对策？"没有敢首先回答。防阁丁兴怀说："官家应当有所作为！"王敬则不作声。第二天一早，召来山阴令王询、台传御史钟离祖愿，王敬则横刀垂脚坐着，问王询等说："征召壮丁能有多少人？府库里现存多少钱财物资？"王询说："县里的丁卒不能抽调上来。"祖愿说："府库里的财物多半还没有收缴上来。"王敬则大怒，将要把这两个人推出去杀掉。王公林又劝王敬则说："官家所有的事都可以反悔，唯独我说的事不能反悔；官家难道不再往深里想一想吗？"王敬则唾他的脸，发怒说："小子！我做事，跟你小子有什么关系！"于是王敬则起兵造反。

明帝下诏书说："谢朓启奏的徐岳的罪状开列在右边。王敬则生性凶残狡猾，根本违背了做人臣的纲纪。只是因为刘宋末年时局多难，很需要武人出力，他得到朝廷的重用和嘉奖，由此才升做荣耀显赫的高官。本朝开始创立基业，他参与过朝廷中一些事情的议论，并没有辅助国家的功勋，他受到的奖赏过高过重反而构成了对君主的威胁。他的爵位是最高等的，身穿三公的衮服，本来风雅人士中对这类武夫就有所讥刺，朝中大臣更是对他怒目而视。但是山溪河谷容易填满，他鸱鸮一般的本性难改，内里引起了猜忌之心，外边露出了丑恶的话。永明年间，危害朝廷的事迹已经有了开始，隆昌年间，更严重的威胁便已显现，安心地对他加以保护，我是尽了大力的。当新的年代开始，我对他推诚尽礼，派去的使臣不断，他父子为官轩冕遮天。然而怨恨朝廷的表现越来越多，从此图谋作乱祸国，收集亡命之徒，结党聚众，对外等候边境上的骚动，对内窥伺朝廷的空子。王元迁兄弟，会集在京城里成为罪恶的渊薮，暗中交通谋划奸计，打算秘密起事发难。谢朓是他的姻家女婿，徐岳是他同邑人的儿子。所获得的证据不是其他，而是明显地可以使人相信。对国家没听说有像方叔、召公那样建功辅国的美德，却如同韩信、彭越一样对朝廷怀有深仇大恨。这种罪过如果可以容忍，那么还有谁该受刑律的处罚！现在就该立刻派人收捕，严肃明正国法。处死刑的，只是王敬则父子而已；凡是一时有错误受到牵连的，一概从轻免除刑罚。"逮捕了王敬则的儿子员外郎王世雄、记室参军王哲、太子洗马王幼隆、太子舍人王少安等，全把他们在家里杀掉。长子黄门郎王元迁，任宁朔将军，带领一千人在徐州同外敌作战，下令徐州刺史徐玄庆把他杀掉。

王敬则起事时召集兵众分配衣甲，两三天后便出发，他打算劫持前中书令何胤复职做尚书令，长史王弄璋、司马张思祖阻止王敬则这样做。于是带领甲士一万人渡过浙江，王敬则对张思祖说："应该作一篇檄文。"张思祖说："如今您亲自回朝，作檄文有什么用。"王敬则同意不做了。

朝廷派遣辅国将军前军司马左兴盛、后军将军直阁将军崔恭祖、辅国将军刘山阳、龙骧将军直阁将军马军主胡松三千多人，在曲阿、长冈修筑营垒，右仆射沈文季做持节都督，驻军湖头，警戒去京口的道路。

王敬则带领旧日部将起事，百姓都扛着船篙肩着铁锹跟随着他，有十多万人。到晋陵，南沙人范修华杀掉县令公上延孙来响应王敬则。王敬则走到武进陵口，伤心痛哭乘着竹轿子前进。遇到左兴盛、刘山阳筑的两道木栅，尽力攻击。左兴盛让军人远远喊话告诉王敬则说："你的儿子全都死净了，你还拿什么作战？"官军不敌，打算退却，可是王敬则的包围严密，冲突不开，双方各自拼力死战。这时胡松带领骑兵突袭王敬则军队的背后，随从作战的百姓没有兵器，都惊慌逃散，王敬则军大败。王敬则要来战马，上两次都没上去，左兴盛的军容袁文旷杀了王敬则，把头传送到京城。这时齐明帝已经病危，王敬则突然在东方起兵，朝廷震惊恐惧。东昏侯萧宝卷在东宫，商议准备叛乱，派人登上屋顶观望，看到征虏亭着火，说是王敬则来到，急忙整装准备逃走。有人向王敬则报告，王敬则说："檀道济有三十六计，逃跑是上计。你们萧家父子只有赶快逃跑这一条路了。"王敬则的到来，队伍声势很大，只有几天便失败了，当时王敬则已经七十多岁。

事后封左兴盛为吴县男爵，崔恭祖为遂兴县男爵，刘山阳为湘阴县男爵，胡松为沙阳县男爵，各食邑四百户，是奖赏平定王敬则的功劳的。又赠赐公上延孙做射声校尉。

陈显达

陈显达，南彭城人也。宋孝武世，为张永前军幢主。景和中，以劳历驱使。泰始初，以军主隶徐州刺史刘怀珍北征，累至东海王板行参军，员外郎。泰始四年，封彭泽县子，邑三百户。历马头、义阳二郡太守，羽林监，濮阳太守。

隶太祖讨桂阳贼于新亭垒，刘勔大桁败，贼进杜姥宅，及休范死，太祖欲还卫宫城，或谏太祖曰："桂阳虽死，贼党犹炽，人情难固，不可轻动。"太祖乃止。遣显达率司空参军高敬祖自查浦渡淮缘石头北道入承明门，屯东堂。宫中恐动，得显达（乃）至，〔乃〕稍定。显达出杜姥宅，大战破贼。矢中左眼，拔箭而镞不出，地黄村潘妪善禁，先以钉钉柱，妪禹步作气，钉即时出，乃禁显达目中镞出之。封丰城县侯，邑千户。转游击将军。

寻为使持节、督广交越三州湘州之广兴军事、辅国将军、平越中郎将、广州刺史，进号冠军。沈攸之事起，显达遣军援台，长史到遁、司马诸葛导谓显达曰："沈攸之拥众百万，胜负之势未可知，不如保境蓄众，分遣信驿，密通彼此。"显达于座手斩之，遣表疏归心太祖。进使持节、左将军。军至巴丘，而沈攸之平。除散骑常侍、左卫将军，转前将军、太祖太尉左司马。齐台建，为散骑常侍，左卫将军，领卫尉。太祖即位，迁中护军，增邑千六百户，转护军将军。显达启让，上答曰："朝廷爵人以序。卿忠发万里，信誓如期，虽屠城殄国之勋，无以相加，此而不赏，典章何在。若必未宜尔，吾终不妄授。于卿数士，意同家人，岂目于君臣邪？过明，与王、李俱祗召也。"上即位后，御膳不宰牲，显达上熊烝一盘，上即以充饭。

建元二年，虏寇寿阳，淮南江北百姓搔动。上以显达为使持节、散骑常侍、都督南兖兖徐青冀五州诸军事、平北将军、南兖州刺史。之镇，虏退。上敕显达曰："虏经破散后，当无复犯关理。但国家边防，自应过存备豫。宋元嘉二十七年后，江夏王作南兖，徙镇盱眙，沈司空亦以孝建初镇彼，政当以淮上要于广陵耳。卿谓前代此处分云何？今佥议皆云卿应据彼地，吾未能决。乃当以扰动文武为劳。若是公计，不得惮之。"事竟不行。

迁都督益宁二州军事、安西将军、益州刺史，领宋宁太守，持节、常侍如故。世祖即位，进号镇西。益部山险，多不宾服。大度村獠，前后刺史不能制，显达遣使责其租赕，獠帅曰："两眼刺史尚不敢调我！"遂杀其使。显达分部将吏，声将出猎，夜往袭之，男女无少长皆斩之。自此山夷震服。广汉贼司马龙驹据郡反，显达又讨平之。

永明二年，征为侍中、护军将军。显达累任在外，经太祖之忧，及见世祖，流涕悲咽，上亦泣，心甚嘉之。

五年，荒人桓天生自称桓玄宗族，与雍、司二州界蛮虏相扇动，据南阳故城。上遣显达假节，率征虏将军戴僧静等水军向宛、叶，雍、司众军受显达节度。天生率虏众万余人攻舞阴，舞阴戍主辅国将军殷公愍击杀其副张麒麟，天生被疮退走。仍以显达为使持节、散骑常侍、都督雍梁南北秦郢州之竟陵司州之随郡军事、镇北将军，领宁蛮校尉、雍州刺史。显达进据舞阳城，遣僧静等先进，与天生及虏再战，大破之，官军还。数月，天生复出攻舞阴，殷公愍破之，天生还窜荒中，遂城、平氏、白土三城贼稍稍降散。

八年，进号征北将军。其年，仍迁侍中、镇军将军，寻加在领军。出为使持节、散骑常侍、都督江州诸军事、征南大将军、江州刺史，给鼓吹一部。显达谦厚有智计，自以人微位重，每迁官，常有愧惧之色。有子十余人，诫之曰："我本志不及此，汝等勿以富贵陵人！"家既豪富，诸子与王敬则诸儿，并精车牛，丽服饰。当世快牛称东世子青，王三郎乌，吕文显折角，江瞿昙白鼻。显达谓其子曰："尘尾扇是王谢家（许）〔物〕，汝不须捉此自逐。"

十一年秋，虏动，诏屯樊城。世祖遗诏，即本号开府仪同三司，隆昌元年，迁侍中、车骑将军，开府如故，置兵佐。豫废郁林之勋，延兴元年，为司空，进爵公，增邑千户，甲仗五十人入殿。高宗即位，进太尉，侍中如故，改封鄱阳郡公，邑三千户，加兵二百人，给油络车。建武二年，虏攻徐、司，诏显达出顿，往来新亭白下，以为声势。

上欲悉除高、武诸孙，微言问显达，荅曰："此等岂足介虑。"止乃止。显达建武世心怀不安，深自贬匿，车乘朽故，导从卤簿，皆用羸小，不过十数人。侍宴，酒发启上曰："臣年已老，富贵已足，唯少枕枕死，特就陛下乞之。"上失色曰："公醉矣。"以年礼告退，不许。

是时虏频寇雍州，众军不捷，失沔北五郡。永泰元年，乃遣显达北讨。诏曰："晋氏中微，宋德将谢，蕃臣外叛，要荒内侮，天未悔祸，左衽乱华，巢穴神州，逆移年载。朕嗣膺景业，踵武前王，静言隆替，思乂区夏。但多难甫夷，恩化肇洽，兴师扰众，非政所先，用戢远图，权缓北略，冀戎夷知义，怀我好音。而凶丑剽狡，专事侵掠，驱扇异类，蚁聚西偏，乘彼自来之资，抚其天亡之会，军无再驾，民不重劳，传檄以定三秦，一麾而臣禹迹，在此举矣。且中原士庶，久望皇威，乞师请援，结轨驰道。信不可失，时岂终朝。宜分命方岳，因兹大号。侍中太尉显达，可暨辍槐阴，指授群帅。"中外纂严。加显达使持节，向襄阳。

永元元年，显达督平北将军崔慧景众军四万，围南乡堺马圈城，去襄阳三百里，攻之四十日，虏食尽，噉死人肉及树皮，外围既急，虏突走，斩获千计。官军竞取城中绢，不复穷追。显达入据其城，遣军主庄丘（累）〔黑〕进取南乡县，故从阳郡治也。虏主元宏自领十余万骑奄至，显达引军渡水西据鹰子山筑城，人情沮败。虏兵甚急，军主崔恭祖、胡松以乌布幔盛显达，数人檐之，迳道从分碛山出均水口，台军缘道奔退，死者三万余人。左军将张千战死，追赠游击将军。显达素有威名，著于蛮虏，至是大损丧焉。御史中丞范岫奏免显达官，朝议优诏荅曰："昔卫、霍出塞，往往无功，冯、邓入关，有时亏丧。况公规谟肃举，期寄兼深、见可知难，无损威略。方振远图，廓清朔土。虽执宪有常，非所得议。"显达表解职，不许，求降号，又不许。

以显达为都督江州军事、江州刺史，镇贫城，持节本官如故。初，王敬则事起，始安王遥光启明帝虑显达为变，欲追军还，事寻平，乃寝。显达亦怀危怖。及东昏立，弥不乐还京师，得此授，甚喜。寻加领征南大将军，给三望车。

显达闻京师大相杀戮，又知徐孝嗣等皆死，传闻当遣兵袭江州，显达惧祸，十一月十五日，举兵。令长史庾弘远、司马徐虎龙与朝贵书曰：

诸君足下：我太祖高皇帝睿哲自天，超人作圣，属彼宋季，纲纪自顿，应禅从民，遘此基业。世祖武皇帝昭略通远，克纂洪嗣，四关罢崄，三河静尘。郁林海陵，顿孤负荷。明帝英圣，绍建中兴。至乎后主，行悖三才，琴横甴席，绣积麻筵，淫犯先宫，秽兴闺闼，皇陛为市廛之所，雕房起征战之门。任非华尚，宠必寒厮。

江仆射兄弟，忠言属荐，正谏繁兴，覆族之诛，于斯而至。故乃犴噬之刑，四剭于海路，家门之衅，一起于中都。萧、刘二领军，并升御座，共禀遗诏，宗戚之苦，谅不足谈，《渭阳》之悲，何辜至此。徐司空历叶忠荣，清简流世，匡翼之功未著，倾宗之罚已彰。沈仆射年在悬车，将念机杖，欢歌园薮，绝影朝门，忽招陵上之罚，何万古之伤哉？遂使紫台之路，绝缙绅之俦；缨组之阁，罢金、张之胤。悲哉！蝉冕为贼宠之服。呜呼！皇陛列劫竖之坐。

且天人同怨，乾象变错，往岁三州流血，今者五地自动。昔汉池异色，胥王因之见废；吴郡楚震，步生以为奸佞。况事隆于往怪，衅倍于前虐，此而未废，孰不可兴？

王仆射、王领军、崔护军，中维简正，逆念剖心。萧卫尉、蔡詹事、沈左卫，各负良家，共伤时崄。先朝遗旧，志在名节，同列丹书，要同义举。建安殿下秀德冲远，寔允神器。昏明之举，往圣流言。今悉役戎驱，亟请乞路。须京尘一静，西迎大驾，歌舞太平，不亦佳哉！裴豫州宿遣诚言，久怀慷慨，计其劲兵，已登淮路；申司州志节坚明，分见迎合，总勒偏率，殿我而进；萧雍州、房僧寄并已篡迈，旌鼓将及；南兖州司马崔恭祖壮烈超群，嘉驿屡至，仁听烽谍，共成唇齿；荆郢行事萧、张二贤，莫不案剑澒风，横戈待节；关巂蕃守之俦，孰非义侣。

我太尉公体道合圣，杖德脩文，神武横于七伐，雄略震于九纲。是乃从彼英序，还抗社稷。本欲鸣茄细锡，无劳戈刃。但忠党有心，节义难遗。信次之闲，森然十万。飞旆咽于九派，列舰迷于三川，此盖捧海浇萤，烈火消冻耳。吾子其择善而从之，无令竹帛空为后人笑也。

朝廷遣后军将军胡松、骁骑将军李叔献水军据梁山；左卫将军左兴盛假节，加征房将军，督前锋军事，屯新亭；辅国将军骁骑将军徐世摽领兵屯杜姥宅。显达率众数千人发寻阳，与胡松战于采石，大破之，京邑震恐。十二月十三日，显达至新林筑城垒，左兴盛率众军为拒战之计。其夜，显达多置屯火于岸侧，潜军渡取石头北上袭宫城，遇风失晓，十四日平旦，数千人登落星岗，新亭军望火，谓显达犹在，既而奔归赴救，屯城南。宫掖大骇，闭门守备。显达马矟从步军数百人，于西州前与台军战，再合，大胜，手杀数人，矟折，官军继至，显达不能抗，退走至西州（从）〔后〕乌榜村，为骑官赵潭注矟刺落马，斩之于篱侧，血湧湔篱，似淳于伯之被刑也。时年七十二。显达在江州，遇疾不治，寻而自差，意甚不悦。是冬连大雪，枭首于朱雀，而雪不集之。诸子皆伏诛。

译文：

陈显达，南彭城人。宋孝武帝在位时，任张永的前军旗主。景和年间，因年月辛劳历任奔走之职。泰始初年，以军主的身份隶属于徐州刺史刘怀珍，参与北征，积累功劳，官至东海王的行参军，员外郎。泰始四年，封爵彭泽县子，食邑三百户。历任马头、义阳二郡太守、羽林监、濮阳太守等职。

后来，他隶属于刘太祖萧道成，在新亭垒讨伐宋桂阳王刘休范的叛军，刘勔在大桁战败，叛军攻进杜姥宅，待到刘休范被杀，太祖想返回保卫宫城，有人劝谏他说："桂阳王刘休范虽死，但叛军气势还很盛，人心也不稳，不能轻举妄动。"太祖方才作罢。于是派遣陈显达率领司空参军高敬祖，从查浦渡过淮河，沿着石头城北道进入承明门，屯兵东堂。当时皇宫中人心惶惶，得知陈显达领兵来到，才有些安定。陈显达领兵出杜姥宅，与叛军激战，大败叛军。在交战中他左眼中箭，拔箭而箭头没有出来，地黄村的潘妪有方术，先把钉子钉在柱子上，潘妪禹步发气功，钉子马上就会出来。于是请她用方术，把箭头从陈显达眼中取出。因功封爵丰城县侯，食邑千户。转任游击将军。

不久，他迁任使持节、督广、交、越三州和湘州的广兴诸军事、辅国将军、平越中郎将、广州刺史，进号冠军将军。后来沈攸之举兵起事，陈显达派军队增援台省，长史到遁、司马诸葛导对陈显达说："沈攸之拥兵百万，胜败的形势还不能断定，不如保守境土蓄集兵马，分别派使者，暗中与两方结好。"陈显达亲手在座上把这两人杀死，然后派人送表疏，顺从太祖。晋升为使持节、左将军。军队到达巴丘，沈攸之的叛乱被平定。于是除拜散骑常侍、左卫将军，转前将军、太祖的太尉左司马。齐建台省后，任散骑常侍，左卫将军，领卫尉。太祖登上皇帝宝座，迁任中护军，增加食邑一千六百户。陈显达上表辞让，皇上答复说："朝廷给人封爵是有等次的。卿赤胆忠心，发兵于千里之外，实现诺言如期到达，就是克城灭国的功勋，也难以超过它。这样的功劳不加封赏，还有什么典章可言呢？如果不应该如此，我绝不随便授予。我与卿等几位士人，就如同家里人一般，难道只是君臣关系吗？过了明日，将与王、李一同恭敬地召来。"皇上即位以来，御膳不宰杀牲畜，陈显达献上一盘熊烝，皇上就用来当饭吃。

建元二年，魏虏寇掠寿阳，淮南江北地区百姓惶恐不安。皇上委任陈显达为使持节、散骑常侍、都督南兖、兖、徐、青、冀五州诸军事、平北将军、南兖州刺史。到达镇守地南兖州，魏虏兵退。皇上敕命陈显达说："魏虏被战败溃散后，当没有再侵犯边关的道理。但是国家的边防，自然应该关心和多加防备。宋元嘉二十七年以后，江夏王任南兖州刺史，将镇所迁到盱眙，沈司空也在孝建初年镇守那里，这是因为淮河上比广陵更重要。卿认为前代这样做是否有道理？如今人人议论卿应该据守那个地方，我尚未决定。如果这样，就要劳动诸文吏武士。如果从公心考虑，不应该害怕迁移的麻烦和劳苦。"事情最终被搁置下来。

后来,他迁任都督益、宁二州军事、安西将军、益州刺史,领宋宁太守,照旧为持节、常侍。世祖登上帝位,进号镇西将军。益州所部多山川险要,民众多不顺服。大度村獠人,前后刺史都不能制服,陈显达派人让獠人缴租税和赎罪钱财,獠人首领说:"双眼刺史还不敢向我征收租调!"就杀了派去的人。陈显达调兵遣将,宣称要出去打猎,夜晚偷袭大度村獠,无论男女老少全部杀死。从此山中蛮夷慑服。广汉盗贼司马龙驹据守郡城造反,陈显达又领兵平定了这次叛乱。

永明二年,被征入京城,任侍中、护军将军。陈显达连续放外任,其间经历了齐太祖去世的变故,待他见到世祖,悲伤得呜咽流涕,世祖也跟着哭泣,从内心嘉许他的忠诚。

永明五年,边陲之人桓天生自称是桓玄的同宗,与雍、司二州交界处的蛮人互相煽动,窃据南阳老城。皇上派遣陈显达假节,率领征虏将军戴僧静等所部水师,指向宛城、叶县,雍、司二州诸军也都服从陈显达指挥。桓天生率蛮兵一万多人攻打舞阴,舞阴戍主辅国将军殷公愍接战,杀死他的副将张麒麟,桓天生带疮伤败退。于是任命陈显达为使持节、散骑常侍、都督雍、梁、南秦、北秦四州以及郢州的竟陵、司州的随郡诸军事,镇北将军、领宁蛮校尉、雍州刺史。陈显达进军据守舞阳城,派遣戴僧静等为前驱,与桓天生及魏虏再次交锋,大败桓天生与魏军,官军凯旋。几个月以后,桓天生又出兵攻打舞阳,被殷公愍打败,桓天生逃回边荒地区,遂城、平氏、白土三城的贼兵渐渐投降溃散。

永明八年,进官号为征北将军。当年,又迁侍中、镇军将军,不久加官中领军。放外任为使持节、散骑常侍、都督江州诸军事、征南大将军、江州刺史,赐给鼓吹一部。陈显达为人谦虚诚厚足智多谋，自己以为出身寒微而官位尊重，每次升迁官职，时常流露出惭愧不安的神色。他有十几个儿子，曾告诫他们说："从我的本心来说，不该有这样的职位，你们不要用富贵欺侮人。"家里变得富裕豪华起来，他的诸子和王敬则的诸子，都乘坐豪华的牛车，身穿丽服佩带美饰。被当时人盛誉的快牛有陈世子青牛、王三郎乌牛、吕文献折角牛、江瞿昙白鼻牛。陈显达对他的儿子说："麈尾和扇子是士族高门王、谢两家的东西，你不要拿这些东西攀附风雅。"

永明十一年秋天，魏虏有军事行动，诏令陈显达屯兵樊城。世祖临终诏令，以本号为开府仪同三司。隆昌元年，迁侍中、车骑将军，开府依旧保留，设置士兵佐吏。因参与废黜郁林王的功勋，延兴元年，升迁司空，晋爵为公，增加食邑一千户，给甲仗五十人，可直入殿堂。高宗登上帝位，晋升为太尉，照旧为侍中，改封为鄱阳郡公，食邑三千户，增加卫兵二百人，赐给油络车一辆。建武二年，魏虏进攻徐、司二州，诏令陈显达出兵屯驻，往来于新亭、白下之间，以造成声势。

皇上打算全部除掉高帝和武帝诸位孙子，委婉地咨询陈显达，他回答说："这些人不足为虑。"皇上方才作罢。陈显达在建武年间内心不自安，多自贬抑藏匿，乘坐朽坏的旧车，导从卤簿等仪仗，都用赢弱矮小之人，人数不过十几。一次陪皇上饮宴，酒后启奏皇上说："臣年纪已老，荣华富贵已经够了，缺少的就是躺在枕席上死去，特向陛下乞求。"皇上闻言大惊失色，说："公喝醉了。"他以年老之礼乞求告退，朝廷不允许。

当时魏虏频繁寇掠雍州，齐诸军接战不利，失陷汉水以北五郡。永泰元年，派遣陈显达领兵北讨。皇上下诏说："晋室中年衰微，宋朝德运将终，藩臣外叛，偏僻边远之人内侵，上天降下的大祸尚未结束,戎夷扰乱华夏,在神州构筑巢穴,已经历了许多年载。我嗣承大业,跟随先王,谋说兴替,思平定华夏。但是各种祸难刚刚平息,恩惠教化开始周鲋,兴师动众,不应为政事之先,因此收敛远图,权且推迟北伐的时间,希望戎夷知晓道义,思念我的好话,而他们凶恶狡诈,专门从事侵略,驱赶挑动异族,像蚂蚁一样聚集在西部边界,利用他自己送来的物资,乘着天要亡他的机会,军队不必要再次出征,人民不需要重复劳动,传檄文以平定三秦,一战而臣服大禹发迹的地区,就在此一举。况且中原的士族庶民,长久盼望皇上的威力,乞请出兵为援,车马络绎不绝,机不可失,时岂能再来。应该用这个大号令,分别委任方岳大臣。侍中太尉陈显达可暂时停在槐阴,指挥诸将帅。"京城和外地实行戒严。陈显达加使持节,前往襄阳。

永元元年,陈显达都督平北将军崔慧景的兵众四万人,包围南乡界的马圈城,该城离襄阳有三百里路,攻打了四十天,魏虏军粮断绝,吃死人肉和树皮充饥,城外围攻紧急,魏虏突围逃跑,斩首和俘获的有数千人。官军将士争拿城中绢帛,不再穷追。陈显达进驻马圈城,派遣军主庄丘黑领兵进攻南乡县,就是过去的从阳郡治所。魏主远宏亲自率领十几万骑兵突然来到,陈显达领兵渡过丹水,占据鹰子山,修筑城堡,人情沮丧。魏兵攻击猛烈,军主崔恭祖、胡松用黑布幔作担架,让陈显达坐在上边,几个人抬着,径直从分碛山出均水口,台省军队沿路溃散逃跑,死的有三万多人。左军将领张千作战而死,后追赠游击将军。陈显达平素威名远扬魏军中,至此名声大损。御史中丞范岫启奏免除陈显达官职,朝廷议论后,诏书答复说:"往昔卫青、霍去病出兵塞外,往往无功而回;冯异、邓禹领兵进关,也有亏损败丧。况公军谋明举,期望寄托深重,见可知难的举措,无损于威望和谋略。方要重新远图,廓清朔方国土。虽然执法有一定之规,但不能议罪。"陈显达上表朝廷,请求解除官职。不许,又请求降贬官号,也不许。

后来以陈显达为都督江州军事、江州刺史,镇守盆城,保留持节和原官职。起初,王敬则谋反事发生后,始安王萧遥光启奏明帝,考虑陈显达可能叛变,想把军队追回,王敬则的反事很快被平息,此议作罢。陈显达内心也惶恐不安。待到东昏侯登上帝位,他更不喜欢回京城,得到这项任命,很是高兴。不久,加领征南大将军,赐给三望车一辆。

陈显达获悉京城中互相残杀,又知道徐孝嗣等人都已死去,又传闻将要派兵袭击江州,他害怕大祸临头,十一月十五日起兵。命令长史庾弘远、司马徐虎龙给朝廷大臣书信说:

诸君足下,我太祖高皇帝睿智为上天所赋予,超过常人成为圣贤,身逢刘宋季世,纲纪自行毁顿,接受禅让顺从民心,构造鸿基大业。世祖武皇帝明略通远,能接续圣嗣,四关失其险峻。三河地区平静无尘。郁林、海陵二区,顿时辜负重任。明帝英明圣哲,续建中兴。到了后主,行为违背三才,琴瑟和彩画胡乱堆放在地面竹席上,淫乱先帝宫女,污秽兴于闺内,殿陛变为市卖场所,雕房成了征战的门户。宠任的不是华门高族,而是寒人厮养。

江仆射兄弟,忠言接连进献,正谏频繁兴作,灭门的诛杀因此而招致。所以牢狱噬咬的刑罚,四分于海路,家门的祸衅,一起于京城。萧、刘两位领军,同升御座,共受遗诏,宗族亲戚的苦痛,实在不值得一提,渭阳甥舅之间的悲伤,是什么罪咎酿成。徐司空历代忠诚荣耀,清通简要流传于世间,匡扶翼赞的功劳尚不显著,灭宗的处罚已经彰明。沈仆射已到悬车之年,正准备手持几仗,欢歌于园林湖泽,身影不再见于朝堂,忽然招来陵上的罪罚,不知万古的哀伤从何而来。因此使通向台省的路上,缺少了缙绅之辈,缨络组绶的殿阁,除罢了金、张的后裔。可悲啊,蝉冕成了低贱的宠幸者的冠服,可叹啊!朝堂排列着劫盗竖子的座位。

况且天怒人怨,天象错乱,往岁三州流血,今年五处地震。从前汉池改变颜色,胥王因而被废黜;吴郡短暂地震,步生认为是奸幸的感应。何况今天的事变比往日的灾异更重,祸衅倍于先前的灾害。这如不废弃,还有什么邪恶不能兴盛呢?

王仆射、王领军、崔护军思谋简正,不同的意见能开诚布公。萧卫尉、蔡詹事、沈左卫,各自倚恃良家,同伤时势的险恶。前朝留下的旧臣,志向在于立名节,姓名同列在册书,约定同时举义。建安王殿下品德谦和高远,实可守护神器。黜昏暗举英明,是先哲流传下来的格言。如今役使戎马驰驱,谨请借个通道。待京城风尘平定,当西上迎接大驾,歌舞升平,岂不美吗?裴豫州先前来信,义气激昂,估计他的强兵劲卒,已登上淮河之路;申司州志节坚明,必将前来会合,统领偏师,继我而进;萧雍州、房僧寄都已紧急动员,旗鼓将至;南兖州司马崔恭祖壮烈超群,派驿传使者屡来,立待烽火信息,形成唇齿之势;荆、郢二州行事萧、张二贤,无不按剑,风餐露宿,横戈持节;诸关隘、内、藩守之辈,谁不是义举的同伴?

我太尉公依循道义符合圣教,持德修文,神武横行于攻杀,雄略震动九纲。于是从其州镇职守,回京捍卫社稷。本想鸣鼓小赐,不劳戈刀。但士卒有忠诚正直之心,志节义气难以违背。在两三天之间,兵众之盛已达十万。飞旌阻塞九脉,列舰遮盖三川,这就像捧海水浇飞萤,举烈火消冰冻一样。望诸位择善而从，不要恶名著于青史遗笑后人。

朝廷派遣后军将军胡松、骁骑将军李叔献的水军据守梁山；左卫将军左兴盛假节，加征虏将军，督前锋军事，屯驻新亭。辅国将军、骁骑将军徐世䮒领兵屯守杜姥宅。陈显达率领几千士兵从寻阳出发，与胡松的军队在采石交锋，大败胡松军，京城震动惶恐。十二月十三日，陈显达到达新林，构筑城堡，左兴盛率领诸军准备阻击。当天夜晚，陈显达在岸边设置许多屯火，暗中派兵偷渡，夺取石头城，北上袭击宫城。因遇风失去联络。十四日天亮，几千人登上落星岗，新亭军望见火起，以为陈显达还在，然后逃回救援，屯驻城南。宫内掖庭人们十分惶恐，闭门自守。陈显达骑马手持长矛，带领步兵数百人，在西州前和台省军队作战，交锋两个回合，大胜，亲手杀死数人，长矛折断。官军援兵来到，陈显达抵挡不住，败退，到西州后乌榜村，被骑官赵潭投掷长矛刺中，落马，被斩在篱笆旁，血涌出飞溅在篱笆上，像淳于伯受刑那样。当年七十二岁。陈显达在江州时，患病未加医治，不久自行痊愈，心中很不高兴。这年冬天接连下大雪，在朱雀悬首示众，而雪不覆盖。他的诸子全被杀。

南齐书卷三十三

列传第十四

王僧虔

王僧虔,琅邪临沂人也。祖珣,晋司徒。伯父太保弘,宋元嘉世为宰辅。宾客疑所讳,弘曰:"身家讳与苏子高同。"父昙首,右光禄大夫。昙首兄弟集会诸子孙,弘子僧达下地跳戏,僧虔年数岁,独正坐采蜡烛珠为凤凰。弘曰:"此儿终当为长者。"

僧虔弱冠,弘厚,善隶书。宋文帝见其书素扇,叹曰:"非唯迹逾子敬,方当器雅过之。"除祕书郎,太子舍人。退默少交接,与袁淑、谢庄善。转义阳王文学,太子洗马,迁司徒左西属。

兄僧绰,为太初所害,亲宾咸劝僧虔逃。僧虔涕泣曰:"吾兄奉国以忠贞,抚我以慈爱,今日之事,苦不见及耳。若同归九泉,犹羽化也。"孝武初,出为武陵太守。兄子俭于中途得病,僧虔为废寝食。同行客慰喻之。僧虔曰:"昔马援处儿侄之闲一情不异,邓攸于弟子更逾所生,吾实怀其心,诚未异古。亡兄之胤,不宜忽诸。若此儿不救,便当回舟谢职,无复游(官)〔宦〕之兴矣。"还为中书郎,转黄门郎,太子中庶子。

孝武欲擅书名,僧虔不敢显迹。大明世,常用掘笔书,以此见容。出为豫章王子尚抚军长史，迁散骑常侍，复为新安王子鸾北中郎长史、南东海太守，行南徐州事，二蕃皆帝爱子也。

寻迁豫章内史。入为侍中，迁御史中丞，领骁骑将军。甲族向来多不居宪台，王氏以分枝居乌衣者，位官微减，僧虔为此官，乃曰："此是乌衣诸郎坐处，我亦可试为耳。"复为侍中，领屯骑校尉。泰始中，出为辅国将军、吴兴太守，秩中二千石。王献之善书，为吴兴郡，及僧虔工书，又为郡，论者称之。

徙为会稽太守，秩中二千石，将军如故。中书舍人阮佃夫〔家〕在会（下）〔稽〕，请假东归。客劝僧虔以佃夫要倖，宜加礼接。僧虔曰："我立身有素，岂能曲意此辈。彼若见恶，当拂衣去耳。"佃夫言于宋明帝，使御史中丞孙夐奏："僧虔前莅吴兴，多有谬命，检到郡至迁，凡用功曹五官主簿至二礼吏署三传及度与弟子，合四百四十八人。又听民何系先等一百十家为旧门。委州检削。"坐免官。

寻以白衣兼侍中，出监吴郡太守，迁使持节、都督湘州诸军事、建武将军、行湘州事，仍转辅国将军，湘州刺史。所在以宽惠著称。巴峡流民多在湘土，僧虔表割益阳、罗、湘西三县缘江民立湘阴县，从之。

元徽中，迁吏部尚书。高平檀珪罢沅南令，僧虔以为征北板行参军。诉僧虔求禄不得，与僧虔书曰："五常之始，文武为先，文则经纬天地，武则拨乱定国。仆一门虽谢文通，乃忝武达。群从姑叔，三媾帝室，祖兄二世，縻躯奉国，而致子侄饿死草壤。去冬今春，频荷二敕，既无中人，屡见蹉夺。经涉五朔，逾历四晦，旧牍十二，接觐六七，遂不荷润，反更曝鳃。九流绳平，自不宜独苦一物，蝉腹龟肠，为日已久。饥虎能吓，人遽与肉；饿麟不噬，谁为落毛。去冬乞豫章丞，为马超所争；今春蒙敕南昌县，为史偃所夺。二子勋荫人才，有何见胜。若以贫富相夺，则分受不如。〔身〕虽孤微，百世国士，姻媾位宦，亦不后物。尚书同堂姊为江夏王妃，檀珪同堂姑为南谯王妃；尚书妇是江夏王女，檀珪祖姑嫔长沙景王；尚书伯为江州，檀珪祖亦为江州；尚书从兄出身为后军参军，檀珪父释褐亦为中军参军。仆于尚书，人地本悬，至于婚宦，不肯殊绝。今通塞虽异，犹忝气类，尚书何事乃尔见苦？泰始之初，八表同逆，一门二世，粉骨卫主，殊勋异绩，已不能甄，常阶旧途，复见侵抑。"僧虔报书曰："征北板比岁处遇小优，殷主簿从此府入崇礼，何仪曹即代殷，亦不见诉为苦。足下积屈，一朝超升，政自小难。泰始初勤苦十年，自未见其赏，而顿就求称，亦何可遂。吾与足下素无怨憾，何以相侵苦，直是意有佐佑耳。"珪又书曰："昔荀公达汉之功臣，晋武帝方爵其玄孙。夏侯惇魏氏勋佐，金德初融，亦始就甄显，方赏其孙，封树近族。羊叔子以晋泰始中建策伐吴，至咸宁末，方加褒宠，封其兄子。卞望之以咸和初殒身国难，至兴宁末，方崇礼秩，官其子孙。蜀郡主簿田混，黄初末死故君之难，咸康中方擢其子孙。似不以世代远而被弃，年世疏而见遗。檀珪百罹六极，造化罕比，五丧停露，百口转命，存亡披迫，本希小禄，无意阶荣。自古以来有沐食侯，近代有王官。府佐非沐食之职，参军非王官之谓。质非匏瓜，实羞空悬。殷、何二生，或是府主情昧，或是朝廷意旨，岂与悠悠之人同口而语。使仆就此职，尚书能以郎见转不？若使日得五升禄，则不耻执鞭。"僧虔乃用为安城郡丞。珪，宋安南将军韶孙也。

僧虔寻加散骑常侍，转右仆射。升明元年，迁尚书仆射，寻转中书令，左仆射，二年，为尚书令。僧虔好文史，解音律，以朝廷礼乐多违正典，民闲竞造新声杂曲，时太祖辅政，僧虔上表曰："夫悬钟之器，以雅为用；凯容之礼，八佾为仪。今总章羽佾，音服舛异。又歌钟一肆，克谐女乐，以歌为务，非雅器也。大明中，即以宫悬合和《鞞》《拂》，节数虽会，虑乖《雅》体，将来知音，或讥圣世。若谓钟舞已谐，重违成宪，更立歌钟，不参旧例。四县所奏，谨依《雅》条，即义沿理，如或可附。又今之《清商》，实由铜爵，三祖风流，遗音盈耳，京、洛相高，江左弥贵。谅以金石干羽，事绝私室，桑、濮、郑、卫，训隔绅冕，中庸和雅，莫复于斯。而情变听移，稍复销落，十数年闲，亡者将半。自顷家竞新哇，人尚谣俗，务在噍杀，不顾音纪，流宕无崖，未知所极，排斥正曲，崇长烦淫。士有等差，无故不可去乐；礼有攸序，长幼不可共闻。故喧丑之制，日盛于廛里；风味之响，独尽于衣冠。宜命有司，务憖功课，缉理遗逸，迭相开晓，所经漏忘，悉加补缀。曲全者禄厚，艺妙者位优。利以动之，则人思刻厉。反本还源，庶可跂踵。"事见纳。

建元元年，转侍中，抚军将军，丹阳尹。二年，进号左卫将军，固让不拜。改授左光禄大夫，侍中、尹如故。郡县狱相承有上汤杀囚，僧虔上疏言之曰："汤本以救疾，而实行冤暴，或以肆忿。若罪必入重，自有正刑；若去恶宜疾，则应先启。岂有死生大命，而潜制下邑。愚谓治下囚病，必先刺郡，求职司与医对共诊验；远县，家人省视，然后处理。可使死者不恨，生者无怨。"上纳其言。

僧虔留意雅乐，升明中所奏，虽微有厘改，尚多遗失。是时上始欲通使，僧虔与兄子俭书曰："古语云'中国失礼，问之四夷'。计乐亦如。苻坚败后，东〔晋〕始备金石乐，故知不可全诬也。北国或有遗乐，诚未可便以补中夏之阙，且得知其存亡，亦一理也。但《鼓吹》旧有二十一曲，今所能者十一而已，意谓北使会有散役，得今乐署一人粗别同异者，充此使限。虽复延州难追，其得知所知，亦当不同。若谓有此理者，可得申吾意上闻否？试为思之。"事竟不行。

太祖善书，及即位，笃好不已。与僧虔赌书毕，谓僧虔曰："谁为第一？"僧虔曰："臣书第一，陛下亦第一。"上笑曰："卿可谓善自为谋矣。"示僧虔古迹十一帙，就求能书人名。僧虔得民间所有，帙中所无者，吴大皇帝、景帝、归命侯书，桓玄书，及王丞相导、领军洽、中书令珉、张芝、索靖、卫伯儒、张翼十二卷奏之。又上羊欣所撰《能书人名》一卷。

其年冬，迁持节、都督湘州诸军〔事〕、征南将军、湘州刺史，侍中如故。清简无所欲，不营财产，百姓安之。世祖即位，僧虔以风疾欲陈解，会迁侍中、左光禄大夫、开府仪同三司。僧虔少时群从宗族并会，客有相之者云："僧虔年位最高，仕当至公，余人莫及也。"及授，僧虔谓兄子俭曰："汝任重于朝，行当有八命之礼，我若复此授，则一门有二台司，实可畏惧。"乃固辞不拜，上优而许之。改授侍中、特进、左光禄大夫。客问僧虔固让之意，僧虔曰："君子所忧无德，不忧无宠。吾衣食周身，荣位已过，所慼庸薄无以报国，岂容更受高爵，方贻官谤邪！"兄子俭为朝宰，起长梁斋，制度小过，僧虔视之不悦，竟不入户，俭即毁之。

永明三年，薨。僧虔颇解星文，〔夜〕坐见豫章分野当有事故，时僧虔子慈为豫章内史，虑其有公事。少时，僧虔薨，慈弃郡奔赴。僧虔时年六十。追赠司空，侍中如故。谥简穆。

其论书曰："宋文帝书，自云可比王子敬，时议者云'天然胜羊欣，功夫少于欣'。王平南廙、右军叔，过江之前以为最。亡曾祖领军书，右军云'弟书遂不减吾'。变古制，今唯右军。

领军不尔，至今犹法钟、张。亡从祖中书令书，子敬云'弟书如骑骡，骎骎恒欲度骅骝前'。庾征西翼书，少时与右军齐名，右军后进，庾犹不分，在荆州与都下人书云：'小儿辈贱家鸡，皆学逸少书，须吾下，当比之。'张翼，王右军自书表，晋穆帝令翼写题后答，右军当时不别，久后方悟，云'小人几欲乱真'。张芝、索靖、韦诞、钟会、二卫并得名前代，无以辨其优劣，唯见其笔力惊异耳。张澄当时亦呼有意。郗愔章草亚于右军。郗嘉宾草亚于二王，紧媚〔过〕其父。桓玄自谓右军之流，论者以比孔琳之。谢安亦入能书录，亦自重，为子敬书嵇康诗。羊欣书见重一时，亲受子敬，行书尤善，正乃不称名。孔琳之书天然放纵，极有笔力，规矩恐在羊欣后。丘道护与羊欣俱面受子敬，故当在欣后。范晔与萧思话同师羊欣，后小叛，既失故步，为复小有意耳。萧思话书，羊欣之影，风流趣好，殆当不减，笔力恨弱。谢综书，其舅云'紧生起，是得赏也，恨少媚好'。谢灵运乃不伦，遇其合时，亦得入流。贺道力书亚丘道护。庾昕学右军，亦欲乱真矣。"又著《书赋》，传于世。

第九子寂，字子玄，性迅动，好文章，读《范滂传》，未常不叹挹。王融败后，宾客多归之。建武初，欲献《中兴颂》，兄志谓之曰："汝膏粱年少，何患不达，不镇之以静，将恐贻讥。"寂乃止。初为祕书郎，卒，年二十一。

僧虔宋世尝有书诫子曰：

知汝恨吾不许〔汝〕学，欲自悔厉，或以阖棺自欺，或更择美业，且得有慨，亦慰穷生。但亟闻斯唱，未睹其实。请从先师听言观行，冀此不复虚身。吾未信汝，非徒然也。往年有意于史，取《三国志》聚置床头，百日许，复徙业就玄，自当小差于史,犹未近彷佛。曼倩有云:"谈何容易。"见诸玄,志为之逸,肠为之抽,专一书,转诵数十家注,自少至老,手不释卷,尚未敢轻言。汝开《老子》卷头五尺许,未知辅嗣何所道,平叔何所说,马、郑何所异,《指》《例》何所明,而便盛于尘尾,自呼谈士,此最险事。设令袁令命汝言《易》,谢中书挑汝言《庄》,张吴兴叩汝〔言〕《老》,端可复言未尝看邪?谈故如射,前人得破,后人应解,不解即输赌矣。且论注百氏,荆州《八帙》,又《才性四本》,《声无哀乐》,皆言家口实,如客至之有设也。汝皆未经拂耳瞥目。岂有庖厨不脩,而欲延大宾者哉?就如张衡思侔造化,郭象言类悬河,不自劳苦,何由至此?汝曾未窥其题目,未辨其指归;六十四卦,未知何名;《庄子》众篇,何者内外;《八帙》所载,凡有几家;《四本》之称,以何为长。而终日欺人,人亦不受汝欺也。由吾不学,无以为训。然重华无严父,放勋无令子,亦各由己耳。汝辈窃议亦当云:"何日不学?在天地间可嬉戏,何忽自课谪?幸及盛时逐岁暮,何必有所减?"汝见其一耳,不全尔也。设令吾学如马、郑,亦必甚胜;复倍不如,今亦必大减。致之有由,从身上来也。〔汝〕今壮年,自憖数倍许胜,劣及吾耳。世中比例举眼是,汝足知此,不复具言。

吾在世,虽乏德素,要复推排人闲数十许年,故是一旧物,人或以比数汝等耳。即化之后,若自无调度,谁复知汝事者?舍中亦有少负令誉弱冠越超清级者,于时王家门中,优者则龙凤,劣者犹虎豹,失荫之后,岂龙虎之议?况吾不能为汝荫,政应各自努力耳。或有身经三公,蔑尔无闻;布衣寒素,卿相屈体。或父子贵贱殊,兄弟声名异。何也?体尽读数百卷书耳。吾今悔无所及,欲以前车诫尔后乘也。汝年入立境,方应从官,兼有室累,牵役情性,何处复得下帷如王郎时邪?为可作世中学,取过一生耳。试复三思,勿讳吾言。犹搥挞志辈,冀脱万一,未死之间,望有成就者,不知当有益否?各在尔身已切,(身)岂复关吾邪?鬼唯知爱深松茂柏,宁知子弟毁誉事!因汝有感,故略叙胸怀矣。

译文:

　　王僧虔,琅邪临沂人。祖父名珣,是晋朝司徒。伯父是太保名弘,宋代元嘉年间的国家大臣。宾客弄不清他的家讳,王弘说:"我的家讳和苏子高家一样。"父亲名昙首,任右光禄大夫。王昙首兄弟召集各自的子孙们聚会,王弘的儿子王僧达下地跳跃嬉戏,王僧虔年龄只有几岁,独自端正坐着把蜡珠捏成凤凰。王弘说:"这孩子终究会成为一个长者。"

　　王僧虔青年时,性格宽宏厚重,关于写隶体字。宋文帝看到他写在素绢扇子上的字,称赞说:"不仅是笔迹超过了王子敬(王献之),就是在器度方面也超过了他。"授职做秘书郎,太子舍人。王僧虔为人谦逊沉静很少与人交往,只和袁淑、谢庄友好。转做义阳王刘昶文学,太子洗马,调任司徒左西属。

　　哥哥王僧绰,被太初帝刘劭害死,亲戚朋友都劝王僧虔逃走。王僧虔流泪哭着说:"我哥哥怀着忠贞侍奉国家,用慈爱抚育我,今天遭到不幸的事,自恨没有和他一同遇害。假如我们兄弟一同魂归九泉,就像似羽化登仙了。"宋孝武帝初年,出京任武陵太守。他哥哥的儿子王俭在半路上得了病,王僧虔为照顾侄子废寝忘食。同行的门客宽慰并劝说他不要过于劳累。王僧虔说:"早先后汉将军马援对待儿子和侄子的情感毫无差别,晋朝邓攸对待侄子的爱护胜过对自己亲生儿子,我感佩他们真诚的心怀,实在不敢愧对古人。亡兄留下的后代,更不应该马虎对待。假如这孩子的病不能挽救,我就掉转船头辞官不就,再没有外出做官的心思了。"不久做中书郎,转任黄门郎,太子中庶子。

宋孝武帝一心要独占书法大家的名声,王僧虔为此不敢显露自己的墨迹。大明年间,常常用秃笔写字,因此得到了宽容。出做豫章王刘子尚抚军参军,转做散骑常侍,又转做新安王刘子鸾北中郎长史、南东海太守,兼任南徐州刺史,这两个藩王都是宋孝武帝的爱子。

不久转做豫章内史。入朝做侍中,转任御史中丞,兼骁骑将军。世家大族人士向来多半不做谏官,王氏家族里属于支族居住在乌衣巷的,地位官职都要稍稍低一点,王僧虔做御史中丞,于是说:"这本该是乌衣巷里王家众子弟的坐席,我也可以在这里坐坐看。"又做侍中,兼屯骑校尉。宋明帝泰始年间,出京任辅国将军、吴兴太守,秩禄是中二千石。王献之善于书法,曾做吴兴太守;王僧虔也是工于书法的人,也做吴兴太守,评论的人们都称道这件事。

转官做会稽郡太守,秩禄中二千石,将军的名号不变。中书舍人阮佃夫家在会稽,请假东归回乡。门客劝王僧虔说阮佃夫是受宠的权臣,应当用重礼接待。王僧虔说:"我立身处世是有本分的,怎么能违心地奉迎这样的人物。他要是嫌恶我,自当拂衣而去罢了。"阮佃夫把这话告诉宋明帝,并促使御史中丞孙夐奏本说:"王僧虔先前做吴兴太守的,政务中多有错误的命令,考查自从到郡任职到转官时,他所录用的功曹五官主簿以及二礼吏署三传和被授予差事的子弟,合计四百四十八人。又听任平民何系先等一百一十家作为旧族门户。应该命令州里检察并予以撤销。"因此王僧虔被免掉一切官职。

不久又以白衣身份任侍中，出任吴郡太守，调做使持节、都督湘州诸郡军事、建武将军、兼湘州刺史，依然又任辅国将军，湘州刺史。所在之处以施政宽惠著称。巴峡的流民多在湘州地面上，为此王僧虔向朝廷上表建议把益阳、罗、湘西三县居住在江边的人们划分出来建立湘阴县，朝廷同意照办。

宋后废帝元微年间，迁为吏部尚书。高平人檀珪被免除沅南县令的官职，王僧虔用他做征北板行参军。檀珪向王僧虔诉说求官不得的牢骚，在给王僧虔的信中说："国家纲纪的根本，文臣武将是首要的，文臣有条有理地治理天下，武臣排除祸乱安定国家。我们一家虽然不通达文臣的治国之道，也勉强置身在通习武略的行列。姑母叔父一辈，有三人和皇室结为婚姻，祖父和兄长两代人，为国家效命捐躯，反而让他们的儿子和侄辈饿死在草野之中。从去年冬天到今年春天，接连受到两道命令，因为朝中没有人，屡次遭到困顿没能得官。经过五个初一，又过了四个三十，写信十二封，接见拜会六七次，始终没有受到恩泽，反而更遭到冷遇无人过问。九流百家人物应该是平等的，自然不该只让一种人受苦，我无禄无位忍饥挨饿，已经很久很久。饥虎一吼，人们便立刻喂肉；饿麟不得食，谁肯扔给一把草。去年冬季请求做豫章郡丞，竟被马超争去；今年春季受到命令做南昌县令，半路又被史偃夺走。这两个人不过是仗着先人的功业受到荫庇，在哪方面是超过我的。假如根据贫富地位不同便夺去我的职位，那么这样分官授职我是不如的。我出身虽然势孤人微，我们家族可是多少代的国士，婚姻关系、地位、官职，也不落后于别人。尚书您的同祖姊是江夏王的妃子，檀珪我的同祖姑母是南谯王的妃子；尚书您的夫是江夏王的女儿，檀珪我的祖姑嫁给了长沙景王；尚书您的伯父做江州刺史，檀珪我的祖父也曾做过江州刺史；尚书您的堂兄出身是后军参军，檀珪我父亲最初做官也是中军参军。我个人和尚书相比，身份地位原本相差悬殊，至于两家的婚姻关系和官位方面不见得相差太多。如今有通达和闭塞的不同，我还自认是有志气是属于和您同一层的人物，尚书为何竟使我受如此困苦不得升迁？明帝泰始初期，天下发生逆乱，我们一家两代人，粉身碎骨保卫君主，特殊的功勋杰出的业绩，已经没有人关心，昔日的官阶旧时的宦途，已被侵夺遭到压抑。"王僧虔回信说："我提拔你做征北参军近年来处境地位小有好转，试想殷主簿也是由参军入府以后得高位受到尊崇礼遇，何义曹接替殷主簿，也没有发现他为此诉苦。足下多年屈在下位，要想一朝便得到超升，这当然有点困难。自泰始初年以来，勤苦十年，从来没有见到赏识，而想要立刻得到称心如意的官职，这怎么能随心所愿。我同足下平素没有私人间的怨恨，为什么要排挤您，我只是想尽力对您有所帮助罢了。"檀珪又写信说："当初荀攸是汉朝的功臣，到晋武帝时才赐爵位给他的玄孙。夏侯惇是魏国有功勋的大臣，晋朝建立，也才得到甄别辨明，才赏赐他的孙子，封赏亲族。羊祜在晋朝泰始年间建议献策攻打东吴，到晋哀帝咸宁末年，才加以褒奖宠信，赐封他哥哥的儿子。卞望之在东晋成帝咸和初年的国难中牺牲，到了哀帝兴宁末年，才受到尊崇礼遇给予秩禄，让他的子孙做官。蜀郡主簿田混，魏文帝黄初末年为光君的祸难而死，晋成帝咸康年间才提拔他的子孙做官。看来似乎不应该因为祖辈相隔遥远就遭到抛弃，年代长久便受到遗忘。檀珪我多方面遭到困顿，命运之坏是少有人能相比的，五次丧事都没有按时安葬，一家百口只求活命，为生活所迫，原本希望得到小官，并没想去追求高官厚禄。远古以来有沐食侯，近代有王官。府佐并不是沐食侯，参军也不是王官。我本身不是没有才气的人，实在为空置不用而感到羞愧。殷、何两人，有的同府主的情意相投，有的受朝廷的重视，怎么能和我这样的人同样看待。你让我担任这个职务，尚书你还能否使我转做朝廷中的郎官不？假如让我每天能得到五升禄米，我就不耻于给你执鞭策马做你的仆人。"王僧虔便用他做安成郡丞。檀珪，是宋安南将军檀韶的孙子。

王僧虔不久加官为敬侍常侍，转任右仆射。宋顺帝升明元年，迁官尚书仆射，不久转中书令，左仆射，二年任尚书令。王僧虔喜好文学史学，懂得音律，认为朝廷的礼乐多处违背传统的正确的制度，民间争着创作出流行的新声杂曲，当时，齐太祖萧道成在朝中执政，王僧虔进表说："那悬钟悬磬一类乐器，是用来演奏雅乐的；礼仪中规定的凯容等舞蹈，舞人八队是一种准则。现在乐官总理的音乐舞蹈，在音乐和服饰方面都和古代制度不合。一架悬钟悬磬只能演奏女乐，以歌唱为主，不能成为演奏雅乐必备的乐器。宋孝武帝大明年间，就用天子的乐队配合表演《鞞舞》《拂舞》，节拍路数虽然合于音律，我想是违背了雅乐的体制，将来懂得礼乐的人，或许会讥讽宋代圣世的。假如认为现在朝廷的歌舞已经完美，那便严重地违背了古代的成法，是改变了前代歌舞钟磬的制度，没有很好地参照前代的成例。朝廷天子演奏的乐舞，应当严格按照雅乐的规则，按照制度和规定考察，或许能和古代雅乐相符合。又现在流行的《清商乐舞》，本是由曹魏铜爵传下来的，太祖、三代君主的风流，留下的音乐还可以听到，京、洛地方对此极力推崇，晋朝以来更加珍惜重视。我确信钟磬之乐和干羽之舞，是禁止在私家演奏，桑间、濮上之曲和郑、卫之音，向来应当远离衣冠士大夫，朝廷需要的是和于中庸与雅正之道的音乐，没有比这更重要的了。但是由于人们情趣的改变和对乐曲欣赏要求的改变，逐渐使雅乐衰落了，十年多间，消失的古乐几乎超过了半数。自从近代家家争着传唱新歌新曲，人人崇尚通俗的谣曲，力求节奏急促曲调幽怨，不再顾及音乐合于中庸之道的准则，这趋势流行扩展无边，不知什么时候才能终止，这是排斥了庄重的乐曲，崇尚助长了烦乱淫靡。士大夫是有等级贵贱的差别的，无缘无故不能离开雅乐；礼法是有规定的秩序的，年长的和年幼的不能听同样的音乐。所以造成了喧闹丑恶的制作，在民间日盛一日；淳美雅正的音乐，在士大夫之家已经断绝了。应当命令有关主管的官员，力求勤心考察研究雅乐业务，集合整理遗留散失古代雅乐，相互启发说明，凡是平时所遗漏忘掉的，全面加以补充和继承。对于能够完整保存古曲的人应当给予厚禄，演奏技艺纯熟的人应当得到优厚的职位。用利禄来引导他们，那么人人都会为振兴雅乐而尽力。使音乐能够返本还源继承雅乐，这样便有希望使古乐得到延续。"这件事被朝廷采纳了。

齐高帝建元元年，转为侍中、抚军将军、丹阳尹。二年，进号右卫将军，王僧虔一再辞让不肯拜官。朝廷改授他做左光禄大夫，侍中、丹阳尹职务不变。郡县中监狱里历来有用汤药杀害囚犯的，王僧虔上奏书说："汤药本是用来治病的，但是有人用来干出冤杀残暴的勾当，还有的用来发泄私怨。假若罪犯必须判死刑，自有正当的刑法可循，假使需要快速灭除凶恶罪犯，那么就应当事先报告。有关死生人命判决的大事，怎么能容许郡县下级部门私自决定的。臣认为医治县里囚犯的疾病，必须事先用书面报告郡府，找来主管官员会同医生共同去诊断考察，远处县籍的囚犯，应当允许家人前来探视，然后再决定怎样处理。这样可以使死去的不会含冤，活着的没有怨恨。"皇帝采纳了他的意见。

王僧虔重视关心雅乐,升明年间在奏疏中指出的问题,虽然稍稍得到改正,还有很多遗漏和不足。这时皇帝准备和北魏通使交往,王僧虔在给他侄子的信中说:"古语说:'中原礼数有了缺失和不足,可以到四边民族那里去寻求。'估计古乐的情况也是这样的道理。前秦苻坚战败之后,东晋才有了完备的钟磬古乐,前人的知识和经验不能认为全都是错的。北方各国或许保存有从前流传下来的古乐,诚然未必能够立即拿来补充中原所缺失的古乐,但是可以从比较中得知古乐何存何亡,这也是和古语讲的道理是一致的。仅就《鼓吹》乐说原有二十一首曲子,今天能演奏的不过十分之一而已。我认为这次到北方去的使臣里要有杂役人员随行,可以从今天乐署里找一个大略懂得古乐和今乐差别的人,让他担任这个任务。虽然像春秋时期吴国懂得古今音乐的季札那样的人是难于找到了,但是只要去的人能够理解他所知道的音乐的情况,也会和一般人前去不一样。假若认为我说的有这样的道理,你能把我的意见上奏给朝廷吗?请替我留心这件事。"这个意见竟没能实现。

齐高帝善于书法,当即位以后,更加爱好不已。一次同王僧虔比试书法之后,对王僧虔说:"谁是第一?"王僧虔说:"臣的书法第一,陛下也是第一。"皇上笑着说:"你真可以说是善于替自己着想了。"又拿出古人留下的书法十一卷,要他寻求善于书法的人名。王僧虔从民间还收得有古人的墨迹,是那十一卷中所没有的,其中有吴大皇帝孙权、景帝孙休、归命侯孙皓的字,桓玄的字,以及丞相王导、领军王洽、中书令王珉、张芝、索靖、卫觊、张翼等十二卷进献给皇帝。又献上羊欣撰写的《能书人名》一卷。

这年冬季,迁转持节、都督湘州诸军事、征南将军、湘州刺史，侍中不变。王僧虔为人清廉简易，不谋求财产，百姓不受骚扰。齐武帝萧赜即位，王僧虔因为得了中风病打算陈情辞官，恰在这时调做侍中、左光禄大夫、开府议同三司。王僧虔年少的时候兄弟族人集会，有人观察他的面相说："王僧虔的寿命和官位最高，官位会达到三公，其他人没有能赶得上的。"等到这次授官，王僧虔对他侄子王俭说："你在朝中担任重要的官职，可能会有担任州牧或三公等高位的八命礼遇，我如果再接受赐予的官职，那么我们一家就有两个人在朝中做最高的官职，这是值得担心的事情。"于是便坚决辞退不肯受官，皇帝宽容地答应了他的请求。便改做侍中、特进、左光禄大夫。有人问王僧虔坚决辞官的原因，王僧虔说："君子忧虑的是怕自己没有德行，不忧虑得不到宠信。我的禄位足以满足自己衣食的需要，得到的荣耀和职位已经超过我实际的才能，自己惭愧的是能力凡庸微薄不能报效国家，怎么还能再接受更高的爵禄，这样做不是恰好让官场中的人们讥笑吗？"他的侄子王俭身为朝中大臣，修建长梁斋，稍稍超过了规定的制度，王僧虔看了不高兴，始终不肯进门，王俭立刻拆掉了它。

永明三年，逝世。王僧虔很懂得天文星象，一天夜里坐着观天发现星空分野在豫章地方将会出现事故，当时王僧虔的儿子做豫章内史，担心儿子那里会有什么公事。不多时，王僧虔死了，王慈放下郡中的公务前来奔丧。王僧虔当年六十岁。死后追赠司空，侍中不变。谥简穆。

王僧虔论书法说："宋文帝写字，自称可以和王子敬相比，当时评论的人说：'字体自然胜过羊欣，但笔力功夫比羊欣差。'平南将军王讷，是右军将军王羲之的叔父，东晋过江之前人们认为是书法最好的。已故曾祖领军王洽的字，王右军评论说：'弟弟的书法就不比我差。'改变古字书法为草书，当今唯有王右军。曾祖领军不是这样，自始至终还是效法钟繇、张芝的隶书。已故从祖父中书令王珉的字，王子敬评说：'弟弟写的字如同骑着骡子，急速奔跑总想赶到千里马的前头。'征西将军庾翼的字，年少时和王右军齐名，王右军后来居上，庾翼还不理解，在荆州给京里的人写信说：'小儿之辈如同穷人家的鸡，都学着写王逸少的草书，待我顺江而下，当和他比试高低。'张翼，王右军自己书写表章，晋穆帝让张翼写阅后的答信，王右军当时没有发现笔迹不同，很久以后才明白，说：'小人的字迹几乎乱真。'张芝、索靖、书诞、钟会、卫觊、卫恒都在前代获得过善书的美名，没法辨别他们字的优劣，只能看到他们字迹的笔力后感到惊异而已。张澄的字在当代也被称为有意趣。郗愔章草字体仅次于王右军。郗超的草书次于二王，字体紧凑妩媚超过了他的父亲郗愔。桓玄自称书法是王右军的一流，评论者把他比作孔琳之。谢安的名字也被列入善于书法的人名录，他自己也很重视，曾经写嵇康诗赠给王子敬。羊欣的字曾经有一个时期受到人们的重视，亲自受教于王子敬，行书尤其写得好，正楷则和名声不能相称。孔琳之的字自然放纵，极有笔力，法度规矩怕是落在羊欣之后。丘道护和羊欣一同亲受王子敬的指点，所以应该列在羊欣之后。范晔和萧思话同拜羊欣为师，后来稍有改变，既失去了旧日的成就，不过是小有意趣而已。萧思话的字，如同羊欣的影子，字的风流趣味，恐怕不逊于羊欣，遗憾的只是笔力柔弱。谢综的字，他舅父范晔评说如同风云骤起，是恰当的赏析，遗憾的是缺少妩媚姣好。谢灵运的字不能同上述的人相等，只是他遇到的时机较好，也得以进入名流。贺道力的字，仅次于丘道护。庾昕学王右军书法，也达到了几乎乱真的程度。"又撰写《书赋》，流传于世。

第九子名王寂，字子玄，性急好动，喜爱文章，读《范谤传》，未尝不慨叹动情。王融失败之后，门客多来投靠他。齐明帝萧鸾建武初年，打算献上《中兴颂》，他兄长王志对他说："你是贵家年少子弟，何愁仕途上不通达，不用沉静的态度控制情绪，恐怕会遭到人们的讥笑的。"王寂便停止不献。最初任秘书郎，早死，年二十一岁。

王僧虔在宋朝曾经写信告诫儿子说：

我知道你抱怨我不准你学习谈玄说理，想要自己奋勉力求上进，这也许是拿死后盖棺论定来自欺，也许是打算再选择美好的学业，只要能取得值得称赞的成就，也足以安慰一生了。只是多次听到你的这些说法，并没有见到你实际的作为。让我按照先师孔子说的听其言观其行的话谈点看法，希望这些意见能帮助你不虚度一生。我不能信任你，并不是凭空这样想的。我早年有志研究史学，拿来《三国志》堆放在床头，经过一百多天，又改变学业去学玄学，当然这和学历史是小有差别的，学了之后还是没有进门得其要领。东方朔曾说："言谈议论哪里是容易的事。"读了玄学的著作，思想为之奔放，肝肠为之紧缩。为了攻读一部书，要诵读几十家的注解，从年轻到年老，手里不放下书卷，还不敢轻易地开口谈玄。你打开了《老子》分卷刚刚五尺多长的篇幅，还不知道王弼说了什么，何晏又说了些什么，更不了解马融和郑玄有什么不同，《指例》一书阐明了什么，于是就拿起麈尾，自称是谈玄之士，这种事是最危险的事。假设袁粲让你谈《易经》，谢庄请你说《庄子》，张瓌问你《老子》，难道可以回答说未尝读过吗？谈玄如同古时的射覆一样，前人猜中说破的道理，后人就应该理解，如果不理解就等于射覆输了一样。何况论述注释的著作有上百家，荆州的《八帙》，又有《才性四本》《声无哀乐》等篇，都是谈家口头上熟悉的，就如同客人来了预先准备好了东西拿出来待客一样。这些你还未尝耳闻目睹，哪里有厨房里没有准备充足的物品，反而打算延请贵宾的道理呢？就像人们说的张衡的构思如同天造地设一般精妙，郭象谈玄口若悬河滔滔不绝，他们不勤奋学习，怎么能达到这样的境地？你还没有看懂题目的含义，没有明白书中的根本主旨，六十四卦还不知道是什么名目；《庄子》的好多篇章，哪些是内篇外篇；《八帙》所载的共有几家；《四本》的论述，以哪一家为好。不懂这些反而每天去诓人，人们也是不会轻易受你们欺骗的呀。因为我学习的并不好，没有什么可以给你们做榜样的。然而大舜没有严父，唐尧也没有好儿子，也是各由自己成长的罢了。你们在私下里议论时也会说："哪一天不是在学？在天地间可以嬉戏游乐，何苦急忙忙给自己找罪受？幸好趁着好时光直到老年，何必亏待自己？"你们只是看到了一个方面，人生不全是这样，假如我的学问像马融、郑玄，也一定很好；要是跟他们差得太远，现在一定很逊色。人达到什么程度，都是从自己身上做出来的。你现在正在壮年，自然应当勤奋几倍，不然就仅仅只能像我一样。人世间这样的事情满眼都是，你了解得不少，不再具体说了。

我活在世上，虽然缺乏德行才质，总算在扰攘的人间生活几十年了，所以是一个老人了，别人或许拿我来比量你们呢？我死之后，假如你没有自立的能力，有谁能理解你的事情？有不少人年少时就有好名声青年时就登上了清要官职的人，在那时的王氏家门中，优秀的人物就是龙凤，不好的还可以是虎豹，一旦失去家族的庇荫,哪里还谈得上什么龙虎呢?况且我的功德和地位不能给你们带来福荫,这正是你们各自应当努力的原因。有的人自身做过朝廷三公的高官,却渺无声息;有的人出身于布衣寒素之家,可卿相却向他去请教。有的人父子贵贱差别极大,兄弟之间的名声也各不相同,这是什么原因?只是在于读完了几百卷书的结果呀。我现在后悔已来不及了,只是想用前车之鉴来告诉后来的人。你年过三十,正该当官任职,再加上有家口的拖累,牵扯你们的身心,难道还能得到放下帷帐安心读书的青年王郎那样的时光吗?只能在世事中间学习,度过一生。希望你反复思考,不要忌讳我说的话。我现在还责打王志一辈,那是寄希望于万一,在我没死的时候盼望你能有所成就的,不知我说的对你们是否有益?我说的对你都是切身的事情,跟我自己还有什么关系呢?死去的人成了鬼只会喜爱密密的松林茂盛的柏树,哪里还知道子弟是受诽谤或是受赞誉的事情!为了你有了以上的感触,所以略抒心怀写了这信。

南齐书卷三十九

列传第二十

刘 瓛

刘瓛字子圭，沛国相人，晋丹阳尹惔六世孙也。祖弘之，给事中。父惠，治书御史。

瓛初州辟祭酒主簿。宋大明四年，举秀才，兄璲亦有名，先应州举，至是别驾东海王元曾与瓛父惠书曰："比岁贤子充秀，州间可谓得人。"除奉朝请，不就。

少笃学，博通《五经》。聚徒教授，常有数十人。丹阳尹袁粲于后堂夜集，瓛在座，粲指庭中柳树谓瓛曰："人谓此是刘尹时树，每想高风；今复见卿清德，可谓不衰矣。"荐为祕书郎，不见用。除邵陵王郡主簿，安陆王国常侍，安成王抚军行参军，公事免。瓛素无宦情，自此不复仕。除车骑行参军，南彭城郡丞，尚书祠部郎，并不拜。袁粲诛，瓛微服往哭，并致赙助。

太祖践阼，召瓛入华林园谈语，谓瓛曰："吾应天革命，物议以为何如？"瓛对曰："陛下诫前轨之失，加之以宽厚，虽危可安；若循其覆辙，虽安必危矣。"既出，帝顾谓司徒褚渊曰："方直乃尔！学士故自过人。"敕瓛使数入，而瓛自非诏见，未尝到宫门。

上欲用瓛为中书郎，使吏部尚书何戢喻旨。戢谓瓛曰："上意欲以凤池相处，恨君资轻，可且就前除，少日当转国子博士，便即后授。"瓛曰："平生无荣进意，今闻得中书郎而拜，岂本心哉！"后以母老阙养，重拜彭城郡丞。谓司徒褚渊曰："自省无廊庙之才，所愿唯保彭城丞耳。"上又以瓛兼总明观祭酒，除豫章王骠骑记室参军，丞如故，瓛终不就。武陵王晔为会稽太守，上欲令瓛为晔讲，除会稽郡丞，学徒从之者转众。

永明初，竟陵王子良请为征北司徒记室。瓛与张融王思远书曰："奉教使恭召，会当停公事，但念生平素抱，有乖恩顾。吾性拙人闲，不习仕进，昔尝为行佐，便以不能及公事免黜，此皆耆者所共知也。量己审分，不敢期荣。凤婴贫困，加以疏懒，衣裳容发，有足骇者。中以亲老供养，褰裳徒步，脱尔退今，二代一纪。先朝使其更自脩正，勉厉于阶级之次，见其繾綣，或复赐以衣裳，袁、褚诸公咸加劝励，终不能自反也。一不复为，安可重为哉？昔人有以冠一免不重加于首，每谓此得进止之仪。古者以贤制爵，或有秩满而辞老，以庸制禄，或有〔徐令上文长〕〔身病而求归〕者，永瞻前良，在己何若。又上下年尊，益不顾居官次，废晨昏也。先朝为此，曲申从许，故得连年不拜荣授，而带帖薄禄。既习此岁久，又齿长疾侵，岂宜摄斋河闲之听，厕迹东平之僚？本无绝俗之操，亦非能偃蹇为高，此又诸贤所当深察者也。近奉初教，便自希得托迹于客游之末，而固辞荣级，其故何耶？以古之王侯大人，或以此延四方之士，甚美者则有辐凑燕路，慕君王之义，骧镳魏阙，高公子之仁，继有追申、白而入楚，羡邹枚而游梁，吾非敢叨夫曩贤，庶欲从九九之遗踪。既于闻道集泮不殊，而幸无职司拘碍，可得奉温清，展私计，志在此尔。"除步兵校尉，并不拜。

瓛姿状纤小，儒学冠于当时，京师士子贵游莫不下席受业。性谦率通美，不以高名自居。游诣故人，惟一门生持胡床随后，主人未通，便坐问答。住在檀桥，瓦屋数闲，上皆穿漏。学徒敬慕，不敢指斥，呼为青溪焉。竟陵王子良亲往脩谒。七年，表世祖为瓛立馆，以扬烈桥故主第给之，生徒皆贺。瓛曰："室美为人灾，此华宇岂吾宅邪？幸可诏作讲堂，犹恐见害也。"未及徙居，遇病，子良遗从瓛学者彭城刘绘、从阳范缜将厨于瓛宅营斋。及卒，门人受学〔者〕并吊服临送。时年五十六。

瓛有至性，祖母病疽经年，手持膏药，渍指为烂。母孔氏甚严明，谓亲戚曰："阿称便是今世曾子。"阿称，瓛小名也。年四十余，未有婚对。建元中，太祖与司徒褚渊为瓛娶王氏女。王氏椓壁挂履，土落孔氏床上，孔氏不悦，瓛即出其妻。及居父丧，不出庐，足为之屈，杖不能起。今上天监元年，下诏为瓛立碑，谥曰贞简先生。所著文集，皆是《礼》义，行于世。

初，瓛讲《月令》毕，谓学生严植曰："江左以来，阴阳律数之学废矣。吾今讲此，曾不得其髣髴。"时济阳蔡仲熊礼学博闻，谓人曰："凡钟律在南，不容复得调平。昔五音金石，本在中土；今既来南，土气偏陂，音律乖爽。"〔瓛亦以为然。〕仲熊历安西记室，尚书左丞。

瓛弟玞。

玞字子璬。方轨正直。宋泰豫中，为明帝挽郎。举秀才，建平王景素征北主簿，深见礼遇。邵陵王征虏安南行参军。建元初，为武陵王晔冠军征虏参军。晔与僚佐饮，自割鹅炙。玞曰："应刃落俎，膳夫之事，殿下亲执鸾刀，下官未敢安席。"因起请退。与友人孔澈同舟入东，澈留目观岸上女子，玞举席自隔，不复同坐。豫章王太尉板行佐。兄瓛夜隔壁呼琎共语，琎不答，方下床著衣立，然后应。瓛问其久，琎曰："向束带未竟。"其立操如此。文惠太子召琎入侍东宫，每上事，辄削草。寻署中兵，兼记室参军大司马军事，射声校尉，卒官。

译文：

刘瓛字子圭，沛国相人，晋丹阳尹刘惔的六代孙。他的祖父刘弘之，官至给事中，父亲刘惠，累官至治书御史。

刘瓛起先被州刺史举为祭酒主簿，宋大明六年，举为秀才。他的哥哥刘璲也很有名，先应州举，为秀才。至此，州别驾东海人王元曾给刘瓛的父亲刘惠的书信说："贤子连年充举秀才，本州闾里可称得人。"朝廷除官奉朝请，不曾就职。

刘瓛少年时笃好儒学，于是博通五经。招收生徒讲授，常有数十人。丹阳尹袁粲在后堂举行晚宴，刘瓛也在座，袁粲指着庭院中的柳树对刘瓛说："人们传说这棵树是您的六世祖刘尹所栽，常思念他的高风亮节；今又见您清德美行，可以说不减当年了。"举荐刘瓛为秘书郎，未被朝廷任用。先后除拜邵陵王的郡主簿，安陵王的国常侍，安成王的抚军行参军，因公事被免职。刘瓛本来就没有做官的愿望，从此就不再出仕。朝廷先后除车骑行参军、南彭城郡丞、尚书祠部郎，都不曾就职。后来袁粲被杀，刘瓛身穿平民服装前往哭灵，并赠给送葬和抚恤的财物。

齐太祖萧道成称帝，宣召刘瓛进华林园中谈话，对他说："我响应天意改朝换代，人们如何评论此事？"刘瓛回答说："陛下惩戒前朝的失误，再加上宽厚，虽然危险也可转化为平安，如果重蹈前代的覆辙，就是平安也会变得危险。"刘瓛退出，太祖对司徒褚渊说："他竟然这么方正直率，这正是学士超过常人之处。"敕令刘瓛可常进宫中，但刘瓛如果不是皇帝召见，不曾到达宫门。

皇上打算让刘瓛担任中书郎，派吏部尚书何戢宣喻旨意。何戢对刘瓛说："皇上想让你居官凤凰池，遗憾君资历轻浅，可暂且就任前职，过些天当转为国子博士，然后再授任后职。"刘瓛说："我平素没有荣显进取之心，如今听说得为中书郎而拜受，这难道是我的本心吗？"后因母亲年迈需人孝养，再拜彭城郡丞。他对司徒褚渊说："自我省察没有廊庙之才，所希望的只是保有彭城丞罢了！"皇上又要刘瓛兼任总明观祭酒，除豫章王骠骑记室参军，依旧保留郡丞，刘瓛终究不肯接受。武陵王萧晔当时为会稽太守，皇上想让刘瓛为萧晔讲经。除任会稽郡丞，学生跟随他的日益增多。

永明初年，竟陵王萧子良请刘瓛为征北司徒记室。刘瓛给张融、王思远的书信说："奉教使恭敬召请，应当停办公事。但思念平生的抱负，与恩顾有所乖异。我本性拙于人世事务，不习惯仕进，往昔曾经担任行佐，便因无能及公事被罢免废黜，这都是眷顾者所周知的。衡量审视自己的天分，不敢希冀荣显。平素为贫困所系缚，再加上疏懒，不修边幅，衣服容颜和头发，足以让人惊异。中间因为双亲年迈需要供养，揭起衣裳徒步行走，简慢轻率之习惯，至今已有两代十二年。先朝让再自我修正，用官秩阶次相勉励，见我穿着缊缕，有时还赏赐衣裳，袁粲、褚渊诸公都加以规劝勉励，但仍不能自改。一次不能行，怎么能再来第二次呢？前人有'冠一免就不重加于首'的说法，常以为这符合进退的法度。古人以贤设爵，也有秩满而以年老辞退的，以功赐禄，也有患病而请求回家的。瞻视前贤的事例，自身又如何呢？加上父母年迈，更不愿因居官位，废除早晚的请安探视。因此前朝曲从我的申述，能够连年不拜荣显的官职，而兼领薄禄。这种习惯年月已久，加上年长病患，怎适宜升登河间王的厅堂，厕身于东平王的僚属？我没有与世俗隔绝的节操，也不以傲慢为高尚。这又是诸贤应当深察的。近期奉初次下教，自己便希望能托形迹在游客的末位，而又坚决辞去荣显的职级，其原因何在呢？因为古代的王侯大人，多以此延揽四方的士人，最美的则有聚集在通往燕国之路途，以仰慕君王的高义；奔驰于魏国的朝门，以高尚公子的仁德。继而有追随申公、白公而入楚，羡慕邹阳、枚乘而游梁，我不敢忝承前贤，希望跟随九九的遗踪。既和闻道入学没有区别，而庆幸没有职司的拘束和妨碍，可以侍奉父母，嘘寒问暖，施展私人的计划，我的心志就在于此。"后除步兵校尉，都未拜受。

刘瓛身材瘦小，儒学为当时之冠，京城的士子贵族无不下席听受学业。他秉性谦虚直率通达，不以有盛名自居。拜访故旧，只让一个门生手持胡床跟随身后，主人尚未到，便坐下问答。他家住在檀桥，有瓦房数间，房顶都穿透漏雨。学生尊敬仰慕，不敢明言，称作青溪。竟陵王萧子良亲自前往送束修谒见。永明七年，上表世祖为刘瓛立学馆，以扬烈桥故主府第给他，生徒都向他祝贺。刘瓛说："房室华美是人的灾害，这样华美的房子难道是我的住宅吗？幸亏诏令作为讲堂，我还怕被累害呢！"未来得及迁居，遇疾病，萧子良派遣跟随刘瓛学习的彭城人刘绘、从阳人范缜带炊具在刘瓛住宅准备斋饭。待刘瓛去世，门人和听他讲学的都吊唁服丧哭灵送葬。享年五十六岁。

刘瓛有纯厚的性情，祖母生毒疮一年多，他手拿膏药，手指被渍烂。母亲孔氏十分严明，对亲戚说："阿称便是当代的曾子。"阿称是刘瓛的小名。他年龄四十多岁时，尚未婚配。建元年间，太祖和司徒褚渊为他娶了王家的女儿。王氏在墙上钉钉子挂鞋子，土落到孔氏床上，孔氏不高兴，刘瓛就将王氏休出。待到为父亲服丧，不出墓庐，脚因此弯曲，拄杖才能站起。当今皇上天监元年，下诏书为刘瓛立碑，谥号贞简先生。所著的文集，都是关于《礼》的经义，流传于世。

起初，刘瓛讲完《月令》，对学生严植说："王室迁江南以来，阴阳律数之学废而不传。我今天讲这些，不曾得它约略的形迹。"当时济阳人蔡仲熊礼学博洽，对人说："凡钟律在江南，不可能再调平。过去五音金石，本来在中原，今既已南来，土气偏潮湿，音律出现差错。"刘瓛也认为是如此。蔡仲熊历任安西记室，尚书左丞。

刘瓛的弟弟刘琎。

刘琎字子璥。行为方正直率而有遵循。宋泰豫年间，任明帝挽郎。被举为秀才，迁建平王刘景素的征北主簿，深受礼遇。转邵陵王的征虏安南行参军。建远初年，任武陵王萧晔的冠军征虏参军。萧晔和僚佐宴饮，亲自动手割烤鹅肉。刘琎说："操刀切割，是膳夫的事，殿下亲手执鸾刀，下官不敢在席上安坐。"于是起身请求退席。和友人孔澈同舟东行，孔澈注目观看岸上的女子，刘琎举起席子自我隔离，不再和他同坐。豫章王太尉辟为行佐。哥哥刘瓛夜晚在隔壁呼唤刘琎共同谈话，刘琎不马上答应，待下床穿好衣服站立，才答应。刘瓛问他为何这么长时间不答应，他说："刚才衣带还没有束好。"他的立身操行就是这样。文惠太子召刘琎进东宫侍候，每次上书言事，常削灭草稿，以示缜密。不久署任中兵，兼记室参军、大司马军事、射声校尉，病死在任所。

南齐书卷四十七

列传第二十八

谢　朓

　　谢朓字玄晖，陈郡阳夏人也。祖述，吴兴太守。父纬，散骑侍郎。

　　朓少好学，有美名，文章清丽。解褐豫〔章〕王太尉行参军，度随王东中郎府，转王俭卫军东阁祭酒，太子舍人、随王镇西功曹，转文学。

　　子隆在荆州，好辞赋，数集僚友，朓以文才，尤被赏爱，流连晤对，不舍日夕。长史王秀之以朓年少相动，密以启闻。世祖敕曰："侍读虞云自宜恒应侍接。朓可还都。"朓道中为诗寄西府曰："常恐鹰隼击，秋菊委严霜。寄言罻罗者，寥廓已高翔。"迁新安王中军记室。朓笺辞子隆曰："朓闻潢污之水，思朝宗而每竭；驽蹇之乘，希沃若而中疲。何则？皋壤摇落，对之惆怅；歧路东西，或以呜悒。况乃服义徒拥，归志莫从，邈若坠雨，飘似秋带。朓实庸流，行能无算，属天地休明，山川受纳，褒采一介，搜扬小善，舍耒场圃，奉笔苑园。东乱三江，西浮七泽，契阔戎旃，从容燕语。长裾日曳，后乘载脂，荣立府廷，恩加颜色。沐发晞阳，未测涯涘；抚臆论报，早誓肌骨。不悟沧溟未运，波臣自荡；渤澥方春，旅翮先谢。清切蕃房，寂寥旧苇。轻舟反沂，吊影独留，白云在天，龙门不见。去德滋永，思德滋深。唯待青江可望，候归艎于春渚；朱邸方开，效蓬心于秋实。如其簪履或存，衽席无改，虽复身填沟壑，犹望妻子知归。揽涕告辞，悲来横集。"

寻以本官兼尚书殿中郎。隆昌初，敕朓接北使，朓自以口讷，启让不当，不见许。高宗辅政，以朓为骠骑谘议，领记室，掌霸府文笔。又掌中书诏诰，除祕书丞，未拜，仍转中书郎。出为宣城太守，以选复为中书郎。

建武四年，出为晋安王镇北谘议、南东海太守，行南徐州事。启王敬则反谋，上甚嘉赏之。迁尚书吏部郎。朓上表三让，中书疑朓官未及让，以问祭酒沈约。约曰："宋元嘉中，范晔让吏部，朱脩之让黄门，蔡兴宗让中书，并三表诏答，具事宛然。近世小官不让，遂成恒俗，恐此有乖让意。王蓝田、刘安西并贵重，初自不让，今岂可慕此不让邪？孙兴公、孔顗并让记室，今岂可三署皆让邪？谢吏部今授超阶，让别有意，岂关官之大小？撝让之美，本出人情。若大官必让，便与诣阙章表不异。例既如此，谓都自非疑。"朓又启让，上优答不许。

朓善草隶，长五言诗，沈约常云"二百年来无此诗也"。敬皇后迁祔山陵，朓撰哀策文，齐世莫有及者。

东昏失德，江祏欲立江夏王宝玄，末更回惑，与弟祀密谓朓曰："江夏年少轻脱，不堪负荷神器，不可复行废立。始安年长入纂，不乖物望。非以此要富贵，政是求安国家耳。"遥光又（遗）〔遣〕亲人刘沨密致意于朓，欲以为肺腑。朓自以受恩高宗，非沨所言，不肯答。少日，遥光以朓兼知卫尉事，朓惧见引，即以祐等谋告左兴盛，兴盛不敢发言。祐闻，以告遥光，遥光大怒，乃称敕（见）〔召〕朓，仍回车付廷尉，与徐孝嗣、祐、暄等连名启诛朓曰："谢朓资性险薄，大彰远近。王敬则往构凶逆，微有诚效，自尔升擢，超越伦伍。而溪壑无厌，著于触事。比遂扇动内外，处处奸说，妄贬乘舆，窃论宫禁，闲谤亲贤，轻议朝宰，丑言异计，非可具闻。无君之心既著，共弃之诛宜及。臣等参议，宜下北里，肃正刑书。"诏："公等启事如此，朓资性轻险，久彰物议。直以雕虫薄伎，见齿衣冠。昔在渚宫，构扇蕃邸，日夜纵谀，仰窥俯画。及还京师，翻自宣露，江、汉无波，以为己功。素论于兹而尽，缙绅所以侧目。去夏之事，颇有微诚，赏擢曲加，逾迈伦序，感悦未闻，陵竞弥著。遂复矫构风尘，妄惑朱紫，诋贬朝政，疑闲亲贤。巧言利口，见丑前志，涓流纤孽，作戒远图。宜有少正之刑，以申去害之义。便可收付廷尉，肃明国典。"又使御史中丞范岫奏收朓，下狱死。时年三十六。

朓初告王敬则，敬则女为朓妻，常怀刀欲报朓，朓不敢相见。及为吏部郎，沈昭略谓朓曰："卿人地之美，无忝此职。但恨今日刑于寡妻。"朓临败叹曰："我不杀王公，王公由我而死。"

译文：

谢朓字玄晖，陈郡阳夏人。祖父谢述，官至吴兴太守，父亲谢纬，累官为散骑常侍。

谢朓少年时好学，名声佳美，文章清新华丽。离家入仕，任豫章王的太尉行参军，经历随王东中郎府，转王俭的卫军东阁祭酒，迁任太子舍人、随王镇西功曹，转文学。

随王萧子隆在荆州，爱好辞赋，数次召集僚友，谢朓因为文才超群，尤其被赏识垂爱，会晤应对常流连忘返，不论白天黑夜。长史王秀之因谢朓年少受宠，怕动摇自己的地位，暗地将此事启奏皇上。世祖敕令说："侍读虞云自应经常侍候应接，谢朓可以回京。"谢朓回京途中作诗一首寄给西府，说："常恐鹰隼击，秋菊委严霜。寄言网罗者，寥廓已高翔。"迁任新安王中军记室。谢朓写笺记与萧子隆告辞，说："緫听说低洼处的积水，想流向海而常常枯竭，跛劣的乘马，希望调柔而中途疲敝，如何？沼泽洼地草木凋谢，对它失意伤感；歧路可东可西，又令人悲哀气结。何况奉行仁义徒众抱集，回归之志不从，渺茫的样子像天降雨，翩翩像秋叶落树。緫实是平庸之辈，德行才能不值得称说。逢天地美善旺盛，山川纳污藏疾。褒采一介之士，抽扬小善微贤，所以舍弃农亩耒耜，奉笔于梁王兔园。东横渡三江，西浮泛七泽，离散在戎镇旗下相约，安居则从容会饮笑语。长襟日日拖曳，后车命驾而行。荣耀立于府庭，恩遇形诸面容，洗发晒干，未测边际。抚胸论报，早先誓言刻骨铭心。不料沧海没有运转，鲋鱼自己往来摇动，渤海方至春天，旅鸟翅羽先脱。王府清切，旧舍寂寞。轻舟已溯江返回，而我独留。白云在天，龙门不见。离别之日越久，思念之情越深。只待清江可望，侯归船于春江边；朱邸方开，效蓬草之心于秋实。如果簪履尚存，单席未改，就是身填沟壑，还希望妻子知其归宿。挥泪告辞，涕注横流。"

不久，谢朓以本职兼尚书殿中郎。隆昌初年，敕令他接待北方来使，他自以为言语迟钝，启奏辞让，要求不担当此任，未被允许。高宗辅政，以谢朓为骠骑咨议，领记室，掌管霸府文笔。又掌管中书省的诏诰，除秘书丞，未就职，仍转中书郎。出外任宣城太守，经推选又任中书郎。

建武四年，出任晋安王的镇北咨议、南东海太守，行南徐州事。启奏王敬则反叛密谋，深为皇上嘉许赞赏，迁尚书吏部郎。谢朓三次上表辞让，中书怀疑他的官职未来得及让，以此问祭酒沈约。沈约说："宋元嘉年间，范晔让吏部，朱修之让黄门、蔡兴宗让中书，都是三表诏答，具体事宛然，近代小官不让，就成了常俗，恐怕这样违背了辞让的意图。王蓝田、刘安西都贵重，起初自己不让，今天难道可以羡慕它不让吗？孙兴公、孙觊都让记室，如今难道可以三署都让吗？谢吏部如今授官越级，辞让有另外的意思，难道与官职的大小有关？谦让之美，本出于人情。如果大官必让，便和送到朝阙的章表没什么区别。惯例既然如此，此说都自不疑。"谢朓又启奏辞让，皇上诏答不许。

谢朓善于写草书隶体，擅长五言诗，沈约常说："二百年来没有此诗。"敬皇后迁祔葬皇帝陵，谢朓撰写了哀策文，齐朝没有比得上的。

东昏侯无道，江祏想立江夏王萧宝玄为帝，后来又犹豫不决，他与弟弟江祀暗地对谢朓说："江夏王年少，为人轻率简慢不稳重，不能保守神器，又不能再次废立。始安王年长，入继大统，不乖背人望。我们不是以此谋求富贵，而是为国家平安考虑的。"始安王萧遥光又派遣亲信刘沨暗中致意谢朓，想以他为心腹。谢朓自己认为已受高宗恩遇，不同意刘沨的话，不愿答应。过了几天，萧遥光任命谢朓兼知卫尉事，谢朓害怕被牵连，就把江祏等人的密谋转告左兴盛，左兴盛不敢告发此谋。江祏听说此事，就向萧遥光报告，萧遥光大怒，于是称敕命召见谢朓，掉转车头将谢朓交付廷尉，然后和徐孝嗣、江祏、刘暄等联名上书，奏请诛杀谢朓，说："谢朓禀性阴险刻薄，已彰显于远近。王敬则往昔谋反构难，他小有诚心功效，从此拔擢升迁，超越同辈。但他欲壑无厌，遇事就有所表现。以至于最近煽动朝廷内外，到处散布奸邪语言,污妄贬低皇上,私自议论宫禁,离间毁谤亲贤之人,轻率评议朝中宰辅。丑恶的言辞,叛逆的计谋,不能详细奏闻。他无君之心既已明显,应受'人共弃之'之诛。臣等谋议,应下北里廷尉狱,严正刑典。"皇上下诏说:"公等启奏如此,谢朓禀性轻率阴险,已彰显于舆论。他只是以雕虫小技,被齿列于士大夫。往昔在荆楚别宫,煽动构造于藩府,日夜纵情诣媚阿谀,抬头窥察俯首谋划。待回到京城,反复自我宣露,江汉地区平定,以为是自己的功劳。平素议论及此很详尽,使缙绅侧目而视。去年夏天的事,多少有一点忠诚,奖赏擢升优加,破格越级,未听到他感激满意的话,陵上争竞之事却变本加厉。于是又制造混乱,以虚言惑乱高官,诋毁讥贬朝政,怀疑离间亲贤之人。巧言利口,为前史所贬斥,细弊微孽,可作为远图的训诫,应该受诛少正卯那样的刑罚,以申明除害的义理。可拘捕入廷尉狱,以严明国法。"又派御史中丞范岫启奏逮捕谢朓,后死于狱中。当年仅三十六岁。

谢朓起初告发王敬则谋反事,王敬则的女儿就是谢朓的妻子,她时常怀藏匕首准备为父亲报仇,谢朓害怕,不敢见她。待到谢朓任吏部郎,沈昭略对他说:"卿人才门第佳美,无愧于此职,遗憾的是今天要受寡妻之刑。"谢朓在被捕前颇有感触地说:"我没有杀王公,王公却是因我而死的。"

史记

汉书

后汉书

三国志

晋书

宋书

南齐书

梁书

陈书

魏书

北齐书

周书

隋书

南史

北史

旧唐书

新唐书

旧五代史

新五代史

宋史

辽史

金史

元史

明史

梁书

列 传

梁书卷九

列传第三

曹景宗

曹景宗字子震,新野人也。父欣之,为宋将,位至征虏将军、徐州刺史。

景宗幼善骑射,好畋猎,常与少年数十人泽中逐麋鹿,每众骑趁鹿,鹿马相乱,景宗于众中射之,人皆惧中马足,鹿应弦辄毙,以此为乐。未弱冠,欣之于新野遣出州,以匹马将数人,于中路卒逢蛮贼数百围之。景宗带百余箭,乃驰骑四射,每箭杀一蛮,蛮遂散走,因是以胆勇知名。颇爱史书,每读穰苴、乐毅传,辄放卷叹息曰:"丈夫当如是!"辟西曹不就。宋元徽中,随父出京师,为奉朝请、员外,迁尚书左民郎。寻以父忧去职,还乡里。服阕,刺史萧赤斧板为冠军中兵参军,领天水太守。

时建元初,蛮寇群动,景宗东西讨击,多所擒破。齐鄱阳王锵为雍州,复以为征虏中兵参军,带冯翊太守,督岘南诸军事,除屯骑校尉。少兴州里张道门厚善。道门,齐车骑将军敬儿少子也,为武陵太守。敬儿诛,道门于郡伏法,亲属故吏莫敢收,景宗自襄阳遣人船到武陵,收其尸骸,迎还殡葬,乡里以此义之。

建武二年，魏主托跋宏寇赭阳，景宗为偏将，每冲坚陷阵，辄有斩获，以勋除游击将军。四年，太尉陈显达督众军北围马圈，景宗从之，以甲士二千设伏，破魏援托跋英四万人。及剋马圈，显达论功，以景宗为后，景宗退无怨言。魏主率众大至，显达宵奔，景宗导入山道，故显达父子获全。

五年，高祖为雍州刺史，景宗深自结附，数请高祖临其宅。时天下方乱，高祖亦厚加意焉。永元初，表为冠军将军、竟陵太守。及义师起，景宗聚众，遣亲人杜思冲劝先迎南康王于襄阳即帝位，然后出师，为万全计。高祖不从，语在高祖纪。高祖至竟陵，以景宗与冠军将军王茂济江，围郢城，自二月至于七月，城乃降。复帅众前驱至南州，领马步军取建康，道次江宁，东昏将李居士以重兵屯新亭，是日选精骑一千至江宁行顿，景宗始至，安营未立；且师行日久，器甲穿弊，居士望而轻之，因鼓噪前薄景宗。景宗被甲驰战，短兵裁接，居士弃甲奔走，景宗皆获之，因鼓而前，径至皂荚桥筑垒。景宗又与王茂、吕僧珍掎角，破王珍国于大航。茂冲其中坚，应时而陷，景宗纵兵乘之。景宗军士皆桀黠无赖，御道左右，莫非富室，抄掠财物，略夺子女，景宗不能禁。及高祖入顿新城，严申号令，然后稍息。复与众军长围六门。城平，拜散骑常侍、右卫将军，封湘西县侯，食邑一千六百户。仍迁持节、都督郢司二州诸军事、左将军、郢州刺史。天监元年，进号平西将军，改封竟陵县侯。

景宗在州，鬻货聚敛。于城南起宅，长堤以东，夏口以北，开街列门，东西数里，而部曲残横，民颇厌之。二年十月，魏寇司州，围刺史蔡道恭。时魏攻日苦，城中负板而汲，景宗望门不出，但耀军游猎而已。及司州城陷，为御史中丞任昉所奏，高祖以功臣寝而不治，征为护军。既至，复拜散骑常侍、右卫将军。

五年，魏托跋英寇锺离，围徐州刺史昌义之，高祖诏景宗督众军援义之，豫州刺史韦叡亦预焉，而受景宗节度。诏景宗顿道人洲，待众军齐集俱进。景宗固启，求先据邵阳洲尾，高祖不听。景宗欲专其功，乃违诏而进，值暴风卒起，颇有湝溺，复还守先顿。高祖闻之，曰："此所以破贼也。景宗不进，盖天意乎！若孤军独往，城不时立，必见狼狈。今得待众军同进，始大捷矣。"及韦叡至，与景宗进顿邵阳洲，立垒去魏城百余步。魏连战不能却，杀伤者十二三，自是魏军不敢逼。景宗等器甲精新，军仪甚盛，魏人望之夺气。魏大将杨大眼对桥北岸立城，以通粮运，每牧人过岸伐刍藁，皆为大眼所略。景宗乃募勇敢士千余人，径渡大眼城南数里筑垒，亲自举筑。大眼率众来攻，景宗与战破之，因得垒成。使别将赵草守之，因谓为赵草城，是后恣刍牧焉。大眼时遣抄掠，辄反为赵草所获。先是，高祖诏景宗等逆装高舰，使与魏桥等，为火攻计。令景宗与叡各攻一桥，叡攻其南，景宗攻其北。六年三月，春水生，淮水暴长六七尺。叡遣所督将冯道根、李文钊、裴邃、韦寂等乘舰登岸，击魏洲上军尽殪。景宗因使众军皆鼓噪乱登诸城，呼声震天地，大眼于西岸烧营，英自东岸弃城走。诸垒相次土崩，悉弃其器甲，争投水死，淮水为之不流。景宗令军主马广蹑大眼至濊水上，四十余里，伏尸相枕。义之出逐英至洛口，英以匹马入梁城。缘淮百余里，尸骸枕藉，生擒五万余人，收其军粮器械，积如山岳，牛马驴骡，不可胜计。景宗乃搜军所得生口万余人，马千匹，遣献捷，高祖诏还本军，景宗振旅凯入，增封四百，并前为二千户，进爵为公。诏拜侍中、领军将军，给鼓吹一部。

景宗为人自恃尚胜，每作书，字有不解，不以问人，皆以意造焉。虽公卿无所推揖；惟韦叡年长，且州里胜流，特相敬重，同宴御筵，亦曲躬谦逊，高祖以此嘉之。景宗好内，妓妾至数百，穷极锦绣。性躁动，不能沈默，出行常欲褰车帷幔，左右辄谏以位望隆重，人所具瞻，不宜然。景宗谓所亲曰："我昔在乡里，骑快马如龙，与年少辈数十骑，拓弓弦作霹雳声，箭如饿鸱叫。平泽中逐麝，数肋射之，渴饮其血，饥食其肉，甜如甘露浆。觉耳后风生，鼻头出火，此乐使人忘死，不知老之将至。今来扬州作贵人，动转不得，路行开车幔，小人辄言不可。闭置车中，如三日新妇。遭此邑邑，使人无气。"为人嗜酒好乐，腊月于宅中，使作野虏逐除，遍往人家乞酒食。本以为戏，而部下多剽轻，因弄人妇女，夺人财货。高祖颇知之，景宗乃止。高祖数宴见功臣，共道故旧，景宗醉后谬忘，或误称下官，高祖故纵之以为笑乐。

七年，迁侍中、中卫将军、江州刺史。赴任卒于道，时年五十二。诏赙钱二十万，布三百匹，追赠征北将军、雍州刺史、开府仪同三司。谥曰壮。子皎嗣。

译文：

曹景宗字子震，新野人。父亲名欣之，是宋朝武将，官做到征虏将军、徐州刺史。

曹景宗少年时善于骑马射箭，喜爱围猎，经常会同几十个少年到大草泽里去追逐獐子野鹿，每当众多骑手赶野鹿时，野鹿和人马混杂在一起，曹景宗在众人中放箭射鹿，人们都怕射中马腿，野鹿却随着弓弦一响就被射倒，曹景宗就以此当作乐趣。刚到二十岁时，曹欣之在新野派曹景宗出州去办事，他单身匹马只带几个从人，半路上意外地遇到几百蛮人的包围。曹景宗带上百多支箭，便驰马向四面射箭，每发一箭就射死一个蛮人，蛮人四散逃走,因此他凭自己的胆量和勇气获得了名声。他很喜爱读史书,每次读《穰苴》《乐毅传》,便放下书卷感叹说:"男儿应当做这样的人!"被征召任西曹官职,没去受任。宋朝后废帝元徽年间,随同父亲离开本州去京城建康,任奉朝请、员外,调任尚书左民郎。不久因父亲去世离职,回到故乡。服丧期满后,刺史萧赤斧任命他做冠军中兵参军,兼任天水太守。

当南齐高祖建元初年,蛮人聚众暴乱,曹景宗东征西讨,战斗中多次擒贼破敌。齐鄱阳王萧锵做雍州刺史,又用他做征虏中兵参军,兼任冯翊太守,督岘南诸军事,又授官做屯骑校尉。年少时和同乡张道门友谊情深。张道门是南齐车骑将军张敬儿的小儿子,做武陵太守。张敬儿被杀,张道门在郡中也被株连处死,亲属故吏没人敢前来收尸,曹景宗从襄阳派遣人员船只到武陵,收取张道门的尸体,接回来加以殡葬,同乡人都因此认为曹景宗重义气。

南齐明帝建武二年,北魏国主托跋宏进攻赭阳,曹景宗任偏将,每次冲击强敌攻陷敌阵,总是有所斩杀和俘获,因为有功勋授官做游击将军。四年,太尉陈显达统率众军北上围攻马圈,曹景宗随军出征,带领甲士二千人设埋伏,击破北魏托跋英带领的四万援兵。攻克马圈之后,陈显达论功行赏,把曹景宗排在最后,曹景宗退兵回来毫无怨言。北魏国主又率大军来进攻,陈显达在夜里逃跑,曹景宗引导他进入山道,因此陈显达父子得以安全脱险。

五年,梁武帝萧衍做雍州刺史,曹景宗同他深相结交,多次邀请他来自己家中作客。当时天下正处在动乱之中,梁武帝也有意重视曹景宗。南齐东昏侯永元初年,梁武帝上表请任曹景宗做冠军将军、竟陵太守。当梁武帝起兵东下,曹景宗集聚兵力,派亲信杜思冲劝梁武帝先迎接南康王萧伟在襄阳即皇帝位,然后再出兵,这是万全的计策。梁武帝没采纳这意见,事情记载在《高祖纪》中。梁武帝率兵到竟陵,派曹景宗会同冠军将军王茂渡过长江,围攻郢城,从二月到七月,郢城守军才投降。又统领众军为前锋挺进到南州,率领马步军取道向建康前进,中途驻军在江宁,东昏侯的部将李居士带重兵驻扎在新亭,这天选出一千精锐的骑兵到江宁暂驻,曹景宗的部队刚刚到达,营垒还没能建造起来;况且部队行军日久,兵器铠甲破损穿漏。李居士看到曹景宗队伍的状况便轻敌大意,于是趁势击鼓呐喊前来攻逼曹景宗。曹景宗披甲上马驰驱迎战,短兵刚一交战,李居士便弃甲败逃,曹景宗把李居士的兵马全部俘获,顺势乘胜击鼓追敌,一直前进到皂荚桥筑起营垒。曹景宗又和王茂、吕僧珍分兵合击,在大航打败王国珍。王茂攻击王国珍的主力,立刻冲垮敌阵,曹景宗乘势纵兵进击。曹景宗部队的军士都是凶暴狡猾的无赖汉,御街两侧的住户,全都是富贵之家,军士抢夺财物,掠取子女,曹景宗制止不住。当梁武帝进驻到新城,严肃申明军纪,此后掠夺事件才稍有收敛。曹景宗又会同众军长围攻六门。破城之后,授官做散骑常侍、右卫将军,封湘西县侯,食邑一千六百户。于是又迁为持节、都督郢、司二州诸军事、左将军、郢州刺史。梁高祖天监元年,进号平西将军,改封为竟陵县侯。

曹景宗在郢州,买卖货物聚敛钱财。在城南修建住宅,自长堤以东,到夏口以北,开辟街道排列门户,东西长几里,而部队凶残横暴,百姓极为厌恶。天监二年十月,北魏入侵司州,包围刺史蔡道恭。当时北魏的攻势一天天严重,城里的人要背着门板防箭去汲水,曹景宗却坐在家里观望而不出兵援救,只是耀武扬威地出游打猎而已。司州城被攻陷之后,曹景宗受到御史中丞任窸奏本弹劾,武帝因为曹景宗是功臣便压下这事不予制裁,反而召回曹景宗任护军。曹景宗到京之后,又拜官任散骑常侍、右卫将军。

五年,北魏托跋英入侵钟离,围攻徐州刺史昌义之,武帝下诏命令曹景宗统率众军援救昌义之,豫州刺史韦睿也参加了这次军事行动,并且受曹景宗的节制。诏命曹景宗驻屯在道人洲,等候各军集齐之后一同进发。曹景宗一再启奏,要求允许他的部队首先占据邵阳洲尾,武帝不准许。曹景宗打算独得这次战功,便违抗诏命向前开进,恰好突然刮起暴风,很多士兵落水淹死,不得已又回兵据守先前的驻地。高祖知道这消息后,说:"这是能够破贼的条件。曹景宗不能前进,原来是天意安排的吧!假如曹景宗孤军独往,营垒不能及时修筑起来,一定遭到狼狈的惨败。如今能够等待众军同时前进,这样就能大获全胜了。"当韦睿到来,和曹景宗前进屯兵在邵阳洲,在距离魏城百多步远的地方构筑营垒。魏军接连出战不能打退南军,被杀伤的人数有十之二三,从此魏军不敢逼近南军作战。曹景宗等各部分军队的兵器甲胄精良新美,军容盛大,魏军见到后感到气馁。魏大将杨大眼面对桥在北岸筑城,使运粮道路通畅,每当南边牧人过岸来打畜草,皆被杨大眼俘虏去。曹景宗便招募一千多勇敢的军士,一直渡河在离杨大眼城南面几里远的地方修筑营垒,曹景宗亲自举筑打夯。杨大眼率部队来进攻,曹景宗迎战并把他击败,因此能够把营垒筑成。曹景宗派遣将领赵草据守新垒,便把这座军垒叫作赵草城,从这以后牧人便可以随意在这里打草放牧。杨大眼不时地派兵来抄掠,每每反被赵草俘获。在这之前,武帝曾诏命曹景宗等预先建造高大的战船,使船上的高楼和桥一般高,目的是用来实现火攻的计划。命令曹景宗和韦睿各攻一座敌桥,韦睿攻打魏军的南桥，曹景宗攻击北面的桥。六年三月，春水涨起来，淮河水暴涨六七尺高。韦睿派出由他统领的将军冯道根、李文钊、裴邃、韦寂等乘战船登岸，进攻北魏在洲岸上的驻军并把他们全部歼灭。曹景宗乘机下令众军一齐击鼓呐喊，混乱中登上魏军的营垒，杀声震动天地，杨大眼在西岸烧掉营垒，托跋英在东岸弃城逃走。魏军各个营垒接连崩溃，全都丢弃了他们的兵器铠甲，争着跳进河里淹死，淮水都被堵塞不能流通。曹景宗下令军主马广跟踪追击杨大眼直到濊水岸边，在四十多里的路上，倒毙的敌尸枕压在一起。昌义之出兵追击托跋英到洛口，托跋英单人匹马逃进梁城。沿着淮河百多里，遍地死尸叠压，活捉五万多魏兵，缴获魏军的粮食器械，堆积起来如同山岳，牛马驴骡，更不计其数。于是，曹景宗搜集所俘虏的活口有一万多人，战马千匹，派人押送去京城献捷。高祖下诏命令曹景宗还归本军，曹景宗的部队排着队列得胜回朝，增赐四百户，连同以前赐的共为二千户，晋爵升为公。诏命拜官侍中、领军将军，赐给鼓吹乐队一部。

　　曹景宗为人自恃有功好胜，每次写信，有不会写的字，也不去问别人，都按自己的臆想生造。即使对待公卿高官也从不谨敬谦让；唯独韦睿比他年长，而且是同州里中的名流人物，曹景宗对他加意敬重，一同参加御赐的宴会，曹景宗也能尽礼谦逊，武帝也因此称赞他。曹景宗好女色，家中歌伎妻妾有几百人，穿着都是极其华贵的锦绣。他性格急躁好动，不能沉默安静，每次外出时总想挑开车上的帷幔向外观望，左右从人总是拿地位声望隆重加以劝告，说让所有的人都看到他，这是不合适的。曹景宗对他亲近的人说："我过去在乡里，骑快马有如龙腾，会同年少朋友几十个骑手，弓弦弹出霹雷般震响，急箭发出饿鹰一样尖啸。在平野大泽中追射獐子，数着肋条射它，渴了喝它的血，饿了吃它的肉，味道甜美有如甘露琼浆。只觉得耳后生风，鼻头冒火，这样的快乐让人不知道会死，更不知道老年还会到来。如今来扬州成了贵人，行动不得自由，走在路上打开车幔，小人便说不行。憋闷闭坐在车里，如同三天不许见人的新媳妇。遭到这种郁闷，让人不得顺气。"曹景宗为人嗜酒好乐，腊月在自己的宅院里，让人们呼喊着驱病除鬼，还到所有的人家去乞讨酒饭。本来这样做是为的戏耍取乐，但是他的部下大多是剽悍轻薄之辈，就趁机调戏人家妇女，抢夺人家的财宝。武帝非常清楚这些情况，曹景宗知道后便停止这种取乐。高祖曾经多次设宴席会见功臣，一同叙谈昔日的交情，曹景宗醉了之后总是说些谬言妄语，或有时对皇帝误称自己是下官，高祖也是有意让他胡来以此取笑作乐。

七年，曹景宗转任侍中、中卫将军、江州刺史。赴任时死在路上，当年五十二岁。皇帝下诏赐丧葬钱二十万，布三百匹，追赠做征北将军、雍州刺史、开府仪同三司。谥号为壮。曹景宗的儿子曹皎继任父亲的爵位。

梁书卷十三

列传第七

范　云

范云字彦龙，南乡舞阴人，晋平北将军汪六世孙也。年八岁，遇宋豫州刺史殷琰于涂，琰异之，要就席，云风姿应对，傍若无人。琰令赋诗，操笔便就，坐者叹焉。尝就亲人袁照学，昼夜不息。照抚其背曰："卿精神秀朗而勤于学，卿相才也。"少机警，有识具，善属文，便尺牍，下笔辄成，未尝定藁，时人每疑其宿构。父抗，为郢府参军，云随父在府，时吴兴沈约、新野庾杲之与抗同府，见而友之。

起家郢州西曹书佐，转法曹行参军。俄而沈攸之举兵围郢城，抗时为府长流，入城固守，留家属居外。云为军人所得，攸之召与语，声色甚厉，云容貌不变，徐自陈说。攸之乃笑曰："卿定可儿，且出就舍。"明旦，又召令送书入城。城内或欲诛之。云曰："老母弱弟，悬命沈氏，若违其命，祸必及亲，今日就戮，甘心如荠。"长史柳世隆素与云善，乃免之。

齐建元初，竟陵王子良为会稽太守，云始随王，王未之知也。会游秦望，使人视刻石文，时莫能识，云独诵之，王悦，自是宠冠府朝。王为丹阳尹，召为主簿，深相亲任。时进见齐高帝，值有献白乌者，帝问此为何瑞？云位卑，最后答曰："臣闻王者敬宗庙，则白乌至。"时谒庙始毕。帝曰："卿言是也。感应之理，一至此乎！"转补征北南郡王刑狱参军事，领主簿如故，迁尚书殿中郎。子良为司徒，又补记室参军事，寻授通直散骑侍郎、领本州大中正。出为零陵内史，在任洁己，省烦苛，去游费，百姓安之。明帝召还都，及至，拜散骑侍郎。复出为始兴内史。郡多豪猾大姓，二千石有不善者，谋共杀害，不则逐去之。边带蛮俚，尤多盗贼，前内史皆以兵刃自卫。云入境，抚以恩德，罢亭候，商贾露宿，郡中称为神明。仍迁假节、建武将军、平越中郎将、广州刺史。初，云兴尚书仆射江祏善，祏姨弟徐艺为曲江令，深以托云。有谭俨者，县之豪族，艺鞭之，俨以为耻，诣京诉云，云坐征还下狱，会赦免。永元二年，起为国子博士。

初，云兴高祖遇于齐竟陵王子良邸，又尝接里闬，高祖深器之。及义兵至京邑，云时在城内。东昏既诛，侍中张稷使云衔命出城，高祖因留之，便参帷幄，仍拜黄门侍郎，与沈约同心翊赞。俄迁大司马咨议参军、领录事。梁台建，迁侍中。时高祖纳齐东昏余妃，颇妨政事，云尝以为言，未之纳也。后与王茂同入卧内，云又谏曰："昔汉祖居山东，贪财好色；及入关定秦，财帛无所取，妇女无所幸，范增以为其志大故也。今明公始定天下，海内想望风声，奈何袭昏乱之踪，以女德为累。"王茂因起拜曰："范云言是，公必以天下为念，无宜留惜。"高祖默然。云便疏令以余氏赍茂，高祖贤其意而许之。明日，赐云、茂钱各百万。

天监元年，高祖受禅，柴燎于南郊，云以侍中参乘。礼毕，高祖升辇，谓云曰："朕之今日，所谓懔乎若朽索之驭六马。"

云对曰："亦愿陛下日慎一日。"高祖善之。是日，迁散骑常侍、吏部尚书；以佐命功封霄城县侯，邑千户。云以旧恩见拔，超居佐命，尽诚翊亮，知无不为。高祖亦推心任之，所奏多允。尝侍宴，高祖谓临川王宏、鄱阳王恢曰："我与范尚书少亲善，申四海之敬；今为天下主，此礼既革，汝宜代我呼范为兄。"二王下席拜，与云同车还尚书下省，时人荣之。其年，东宫建，云以本官领太子中庶子，寻迁尚书右仆射，犹领吏部。顷之，坐违诏用人，免吏部，犹为仆射。

云性笃睦，事寡嫂尽礼，家事必先咨而后行。好节尚奇，专趣人之急。少时与领军长史王畡善，畡亡于官舍，贫无居宅，云乃迎丧还家，躬营含殡。事竟陵王子良恩礼甚隆，云每献损益，未尝阿意。子良尝启齐武帝论云为郡。帝曰："庸人，闻其恒相卖弄，不复穷法，当宥之以远。"子良曰："不然。云动相规诲，谏书具存，请取以奏。"既至，有百余纸，辞皆切直。帝叹息，因谓子良曰："不谓云能尔。方使弼汝，何宜出守。"齐文惠太子尝出东田观获，顾谓众宾曰："刈此亦殊可观。"众皆唯唯。云独曰："夫三时之务，实为长勤。伏愿殿下知稼穑之艰难，无徇一朝之宴逸。"既出，侍中萧缅先不相识，因就车握云手曰："不图今日复闻谠言。"及居选官，任守隆重，书牍盈案，宾客满门，云应对如流，无所壅滞，官曹文墨，发擿若神，时人咸服其明赡。性颇激厉，少威重，有所是非，形于造次，士或以此少之。初，云为郡号称廉洁，及居贵重，颇通馈饷；然家无蓄积，随散之亲友。

二年，卒，时年五十三。高祖为之流涕，即日舆驾临殡。诏曰："追远兴悼，常情所笃；陵问望斯在，事深朝寄者乎！故散骑常侍、尚书右仆射、霄城侯云，器范贞正，思怀经远，爰初立志，素履有闻。脱巾来仕，清绩乃著。爕务登朝，具瞻惟允。绸缪翊赞，义简朕心，虽勤非负靮，而旧同论讲。方骋远涂，永毗庶政；奄致丧殒，伤悼于怀。宜加命秩，式备徽典。可追赠侍中、卫将军，仆射、侯如故。并给鼓吹一部。"礼官请谥曰宣，敕赐谥文。有集三十卷。子孝才嗣，官至太子中舍人。

译文：

范云字彦龙，是南乡舞阴人，晋朝平北将军范汪的第六代孙。八岁时，在路上遇见豫州刺史殷琰，殷琰认为他人才出众，邀请他来做客。范云在问答应对时很有风度文采，旁若无人。殷琰让他作诗，提起笔来立刻写成，在座的人都很赞叹。范云曾经在亲戚袁照家里学习，昼夜从不懈怠。袁照拍着他的背说："你精神秀丽明朗又肯勤奋学习，是个做卿相的人才！"范云在少年时便机智锐敏，对人对事都有自己的见解，善于作文章，熟悉书信的款式，一落笔便完成，从来不打草稿，当时的人们都认为是他事先便构思好的。父亲名抗，做郢府参军，范云当时跟着父亲在府里，这时吴兴人沈约、新野人庾杲之和范抗同在府中任职，他们见到范云便把他当成朋友对待。

范云一开始任西曹书佐，转任法曹行参军。不久沈攸之反叛发兵围攻郢城，范抗这时任郢府长流，进城担任防务，家属都留在城外。范云被沈攸之的军人捉到，沈攸之召来范云同他谈话，声色很严厉，范云表情毫不畏惧，从容答对。沈攸之听了笑着说："你一定是一个让人可心的孩子，暂时回家去吧。"第二天，又召来范云命令他去城里送信。城里的守军有的要杀死他。范云说："我母亲年老弟弟幼小，他们的性命都悬在沈氏手里，假如我违抗他的命令不来送信，我的亲人就必定要受害，今天我为了送信丧命,心甘情愿。"长史柳世隆平素和范云友好,于是便免了范云的死刑。

齐武帝建元初年,竟陵王萧子良做会稽太守,当范云开始随竟陵王时,竟陵王还不了解范云的才智。等到竟陵王到秦望山游览时,他让人们识别辨认石刻上的古文字,当时没有人认识,唯有范云能够诵读刻石文辞,竟陵王很高兴,从此对范云的宠信高过府中的其他人。竟陵王转任丹阳尹,召范云来做主簿,对他十分亲近信任。一次进见齐武帝时,正值有来献白乌鸦的人,齐武帝问这是什么祥瑞?因为范云的职位低下,最后他回答说:"我听说,帝王敬祀宗庙,就有白乌鸦到来。"当时武帝刚刚拜谒过祖庙,说:"你的话是对的。天意和人事相互感应的道理,竟然会是这样神妙啊!"调范云补做征北南郡王刑狱参军事,兼任主簿不变,升迁做尚书殿中郎。萧子良做司徒,范云又补做记室参军事,不久授官做通直散骑侍郎、兼任本州大中正。后出任零陵郡内史,在任期间洁身奉己,减免烦苛的政令,免掉多余的费用,使百姓得到安定。齐明帝召范云回京,到来后,授官做散骑侍郎。又出任始兴内史。郡里有很多豪猾大姓,凡是他们不中意的太守,他们密谋一同加以杀害,不然就把太守赶走。边界和蛮俚部落相连,盗贼尤其众多,前任的内史都是身佩兵刃用来自卫。范云来到始兴境内,用恩德抚恤百姓,撤除边境的哨所,商贩可以露宿过夜,郡中人称赞范云是神明。又晋升做假节、建武将军、平越中郎将、广州刺史。起初,范云同尚书仆射江祏友好,江祏的姨弟徐艺做曲江县令,江祏把徐艺托付给范云请求关照。有个名叫谭俨的人,是曲江县的豪族,徐艺曾罚他受鞭刑,谭俨认为受了羞辱,便到京城上诉范云的罪状,范云因此被召回下狱,逢上大赦免于受罚。东昏侯永元二年,重新起用做国子博士。

起初，范云和梁武帝萧衍曾在齐竟陵王萧子良的官邸相会，又曾住在邻近的街坊，梁武帝很器重他。当反对东昏侯的军队到了京城，范云这时正在城里。东昏侯被杀之后，侍中张稷派范云带着使命出城，梁武帝便留下范云，参与机密大事，又授官做黄门侍郎，和沈约一起同心协力辅佐梁武帝。不久晋升做大司马咨议参军、兼录事。梁朝建立之后，升任侍中。这时梁武帝收纳东昏侯的余妃，为此严重影响了国家政务，范云曾经进言劝阻，未被采纳。后来范云和王茂一同来到梁武帝的卧室，范云又进谏说："过去汉高祖刘邦在山东的时候，贪财好色；等进入函谷关平定秦地之后，不敛取财帛，不接近妇女，范增认为这是刘邦有大志向打算成就大事业的缘故。如今明公刚刚安定天下，天下的人都想看到你的风度和威名，为什么要因袭昏乱的事情，让女色拖累贻误大事。"王茂也借机起身施礼说："范云说的正确，主公一定要以天下大事为重，不应该对女色表示留恋惋惜。"萧衍沉默不语。范云便写奏疏建议把余氏赐给王茂。高祖萧衍认为这是忠贤之言并准许范云的请求。第二天，赏赐给范云、王茂每个人一百万钱。

天监元年，梁武帝接受齐和帝禅位做天子，在南郊举行柴燎祭天仪式，范云以侍中身份陪乘。祭礼完毕，高祖坐上御辇，对范云说："我今天的心情，正是所谓战战兢兢如同用糟烂的缰绳驾驭六马一样。"范云说："我也深愿陛下一天比一天更加谨慎。"武帝认为范云所说很好。当天，晋升范云做散骑常侍、吏部尚书；由于辅佐武帝即皇帝位有功封霄城县侯，食邑一千户。范云凭旧日与武帝的关系受到提拔，超过常人升任为佐命大臣，他竭尽忠诚辅助皇帝，凡是该做的无不尽力去做。武帝也拿诚心待他信任他，范云奏请的事大多得到准许。范云曾经陪侍御宴，武帝对临川王萧宏、鄱阳王萧恢说："我和范尚书从少年时起便友好亲善，对他怀有兄弟般的情意；如今我成了皇帝，这种朋友的礼节变成了君臣关系，你们应当代替我称他为兄。"二王离席施礼，和范云同乘一辆车回到尚书省，当时人们都为范云感到荣耀。这一年，皇帝立太子，范云以原官身份兼任太子中庶子，不久升做尚书右仆射，还兼任吏部尚书。过不久，因为范云违背诏令意旨用人而得罪，免除吏部尚书职务，仍然保留仆射职务。

范云性格诚厚亲和，对待寡嫂尽心有礼，家里的事一定要事先问过嫂嫂然后才办。他喜好气节崇尚不同寻常的作为，专意帮助别人的急难。少年时和领军长史王畡友好，后来王畡死在官署里，穷得没有自己的住宅，范云便把死者运回到家来，亲自办理含殓殡葬的事。侍奉竟陵王萧子良时受到的恩惠礼遇都很隆重，但是范云每次进言批评或鼓励，从来没有曲意奉承。萧子良曾经启奏齐武帝建议派范云出任郡守的事。武帝说："范云是个平庸的人，听说他经常卖弄权势，我现在不再依法深究，从宽让他到远方去任职。"萧子良说："不是这样。范云对我规劝教诲，写的谏书全在，让我取来呈上。"拿来之后，有百多张纸，言辞都很重要而且是直言不讳。齐武帝赞叹，便对萧子良说："想不到范云竟是这样的人。正好让他辅助你，怎么可以让他出去做郡守。"齐文惠太子曾经出宫到东田观看农夫收割庄稼，回头对众宾客说："收割也是很好看的。"众人都唯唯称是，只有范云说："一年三季的劳动，实在是长期勤苦的事。我只愿殿下了解稼穑的艰难，不要贪图一朝一夕的宴乐安逸。"出来之后，侍中萧缅先前同范云并不相识，临上车的时候握着范云的手说："想不到在今天又听到了忠直之言。"当范云官居吏部的时候，责任职守极其重要，书信文件堆满公案，宾客满门，范云应接对答自如,毫无拖沓阻滞,官属们的文稿,发现并指出不当之处快速如神,当时人全都佩服他聪明博学。性格极其坦率正直,不重视威仪权势,凡是认为对的或不对的,都在言行中表现出来,有的士大夫就因此对他不满。起初,范云做郡守人们都称颂他的廉洁,等到在朝中做高官时,很重视与人相互馈赠,但是家里没有积蓄,得到的钱财随时都分送给亲朋故友。

天监二年,逝世,当时五十三岁。梁武帝为他流泪,当天亲临吊唁。颁诏书说:"追念往日令人产生悲伤的情绪,这是人们所重视的感情;更何况他的声名威望还在,又是个深受朝廷委以重任的大臣呢!已故散骑常侍、尚书右仆射、霄城侯范云,器度风范忠贞正直,为国家大事深思远谋,早年便立有大志,平常行事负有盛名。自从任官以来,清明的政绩一贯显著。在朝中经理国政,实在是公辅之臣。他勤心辅政,大义记在我心上,虽然他操劳的不是军务,但他却是长久和我共同议论谋划大政的文臣。正当任重道远驰骋才力,长久辅政理事的时候,忽然丧命殒逝,使人满怀悲痛。应当加赐官位秩禄,用来作为美好的典范。可以追赠做侍中、卫将军,仆射、侯爵不变。并且赏赐鼓吹乐队一部。"礼部官员请加谥号为宣,皇帝下令改称文。有文集三十卷。他儿子范孝才继承爵位,官做到太子中舍人。

梁书卷三十五

列传第二十九

萧子显

子显字景阳,子恪第八弟也。幼聪慧,文献王异之,爱过诸子。七岁,封宁都县侯。永元末,以王子例拜给事中。天监初,降爵为子。累迁安西外兵、仁威记室参军,司徒主簿,太尉录事。

子显伟容貌,身长八尺。好学,工属文。尝著《鸿序赋》,尚书令沈约见而称曰:"可谓得明道之高致,盖《幽通》之流也。"又采众家《后汉》,考正同异,为一家之书。又启撰《齐史》,书成,表奏之,诏付秘阁。累迁太子中舍人,建康令,邵陵王友,丹阳尹丞,中书郎,守宗正卿。出为临川内史,还除黄门郎。中大通二年,迁长兼侍中。高祖雅爱子显才,又嘉其容止吐纳,每御筵侍坐,偏顾访焉。尝从容谓子显曰:"我造《通史》,此书若成,众史可废。"子显对曰:"仲尼赞《易》道,黜《八索》,述职方,除《九丘》,圣制符同,复在兹日。"时以为名对。三年,以本官领国子博士。高祖所制经义,未列学官,子显在职,表置助教一人,生十人。又启撰高祖集,并《普通北伐记》。其年迁国子祭酒，又加侍中，于学递述高祖《五经义》。五年，选吏部尚书，侍中如故。

子显性凝简，颇负其才气。及掌选，见九流宾客，不与交言，但举扇一撝而已，衣冠窃恨之。然太宗素重其为人，在东宫时，每引与促宴。子显尝起更衣，太宗谓坐客曰："尝闻异人间出，今日始知是萧尚书。"其见重如此。大同三年，出为仁威将军、吴兴太守，至郡未几，卒，时年四十九。诏曰："仁威将军、吴兴太守子显，神韵峻举，宗中佳器。分竹未久，奄到丧殒，恻怆于怀。可赠侍中、中书令。今便举哀。"及葬请谥，手诏"恃才傲物，宜谥曰骄"。

子显尝为《自序》，其略云："余为邵陵王友，忝还京师，远思前比，即楚之唐、宋，梁之严、邹。追寻平生，颇好辞藻，虽在名无成，求心已足。若乃登高目极，临水送归，风动春朝，月明秋夜，早雁初莺，开花落叶，有来斯应，每不能已也。前世贾、傅、崔、马、邯郸、缪、路之徒，并以文章显，所以屡上歌颂，自比古人。天临十六年，始预九日朝宴，稠人广坐，独受旨云：'今云物甚美，卿得不斐然赋诗。'诗既成，又降帝旨曰：'可谓才子。'余退谓人曰：'一顾之恩，非望而至。遂方贾谊何如哉？未易当也。'每有制作，特寡思功，须其自来，不以力构。少来所为诗赋，则《鸿序》一作，体兼众制，文备多方，颇为好事所传，故虚声易远。"

子显所著《后汉书》一百卷，《齐书》六十卷，《普通北伐记》五卷，《贵俭传》三十卷，文集二十卷。

译文：

萧子显字景阳，是萧子恪的八弟。自幼聪明敏慧，父亲文献王萧嶷认为他人才出众，爱他胜过爱别的儿子。七岁时，受封做宁都县侯。南齐永元末年，按照王子的条例授官给事中。梁武帝天监元年，爵位降为子爵。以后接连升迁为安西外兵，仁威记室参军，司徒主簿，太尉录事等官。

萧子显体态容貌壮美，身高八尺。好学习，善于作文章。曾经写过《鸿序赋》，尚书令沈约看到后便称赞说："这篇赋可以说在阐明大道方面达到了极高的水平，同班固的《幽通赋》是一脉相承的。"萧子显又采集各家关于东汉史的著作，考辨订正同异，著为一家之书。又奏请撰写《齐史》，书成之后，奉表献上，皇帝诏命把书收藏在宫里的藏书阁中。以后接连调做太子中舍人，建康县令，邵陵王友，丹阳尹丞，中书郎，守宗正卿。出任临川内史，又召回做黄门郎。梁武帝中大通二年，调迁为长兼侍中。梁武帝一向喜爱萧子显的才华，又赞赏他举止和谈吐，每当在御宴上陪席的时候，多次受到看顾和询问。梁武帝曾经从容地对萧子显说："我想写作《通史》，这书写成之后，其他的史书都可以废弃了。"萧子显回答说："仲尼撰书赞扬《易》道，便废除了《八索》，阐述九州职方，便闲置了《九丘》，圣上的撰著是和仲尼的著述相同，伟大的著作又将要在今天出现了。"当时人认为这是著名的对答。中大通三年，在本官外又兼任国子博士。梁武帝撰写的讲述五经经义的著作，没有列入学官，萧子显任国子博士之后，上表建议设置五经助教一人，国子生十人。又启奏编梁武帝的文集和撰著《普通北伐记》。当年转任国子祭酒，又加任侍中，在学术方面进一步阐述梁武帝的《五经义》。中大通五年，选做吏部尚书，侍中官职不变。

萧子显性格端庄平易，很自负有才气。当担任吏部尚书时,见到各界的宾客,不肯同他们轻易交谈,只是举起扇子一挥就算了,士大夫私下里都忌恨他。但是简文帝萧纲平素很看重他的为人,他在东宫做太子时,每每召来和他促膝宴饮。萧子显一次起身去厕所,太宗对在座的客人说:"我曾经听说杰出的人物是隔几个世代才会出现的,今天才知道这样的人物就是萧尚书。"他就是这样受到重视的。大同三年,出任仁威将军、吴兴太守,到郡中不久,便去世了,当时四十九岁。皇帝在诏书中说:"仁威将军、吴兴太守萧子显,神采风韵高超,是宗亲中的美才。受官不久,忽然去世,使人心怀悲伤。可以追赠侍中、中书令官职。今日便可举哀发丧。"当殡葬后请赐谥号,皇帝亲笔下诏说:"萧子显自负才气傲视他人,应赐谥号作骄。"

萧子显曾写过《自序》,它大略说的是:我曾做邵陵王友,有幸召还京师,遥想同古人相比,我的身份地位有如楚国的唐勒、宋玉,西汉梁孝王的严助、邹阳。回想自己生平,很喜爱辞藻华美的文章,虽然在这方面的名声没有成就,对自己的心愿来说已经满足。至于登高放眼远望,或临水送人归去,轻风拂动的春早,明月高悬的秋夜,早来的鸿雁初啼的黄莺,花开叶落,呈现在眼前的景物引起心中的感触,每每情不自禁要把它形之于文辞。前代的贾谊、傅毅、崔骃、马融、邯郸淳、缪袭、路粹等人,都是因文章而显名的,所以多次献上歌颂之作,正是自己要同古人相比。天监十六年,第一次得到参加九月九日在朝中宴会的时机,众人广坐,我独自受到皇帝的旨意说:'今天风光美好,你能不一展文采写作诗篇?'诗成之后,皇帝又降下旨意称赞说:'可以称作是才子。'我回来对人说:'皇帝这一垂顾之恩,是出于意料而来的。如果和贾谊受到的待遇相比又怎样呢?

恐怕不能和我相提并论吧！'每当作诗的时候，特别是我很少花费力气构思，要待灵感自然而然地到来，不是勉强思索而成的。从少年以来写作的诗文，只有《鸿序》一篇，在体裁上兼有多种样式，也运用了多种笔法，很受到喜爱者的传诵，因此把我的虚名也轻易地传播到远方。"

萧子显所撰著的有《后汉书》一百卷，《齐书》六十卷，《普通北伐记》五卷，《贵俭传》三十卷，文集二十卷。

梁书卷三十八

列传第三十二

朱 异

朱异字彦和，吴郡钱唐人也。父巽，以义烈知名，官至齐江夏王参军、吴平令。

异年数岁，外祖顾欢抚之谓异祖昭之曰："此儿非常器，当成卿门户。"年十余岁，好群聚蒲博，颇为乡党所患。既长，乃折节从师，遍治《五经》，尤明《礼》《易》，涉猎文史，兼通杂艺，博弈书算，皆其所长。年二十，诣都，尚书令沈约面试之，因戏异曰："卿年少，何乃不廉？"异逡巡未达其旨。约乃曰："天下唯有文义棋书，卿一时将去，可谓不廉也。"其年，上书言建康宜置狱司，比廷尉，敕付尚书详议，从之。

旧制，年二十五方得释褐。时异适二十一，特敕擢为扬州议曹从事史。寻有诏求异能之士，《五经》博士明山宾表荐异曰："窃见钱唐朱异，年时尚少，德备老成，在独无散逸之想，处暗有对宾之色，器宇弘深，神表峰峻。金山万丈，缘陟未登；玉海千寻，窥映不测。加以珪璋新琢，锦组初构，触响铿锵，值采便发。观其信行，非惟十室所稀，若使负重遥途，必有千里之用。"高祖召见，使说《孝经》《周易》义，甚悦之，谓左右曰："朱异实异。"后见明山宾，谓曰："卿所举殊得其人。"仍召异直西省，俄兼太学博士。其年，高祖自讲《孝经》，使异执读。迁尚书仪曹郎，入兼中书通事舍人，累迁鸿胪卿，太子右卫率，寻加员外常侍。

普通五年，大举北伐，魏徐州刺史元法僧遣使请举地内属，诏有司议其虚实。异曰："自王师北讨，剋获相继，徐州地转削弱，咸愿归罪法僧，法僧惧祸之至，其降必非伪也。"高祖仍遣异报法僧，并敕众军应接，受异节度。既至，法僧遵承朝旨，如异策焉。

中大通元年，迁散骑常侍。自周舍卒后，异代掌机谋，方镇改换，朝仪国典，诏诰敕书，并兼掌之。每四方表疏，当局薄领，咨询详断，填委于前，异属辞落纸，览事下议，从横敏赡，不暂停笔，顷刻之间，诸事便了。

大同四年，迁右卫将军。六年，异启于仪贤堂奉述高祖《老子义》，敕许之。及就讲，朝士及道俗听者千余人，为一时之盛。时城西又开士林馆以延学士，异与左丞贺琛递日述《高祖礼记中庸义》，皇太子又召异于玄圃讲《易》。八年，改加侍中。太清元年，迁左卫将军，领步兵。二年，迁中领军，舍人如故。

高祖梦中原平，举朝称庆，且以语异，异对曰："此宇内方一之征。"及侯景归降，敕召群臣议，尚书仆射谢举等以为不可，高祖欲纳之，未决；尝夙兴至武德阁，自言"我国家承平若此，今便受地，讵是事宜，脱致纷纭，悔无所及"。异探高祖微旨，应声答曰："圣明御宇，上应苍玄，北土遗黎，谁不慕仰，为无机会，未达其心。今侯景分魏国太半，输诚送款，远归圣朝，岂非天诱其衷，人奖其计。原心审事，殊有可嘉。今若不容，恐绝后来之望。此诚易见，愿陛下无疑。"高祖深纳异言，又感前梦，遂纳之。及贞阳败没，自魏遣使还，述魏相高澄欲更申和睦，敕有司定议，异又以和为允，高祖果从之。其年六月，遣建康令谢挺、通直郎徐陵使北通好。是时，侯景镇寿春，累启绝和，及请追使。又致书与异，辞意甚切，异但述敕旨以报之。八月，景遂举兵反，以讨异为名。募兵得三千人，及景至，仍以其众守大司马门。

初，景谋反，合州刺史鄱阳王范、司州刺史羊鸦仁并累有启闻，异以景孤立寄命，必不应尔，乃谓使者："鄱阳王遂不许国家有一客！"并抑而不奏，故朝廷不为之备。及寇至，城内文武咸尤之。皇太子又制《围城赋》，其末章云："彼高冠及厚履，并鼎食而乘肥，升紫霄之丹地，排玉殿之金扉，陈谋谟之启沃，宣政刑之福威，四郊以之多垒，万邦以之未绥。问豺狼其何者？访虺蜴之为谁？"盖以指异。异因惭愤，发病卒，时年六十七。诏曰："故中领军异，器宇弘通，才力优赡，咨谋帷幄，多历年所。方赞朝经，永申寄任。奄先物化，恻悼兼怀。可赠侍中、尚书右仆射，给秘器一具。凶事所须，随由资办。"旧尚书官不以为赠，及异卒，高祖惜之，方议赠事，左右有善异者，乃启曰："异禄历虽多，然平生所怀，愿得执法。"高祖因其宿志，特有此赠焉。

异居权要三十余年，善窥人主意曲，能阿谀以承上旨，故特被宠任。历官自员外常侍至侍中，四官皆珥貂，自右卫率至领军，四职并驱卤薄，近代未之有也。异及诸子自潮沟列宅至青溪，其中有台池玩好，每暇日与宾客游焉。四方所馈，材货充积。性吝啬，未尝有散施。厨下珍羞腐烂，每月常弃十数车，虽诸子别房亦不分赡。所撰《礼》《易》讲疏及仪注、文集百余篇，乱中多亡逸。

长子肃，官至国子博士；次子闰，司徒掾。并遇乱卒。

译文：

朱异字彦和，是吴郡钱塘人。父亲名巽，由于为人忠义节烈而著名，官职做到南齐江夏王参军、吴平县令。

朱异刚几岁的时候，外祖父顾欢拍着朱异对他的祖父朱昭之说："这个孩子不是一般人物，将来要光大你家的门庭。"朱异十多岁时，喜好和人聚在一起赌博，乡里人都把他看成是个祸害。长大之后，才立志改变恶习从师学习，《五经》全部学过，尤其熟悉《礼》《易》，又广泛读过文史著作，更通晓各种技艺，博戏围棋书法算术，都是他所擅长的。二十岁时，来到京城建康，尚书令沈约当面考过他，接着和他开玩笑说："你小小年纪，为什么就不讲廉洁呀？"朱异听了心中迟疑不懂沈约的意思。沈约便说："天下只有文史经义围棋书法这些技艺，全都让你占去了，这可以说是不廉洁吧。"这年，朱异向朝廷上书说京城建康应当设置狱司官职，和朝中的廷尉同级，皇帝下令让尚书讨论，结果听从了朱异的意见。

原有的制度规定，年龄到二十五岁才能做官。当时朱异刚到二十一岁，朝廷特别下令破例提拔他做扬州议曹从事史。不久下诏征用有特出才能的人士，五经博士明山宾上表举荐朱异说："我发现钱塘朱异，他虽然年纪还轻，但是品德完美志向老成，一个人独处的时候没有涣散偷闲的想法，神色恭谨如对宾客，胸襟度量博大深沉，风采仪表高雅严肃。譬如万丈金山，难于登上它的巅峰，千里玉海，无从窥测它的边际。再譬如皂璋刚刚琢磨加工，锦组刚刚上机编织，一旦制成织就便会敲出铿锵的声响，发出绚烂的文采。观察朱异的信实品行,他不只是乡里所少有,假如让他担当任重道远的要职,也必定能表现出千里马一样的才干。"梁武帝召见朱异,让他讲《孝经》《周易》的义理,听后很高兴,对左右臣下说:"朱异确实异于常人。"以后见到明山宾,对他说:"你的推荐举,确实是个人才。"于是召朱异在西省值差,不久兼任太学博士。这年,梁武帝亲自讲述《孝经》,让朱异执经诵读。提升朱异做尚书仪曹郎,入朝兼任中书通事舍人,接连调任鸿胪卿,太子右卫率,不久加官员外常侍。

梁武帝普通五年,大举北伐,北魏徐州刺史元法僧派使者前来请求带着本州土地民众归附南朝,诏令让有关官员研究来信内容的真假虚实。朱异说:"自从我朝军队北伐,相继攻克城邑俘获兵民,徐州地面日渐削弱,北魏把罪责全都归罪在元法僧身上,元法僧怕遭到杀身之祸,这次要求投降一定不是假的。"武帝便派朱异前去答复元法僧,同时命令各军接应,并接受朱异的指挥。到徐州之后,元法僧表示遵从朝廷的意旨,事情果然像朱异预料的那样。

中大通元年,朱异晋升散骑常侍。自从周舍逝世之后,朱异接替他掌管朝廷机要,无论地方长官的变动,朝廷礼仪国家大典,诏诰敕书的起草和发布,全都由朱异执掌。每当四方进呈表疏,主管官署的公文,一切咨询审察裁断,全都呈送朱异,朱异行文落笔,审核决断,周到敏捷,手中的笔一刻不停,在很短的时间里,一切事务都办理妥当。

大同四年,晋升右卫将军。六年,朱异启奏请求在仪贤堂讲述武帝撰著的《老子义》,敕令照准。当就席讲述的时候,朝中的士大夫以及僧俗听众达一千多人,成为一时间的盛大事件。当时又在城西开设士林馆用来引进博学之士,朱异同左丞贺琛轮班每天讲述高祖撰著的《礼记中庸义》，皇太子又召朱异在东宫玄圃讲《易》。八年，改加侍中。太清元年，调迁为左卫将军，兼步兵。二年，晋升中领军，舍人职务不变。

武帝梦见中原收复，满朝称颂恭贺，第二天把这梦见的事告诉给朱异，朱异说："这是天下将要统一的预兆。"当侯景来归降，武帝命令群臣聚会商议，尚书仆射谢举等人认为不能接受，武帝则想要接受侯景归降，事情未能决定。武帝曾经一早来到武德阁，自言自语地说："我的国家如此安定和平，如今轻易接受降地，难道是不合适的事？万一由此招来麻烦，即使后悔也来不及了。"朱异窥测到武帝心中的意向，应声说："圣明的天子君临天下，顺应上天的意旨，北方的遗民百姓，有谁不爱慕敬仰，只是没有机会，没能表达他们的心愿。现在侯景割下东魏国土的一大半，前来表达诚恳的心意，从边远外来归附圣朝，岂不是上天开导他的内心，人们赞助他的计谋的结果？考察侯景的心意审视他的行为，是很值得嘉奖赞许的。如今要是不容许他来归降，恐怕会断绝了今后想要归降者的希望。这种是明显可见的，希望陛下不必疑虑不决。"武帝深信并同意朱异的见解，又受到日前梦境的启发，于是按朱异的说法办理。等到贞阳侯萧渊明战败被俘，从东魏派人回来，述说东魏国相高澄打算同梁朝重申和好之情。武帝下令群臣决定对策，朱异又表示认为和好是合适的，武帝最后决定照办。当年六月，派遣建康令谢挺、通直郎徐陵到东魏出使沟通友好关系。当时侯景坐镇寿春，接连启奏武帝请求断绝同东魏的和好，并请求追回使臣。又写信给朱异，辞意极为恳切，朱异只把武帝的意思转述给他。八月，侯景便发兵反叛，用讨伐朱异做起兵的借口。朱异募兵三千人，等到侯景到达，便用他的募兵把守大司马门。

当初，侯景策划造反，合州刺史鄱阳王萧范、司州刺史羊鸦仁都连续有奏章向皇帝报告，朱异认为侯景是在孤立的情势下来投降保命的，必定不会反叛，于是对使者说："鄱阳王就不许国家有一个外来的客人！"压下奏章不上报皇帝，因此朝廷没有对侯景的反叛做出准备。当侯景叛军打来，城里的文武官员全都怪罪朱异。皇太子萧纲又写了一篇《围城赋》，最后的一段说："他头戴高冠足登厚底鞋，列鼎而食乘坐肥马，登上官殿的丹墀，推开皇宫的金门，陈述朝廷的决策，宣扬刑政的福威，四郊因为他筑起许多壁垒，天下因为他不得安宁。试问这豺狼是谁？试问那蛇蝎是谁？"这不外是谴责朱异的意思。朱异因此惭愧而又愤恨，发病死了，当时六十七岁。诏书说："已故中领军朱异，胸襟度量宽宏通达，才智能力优越宏博，在朝廷参与咨询谋划，已有多年。正当辅助朝廷治理国家，长远地为国家委托的重任尽力的时候，忽然过早地死去，使我心中充满悲伤。可以增赐侍中、尚书右仆射，并赐给官中的棺木一具。丧事所需用的钱财，也由朝廷资助办理。"原先尚书官职是从不用来赠赐死者的，朱异死后，武帝很惋惜，在商议追赠事宜时，左右和朱异友好的大臣启奏说："朱异担任过的官职虽然很多，但是他平生怀抱的志愿，是愿意得到执掌刑政大权的职位。"武帝按照朱异有多年的心愿，特别下令给朱异追赠尚书官职。

朱异身居掌握权要的职位三十多年，善于窥察皇帝内心里隐秘的意图，百般阿谀奉承顺从皇帝的心意，所以特别受到宠幸信用。历年任官从员外常侍直到侍中，这四种官职都在帽子上加貂尾作装饰，自右卫率到领军，这四种职位出入时都有卫队仪仗，这是近代历朝未曾有过的事情。朱异和他的子侄从潮沟挨着排地修建住宅一直到达青溪,宅院里有高台水池各种美好的玩赏,每当闲暇日子便会集宾客在里面游玩。四方馈赠的礼物,钱财物品堆满库房。朱异本性吝啬,不曾对人有施舍。厨房里的珍馐美味发烂腐败,每个月扔掉的常常有十几车,就是对分出去的子侄也从不分给财物。朱异撰写的讲疏和仪注、文集有百多篇,战乱中多半散失了。

　　长子朱肃,官做到国子博士;次子朱闻,做司徒掾。都死在战乱中。

梁书卷四十八

列传第四十二

范 缜

范缜字子真，南乡舞阴人也。晋安北将军汪六世孙。祖璩之，中书郎。父濛，早卒。

缜少孤负，事母孝谨。年未弱冠，闻沛国刘瓛聚众讲说，始往从之，卓越不群而勤学，瓛甚奇之，亲为之冠。在瓛门下积年，去来归家，恒芒屩布衣，徒行于路。瓛门多车马贵游，缜在其门，聊无耻愧。既长，博通经术，尤精《三礼》。性质直，好危言高论，不为士友所安；唯与外弟萧琛相善，琛名曰口辩，每服缜简诣。

起家齐宁蛮主簿，累迁尚书殿中郎。永明年中，与魏氏和亲，岁通聘好，特简才学之士，以为行人，缜及从弟云、萧琛、琅邪颜幼明、河东裴昭明相继将命，皆著名邻国。于时竟陵王子良盛招宾客，缜亦预焉。建武中，迁邻军长史。出为宜都太守，母忧去职。归居于南州。义军至，缜墨绖来迎。高祖与缜有西邸之旧，见之甚悦。及建康城平，以缜为晋安太守，在郡清约，资公禄而已。视事四年，征为尚书左丞。缜去还，虽亲戚无所遗，唯饷前尚书令王亮。缜仕齐时，与亮同台为郎，旧相友，至是亮被摈弃在家。缜自迎王师，志在权轴，既而所怀未满，亦常怏怏，故私相亲结，以矫时云。后竟坐亮徙广州，语在亮传。

初，缜在齐世，尝侍竟陵王子良。子良精信释教，而缜盛称无佛。子良问曰："君不信因果，世间何得有富贵，何得有贱贫？"缜答曰："人之生譬如一树花，同发一枝，俱开一蒂，随风而堕，自有拂帘幌坠于茵席之上，自有关篱墙落于粪溷之侧。坠茵席者，殿下是也；落粪溷者，下官是也。贵贱虽复殊途，因果竟在何处？"子良不能屈，深怪之。缜退论其理，著《神灭论》曰：

或问予云："神灭，何以知其灭也？"答曰："神即形也，形即神也，是以形存则神存，形谢则神灭也。"

问曰："形者无知之称，神者有知之名，知与无知，即事有异，神之与形，理不容一，形神相即，非所闻也。"答曰："形者神之质，神者形之用，是则形称其质，神言其用，形之与神，不得相异也。"

问曰："神故非质，形故非用，不得为异，其义安在？"答曰："名殊而体一也。"

问曰："名既已殊，体何得一？"答曰："神之于质，犹利之于刀，形之于用，犹刀之于利，利之名非刀也，刀之名非利也。然而舍利无刀，舍刀无利，未闻刀没而利存，岂容形亡而神在。"

问曰："刀之与利，或如来说，形之与神，其义不然。何以言之？木之质无知也，人之质有知也，人既有如木之质，而有异木之知，岂非木有其一，人有其二邪？"答曰："异哉言乎！人若有如木之质以为形，又有异木之知以为神，则可如来论也。今人之质，质有知也，木之质，质无知也，人之质非木质也，木之质非人质也，安在有如木之质而复有异木之知哉！"

问曰："人之质所以异木质者，以其有知耳。人而无知，与木何异？"答曰："人无无知之质，犹木无有知之形。"

问曰："死者之形骸，岂非无知之质邪？"答曰："是无人质。"

问曰："若然者，人果有如木之质，而有异木之知矣。"答曰："死者有如木之质，而无异木之知；生者有异木之知，而无如木之质也。"

问曰："死者之骨骼，非生者之形骸邪？"答曰："生形之非死形，死形之非生形，区已革矣，安有生人之形骸，而有死人之骨骼哉？"

问曰："若生者之形骸非死者之骨骼，非死者之骨骼，则应不由生者之形骸，不由生者之形骸，则此骨骼从何而至此邪？"答曰："是生者之形骸，变为死者之骨骼也。"

问曰："生者之形骸虽变为死者之骨骼，岂不因生而有死，则知死体犹生体也。"答曰："如因荣木变为枯木，枯木之质，宁是荣木之体！"

问曰："荣体变为枯体，枯体即是荣体；丝体变为缕体，缕体即是丝体，有何别焉？"答曰："若枯即是荣，荣即是枯，应荣时凋零，枯时结实也。又，荣木不应变为枯木，以荣即枯，无所复变也。荣枯是一，何不先枯后荣？要先荣后枯，何也？丝缕之义，亦同此破。"

问曰："生形之谢，便应欻然都尽，何故方受死形，绵历未已邪？"答曰："生灭之体，要有其次故也。夫欻而生者必欻而灭，渐而生者必渐而灭。欻而生者，飘骤是也；渐而生者，动植是也。有欻有渐，物之理也。"

问曰："形即是神者，手等亦是神邪？"答曰："皆是神之分也。"

问曰："若皆是神之分，神既能虑，手等亦应能虑也？"答曰："手等亦应能有痛痒之知，而无是非之虑。"

问曰："知之与虑，为一为异？"答曰："知即是虑，浅则为知，深则为虑。"

问曰："若尔，应有二虑，虑既有二，神有二乎？"答曰："人体惟一，神何得二？"

问曰："若不得二，安有痛痒之知，复有是非之虑？"答曰："如手足虽异，总为一人，是非痛痒虽复有异，亦总为一神矣。"

问曰："是非之虑，不关手足，当关何处？"答曰："是非之虑，心器所主。"

问曰："心器是五藏之心，非邪？"答曰："是也。"

问曰："五藏有何殊别，而心独有是非之虑乎？"答曰："七窍亦复何殊，而司用不均。"

问曰："虑思无方，何以知是心器所主？"答曰："五藏各有所司，无有能虑者，是以知心为虑本。"

问曰："何不寄在眼等分中？"答曰："若虑可寄于眼分，眼何故不寄于耳分邪？"

问曰："虑体无体，故可寄之于眼分；眼自有本，不假寄于佗分也。"答曰："眼何故有本而虑无本；苟无本于我形，而可遍寄于异地，亦可张甲之情，寄王乙之躯，李丙之性，托赵丁之体。然乎哉？不然也。"

问曰："圣人形犹凡人之形，而有凡圣之殊，故知形神异矣。"答曰:"不然。金之精者能昭,秽者不能昭,有能昭之精金,宁有不昭之秽质。又,岂有圣人之神而寄凡人之器,亦无凡人之神而托圣人之体。是以八采、重瞳,勋、华之容,龙颜、马口,轩、皞之状,此形表之异也。比干之心,七窍列角,伯约之胆,其大若拳,此心器之殊也。是知圣人定分,每绝常区,非惟道革群生,乃亦形超万有。凡圣均体,所未敢安。"

问曰:"子云圣人之形必异于凡者,敢问阳货类仲尼,项籍似大舜,舜、项、孔、阳,智革形同,其故何邪?"答曰:"珉似玉而非玉,鸡类凤而非凤,物诚有之,人故宜尔。项、阳貌似而非实似,心器不均,虽貌无益。"

问曰:"凡圣之殊,形器不一,可也;圣人员极,理无有二,而丘、旦殊姿,汤、文异状,神不俟色,于此益明矣。"答曰:"圣同于心器,形不必同也,犹马殊毛而齐逸,玉异色而均美。是以晋棘、荆和,等价连城,骅骝、騄骊,俱致千里。"

问曰:"形神不二,既闻之矣,形谢神灭,理固宜然,敢问经云'为之宗庙,以鬼飨之,'何谓也?"答曰:"圣人之教然也,所以弸孝子之心,而厉偷薄之意,神而明之,此之谓矣。"

问曰:"伯有被甲,彭生豕见,坟素著其事,宁是设教而已邪?"答曰:"妖怪茫茫,或存或亡,强死者众,不皆为鬼,彭生、伯有,何独能然?乍为人豕,未必齐、郑之公子也。"

问曰:"《易》称'故知鬼神之情状,与天地相似而不违。'又曰:'载鬼一车。'其义云何?"答曰:"有禽焉,有兽焉,飞走之别也;有人焉,有鬼焉,幽明之别也。人灭而为鬼,鬼灭而为人,则未之知也。"

问曰:"知此神灭,有何利用邪?"答曰:"浮屠害政,桑门蠹俗,风惊雾起,驰荡不休,吾哀其弊,思拯其溺。夫竭财以赴僧，破产以趋佛，而不恤亲戚，不怜穷匮者何？良由厚我之情深，济物之意浅。是以圭撮涉于贫友，吝情动于颜色；千钟委于富僧，欢意畅于容发。岂不以僧有多稌之期，友无遗秉之报，务施阙于周急，归德必于在己。又惑以茫昧之言，惧以阿鼻之苦，诱以虚诞之辞，欣以兜率之乐。故舍逢掖，袭横衣，废俎豆，列瓶钵，家家弃其亲爱，人人绝其嗣续。致使兵挫于行间，吏空于官府，粟罄于惰游，货殚于泥木。所以奸宄弗胜，颂声尚拥，惟此之故，其流莫已，其病无限。若陶甄禀于自然，森罗均于独化，忽焉自有，恍尔而无，来也不御，去也不追，乘夫天理，各安其性。小人甘其垄亩，君子保其恬素，耕而食，食不可穷也，蚕而衣，衣不可尽也，下有余以奉其上，上无为以待其下，可以全生，可以匡国，可以霸君，用此道也。"

此论出，朝野喧哗，子良集僧难之而不能屈。

缜在南累年，追还京。既至，以为中书郎、国子博士，卒官。文集十卷。

子胥，字长才。传父学，起家太学博士。胥有口辩，大同中，常兼主客郎，对接北使。迁平西湘东王咨议参军，侍宣城王读。出为鄱阳内史，卒于郡。

译文：

范缜字子真，南乡舞阴人，是晋安北将军范汪的六代孙。祖父范琚之，累官中书郎。父亲范濛，早年去世。

范缜少年丧父，家境贫寒，侍奉母亲孝顺谨慎。十几岁时，听说沛国人刘瓛聚集生徒讲学，开始前往随他读书，虽在生徒中出类拔萃，仍然勤奋学习，刘瓛认为他不同寻常，亲自为他举行冠礼。他在刘瓛门下多年，后来回家，常脚踏草鞋，身穿布衣，在路上徒步行走。刘瓛门下有不少车马贵游之士，范缜在他们下从不觉得羞耻惭愧。年长以后，博通经术，尤其精通《三礼》。秉性质朴直率，好发表直言高论，士人朋友听了都很不安，他只和外弟萧琛关系亲密，萧琛以善于辩论著称，时常佩服范缜的简要精到。

离家出仕，任南齐宁蛮主簿，累官迁尚书殿中郎。永明年间，南齐和北魏和亲，年年互相聘问通使，特别选择有才学的士人作为使者，范缜和他的从弟范云、萧琛、琅琊人颜幼明、河东人裴昭明相继领命出行，都驰名邻国。当时竟陵王萧子良广招宾客，范缜也在其中。建武年间，迁领军长史。放外任为宜都太守，因母亲亡故离职，返回住在南州。义军到达，范缜身穿黑色丧服外出迎接。高祖和范缜有西邸的旧交情，见到他很高兴。待到建康城被平定，委任范缜为晋安太守，在郡清廉俭约，生活费用仅限于薪俸。管理郡务四年，征入朝廷任尚书左丞。范缜外出回京，连亲戚也无所赠送，只馈赠前尚书令王亮。范缜仕宦齐朝时，和王亮同时在台省担任郎官，旧时互相友好，到这时王亮被罢免在家。范缜亲往迎接王师，想担任卿相的职务，后来愿望没能满足，也常常怏怏不乐，所以和王亮私下相亲近结好，以矫正时俗。后来终究被王亮牵连，迁往广州。

起初，范缜在南齐时，曾经侍奉竟陵王萧子良。萧子良笃信佛教，而范缜极力说佛并不存在。萧子良问他："君不相信因果报应，人世间为什么有的富贵，为什么有的贫贱？"范缜回答说："人生就像一棵树上的花朵，同发在一枝，开在一蒂，随风飘落，有的掠过帘子帷幔落到褥垫上面，有的经由篱笆墙壁落在粪坑的旁边。落到褥垫上的，就是殿下这种人；落在粪坑旁的，就是下官这等人。贵贱虽然完全不同,因果究竟在何处?"萧子良不能让他屈服,但深深责怪他。范缜退出,论述神灭的道理,著《神灭论》说:

有人问我说:"你说人死后精神消灭,怎样知道它消灭呢?"我回答说:"精神不离于形体,形体也不离于精神,所以形体存在精神就存在,形体消失了精神也跟着消灭。"

问道:"形体是无知觉的名称,精神是有知觉名称。有知和无知,在事理上有不同,精神和形体在事理上也不容混同为一。形体和精神互相不分离,从来没有听说过。"答道:"形体是精神的物质实体,精神是形体的作用。所以形体是称它的物质实体,精神是说它的作用,形体和精神,不能相分离啊!"

问道:"精神本来不是物质实体,形体本来不是作用,二者不能离异,理由何在?"回答说:"名称虽然不同但实质是一体。"

问道:"名称既然已不同,实质怎么能是一体?"答道:"精神和物质实体的关系,如同锋利和刀刃的关系,形体和作用的关系,如同刀刃和锋利的关系。锋利的名称不是刀刃,刀刃的名称也不是锋利啊!但是舍去锋利,刀刃就不存在,舍去刀刃也就无所谓锋利。没有听说没有刀刃但锋利还存在,难道能容许形体消灭了精神还存在?"

问道:"刀刃和锋利的关系,也许如刚才所说;但形体与精神的关系,其道理不是如此。为什么这样说?木头的物质实体是没有知觉的,人的物质实体是有知觉的。人既有像木头那样的物质实体,而又有不同于木头的知觉,难道不是木头只有其一,而人有其二吗?"答道:"这话就奇怪了!人如果具有像木头那样的物质实体以为形体,又有不同于木头的知觉以为精神,那么可以如你所论。但是，如今人的物质实体，是有知觉的物质实体；木头的物质实体，是无知觉的物质实体。人的物质实体，不是木头的物质实体；木头的物质实体，也不是人的物质实体。哪里存在有像木头那样的物质实体而又有不同于木头的知觉呢？"

问道："人的物质实体，之所以不同于木头的物质实体，是因为它有知觉啊！人要是没有知觉，和木头又有什么不同？"答道："人没有无知觉的物质实体，正像木头没有有知觉的形体。"

问道："死人的形体尸骸，难道不是没有知觉的物质形体吗？"答道："是没有知觉的物质形体。"

问道："如果是这样，人果真有像木头那样的物质实体，而又有不同于木头的知觉了。"答道："死人有像木头那样的物质实体，而没有不同于木头的知觉；活人有不同于木头的知觉，而没有像木头那样的物质实体啊！"

问道："死人的骨骸，不是活人的形体尸骸吗？"答道："活的形体之所以不是死的形体，死的形体之所以不是活的形体，是因为有所区别。哪里有活人的形骸中又存在死人的骨骸呢？"

问道："如果活人的形骸不是死人的骨骸，不是死人的骨骸就应不来自活人的形骸，不来自活人的形骸，则这骨骸从何处而来到这里呢？"答道："是活人的形骸变成死人的骨骸的。"

问道："活人的形骸既然变成死人的骨骸，难道不是因有生而后有死？则知道死的形体就是活的形体。"答道："如果因为活树变成枯木，枯木的物质实体难道是活树的形体？"

问道："荣生的形体变成干枯的形体，干枯的形体就是荣生的形体。丝的形体变成丝线的形体，丝线的形体就是丝的形体。有什么区别呢？"答道："如果枯死就是荣生，荣生就是枯死,就应该荣生时枝叶凋零,枯死时结果实啊!而且荣生的树不应变为枯死的木头,以为荣生就是枯死,所以枯死不能再变了。荣生和枯死如果是一体,为什么不先枯死后荣生,而要先荣生后枯死,这是什么原因?丝和丝线同时存在,不能用来比喻。"

问道:"活的形体的凋谢,便应豁然净尽。何故要变成死的形体经历绵延不断的过程呢?"答道:"这是形体的产生和消灭,要有它一定的程序的缘故。忽然产生的必定忽然消灭,逐渐产生的必定逐渐消灭。忽然产生的,狂风暴雨就是这样;逐渐产生的,动植物是这样。有忽然有逐渐,这就是事物的原理。"

问道:"既然说形体就是精神,那么手等也是精神吗?"答道:"都属于精神这一方面。"

问道:"如果都属于精神方面,那么精神是能够思考的,手等也应该能够思考了?"答道:"手等能有痛痒的知觉,而没有判断是非那样的思维功能。"

问道:"感知和思考,是一体还是二者不同?"答道:"感知就是思考,浅的是感知,深的是思考。"

问道:"如果这样,应该存在两种思考。思考既然有两种,精神有两种吗?"答道:"人的形体只有一个,精神怎能有两种?"

问道:"精神如果不能有两种,为什么会有痛痒的感知,又有是非的考虑?"答道:"像手和脚虽然不同,总起来说属于一人。是非和痛痒,虽然有所不同,也总起来是一个精神啊!"

问道:"是非的考虑,和手脚无关,它和什么有关?"答道:"是非的考虑,是心脏器官主管的。"

问道:"心脏器官是五脏的中心,是不是啊?"

答道:"是的。"

问道:"五脏有哪些不同?而只有心脏有是非的考虑呢?"答道:"人的七窍又有什么不同,而所掌管的职能不同?"

问道:"思考不受空间的限制,怎么知道它是心脏器官所主管?"答道:"心脏患病就出现思维乖误,所以知道心脏是思考的本源。"

问道:"思考为什么不寄托于眼等方面呢?"答道:"如果思考可以寄托于眼方面,那么眼睛为什么不寄托于耳朵方面。"

问道:"思考在人体内没有基础,所以可寄托于眼睛方面。眼睛自有基础,所以不借寄于其他方面啊!"答道:"眼睛为什么有基础,而思考没有基础?假若不以我们的形体为基础,而可以普遍寄托于异地,也就可以出现张甲的情思寄托于王乙的躯体,李丙之性情寄托于赵丁的身体。这样对吗?显然是不对的。"

问道:"圣人的形体和凡人的形体相同,而有平凡和圣明的区别,所以知道形体和精神是不同一的。"答道:"不是如此。金属的精亮者可以照出人影,而污秽者不能照。有能照的精亮金属,难道有不能照的污秽的物质实体?难道又有圣人的精神,而寄托于凡人的器官?也没有凡人的精神,而寄托于圣人的形体。所以眉毛八种颜色,眼睛两个瞳孔,是放勋和重华的容貌;龙的容颜和马的嘴巴,是轩辕黄帝和皋陶的形状。这是外形的不同。比干的心脏,有七窍并排;姜伯约的胆囊,有拳头那么大。这是心脏器官的差别啊。因此可知圣人的区分,常比普通人独特,不仅道德与众不同,而且形体也超过无数的常人。凡人和圣人形体相同之说,我不敢苟同。"

问道:"先生说圣人的形体,必定和凡人不同。请问阳货的相貌类似孔仲尼,项羽的眼睛类似虞舜。虞舜和项羽,孔仲尼和阳货智慧不同而形体相同,其原因何在呢?"答道:"珉石像玉而不是玉,鸡类似凤凰而不是凤凰,物的确存在这种情况,人也应该是如此。项羽、阳货相貌和圣人类似,而不是实质类似,心脏器官不同,虽然相貌类似,也是没用的。"

问道:"凡人和圣人的不同,形体器官不一致,也可这样说。圣人圆满至极,理应没有不同,但是孔丘和周公旦姿态不同,商汤和周文王形状不同。精神不决定于形体,在此就更加明白了。"答道:"圣人心脏器官相同,外形不必相同。好像马毛颜色不同而都能奔驰,宝玉颜色不同而都美丽。所以晋国的垂棘之璧和楚国的和氏璧,都价值连城;骅骝和盗骊,都是千里马。"

问道:"形体和精神不离贰的说法,我听到了。形体凋谢精神就消灭,从道理上应该如此。请问经书说:'为死去的父母建立宗庙,以鬼神之礼祭祀他们',是什么意思?"答道:"圣人的教化是如此。是为了遂孝子的心愿,而振奋刷洗苟且而不忠厚的意思。'死者是人所不能知的存在',就说的这个意思。"

问道:"伯有披甲闹鬼,彭生化为大猪的形象,古代典籍记有其事,难道也只为了设立教化吗?"答道:"妖怪模糊不清,也许有也许没有。凶死的人很多,不能都变成鬼。彭生、伯有,为何独自能这样?一会儿是人一会是猪,未必就是齐、郑两国的公子啊!"

问道:"《易》说'所以知道鬼神的情状,和天地相似而不违背'。又说:'载鬼一车'。它的意思是什么?答道:"有禽、有兽,是飞和走的区别。有人,有鬼,这是幽明的区别啊!人死后而变成鬼,鬼消失后又变成人,我是不知道的。"

问道:"知道这精神消灭有什么用处呢?"

答道:"佛教危害政治,僧徒蠹害风俗,掀风起雾,自恣放荡不休。我哀伤它的流弊,想拯救它的沉溺。竭尽资财以交付僧徒,破弃产业以趋向佛门,却不抚恤亲戚,不怜悯穷匮,其原因何在呢?实因厚爱自我的情深,救济他人的意浅。所以把极少量的钱财送给贫穷的友人,舍不得情绪就表现在脸色上,将大量的财产交给富裕的僧徒,欢畅的心情表现在容发上。难道不是因为僧徒有丰多的报赏,而友人没有少量的东西回赠?务施舍不去救济穷困的人,做好事都是为了自己得到好的报应。又以幽暗不明的话相迷惑,以受地狱之苦相恐吓,因虚假荒诞的言辞相引诱,用天宫的欢乐使人欣喜。所以脱掉儒士的衣服,披上僧侣的袈裟,废弃古代的礼器,摆上僧徒的饮食器具,以致家家抛弃他所亲爱,人人断绝了他的继嗣。使军队受挫败于行伍之间,官吏空缺于官府,粮食竭尽于游手好闲的僧徒,货财竭尽于寺庙的佛像与建筑。奸宄不胜述说,颂声尚被阻塞,就是这个原因。它的流病没有休止,它的弊端没有边际。如果知道教化禀受了自然,万象森然罗列都属自然变化,人们不注意也自然存在,恍惚又好像没有,生也不可阻止,灭也不曾留恋不舍,顺于天理,各安于它的本性。小人乐业在他的田亩,君子保守他的恬静朴素,耕种而食,粮食不会穷乏;蚕桑而衣,衣服不会竭尽。下有余以奉事其上,上无为以待其下。可以保全生命,可以赡养亲戚,可以为自身,可以为别人,可以匡正国家,可以使君主称霸于天下,这都是行此道的益处。"

此论公布于世,朝野喧哗,萧子良召集众僧徒驳难,但不能使他屈服。

范缜在南方连年，调回京城。到京后，官拜中书郎、国子博士，后死于任所。有文集十卷。

他的儿子范胥，字长才，继承父亲的学业。离家出仕，任太学博士。范胥也很善辩，大同年间，时常兼任主客郎，接待应对北方使者。后迁任平西湘东王咨议参军，为宣城王侍读。放外任为鄱阳郡内史，死在鄱阳。

梁书卷五十

列传第四十四

刘勰

刘勰字彦和，东莞莒人。祖灵真，宋司空秀之弟也。父尚，越骑校尉。

勰早孤，笃志好学，家贫不婚娶，依沙门僧祐，与之居处，积十余年，遂博通经论，因区别部类，录而序之。今定林寺经藏，勰所定也。

天监初，起家奉朝请，中军临川王宏引兼记室，迁车骑仓曹参军，出为太末令，政有清绩。除仁威南康王记室，兼东宫通事舍人。时七庙飨荐已用蔬果，而二郊农社犹有牺牲，勰乃表言二郊宜与七庙同改，诏付尚书议，依勰所陈。迁步兵校尉，兼舍人如故。昭明太子好文学，深爱接之。

初，勰撰《文心雕龙》五十篇，论古今文体，引而次之。其序曰：

夫文心者，言为文之用心也。昔涓子琴心，王孙巧心，心哉美矣夫，故用之焉。古来文章，以雕缛成体，岂取驺奭群言雕龙也。夫宇宙绵邈，黎献纷杂，拔萃出类，智术而已。岁月飘忽，性灵不居，腾声飞实，制作而已。夫肖貌天地，禀性五才，拟耳目于日月，方声气乎风雷，其超出万物，亦已灵矣。形甚草木之脆，名爵金石之坚，是以君子处世，树德建言，岂好辩哉，不得已也。

予齿在龆立，尝夜梦执丹漆之礼器，随仲尼而南行，旦而寤，乃怡然而喜。大哉圣人之难见也！乃小子之垂梦欤！自生人以来，未有如夫子者也。敷赞圣旨，莫若注经，而马、郑诸儒，弘之已精，就有深解，未足立家。唯文章之用，实经典枝条，五礼资之以成，六典因之致用，君臣所以炳焕，军国所以昭明，详其本源，莫非经典。而去圣久远，文体解散，辞人爱奇，言贵浮诡，饰羽尚画，文绣鞶帨，离本弥甚，将遂讹滥。盖《周书》论辞，贵乎体要；尼父陈训，恶乎异端。辞训之异，宜体于要。于是搦笔和墨，乃始论文。

详观近代之论文者多矣。至如魏文述《典》，陈思序《书》，应玚《文论》，陆机《文赋》，仲洽《流别》，弘范《翰林》，各照隅隙，鲜观衢路。或臧否当时之才，或铨品前修之文，或泛举雅俗之旨，或撮题篇章之意。魏《典》密而不周，陈《书》辩而无当，应《论》华而疏略，陆《赋》巧而碎乱，《流别》精而少功，《翰林》浅而寡要。又君山、公干之徒，吉甫、士龙之辈，泛议文意，往往间出，并未能振叶以寻根，观澜而索源。不述先哲之诰，无益后生之虑。

盖《文心》之作也，本乎道，师乎圣，体乎经，酌乎纬，变乎《骚》，文之枢纽，亦云极矣。若乃论文叙笔，则囿别区分，原始以表末，释名以章义，选文以定篇，敷理以举统。上篇以上，纲领明矣。至于割情析采，笼圈条贯，摛神性，图风势，苞会通，阅声字，崇替于《时序》，褒贬于《才略》，怊怅于《知音》，耿介于《程器》，长怀《序志》，以驭群篇。下篇以下，毛目显矣。位理定名，彰乎《大易》之数，其为文用，四十九篇而已。

夫铨叙一文为易，弥纶群言为难，虽复轻采毛发，深极骨髓，或有曲意密源，似近而远，辞所不载，亦不胜数矣。及其品评成文，有同乎旧谈者，非雷同也，势自不可异也。有异乎前论者，非苟异也，理自不可同也。同之与异，不屑古今，擘肌分理，唯务折衷。案辔文雅之场，而环络藻绘之府，亦几乎备矣。但言不尽意，圣人所难，识在瓶管，何能矩矱？茫茫往代，既洗予闻；眇眇来世，倘尘彼观。

既成，未为时流所称。勰自重其文，欲取定于沈约。约时贵盛，无由自达，乃负其书，候约出，干之于车前，状若货鬻者。约便命取读，大重之，谓为深得文理，常陈诸几案。

然勰为文长于佛理，京师寺塔及名僧碑志，必请勰制文。有敕与慧震沙门于定林寺撰经证，功毕，遂启求出家，先燔鬓发以自誓，敕许之。乃于寺变服，改名慧地。未期而卒。文集行于世。

译文：

刘勰字彦和，东莞莒人。祖父刘灵真，是宋司空刘秀之的弟弟。父亲刘尚，官至越骑校尉。

刘勰早年丧父，笃志好学，家贫不曾婚娶，依靠沙门僧祐，与他一同居住，前后达十几年，于是博通佛教经论，就分门别类，著录并写序。如今定林寺的经藏，就是刘勰校定的。

天监初年，离家入仕，任奉朝请，中军临川王萧宏引进，兼任他的记室，迁车骑仓曹参军。放外任为太末县令，有清名和政绩。后除仁威南康王的记室，兼东宫通事舍人。当时七庙飨荐之礼已用蔬菜水果为祭品，而二郊、农、社等祭礼还用纯色整体牲畜，刘勰就上表朝廷，说二郊的祭品应和七庙同改，诏令交付尚书议论，依刘勰的陈说行事。迁任步兵校尉，依旧兼舍人。昭明太子爱好文学，对他深深垂爱，以礼相接待。

起初，刘勰撰写了《文心雕龙》五十篇，评论古今文体，予以引申和编次。其序言说：

"文心"是讲作文的用心。从前，涓子曾写过《琴心》，王孙子也曾写过《巧心》，可见"心"这个词很美好，所以用它来做书名。自古以来的文章，都是靠修饰和文采构成，大概是仿效修饰语言有如雕刻龙纹一般的驳爽吧。宇宙是无穷无尽的，常人和贤才混杂，出类拔萃，只靠才智罢了。时间飞快地过去，人的才智不能永存，要使名声和事功流传下去，只有靠创作罢了。人的容貌像天地，天性具有仁义礼智信五才，耳目好像日月，声气好像风雷，他超出万物，也算是灵智了。可是他的形体和草木一样脆弱，只有名声胜过金石的坚固，所以君子活在世上，要立德立言。这样立言难道是好辩论吗？实在是不得已啊！

我过了三十岁，曾经在夜晚的睡梦中拿着朱红漆的礼器，跟着孔子向南走去。早上醒来，就很高兴。伟大的圣人是很难见到的，竟然降临在小子的梦中！自从有了人类以来，没有像孔夫子那样的人！要阐明圣人的意旨，最好的是注释经书，可是马融、郑玄诸位大儒，发挥得已很精辟；我即使有更深刻的理解，也够不上自成一家。只有文章的作用，确是经典的枝条，五种礼制靠它来完成，六种法典靠它来施行；君臣的事功政绩得以辉耀，军国的大事得以显明，都离不开文章。推究它的根源，各种文章没有不是从经典里来的。但是由于离开圣人太遥远，文章的体制爱好破坏，作家爱好新奇，看重浮靡诡异的语言，好比在色彩鲜明的羽毛上涂上颜色，在不用刺绣的皮带上去刺绣，离开根本越来越远，将要造成乖误和浮滥。《周书》讲论文辞，重在体会要义，孔子陈述教训，憎恨异端邪说；文辞、教训的不同，应从中体会作文的要义，因此握笔调墨，才开始论文章。

细看近代论文的人很多了：如魏文帝曹丕的《典论·论文》，陈思王曹植的《与杨德祖书》，应玚的《文质论》，陆机的《文赋》、挚虞的《文章流别论》，李充的《翰林论》等。他们各自看到一角，很少有看到四通八达的大道的。有的褒贬当时的人才，有的品评前贤的文章，有的广泛地谈雅和俗的旨趣，有的约略指出文章的用意。《典论·论文》论点严密，但是不周备，《与杨德祖书》善于辩论，可是不够恰当；《文质论》很有文采，但是粗疏简略；《文赋》巧妙，可是琐碎零乱；《文章流别论》精粹，但是不切实用；《翰林论》浅薄，又不得要领。再如桓谭、刘桢之流，应贞、陆云等辈，泛泛地讨论文章的用意，往往轮替着出来，都不能从枝叶追寻到根本，从观察波澜去深寻源头，不叙述前贤的教训，对后辈探讨文章没有益处。

《文心雕龙》的写作，是从自然之道出发，以圣人为师，依据经典，参考纬书，寻究《楚辞》的变化。文章的关键，也可以说探索到极点了。至于论述文章体裁，有的属于"文"，有的属于"笔",都分别指出它们的异同,推究各体的起源和流变,解释各体的名称,阐明它的意义;选取各体的文章来确定论述的篇章,陈述各体的写作理论以构成系统。本书上部的以上各篇,纲领是明显了。至于剖析情理,研讨文采,全面考虑写作条理;推论《神思》和《体性》,考虑《风骨》和《定势》,包括《附会》和《通变》,观察《声律》和《练字》;从《时序》上看到文章兴废盛衰,在《才略》中褒贬历代作家,在《知音》里惆怅感叹,在《程器》里发挥感慨,而在《序志》里抒写出远大怀抱,用来驾驭各篇。本书下部的各篇,细目明显了。按照理论排列,确定各篇名称,明显符合《易经》大衍之数五十,其中说明文章功用的,只不过四十九篇罢了。

评价一篇文章比较容易,总论历代文章就比较困难,虽然注意到毛发那样细微之处,探索到骨髓那样深入;有的用意曲折,根源细密,看起来似乎浅近,却很深远,这些在本书中没有讲到的,也多到无法计算。待到评量作品,有的话说得跟前人相同,不是有意人云亦云,实在是不能不同;有的话说得和前人相异,不是故意标新立异,按理不能不异。有的相同有的相异,不必介意这些说法是古人的还是今人的,只是分析文章的组织结构,力求恰当。漫游在文学的园地,环行在藻采的场所,几乎是全做到了。但是,语言不能把用意完全表达出来,这是连圣人也难以做到的;再加上见识浅陋,怎么能讲出创作的标准来呢!遥远的古代,已使我沉陷在各种知识里,渺茫的将来,这本书也许要迷惑后人的眼睛吧。

这本书写成以后,不被当时的士流所称许。刘勰自己珍重这本书，想让沈约予以评价。沈约当时很是高贵势盛，没有门路可通，于是刘勰背着书，等候沈约出门，在车前求他，好像是卖东西的。沈约就让拿来阅读，十分看重，认为它深得文章之理，时常放在几案上。

但是刘勰写文章以佛理为长，京城的寺塔和名僧的碑文墓志，必定请他撰写。朝廷曾敕令他与慧震和尚在定林寺撰写经证，大功告成，就启奏要求出家为僧，先烧了两鬓头发自我起誓，诏令允许。于是在寺内更换服装，改名为慧地。不到一年而死。有文集流传于人世。

梁书卷五十六

列传第五十

侯 景

侯景字万景，朔方人，或云雁门人。少而不羁，见惮乡里。及长，骁勇有膂力，善骑射。以选为北镇戍兵，稍立功效。魏孝昌元年，有怀朔镇兵鲜于修礼，于定州作乱，攻没郡县；又有柔玄镇兵吐斤洛周，率其党与，复寇幽、冀，与修礼相合，众十余万。后修礼见杀，部下溃散，怀朔镇将葛荣因收集之，攻杀吐斤洛周，尽有其众，谓之"葛贼"。四年，魏明帝殂，其后胡氏临朝，天柱将军尔朱荣自晋阳入杀胡氏，并诛其亲属。景始以私众见荣，荣甚奇景，即委以军事。会葛贼南逼，荣自讨，命景先驱，至河内击大破之，生擒葛荣，以功擢为定州刺史、大行台，封濮阳郡公。景自是威名遂著。

顷之，齐神武帝为魏相，又入洛诛尔朱氏，景复以众降之，仍为神武所用。景性残忍酷虐，驭军严整；然破掠所得财宝，皆班赐将士，故咸为之用，所向多捷。总揽兵权，与神武相亚。魏以为司徒、南道行台，拥众十万，专制河南。及神武疾笃，谓子澄曰："侯景狡猾多计，反复难知，我死后，必不为汝用。"乃为书召景。景知之，虑及于祸，太清元年，乃遣其行台郎中丁和来上表请降曰：

臣闻股肱体合，则四海和平；上下猜贰，则封疆幅裂。故周、邵同德，越常之贡来臻；飞、恶离心，诸侯所以背叛。此盖成败之所由，古今如画一者也。

臣昔与魏丞相高王并肩戮力，共平灾衅，扶危戴主，匡弼社稷。中兴以后，无役不从，天平及此，有事先出。攻城每陷，野战必殄。筋力消于鞍甲，忠贞竭于寸心。乘借机运，位阶鼎辅。宜应誓死磬节，仰报时恩，陨首流肠，溘焉罔贰。何言翰墨，一旦论此？臣所恨义非死所，壮士弗为，臣不爱命，但恐死之无益耳。

而丞相既遭疾患，政出子澄。澄天性险忌，触类猜嫉，谄谀迭进，共相构毁。而部分未周，累信赐召，不顾社稷之安危，惟恐私门之不植。甘言厚币，规灭忠梗。其父若殒，将何赐容。惧谗畏戮，拒而不返，遂观兵汝、颍，拥箒周、韩。乃与豫州刺史高成、广州刺史暴显、颍州刺史司马世云、荆州刺史郎椿、襄州刺史李密、兖州刺史邢子才、南兖州刺史石长宣、齐州刺史许季良、东豫州刺史丘元征、洛州刺史可朱浑愿、扬州刺史乐恂、北荆州刺史梅季昌、北扬州刺史元神和等，皆河南牧伯，大州帅长，各阴结私图，克相影会，秣马潜戈，待时即发。函谷以东，瑕丘以西，咸愿归诚圣朝，息肩有道，戮力同心，死无二志。惟有青、徐数州，仅须折简，一驿走来，不劳经略。

且臣与高氏衅隙已成，临患赐征，前已不赴，纵其平复，终无合理。黄河以南，臣之所职，易同反掌，附化不难。群臣颙仰，听臣而唱。若齐、宋一平，徐事燕、赵。伏惟陛下天网宏开，方同书轨，闻兹寸款，惟应霈然。

丁和即至，高祖召群臣廷议，尚书仆射谢举及百辟等议，皆云纳侯景非宜，高祖不从是议而纳景。

及齐神武卒，其子澄嗣，是为文襄帝。高祖乃下诏封景河南王、大将军、使持节、董督河南南北诸军事、大行台，承制辄行，如邓禹故事，给鼓吹一部。齐文襄遣大将军慕容绍宗围景于长社，景请西魏为援，西魏遣其五城王元庆等率兵救之，绍宗乃退。景复请兵于司州刺史羊鸦仁，鸦仁遣长史邓鸿率兵至汝水，元庆军又夜遁。于是据悬瓠、项城，求遣刺史以镇之。诏以羊鸦仁为豫、司二州刺史，移镇悬瓠；西阳太守羊思建为殷州刺史，镇项城。

魏既新丧元帅，景又举河南内附，齐文襄虑景与西、南合从，方为己患，乃以书喻景曰：

盖闻位为大宝，守之未易；仁诚重任，终之实难。或杀身成名，或去食存信，比性命于鸿毛，等节义于熊掌。夫然者，举不失德，动无过事，进不见恶，退无谤言。

先王与司徒契阔夷险，孤子相于，偏所眷属，缱绻衿期，绸缪寤语，义贯终始，情存岁寒。司徒自少及长，从微至著，共相成生，非无恩惠。既爵冠通侯，位标上等，门容驷马，室飨万钟，财利润于乡党，荣华被于亲戚。意气相倾，人伦所重，感于知己，义在忘躯。眷为国士者，乃立漆身之节；馈以壶飧者，便致扶轮之效。若然尚不能已，况其重于此乎？

幸以故旧之义，欲持子孙相托，方为秦晋之匹，共成刘范之亲。假使日往月来，时移世易，门无强荫，家有幼孤，犹加璧不遗，分宅相济，无忘先德，以恤后人。况闻负杖行歌，便已狼顾犬噬，于名无所成，于义无所取，不蹈忠臣之迹，自陷叛人之地。力不足以自强，势不足以自保，率乌合之众，为累卵之危。西求救于黑泰，南请援于萧氏，以狐疑之心，为首鼠之事。入秦则秦人不容，归吴则吴人不信。当今相视，未见其可，不知终久，持此安归。相推本心，必不应尔。当是不逞之人，曲为口端之说，遂怀市虎之疑，乃致投杼之惑耳。

比来举止，事已可见，人相疑误，想自觉知，合门大小，并付司寇。近者，聊命偏师，前驱致讨，南兖、扬州，应时克复。即欲乘机，长驱悬瓠；属以炎暑，欲为后图。方凭国灵，袭行天罚，器械精新，士马强盛。内外感德，上下齐心，三令五申，可蹈汤火。若使旗鼓相望，埃尘相接，势如沃雪，事等注萤。

夫明者去危就安，智者转祸为福。宁使我负人，不使人负我。当开从善之门，决改先迷之路。今刷心荡意，除嫌去恶，想犹致疑，未便见信。若能卷甲来朝，垂橐还阙者，当授豫州刺史。即使终君之世，所部文武更不追摄。进得保其禄位，退则不丧功名。君门眷属，可以无恙，宠妻爱子，亦送相还。仍为通家，卒成亲好。所不食言，有如皎日。

君既不能东封函谷，南向称孤，受制于人，威名顿尽。空使兄弟子侄，足首异门，垂发戴白，同之涂炭，闻者酸鼻，见者寒心，矧伊骨肉，能无愧也？

孤子今日不应方遣此书，但见蔡遵道云：司徒本无归西之心，深有悔祸之意，闻西兵将至，遣遵道向崤中参其多少；少则与其同力，多则更为其备。又云：房长史在彼之日，司徒尝欲遣书启，将改过自新，已差李龙仁，垂欲发遣，闻房已远，遂复停发。未知遵道此言为虚为实；但既有所闻，不容不相尽告。吉凶之理，想自图之。

景报书曰：

盖闻立身扬名者，义也；在躬所宝者，生也。苟事当其义，则节士不爱其躯；刑罚斯舛，则君子实重其命。昔微子发狂而去殷，陈平怀智而背楚者，良有以也。

仆乡曲布衣，本乖艺用。初逢天柱，赐忝帷幄之谋；晚遇永熙，委以干戈之任。出身为国，绵历二纪，犯危履难，岂避风霜。遂得躬被衮衣，口飨玉食，富贵当年，光荣身世。何为一旦举旌旆，援枹鼓，而北面相抗者，何哉？实以畏惧危亡，恐招祸害，捐躯非义，身名两灭故耳。何者？往年之暮，尊王遘疾，神不祐善，祈祷莫瘳。遂使嬖幸擅威权，阉寺肆诡惑，上下相猜，心腹离贰。仆妻子在宅，无事见围，段康之谋，莫知所以，卢潜入军，未审何故。翼翼小心，常怀战栗，有觍面目，宁不自疑。及回师长社，希自陈状，简书未达，斧钺已临。既旌旗相对，咫尺不远，飞书每奏，兼申鄙情；而群率恃雄，眇然不顾，运载推锋，专欲屠灭。筑围堰水，三板仅存，举目相看，命悬晷刻，不忍死亡，出战城下。禽兽恶死，人伦好生，送地拘秦，非乐为也。但尊王平昔见与，比屋共奖帝室，虽形势参差，寒暑小异，丞相司徒，雁行而已。福禄官荣，自是天爵，劳而后受，理不相干，欲求吞炭，何其谬也！然窃人之财，犹谓为盗，禄去公室，相为不取。今魏德虽衰，天命未改，祈恩私第，何足关言。

赐示"不能东封函谷，受制于人。"当似教仆贤祭仲而褒季氏。无主之国，在礼未闻，动而不法，何以取训。窃以分财养幼，事归令终，舍宅存孤，谁云隙末。

复言仆"众不足以自强，危如累卵。"然纣有亿兆夷人，辛降十乱，桀之百克，终自无后。颍川之战，即是殷监。轻重由人，非鼎在德。苟能忠信，虽弱必强。殷忧启圣，处危何苦。况今梁道邕熙，招携以礼，被我虎文，縻之好爵。方欲苑五岳而池四海，扫夷秽以拯黎元，东羁瓯越，西通汧、陇。吴、楚剽劲，带甲千群；吴兵冀马，控弦十万。兼仆所部义勇如林，奋义取威，不期而发，大风一振，枯干必摧，凝霜暂落，秋蒂自殒，此而为弱，谁足称强！

又见诬两端，受疑二国。斟酌物情，一何至此。昔陈平背楚，归汉则王；百里出虞，入秦斯霸。盖昏明由主，用舍在时，奉礼而行，神其庇也。

书称士马精新，克日齐举，夸张形胜，指期荡灭。窃以寒飚白露，节候乃同，秋风扬尘，马首何异。徒知北方之力争，未识西、南之合从，苟欲徇意于前途，不觉坑阱在其侧。若云去危令归正朔，转祸以脱网罗，彼既嗤仆之愚迷，此亦笑君之晦昧。今已引二邦，扬旌北讨，熊虎齐奋，克复中原，荆、襄、广、颍已属关右，项城、悬瓠亦奉南朝，幸自取之，何劳恩赐。然权变不一，理有万途。为君计者，莫若割地两和，三分鼎峙，燕、卫、晋、赵足相奉禄，齐、曹、宋、鲁悉归大梁，使仆得输力南朝，北敦姻好，束帛交行，戎军不动。仆立当世之功，君卒祖祢之业，各保疆界，躬享岁时，百姓乂宁，四民安堵。孰若驱农夫于陇亩，抗勍敌于三方，避干戈于首尾，当锋镝于心腹。纵太公为将，不能获存，归之高明，何以克济。

复寻来书云，仆妻子悉拘司寇。以之见要，庶其可反。当是见疑褊心，未识大趣。何者？昔王陵附汉，母在不归，太上囚楚，乞羹自若，矧伊妻子，而可介意。脱谓诛之有益，欲止不能，杀之无损，徒复坑戮，家累在君，何关仆也。

而遵道所传，颇亦非谬；但在缧绁，恐不备尽，故重陈辞，更论款曲。所望良图，时惠报旨。然昔与盟主，事等琴瑟，谗人间之，翻为仇敌。抚弦搠矢，不觉伤怀，裂帛还书，知何能述。

十二月，景率军围谯城不下，退攻城父，拔之。又遣其行台左丞王伟、左民郎中王则诣阙献策，求诸元子弟立为魏主，辅以北伐，许之。诏遣太子舍人元贞为咸阳王，须渡江，许即伪位，乘舆副御以资给之。

齐文襄又遣慕容绍宗追景，景退入涡阳，马尚有数千匹，甲卒数万人，车万余两，相持于涡北。景军食尽，士卒并北人，不乐南渡，其将暴显等各率所部降于绍宗。景军溃散，乃与腹心数骑自峡石济淮，稍收散卒，得马步八百人，奔寿春，监州韦黯纳之。景启求贬削，优诏不许，仍以为豫州牧，本官如故。

景既据寿春，遂怀反叛，属城居民，悉召募为军士，辄停责市估及田租，百姓子女悉以配将卒。又启求锦万匹，为军人袍，领军朱异议，以御府锦署止充颁赏远近，不容以供边城戎服，请送青布以给之。景得布，悉用为袍衫，因尚青色。又以台所给仗，多不能精，启请东冶锻工，欲更营造，敕并给之。景自涡阳败后，多所征求，朝廷含弘，未尝拒绝。

先是，豫州刺史贞阳侯渊明督众军围彭城，兵败没于魏，至是，遣使还述魏人请追前好。二年二月，高祖又与魏连和。景闻之惧，驰启固谏，高祖不从。尔后表疏跋扈，言辞不逊。鄱阳王范镇合肥，及司州刺史羊鸦仁俱累启称景有异志，领军朱异曰："侯景数百叛虏，何能为役。"并抑不奏闻，而逾加赏赐，所以奸谋益果。又知临贺王正德怨望朝廷，密令要结，正德许为内启。八月，景遂发兵反，攻马头、木栅，执太守刘神茂、戍主曹璆等。于是诏合州刺史鄱阳王范为南道都督，北徐州刺史封山侯正表为北道都督，司州刺史柳仲礼为西道都督，通直散骑常侍裴之高为东道都督，同讨景，济自历阳；又令开府仪同三司、丹阳尹、邵陵王纶持节，董督众军。

十月，景留其中军王显贵守寿春城，出军伪向合肥，遂袭谯州，助防董绍先开城降之。执刺史丰城侯泰。高祖闻之，遣太子家令王质率兵三千巡江遏防。景进攻历阳，历阳太守庄铁遣弟均率数百人夜斫景营，不克，均战没，铁又降之。萧正德先遣大船数十艘，伪称载获，实装济景。景至京口，将渡，虑王质为梗，俄而质无故退，景闻之尚未信也，乃密遣觇之。谓使者曰："质若审退，可折江东树枝为验。"觇人如言而返，景大喜曰："吾事办矣。"乃自采石济，马数百匹，兵千人，京师不之觉。景即分袭姑孰，执淮南太守文城侯宁，遂至慈湖。于是诏以扬州刺史宣城王大器为都督城内诸军事，都官尚书羊侃为军师将军以副焉；南浦侯推守东府城，西丰公大春守石头城，轻车长史谢禧守白下。

既而景至朱雀航，萧正德先屯丹阳郡，至是，率所部与景合。建康令庾信率兵千余人屯航北，见景至航，命彻航，始除一舶，遂弃军走南塘，游军复闭航渡景。皇太子以所乘马授王质，配精兵三千，使援庾信。质至领军府，与贼遇，未阵便奔走，景乘胜至阙下。西丰公大春弃石头城走，景遣其仪同于子悦据之。谢禧亦弃白下城走。景于是百道攻城，持火炬烧大司马、东西华诸门。城中仓卒，未有其备，乃凿门楼，下水沃火，久之方灭。贼又斫东掖门将开，羊侃凿门扇，刺杀数人，贼乃退。又登东宫墙，射城内，至夜，太宗募人出烧东宫，东宫台殿遂尽。景又烧城西马厩、士林馆、太府寺。明日，景又作木驴数百攻城，城上飞石掷之，所值皆碎破。景苦攻不克，伤损甚多，乃止攻，筑长围以绝内外，启求诛中领军朱异、太子右卫率陆验、兼少府卿徐驎、制局监周石珍等。城内亦射赏格出外："有能斩景首，授以景位，并钱一亿万，布绢各万匹，女乐二部。"

十一月，景立萧正德为帝，即伪位于仪贤堂，改年曰正平。初，童谣有"正平"之言，故立号以应之。景自为相国、天柱将军，正德以女妻之。

景又攻东府城，设百尺楼车，钩城堞尽落，城遂陷。景使其仪同卢晖略率数千人，持长刀夹城门，悉驱城内文武裸身而出，贼交兵杀之，死者二千余人。南浦侯推是日遇害。景使正德子见理、仪同卢晖略守东府城。

景又于城东西各起一土山以临城内，城内亦作两山以应之，王公以下皆负土。初，景至，便望克定京师，号令甚明，不犯百姓；既攻城不下，人心离阻，又恐援军总集，众必溃散，乃纵兵杀掠，交尸塞路，富室豪家，恣意哀剥，子女妻妾，悉入军营。及筑土山，不限贵贱，昼夜不息，乱加殴棰，疲羸者因杀之以填山，号哭之声，响动天地。百姓不敢藏隐，并出从之，旬日之间，众至数万。

景仪同范桃棒密遣使送款乞降，会事泄见杀。至是，邵陵王纶率西丰公大春、新淦公大成、永安侯确、超武将军南安乡侯骏、前谯州刺史赵伯超、武州刺史萧弄璋、步兵校尉尹思合等，马步三万，发自京口，直据钟山。景党大骇，具船舟咸欲逃散，分遣万余人距纶，纶击大破之，斩首千余级。旦日，景复陈兵覆舟山北，纶亦列阵以待之。景不进，相持。会日暮，景引军还，南安侯骏率数十骑挑之，景回军与战，骏退。时赵伯超陈于玄武湖北，见骏急，不赴，乃率军前走，众军因乱，遂败绩。纶奔京口。贼尽获辎重器甲，斩首数百级，生俘千余人，获西丰公大春、纶司马庄丘惠达、直阁将军胡子约、广陵令霍俊等，来送城下徇之，逼云"已擒邵陵王"。俊独云"王小小失利，已全军还京口，城中但坚守，援军寻至。"贼以刀殴之，俊言辞颜色如旧，景义而释之。

是日，鄱阳世子嗣、裴之高至后渚，结营于蔡洲。景分军屯南岸。

十二月，景造诸攻具及飞楼、橦车、登城车、钩堞车、阶道车、火车，并高数丈，一车至二十轮，陈于阙前，百道攻城并用焉。以火车焚城东南隅大楼，贼因火势以攻城，城上纵火，悉焚其攻具，贼乃退。又筑土山以逼城，城内作地道以引其土山，贼又不能立，焚其攻具，还入于栅。材官将军宋嶷降贼，因为立计，引玄武湖水灌台城，城外水起数尺，阙前御街并为洪波矣。又烧南岸民居营寺，莫不咸尽。

司州刺史柳仲礼、衡州刺史韦粲、南陵太守陈文彻、宣猛将军李孝钦等，皆来赴援。鄱阳世子嗣、裴之高又济江。仲礼营朱雀航南，裴之高营南苑，韦粲营青塘，陈文彻、李孝钦屯丹阳郡，鄱阳世子嗣营小航南，并缘淮造栅。及晓，景方觉，乃登禅灵寺门楼望之，见韦粲营垒未合，先渡兵击之。粲拒战败绩，景斩粲首徇于城下。柳仲礼闻粲败，不遑贯甲，与数十骑驰赴之，遇贼交战，斩首数百，投水死者千余人。仲礼深入，马陷泥，亦被重创。自是贼不敢济岸。

邵陵王纶与临城公大连等自东道集于南岸，荆州刺史湘东王绎遣世子方等、兼司马吴晔、天门太守樊文皎下赴京师，营于湘子岸前，高州刺史李迁仕、前司州刺史羊鸦仁又率兵继至。既而鄱阳世子嗣、永安侯确、羊鸦仁、李迁仕、樊文皎率众渡淮，攻贼东府城前栅，破之，遂结营于青溪水东。景遣其仪同宋子仙顿南平王第，缘水西立栅相拒。景食稍尽，至是米斛数十万，人相食者十五六。

初，援兵至北岸，百姓扶老携幼以候王师，才得过淮，便竞剥掠，贼党有欲自拔者，闻之咸止。贼之始至，城中才得固守，平荡之事，期望援军；既而四方云合，众号百万，连营相持，已月余日，城中疾疫，死者太半。

景自岁首以来乞和，朝廷未之许，至是事急乃听焉。请割江右四州之地，并求宣城王大器出送，然后解围济江；仍许遣其仪同于子悦、左丞王伟入城为质。中领军傅岐议，以宣城王嫡嗣之重，不容许之。乃请石城公大款出送，诏许焉。遂于西华门外设坛，遣尚书仆射王克、兼侍中上甲乡侯韶、兼散骑常侍萧瑳与于子悦、王伟等，登坛共盟。左卫将军柳津出西华门下，景出其栅门，与津遥相对，刑牲歃血。

南兖州刺史南康嗣王会理、前青冀二州刺史湘潭侯退、西昌侯世子彧率众三万，至于马邛州。景虑北军自白下而上，断其江路，请悉勒聚南岸，敕乃遣北军进江潭苑。景启称"永安侯、赵威方频隔栅见诟臣，云'天子自与汝盟，我终当逐汝。'乞召入城，即当进发。"敕并召之。景又启云："西岸信至，高澄已得寿春、钟离，便无处安足，权借广陵、谯州，须征得寿春、钟离，即以奉还朝廷。"

初，彭城刘邈说景曰："大将军顿兵已久，攻城不拔，今援众云集，未易而破；如闻军粮不支一月，运漕路绝，野无所掠，婴儿掌上，信在于今。未若乞和，全师而返，此计之上者。"景然其言，故请和。后知援军号令不一，终无勤王之效；又闻城中死疾转多，必当有应之者。景谋臣王伟又说曰："王以人臣举兵背叛，围守宫阙，已盈十旬，逼辱妃主，凌秽宗庙，今日持此，何处容身，愿王且观其变。"景然之，乃抗表曰：

臣闻"书不尽言，言不尽意。"然则意非言不宣，言非笔不尽，臣所以含愤蓄积，不能默已者也。窃惟陛下睿智在躬，多才多艺。昔因世季，龙翔汉、沔，夷凶翦乱，克雪家怨，然后踵武前王，光宅江表，宪章文、武，祖述尧、舜。兼属魏国凌迟，外无勍敌，故能西取华陵，北封淮、泗，结好高氏，辎轩相属，疆埸无虞，十有余载。躬览万机，劬劳治道。刊正周、孔之遗文，训释真如之秘奥。享年长久，本枝盘石。人君艺业，莫之与京。臣所以踊跃一隅，望南风而叹息也。岂图名与实爽，闻见不同。臣自委质策名，前后事迹，从来表奏，已具之矣。不胜愤懑，复为陛下陈之：

陛下与高氏通和，岁窬一纪，舟车往复，相望道路，必将分灾恤患，同休等戚；宁可纳臣一介之服，贪臣汝、颍之地，便绝好河北，檄誓高澄，聘使未归，陷之虎口，扬兵击鼓，侵逼彭、宋。夫敌国相伐，闻丧则止，匹夫之交，托孤寄命；岂有万乘之主，见利忘义若此者哉？其失一也。

臣与高澄，既有仇憾，义不同国，归身有道。陛下授以上将，任以专征，歌钟女乐，车服弓矢。臣受命不辞，实思报效。方欲挂旆嵩、华，悬旌冀、赵，刘夷荡涤，一匡宇内；陛下朝服济江，告成东岳，使大梁与轩黄等盛，臣与伊、吕比功，垂裕后昆，流名竹帛，此实生平之志也。而陛下欲分其功，不能赐任，使臣击河北，欲自举徐方，遣庸懦之贞阳，任骄贪之胡、赵，裁见旗鼓，乌散鱼溃，慕容绍宗乘胜席卷，涡阳诸镇靡不弃甲。疾雷不及掩耳，散地不可固全，使臣狼狈失据，妻子为戮，斯实陛下负臣之深。其失二也。

韦黯之守寿阳，众无一旅，慕容凶锐，欲饮马长江，非臣退保淮南，其势未之可测；既而逃遁，边境获宁，令臣作牧此州，以为蕃捍。方欲收合余烬，劳来安集，励兵秣马，克申后战，封韩山之尸，雪涡阳之耻。陛下丧其精魄，无复守气，便信贞阳谬启，复请通和。臣频陈执，疑闭不听。翻覆若此，童子犹且羞之；况在人君，二三其德。其失三也。

夫畏懦逗留，军有常法。子玉小败，见诛于楚；王恢失律，受戮于汉。贞阳精甲数万，器械山积，慕容轻兵，众无百乘，不能拒抗，身受囚执。以帝之犹子，而面缚敌庭，实宜绝其属籍，以衅征鼓。陛下曾无追责，怜其苟存，欲以微臣，规相贸易。人君之法，当如是哉？其失四也。

悬瓠大藩，古称汝、颍。臣举州内附，羊鸦仁固不肯入；既入之后，无故弃之，陛下曾无嫌责，使还居北司。鸦仁弃之，既不为罪，臣得之不以为功。其失五也。

臣涡阳退衄，非战之罪，实由陛下君臣相与见误。乃还寿春，曾无悔色，只奉朝廷，掩恶扬善。鸦仁自知弃州，切齿叹恨，内怀惭惧，遂启臣欲反。欲反当有形迹，何所征验？诬陷顿尔，陛下曾无辩究，默而信纳。岂有诬人莫大之罪，而可并肩事主者乎？其失六也。

赵伯超拔自无能，任居方伯，惟渔猎百姓，多蓄士马，非欲为国立功，直是自为富贵。行货权幸，徼买声名，朱异之徒，积受金贝，遂使咸称胡、赵，比昔关、张，诬掩天听，谓为真实。韩山之役，女妓自随，裁闻敌鼓，与妾俱逝，不待贞阳，故只轮莫返。论其此罪，应诛九族；而纳贿中人，还处州任。伯超无罪，臣功何论？赏罚无章，何以为国。其失七也。

臣御下素严，无所侵物，关市征税，咸悉停原，寿阳之民，颇怀优复。裴之悌等助成在彼,惮臣检制,遂无故遁归;又启臣欲反。陛下不责违命离局,方受其浸润之谮。处臣如此,使何地自安。其失八也。

臣虽才谢古人,实颇更事,抚民率众,自幼至长,少来运动,多无遗策。及归身有道,馨竭忠规,每有陈奏,恒被抑遏。朱异专断军旅,周石珍总尸兵仗,陆验、徐驎典司谷帛,皆明言求货,非令不行。境外虚实,定计于舍人之省;举将出师,责奏于主者之命。臣无贿于中,故恒被抑折。其失九也。

鄱阳之镇合肥,与臣邻接,臣推以皇枝,每相祗敬;而嗣王庸怯,虚见备御,臣有使命,必加弹射,或声言臣反,或启臣纤介。招携当须以礼,忠烈何以堪于此哉?其失十也。

其余条目,不可具陈。进退惟谷,频有表疏。言直辞强,有忤龙鳞,遂发严诏,便见讨袭。重华纯孝,犹逃凶父之杖;赵盾忠贤,不讨杀君之贼。臣何亲何罪,能有坐受歼夷?韩信雄桀,亡项霸汉,末为女子所烹,方悔蒯通之说。臣每览书传,心常笑之。岂容遵彼覆车,而快陛下佞臣之手。是以兴晋阳之甲,乱长江而直济,愿得升赤墀,践文石,口陈枉直,指画臧否,诛君侧之恶臣,清国朝之秕政,然后还守藩翰,以保忠节,实臣之至愿也。

三月朔旦,城内以景违盟,举烽鼓噪,于是羊鸦仁、柳敬礼、鄱阳世子嗣进军于东府城北。栅垒未立,为景将宋子仙所袭,败绩,赴淮死者数千人。贼送首级于阙下。

景又遣于子悦至,更请和。遣御史中丞沈浚至景所,景无去意,浚固责之。景大怒,即决石阙前水,百道攻城,昼夜不息,城遂陷。于是悉卤掠乘舆服玩、后宫嫔妾,收王侯朝士送永福省,撤二宫侍卫。使王伟守武德殿,于子悦屯太极东堂,矫诏大赦天下，自为大都督、督中外诸军事、录尚书，其侍中、使持节、大丞相、王如故。初，城中积尸不暇埋瘗，又有已死而未敛，或将死而未绝，景悉聚而烧之，臭气闻十余里。尚书外兵郎鲍正疾笃，贼曳出焚之，宛转火中，久而方绝。于是援兵并散。

景矫诏曰："日者，奸臣擅命，几危社稷，赖丞相英发，入辅朕躬，征镇牧守可各复本任。"降萧正德为侍中、大司马，百官皆复其职。

景遣董绍先率兵袭广陵，南兖州刺史南康嗣王会理以城降之。景以绍先为南兖州刺史。

初，北兖州刺史定襄侯祇与湘潭侯退，及前潼州刺史郭凤同起兵，将赴援，至是，凤谋以淮阴应景，祇等力不能制，并奔于魏。景以萧弄璋为北兖州刺史，州民发兵拒之，景遣厢公丘子英、直阁将军羊海率众赴援，海斩子英，率其军降于魏，魏遂据其淮阴。

景又遣仪同于子悦、张大黑率兵入吴，吴都太守袁君正迎降。子悦等既至，破掠吴中，多自调发，逼掠子女，毒虐百姓，吴人莫不怨愤，于是各立城栅拒守。

是月，景移屯西州，遣仪同任约为南道行台，镇姑孰。

五月，主祖崩于文德殿。初，台城既陷，景先遣王伟、陈庆入谒高祖，高祖曰："景今安在？卿可召来。"时高祖坐文德殿，景乃入朝，以甲士五百人自卫，带剑升殿。拜讫，高祖问曰："卿在戎日久，无乃为劳？"景默然。又问："卿何州人，而敢至此乎？"景又不能对，从者代对。及出，谓厢公王僧贵曰："吾常据鞍对敌，矢刃交下，而意气安缓，了无怖心。今日见萧公，使人自慑，岂非天威难犯。吾不可再见之。"高祖虽外迹已屈，而意犹忿愤，时有事奏闻，多所遣却。景深敬惮，亦不敢逼。景遣军人直殿省内，高祖问制局监周石珍曰："是何物人？"对曰："丞相。"高祖乃谬曰："何物丞相？"对曰："是侯丞相。"高祖怒曰："是名景，何谓丞相！"是后，每所征求，多不称旨，至于御膳亦被裁抑，遂忧愤感疾而崩。

景乃密不发丧，权殡于昭阳殿，自外文武咸莫知之。二十余日，升梓宫于太极前殿，迎皇太子即皇帝位。于是矫诏赦北人为奴婢者，冀收其力用焉。

又遣仪同来亮率兵攻宣城，宣城内史杨华诱亮斩之；景复遣其将李贤明讨华，华以郡降。

景遣仪同宋子仙等率众东次钱塘，新城戍主戴僧易据县拒之。

是月，景遣中军侯子鉴入吴军，收于子悦、张大黑还京诛之。

时东扬州刺史临城公大连据州，吴兴太守张嵊据郡，自南陵以上，皆各据守。景制命所行，惟吴郡以西，南陵以北而已。

六月，景以仪同郭元建为尚书仆射、北道行台、总江北诸军事，镇新秦。

郡人陆缉、戴文举等起兵万余人，杀景太守苏单于，推前淮南太守文成侯宁为主，以拒景。宋子仙闻而击之，缉等弃城走。景乃分吴郡海盐、胥浦二县为武原郡。

至是，景杀萧正德于永福省。封元罗为西秦王，元景龙为陈留王，诸元子弟封王者十余人。以柳敬礼为使持节、大都督，隶大丞相，参戎事。

景遣其中军侯子鉴监行台刘神茂等军东讨，破吴兴，执太守张嵊父子送京师，景并杀之。

景以宋子仙为司徒，任约为领军将军，尔朱季伯、叱罗子通、彭俊、董绍先、张化仁、于庆、鲁伯和、纥奚斤、史安和、时灵护、刘归义，并为开府仪同三司。

是月，鄱阳嗣王范率兵次栅口，江州刺史寻阳王大心要之西上。景出顿姑孰，范将裴之悌、夏侯威生以众降景。

十一月，宋子仙攻钱塘，戴僧易降。景以钱塘为临江郡，富阳为富春郡。以王伟、元罗并为仪同三司。

十二月，宋子仙、赵伯超、刘神茂进攻会稽，东扬州刺史临城公大连弃城走，遣刘神茂追擒之。景以裴之悌为使持节、平西将军、合州刺史，以夏侯威生为使持节、平北将军、南豫州刺史。

是月，百济使至，见城邑丘墟，于端门外号泣，行路见者莫不洒泪。景闻之大怒，送小庄严寺禁止，不听出入。

大宝元年正月，景矫诏自加班剑四十人，给前后部羽葆鼓吹，置左右长史、从事中郎四人。

前江都令祖皓起兵于广陵，斩景刺史董绍先，推前太子舍人萧勔为刺史；又结魏人为援，驰檄远近，将以讨景。景闻之大惧，即日率侯子鉴等出自京口，水陆并集。皓婴城拒守，景攻城，陷之。景车裂皓以徇，城中无少长皆斩之。以侯子鉴监南兖州事。

是月，景召宋子仙还京口。

四月，景以元思虔为东道行台，镇钱塘。以侯子鉴为南兖州刺史。

文城侯宁于吴西乡起兵，旬日之间，众至一万，率以西上。景厢公孟振、侯子荣击破之，斩宁，传首于景。

七月，景以秦郡为西兖州，阳平郡为北兖州。

任约、卢晖略攻晋熙郡，杀鄱阳世子嗣。

景以王伟为中书监。

任约进军袭江州，江州刺史寻阳王大心降之。世祖时闻江州失守，遣卫军将军徐文盛率众军下武昌，拒约。

景又矫诏自进位为相国，封泰山等二十郡为汉王，入朝不趋，赞拜不名，剑履上殿，如萧何故事。

景以柳敬礼为护军将军，姜询义为相国左长史，徐洪为左司马，陆约为右长史，沈众为右司马。

是月，景率舟师上皖口。

十月，盗杀武林侯咨于广莫门。咨常出入太宗卧内，景党不能平，故害之。

景又矫诏曰："盖悬象在天，四时取则于辰斗；群生育地，万物仰照于大明。是以垂拱当宸，则八纮共辇；负图正位，则九域同归。故乃云名水号之君，龙官人爵之后，莫不启符河、洛，封禅岱宗。奔走四夷，来朝万国。逖听虞、夏，厥道弥新。爰及商、周，未之或改。逮幽、厉不竞，戎马生郊；惠、怀失御，胡尘犯跸。遂使豺狼肆毒，侵穴伊、瀍；猃狁孔炽，巢栖咸、洛。自晋鼎东迁，多历年代，周原不复，岁实永久。虽宋祖经略，中息远图；齐号和亲，空劳冠盖。我大梁膺符作帝，出震登皇。浃珛归仁，绵区饮化。开疆辟土，跨瀚海以扬镳；来庭入觐，等涂山而比辙。玄龟出洛，白雉归丰。鸟塞同文，胡天共轨。不谓高澄跋扈，虔刘魏邦，扇动华夷，不供王职，遂乃狼顾北侵，马首南向。值天厌昏伪，丑徒数尽，龙豹应期，风云会节。相国汉王，上德英姿，盖惟天授；雄谟勇略，出自怀抱。珠鱼表应，辰昴叶晖；剖析六韬，锱铢四履。腾文豹变，凤集虬翔；奋翼来仪，负图而降。爰初秉律，实先启行，奉兹庙算，克除獯丑。直以鼎湖上征，六龙晏驾；干戈暂止，九伐未甲。而恶稔贯盈，元凶殒毙，弟洋继逆，续长乱阶。异彼洋音，同兹荐食；偷窃伪号，心希举斧。丰水君臣，奉图乞援，关河百姓，泣血请师，咸愿承奉国灵，思睹王化。朕以寡昧，篡戎下武，庶拯尧黎，冀康禹迹。且夫车服以庸，名因事著。周师克殷，鹰扬创自尚文；汉征戎狄，明友实始度辽。况乃神规睿算，眇乎难测，大功懋绩，事绝言象，安可以习彼常名，保兹守固。相国可加宇宙大将军、都督六合诸军事，余悉如故。"以诏文呈太宗，太宗惊曰："将军乃有宇宙之号乎！"

齐遣其将辛术围阳平，景行台郭元建率兵赴援，述退。

徐文盛入贝矶，任约率水军逆战，文盛大破之，仍进军大举口。

时景屯于皖口，京师虚弱，南康王会理及北兖州司马成钦等将袭之。建安侯贲知其谋，以告景，景遣收会理与其弟祈阳侯通理、柳敬礼、成钦等，并害之。

十二月，景矫诏封贲为竟陵王，赏发南康之谋也。

是月，张彪起义于会稽，攻破上虞，景太守蔡台乐讨之，不能禁。至是，彪又破诸暨、永兴等诸县，景遣仪同田迁、赵伯超、谢答仁等东代彪。

二年正月，彪遣别将寇钱塘、富春，田迁进军与战，破之。

景以王克为太师，宋子仙为太保，元罗为太傅，郭元建为太尉，张化仁为司徒，任约为司空，于庆为太子太师，时灵护为太子太保，纥奚斤为太子太傅，王伟为尚书左仆射，索超世为尚书右仆射。

北兖州刺史萧邕谋降魏，事泄，景诛之。

是月，世祖遣巴州刺史王珣等率众下武昌助徐文盛。任约以西台益兵，告急于景。三月，景自率众二万，西上援约。四月，景次西阳，徐文盛率水军邀战，大破之。景访知郢州无备，兵少，又遣宋子仙率轻骑三百袭陷之，执刺史方诸、行事鲍泉，尽获武昌军人家口。徐文盛等闻之，大溃，奔归江陵，景乘胜西上。

初，世祖遣领军王僧辩率众东下代徐文盛，军次巴陵，会景至，僧辩因坚壁拒之。景设长围，筑土山，昼夜攻击，不克。军中疾疫，死伤太半。世祖遣平北将军胡僧祐率兵二千人救巴陵，景闻，遣任约以精卒数千逆击僧祐，僧祐与居士陆法和退据赤亭以待之，约至与战，大破之，生擒约。景闻之，夜遁。以丁和为郢州刺史，留宋子仙、时灵护等助和守，以张化仁、阎洪庆守鲁山城，景还京师。王僧辩乃率众东下，次汉口，攻鲁山及郢城，皆陷之。自是众军所至皆捷。

景乃废太宗，幽于永福省。作诏草成，逼太宗写之，至"先皇念神器之重，思社稷之固"，歔欷呜咽，不能自止。是日，景迎豫章王栋即皇帝位，升太极前殿，大赦天下，改元为天正元年。有回风自永福省，吹其文物皆倒折，见者莫不惊骇。

初，景既平京邑，便有篡夺之志，以四方须定，且未自立；既巴陵失律，江、郢丧师，猛将外歼，雄心内沮，便欲伪僭大号，遂其奸心。其谋臣王伟云"自古移鼎，必须废立"，故景从之。其太尉郭元建闻之，自秦郡驰还，谏景曰："四方之师所以不至者，政为二宫万福；若遂行弑逆，结怨海内，事几一云，虽悔无及。"王伟固执不从。景乃矫栋诏，追尊昭明太子为昭明皇帝，豫章安王为安皇帝，金华敬妃为敬皇后，豫章国太妃王氏为皇太后，妃张氏为皇后；以刘神茂为司空，徐洪为平南将军，秦晃之、王晔、李贤明、徐永、徐珍国、宋长宝、尹思合并为仪同三司。

景以哀太子妃赐郭元建，元建曰："岂有皇太子妃而降为人妾。"竟不与相见。

十月壬寅夜，景遣其卫尉彭俊、王修纂奉酒于太宗曰："丞相以陛下处忧既久，故令臣等奉进一觞。"太宗知其将杀。乃大酣饮酒，既醉还寝，修纂以帊盛土加于腹，因崩焉。敛用法服，以薄棺密瘗于城北酒库。

初，太宗久见幽絷，朝士莫得接觐，虑祸将及，常不自安；惟舍人殷不害后稍得入，太宗指所居殿谓之曰："庞涓当死此下。"又曰："吾昨夜梦吞土，卿试为思之。"不害曰："昔重耳馈块，卒反晋国，陛下所梦，将符是乎？"太宗曰："傥幽冥有征，冀斯言不妄耳。"至是见弑，实以土焉。

是月，景司空东道行台刘神茂、仪同尹思合、刘归义、王晔、云麾将军桑乾王元頵等据东阳归顺，仍遣元頵及别将李占、赵惠朗下据建德江口。尹思合收景新安太守元义，夺其兵。

张彪攻永嘉，永嘉太守秦远降彪。

十一月，景以赵伯超为东道行台，镇钱塘，遣仪同田迁、谢答仁等将兵东征神茂。

景矫萧栋诏，自加九锡之礼，置丞相以下百官。陈备物于庭，忽有野鸟翔于景上，赤足丹觜，形似山鹊，贼徒悉骇，竞射之不能中。景以刘劝、戚霸、朱安王为开府仪同三司，索九升为护军将军。南兖州刺史侯子鉴献白獐，建康获白鼠以献，萧栋归之于景。景以郭元建为南兖州刺史，太尉、北行台如故。

景又矫萧栋诏，追崇其祖为大将军，考为丞相。自加冕，十有二旒，建天子旌旗，出警入跸，乘金根车，驾六马，备五时副车，置旄头云罕，乐俤八佾，钟虡宫悬之乐，一如旧仪。

景又矫萧栋诏，禅位于己。于是南郊，柴燎于天，升坛受禅文物，并依旧仪。以辂车床载鼓吹，橐驼负牺牲，辇上置筌蹄、垂脚坐。景所带剑水精标无故堕落，手自拾之。将登坛，有兔自前而走，俄失所在。又白虹贯日。景还升太极前殿，大赦，改元为太始元年。封萧栋为淮阴王，幽于监省。伪有司奏改"警跸"为"永跸"，避景名也。改梁律为汉律，改左民尚书为殿中尚书，五兵尚书为七兵尚书，直殿主帅为直寝。景三公之官动置十数，仪同尤多，或匹马孤行，自执羁绊。其左仆射王伟请立七庙。景曰："何谓为七庙？"伟曰："天子祭七世祖考，故置七庙。"并请七世之讳，敕太常具祭祀之礼。景曰："前世吾不复忆，惟阿爷名标。"众闻咸窃笑之。景党有知景祖名周者，自外悉是王伟制其名位，以汉司徒侯霸为始祖，晋征士侯瑾为七世祖。于是追尊其祖周为大丞相，父标为元皇帝。

十二月，谢答仁、李庆等至建德，攻元颙、李占栅，大破之，执颙、占送景。景截其手足徇之，经日乃死。

景二年正月朔，临轩朝会。景自巴丘挫衄，军兵略尽，恐齐人乘衅与西师掎角，乃遣郭元建率步军趣小岘，侯子鉴率舟师向濡须，曜兵肥水，以示武威。子鉴至合肥，攻罗城，克之。郭元建、侯子鉴俄闻王师既近，烧合肥百姓邑居，引军退，子鉴保姑孰，元建还广陵。

时谢答仁攻刘神茂，神茂别将王晔、丽通并据外营降答仁。刘归义、尹思合等惧，各弃城走。神茂孤危，复降答仁。

王僧辩军至芜湖，芜湖城主宵遁。景遣吏安和、宋长贵等率兵二千，助子鉴守姑孰。追田迁等还京师。是月，景党郭长献马驹生角。三月，景往姑孰，巡视垒栅，又诫子鉴曰："西人善水战，不可与争锋；往年任约败绩，良为此也。若得马步一交，必当可破，汝但坚壁以观其变。"子鉴乃舍舟登岸，闭营不出。僧辩等遂停军十余日，贼党大喜，告景曰："西师惧吾之强，必欲遁逸，不击，将失之。"景复命子鉴为水战之备。子鉴乃率步骑万余人渡洲，并引水军俱进，僧辩逆击，大破之，子鉴仅以身免。景闻子鉴败，大惧涕下，覆面引衾以卧，良久方起，叹曰："误杀乃公！"

僧辩进军次张公洲。景以卢晖略守石头，纥奚斤守捍国城。悉逼百姓及军士家累入台城内。僧辩焚景水栅，入淮，至禅灵寺渚，景大惊，乃缘淮立栅，自石头至朱雀航。僧辩及诸将遂于石头城西步上连营立栅，至于落星墩。景大恐，自率侯子鉴、于庆、史安和、王僧贵等，于石头东北立栅拒守。使王伟、索超世、吕季略守台城，宋长贵守延祚寺。遣掘王僧辩父墓，剖棺焚尸。王僧辩等进营于石头城北，景列阵挑战。僧辩率众军奋击，大破之。侯子鉴、史安和、王僧贵各弃栅走。卢晖略、纥奚斤并以城降。

景既退败，不入宫，敛其散兵，屯于阙下，遂将逃窜。王伟揽辔谏曰："自古岂有叛天子！今宫中卫士，尚足一战，宁可便走，弃此欲何所之。"景曰："我在北打贺拔胜，破葛荣，扬名河、朔，与高王一种人。今来南渡大江，取台城如反掌，打邵陵王于北山，破柳仲礼于南岸，皆乃所亲见。今日之事，恐是天亡。乃好守城，我当复一决耳。"仰观石阙，逡巡叹息久之。乃以皮囊盛二子挂马鞍，与其仪同田迁、范希荣等百余骑东奔。王伟委台城窜逸。侯子鉴等奔广陵。

王僧辩遣侯瑱率军追景。景至晋陵，劫太守徐永东奔吴郡，进次嘉兴，赵伯超据钱塘拒之。景退还吴郡，达松江，而侯瑱军掩至，景众未阵，皆举幡乞降。景不能制，乃与腹心数十人单舸走，推堕二子于水，自沪渎入海。至壶豆洲，前太子舍人羊鲲杀之，送尸于王僧辩。传首西台。曝尸于建康市，百姓争取屠脍啖食，焚骨扬灰。曾罹其祸者，乃以灰和酒饮之。及景首至江陵，世祖命枭之于市，然后煮而漆之，付武库。

景长不满七尺，而眉目疏秀。性猜忍，好杀戮。刑人或先斩手足，割舌劓鼻，经日方死。曾于石头立大舂碓，有犯法者，皆擒杀之，其惨虐如此。自篡立后，时着白纱帽，而尚披青袍，或以牙梳插髻。床上常设胡床及筌蹄，着靴垂脚坐。或匹马游戏于宫内，及华林园弹射鸟鸟。谋臣王伟不许轻出，于是郁怏，更成失志。所居殿常有鸺鹠鸟鸣，景恶之，每使人穷山野讨捕焉。普通中，童谣曰："青丝白马寿阳来。"后景果乘白马，兵皆青衣。所乘马，每战将胜，辄踯躅嘶鸣，意气骏逸；其奔衄，必低头不前。

初，中大同中，高祖尝夜梦中原牧守皆以地来降，举朝称庆，寤甚悦之。旦见中书舍人朱异，说所梦，异曰："此岂宇内方一，天道前见其征乎？"高祖曰："吾为人少梦，昨夜感此，良足慰怀。"及太清二年，景果归附，高祖欣然自悦，谓与神通，乃议纳之，而意犹未决。曾夜出视事，至武德阁，独言"我家国犹若金瓯，无一伤缺，今便受地，讵是事宜；脱致纷纭，非可悔也。"朱异接声而对曰："圣明御宇，上应苍玄，北土遗黎，谁不慕仰，为无机会，未达其心。今侯景据河南十余州，分魏土之半，输诚送款，远归圣朝，岂非天诱其衷，人奖其计，原心审事，殊有可嘉。今若拒而不容，恐绝后来之望，此诚易见，愿陛下无疑。"高祖深纳异言，又信前梦，乃定议纳景。及贞阳覆败，边镇恇扰，高祖固已忧之，曰："吾今段如此，勿作晋家事乎？"

先是，丹阳陶弘景隐于华阳山，博学多识，尝为诗曰："夷甫任散诞，平叔坐谈空，不意昭阳殿，化作单于宫。"大同末，人士竞谈玄理，不习武事；至是，景果居昭阳殿。

天监中，有释宝志曰："掘尾狗子自发狂，当死未死啮人伤，须臾之间自灭亡，起自汝阴死三湘。"又曰："山家小儿果攘臂，太极殿前作虎视。"掘尾狗子，山家小儿，皆猴状。景遂覆陷都邑，毒害皇室。

大同中，太医令朱耽尝直禁省，无何，夜梦犬羊各一在御坐，觉而恶之，告人曰："犬羊者，非佳物也。今据御坐，将有变乎？"即而天子蒙尘，景登正殿焉。

及景将败，有僧通道人者，意性若狂，饮酒啖肉，不异凡等，世间游行已数十载，姓名乡里，人莫能知。初言隐伏，久乃方验，人并呼为阇梨，景甚信敬之。景尝于后堂与其徒共射，时僧通在坐，夺景弓射景阳山，大呼云"得奴已"。景后又宴集其党，又召僧通，僧通取肉揾盐以进景。问曰："好不？"景答："所恨太咸。"僧通曰："不咸则烂臭。"果以盐封其尸。

王伟，陈留人，少有才学，景之表、启、书、檄，皆其所制。景既得志，规摹篡夺，皆伟之谋。及囚送江陵，烹于市。百姓有遭其毒者，并割灸食之。

史臣曰：夫道不恒夷，运无常泰，斯则穷通有数，盛衰相袭，时屯阳九，盖在兹焉。若乃侯景小竖，叛换本国，识不周身，勇非出类，而王伟为其谋主，成此奸慝。驱率丑徒，陵江直济，长戟强弩，沦覆宫阙，祸缠宸极，毒遍黎元，肆其恣睢之心，成其篡盗之祸。呜呼！国之将亡，必降妖孽。虽曰人事，抑乃天时。昔夷羿乱夏，犬戎厄周，汉则莽、卓流灾，晋则敦、玄构祸，方之羯贼，有逾其酷，悲夫！

译文：

　　侯景字万景，朔方人，有的说是雁门人。少年时横行不羁，乡里人都怕他。长大后，性格勇猛又有强健体力，善于骑马射箭。因此被选做北镇戍兵，逐渐立有战功。北魏孝昌元年，有怀朔镇兵鲜于修礼，在定州作乱，攻陷郡县；又有柔玄镇兵吐斤洛周，率领他的同党，又进犯幽州、冀州，和鲜于修礼的队伍会合，人马共有十多万。后为鲜于修礼被杀，部队溃散，怀朔镇将葛荣趁机把这些散兵收集起来，进攻并杀掉吐斤洛周，全部领有他们的兵众，人们称他作"葛贼"。四年，北魏明帝死去，他的皇后胡氏临朝执政，天桂将军尔朱荣从晋阳起兵攻进京城杀掉胡氏，同时诛灭胡氏的亲属。侯景这时才带领他自己的兵众去拜见尔朱荣，尔朱荣认为侯景人才出众，便把军事交付给侯景。这时正值葛荣大军南下逼近京城，尔朱荣亲自率兵征讨，命令侯景做前锋，进入河内大败葛军，活捉葛荣，侯景以功被提拔做定州刺史、大行台，封濮阳郡公。侯景从此威名大震。

不久，齐神武帝高欢任北魏丞相，又进兵洛阳杀掉尔朱氏，侯景又带上队伍投降高欢，照样受到高欢的重用。侯景性格残忍暴虐，统率军队严肃整齐，但是破敌后掠取到的财宝，全都按级别赏赐给将士，因此将士全都为他效命尽力，凡有攻战多获胜利。侯景总揽兵权，实力和神武帝高欢相近。北魏用侯景做司徒、南道行台，带兵十万，总制河南。当神武帝高欢病危的时候，对他儿子高澄说："侯景狡猾心多诡计，反复无常难于捉摸，我死之后他必定不肯为你效力。"于是写信召侯景前来。侯景觉察到高欢的用心，担心前去会遭杀害，在太清元年，便派他的行台郎中丁和到南朝来上表请求归降说：

我听说朝中大臣相互融洽，那么四海就会和谐安定；朝臣上下彼此猜疑，那么国土就会分裂。因为周公、邵公能够同心同德，所以远方邦国的贡献就来到周朝；纣王用佞臣飞廉、恶来造成朝臣离心离德，诸侯便因此纷纷背叛。这便是国家成功或失败的根由，古今同是这样一个道理。

我过去和魏丞相勃海王高欢并肩协力，共同平定国家的祸难，危难时扶助国家拥戴君主，辅佐治理国家。自从安定王中兴年间以后，没有一次战役不随从出征的，从孝静帝天平年间到现在，每当有战争我总是首先出马。攻打城池每次都攻陷，野战必定全歼敌军。我的筋力全消耗在鞍马甲胄之中，为国家竭尽我忠贞之心。凭借着这样的机运，官职晋升到高位。本应当为朝廷誓死尽节，上报皇帝恩德，即或丢掉头颅破腹出肠，到死没有二心。何曾想高欢写来的书信，一旦之间要置我于死地。我感到遗憾的是义士死不得其所，这是壮士不能做的事，我不是贪生惜命，只是担心这样死去毫无价值罢了。

如今丞相高欢已经重病在身，朝廷政令全出自他儿子高澄之手。高澄天性奸险忌妒，对人猜疑嫉恨，使得谄佞阿谀之徒官阶升进，相互勾结诽谤忠良。但是他们的部署安排尚未万全，屡次派人下令召我；他全不顾念国家的安危，唯恐私家的权势不能树立。他们甜言蜜语，给我优厚的赏赐，实则是图谋消灭忠贞耿直的大臣。假如他父亲死去，又哪里会给我留下容身之地。我畏惧谗言害怕被杀，拒绝召唤不回京城，于是在汝水、颍水地区整顿军队，在周、韩地方高树大旗。我已经和豫州刺史高成、广州刺史暴显、颍州刺史司马世云、荆州刺史郎椿、襄州刺史李密、兖州刺史邢子才、南兖州刺史石长宣、齐州刺史许季良、东豫州刺史丘元征、洛州刺史可失浑愿、扬州刺史乐恂、北荆州刺史梅季昌、北扬州刺史元神和等联合，他们都是河南各地的行政长官，大州的军事首长，各自秘密结合暗中定计，到时机形影相随一同起义，喂饱战马潜藏兵器，等时机到来立即起事。函谷关以东，瑕丘以西，所有的人都愿诚心归附圣朝，在有道君王的治下息肩驻马，同心协力成事，到死没有二心。唯有青、徐几个州，需要采取招降的办法，只要派一个驿使走马传书，不烦圣上劳神谋划。

况且我同高氏父子的怨仇已经结成，高欢病危时给我的命令，在以前我已拒不赴召，即使高欢病情平复，终究也不会再有和好的道理。黄河以南的地区全在我职权管辖之下，得到这块地面易如反掌，归附圣朝的教化并不费难。我们群臣都抬着头仰望南朝，听到我的号令便带头行动。假如齐、宋地区一朝平定，然后再从容考虑北取燕、赵地方。我希望陛下大开天网接纳我们，有如秦始皇书同文车同轨统一天下，听到我陈述的一片诚意，惟愿迅速得到回音。

丁和到来后，梁武帝召集群臣进行廷议，尚书仆射谢举和百官等商议，都说接纳侯景归降不合适，武帝不听这个意见便决定接纳侯景。

当齐神武帝高欢去世后，他儿子高澄继任，就是后来的齐文襄帝。于是，梁武帝颁下诏书封侯景为河南王、大将军、使持节、总督河南南北诸军事、大行台，奉命可以便宜行事，如同汉光武帝委派邓禹时的做法，赐给鼓吹乐队一部。齐文襄帝高澄派大将军慕容绍宗到长社围攻侯景，侯景请求西魏发援兵助战，西魏派出五城王元庆等率兵援救侯景，慕容绍宗因此解围退兵。侯景又向梁司州刺史羊鸦仁请救兵，羊鸦仁派长史邓鸿率兵进到汝水，西魏元庆军队又在夜里遁去。于是侯景占据了悬瓠、项城，并请梁朝派刺史前来镇守。诏书任命羊鸦仁为豫、司二州刺史，把刺史官署移到悬瓠；任命西阳太守羊思建做殷州刺史，移镇项城。

北魏既新死了大将高欢，侯景又带着河南地面归附南朝，齐文襄帝高澄担心侯景同西魏、南梁联合起来，成为自己的祸患，于是他写信告喻侯景说：

我听说官位是一个人最大的珍宝，守护它是不容易的；仁义忠信本是做人的最大天职，坚持始终是很难做到的。有的人杀身成名，有的人绝食保信，把性命看成鸿毛一样轻，把节义比做熊掌一样贵重。能够这样做的人，做事才能不违背道德，行动不出现过失，进不遭人憎恶，退不受人诽谤。

已故父王和司徒您曾经长期友好甘苦与共，孤子我对待您，超过了对亲属的情感，从少年就结下亲密的友谊，情投意合朝夕共话，道义贯彻始终，友情经过考验。司徒您从小到大，从低微到尊显，是我们协助成就起来的，对您不是没有恩德。您的爵位是最高的通侯，官位达到上等，高门可以容下驷马大车，家里享受万钟的俸禄，您的财利使同乡受益，荣华使亲戚沾光。凭意气相交好，这是人伦关系所重视的，感激知己的恩惠，可以舍生忘生。立志做国士的人，就要树立漆身效命的志节；接受人一饭之恩，就应当扶助恩人为之舍命。假如这样的义行还做不到，更何况还有比这更大的事业呢！

幸运的是我们有故旧之交的情分，本想把子孙的事业托付给您，两家结成秦晋一样的婚姻，共同成为刘氏范氏那样的世代亲家。即使日往月来，时代变迁世道改换，谁家失去强有力的庇荫，谁家出现孤儿幼子，尚且应该赠送财物、房屋，不忘先人的恩德，相互照顾子孙后代。而且又听说一旦扶杖行歌功成业就，便忘恩负义如同恶狼反顾猛狗反咬，这既对名声无所成就，在道义上更不可取，不沿着忠臣的脚步走，使自己陷进了叛逆的境地。您现有的力量不足以自强，形势不足以自保，统率乌合之众，自己造成累卵一般的危险处境。您向西边的黑泰求救，又向南边萧氏请援,怀着狐疑心理,干出首鼠两端的勾当。投靠秦不为秦人所容纳,归降吴不被吴人所相信。根据现状看来,看不出有什么合适的,不知道长远将来,您持这种态度到什么地方去找归宿?推断您的本心,一定不应该是这样。可能是一些不得满足私心贪欲的人,曲意给您策划出脚踏两只船的计谋,于是您便怀着集市有虎的疑惧,产生了曾子母亲丢掉机杼而逃的困惑。

近来您的行动举止,事实已经明白可见,人们对您疑惑不解,想您自己已经知道,您全家大小,已经全都交给司寇关押。近来,暂且命令一部分军队,前去征讨,南充、扬州,按时攻克收复。现在本想立刻乘机长驱进攻悬瓠;因为时逢炎热季节,打算以后再考虑这事。我们正凭借国家的威灵,敬奉天意实行讨伐,兵器战具精良,士卒战马强盛。内外人士感恩戴德,上下齐心合力,军纪已经三令五申,人人可以赴汤蹈火。假如大队人马一旦出发,尘土遮天蔽日,这形势就如同用热汤浇雪,大雨淋灭萤火。

那些明智的人会避开危险趋向安全,聪明的人会力求改变祸难求得幸福。宁可让自己辜负别人,不让别人辜负自己。应当敞开改恶从善的门路,决意改变先前走错的道路。假如洗刷恶心荡除邪念,排除嫌隙停止作恶,料想还有人会怀疑,未必立即信任。要是能够卷起衣甲来向朝廷投诚,提着箭袋回到京城归降,那么将授官给您做豫州刺史。即使在您到死之前,也不会对您部下的文武官员追究既往。这样您前进可以保全禄位,退可以不失功名。您全家的眷属,可以平安无事,您的宠妻爱子,也会安然送还。我们仍然是通家世交,最终成为亲朋好友。假若我背信食言,可指上天白日发誓。

您既不能受封做函谷关以东地面的长官,更不能南面称王,而受别人的控制，一世威名顿时完结。白白让您兄弟子侄之辈，身首异处，幼儿老人，同遭涂炭，让听到的人为之辛酸，看到的人为之寒心，更何况对待您的亲骨肉，能不感到有愧吗？

孤子我如今不该迟迟才发出这信，只是因为听到蔡遵道说：司徒您本来没有归附西魏的打算，并且深有后悔的心思，听说西魏兵将要到来，便命令蔡遵道去崤中观察来兵有多少，兵少就同西魏兵同力相敌，兵多就加意提防。又说：房长史在那边的时候，您曾经打算派他送书信来，表示要改过自新，已指派李龙仁送信，正当要出发的时候，听说房长史已经走远，便停止送信来。不知道蔡遵道说的这些话是虚是实；但是既然听到这样的说法，不能不全告诉您。取吉取凶的道理，想必您自己会认真思考的。

侯景回信说：

我听说立身扬名的人，是义士；每个人最宝贵的，是生命。假如做事符合大义，那么有气节的人士就不会顾惜身躯；刑罚如果错滥，那么君子就该珍惜生命。古时候微子所以装疯离开殷朝，陈平怀抱智慧反而背弃楚王项羽，他们的做法确是有道理的。

我本是乡间一个普通人，原本没有才艺能力。最初遇到天柱将军尔朱荣，赐给我官职有幸参与谋划大事；后来在永熙年间遇到孝武帝元修，他把军事重任委托给我。出身为国做官，经历了二十多年，遇到危险艰难，岂曾躲避过风霜。因此才能够身穿华美的衣服，口食珍馐美味，壮年时富贵，身家光彩荣耀。为什么一旦之间便举起战旗，敲响战鼓，面对北方相抗衡，原因何在？实在是因为我害怕遭到危亡的不幸，担心招来祸害，不是为大义而死，将使我身败名裂的缘故。为什么这样说？去年年末，您的父王得病，神灵不保佑善人，祈祷也没能使病渐好。于是便造成了嬖幸之臣专擅威权，宦官内臣恣意欺诈狂惑，上下猜忌，忠臣离心。我的妻儿住在家里，无故遭到包围，段康的谋划，不知出于什么动机，卢潜到我军中来，更不知是什么原因。我小心翼翼，经常战战兢兢，但还遭受侮辱，怎能不让我疑心。等回兵到达长社，希望能让我亲自陈述情况。书信还没送到，斧钺已经加到我身上。既然两军旗鼓相对，相距咫尺之间，每次飞书奏请，一再申明我的心意；而一些将帅自恃雄强，眯起眼睛不加理睬，挥刀动戟，一心要把我屠灭净尽。修筑起堤坝堵水，我的守城差点就要被淹，抬头观看，性命就在顷刻之间，不忍坐着等死，才开门迎战在城下。禽兽都厌恶死亡，人们都爱惜性命，割让土地或被秦国拘囚，这都不是我情愿干的事情。但是您的父王往日同我友好，肩并肩共同辅佐皇帝，虽然我们的官职权势有差别，年龄有大小，但是丞相和司徒，也不过一前一后而已。福禄荣华，都是天子赏赐的，是有了功劳而后得到的，和您毫不相干，想让我做吞炭的豫让，这有多么荒谬！然而偷别人的钱财，还称之为盗，禄米不出于朝廷的颁发，人们不会接受。如今魏国的德运虽然衰落了，但是天命没有改变，要乞求保佑私家，哪里值得挂在嘴上？

来信中说"不能东封函谷，受制于人"。好似教训我把祭仲当作贤人而且褒扬季氏。不能尊奉君主的国家，在礼法方面是前所未闻的，大臣的行动不遵守法度，有什么资格取信于人。我认为分放财物养育幼小，这是获得善始善终的好事，赦免我的家眷让孤立的人得活，谁能说这是微不足道的事？

信中又说我"众不足以自强，危如累卵"。然而纣王有亿兆臣民，终于被只有十个能臣的周王降伏，夏桀曾经百战百胜，终于自己断送了国家。颍川之战，就是殷朝灭亡的前鉴。轻重大小，全在于德行而不在于职位。假如能够忠诚信义，虽然暂时柔弱必然强大。忧患能启发人的聪明才智，处在艰险的环境里并不值得痛苦。况且现在梁朝的政治和顺安宁，用礼仪对待我，授给我兵权，赐给我爵位。梁朝正要把五岳开辟作御苑并且以四海作为城池，扫除蛮夷污秽从而拯救黎民百姓，东面控制瓯、越，西边打通汧、陇，实现天下统一。吴、楚地方的人们轻捷强劲，甲兵千万；吴地的兵员加上冀北的战马，能够弯弓作战的士兵足有十万。再加上我统率的义勇之士如林，奋扬正义取得威望，不定什么时候就将出发，大风一动，枯朽的树干必定吹倒，严霜一到，秋花自然凋零，如果把这样的力量说成小弱，那么谁还有资格称强！

信中又诬蔑我是持两面态度，将受到西魏和南朝的怀疑。考虑实际的情况，怎能到这样地步？古时陈平离开楚王项羽，归附汉王刘邦便助成帝业；百里奚离开虞国，来到秦国才使秦穆公称霸西戎。看来昏庸或圣明全在于国君，用贤或不能用贤全在于时机，只要遵从礼法行事，神灵也将会给予庇佑的。

信中写道东魏的兵马精良，到时候一齐出发，夸大形势，要指日把我荡灭。我认为寒风秋露，节令物候是一样的，秋风虽然能扬起尘埃，怎么能阻挡战马的去向。您只知道北方有实力争强，不清楚西魏、南朝联合的力量，假如只想在前进的路上实现心愿，不知道坑洼陷阱就在您身旁。要说应当离开危险而归附正统的王朝，离开祸患从而摆脱罗网，信中嗤笑我愚昧迷罔，在这里我也笑您昏暗愚蠢。现在我已经联合两个国家，高举义旗进兵北伐，熊虎一样的勇士一齐奋发，定能收复中原，荆、襄、广、颍各州已经划归西魏，项城、悬瓠已经送给南朝，有幸这些都是我自己取得的，为何要劳您恩赐。当然遇事权变不能死守一个规矩，办事的道理也是千变万化。我替您考虑，不如割让土地求得两下和好，三个国家鼎足而立，燕、卫、晋、赵地面足够供应俸禄，齐、曹、宋、鲁地区全归大梁所有，这样可以使我为南朝效力，又同北国加深姻亲之好，互相交换礼品，不必动用战车。我树立当代的功勋，您可以保全祖宗的事业，各自保卫自己的疆界，自身可以享受四时的物产，百姓可以得到安宁，四民可以安居乐业。这比驱赶农夫离开土地，在三方面去同强敌作战，即使避免两边的戈矛，也避不开正中的刀箭。这种情况即使姜太公来做将领，也是不能取胜的，战争要归您来指挥，靠什么能取得成功？

又细读过来信，我的妻儿全都拘押在司寇那里。用这个来威胁我，希望我能够回心转意。这无疑只是你片面的想法，足见您不识大义。为何这样说！当初王陵归附汉王，虽然母亲在楚也不归楚，刘邦父亲被项羽囚禁，刘邦还坦然要求分他一杯老父的肉所做的羹汤。更何况老婆孩子，难道就值得介意动心吗？万一您认为杀掉他们有利，我想阻止也不可能，杀掉他们对我并无损害，只是增加了您坑害无辜的罪行，我家人的性命全在您手里，是死是活怎么能由我决定。

蔡遵道传过去的话，没有大的差错，但是他在囚禁之中，恐怕不能知道全面的情况，所以重复陈述事实，进一步表达我的心意。我所希望的是好的意图，有暇请赐回答表明您的想法。然而过去和盟主的关系，情同琴瑟一般，谗人从中离间，反而相互成为仇敌。手抚弓弦紧握利箭，不觉令人心情悲伤，裁帛写信作答，不知还要对你说些什么。

十二月，侯景率军围攻谯城不下，撤兵转攻城父，占据了城父。又派他的行台左丞王伟、左民郎中王则到朝廷上去献策，请求选择元氏的子弟立做魏国的君主，辅佐他实行北伐，朝廷答应了这个请求。诏书命令太子舍人元贞做咸阳王，等到大军渡江北进时，允许元贞即位做北魏皇帝，把南朝皇帝的乘舆和其他备用的东西资助给元贞。

齐文襄帝高澄又派慕容绍宗追击侯景，侯景撤退进入涡阳，这时还有战马几千匹，兵卒几万人，战车一万多辆，两军在涡水之北相持。侯景军粮用尽，士兵又都是北方人，不乐意南下渡江，他的部将暴显等人各自率领自己的部队向慕容绍宗投降。侯景部队溃散，于是和几个贴心士兵从峡石渡过淮河，逐渐收集起散兵，得到马步军八百人，一齐奔向寿春，监州韦黯把他们收留下来。侯景启奏梁帝贬削他的官爵，诏书表示优容没有准奏，仍然让他做豫州牧，原有官爵不变。

侯景占据寿春之后，又起了反叛梁朝的念头，把所属城镇的居民，全征召来当兵，并且立即停止收敛市税和田租，并把百姓子女全分配给部下将士。侯景又向梁朝启奏索求织锦一万匹，给军人做战袍，领军朱异发表议论，认为宫廷锦署的织锦只能用来赐给左右近臣，不能拿去做军装，请求发给侯景青布。侯景得到青布，全用来制作战袍衣衫，从此便重视青色。侯景又认为朝廷发下的兵器，多数不是精品，启奏要求派东冶的铁匠来，打算重新锻造兵器，皇帝下令同意派遣。侯景自从在涡阳战败之后，向朝廷提出好多要求，朝廷宽容，从不拒绝。

先前，豫州刺史贞阳侯萧渊明督率众军围攻彭城，兵败后被魏俘虏，到这时，萧渊明派使者回南朝来说魏人请求继续先前的友好关系。二年二月，梁武帝又和东魏联合讲和。侯景听说之后很惊恐不安，派人马急速启奏坚决劝阻，梁武帝不听从。从这以后侯景进奏的表疏态度强横，言辞不再谦和恭顺。鄱阳王萧范镇守合肥，和司州刺史羊鸦仁一起多次启奏报告侯景怀有二心，领军朱异说："侯景带领的只是几百个叛兵，能干得了什么。"并且压下启奏不使皇帝知道，反而更加多给侯景赏赐，所以侯景的奸谋日加成熟。侯景又探听到临贺王萧正德对朝廷怀有怨望之心，便派人前去秘密勾结，萧正德答应给侯景做内应打开城门。八月，侯景便发兵反叛，进攻马头、木栅，活捉太守刘神茂、戍主曹璆等人。于是皇帝下诏书命令合州刺史鄱阳王萧范做南道都督，北徐州刺史封山侯萧正表做北道都督，司州刺史柳仲礼做西道都督，通直散骑常侍裴之高做东道都督，四路军一齐讨伐侯景，从历阳渡长江；又命令开府仪同三司、丹阳尹、邵陵王萧纶持节，总督众军。

十月，侯景留下他的中军王显贵据守寿春城，出发时假装成进攻合肥，于是便偷袭谯州，助防董绍先开城投降侯景。活捉刺史封城侯萧泰。武帝听到侯景反叛，派太子家令王质率领三千兵员沿江设防拦阻叛军。侯景进攻历阳，历阳太守庄铁派弟弟庄均带领几百人在夜里袭击侯景营垒，攻不下，庄均战死，庄铁便投降侯景。萧正德在先派出几十艘大船，假称是运芦苇，实际是偷运侯景叛军过江。侯景进到京口，将要渡江，担心王质是障碍，不久王质便无故撤退，侯景听说后不敢确信，秘密派人去侦察。对使者说："王质如果确实退走，可以折江东一段树枝作证。"侦察人员按照侯景的命令折了树枝返回，侯景大喜说："我的事情成了。"于是从采石渡江，这时有战马几百匹，兵士一千人，梁朝京师没有发觉他们。侯景便分兵进攻姑孰，活捉淮南太守文城侯萧宁，又前进到慈湖。在这时诏出命令扬州刺史宣城王萧大器都督建康城内诸军事，都官尚书羊侃任军师将军辅助萧大器；南浦侯萧推守卫东府城，西丰公萧大春守卫石头城，轻车长史谢禧守卫白下。

不久侯景推进到朱雀航,萧正德事前屯兵在丹阳郡,到这时,便率领部队同侯景会合。建康令庾信率兵一千多人驻守在朱雀航以北,发觉侯景来到朱雀航,便下令拆掉浮桥,刚撤出一条船,便丢下部队逃去南塘,逃散的军队又把浮桥合拢用来渡过侯景。皇太子萧纲把自己骑的战马赐给王质,配备三千精兵,派他去援救庾信。王质来到领军府,同贼兵遭遇,没等排开阵势便四散奔逃,侯景乘胜进兵到宫门之外。西丰公萧大春丢下石头城逃走,侯景派仪同于子悦进占石头城。谢禧也丢下白下城逃走。侯景这时从多方面攻城,用火把烧大司马、东、西华门和各个城门。城中人在仓卒之中,没做守城的准备,于是凿开门楼,往下泼水灭火,很久火才被扑灭。叛军又砍凿东掖门将要凿开,羊侃在里面凿洞,刺杀外面几个贼兵,贼兵才退去。贼兵又登上东宫墙头,向城里射箭,到深夜,萧纲招募人员出城去放火烧东宫,东宫殿台化成灰烬。侯景又火烧城西马厩、士林馆、太府寺。第二天,侯景又用制造的几百只木驴攻城,城上用石头砸,砸中的木驴都碎了。侯景拼力攻城但并不顺利,伤亡损失很大,便停止进攻,筑起长长的土围子把城里城外隔开,并启奏要求杀掉中领军朱异、太子右卫率陆验、兼少府徐驎、制局监周石珍等人。城里也用箭把赏格射出城外:"有谁能砍下侯景的头,就把侯景现有的官职授给他,还赏给钱一亿万,布绢各一万匹,歌女乐队两部。"

十一月,侯景扶立萧正德做皇帝,在仪贤堂即伪皇帝位,改年号为正平。起初,童谣里有"正平"字样,所以立这个年号来应和童谣。侯景自己做相国、天柱将军,萧正德把女儿嫁给侯景。

侯景又攻打东府城,设置百尺高的楼车,把城上的女墙全都钩倒下来,东府城被攻陷了。侯景派他的仪同卢晖略率领几千人,手持长刀排列在城门两边,驱赶城里的文武百官全部光着身子出来;两面贼兵交叉用刀砍杀他们,被杀死的有两千多人。南浦侯萧推这天遇害。侯景让萧正德的儿子萧见理、仪同卢晖略守卫东府城。

侯景又在建康城外东西两面各筑起一座土山用来观察城里情况,城里也修筑两座土山和城外的相对,王公大臣以下的人全来背土筑山。当初,侯景本想一到就能占领京城,军纪号令还比较严明,不侵犯平民百姓;等到围城久攻不下之后,军心溃散战事受阻,又担心外地援军集合起来救助朝廷,那时军队必将崩溃,于是便放纵士兵随意杀人掠夺,死尸塞满道路,对富家豪门,任意搜刮抢夺,各家儿女妻妾,全被抢进军营。又修筑土山,不分贵贱,昼夜不停地干,随便殴打鞭捶,把疲病瘦弱的人杀了填土山,哭叫之声,回荡在天地之间。百姓不敢躲藏,都出来跟着干,十天的时间,聚集的有几万人。

侯景的仪同范桃棒秘密派人向朝廷表示诚意请求归降,不巧事情泄露被杀。到这时,邵陵王萧纶率领西丰公萧大春、新淦公萧大成、永安侯萧确、超武将军南安乡侯萧骏、原谯州刺史赵伯超、武州刺史萧弄璋、步兵校尉尹思合等,马步军三万人,从京口出发,前进占据钟山。侯景的党徒大惊,准备舟船都打算撤退逃走,又分派出一万多人去抵抗萧纶,萧纶把这支部队打得大败,斩下一千多首级。天亮以后,侯景又在覆舟山北列阵,萧纶也陈兵相待。侯景不发动进攻,两军对峙。等到日暮,侯景领兵撤退,南安侯萧骏带领几十骑兵挑战,侯景回兵迎战,萧骏败退。这时赵伯超在玄武湖北列阵,看到萧骏危急,不前去援救,竟率军先自逃走,各路军队因为混乱没有统一指挥,便全面溃败。萧纶逃奔去京口。侯景军全都缴获了辎重和兵甲,并斩下数百首级，活捉一千多人，俘虏了西丰公萧大春、萧纶的司马丘惠达、直阁将军胡子约、广陵令霍俊等，送到皇城下面来示众，并逼迫他们说："已经捉到邵陵王萧纶"。只有霍俊大胆说："邵陵王只是小有失利，已安全率军回到京口，城中只要坚守，不久援军就会到来。"叛军用刀打他，霍俊言辞面色不变，侯景认为他是义士放了他。

这一天，鄱阳王萧范的世子萧嗣、裴之高来到后渚，在蔡州扎营。侯景分出部队驻屯在南岸。

十二月，侯景制造许多攻城器具以及飞楼、撞车、登城车、阶道车、放火车，都有几丈高，有的一辆车上装有二十个轮子，排列在宫门之前，从各方面攻城时全都用上。用放火车烧着了城东南角大楼，贼兵借着火势攻城，城上投下火把，全烧毁了侯景攻城的器具，贼兵这才退却。侯景又修筑土山向宫城逼近，城里挖地道出来把城外的土山掏陷，贼兵又不能筑起山来，便烧掉攻城的器具，撤回到栅栏里固守。材官将军宋嶷投降叛军，并给侯景献计，引出玄武湖水淹宫城，城外平地水深几尺，宫门外御街上都翻起大浪。又放火烧南岸民宅军营和佛寺，全都被烧光。

司州刺史柳仲礼、衡州刺史韦粲、南陵太守陈文彻、宣猛将军李孝钦等，都赶来救援。鄱阳王世子萧嗣、裴子高又渡过长江。柳仲礼在朱雀航南立营，裴之高在南苑立营，韦粲在青塘立营，陈文彻、李孝钦屯兵在丹阳郡、鄱阳王世子在小航南立营，并沿着秦淮河修造栅栏。到天亮时，侯景才发觉，便登上禅灵寺门楼上观望形势，看到韦粲的营寨尚未合拢，先派兵渡秦淮河来进攻，韦粲拒敌战败，侯景砍下韦粲的头拿到城下示众。柳仲礼听说韦粲战败，来不及披挂铠甲，带几十个骑兵跑来抗敌，同叛军遭遇交战，斩敌首数百，敌军跳进秦淮河淹死的一千多人。柳仲礼深入敌阵，战马陷进泥淖，自己也受了重伤。从此叛军不敢渡河过岸来。

邵陵王萧纶和临城公萧大连等从东边到达南岸集结，荆州刺史湘东王萧绎派世子萧方等、兼司马吴晔、天门太守樊文皎顺江而下奔赴京师，在湘子岸前扎营，高州刺史李迁仕、前司州刺史羊鸦仁又率兵继续到来。不久鄱阳王世子萧嗣、永安侯萧确、羊鸦仁、李迁仕、樊文皎率领众军渡过秦淮河，攻打叛贼东府城前的营栅，破栅后，便在清溪水东扎营。侯景派他的议同宋子仙在南平王宅第驻军，沿青溪水西岸设立栅栏相拒。侯景的军粮逐渐耗尽，到这时一斛米价几十万钱，人吃人的现象十有五六。

起初，各路援兵来到秦淮河北岸，百姓扶老携幼等候官军来到，各路军刚过淮河，便争着抢夺百姓，叛军中有想归降的，听到官军这种情况，全都止步不前了。贼兵最初到来，城中的力量仅能维持固守，荡平叛贼的事，全指望援军的力量；不久四方援军云集而来，号称百万之众，连接营寨同贼军相持，已经一个多月，城中流行疾病瘟疫，死的人超过一大半。

侯景从年初以来曾乞求讲和，朝廷没有答应，到目前形势危急时才同意讲和。侯景要求把江西四个州的地面割让给他，并且要求由宣城王萧大器出来送行，然后才撤除包围渡江北去；还答应派他的仪同于子悦、左丞王伟进入台城做人质。中领军傅岐发表意见，认为宣城王是地位重要的嫡长子，不能轻易答应。于是又要求由石城公萧大款出城送行，诏书准许照办。于是在西华门外修建神坛，梁朝派尚书仆射王克、兼侍中上甲乡侯萧韶、兼散骑常侍萧阁和于子悦、王伟等，登上神坛共同盟誓。左卫将军柳津走出西华门下，侯景走出营栅的门，侯景和柳津遥遥相对，杀牲歃血为盟。

南兖州刺史南康嗣王萧会理、前青冀二州刺史湘潭侯萧退、西昌侯世子萧彧率兵三万,来到马邛州。侯景担心北军从白下北上,截断他渡江的去路,请求把北军全部受命集结在南岸,朝廷下令让北军进驻江潭苑。侯景又启奏说:"永安侯萧确、赵威方隔着栅栏不断辱骂我,说'天子自家同你结盟,我们终究要追击你。'请求把他们召进台城,这样我将立即向北进发。"朝廷下令召回他们。侯景又启奏说:"西岸信使来到,说高澄已经占领寿春、钟离,北进便没有立足之地,请求暂借广陵、谯州安身,等夺回寿春、钟离,立即把这两州奉还朝廷。"

起初,彭城刘邈劝侯景说:"大将军南下屯兵已经日久,攻城攻不下,如今南朝援军大量集结,不能轻易打败;如果知道我们的军粮支持不了一个月,水陆运粮道路被截断,四野又无处抢粮,如同婴儿在手心里,这种危机确实在今天出现了。不如请求讲和,保全军队力量北返,这是上好的计策。"侯景认为说的对,所以才向梁朝请和。后来知道各路援军号令不一没有主要统帅,始终没有救助王室的行动;又听说城中死亡得病的人越来越多,必定会有人策应。谋臣王伟又劝说侯景:"大王以臣子的身份发兵背叛,包围皇宫,已经超过百天,逼迫侮辱后妃公主,侵凌破坏宗庙,今天走到这个地步,什么地方能容身?希望大王暂且再观察形势的变化。"侯景同意,便抗命上表说:

我听说"文字不能完全表达要说的话,说出的话也不能完全表达思想。"虽然这样,但是思想不借助语言是不能表示,语言不借助文字也表达不尽,我心中积蓄着极大的愤慨,所以不能沉默不语。我想陛下自身聪明睿智,多才多艺。过去借助南齐末年衰微的形势,在汉水、沔水流域兴起帝业,平定凶残铲除祸乱,家门的怨仇得到昭雪，然后继承前代圣王的事业，遵守周文王、武王的法度，延续唐尧、虞舜的德行。加上魏国衰败，四邻没有强敌，所以能够攻取西方的华陵，北边以淮、泗为疆界，同东魏的高氏结好，使臣的车辆不断往来，边境没有战事，已经有十多年。您亲自操劳国家大事，勤心尽力求得治国之道。校正周公、孔子的遗著，阐明佛理的奥秘。在位的年代长久，宗族本枝坚如磐石。帝王治国的才干，没人能和你比量高低。这就是我在一方欢欣跳跃，仰望南方的风操而赞叹的原因。没有想到名声和事实并不相符，听说和眼见并不相同。我自从委身书名接受官职以来，前前后后遇到的事情，先前进上的奏表，已经全都写明了。我怀着不能忍耐的愤懑，再为陛下陈述如下：

陛下和魏国高氏和好，岁月已经超过十二年，车船往来，在陆路水路上不断，必定会分担灾难体恤忧患，同享甘美共分苦难；怎么可以为了接受我一个人臣服，贪图我治下的汝、颍地方，便同魏国断绝友好关系，发出檄文辱骂高澄，南朝的使臣还没有返回，便让他们陷进了虎口，举起刀兵敲起战鼓，侵入北朝彭、宋地面。古时敌国交战，听到对方有丧事就要休战，普通人的交情，还要托付遗孤委以重任；哪里有万乘之主的国君，像你这样见利忘义的呢？这是您第一个过失。

我和高澄，已经有了仇恨，按理不能同在一国为臣，应该归附有道的国君。陛下授给我上将的官职，委托给我专征的大权，赐给歌钟女乐，还有车服弓箭。我接受任命不加推辞，是想着感恩图报。我正要把义旗插上嵩山、华山，把战旗在冀、赵地方升起，消灭并清除敌人，使天下得到统一；陛下可以穿上礼服北渡长江，到泰山祭天报告成功，使大梁王朝如同黄帝时代一样兴盛，我的功绩和伊尹、吕望相比，给后代子孙留下幸福，美名在史册上流传，这就是我生平的志愿。可是陛下竟想分掉我的功劳，不能给予我信任，让我去进攻河北，想着自己独占淮河地区，派遣无能怯懦的贞阳王，重用骄傲贪鄙的胡贵孙、赵伯超，刚见到敌军的旗鼓，他们就像飞鸟走兽一样逃散。慕容绍宗乘胜席卷各地，涡阳各镇守将领无不弃甲败逃。急雷使人来不及掩耳，失去的土地不能完整保全，使我处境狼狈失去立足之地，妻儿被杀害，这是陛下对我极大的亏负。这是您第二个过失。

韦黯据守寿阳，兵众不到一旅，慕容绍宗凶猛锐利，打算攻渡长江，要不是我退却保卫淮南，那形势是很难预测的；不久慕容宗室逃遁，边境才得到安宁，命令我做本州的刺史，作为南朝的屏藩。正当我要收拾集合残余的力量，慰劳安抚百姓，磨好兵刃喂饱战马，有足够的力量继续未来的战斗，收殓死于韩山之战的尸体，洗刷涡阳败战的耻辱，陛下竟然失去了战斗的精神，不再有收复失地加以固守的气概，轻易地相信贞阳王荒谬的启奏，又要求和东魏和好。我屡次陈述意见，由于疑忌而拒不采纳。像这样反复无常，儿童都会为此感到羞耻，更何况是一国之君，竟然三心二意。这是您第三个过失。

对于惩处畏惧怯敌逗留不进的将帅，军法是有常规的。玉偶一失败，便被楚王杀掉；王恢触犯军法，就被汉王处死。贞阳王带领几万精兵，兵器战具堆积如山，慕容绍宗轻兵来袭，士兵不足百辆战车，竟然不能抵抗，贞阳王自己也被俘虏。作为皇帝的侄子，反而被缚送到敌庭，按军法应该消除他皇族的属籍，杀掉他用血来祭鼓。陛下对他丝毫不加追究责备，可怜他苟且偷生，反而打算拿我设法和东魏交换俘虏。国君执法，应当是这样吗？这是您的第四个过失。

悬瓠是国家重要的屏藩，古代称作汝、颍地区。我带领本州来归附,羊鸦仁顽固地不肯接纳我;我来到之后,他又无故地丢失了悬瓠,陛下对羊鸦仁不加谴责,仍然让他官居北司。羊鸦仁失守悬瓠,不算罪过,我得了悬瓠也不算功绩。这是您的第五个过失。

我在涡阳受挫撤退,这不是作战的过失,实际是陛下君臣相互给我造成的失误。于是我退还到寿春,我并没有反悔,还是恭敬地侍奉朝廷,掩盖起坏事而显扬朝廷的好处。羊鸦仁自己明知道丢弃悬瓠的罪过,深怀叹恨,心里羞愧恐惧,于是启奏说我想要反叛。打算造反一定会有迹象,又在哪里能找到证据?对我加以诬陷到这样,陛下竟然不加审察究问,默默地信了谗言。难道可以和凭空给人捏造莫大罪名的人,在一起并肩侍奉国君吗?这是您的第六个过失。

赵伯超是从无能之辈里选拔出来的,担任重要的刺史官职,只知道剥削压榨百姓,多多积蓄兵士战马,并不是想着为国家立功,只是为了维护自己的富贵。他用钱财贿赂权要贵人,收买人心沽名钓誉,朱异一些人,靠受贿积累金银财宝,于是称赞胡贵孙、赵伯超,可以同古代的关羽、张飞相比,用谎言蒙蔽天子的耳目,把虚假说成是真实。他们在韩山战斗时,自己随身带着歌妓,刚听到战鼓声,便带上妻妾逃跑,不等待贞阳侯,所以这次败仗连一辆车子都没能回来。这是他们的罪过,应该处以诛灭九族的刑罚;他们反而向朝中要人纳贿,仍然处在州刺使的职位上。赵伯超不问罪,我的功勋怎么评断?赏罚没有章程准则,用什么来治理国家。这是您第七个过失。

我对待部下从来严格,不侵夺百姓任何财物,关卡市场征收的税金,全都停收或免除,寿阳地方的民众,很拥护这样的关怀和优待。裴之悌等曾在那里协助戍守,怕我对他们的约束和管制,竟无缘无故地逃跑回去;反过来启奏说我要谋反。陛下不责备裴之悌等违背军令擅离职守,反而受他们谗言诽谤的影响,把我放在无权而又受困的处境里,让我到哪里去找安身之地。这是您第八个过失。

我的才能虽然远不如古人,但是我很有阅历,安抚百姓统帅军队,从少年直到年长,稍稍活动,很少有失策的时候。等到我归附有道的南朝之后,竭尽忠心图谋报效,每当向朝廷有所陈述,经常遭到压制阻拦。朱异在军事上专权武断,周石珍总管兵器制造,陆验、徐麟等掌管军需的谷米布帛,他们都公开声言贪求贿赂,没有他们的命令什么事也办不成。京城以外的大小事情,在舍人的官署里决定对策;任命将领出兵作战,只是向朱异和管事的人员报告。我对朝中的这些人不曾贿赂,所以经常遭到压制排斥。这是您第九个过失。

鄱阳王萧范镇守合肥时,和我的地面相邻,我推重他因为他是皇族近枝,每每向他表示敬意;可是他的儿子昏庸怯懦,待我虚情假意并受到他的戒备,我每当奉行使命,他必定要加以弹劾中伤,或声言我要反叛,或是启奏我的些小过失。接待臣下应当遵照礼仪,忠烈之臣怎能忍受这样无礼的对待。这是您第十个过失。

其余的各条罪状,不能一一全面陈述。现在我进也不易退也艰难,所以多次进表上疏。言辞忠直措辞强硬,多次触犯皇上的意志,于是便颁下严厉的诏书,受到攻击讨伐。大舜是真诚的孝子,还要逃避凶恶父亲的杖责;赵盾是忠贤之臣,并不讨伐杀害昏君的凶手。我同陛下有什么亲缘关系又有什么罪过,而要坐着等待被歼灭削平呢?韩信是英雄豪杰灭亡项羽使汉王称霸,最后被女后吕雉烹杀,这时才后悔没有听从蒯通的劝说。我每当阅读历史传记时,在心里常笑韩信无谋。我怎么能走翻车的老路,死在陛下的佞臣之手使他们快意呢？因此我才在晋阳发兵，横流直渡长江，希望能够登上朝廷，踏上文石，亲口陈述事情的曲直，指明善恶，诛灭陛下左右的恶臣，清除国家朝廷的弊政，然后回军守卫我的藩镇，从而保持我的忠节，这就是我的最高的愿望。

三月初一晨，城里因为侯景违背盟约，点起烽火击鼓呐喊，于是羊鸦仁、柳敬礼、鄱阳王世子萧嗣向东府城北进军。栅栏营垒还没有建立起来，就遭到侯景部将宋子仙的攻击，梁军战败，跳进秦淮河里死的几千人。叛贼把砍下的首级都送到宫城下。

侯景又派于子悦进城来，再次请和。朝廷派御史中丞沈浚来到侯景的住处，侯景并没有离去的意向，沈浚严肃地责备侯景。侯景大怒，立即挖开石阙前的水口，又从各个方面攻城，昼夜不停，台城被攻陷了。于是全部掠走皇帝的车子服饰玩物，后宫的嫔妃，收捕王侯朝臣送去永福省关押，撤掉皇帝宫太子宫的侍卫。派王伟守卫武德殿，于子悦屯兵在太极东堂，假造皇帝诏书大赦天下，侯景自己做大都督、总管内外诸军事、录尚书，他原有的侍中、使持节、大丞相、王等职位不变。当初，城中堆积的死尸没工夫埋葬，又有的死了还没有入殓，还有的要死还没断气，侯景把这一切都聚集起来放火烧掉，尸臭气味远闻到十多里之外，尚书外兵郎鲍正病危，叛贼拉出去把他烧了，鲍正在火中翻转，过很久才死去。在这时所有的援军都溃散了。

侯景又假造诏书说："往日，奸臣专断王命，几乎灭亡了国家，依靠丞相英明，入朝辅佐我执政，召集前来的镇将牧守可以各自回到本职的任地。"贬萧正德降做侍中、大司马，其他百官都恢复原职。

侯景派遣董绍先率兵攻打广陵，南兖州刺史南康嗣王萧会理带领投降。侯景用董绍先做南兖州刺史。

当初,北兖州刺史定襄侯萧祇和湘潭侯萧退,以及前潼州刺史郭凤一同起兵,将要前来救援,到这时,郭凤阴谋在淮阴响应侯景,萧祇等没有力量能够制止,便一起逃去东魏。侯景用萧弄璋做北兖州刺史,州民发兵抗拒,侯景又派厢公丘子英、直阁将军羊海率兵前去援助,羊海杀掉丘子英,率领他的部队向东魏投降,于是东魏便占据了淮阴。

侯景又派仪同于子悦、张大黑率兵进入吴地,吴郡太守袁君正出来迎降。于子悦等到来后,破坏掠夺吴中,又多方征调聚敛财物,逼迫掠夺子女,毒害虐待百姓,吴人无不怨恨愤怒,于是各地立起城寨栅栏拒敌自守。

在这个月,侯景转移到西洲屯兵,派仪同任约做南道行台,坐镇姑孰。

五月,梁武帝萧衍死在文德殿。起先,宫城陷落之后,侯景先派王伟、陈庆进宫拜见武帝,武帝说:"侯景现在何处?你们可以把他召来。"当时武帝坐在文德殿,侯景入宫朝见,带领甲士五百人自卫,身佩宝剑上殿。礼拜完了,武帝问道:"你在军队中日久,岂不是很劳苦吗?"侯景沉默不答。又问道:"你是哪州人,竟胆敢来到这里?"侯景又不能对答,随从的人代他回答。等到出来,对厢公王僧贵说:"我经常坐在马鞍上对敌作战,箭射刀砍,但是意气安然平缓,毫无恐惧的心理。今天拜见萧公,让人自生恐惧,岂不是天子的威严不可侮犯。我可不想再见到他。"武帝虽然在表面上已经屈服于侯景,可是心里还是怀着怨恨愤慨,当时凡是有事奏上,多半遭到谴责推却。侯景深深敬畏,也不敢过分逼迫。侯景派遣军人进入宫殿值差,武帝问制局监周石珍说:"这些是什么人?"回答说:"是丞相派来的人。"武帝故意问:"哪一个丞相?"回答说:"是侯丞相。"武帝发怒说:"这个人名叫侯景,为什么称他丞相!"从这以后,每当武帝有所要求,大多不能使他满意,以至于饭食也被裁减降低,武帝便忧愤得病而死。

侯景便保密不办丧事,暂时将灵柩停放在昭阳殿,外朝的官员都不知道实情。二十多天过后,把灵柩又停放在太极前殿,迎接皇太子萧纲即皇帝位。于是颁假诏书赦免奴婢身份的北方人,希望笼络这些人并依靠他们效力。

侯景又派遣仪同来亮率兵进攻宣城,宣城内史杨华设计诱骗来亮并把他斩掉;侯景派他的部将李贤明攻打杨华,杨华带郡投降。

侯景又派出仪同宋子仙等率领大军向东进驻钱塘,新城戍主戴僧易据守县城抵抗。

这个月里,侯景派中军侯子鉴进入吴地驻军,收捕于子悦、张大黑送回京城杀掉。

这时东扬州刺史临城公萧大连据守州城,吴兴太守张嵊据守本郡,从南陵以上,各地方都据城坚守。侯景的命令能够通行的地方,只有吴郡以西,南陵以北而已。

六月,侯景用仪同郭元建做尚书仆射、北道行台、总督江北诸军事,镇守新秦。

郡中人陆缉、戴文举等发兵一万多人,杀掉侯景的太守苏单于,推举前淮南太守文成侯萧宁为郡主,用来抗拒侯景。宋子仙知道后便发兵攻击,陆缉等人丢弃城逃走。侯景便分割吴郡海盐、胥浦二县改作武原郡。

到这时,侯景在永寿省杀掉萧正德。封元罗做西秦王,元景龙做陈留王,元姓子弟封做王的有十多人。用柳敬礼做使持节、大都督,直属大丞相,参与军事。

侯景派遣中军侯子鉴、监行台刘神茂等部队东征，攻破吴兴，活捉太守张嵊父子押送到京师，侯景把他们都杀了。

侯景用宋子仙做司徒，任约做领军将军，尔朱季伯、叱罗子通、彭俊、董绍先、张化仁、于庆、鲁伯和、纥奚斤、史安和、时灵护、刘归义，都做开府仪同三司。

这个月里，鄱阳王萧范率兵进驻栅口，江州刺史寻阳王萧大心西上接应。侯景出兵驻屯在姑孰，萧范部将裴之悌、夏侯威生带兵投降侯景。

十一月，宋子仙攻打钱塘，戴僧易败降。侯景改钱塘为临江郡，富阳为富春郡。用王伟、元罗都做仪同三司。

十二月，宋子仙、赵伯超、刘神茂进攻会稽，东扬州刺史临城公萧大连弃城逃走，派刘神茂追击并活捉住了他。侯景用裴之悌做使持节、平西将军、合州刺史，用夏侯威生做使持节、平北将军、南豫州刺史。

这个月里，百济国的使臣来到，见城邑变成荒丘废墟，站在端门外号哭，行路人见到后莫不流泪。侯景知道后大怒，把百济使臣送进庄严寺囚禁起来，不许随便出入。

大宝元年正月，侯景颁假诏书为自己增加班剑卫士四十人，赐给前后部羽葆鼓吹，设置左右长史、从事中郎各四人。

前江都令祖皓在广陵起兵，杀掉侯景派来的刺史董绍先，推举前太子舍人萧勔做刺史；又联合魏人做外援，给远近各州跑马送去檄文，准备一同讨伐侯景。侯景知道后很害怕，当天率领侯子鉴等自京口出发，水军陆军全都集合起来。祖皓固城据守，侯景攻城，城破陷落。侯景车裂祖皓示众，城中不分年少年长的一律都杀掉。用侯子鉴总理南兖州事务。

这个月里，侯景把宋子仙召回京口。

四月，侯景用元思虔做东道行台，坐镇钱塘。用侯子鉴做南兖州刺史。

文成侯萧宁在吴西乡起兵，十天之间，招兵到一万，率军西上。侯景的厢公孟振、侯子荣把这支军队击败，杀掉萧宁，把首级传送给侯景。

七月，侯景改秦郡为西兖州，阳平郡为北兖州。

任约、卢晖略攻打晋熙郡，杀掉鄱阳王世子萧嗣。

侯景用王伟做中书监。

任约进军袭击江州，江州刺史寻阳王萧大心投降侯景。元帝萧绎当时得知江州失守，派遣卫将军徐文盛率领大军顺江下到武昌，抗拒任约。

侯景又颁假诏自己进位做相国，赐封泰山等二个郡，称汉王，入朝不行趋礼，礼拜时自己不称名，带剑着履上殿，这是按照西汉时萧何受赐的事例。

侯景用柳敬礼做护军将军，姜询义做相国左长史，徐洪做左司马，陆约做右长史，沈众做右司马。

这个月里，侯景率领水军逆流进驻皖口。

十月，在广英门刺杀武林侯萧咨。萧咨经常出入简文帝萧纲的卧室，侯景的同党愤恨不平，所以害死他。

侯景又颁假诏说："星象的变化高悬在天上，人间四季依据北斗的变位来确定；大地养育所有的万物，万物都仰赖太阳的光照。因此天子拱手端坐在屏风前执政，八方臣民共同拥戴；天子得到河图洛书居于帝位，那么天下九州同心归附。古代就有以云命名用水称号的国君，做龙官为人爵的后代，没有不受到河图、洛书等符瑞的启发，而且要去封禅泰山祭祀天地。四夷为天子奔走效力，天下万国前来朝贡。远古传下来的虞、夏朝代的业绩，它的圣德之道更加清新。传到商代、周代，大道并未有所改变。到周幽王、厉王时期国势衰微，战争发生在四方；晋惠帝、怀帝失去治理天下的能力，胡人入侵践踏了帝京。这就使得豺狼恣意毒害生灵，盘踞在伊水、瀍水流域；猃狁的势力很强盛，栖息在咸阳、洛阳。自从晋朝迁都到东方，已经过了很多年，周原地区不能收复，年代也已经很久。虽然刘宋皇帝有过收复北方的行动和谋略，却中止了远大的计划；南齐主张同北方和亲，仅仅空有使臣往来。我们大梁王朝顺应上天的符瑞称帝建国，皇帝登极即位。普天下归附仁德的王朝，遥远的地区也受到王化。开疆拓土，在浩瀚的沙漠上催马前进；来到梁廷朝觐的外邦，如同夏禹受到万国朝贡的情况一样。青龟从洛水中出来，白雉在丰地上降落。远方使用同样的文字，胡人也用同样的车子。没想到高澄飞扬跋扈，作乱祸害魏国，煽动挑拨华夷关系，不向我朝王室进贡尽职，竟然怀着野狼的贪心向北侵略，战马又直向南方。现在上天厌弃昏庸伪诈的高澄，丑恶之徒的寿数已尽，龙豹应邀而至，风云会合而来。相国汉王侯景，德行高尚雄姿英发，这是上天给予他的恩赐；他的雄图勇略，出自他聪明的怀抱。珠鱼表示瑞应，辰昴晖光相映，剖析六韬兵法，细致勘察四方。骏马披上文绣豹子焕发斑纹，凤鸟毕集虬龙翔舞，张开双翅前来朝贺，背负图谶从空而降。开始掌握国家大政，确实有率先垂范的作用，恭行朝廷的重大决策，胜利灭除强敌。由于皇帝归天，六龙不再驾车；战事暂时中止，九伐中原的事业未得成就。由于恶贯满盈，首恶元凶高澄毙命，他的兄弟高洋继续倒行逆施，助长祸乱连续不断。改变了过去同南朝友好的关系，怀着逐渐蚕食南国的野心；窃取伪帝的名号，心里希望用武力夺取权位。丰水流域的君臣，献上地图乞求援助，关河地区的百姓，流着血泪请求王师出征，都愿意顺奉南国的威灵，心想着见到王化的成功。朕虽寡德不明，要继续前王的战事武功，希望拯救唐尧的黎民，期待光复大禹的业绩。况且赏赐车服给有功的臣子，美名由于事功而显著。周武王的军队打败殷朝，如鹰奋扬的功业是由姜尚首创；汉朝远征戎狄，是范明友首先担任度辽将军的职务。更何况是神机妙算，深远难于测度，伟大的功绩盛大的事业，事前也不会露出迹象，怎么可以因袭那寻常的名目，保守固执。相国侯景可以加赐称号为宇宙大将军、都督天下诸军事，其余的官爵不变。"把这诏文呈给简文帝萧纲看，简文帝惊讶地说："将军竟然有宇宙这个称号吗？"

北齐派遣大将辛术围攻阳平，侯景的行台郭元建率兵前去救援，辛术退走。

徐文盛又挺进贝矶，任约统率水军迎战，徐元盛将任约击败，继续向大举口进军。

当时侯景屯兵在皖口，京师兵力空虚，南唐王萧会理和北兖州司马成钦准备偷袭京城。建安侯萧贲知道他们的计划，告诉了侯景，侯景派人收捕萧会理和他的弟弟祈阳侯萧通理、柳敬礼、成钦等人，把他们全杀害了。

十二月，侯景又假造诏书封萧贲做竟陵王，是奖赏他揭发南康王萧会理的密谋的。

这个月里，张彪在会稽起义，攻进上虞，侯景的太守蔡台乐前来讨伐，抵御不了。到这时，张彪又攻破诸暨、永兴等各县，侯景派仪同田迁、赵伯超、谢答仁等东征张彪。

二年正月，张彪派别将进攻钱塘、富春，田迁进军交战，击破这支部队。

侯景用王克做太师，宋子仙做太保，元罗做太傅，郭元建做太尉，张化仁做司徒，任约做司空，于庆做太子太师，时灵护做太子太保，纥奚斤做太子太傅，王伟做尚书左仆射，索超世做尚书右仆射。

北兖州刺史萧邕阴谋投降魏国，事情败露，被侯景杀掉。

这个月里，元帝萧绎派巴州刺史王珣等统率众军下武昌援助徐文盛。任约因为西台增兵，向侯景告急。三月，侯景亲自率领两万兵马，西上增援任约。四月，侯景进驻西阳，徐文盛率领水军迎战，徐军大败。侯景探知郢州没有防备，兵少，便派宋子仙率领三百轻骑兵攻陷郢州，活捉刺史萧方诸、行事鲍泉，全都俘获武昌军人的家小。徐文盛等听说这情况，部队大崩溃，逃奔回江陵，侯景乘胜西上。

当初，元帝萧绎派领军王僧辩率领众军东下代替徐文盛，部队驻扎在巴陵，当侯景到来后，王僧辩便坚壁拒守。侯景修筑起长长的土围，又筑土山，昼夜攻击，不得成功。军队中流行疾病，死伤一大半。元帝派平北将军胡僧祐率兵两千人援救巴陵，侯景知道后，派任约用几千精兵迎击胡僧祐，胡僧祐和居士陆法和退守赤亭等待任约的到来，任约到来便和他交战，大败任军，活捉任约。侯景闻听消息，连夜逃走。侯景用丁和做郢州刺史，留下宋子仙、时灵护等协助丁和守郢州，用张化仁、阎洪庆把守鲁山城，侯景撤回京师。于是，王僧辩统率众军东下，挺进到汉口，进攻鲁山城和郢城，全都攻克。从此之后各路大军所到之处都获得胜利。

这时，侯景便废掉简文帝萧纲，把他幽禁在永福省。做假诏书的草稿写成后，逼简文帝抄写下来，写到"先帝深知皇权是重要的神器，思虑强化国家的政权"时，感叹呜咽，悲从中来不能自禁。当天，侯景迎来豫章王萧栋即皇帝位，升座在太极前殿，大赦天下，改年号为天正元年。这天有旋风起自永福省，把那里标志礼乐制度的各种器物都吹倒拆坏，见到的人没有不惊恐的。

当初，侯景平定京师之后，便有篡夺皇位的想法，因为要等四方平定，暂时没有自立做皇帝；当在巴陵战斗失利，在江州、郢州部队损失巨大，猛将在外作战被歼灭，自己内里的雄心受到挫折，便打算赶快篡夺皇帝的名号，以便使自己的奸心如愿以偿。侯景的谋臣王伟说，"自古以来帝位的转移，必须实行废旧帝立新帝的仪式"，所以侯景便听从王伟的意见行事。侯景的太尉郭元建听到消息之后，从秦郡骑马急驰归来，劝谏侯景说："四方的军队所以不前来进攻交战，正是因皇帝和太子二宫万全安福；假若轻易地做出弑君杀帝大逆不道的事情，就会同天下所有的人结下怨仇，成败的时机一错过，即使后悔怕也来不及了。"王伟固执己见不听郭元建的劝谏。侯景就假托萧栋的诏书，追尊已故的昭明太子萧统称作昭明皇帝，豫章安王萧欢称作安皇帝，昭明太子金华敬妃称作敬皇后，豫章国太妃萧栋之母王氏称作皇太后，萧栋妃张氏称作皇后；用刘神茂做司空，徐洪做平南将军，秦晃之、王晔、李贤明、徐永、徐珍国、宋长宝、尹思合全都做仪同三司。

侯景把哀太子萧大器的妃子赏给郭元建，郭元建说："哪里有皇太子的妃子可以贬低身份给人做妾的。"始终不肯同妃子相见。

十月壬寅日夜里，侯景派他的卫尉彭俊、王修纂给简文帝萧纲献酒并且说："丞相侯景认为陛下长久处在忧劳之中，所以命令臣等进献一觞酒。"简文帝心里知道将遭杀害，于是便尽情地畅饮，喝醉之后才回到卧室，王修纂用帷帐的布包土压在他的腹部，因此就死了。入殓的时候穿的是天子的盛装，用一口薄板棺木盛殓秘密埋在城北酒库。

起初，简文帝长久遭到幽囚，朝臣没有人能够接近相见，他担心会遭到祸害，经常不能自安；只有舍人殷不害后来逐渐能够进入宫中，一次简文帝指着他住的殿堂对殷不害说："庞涓一样的恶人将会死在这个殿下。"又说："我昨夜梦见往嘴里吞土，你试着替我想想圆个梦。"殷不害说："古时农夫向晋文公重耳进献土块，他终于回到晋国做国君，陛下梦到的情况，会是符合这样的吉兆吧。"简文帝说："假如是幽冥中的神灵显示的预兆，希望你说的这番话就不是虚言了。"到被杀的时候，他正是被土压死的。

这个月里，侯景的司空东道行台刘神茂、仪同尹思合、刘归义、王晔、云麾将军桑干王元頵等占据东阳并归顺梁朝，又派出元頵的别将李占、赵惠朗顺流而下占据建德江口。尹思合收捕侯景的新安太守元义，并夺了他的兵权。

张彪这时进攻永嘉，永嘉太守秦远向张彪投降。

十一月，侯景用赵伯超做东道行台，镇守钱塘，派仪同田迁、谢答仁率兵东征刘神茂。

侯景假托萧栋诏书，给自己加赐九锡的礼仪，设置丞相以下各级官员。有关的仪仗物品在宫廷中陈设齐备，忽然有野鸟在侯景头上飞翔，红脚红嘴，形状像山鹊，贼徒们全都害怕，争着射鸟射不中。侯景用刘劝、戚霸、朱安王做开府仪同三司，索九升做护军将军。南兖州刺史侯子鉴向朝廷献上白獐子，建康献上捕到的白鼠，萧栋把它们都给了侯景。侯景用郭元建做南兖州刺史，太尉、北行台官职不变。

侯景又假托萧栋诏书，追尊他的祖父称作大将军，死去的父亲称作丞相。自己戴上皇帝的冠冕，冕上垂着十二条玉珠串，竖立起天子的旌旗，出入要清道戒严，乘坐金根车，驾六匹马，备青黄赤白黑五色副车,设立旄头和云罕旗帜,乐舞用八佾六十四人,乐队是四面悬挂钟磬的宫悬,一切都按古礼的样式备办。

侯景又假托萧栋的诏书,把帝位让给自己。于是在城南郊,焚烧柴燎祭天,登坛接受皇帝让出的玺符等重要物品,一切都按古时的朝仪进行,用丧车载鼓吹乐队,用骆驼驮祭祀用的牺牲,他的坐辇上放着筌蹄,垂脚坐着。侯景佩剑上的水精标无故自己掉下地来,他亲自用手拾起来。刚要登坛受禅,有只兔子从他面前跑过,不久便不知去向。又出现白虹穿过太阳。侯景受禅归来登上太极前殿,大赦天下,改年号为太始元年。封萧栋做淮阳王,幽禁在监省。侯景的伪官奏请改"警跸"作"永跸",这是避侯景的名讳。改梁律称作汉律,改左民尚书称作殿中尚书,五兵尚书改称七兵尚书,直殿主帅称作直寝。侯景的三公官员一设就是十几个,仪同就更多,有的骑着一匹马独身行走没有侍从,有的只得自己拉着马缰绳。侯景的左仆射王伟请求建立七庙。侯景问道:"什么是七庙?"王伟说:"天子要祭祀七辈祖先,所以要建立七庙。"并问侯景七代祖先的名字,下令让太常准备齐全祭祖的礼仪。侯景说:"前代祖先的名字我不再记得了,只记得父亲的名字是标。"群臣听了全都私下里讥笑他。侯景的同党有的知道侯景祖父的名字叫周,除此以外都是由王伟生造出来的名字和辈数,拿汉朝的司徒侯霸当始祖,晋朝受到朝廷征召的士人侯谨做第七代祖先。于是追尊侯景祖父侯周为大丞相,父亲侯标做元皇帝。

十二月,谢答仁、李庆等进到建德,攻打元颢、李占的营栅,大败元、李军,活捉元颢、李占押送给侯景。侯景砍断他们的手脚示众,过了一天才死去。

侯景二年正月初一,侯景亲临殿前朝会百官。侯景自从在巴丘遭到挫败，军队兵器几乎损失净尽，这时担心北齐乘危难之机和西魏的军队分兵合击，便派郭元建率领步兵前去小岘，派侯子鉴率领水军开往濡须，在肥水地区炫耀兵力，借以显示威武。侯子鉴进到合肥，攻打罗城，罗城被攻破。郭元建、侯子鉴过不久听说朝廷的部队已经逼近，便放火烧掉合肥百姓居住的城邑，领军队退却，侯子鉴保卫姑孰，郭元建回师广陵。

这时谢答仁进攻刘神茂，刘神茂的别将王晔、丽通一同带着由他们控制的外营向谢答仁投降。刘归义、尹思合等见势恐惧，各自弃城逃跑。刘神茂处境孤立危险，也投降谢答仁。

王僧辩的军队前进到芜湖，芜湖城的主管官员趁夜里逃走。侯景派史安和、宋长贵等率领二千兵，援助侯子鉴守卫姑孰。追令田迁等部队回守京师。这个月里，侯景同党郭长献的马驹头上生角。三月，侯景去姑孰，巡视营垒水栅，又告诫侯子鉴说："西方人善于在水上作战，不可轻易同他们交战争胜；往年任约的失败，关键是因为这个水战。假如能够在陆上用马军步兵交战，定能打败对手，你只管坚持固守借以观察形势的变化。"侯子鉴便丢下船上岸，紧闭营门不出战。王僧辩的军队因此停战十多天，贼党大为高兴，对侯景说："西边军队怕我们的强大，一定想着逃跑，现在不进攻，怕会失去机会。"侯景又反过来命令侯子鉴做好进行水战的准备。侯子鉴便率领步兵骑兵一万多人渡洲，同时率领水军一同前进，王僧辩迎击，大败侯军，侯子鉴一个人逃走保了一条命。侯景听说侯子鉴战败，非常恐惧并落下泪来，拉起被盖着脸躺着，过很久才起身，叹息说："害死你老子了！"

王僧辩军进驻张公洲。侯景让卢晖略把守石头城，纥奚斤据守捍国城。逼迫百姓和军士的家小全都进到台城里。王僧辩放火烧掉侯景的水栅，渡过秦淮河，进到禅灵寺渚，侯景大惊，便沿着秦淮河设立栅栏,从石头城直到朱雀航。王僧辩会同各路将领便在石头城西水边上连营建栅,伸展到落星墩。侯景非常恐慌,亲自率领侯子鉴、于庆、史安和、王僧贵等,在石头城东北建造栅栏拒守。又派王伟、索超世、吕季略坚守台城,宋长贵把守延祚寺。又派人去掘王僧辩父亲的坟墓,开棺焚尸。王僧辩等前进在石头城北安营,侯景也摆开阵势挑战。王僧辩率领众军奋力攻击,大败侯景。侯子鉴、史安和、王僧贵各自弃栅逃走。卢晖略、纥奚斤全都带城投降。

侯景战败后,不进皇宫,收聚起散兵,驻屯在皇宫之外,于是想着逃跑。王伟握住马缰绳劝谏说:"自古以来哪里有叛逃的天子!现在宫中的卫士,还足以用来一战,怎么可以随便跑了,丢下这里打算到哪里去。"侯景说:"我在北方打贺拔胜,击败葛荣,在河、朔扬名,是和勃海王高欢一样的人物。这次南来渡过大江,夺取台城易如反掌,在北山攻打邵陵王,在秦淮河南岸大败柳仲礼,这都是你亲眼看到的。今天的惨败,恐怕是天意要灭亡我。你好生守城,我只好再决一死战了。"侯景抬头仰望宫门石阙,徘徊叹息很久。于是用皮袋装进两个儿子挂在马鞍桥上,和他的仪同田迁、范希荣等一百多骑手向东驰奔。王伟丢下台城逃掉。侯子鉴等奔逃去广陵。

王僧辩派出侯瑱率兵追击侯景。侯景逃到晋陵,劫持太守徐永向吴郡东奔,进驻在嘉兴,赵伯超据守钱塘抗拒侯景。侯景退回吴郡,到达松江,而后侯瑱部队掩杀而来,侯景的军队没有列阵,都纷纷举旗求降。侯景不能控制局面,便和几十个心腹人乘一条船逃走,侯景把两个儿子推进水里,从沪渎进入大海。到达壶豆洲,前太子舍人羊鲲杀掉侯景,把尸体送到王僧辩那里。又把侯景的头传送到西台。侯景被放在建康市上曝尸,百姓争着割侯景的肉切了吃，烧侯景的尸骨扬了灰。曾经遭受侯景祸害的人便拿这灰和酒喝下。当侯景的头传送到江陵，世祖萧绎下令把侯景的头悬挂在市上示众，然后又把头煮了漆上，交付给武库收藏。

侯景身长不足七尺，眉目疏朗秀丽。性格猜忌残忍，喜好杀人。杀人有时先砍手脚，或割舌削鼻，过一天才能死。曾经在石头城设立一个大舂米石碓，有犯法的，都用舂碓捣死，他的残酷暴虐就是如此。自从他篡位当皇帝之后，时常戴白纱帽，喜欢披青袍，或者把象牙梳子插在发髻上。床前经常摆设胡床和筌蹄，穿着靴子垂脚坐着。有时单身匹马在宫中游戏，以及到华林园用弹弓射乌鸦鸟雀。谋臣王伟不让他轻易出宫，因此侯景感到郁闷不乐，反而觉得没趣。侯景居住的宫殿时常有鸺鹠啼叫，侯景讨厌这鸟，每每让人到四处山野去捕杀。普通年间，童谣说"青丝白马寿阳来"。后来侯景果然是骑白马，士兵都穿青色军衣来到。侯景骑的战马，每次出战将要得胜，它便走动徘徊嘶鸣，神气洒脱出众；要是战败受挫，它便低头不肯前进。

起初，中大同年间，武帝萧衍曾经夜里梦到中原地区的牧守都带着管辖的地区来归降，满朝廷称颂庆贺，醒来心里很高兴。早晨见到中书舍人朱异，说他梦到的情况，朱异说："这难道不是天下将要统一，上天事先显示出来的预兆吗？"武帝说："我这个人很少做梦，昨晚得到这个梦，很足以使我感到心里宽慰。"到太清二年，侯景前来归附，武帝欣然喜悦，认为自己的梦是和神意相通的，便商议接受侯景归降，但是决心还没有下定。曾经在夜里出来巡视，到武德阁，自言自语说："我的国家如同金铸的盆子，没有一点损伤，如今轻易地便接受北方的土地，难道是合适的事情；万一因此招来麻烦，就后悔不及了。"朱异应声回答说："圣明的皇帝君临天下，上应苍天的意志，北方地区的遗民，有谁不敬慕仰望陛下，因为没有时机，没能表达遗民的心愿。现在侯景据有河南十多个州，数量占北魏国土的一半，他表达献上的是真诚的心意，从远方前来归降圣朝，莫不是上天启发他的忠心，人们赞许他的计谋，考察侯景的心意细看他做的事，是很值得称赞的。现在要是拒绝而不接纳他，恐怕断送了以后想来归顺的人的希望，这确是容易明白的道理，希望陛下不必疑虑。"武帝很同意朱异的言论，自己又相信先前的梦，便决定接纳侯景。当贞阳侯萧渊明战败覆没，边防各镇惊慌不安，武帝因此忧虑接纳侯景的事，说："我现今做的这件事，不要造成像晋朝发生的那种祸事吧？"

先前，丹阳陶弘景隐居在华山，他博学多识，曾经作诗说："王衍任性散逸放纵，何晏坐着空谈高论，不曾想到昭阳宫殿，竟然变作单于王廷。"大同末年，士人争着侈谈玄理，不再讲习武事，到这时，侯景果然住进昭阳殿。

天监年间，有个宝志和尚说："掘尾狗子自己发狂，该死不死把人咬伤，顷刻之间自取灭亡，起事在汝阴丧命在三湘。"又说："山家小儿胆大振臂，在太极殿前张狂虎视。"掘尾狗子，山家小儿，都说的是猴子模样。侯景竟然颠覆攻陷了京城，毒杀祸害皇室。

大同年间，太医令朱耽曾经在宫中值差，不多久，梦里梦到狗和羊各一只坐在皇帝的御座上，醒来感到很讨厌，对人说："狗和羊，不是吉祥物。如今占据了御座，天下要有事变吗？"不久天子遭难，侯景登上正殿当了皇帝。

当侯景快要失败的时候，有个叫僧通的和尚，神志像个疯子，喝酒吃肉，和平常的人没两样，在世上各处游行已经几十年，他的姓名和乡里，没有人知道。开始他预言的事情都还隐伏着不明显，过很久他的话才能应验，人们都称他作阇梨（和尚），侯景对他很信任敬重。侯景曾经在后堂和他的徒众一起射箭，当时僧通也在座，他夺下侯景手里的弓射景阳山，大喊道："已经射中奴才。"侯景以后又宴请他的同党，又召来僧通，僧通拿块肉抹上盐送给侯景。问侯景："好吃不？"侯景答道："只恨太咸。"僧通说："不咸就该腐臭了。"果然侯景死后他的尸体是用盐埋上了。

王伟，是陈留人，年少时有才学，侯景的一切表、启、书、檄等，都是王伟作的。侯景得志之后，一切谋划篡权夺位的大事，都是王伟的计谋。当把他囚禁起来押送到江陵，在市上把他煮死。遭过他毒害的百姓，都割他的肉烧着吃。

史臣说：天道并不总是和平，国家的气运也没有永恒的安泰，这是因为穷途末路和前途通畅都有固定的道理，兴盛世道和衰败时代相互更替，时运艰难陷入灾难，可以说在梁朝表现出来了。像侯景这类小人，叛变本国，自身不学无术，勇略也不超群出众，只是有王伟做他的谋臣，竟成了一个巨奸大恶。侯景驱赶着成群的丑类，发兵直渡长江，仗着长戟强弩，陷没颠覆梁朝的宫阙，灾祸困扰着皇帝，毒害及于所有的黎民百姓，放纵他恣意妄为的恶念，酿成他篡位盗国的大祸。呜呼！一个国家将要灭亡，上天必定降下妖孽。虽然说这都是人为的事情，但是也是上天的意旨。古时候后羿祸乱夏朝，犬戎灭亡西周，汉代有王莽、董卓造成灾难，晋朝就有王敦、桓玄兴起祸患，较之侯景贼臣，侯景比他们更加残酷，多么可悲！

史记

汉书

后汉书

三国志

晋书

宋书

南齐书

梁书

陈书

魏书

北齐书

周书

隋书

南史

北史

旧唐书

新唐书

旧五代史

新五代史

宋史

辽史

金史

元史

明史

陈书

列 传

陈书卷八

列传第二

周文育

周文育字景德,义兴阳羡人也。少孤贫,本居新安寿昌县,姓项氏,名猛奴。年十一,能反复游水中数里,跳高五六尺,与群儿聚戏,众莫能及。义兴人周荟为寿昌浦口戍主,见而奇之,因召与语。文育对曰:"母老家贫,兄姊并长大,困于赋役。"荟哀之,乃随文育至家,就其母请文育养为己子,母遂与之。及荟秩满,与文育还都,见于太子詹事周舍,请制名字,舍因为立名文育,字景德。命兄子弘让教之书计。弘让善隶书,写蔡邕劝学及古诗以遗文育,文育不之省也,谓弘让曰:"谁能学此,取富贵但有大槊耳。"弘让壮之,教之骑射,文育大悦。

司州刺史陈庆之与荟同郡,素相善,启荟为前军军主。庆之使荟将五百人往新蔡悬瓠,慰劳白水蛮,蛮谋执荟以入魏,事觉,荟与文育拒之。时贼徒甚盛,一日之中战数十合,文育前锋陷阵,勇冠军中。荟于陈战死,文育驰取其尸,贼不敢逼。及夕,各引去。文育身被九创,创愈,辞请还葬,庆之壮其节,厚加赠遗而遣之。

葬讫，会卢安兴为南江督护，启文育同行。累征俚獠，所在有功，除南海令。安兴死后，文育与杜僧明攻广州，为高祖所败，高祖赦之，语在僧明传。

后监州王劢以文育为长流（令），深被委任。劢被代，文育欲与劢俱下，至大庾岭，诣卜者，卜者曰："君北下不过作令长，南入则为公侯。"文育曰："足钱便可，谁望公侯。"卜人又曰："君须臾当暴得银至二千两，若不见信，以此为验。"其夕，宿逆旅，有贾人求与文育博，文育胜之，得银二千两。旦日辞劢，劢问其故，文育以告，劢乃遣之。高祖在高要，闻其还也，大喜，遣人迎之，厚加赏赐，分麾下配焉。

高祖之讨侯景，文育与杜僧明为前军，克兰裕，援欧阳頠，皆有功。高祖破蔡路养于南野，文育为路养所围，四面数重，矢石雨下，所乘马死，文育右手搏战，左手解鞍，溃围而出，因与杜僧明等相得，并力复进，遂大败之。高祖乃表文育为府司马。

李迁仕之据大皋，遣其将杜平虏入灨石、鱼梁作城，高祖命文育击之，平虏弃城走，文育据其城。迁仕闻平虏败，留老弱于大皋，悉选精兵自将，以攻文育，其锋甚锐，军人惮之。文育与战，迁仕稍却，相持未解，会高祖遣杜僧明来援，别破迁仕水军，迁仕众溃，不敢过大皋，直走新淦。梁元帝授文育假节、雄信将军、义州刺史。迁仕又与刘孝尚谋拒义军，高祖遣文育与侯安都、杜僧明、徐度、杜棱筑城于白口拒之。文育频出与战，遂擒迁仕。

高祖发自南康，遣文育将兵五千，开通江路。侯景将王伯丑据豫章，文育击走之，遂据其城。累前后功，除游骑将军、员外散骑常侍，封东迁县侯，邑五百户。

高祖军至白茅湾，命文育与杜僧明常为军锋，平南陵、鹊头诸城。及至姑熟，与景将侯子鉴战，破之。景平，授通直散骑常侍，改封南移县侯，邑一千户，拜信义太守。累迁南丹阳兰陵晋陵太守、智武将军、散骑常侍。

高祖诛王僧辩，命文育督众军会世祖于吴兴，围杜龛，克之。又济江袭会稽太守张彪，得其郡城。及世祖为彪所袭，文育时顿城北香岩寺，世祖夜往趋之，因共立栅。顷之，彪又来攻，文育悉力苦战，彪不能克，遂破平彪。

高祖以侯瑱拥据（温）〔江〕州，命文育讨之，仍除都督南豫州诸军（之）事、武威将军、南豫州刺史，率兵袭湓城。未克，徐嗣徽引齐寇渡江据芜湖，诏征文育还京。嗣徽等列舰于青墩，至于七矶，以断文育归路。及夕，文育鼓噪而发，嗣徽等不能制。至旦，反攻嗣徽，嗣徽骁将鲍砰独以小舰殿军，文育乘单舴艋与战，跳入舰，斩砰，仍牵其舰而还。贼众大骇，因留船芜湖，自丹阳步上。时高祖拒嗣徽于白城，适与文育大会。将战，风急，高祖曰：“兵不逆风。”文育曰：“事急矣，当决之，何用古法。”抽槊上马，驰而进，众军从之，风亦寻转，杀伤数百人。嗣徽等移营莫府山，文育徙顿对之。频战功最，加平西将军，进爵寿昌县公，并给鼓吹一部。

广州刺史萧勃举兵逾岭，诏文育督众军讨之。时新吴洞主余孝顷（奉）〔举〕兵应勃，遣其弟孝劢守郡城，自出豫章，据于石头。勃使其子孜将兵与孝顷相会，又遣其别将欧阳頠顿军苦竹滩，傅泰据蹠口城，以拒官军。官军船少，孝顷有舴艋三百艘、舰百余乘在上牢，文育遣军主焦僧度、羊柬潜军袭之，悉取而归，仍于豫章立栅。时官军食尽，并欲退还，文育不许。乃使人间行遗周迪书，约为兄弟，并陈利害。迪得书甚喜，许馈粮饷。于是文育分遣老小乘故船舫，沿流俱下，烧豫章郡所立栅，伪退。孝顷望之，大喜，因不设备。文育由间道兼行，信宿达芊韶。芊韶上流则欧阳頠、萧勃，下流则傅泰、余孝顷，文育据其中间，筑城飨士，贼徒大骇。欧阳頠乃退入泥溪，作城自守。文育遣严威将军周铁武，与长史陆山才袭頠，擒之。于是盛陈兵甲，与頠乘舟而宴，以巡傅泰城下，因而攻泰，克之。萧勃在南康闻之，众皆股栗，莫能自固。其将谭世远斩勃欲降，为人所害。世远军主夏侯明彻持勃首以降。萧孜、余孝顷犹据石头，高祖遣侯安都助文育攻之，孜降文育，孝顷退走新吴，广州平，文育还顿豫章。以功授镇南将军、开府仪同三司、都督江广衡交等州诸军事、江州刺史。

王琳拥据上流，诏命侯安都为西道都督，文育为南道都督，同会武昌。与王琳战于沌口，为琳所执，后得逃归，语在安都传。寻授使持节、散骑常侍、镇南将军、开府仪同三司，寿昌县公，给鼓吹一部。

及周迪破余孝顷，孝顷子公飏、弟孝劢犹据旧栅，扇动南土，高祖复遣文育及周迪、黄法氍等讨之。豫章内史熊昙朗亦率军来会，众且万人。文育遣吴明彻为水军，配周迪运粮，自率众军入象牙江，城于金口。公飏领五百人伪降，谋执文育，事觉，文育囚之，送于京师，以其部曲分隶众军。乃舍舟为步军，进据三陂。王琳遣将曹庆帅兵二千人以救孝劢，庆分遣主帅常众爱与文育相拒，自帅所领径攻周迪、吴明彻军。迪等败绩，文育退据金口。熊昙朗因其失利，谋害文育，以应众爱。文育监军孙白象颇知其事，劝令先之。文育曰："不可，我旧兵少，客军多，若取昙朗，人人惊惧，亡立至矣，不如推心以抚之。"初，周迪之败也，弃船走，莫知所在，及得迪书，文育喜，赍示昙朗，昙朗害之于座，时年五十一。高祖闻之，即日举哀，赠侍中、司空，谥曰忠愍。

初，文育之据三陂，有流星坠地，其声如雷，地陷方一丈，中有碎炭数斗。又军市中忽闻小儿啼，一市并惊，听之在土下，军人掘得棺长三尺，文育恶之。俄而迪败，文育见杀。天嘉二年，有诏配享高祖庙庭。子宝安嗣。文育本族兄景曜，因文育官至新安太守。

译文：

周文育字景德，是义兴阳羡人。少年时父死家贫，原先家住在新安寿昌县，本姓项，名叫猛奴。十一岁时，能够在河内上下游泳几里远，能跳五六尺高，和很多孩子在一起游戏，大家没有能赶上他的。义兴人周荟做寿昌浦口戍主，见到周文育认为他很出众，便召来同他交谈。周文育说："母亲年老家境贫寒，哥哥姐姐都长大了，赋役负担使我们生活困苦。"周荟很同情他，便随周文育到家里，向他母亲索养周文育做自己的儿子，母亲便把他给了周荟。当周荟做官的任期满了，便带领周文育回到京城，带他去见太子詹事周舍，让给他起个名字，周舍便给他起名叫文育，字景德。周荟让哥哥的儿子周弘让教周文育写字和算术。周弘让善于隶书，抄写蔡邕的《劝学》和古诗送给周文育，周文育不认识也不理解这些诗文，对弘让说："谁能学这些东西，要得到功名富贵只有长矛就行了。"周弘让认为周文育有雄心壮志，便教他骑马射箭，周文育学起来很高兴。

司州刺史陈庆之和周荟是同郡人，平日相互友好，起用周荟做前军军主。一次陈庆之派周荟带领五百人到新蔡悬瓠，慰劳白水蛮人，蛮人密谋活捉周荟然后把他送给东魏，事情发觉后，周荟和周文育奋兵抵抗。当时贼兵阵营很强大，一日之中战斗几十回合，周文育在前锋冲陷敌阵，在军中最为勇敢。周荟在阵前战死，周文育驰马夺回周荟尸体，贼兵不敢逼近。到夜里，双方各自退兵。周文育身上九处受伤，伤好后，请求回乡送葬，陈庆之赞赏周文育的节义，赠给很多丧葬费用送他回乡。

殡葬完了，恰好赶上卢安兴调做南江督护，起用周文育和他同行。周文育多次征讨俚獠，所到之处都立有战功，授官做南海县令。卢安兴死后，周文育和杜僧明攻打广州，被高祖陈霸先击败，陈霸先释放了他们，详情记载在《杜僧明传》里。

以后监州王劢用周文育做长流参军，深受重用。王劢的职务被别人替代后，周文育想要和王劢一同离职北下，走到大庾岭，去找卜人占卦，卜人说："你如果北下不过当个县长，南下便能称公封侯。"周文育说："有足够的钱财就可以了，谁还想当公侯。"卜人说："你很快就能意外地得到两千两银子，假如你不信，就拿我的话去验证。"当天晚上，住在客店里，有个商人要和周文育博戏赌钱，周文育赢了商人，得银子二千两。第二天一早周文育去辞别王劢，王劢问他什么原因，周文育把赢钱的事告诉给他，王劢就让他走了。高祖陈霸先当时在高要，听说周文育回来了，大喜，派人去接他，给了很多赏赐，分配在部队中任职。

陈霸先讨伐侯景的时候，周文育和杜僧明做前锋，攻克兰裕，救援欧阳𫖮之战，都有战功。陈霸先在南野击败蔡路养，周文育被蔡路养包围，四面多层围兵，飞矢和石块雨点般射过来，周文育的坐骑被打死，周文育用右手同敌兵搏战，用左手解下马鞍，突围冲出，因此又同杜僧明等人相遇，集合力量再次进攻，于是大败蔡路养。陈霸先表奏周文育做军府司马。

李迁仕占据大皋之后，派部将杜平虏进驻灉石、鱼梁修筑城池，陈霸先下令让周文育攻打杜平虏，杜平虏弃城逃走，周文育占据杜平虏修筑的城池。李迁仕得知杜平虏战败，便将老弱军卒留在大皋，选出全部精兵由自己统率，用来攻打周文育，李迁仕军的前锋很强劲，周文育部队很惧怕。周文育出战，李迁仕军稍有退却，两军相持不能分解，恰在这时陈霸先派杜僧明前来支援，杜军一部击败李迁仕水军，使李迁仕全军崩溃，李迁仕不敢回大皋，直向新淦逃去。梁元帝授官给周文育做假节、雄信将军、义州刺史。李迁仕又和刘孝尚合谋抗拒陈霸先统率的义军，陈霸先派周文育和侯安都、杜僧明、徐度、杜棱等在白口筑城防备李迁仕。周文育频频出城交战，终于活捉李迁仕。

陈霸先从南康发兵，派周文育带五千兵，开辟过江的道路。侯景的将军王伯丑占据豫章，周文育把他打跑，于是便占有豫章城。计算周文育前后的战功，授官做游骑将军、员外散骑常侍、封东迁县侯，食邑五百户。

陈霸先队伍来到白茅湾，下令周文育和杜僧明的队伍常常打前锋，平定南陵、鹊头等城邑。军队进入到姑孰，同侯景部将侯子鉴交战，击败侯军。侯景之乱平定后，授予周文育通直散骑常侍，改封南移县侯，食邑一千户，做信义太守。以后接连调任南丹阳、晋陵太守、智武将军、散骑常侍等职。

陈霸先讨伐王僧辩时，命令周文育总率各路军在吴兴和梁世祖萧绎的部队会合，包围并攻占杜龛。又渡江袭击会稽太守张彪，占领了会稽郡城。当萧绎遭到张彪攻击时，周文育当时屯兵在城北香岩寺，萧绎在夜里奔赴香岩寺，于是两军共同立栅防守。不久，张彪又前来进攻，周文育出动全部兵力苦战，张彪军队不敌，于是便全歼张彪的部队。

陈霸先因为侯瑱拥兵据守江州，便命令周文育前去攻打，这时周文育担任都督豫州诸军事、武威将军、南豫州刺史，周文育率军袭击溢城。溢城尚未攻下来，徐嗣徽引来北齐军队渡过长江占据了芜湖，诏令召周文育回京师。徐嗣徽等在青敦排列开战船，直到七矶，用来阻断周文育军的归路。到晚间，周文育军击鼓呐喊发动进攻，徐嗣徽等部队抵挡不住。到天亮，周文育反攻徐嗣徽，徐嗣徽部下骁将鲍砰独自乘小战船殿后，周文育乘一条小船交战，跳上战船，杀了鲍砰，并拖着鲍船回来。徐军受到极大震动惊恐，于是周文育在芜湖便舍下战船，从丹阳上岸步行。这时陈霸先在白城阻击徐嗣徽，正恰同周文育军相会合。当要开战的时候，刮起急风，陈霸先说："军队不能顶风头作战。"周文育说："形势很紧迫，应当快速决战，何必照搬古代的兵法。"抽起长矛上马，奔驰前进，各路军随同前进，这时风也变了方向，这一仗杀伤敌军数百人。徐嗣徽转移到莫府山立营，周文育也移兵驻屯在徐军的对面。多次交战，周文育的战功最多，加官平西将军，爵位升做寿昌县公，并且赐给鼓吹乐队一部。

广州刺史萧勃发兵越过大庾岭，诏书命令周文育统率众军攻击萧勃。这时新吴洞主余孝顷发兵策应萧勃，并派他弟弟余孝劢守卫郡城，自己出兵豫章，在石头据守。萧勃派他儿子萧孜带兵和余孝顷会合，又派他的别将欧阳𬱟在苦竹滩驻屯，傅泰据守墌口城，借以抗拒官军。官军船少，余孝顷有小船三百艘、战船百多艘停泊在上牢，周文育派军主焦僧度、羊柬秘密行进暗中偷袭成功，把余孝顷船全部劫回，同时就在豫章修筑营栅。当时官军粮食用尽，都打算撤退，周文育不准撤军。于是派人从小路给周迪送信，相约结为兄弟，并陈述利害。周迪得信很高兴，答应对周文育支援粮食军饷。这时周文育分别派出老弱兵卒乘坐旧有的船只，顺流一同出发，放火烧掉豫章郡设立的木栅，假装撤退。余孝顷观察到这情况，大喜，于是便不设置守备。周文育又从小路上兼程前进，两夜之间到达芊韶。芊韶的上游就是欧阳頠、萧勃的部队，下流就是傅泰、余孝顷的部队，周文育占势在他们中间，修筑城池犒劳军士，贼兵非常惊恐。欧阳頠便退兵进入泥溪，筑城自守。周文育派严威将军周铁虎，和长史陆山才一起袭击并擒获了欧阳頠。在这时摆开盛大的军阵，周文育和欧阳頠坐在船上开宴，让船在傅泰城下巡游，因而乘机攻击傅泰，一战打败傅泰。萧勃在南康听到这消息，众人都两腿战栗，不能自保安全。萧勃的部将谭世远杀掉萧勃打算投降，反被人谋害。谭世远的军主夏侯明彻提着萧勃人头来降。萧孜、余孝顷还占据着石头城，高祖陈霸先派侯安都援助周文育进攻，萧孜向周文育投降，余孝顷败退向新吴逃去，广州平定后，周文育回军驻扎在豫章。按战功授予周文育镇南将军、开府仪同三司、都督江、广、衡、交等州诸军事，江州刺史等官职。

王琳拥兵据守上流，诏书命令侯安都做西道都督，周文育做南道都督，一起会兵在武昌。同王琳在沌口作战，被王琳俘虏，以后又得机会逃回，事情记载在《侯安都传》中。不久又授予周文育使持节、散骑常侍、镇南将军，开府仪同三司，寿昌县公，给鼓吹乐队一部。

当周迪击败余孝顷之后，余孝顷的儿子余公飏、兄弟余孝劢还据守着旧军栅里，煽动南方地区闹事，陈霸先又派周文育和周迪、黄法氍等前去攻打。豫章内史熊昙朗也率领大军前来会合，这时军队将近一万人。周文育派吴明彻统率水军配合周迪运输军粮，周文育亲自统率各路军进入象牙江，在金口筑城。余公飏带领五百人前来诈降，密谋活捉周文育，事情被发觉，周文育把他们全囚禁起来，送到京师，并把他们的军队解散把人员编到各路军中去。周文育舍船编成步兵，前进占领三陂。王琳派出将军曹庆率两千兵来援救余孝劢，曹庆另派主帅常众爱和周文育相对抗，他带自己所属部队直接攻击周迪、吴明彻的队伍。周迪等战败，周文育撤军退守金口。熊昙郎趁周文育战斗失利的机会，密谋杀害周文育，以便策应常众爱。周文育的监军孙白象很了解熊昙朗的阴谋，劝周文育抢先下手除掉熊昙郎。周文育说："这样不行，我旧有的兵员少，外地兵多，假如杀了熊昙朗，会引起人人惊恐，覆灭的危险会立刻到来，不如用诚心诚意来安抚他。"当初，周迪战败之后，弃船逃走，没人知道他在什么地方，当收到周迪的书信。周文育很高兴，拿着书信送给熊昙朗看，熊昙朗就在座席上杀死周文育，当年周文育五十一岁。陈霸先听到消息之后，当天举行了悼念的仪式，赠官侍中、司空、谥号是忠愍。

当初，周文育据守三陂时，出现流星坠落的事，发出的声响如同雷鸣，地上砸陷一丈见方的大坑，其中像碎炭一样的东西有几斗。又在军市中听到小儿的哭声，全市人都感到震惊，仔细听声音来自地下，军人掘地发现一口长三尺的棺木，周文育听了很厌恶这件怪事。不久周迪战败，周文育被杀。陈文帝天嘉二年，诏书令周文育的灵位放进高祖陈霸先的庙堂里配享祭祀。周文育的儿子周宝安嗣位。周文育本家的哥哥周景曜借周文育的关系做官到新安太守。

陈书卷九

列传第三

欧阳頠

欧阳頠字靖世，长沙临湘人也。为郡豪族。祖景达，梁代为本州治中。父僧宝，屯骑校尉。

頠少质直有思理，以言行笃信著闻于岭表。父丧毁瘠甚至。家产累积，悉让诸兄。州郡频辟不应，乃庐于麓山寺傍，专精习业，博通经史。年三十，其兄逼令从宦，起家信武府中兵参军，迁平西邵陵王中兵参军事。

梁左卫将军兰钦之少也，与頠相善，故頠常随钦征讨。钦为衡州，仍除清远太守。钦南征夷獠，擒陈文彻，所获不可胜计，献大铜鼓，累代所无，頠预其功。还为直阁将军，仍除天门太守，伐蛮左有功。刺史庐陵王萧续深嘉之，引为宾客。钦征交州，复启頠同行。钦度岭以疾终，頠除临贺内史，启乞送钦丧还都，然后之任。时湘衡之界五十余洞不宾，敕令衡州刺史韦粲讨之，粲委頠为都督，悉皆平殄。粲启梁武，称頠诚干，降诏褒赏，仍加超武将军，征讨广、衡二州山贼。

侯景构逆，粲自解还都征景，以頠监衡州。京城陷后，岭南互相吞并，兰钦弟前高州刺史裕攻始兴内史萧绍基，夺其郡。裕以兄钦与頠有旧，遣招之，頠不从。乃谓使云："高州昆季隆显，莫非国恩，今应赴难援都，岂可自为跋扈。"及高祖入援京邑，将至始兴，頠乃深自结托。裕遣兵攻頠，高祖援之，裕败，高祖以王怀明为衡州刺史，迁頠为始兴内史。高祖之讨蔡路养、李迁仕也，頠率兵度岭，以助高祖。及路养等平，顾有功，梁元帝承制以始兴郡为东衡州，以頠为持节、通直散骑常侍、都督东衡州诸军事、云麾将军、东衡州刺史，新丰县伯，邑四百户。

侯景平，元帝遍问朝宰："今天下始定，极须良才，卿各举所知。"群臣未有对者。帝曰："吾已得一人。"侍中王褒进曰："未审为谁？"帝云："欧阳頠公正有匡济之才，恐萧广州不肯致之。"乃授武州刺史，寻授郢州刺史，欲令出岭，萧勃留之，不获拜命。寻授使持节、散骑常侍、都督衡州诸军事、忠武将军、衡州刺史，进封始兴县侯。

时萧勃在广州，兵强位重，元帝深患之，遣王琳代为刺史。琳已至小桂岭，勃遣其将孙场临州，尽率部下至始兴，避琳兵锋。頠别据一城，不往谒勃，闭门高垒，亦不拒战。勃怒，遣兵袭頠，尽收其赀财马仗。寻赦之，还复其所，复与结盟。荆州陷，頠委质于勃。及勃度岭出南康，以頠为前军都督，顿豫章之苦竹滩，周文育击破之，擒送于高祖，高祖释之，深加接待。萧勃死后，岭南扰乱，頠有声南土，且与高祖有旧，乃授頠使持节、通直散骑常侍、都督衡州诸军事、安南将军、衡州刺史，始兴县侯。未至岭南，頠子纥已克定始兴。及頠至岭南，皆慑伏，仍进广州，尽有越地。改授都督广交越成定明新高合罗爱建德宜黄利安石双十九州诸军事、镇南将军、平越中郎将、广州刺史，持节、常侍、侯并如故。王琳据有中流，頠自海道及东岭奉使不绝。永定三年，进授散骑常侍，增都督衡州诸军事，即本号开府仪同三司。世祖嗣位，进号征南将军，改封阳山郡公，邑一千五百户，又给鼓吹一部。

初，交州刺史袁昙缓密以金五百两寄頠，令以百两还合浦太守龚蒍，四百两付儿智矩，余人弗之知也。頠寻为萧勃所破，赀财并尽，唯所寄金独在。昙缓亦寻卒，至是頠并依信还之，时人莫不叹伏。其重然诺如此。

时頠弟盛为交州刺史，次弟邃为衡州刺史，合门显贵，名振南土。又多致铜鼓、生口，献奉珍异，前后委积，颇有助于军国焉。頠以天嘉四年薨，时年六十六。赠侍中、车骑大将军、司空、广州刺史，谥曰穆。子纥嗣。

纥字奉圣，颇有干略。天嘉中，除黄门侍郎、员外散骑常侍。累迁安远将军、衡州刺史。袭封阳山郡公，都督交广等十九州诸军事、广州刺史。在州十余年，威惠著于百越，进号轻车将军。

光大中，上流蕃镇并多怀贰，高宗以纥久在南服，颇疑之。太建元年，下诏征纥为左卫将军。纥惧，未欲就征，其部下多劝之反，遂举兵攻衡州刺史钱道戢。道戢告变，乃遣仪同章昭达讨纥，屡战兵败，执送京师，伏诛，时年三十三。家口籍没。子询以年幼免。

译文：

欧阳頠字靖世，长沙郡临湘县人。出身本郡豪族。他的祖父欧阳景达，梁朝时任本州治中。父亲欧阳僧宝，官做到屯骑校尉。

欧阳頠少年时质朴直率，有思辩能力，因言行笃信在岭外著名。父亲去世，服丧期间因哀伤过度身体极为消瘦。积累下来的家产全部让给诸位兄长。州郡频繁辟命，不应，在麓山寺旁建立庐舍，聚精会神地学习儒业，于是博通经史。年龄三十岁时，他的哥哥逼迫他做官，于是离家入仕，任信武府中兵参军，迁平西邵陵王中兵参军事。

梁朝左卫将军兰钦少年时，和欧阳頠关系亲密，所以欧阳頠常跟随兰钦征讨。兰钦授任衡州，除欧阳頠为清远太守。兰钦南征夷獠，活捉陈文彻，俘获无法计算，献的大铜鼓，历代没有过，欧阳頠参予此事有功。回京后任直阁将军，不久除拜天门太守，讨伐蛮左又建功勋。刺史庐陵王萧续很是嘉许，引纳为宾客。兰钦征讨交州，又启奏朝廷让欧阳頠同行。兰钦越过南岭，因病去世，欧阳頠被除任临贺内史，启奏朝廷，乞求护送兰钦的灵柩回京，然后到任。当时湘州、衡州边界有五十余洞不归顺朝廷，敕命衡州刺史韦粲予以讨伐，韦粲委任欧阳頠为都督，五十余洞全被平定。韦粲启奏梁武帝，称赞欧阳頠忠诚干练，于是朝廷下诏褒奖赏赐，加超武将军。领兵征讨广、衡二州的山贼。

侯景构乱以后，韦粲自动解职回京城讨伐侯景，让欧阳頠监守衡州。京城失陷以后，岭南地区的地方长吏互相吞并，兰钦的弟弟、前高州刺史兰裕攻打始兴郡内史萧绍基，夺了始兴郡。兰裕因为哥哥兰钦和欧阳頠有旧交情，派使者招附，欧阳頠不服从，对使者说："高州兄弟能有高位，无非是国家厚恩，今天应该领兵救难，援助京城，难道能够自行跋扈。"待到高祖赴京城救援，将要经过始兴郡，欧阳頠和他见面，深自交结依托。兰裕派兵进攻欧阳頠，高祖前往救援，兰裕战败，高祖任命王怀明为衡州刺史，迁欧阳頠为始兴内史。高祖讨伐蔡路养、李迁仕时，欧阳頠领兵翻越南岭，以援助高祖。待蔡路养等被平定，欧阳頠有功，梁元帝承制，改始兴郡为东衡州，任命欧阳頠为持节、通直散骑常侍、都督东衡州诸军事、云麾将军、东衡州刺史，封爵新丰县伯、食邑四百户。

侯景之乱被平定后，梁元帝遍问群臣："如今天下刚刚平定，急切需要良才，卿各举自己所知道的人。"群臣没有应对的。元帝说："我已得到一人。"侍中王褒上前问"不知是谁？"元帝说："欧阳頠为人公正，有匡济的大才，恐怕萧广州不肯放他来。"于是授任欧阳頠为武州刺史，不久改授郢州刺史，想让他出岭南，萧勃强留他，不能受命到职。不久授任使持节、散骑常侍、都督衡州诸军事、忠武将军、衡州刺史，进封爵始兴县侯。

当时萧勃在广州，兵力强盛，位置重要，元帝对此极为忧虑，派王琳代替萧勃为刺史。王琳到达小桂岭以后，萧勃派他的部将孙玚监守州城，自己率领全部兵众到始兴，躲避王琳的兵锋。欧阳頠另外据守一城，不前往拜谒萧勃，关闭城内，高筑壁垒，但也不与萧勃交战。萧勃大怒，派兵马袭击欧阳頠，全部夺取他的资财、马匹和武器。不久又予以宽赦，把夺取的东西全部送还，又和欧阳頠结盟。荆州失陷以后，欧阳頠归附萧勃。待到萧勃翻越南岭出南康时，任命欧阳頠为前军都督，屯驻豫章郡的苦竹滩，被周文育战败，周文育把他押送给高祖，高祖给他解除枷锁，待遇优厚。萧勃死后，岭南地区纷扰混乱，欧阳頠在南土很有声望，而且与高祖有旧交情，于是授任他为使持节、通直散骑常侍、都督衡州诸军事、安南将军、衡州刺史，封爵始兴县侯。还没到达岭南，欧阳頠的儿子欧阳纥已经攻克始兴郡城，并平定了这一地区。待到欧阳頠到达岭南，百姓都畏惧威势而顺服，于是进军广州，完全占有南越地区。朝廷改授他为都督广、交、越、成、定、明、新、高、合、罗、爱、建、德、宜、黄、利、安、石、双十九州诸军事，镇南将军，平越中郎将，广州刺史，持节、常侍、侯爵照旧保留。王琳占据中游，岭南到京城的交通受阻，欧阳頠派使者来往不断。永定三年，朝廷进授他为散骑常侍，增都督衡州诸军事，以本官号为开府仪同三司。世祖登上帝位后，进号征南将军，改封阳山郡公，给食邑千五百户，又赐给鼓吹一部。

起初，交州刺史袁昙缓暗地把五百两黄金寄存在欧阳頠处，让他将其中的一百两还给合浦太守龚蒍，四百两交给儿子袁智矩，这件事没有人知道。不久欧阳頠被萧勃打败，资财全部被夺取，只剩下寄存的黄金。袁昙缓不久也死去。到这时，欧阳頠将黄金如数交给龚蒍和袁智矩。当时人无不慨叹佩服他。他就是这样守信用重诺言。

当时欧阳頠的大弟欧阳盛任交州刺史，二弟欧阳邃任衡州刺史，全家显赫贵盛，名声飞扬南土。又多送铜鼓、奴婢，奉献珍奇物品，前后积聚，对军国很有帮助。欧阳頠在天嘉四年病逝，当年六十六岁。追赠侍中、车骑大将军、司空、广州刺史，谥号穆。儿子欧阳纥承袭爵位。

欧阳纥字奉圣，很有才干谋略。天嘉年间，除黄门侍郎、员外散骑常侍。累迁安远将军、衡州刺史。承袭父爵为阳山郡公，都督交、广等十九州诸军事，广州刺史。在广州十多年，威武恩惠著称于百越地区，进号轻车将军。

光大年间，上游藩镇都多怀离贰之心，高宗因欧阳纥长期在南土，也很猜疑他。太建元年，下诏征召欧阳纥为左卫将军。欧阳纥畏惧，不想入朝，他的部下多劝他反叛，于是他起兵攻打衡州刺史钱道戢，钱道戢将这一事变报告朝廷，朝廷委派仪同章昭达讨伐欧阳纥，经屡次交战，欧阳纥兵败，被押送到京城，杀死，当年三十三岁。家中人口全部籍没为官奴。他的儿子欧阳询因年幼幸免。

陈书卷十

列传第四

程灵洗

程灵洗字玄涤，新安海宁人也。少以勇力闻，步行日二百余里，便骑善游。梁末，海宁、黟、歙等县及鄱阳、宣城郡界多盗贼，近县苦之。灵洗素为乡里所畏伏，前后守长恒使召募少年，逐捕劫盗。

侯景之乱，灵洗聚徒据黟、歙以拒景。景军据有新安，新安太守湘西乡侯萧隐奔依灵洗，灵洗奉以主盟。梁元帝于荆州承制，又遣使间道奉表。刘神茂自东阳建义拒贼，灵洗攻下新安，与神茂相应。元帝授持节、通直散骑常侍、都督新安郡诸军事、云麾将军、谯州刺史资，领新安太守，封巴丘县侯，邑五百户。神茂为景所破，景偏帅吕子荣进攻新安，灵洗退保黟、歙。及景败，子荣退走，灵洗复据新安。进军建德，擒贼帅赵桑干。以功授持节、散骑常侍、都督青冀二州诸军事、青州刺史，增邑并前一千户，将军、太守如故。

仍令灵洗率所部下扬州，助王僧辩镇防。迁吴兴太守，未行，僧辩命灵洗从侯瑱西援荆州。荆州陷，还都。高祖诛僧辩，灵洗率所领来援，其徒力战于石头西门，军不利，遣使招谕，久之乃降，高祖深义之。绍泰元年，授使持节、信武将军、兰陵太守，常侍如故，助防京口。及平徐嗣徽，灵洗有功，除南丹阳太守，封遂安县侯，增邑并前一千五百户，仍镇采石。

随周文育西讨王琳，于沌口败绩，为琳所拘。明年，与侯安都等逃归。兼丹阳尹，出为高唐、太原二郡太守，仍镇南陵。迁太子左卫率。高祖崩，王琳前军东下，灵洗于南陵破之，虏其兵士，并获青龙十余乘，以功授持节、都督南豫州缘江诸军事、信武将军、南豫州刺史。侯瑱等败王琳于栅口，灵洗乘胜逐北，据有鲁山。征为左卫将军，余如故。

天嘉四年，周迪重寇临川。以灵洗为都督，自鄱阳别道击之，迪又走山谷间。五年，迁中护军，常侍如故。出为使持节、都督郢巴武三州诸军事、宣毅将军、郢州刺史。废帝即位，进号云麾将军。

华皎之反也，遣使招诱灵洗，灵洗斩皎使，以状闻。朝廷深嘉其忠，增其守备，给鼓吹一部，因推心待之，使其子文季领水军助防。是时周遣其将长胡公拓跋定率步骑二万助皎攻围灵洗，灵洗婴城固守。及皎退，乃出军蹑定，定不获济江，以其众降。因进攻周沔州，克之，擒其刺史裴宽。以功进号安西将军，改封重安县公，增邑并前二千户。

灵洗性严急，御下甚苛刻，士卒有小罪，必以军法诛之，造次之闲，便加捶挞，而号令分明，与士卒同苦，众亦以此依附。性好播植，躬勤耕稼，至于水陆所宜，刘获早晚，虽老农不能及也。伎妾无游手，并督之纺织。至于散用货财，亦弗俭吝。光大二年，卒于州，时年五十五。赠镇西将军、开府仪同三司，谥曰忠壮。太建四年，诏配享高祖庙庭。子文季嗣。

文季，字少卿。幼习骑射，多干略，果决有父风。弱冠从灵洗征讨，必前登陷阵。灵洗与周文育、侯安都等败于沌口，为王琳所执，高祖召陷贼诸将子弟厚遇之，文季最有礼容，深为高祖所赏。永定中，累迁通直散骑侍郎、句容令。

世祖嗣位，除宣惠始兴王府限内中直兵参军。是时王为扬州刺史，镇冶城，府中军事，悉之委之。

天嘉二年，除贞毅将军、新安太守，仍随侯安都东讨留异。异党向文政据有新安，文季率精甲三百，轻往攻之。文政遣其兄子瓒来拒，文季与战，大破瓒军，文政乃降。

三年，始兴王伯茂出镇东州，复以文季为镇东府中兵参军，带剡令。

四年，陈宝应与留异连结，又遣兵随周迪更出临川，世祖遣信义太守余孝顷自海道袭晋安，文季为之前军，所向克捷。陈宝应平，文季战功居多，还，转府谘议参军，领中直兵。出为临海太守。寻乘金翅助父镇郢城。华皎平，灵洗及文季并有捍御之功。及灵洗卒，文季尽领其众，起为超武将军，仍助防郢州。文季性至孝，虽军旅夺礼，而毁瘠甚至。

太建二年，为豫章内史，将军如故。服阕，袭封重安县公。随都督章昭达率军往荆州征萧岿。岿与周军多造舟舰，置于青泥水中。时水长漂疾，昭达乃遣文季共钱道戢轻舟袭之，尽焚其舟舰。昭达因萧岿等兵稍息，又遣文季夜入其外城，杀伤甚众。既而周兵大出，巴陵内史雷道勤拒战死之，文季仅以身免。以功加通直散骑常侍、安远将军，增邑五百户。

五年，都督吴明彻北讨秦郡，秦郡前江浦通（塗）〔涂〕水，齐人并下大柱为杙，栅水中，乃前遣文季领骁勇拔开其栅，明彻率大军自后而至，攻秦郡克之。又别遣文季围泾州，屠其城，进攻盱眙，拔之。仍随明彻围寿阳。文季临事谨急，御下严整，前后所克城垒，率皆迮水为堰，土木之功，动逾数万。每置阵役人，文季必先诸将，夜则早起，迄暮不休，军中莫不服其勤干。每战恒为前锋，齐军深惮之，谓为程兽。以功除散骑常侍、明威将军，增邑五百户。又带新安内史，进号武毅将军。

八年，为持节、都督谯州诸军事、安远将军、谯州刺史。其年，又督北徐仁州诸军事、北徐州刺史，余并如故。九年，又随明彻北讨，于吕梁作堰，事见明彻传。十年春，败绩，为周所囚，仍授开府仪同三司。十一年，自周逃归，至涡阳，为边吏所执，还送长安，死于狱中。后主是时既与周绝，不之知也。至德元年，后主始知之，追赠散骑常侍。寻又诏曰："故散骑常侍、前重安县开国公文季，纂承门绪，克荷家声。早岁出军，虽非元帅，启行为最，致果有闻，而复丧车徒，允从黜削。但灵洗之立功捍御，久而见思，文季之埋魂异域，有足可悯。言念劳旧，伤兹废绝，宜存庙食，无使餒而。可降封重安县侯，邑一千户，以子飨袭封。"

史臣曰：程灵洗父子并御下严苛，治兵整肃，然与众同其劳苦，匪私财利，士多依焉，故临戎克办矣。

译文：

程灵洗字玄涤，新安郡海宁县人。少年时以勇武和力气闻名，步行一天可走二百多里，既会骑马又能游水。梁朝末年，海宁、黟、歙等县以及鄱阳、宣城两郡境内有许多盗贼，附近各县的百姓多受其苦害。程灵洗平素使乡里百姓畏惧服从，前后的郡守县长常让他招募少年，追逐逮捕强盗。

侯景之乱爆发，程灵洗聚集兵众，据守黟、歙，抗拒侯景。侯景的乱军占据新安郡城，新安太守、湘西乡侯萧隐前来依靠程灵洗，程灵洗拥戴萧隐为盟主。梁元帝在荆州接受皇帝诏命，程灵洗又派遣使者走小路送表。刘神茂从东阳倡仪抗拒贼兵，程灵洗下新安城，响应刘神茂。元帝授任程灵洗为持节、通直散骑常侍、都督新安郡诸军事、云麾将军、谯州刺史，领新安太守，封爵巴丘县侯，给食邑五百户。刘神茂被侯景击败，侯景的偏将吕子荣进攻新安，程灵洗退保黟、歙。待到侯景被打败，吕子荣退兵，程灵洗又占据新安。进军建德，活捉贼将赵桑乾。因功授任持节、散骑常侍、都督青冀二州诸军事、青州刺史，增食邑加上以前的共一千户，照旧为将军、太守。

不久，命令程灵洗统领他的部属东下扬州，协助王僧辩镇防。迁任吴兴太守。尚未出行，王僧辩让他随侯调西援荆州。荆州失陷后，回到京城。高祖诛杀王僧辩，程灵洗率领部众前来救援，士兵在石头城西门奋力战斗，仍然失利，高祖派使者招降，过了很长时间，程灵洗方才归降，高祖认为他很讲义气。绍泰元年，授任使持节、信武将军、兰陵太守，照旧为常侍、协助防卫京口。待到平定徐嗣徽，程灵洗有功，除南丹阳太守，封爵遂安县侯，增食邑加上以前的共一千五百户，仍然镇守采石。

后随周文育西讨王琳，在沌口被击败，被王琳拘执。第二年，和侯安都等人逃回京城。兼任丹阳尹，放外任为高唐、太原二郡太守，仍镇南陵。迁任太子左卫率。高祖去世，王琳的前军东下，程灵洗在南陵击败他的军队，俘虏许多士兵，获取青龙车十余乘。因功授持节、都督南豫州沿江诸军事、信武将军、南豫州刺史。侯瑱等将领在栅口把王琳的军队打败，程灵洗乘胜追击败兵，占据鲁山。征人朝廷，任左卫将军，其他职务依旧。

天嘉四年，周迪再次寇掠临川，朝廷以程灵洗为都督，从鄱阳的另一条道路击讨，周迪又逃进山谷中。天嘉五年，迁任中护军，依旧为常侍。放外任为使持节、都督郢巴武三州诸军事、宣毅将军、郢州刺史。废帝登上帝位，进官号为云麾将军。

华皎反叛后，派遣使者招降程灵洗，程灵洗将华皎的使者斩首，并启奏朝廷。朝廷非常嘉美他的忠诚，增加他的守备，赐给鼓吹一部，于是推心对待他，让他的儿子程文季领水军协助他防守。当时北周派遣它的将领长胡公拓跋定率领步卒骑兵二万人，协助华皎围攻程灵洗，程灵洗闭城门坚守。待到华皎兵退，就出兵追击拓跋定，拓跋定渡江不成，领部众投降。程灵洗乘胜攻打北周的沔州，城陷，活捉刺史裴宽。因功进号安西将军，改封重安县公，增食邑加上以前的共二千户。

程灵洗秉性严厉急躁，管理部下很苛刻，士卒有小的罪过，必定用军法处分，仓卒的时候便用棒打，但号令分明，能和士卒同甘共苦，部属也因此依附他。本性喜爱播种培植，自身辛勤耕作，至于水陆适宜种植的物种，成熟收割的早晚，就连老农也不如他熟悉。侍女婢妾没有游手好闲的，都督促她们纺织。至于分散家财使用物品，也不节俭吝啬。光大二年，死在郢州，享年五十五岁。追赠镇西将军、开府仪同三司，谥号忠壮。太建四年，诏令配享高祖的庙庭。儿子程文季袭爵位。

程文季字少卿。自幼学习骑马射箭，多才干谋略，果敢能决断，有父亲的风概。十多岁时跟随程灵洗征讨，每次战斗，必定首先登城陷阵。程灵洗与周文育、侯安都在沌口战败，被王琳拘执，高祖召陷没于贼兵的诸将子弟，给予优厚的待遇，程文季的容貌举止最有礼，深得高祖赏识。永定年间，累迁通直散骑侍郎、句容县令。

世祖登上帝位,除任宣惠始兴王府限内中直兵参军。当时始兴王任扬州刺史,镇守冶城,府中的军务,全部委托给他。

天嘉二年,除任贞毅将军、新安太守,不久随侯安都东下,讨伐留异。留异的同党向文政占据新安郡城,程文季只带领三百精锐甲士,前往攻打。向文政派他的侄子向瓒前来抗拒,程文季和他交战,大败向瓒的军队,向文政被迫投降。

天嘉三年,始兴王陈伯茂出镇东州,又以程文季为镇东府中兵参军,兼剡县令。

天嘉四年,陈宝应和留异勾结,又派兵跟随周迪再次出临川,世祖派信义太守余孝顷从海路袭击晋安,程文季所部作为他的前军,所向克捷。陈宝应被平,程文季的战功居多,回京,转任咨议参军,领中直兵。放外任为临海太守。不久乘金翅号船帮助他的父亲镇守郢州州城。华皎被平定,程灵洗和程文季父子都有捍卫抵御之功。程灵洗死后,程文季统领父亲的全部兵众,起为超武将军,仍然协助防守郢州。程文季秉性极为孝顺,虽然因身在军旅之中,夺去服丧的礼节,但他仍因悲伤而非常消瘦。

太建二年,任豫章内史,依旧为将军。服丧完毕,承袭父爵为重安县公。随都督章昭达率领军队前往荆州征讨萧岿。萧岿和北周的军队修造了许多船舰,放在青泥河中。当时水长流急,章昭达派遣程文季和钱道戢乘轻舟前往袭击,将舰船全部烧毁。章昭达乘萧岿等的士兵稍有懈怠,又派程文季夜晚进入他的外城,杀伤的士兵很多。后来北周大军出动,巴陵内史雷道勤抵拒,死在战场,程文季仅免一死。因功加通直散骑常侍、安远将军,增加食邑五百户。

太建五年,都督吴明彻北讨秦郡,秦郡前面的江浦连通涂水。北齐人并排下大柱为木桩,在水中形成栅栏,吴明彻先派程文季领骁勇兵士拔开水栅，吴明彻率领大军随后赶到，攻克秦郡。又另派程文季围攻泾州，攻陷后屠杀城中兵众，进攻盱眙，也克拔城池。不久，随吴明彻围攻寿阳。程文季处事恭谨急躁，管理部下严格整肃，前后所攻克的城垒，都断水修堰，大兴土木工程，动辄超过数万人。每逢设阵用人，程文季必在诸将的前面。每天起得很早，很晚还不休息，军中人没有不佩服他的勤劳。每次作战常担任先锋，齐军很害怕他，称他为"程龙"。因为除拜散骑常侍、明威将军，增加食邑五百户。又兼新安内史，进号武毅将军。

太建八年，为持节、都督谯州诸军事、谯州刺史。当年，又督北徐、仁州诸军事，任北徐州刺史，其他职务依旧。太建九年，又随吴明彻北讨，在吕梁修堰，事情见载于吴明彻传。太建十年春，兵败，被北周俘获，授任开府仪同三司。太建十一年，从北周逃回，到达涡阳，被北周边防官吏拘执，送回长安，死在狱中。后主当时和北周联系断绝，不知道此事。至德元年，后主方知此事，追赠散骑常侍。不久又下诏说："已故散骑常侍、前重安县开国公程文季，继承门户余风，负荷家庭美名。早年出军作战，虽然不是元帅，启奏他的行事为第一，所立功劳也有所听闻。军队覆灭失败，应该予以贬官削爵。可是程灵洗捍卫抵御之功，日久更被思念；程文季身埋异国，也值得怜悯。思念劳旧，悼伤废绝，应该保存宗庙祭祀，不让饥饿。可降封为重安县侯，食邑一千户，以儿子程飨承袭封爵。"

史臣说：程灵洗父子都管理部下严格苛刻，治军整齐严肃，但是能与兵众同受劳苦，不谋私家财利，兵士多依附，所以临战多能获胜。

陈书卷十一

列传第五

黄法𣰰

黄法𣰰字仲昭，巴山新建人也。少劲捷有胆力，步行日三百里，距跃三丈。颇便书疏，闲明簿领，出入郡中，为乡闾所惮。侯景之乱，于乡里合徒众。太守贺诩下江州，法𣰰监知郡事。高祖将逾岭入援建业，李迁仕作梗中途，高祖命周文育屯于西昌，法𣰰遣兵助文育。时法𣰰出顿新淦县，景遣行台于庆至豫章，庆分兵来袭新淦，法𣰰拒战，败之。高祖亦遣文育进军讨庆，文育疑庆兵强，未敢进，法𣰰率众会之，因进克笙屯，俘获甚众。

梁元帝承制授超猛将军、交州刺史资，领新淦县令，封巴山县子，邑三百户。承圣三年，除明威将军、游骑将军，进爵为侯，邑五百户。贞阳侯僭位，除左骁骑将军。敬帝即位，改封新建县侯，邑如前。

太平元年，割江州四郡置高州，以法𣰰为使持节、散骑常侍、都督高州诸军事、信武将军、高州刺史，镇于巴山。萧勃遣欧阳頠攻法𣰰，法𣰰与战，破之。

永定二年，王琳遣李孝钦、樊猛、余孝顷攻周迪，且谋取法毧，法氍率兵援迪，擒孝顷等三将。进号宣毅将军，增邑并前一千户，给鼓吹一部。又以拒王琳功，授平南将军、开府仪同三司。熊昙朗于金口反，害周文育，法氍共周迪讨平之，语在昙朗传。

世祖嗣位，进号安南将军。天嘉二年，周迪反，法氍率兵会都督吴明彻，讨迪于工塘。迪平，法氍功居多。征为使持节、散骑常侍、都督南徐州诸军事、镇北大将军、南徐州刺史，仪同、鼓吹并如故。未拜，寻又改授都督江吴二州诸军事、镇南大将军、江州刺史。六年，征为中卫大将军。

废帝即位，进爵为公，给扶。光大元年，出为使持节、都督南徐州诸军事、镇北将军、南徐州刺史。二年，徙为都督郢巴武三州诸军事、镇西将军、郢州刺史，持节如故。

太建元年，进号征西大将军。二年，征为侍中、中权大将军。四年，出为使持节、散骑常侍、都督南豫州诸军事、征南大将军、南豫州刺史。五年，大举北伐，都督吴明彻出秦郡，以法氍为都督，出历阳。齐遣其历阳王步骑五万来援，于小岘筑城，法氍遣左卫将军樊毅分兵于大岘御之，大破齐军，尽获人马器械。于是乃为拍车及步舰，竖拍以逼历阳。历阳人窘蹙乞降，法氍缓之，则又坚守，法氍怒，亲率士卒攻城，施拍加其楼堞。时又大雨，城崩，克之，尽诛戍卒。进兵合肥，望旗降款，法氍不令军士侵掠，躬自抚劳，而与之盟，并放还北。以功加侍中，改封义阳郡公，邑二千户。其年，迁都督合霍二州诸军事、征西大将军、合州刺史，增邑五百户。七年，徙都督豫建光朔合北徐六州诸军事、豫州刺史，镇寿阳，侍中、散骑常侍、持节、将军、仪同、鼓吹、扶并如故。八年十月，薨，时年五十九。赠侍中、中权大将军、司空，谥曰威。子玩嗣。

译文：

黄法氍字仲昭，巴山郡新建县人。少年时强劲敏捷，有胆量气力，徒步一天能行走三百里，蹿远可达三丈。很熟悉书疏，明习书记文簿，经常出入郡衙，乡里百姓都害怕他。侯景之乱爆发后，在乡里召集兵众。太守贺诩北下江州，黄法氍监理郡中事务。高祖将要越过南岭入援京城建业，李迁仕在中途作梗，高祖派周文育屯兵西昌，黄法氍派兵援助周文育。当时黄法氍出兵屯驻新淦县，侯景派遣行台于庆到达豫章，于庆派一支兵马前来袭击新淦，黄法氍领兵抵抗，击败于庆派来的军队。高祖也派遣周文育进军讨伐于庆，周文育疑虑于庆兵力强盛，不敢前进，黄法氍领兵和他会合，于是进军，攻克笙屯，俘虏士兵缴获物品很多。

梁元帝承受皇帝旨意，授任黄法氍超猛将军、交州刺史、领新淦县令，封爵巴山县子，给食邑三百户。承圣三年，除明威将军、游骑将军，晋爵为侯，食邑五百户。贞阳侯僭越称帝，除左骁骑将军。敬帝登上帝位，改封为新建县侯，食邑户数和以前相同。

太平元年，分割江州四郡设置高州，任命黄法氍为使持节、散骑常侍、都督高州诸军事。信武将军、高州刺史，州镇设在巴山。萧勃派遣欧阳頠和他接战，击败了他的军队。

永定二年，王琳派遣李孝钦、樊猛、余孝顷攻打周迪，并且谋取黄法氍。黄法氍领兵救援周迪，活捉余孝顷等三位将领。进号宣毅将军，增加食邑和以前的共计一千户，赐给鼓吹一部。又因抵拒王琳的功绩，授任平南将军、开府仪同三司。熊昙朗在金口反叛，杀害周文育，黄法氍和周迪共同领兵讨平他，事情记在《熊昙朗传》。

世祖继承帝位，进号安南将军。天嘉二年，周迪反叛，黄法氍领兵与都督吴明彻会合，到工塘讨伐周迪。周迪的被平定，黄法氍的功劳居多。征入京城任使持节、散骑常侍、都督南徐州诸军事、镇北大将军、南徐州刺史，仪同、鼓吹依归。未拜受，又改授都督江吴二州诸军事、镇南大将军、江州刺史。天嘉六年，征入朝廷，任中卫大将军。

废帝登上帝位，晋爵为公，给扶身之士。光大元年，放外任为使持节、都督南徐州诸军事、镇北将军、南徐州刺史。光大二年，迁为都督郢巴武三州诸军事、镇西将军、郢州刺史，持节依旧。

太建元年，进号征西大将军。太建二年，征入京城，任侍中、中权大将军。太建四年，放外任为使持节、散骑常侍、都督南豫州诸军事、征南大将军、南豫州刺史。太建五年，大举北伐，都督吴明彻出兵秦郡，委任黄法氍为都督，出兵历阳，北齐派遣它的历阳王领步卒骑兵五万人前来救援，在小岘修筑城垒，黄法氍派遣左卫将军樊毅分兵在大岘抵御他，大败齐军，人马器械全部俘获。于是制造拍车和步舰，竖立拍车逼历阳。历阳城内兵众在窘困惊恐时就乞求投降，黄法氍稍加宽缓，就又坚守，黄法氍大怒，亲自率领士卒攻城，用拍车击打城墙上的楼堞。当时天降大雨，城墙崩溃，城被攻陷，将戍卒全部杀死。进兵合肥，守将看见旗帜就投降归服。黄法氍禁止军士抢掠，亲自前往抚慰，和他们结盟，然后放他们回北方。因功加侍中，改封义阳郡公，食邑二千户。同年，迁都督合霍二州诸军事、征西大将军、合州刺史，增加食邑五百户。太建七年，迁任都督豫、建、光、朔、合、北徐六州诸军事、豫州刺史，镇守奉阳，侍中、散骑常侍、持节、将军、仪同、鼓吹、扶都依旧。太建八年十月死，当年五十九岁。追赠侍中、中权大将军、司空，谥号威。儿子黄玩承袭爵位。

陈书卷十三

列传第七

鲁悉达

鲁悉达字志通，扶风郿人也。祖斐，齐通直散骑常侍、安远将军、衡州刺史，阳塘侯。父益之，梁云麾将军、新蔡义阳二郡太守。

悉达幼以孝闻，起家为梁南平嗣王中兵参军。侯景之乱，悉达纠合乡人，保新蔡，力田蓄谷。时兵荒饥馑，京都及上川饿死者十八九，有得存者，皆携老幼以归焉。悉达分给粮廪，其所济活者甚众，仍于新蔡置顿以居之。招集晋熙等五郡，尽有其地。使其弟广达领兵随王僧辩讨侯景。景平，梁元帝授持节、仁威将军、散骑常侍、北江州刺史。

敬帝即位，王琳据有上流，留异、余孝顷、周迪等所在锋起，悉达抚绥五郡，甚得民和，士卒皆乐为之用。琳授悉达镇北将军，高祖亦遣赵知礼授征西将军、江州刺史，各送鼓吹女乐，悉达两受之，迁延顾望，皆不就。高祖遣安西将军沈泰潜师袭之，不能克。齐遣行台慕容绍宗以众三万来攻郁口诸镇，兵甲甚盛，悉达与战，败齐军，绍宗仅以身免。

王琳欲图东下,以悉达制其中流,恐为己患,频遣使招诱,悉达终不从。琳不得下,乃连结于齐,共为表里,齐遣清河王高岳助之。相持岁余,会裨将梅天养等惧罪,乃引齐军入城。悉达勒麾下数千人,济江而归高祖。高祖见之,甚喜,曰:"来何迟也?"悉达对曰:"臣镇抚上流,愿为藩屏,陛下授臣以官,恩至厚矣,沈泰袭臣,威亦深矣,然臣所以自归于陛下者,诚以陛下豁达大度,同符汉祖故也。"高祖叹曰:"卿言得之矣。"授平南将军、散骑常侍、北江州刺史,封彭泽县侯。世祖即位,进号安左将军。

悉达虽仗气任侠,不以富贵骄人,雅好词赋,招礼才贤,与之赏会。迁安南将军、吴州刺史。遭母忧,哀毁过礼,因遘疾卒,时年三十八。赠安左将军、江州刺史,谥曰孝侯。子觅嗣。弟广达,别有传。

译文:

鲁悉达字志通,扶风郡郿县人。他的祖父鲁斐,出仕齐朝,任通直散骑常侍、安远将军、衡州刺史、封爵阳塘侯。父亲鲁益之,任梁云麾将军、新蔡义阳二郡太守。

鲁悉达幼年时就以孝顺著称,离家出仕,任梁南平嗣王中兵参军。侯景之乱爆发后,鲁悉达组织乡人,保守新蔡,努力耕种,积蓄粮食。当时兵荒马乱,百姓饥饿,京城和上川的百姓饿死的多达十之八九,有幸存的,都扶老携幼来投奔他。鲁悉达分给他们粮食,救活的人很多,就在新蔡设屯,让他们居住。召集晋熙等五郡,全部占有此地。派他的弟弟鲁广达带领士兵,跟随王僧辩讨伐侯景。侯景之乱被平定后。梁元帝授任他为持节、仁威将军、散骑常侍、北江州刺史。

陈敬帝登上帝位后，王琳占据上游，留异、余孝顷、周迪也在各地起兵，鲁悉达安抚五郡百姓，很得人心，士卒也乐意为他效力。王琳授任鲁悉达为镇北将军，陈高祖也派赵知礼授任他为征西将军、江州刺史，各送给鼓吹和女乐，鲁悉达都接受下来，但态度观望拖延，都不就职，陈高祖派安西将军沈泰领兵偷袭他，不能得手。北齐派遣行台慕容绍宗带领三万士兵前来攻打郁口诸镇，兵势很盛，鲁悉达同他交锋，大败齐军，慕容绍宗仅自身幸免于难。

王琳准备东下，但鲁悉达控制着中游，恐怕成为自己的隐患，频繁地派遣使者招纳劝诱，鲁悉达始终不答应。王琳不能攻下，就和北齐连合结好，互为表里，北齐派遣清河王高岳援助他。鲁悉达和王琳及北齐军队相持一年多，他的裨将梅天养等害怕因罪过被处罚，引齐军进城，鲁悉达率领部下数千人，南渡长江，投奔陈高祖。高祖见到他，喜出望外，说："为什么来得这么晚？"鲁悉达回答说："臣镇守安抚上游，愿意成为藩屏，陛下授臣官职，恩惠最厚；派沈泰袭击臣，武威也深。但是臣所以自动归附陛下，确因陛下豁达大度，和汉高祖一样。"陈高祖叹道："你说的在理啊！"授任他为平南将军、散骑常侍、北江州刺史，封爵彭泽县侯。世祖登上帝位，进号安左将军。

鲁悉达虽然仗义任侠，但不因为富贵傲视他人，爱好辞赋，招贤礼士，常和他们赏玩集会。迁任安南将军、吴州刺史。遇母亲去世，悲哀过度，因而发病死，当年仅三十八岁。追赠安左将军、江州刺史，谥号孝侯。他的儿子鲁览继承爵位。他的弟弟鲁广达，另外有传。

陈书卷三十五

列传第二十九

熊昙朗

熊昙朗,豫章南昌人也,世为郡著姓。昙朗跅弛不羁,有膂力,容貌甚伟。侯景之乱,稍聚少年,据丰城县为栅,桀黠劫盗多附之。梁元帝以为巴山太守。荆州陷,昙朗兵力稍强,劫掠邻县,缚卖居民,山谷之中,最为巨患。

及侯瑱镇豫章,昙朗外示服从,阴欲图瑱。侯方儿之反瑱也,昙朗为之谋主,瑱败,昙朗获瑱马仗子女甚多。及萧勃逾岭,欧阳頠为前军,昙朗绐頠共往巴山袭黄法𣰰,又报法𣰰期共破頠,约曰"事捷与我马仗"。及出军,与頠掎角而进,又绐頠曰"余孝顷欲相掩袭,须分留奇兵,甲仗既少,恐不能济"。頠乃送甲三百领助之。及至城下,将战,昙朗伪北,法𣰰乘之,頠失援,狼狈退衄,昙朗取其马仗而归。时巴山陈定亦拥兵立寨,昙朗伪以女妻定子。又谓定曰"周迪、余孝顷并不愿此婚,必须以强兵来迎"。定乃遣精甲三百并土豪二十人往迎,既至,昙朗执之,收其马仗,并论价责赎。

绍泰二年,昙朗以南川豪帅,随例除游骑将军。寻为持节、飙猛将军、桂州刺史资，领丰城令，历宜新、豫章二郡太守。王琳遣李孝钦等随余孝顷于临川攻周迪，昙朗率所领赴援。其年，以功除持节、通直散骑常侍、宁远将军，封永化县侯，邑一千户，给鼓吹一部。又以抗御王琳之功，援平西将军、开府仪同三司，余并如故。及周文育攻余孝励于豫章，昙朗出军会之，文育失利，昙朗乃害文育，以应王琳，事见文育传。于是尽执文育所部诸将，据新淦县，带江为城。

王琳东下，世祖征南川兵，江州刺史周迪、高州刺史黄法𣰰欲沿流应赴，昙朗乃据城列舰断遏，迪等与法𣰰因帅南中兵筑城围之，绝其与琳信使。及王琳败走，昙朗党援离心，迪攻陷其城，虏其男女万余口。昙朗走入村中，村民斩之，传首京师，悬于朱雀观。于是尽收其宗族，无少长皆弃市。

译文：

熊昙朗，豫章郡南昌县人，世代为本郡望族。熊昙朗为人放荡不守规矩，有气力，身材很魁伟。侯景之乱爆发后，逐渐聚集少年人，据守丰城县，构筑栅垒，凶暴狡猾的强盗多依附他。梁元帝让他担任巴山太守。荆州失陷以后，熊昙朗的兵力较强，抢劫掠夺邻县，捆卖当地居民，是山谷当中的最大祸患。

待到侯瑱守豫章，熊昙朗表面表示服从，暗中却要算计侯瑱。侯方儿的反叛侯瑱，熊昙朗是他主谋的人，侯瑱失败后，熊昙朗获得侯瑱的战马兵器男女很多。待到萧勃翻越南岭，以欧阳頠为前军，熊昙朗欺骗欧阳頠，和他一起前往巴山袭击黄法𣰰，又报告黄法𣰰约定时间共同打败欧阳頠，协议说"事情成功给我马匹兵器"。待出兵时，和欧阳頠成掎角的形势而前进，又骗欧阳頠说："余孝顷想要来袭击，必须分留骑兵，盔甲武器已少，恐怕难以成事。"欧阳頠就送三百领盔甲帮助他。等到达城下，将要交战，熊昙朗假装败退逃跑，黄法氍乘机追杀，欧阳頠失去援军，狼狈退缩，熊昙朗收取他的马匹兵器而回。当时巴山人陈定也拥兵立寨，熊昙朗假装要将女儿嫁给陈定的儿子，又对陈定说："周迪、余孝顷都不愿看到这门亲事，你必须用强兵来迎亲。"陈定就派精锐甲士三百和土豪二十人前往迎亲，到后，熊昙朗将这些人拘留，收取他们的马匹兵器，然后论价让陈定赎回。

绍泰二年，熊昙朗以南川豪帅的身份，随例除拜游骑将军。不久为持节、飙猛将军、桂州刺史，领丰城县令，历任宜新、豫章二郡太守。王琳派遣李孝钦等跟随余孝顷，在临川攻打周迪，熊昙朗率部属前往救援。这年，因功除持节、通直散骑常侍、宁远将军，封爵永化县侯，给食邑一千户，赐鼓吹一部。又因抗拒王琳的功劳，授任平西将军、开府仪同三司，其他职务依旧。待到周文育在豫章攻打余孝劢，熊昙朗出兵和他相会，周文育失利，熊昙朗就杀害了周文育，以响应王琳，事情记在《周文育传》。于是全部拘执周文育的部将，据守新淦县，环绕江水修筑城墙。

王琳领兵东下，世祖征调南川的兵马，江州刺史周迪、高州刺史黄法氍打算沿水流应征赴京，熊昙朗据守城垒、排列舰船阻挡，周迪和黄法氍就率领南中兵士修筑城墙包围他，断了他和王琳的信使往来。待到王琳失败退走，熊昙朗的同党和援军心怀离贰，周迪攻克新淦城，俘虏男女一万多口，熊昙朗逃到村中，被村民斩首，将首级传送到京城，悬挂在朱雀观。于是全部拘捕他的宗族，无论老幼都处死刑。

史记

汉书

后汉书

三国志

晋书

宋书

南齐书

梁书

陈书

魏书

北齐书

周书

隋书

南史

北史

旧唐书

新唐书

旧五代史

新五代史

宋史

辽史

金史

元史

明史

魏书

列 传

魏书卷三十五

列传第二十三

崔 浩

崔浩,字伯渊,清河人也,白马公玄伯之长子。少好文学,博览经史,玄象阴阳,百家之言,无不关综,研精义理,时人莫及。弱冠为直郎。天兴中,给事秘书,转著作郎。太祖以其工书,常置左右。太祖季年,威严颇峻,宫省左右多以微过得罪,莫不逃隐,避目下之变,浩独恭勤不怠,或终日不归。太祖知之,辄命赐以御粥。其砥直任时,不为穷通改节,皆此类也。

太宗初,拜博士祭酒,赐爵武城子,常授太宗经书。每至郊祠,父子并乘轩轺,时人荣之。太宗好阴阳术数,闻浩说《易》及《洪范》五行,善之,因命浩筮吉凶,参观天文,考定疑惑。浩综核天人之际,举其纲纪,诸所处决,多有应验,恒与军国大谋,甚为宠密。是时,有兔在后宫,验问门官,无从得入。太宗怪之,命浩推其咎徵。浩以为当有邻国贡嫔嫱者,善应也。明年,姚兴果献女。

神瑞二年,秋谷不登,太史令王亮、苏垣因华阴公主等言谶书国家当治邺,应大乐五十年,劝太宗迁都。浩与特进周澹言于太宗曰："今国家迁都于邺，可救今年之饥，非长久之策也。东州之人，常谓国家居广漠之地，民畜无算，号称牛毛之众。今留守旧都，分家南徙，恐不满诸州之地。参居郡县，处榛林之间，不便水土，疾疫死伤，情见事露，则百姓意沮。四方闻之，有轻侮之意，屈丐、蠕蠕必提挈而来，云中、平城则有危殆之虑，阻隔恒代千里之险，虽欲救援，赴之甚难，如此则声实俱损矣。今居北方，假令山东有变，轻骑南出，耀威桑梓之中，谁知多少？百姓见之，望尘震服。此是国家威制诸夏之长策也。至春草生，乳酪将出，兼有菜果，足接来秋，若得中熟，事则济矣。"太宗深然之，曰："唯此二人，与朕意同。"复使中贵人问浩、澹曰："今既糊口无以至来秋，来秋或复不熟，将如之何？"浩等对曰："可简穷下之户，诸州就谷，若来秋无年，愿更图也。但不可迁都。"太宗从之，于是分民诣山东三州食，出仓谷以禀之。来年遂大熟。赐浩、澹妾各一人，御衣一袭，绢五十匹，绵五十斤。

初，姚兴死之前岁也，太史奏：荧惑在匏瓜星中，一夜忽然亡失，不知所在。或谓下入危亡之国，将为童谣妖言，而后行其灾祸。太宗闻之，大惊，乃名诸硕儒十数人，令与史官求其所诣。浩对曰："案《春秋左氏传》说神降于莘，其至之日，各以其物祭也。请以日辰推之，庚午之夕，辛未之朝，天有阴云，荧惑之亡，当在此二日之内。庚之与未，皆在于秦，辛为西夷。今姚兴据咸阳，是荧惑入秦矣。"诸人皆作色曰："天上失星，人安能知其所诣，而妄说无征之言。"浩笑而不应。后八十余日，荧惑果出于东井，留守盘游，秦中大旱赤地，昆明池水竭，童谣讹言，国内喧扰。明年，姚兴死，二子交兵，三年国灭。于是诸人皆服曰："非所及也。"

泰常元年，司马德宗将刘裕伐姚泓，舟师自淮泗入清，欲沂河西上，假道于国。诏群臣议之。外朝公卿咸曰："函谷关号曰天险。一人荷戈，万夫不得进。裕舟船步兵，何能西入？脱我乘其后，还路甚难。若北上河岸，其行为易。扬言伐姚，意或难测。假其水道，寇不可纵，宜先发军断河上流，勿令西过。"又议之内朝，咸同外计。太宗将从之。浩曰："此非上策。司马休之之徒扰其荆州，刘裕切齿来久。今兴死子劣，乘其危亡而伐之，臣观其意，必欲入关。劲躁之人，不顾后患。今若塞其西路，裕必上岸北侵，如此则姚无事而我受敌。今蠕蠕内寇，民食又乏，不可发军。发军赴南则北寇进击，若其救北则东州复危。未若假之水道，纵裕西入，然后兴兵塞其东归之路，所谓卞庄刺虎，两得之势也。使裕胜也，必德我假道之惠；今姚氏胜也，亦不失救邻之名。纵使裕得关中，县远难守，彼不能守，终为我物。今不劳兵马，坐观成败，斗两虎而收长久之利，上策也。夫为国之计，择利而为之，岂顾婚姻，酬一女子之惠哉？假令国家弃恒山以南，裕必不能发吴越之兵与官军争守河北也，居然可知。"议者犹曰："裕西入函谷，则进退路穷，腹背受敌；北上岸则姚军必不出关助我。扬声西行，意在北进，其势然也。"太宗遂从群议，遣长孙嵩发兵拒之，战于畔城，为裕将朱超石所败，师人多伤。太宗闻之，恨不用浩计。

二年，司马德宗齐郡太守王懿来降，上书陈计，称刘裕在洛，劝国家以军绝其后路，则裕军可不战而克。书奏，太宗善之。会浩在前进讲书传，太宗问浩曰："刘裕西伐，前军已至潼关。其事如何？以卿观之，事得济不？"浩对曰："昔姚兴好养虚名，而无实用。子泓又病，众叛亲离。裕乘其危，兵精将勇，以臣观之，克之必矣。"太宗曰："刘裕武能何如慕容垂？"浩曰："裕胜。"太宗曰："试言其状。"浩曰："慕容垂乘父祖世君之资，生便尊贵，同类归之，若夜蛾之赴火，少加倚仗，便足立功。刘裕挺出寒微，不阶尺土之资，不因一卒之用，奋臂大呼而夷灭桓玄，北擒慕容超，南摧卢循等，僭晋陵迟，遂执国命。裕若平姚而还，必篡其主，其势然也。秦地戎夷混并，虎狼之国，裕亦不能守之。风俗不同，人情难变，欲行荆扬之化于三秦之地，譬无翼而欲飞，无足而欲走，不可得也。若留众守之，必资于寇。孔子曰：'善人为邦百年，可以胜残去杀。'今以秦之难制，一二年间岂裕所能哉？且可治戎束甲，息民备境，以待其归，秦地亦当终为国有，可坐而守也。"太宗曰："裕已入关，不能进退，我遣精骑南袭彭城、寿春，裕亦何能自立？"浩曰："今西北二寇未殄，陛下不可亲御六师。兵众虽盛，而将无韩、白。长孙嵩有治国之用，无进取之能，非刘裕敌也。臣谓待之不晚。"太宗笑曰："卿量之已审矣。"浩曰："臣尝私论近世人物，不敢不上闻。若王猛之治国，苻坚之管仲也；慕容玄恭之辅少主，慕容暐之霍光也；刘裕之平逆乱，司马德宗之曹操也。"太宗曰："卿谓先帝如何？"浩曰："小人管窥悬象，何能见玄穹之广大。虽然，太祖用漠北醇朴之人，南入中地，变风易俗，化洽四海，自与羲农齐列，臣岂能仰名？"太宗曰："屈丐何如？"浩曰："屈丐家国夷灭，一身孤寄，为姚氏封殖。不思树党强邻，报仇雪耻，乃结忿于蠕蠕，背德于姚兴，撅竖小人，无大经略，正可残暴，终为人所灭耳。"太宗大悦，语至中夜，赐浩御缥醪酒十觚，水精戎盐一两。曰："朕味卿言，若此盐酒，故与卿同其旨也。"

三年，彗星出天津，入太微，经北斗，络紫微，犯天棓，八十余日，至汉而灭。太宗复召诸儒术士问之曰："今天下未一,四方岳峙,灾咎之应,将在何国?朕甚畏之,尽情以言,勿有所隐。"咸共推浩令对。浩曰:"古人有言,夫灾异之生,由人而起。人无衅焉,妖不自作。故人失于下,则变见于上,天事恒象,百代不易。《汉书》载王莽篡位之前,彗星出入,正与今同。国家主尊臣卑,上下有序,民无异望。唯僭晋卑削,主弱臣强,累世陵迟,故桓玄逼夺,刘裕秉权。彗孛者,恶气之所生,是为僭晋将灭,刘裕篡之之应也。"诸人莫能易浩言,太宗深然之。五年,裕果废其主司马德文而自立。南镇上裕改元赦书。时太宗幸东南潟卤池射鸟,闻之,驿召浩,谓之曰:"往年卿言彗星之占验矣,朕于今日始信天道。"

初,浩父疾笃,浩乃剪爪截发,夜在庭中仰祷斗极,为父请命,求以身代,叩头流血,岁余不息,家人罕有始者。及父终,居丧尽礼,时人称之。袭爵白马公。朝廷礼仪、优文策诏、军国书记,尽关于浩。浩能为杂说,不长属文,而留心于制度、科律及经术之言。作家祭法,次序五宗,蒸尝之礼,丰俭之节,义理可观。性不好《老》《庄》之书,每读不过数十行,辄弃之,曰:"此矫诬之说,不近人情,必非老子所作。老聃习礼,仲尼所师,岂设败法文书,以乱先王之教。袁生所谓家人筐箧中物,不可扬于王庭也。

太宗恒有微疾,怪异屡见,乃使中贵人密问于浩曰:"《春秋》:星孛北斗,七国之君皆将有咎。今兹日蚀于胃昴,尽光赵代之分野,朕疾弥年,疗治无损,恐一旦奄忽,诸子并少,将如之何?其为我设图后之计。"浩曰:"陛下春秋富盛,圣业方融,德以除灾,幸就平愈。且天道悬远,或消或应。昔宋景见灾修德,荧惑退舍。愿陛下遗诸忧虞,恬神保和,纳御嘉福,无以暗昧之说,致损圣思。必不得已,请陈瞽言。自圣化龙兴,不崇储贰，是以永兴之始，社稷几危。今宜早建东宫，选公卿忠贤陛下素所委仗者使为师傅，左右信臣简在圣心者以充宾友，入总万机，出统戎政，监国抚军，六柄在手。若此，则陛下可以优游无为，颐神养寿，进御医药。万机之后，国有成主，民有所归，则奸宄息望，旁无觊觎。此乃万世之令典，塞祸之大备也。今长皇子焘，年渐一周，明睿温和，众情所系，时登储副，则天下幸甚。立子以长，礼之大经。若须并待成人而择，倒错天伦，则生履霜坚冰之祸。自古以来，载籍所记，兴衰存亡，鲜不由此。"太宗纳之。于是使浩奉策告宗庙，命世祖为国副主，居正殿临朝。司徒长孙嵩、山阳公奚斤、北新公安同为左辅，坐东厢西面；浩与太尉穆观、散骑常侍丘堆为右弼，坐西厢东面。百僚总己以听焉。太宗避居西宫，时隐而窥之，听其决断，大悦，谓左右侍臣曰："长孙嵩宿德旧臣，历事四世，功存社稷；奚斤辩捷智谋，名闻遐迩；安同晓解俗情，明练于事；穆观达于政要，识吾旨趣；崔浩博闻强识，精于天人之会；丘堆虽无大用，然在公专谨。以此六人辅相，吾与汝曹游行四境，伐叛柔服，可得志于天下矣。"群臣时奏所疑，太宗曰："此非我所知，当决之汝曹国主也。"

会闻刘裕死，太宗欲取洛阳、虎牢、滑台。浩曰："陛下不以刘裕欻起，纳其使贡，裕亦敬事陛下。不幸今死，乘丧伐之，虽得之不令。《春秋》：晋士匄帅侵齐，闻齐侯卒，乃还。君子大其不伐丧，以为恩足以感孝子，义足以动诸侯。今国家亦未能一举而定江南，宜遣人吊祭，存其孤弱，恤其凶灾，布义风于天下，令德之事也。若此，则化被荆扬，南金象齿羽毛之珍，可不求而自至。裕新死，党与未离，兵临其境，必相率拒战，功不可必，不如缓之，待其恶稔。如其强臣争权，变难必起，然后命将扬威,可不劳士卒,而收淮北之地。"太宗锐意南伐,诘浩曰:"刘裕因姚兴死而灭其国,裕死我伐之,何为不可?"浩固执曰:"兴死,二子交争,裕乃伐之。"太宗大怒,不从浩言,遂遣奚斤南伐。议于监国之前曰:"先攻城也?先略地也?"斤曰:请先攻城。"浩曰:"南人长于守城,苻氏攻襄阳,经年不拔。今以大国之力攻其小城,若不时克,挫损军势,敌得徐严而来。我怠彼锐,危道也。不如分军略地,至淮为限,列置守宰,收敛租谷。滑台、虎牢反在军北,绝望南救,必沿河东走。若或不然,即是囿中之物。"公孙表请先图其城。斤等济河,先攻滑台,经时不拔,表请济师。太宗怒,乃亲南巡。拜浩相州刺史,加左光禄大夫,随军为谋主。

及车驾之还也,浩然太宗幸西河、太原。登憩高陵之上,下临河流,傍览川域,慨然有感,遂与同僚论五等郡县之是非,考秦始皇、汉武帝之违失。好古识治,时伏其言。天师寇谦之每与浩言,闻其论古治乱之迹,常自夜达旦,竦意敛容,无有懈倦。既而叹美之曰:"斯言也惠,皆可底行,亦当今之皋繇也。但世人贵远贱近,不能深察之耳。"因谓浩曰:"吾行道隐居,不营世务,忽受神中之诀,当兼修儒教,辅助泰平真君,继千载之绝统。而学不稽古,临事暗昧。卿为吾撰列王者治典,并论其大要。"浩乃著书二十余篇,上推太初,下尽秦汉变弊之迹,大旨先以复五等为本。

世祖即位,左右忌浩正直,共排毁之。世祖虽知其能,不免群议,故出浩,以公归第。及有疑议,召而问焉。浩纤妍洁白,如美妇人。而性敏达,长于谋计。常自比张良,谓己稽古过之。既得归第,因欲修服食养性之术,而寇谦之有《神中录图新经》,浩因师之。

始光中，进爵东郡公，拜太常卿。时议讨赫连昌，群臣皆以为难，唯浩曰："往年以来，荧惑再守羽林，皆成钩己，其占秦亡。又，今年五星并出东方，利以西伐。天应人和，时会并集，不可失也。"世祖乃使奚斤等击蒲坂，而亲率轻骑袭其都城，大获而还。及世祖复讨昌，次其城下，收众伪退。昌鼓噪而前，舒阵为两翼。会有风雨从东南来，扬沙昏冥。宦者赵倪进曰："今风雨从贼后来，我向彼背，天不助人。又将士饥渴，愿陛下摄骑避之，更待后日。"浩叱之曰："是何言欤！千里制胜，一日之中岂得变易？贼前行不止，后已离绝，宜分军隐出，奄击不意。风道在人，岂有常也！"世祖曰"善"。分骑奋击，昌军大溃。

初，太祖诏尚书郎邓渊著《国记》十余卷，编年次事，体例未成。逮于太宗，废而不述。神䴥二年，诏集诸文人撰录国书，浩及弟览、高谠、邓颖、晁继、范亨、黄辅等共参著作，叙成《国书》三十卷。

是年，议击蠕蠕，朝臣内外尽不欲行，保太后固止世祖，世祖皆不听，唯浩赞成策略。尚书令刘洁、左仆射安原等乃使黄门侍郎仇齐推赫连昌太史张渊、徐辩说世祖曰："今年己巳，三阴之岁，岁星袭月，太白在西方，不可举兵。北伐必败，虽克，不利于上。"又群臣共赞和渊等，云渊少时尝谏苻坚不可南征，坚不从而败。今天时人事都不和协，何可举动！世祖意不决，乃召浩令与渊等辩之。

浩难渊曰："阳者，德也；阴者，刑也。故日蚀修德，月蚀修刑。夫王者之用刑，大则陈诸原野，小则肆之市朝。战伐者，用刑之大者也。以此言之，三阴用兵，盖得其类，修刑之义也。岁星袭月，年饥民流，应在他国，远期十二年。太白行仓龙宿，于天文为东，不妨北伐。渊等俗生，志意浅近，牵于小数，不达大体，难与远图。臣观天文，比年以来，月行奄昴，至今犹然。其占：'三年，天子大破旄头之国。'蠕蠕、高车，旄头之众也。夫圣明御时，能行非常之事。古人语曰：'非常之原，黎民惧焉，及其成功，天下晏然。'愿陛下勿疑也。"渊等惭而言曰："蠕蠕，荒外无用之物，得其地不可耕而食，得其民不可臣而使，轻疾无常，难得而制，有何汲汲而苦劳士马也？"浩曰："渊言天时，是其所职，若论形势，非彼所知。斯乃汉世旧说常谈，施之于今，不合事宜也。何以言之？夫蠕蠕者，旧是国家北边叛隶，今诛其元恶，收其善民，令复旧役，非无用也。漠北高凉，不生蚊蚋，水草美善，夏则北迁。田牧其地，非不可耕而食也。蠕蠕子弟来降，贵者尚公主，贱者将军、大夫，居满朝列，又高车号为名骑，非不可臣而畜也。夫以南人追之，则患其轻疾，于国兵则不然。何者？彼能远走，我亦能远逐，与之进退，非难制也。且蠕蠕往数入国，民吏震惊。今夏不乘虚掩进，破灭其国，至秋复来，不得安卧。自太宗之世，迄于今日，无岁不惊，岂不汲汲乎哉！世人皆谓渊、辩通解数术，明决成败。臣请试之，问其西国未灭之前有何亡征。知而不言，是其不忠；若实不知，是其无术。"时赫连昌在座，渊等自以无先言，惭怖而不能对。世祖大悦，谓公卿曰："吾意决矣。亡国之师不可与谋，信矣哉！"而保太后犹难之，复令群臣于保太后前评议。世祖谓浩曰："此等意犹不伏，卿善晓之令悟。"

既罢朝，或有尤浩者曰："今吴贼南寇而舍之北伐。行师千里，其谁不知。若蠕蠕远遁，前无所获，后有南贼之患，危之道也。"浩曰："不然。今年不摧蠕蠕，则无以御南贼。自国家并西国以来，南人恐惧，扬声动众以卫淮北。彼北我南，彼劳我息，其势然矣。比破蠕蠕，往还之间，故不见其至也。何以言之？刘裕得关中，留其爱子，精兵数万，良将劲卒，犹不能固守，举军尽没。号哭之声，至今未已。如何正当国家休明之世，士马强盛之时，而欲以驹犊齿虎口也？设令国家与之河南，彼必不能守之。自量不能守，是以必不来。若或有众，备边之军耳。夫见瓶水之冻，知天下之寒；尝肉一脔，识镬中之味。物有其类，可推而得也。且蠕蠕恃其绝远，谓国家力不能至，自宽来久，故夏则散众放畜，秋肥乃聚，背寒向温，南来寇抄。今出其虑表，攻其不备。大军卒至，必惊骇星分，望尘奔走。牡马护群，牝马恋驹，驱驰难制，不得水草，未过数日则聚而困敝，可一举而灭。暂劳永逸，长久之利，时不可失也。唯患上无此意，今圣虑已决，发旷世之谋，如何止之？陋矣哉，公卿也！"诸军遂行。天师谓浩曰："是行也，如之何，果可克乎？"浩对曰："天时形势，必克无疑。但恐诸将琐琐，前后顾虑，不能乘胜深入，使不全举耳。"

及军入其境，蠕蠕先不设备，民畜布野，惊怖四奔，莫相收摄。于是分军搜讨，东西五千里，南北三千里，凡所俘虏及获畜产车庐，弥漫山泽，盖数百万。高车杀蠕蠕种类，归降者三十余万落。虏遂散乱矣。世祖沿弱水西行，至涿邪山，诸大将果疑深入有伏兵，劝世祖停止不追。天师以浩曩日之言，固劝世祖穷讨，不听。后有降人，言蠕蠕大檀先被疾，不知所为，乃焚烧穹庐，科车自载，将数百人入山南走。民畜窨聚，方六十里中，无人领统。相去百八十里，追军不至，乃徐徐西遁，唯此得免。后闻凉州贾胡言，若复前行二日，则尽灭之矣。世祖深恨之。大军既还，南贼竟不能动，如浩所量。

浩明识天文，好观星变。常置金银铜铤于酢器中，令青，夜有所见即以铤画纸作字以记其异。世祖每幸浩第，多问以异事。或仓卒不及束带，奉进蔬食，不暇精美。世祖为举匕箸，或立尝而旋。其见宠爱如此。于是引浩出入卧内，加侍中、特进、抚军大将军、左光禄大夫，赏谋谟之功。世祖从容谓浩曰："卿才智渊博，事朕祖考，忠著三世，朕故延卿自近。其思尽规谏，匡予弼予，勿有隐怀。朕虽当时迁怒，若或不用，久久可不深思卿言也。"因令歌工历颂群臣，事在《长孙道生传》。又召新降高车渠帅数百人，赐酒食于前。世祖指浩以示之，曰："汝曹视此人，尪纤懦弱，手不能弯弓持矛，其胸中所怀，乃逾于甲兵。朕始时虽有征讨之意，而虑不自决，前后克捷，皆此人导吾令至此也。"乃敕诸尚书曰："凡军国大计，卿等所不能决，皆先谘浩，然后施行。"

俄而南藩诸将表刘义隆大严，欲犯河南。请兵三万。先其未发逆击之，因诛河北流民在界上者，绝其乡导，足以挫其锐气，使不敢深入。诏公卿议之，咸言宜许。浩曰："此不可从也。往年国家大破蠕蠕，马力有余，南贼震惧，常恐轻兵奄至，卧不安席，故先声动众，以备不虞，非敢先发。又南土下湿，夏月蒸暑，水潦方多，草木深邃，疾疫必起，非行师之时。且彼先严有备，必坚城固守。屯军攻之，则粮食不给；分兵肆讨，则无以应敌。未见其利。就使能来，待其劳倦，秋凉马肥，因敌取食，徐往击之，万全之计，胜必可克。在朝群臣及西北守将，从陛下征讨，西灭赫连，北破蠕蠕，多获美女珍宝，马畜成群。南镇诸将闻而生羡，亦欲南抄，以取资财。是以披毛求瑕，妄张贼势，冀得肆心。既不获听，故数称贼动，以恐朝廷。背公存私，为国生事，非忠臣也。"世祖从浩议。南镇诸将复表贼至，而自陈兵少，简幽州以南戍兵佐守，就漳水造船，严以为备。公卿议者佥然，欲遣骑五千，并假署司马楚之、鲁轨、韩延之等，令诱引边民。浩曰："非上策也。彼闻幽州已南精兵悉发，大造舟船，轻骑在后，欲存立司马，诛除刘族，必举国骇扰，惧于灭亡，当悉发精锐，来备北境。后审知官军有声无实，恃其先聚，必喜而前行，径来至河，肆其侵暴，则我守将无以御之。若彼有见机之人，善设权谲，乘间深入，虞我国虚，生变不难，非制敌之良计。今公卿欲以威力攘贼，乃所以招令速至也。夫张虚声而召实害，此之谓矣。不可不思，后悔无及。我使在彼，期四月前还。可待使至，审而后发，犹未晚也。且楚之之徒，是彼所忌，将夺其国，彼安得端坐视之。故楚之往则彼来，止则彼息，其势然也。且楚之等琐才，能招合轻薄无赖，而不能成就大功。为国生事，使兵连祸结，必此之群矣。臣尝闻鲁轨说姚兴求入荆州，至则散败，乃不免蛮贼掠卖为奴，使祸及姚泓，已然之效。"浩复陈天时不利于彼，曰："今兹害气在扬州，不宜先举兵，一也；午岁自刑，先发者伤，二也；日蚀灭光，昼昏星见，飞鸟堕落，宿值斗牛，忧在危亡，三也；荧惑伏匿于翼轸，戒乱及丧，四也；太白未出，进兵者败，五也。夫兴国之君，先修人事，次尽地利，后观天时，故万举而万全，国安而身盛。今义隆新国，是人事未周也；灾变屡见，是天时不协也；舟行水涸，是地利不尽也。三事无一成，自守犹或不安，何得先发而攻人哉？彼必听我虚声而严，我亦承彼严而动，两推其咎，皆自以为应敌。兵法当分灾迎受害气，未可举动也。"

世祖不能违众，乃从公卿议。浩复固争，不从。遂遣阳平王杜超镇邺，琅邪王司马楚之等屯颍川。于是贼来遂疾，到彦之自清水入河，沂流西行，分兵列守南岸，西至潼关。

世祖闻赫连定与刘义隆悬分河北，乃治兵，欲先讨赫连。群臣曰："义隆犹在河中，舍之西行，前寇未可必克，而义隆乘虚，则失东州矣。"世祖疑焉，问计于浩。浩曰："义隆与赫连定同恶相招，连结冯跋，牵引蠕蠕，规肆逆心，虚相唱和。义隆望定进，定待义隆前，皆莫敢先入。以臣观之，有似连鸡，不得俱飞，无能为害也。臣始谓义隆军来当屯住河中，两道北上，东道向冀州，西道冲邺。如此，则陛下当自致讨，不得徐行。今则不然，东西列兵，径二千里，一处不过数千，形分势弱。以此观之，仵儿情见，止望固河自守，免死为幸，无北渡意也。赫连定残根易摧，拟之必仆。克定之后，东出潼关，席卷而前，则威震南极，江淮以北无立草矣。圣策独发，非愚近所及，愿陛下西行勿疑。"平凉既平，其日宴会，世祖执浩手以示蒙逊使曰："所云崔公，此是也。才略之美，当今无比。朕行止必问，成败决焉，若合符契，初无失矣。"后冠军将军安颉军还，献南俘，因说南贼之言云，义隆敕其诸将，若北国兵动，先其未至，径前入河，若其不动，住彭城勿进。如浩所量。世祖谓公卿曰："卿辈前谓我用浩计为谬，惊怖固谏。常胜之家，始皆自谓逾人远矣，至于归终，乃不能及。"迁浩司徒。

时方士祁纤奏立四王，以曰东西南北为名，欲以致祯吉，除灾异。诏浩与学士议之。浩对曰："先王建国以作蕃屏，不应假名以为其福。夫日月运转，周历四方，京都所居，在于其内，四王之称，实奄邦畿，名之则逆，不可承用。"先是，纤奏改代为万年，浩曰："昔太祖道武皇帝，应天受命，开拓洪业，诸所制置，无不循古。以始封代土，后称为魏，故代、魏兼用，犹彼殷商。国家积德，著在图史，当享万亿，不待假名以为益也。纤之所闻，皆非正义。"世祖从之。

是时，河西王沮渠牧犍内有贰意，世祖将讨焉，先问于浩。浩对曰："牧犍恶心已露，不可不诛。官军往年北伐，虽不克获,实无所损。于时行者内外军马三十万匹,计在道死伤不满八千,岁常赢死,恒不减万,乃不少于此。而远方承虚,便谓大损,不能复振。今出其不意,不图大军卒至,必惊骇骚扰,不知所出,擒之必矣。且牧犍劣弱,诸弟骄恣,争权从横,民心离解。加比年以来,天灾地变,都在秦凉,成灭之国也。"世祖曰:"善,吾意亦以为然。"命公卿议之。弘农王奚斤等三十余人皆曰:"牧犍西垂下国,虽心不纯臣,然继父职贡,朝廷接以蕃礼。又王姬厘降,罪未甚彰,谓宜羁縻而已。今士马劳止,宜可小息。又其地卤斥,略无水草,大军既到,不得久停。彼闻军来,必完聚城守,攻则难拔,野无所掠。"于是尚书古弼、李顺之徒皆曰:"自温圉河以西,至于姑臧城南,天梯山上冬有积雪,深一丈余,至春夏消液,下流成川,引以溉灌。彼闻军至,决此渠口,水不通流,则致渴乏。去城百里之内,赤地无草,又不任久停军马。斤等议是也。"世祖乃命浩以其前言与斤共相难抑。诸人不复余言,唯曰"彼无水草"。浩曰:"《汉书地理志》称:'凉州之畜,为天下饶。'若无水草,何以畜牧?又汉人为居,终不于无水草之地筑城郭、立郡县也。又雪之消液,才不敛尘,何得通渠引漕,溉灌数百万顷乎?此言大诋诬于人矣。"李顺等复曰:"耳闻不如目见,吾曹目见,何可共辨!"浩曰:"汝曹受人金钱,欲为之辞,谓我目不见便可欺也!"世祖隐听,闻之乃出,亲见斤等,辞旨严厉,形于神色。群臣乃不敢复言,唯唯而已。于是遂讨凉州而平之。多饶水草,如浩所言。

乃诏浩曰:"昔皇祚之兴,世隆北土,积德累仁,多历年载,泽流苍生,义闻四海。我太祖道武皇帝,协顺天人,以征不服,应期拨乱,奄有区夏。太宗承统,光隆前绪,厘正刑典,大业惟新。然荒域之外,犹未宾服。此祖宗之遗志,而贻功于后也。朕以眇身,获奉宗庙,战战兢兢,如临渊海,惧不能负荷至重,继名丕烈。故即位之初,不遑宁处,扬威朔裔,扫定赫连。逮于神麚,始命史职注集前功,以成一代之典。自尔已来,戎旗仍举,秦陇克定,徐兖无尘,平逋寇于龙川,讨孽竖于凉域。岂朕一人获济于此,赖宗庙之灵,群公卿士宣力之效也。而史阙其职,篇籍不著,每惧斯事之坠焉。公德冠朝列,言为世范,小大之任,望君存之。命公留台,综理史务,述成此书,务从实录。"浩于是监秘书事,以中书侍郎高允、散骑侍郎张伟参著作,续成前纪。至于损益褒贬,折中润色,浩所总焉。

及恭宗始总百揆,浩复与宜都王穆寿辅政事。时又将讨蠕蠕,刘洁复致异议。世祖逾欲讨之,乃召问浩。浩对曰:"往击蠕蠕,师不多日,洁等各欲回还。后获其生口,云军还之时,去贼三十里。是洁等之计过矣。夫北土多积雪,至冬时常避寒南徙。若因其时,潜军而出,必与之遇,则可擒获。"世祖以为然。乃分军为四道,诏诸将俱会鹿浑海。期日有定,而洁恨计不用,沮误诸将,无功而还。事在《洁传》。

世祖西巡,诏浩与尚书、顺阳公兰延都督行台中外诸军事。世祖至东雍,亲临汾曲,观叛贼薛永宗垒,进军围之。永宗出兵欲战,世祖问浩曰:"今日可击不?"浩曰:"永宗未知陛下自来,人心安闲,北风迅疾,宜急击之,须臾必碎。若待明日,恐其见官军盛大,必夜遁走。"世祖从之。永宗溃灭。车驾济河,前驱告贼在渭北。世祖至洛水桥,贼已夜遁。诏问浩曰:"盖吴在长安北九十里。渭北地空,谷草不备。欲渡渭南西行,何如?"浩对曰:"盖吴营去此六十里,贼魁所在。击蛇之法,当须破头,头破则尾岂能复动。宜乘势先击吴。今军往,一日便到。平吴之后,回向长安,亦一日而至。一日之内,未便损伤。

愚谓宜从北道。若从南道，则盖吴徐入北山，卒未可平。"世祖不从，乃渡渭南。吴闻世祖至，尽散入北山，果如浩言，军无所克。世祖悔之。后以浩辅东宫之勤，赐缯絮布帛各千段。

著作令史太原闵湛、赵郡郤标素谄事浩，乃请立石铭，刊载《国书》，并勒所注《五经》。浩赞成之。恭宗善焉，遂营于天郊东三里，方百三十步，用功三百万乃讫。

世祖蒐于河西，诏浩诣行在所议军事。浩表曰："昔汉武帝患匈奴强盛，故开凉州五郡，通西域，劝农积谷，为灭贼之资。东西迭击。故汉未疲，而匈奴已弊，后遂入朝。昔平凉州，臣愚以为北贼未平，征役不息，可不徙其民，案前世故事，计之长者。若迁民人，则土地空虚，虽有镇戍，适可御边而已，至于大举，军资必乏。陛下以此事阔远，竟不施用。如臣愚意，犹如前议，募徙豪强大家，充实凉土，军举之日，东西齐势，此计之得者。"

浩又上《五寅元历》，表曰："太宗即位元年，敕臣解《急就章》《孝经》《论语》《诗》《尚书》《春秋》《礼记》《周易》。三年成讫。复诏臣学天文、星历、《易》式、九宫，无不尽看。至今三十九年，昼夜无废。臣禀性弱劣，力不及健妇人，更无余能，是以专心思书，忘寝与食，至乃梦共鬼争义。遂得周公、孔子之要术，始知古人有虚有实，妄语者多，真正者少。自秦始皇烧书之后，经典绝灭。汉高祖以来，世人妄造历术者有十余家，皆不得天道之正，大误四千，小误甚多，不可言尽。臣愍其如此。今遭陛下太平之世，除伪从真，宜改误历，以从天道。是以臣前奏造历，今始成讫。谨以奏呈。唯恩省察，以臣历术宣示中书博士，然后施用。非但时人，天地鬼神知臣得正，可以益国家万世之名，过于三皇、五帝矣。"事在《律历志》。

真君十一年六月诛浩，清河崔氏无远近，范阳卢氏、太原郭氏、河东柳氏，皆浩之姻亲，尽夷其族。初，郄标等立石铭刊《国记》，浩尽述国事，备而不典。而石铭显在衢路，往来行者咸以为言，事遂闻发。有司按验浩，取秘书郎吏及长历生数百人意状。浩伏受赇，其秘书郎吏已下尽死。

浩始弱冠，太原郭逸以女妻之。浩晚成，不曜华采，故时人未知。逸妻王氏，刘义隆镇北将军王仲德姊也，每奇浩才能，自以为得婿。俄而女亡，王深以伤恨，复以少女继婚。逸及亲属以为不可，王固执与之，逸不能违，遂重结好。浩非毁佛法，而妻郭氏敬好释典，时时读诵。浩怒，取而焚之，捐灰于厕中。及浩幽执，置之槛内，送于城南，使卫士数十人溲其上，呼声嗷嗷，闻于行路。自宰司之被戮辱，未有如浩者，世皆以为报应之验也。初浩构害李顺，基萌已成，夜梦秉火爇顺寝室，火作而顺死，浩与室家群立而观之。俄而顺弟息号哭而出，曰："此辈，吾贼也！"以戈击之，悉投于河。寤而恶之，以告馆客冯景仁。景仁曰："此真不善也，非复虚事。夫以火爇人，暴之极也。阶乱兆祸，复已招也。《商书》曰：'恶之易也，如火之燎于原，不可向迩，其犹可扑灭乎？'且兆始恶者有终殃，积不善者无余庆。厉阶成矣，公其图之。"浩曰"吾方思之"，而不能悛，至是而族。浩既工书，人多托写《急就章》。从少至老，初不惮劳，所书盖以百数，必称"冯代强"，以示不敢犯国，其谨也如此。浩书体势及其先人，而妙巧不如也。世宝其迹，多裁割缀连以为楷模。

浩母卢氏，谌孙也。浩著《食经叙》曰："余自少及长，耳目闻见，诸母诸姑所修妇功，无不蕴习酒食。朝夕养舅姑，四时祭祀，虽有功力，不任僮使，常手自亲焉。昔遭丧乱，饥馑仍臻，饘蔬餬口，不能具其物用，十余年间不复备设。先妣虑久废忘，后生无知见，而少不习业书，乃占授为九篇，文辞约举，婉而成章，聪辩强记，皆此类也。亲没之后，值国龙兴之会，平暴除乱，拓定四方。余备位台铉，与参大谋，赏获丰厚，牛羊盖泽，赀累巨万。衣则重锦，食则粱肉。远惟平生，思季路负米之时，不可复得，故序遗文，垂示来世。"

始浩与冀州刺史颐、荥阳太守模等年皆相次，浩为长，次模，次颐。三人别祖，而模、颐为亲。浩恃其家世魏晋公卿，常侮模、颐。模谓人曰："桃简正可欺我，何合轻我家周儿也。"浩小名桃简，颐小名周儿。世祖颇闻之，故诛浩时，二家获免。浩既不信佛、道，模深所归向，每虽粪土之中，礼拜形像。浩大笑之，云："持此头颅不净处跪是胡神也。"

史臣曰：崔浩才艺通博，究览天人，政事筹策，时莫之二，此其所以自比于子房也。属太宗为政之秋，值世祖经营之日，言听计从，宁廓区夏。遇既隆也，勤亦茂哉！谋虽盖世，威未震主，末途邂逅，遂不自全。岂鸟尽弓藏，民恶其上？将器盈必概，阴害贻祸？何斯人而遭斯酷，悲夫！

译文：

崔浩，字伯渊，清河郡人，白马公崔玄伯的长子。他自小喜爱文学，博览儒家经典和史学著作，天象阴阳及诸子百家的学说，都能融汇贯通，探究精神实质，同时代的人没有谁能赶得上他。二十岁的时候，担任直郎，天兴时，在秘书省供职，转任著作郎。太祖因为他能写一手好字，经常把他留在身边。太祖晚年，对臣下极其严厉，宫省近臣大都因小过失获罪，大家都逃避躲藏，以免遭到眼前的不测之祸。只有崔浩恭谨勤勉，毫不懈怠，有时整天都不回家。太祖知道这个情况后，常让人把自己吃的粥赏赐给他。崔浩就是这样砥砺自己，任何时候都正直行事，不因为贫困和显达而改变自己的操守。

太宗即位初期，任命崔浩为博士祭酒，授爵为武城子，崔浩经常向太宗讲授儒家经书。每当举行郊祀的时候，他与父亲都乘车从驾，当时的人都为他们感到光荣。太宗喜欢阴阳占卜，听说崔浩讲述《周易》及《尚书·洪范》的五行学说，认为很好，便让崔浩占卜吉凶，并参看天象变化，以分析解决疑难问题。崔浩对天象人事进行综合考察，找出其间的重要关系，他做出的判断，大部分是灵验的。他一直参与制订军国大计，深得太宗宠信和亲近。这时，有只兔子出现在后宫，查问守宫门的官吏，也弄不清是从哪儿进来的。太宗对此感到奇怪，就命崔浩判断是不是灾难的征兆。崔浩认为这将是邻国贡献女子为嫔妃，是个好兆应。第二年，姚兴果真献女于魏。

神瑞二年，秋天庄稼收成不好，太史令王亮、苏垣通过华阴公主等人向太宗说，根据谶书，魏国应当建都邺城，将会享受五十年的大好时光，因而劝太宗迁都。崔浩与特进周澹对太宗说："现在国家迁都到邺城，只可以渡过今年的饥荒，但不是长久之计。京都平城东面各州的老百姓，常以为国家位于广漠的草原上，人口和牲畜不知其数，多如牛毛。如今要留下部分人守旧都，另分家向南迁都，恐怕不能遍布各州，而且散到各郡县，安家于林间野地，不服水土，会因疾病而发生死伤，这些事情出现后，百姓就会感到丧气。四方邻国听到后，便会产生轻视欺侮我国的念头。西边的赫连勃勃和北边的柔然必定会联合进攻我们，云中和平城一带就相当危急。邺城与平城相隔千里之遥，加上恒山、代地道路险峻,即便想援救,进军也非常困难,这样一来,声誉和实力都会受到损害。现在我们定都在北边,假如恒山以东的地方发生事变,则可以轻骑南下,驰骋于平野之中,有谁弄得清楚究竟有多少兵马?老百姓看见骑兵扬起的尘土,也会恐惧屈服。这才是我国用武力制服中原的长久办法。只要等到春天青草长出来,牲畜就会产乳,加上蔬菜水果,足以接上明年秋粮。如果明年秋天有个中等收成,事业就会成功了。"太宗认为这话很正确,说:"只有这两个人,与我意见相同。"又派宦官问崔浩、周澹说:"现在就是勉强糊口也无法拖到明年秋熟,要是明年秋天收成又不好,那该怎么办呢?"崔浩等人回答说:"可以挑选极贫穷的人家到各州有粮食的地方去就食,假如明年收成不好,可以再想办法,只是不能迁都。"太宗采纳了崔浩的建议,于是分民户到恒山以东三州就食,并拿出库藏谷物供给他们。第二年果然获得大丰收。于是赏赐崔浩、周澹每人妾一人、皇帝穿的衣服一件、绢五十匹、绵五十斤。

起先,姚兴死的前一年,太史上奏:荧惑星本来在匏瓜星中,一天夜里忽然失去踪影,不知所在。有人说荧惑星降落到将要灭亡的国家,将有童谣妖言,后来就会实现,成为灾难。太宗听了,极为惊恐。于是找来十多个大儒,让他们同史官一起探讨荧惑星到了什么地方。崔浩回答说:"根据《春秋左氏传》说,天神降临莘地,当它降临那天,人们分别用相应的物品进行祭祀。现请允许我根据日期和时辰进行推断,庚午日的傍晚,辛未日的早晨,天上有阴云,荧惑星不见的时间,应当在这两天之内。庚与未都指的是秦地,辛指的是西方夷族。现在姚兴占有咸阳,这就是说荧惑星到了秦国。"大家都生气地说:"天上星星不见了,世人怎能知道它的去向,却胡说些毫无根据的话。"崔浩笑而不答。过了八十多天，荧惑星果然在东井星旁出现，在那儿徘徊不定，秦地发生大旱灾，赤地千里，昆明池中的水都干涸了，童谣和讹言四起，国内扰攘不宁。次年，姚兴死去，他的两个儿子相互厮杀，三年国家就灭亡了。于是大家都折服说："我们可赶不上崔浩啊。"

泰常元年，司马德宗的将领刘裕进攻姚泓，水军从淮河、泗水进入清水，打算溯河西进，借道魏国。太宗命令群臣就此事进行讨论。外朝公卿们都说："函谷关号称天险，一人持戈据守，万人也难攻进去。刘裕依靠船只和步兵，哪能西入关中？假如我们起兵断绝他的后路，他要撤退回去都相当困难。但如果他想到黄河北岸进攻我们，行动起来就比较容易。他声称讨伐姚泓，本意原难预料。怎能把水路借给他，对强盗不应放纵，应该先派兵堵住黄河上游，不让他到西边去。"又在内朝官员之间进行讨论，都同意外朝公卿们的计谋。太宗就要采纳这一计谋，崔浩说："这不是上策，司马休之那帮人骚扰刘裕的荆州，刘裕一直对他们切齿痛恨。如今姚兴死了，他的儿子又无才能，乘其危亡的时候进行讨伐。我看刘裕的本意，一定是想进入关中。恃勇轻躁的人，是不会顾及后患的。现在如果切断他向西进军的道路，刘裕一定会上岸向北侵犯，这样的话，姚泓反倒没事，而我们却受到敌人的攻击。最近蠕蠕向南进犯，老百姓又没吃的，所以不宜征发军队。如果发兵到南边。北边的敌人将大举进攻，若回军救援，恒山以东的地方又有危险。不如把水路借给他，让刘裕西入关中，然后起兵切断他向东归的退路。这就好比卞庄刺虎，势在一举两得。假如刘裕取得胜利，肯定会因为我们借路给他而感恩戴德；假如姚泓胜了，我们也不会失掉援助邻邦的名誉。就算刘裕夺得关中，与江南隔得太远，难以据守，他不能据守，最终还是我们的。现在我们不用劳累兵马,坐观成败,使两虎相斗而获得长久的利益,才是上策。国家大计,应当择利而行,哪能考虑婚姻关系,为了酬答得到一个女子的恩惠呢?假如我们放弃恒山以南的土地,刘裕绝不可能派江南兵同我国军队争夺黄河以北的地方,这是显而易见的。"参加讨论的人仍然说:"刘裕如果西入函谷关,将进退无路,腹背受敌;如果上黄河北岸进攻我们,姚泓的军队则绝不会出函谷关援助我们。所以刘裕声称进攻西边的姚泓,而其本意却是想进攻北方,形势就是这样啊。"于是太宗听从大家的意见,派长孙嵩率军阻挡刘裕,在畔城发生战斗,被刘裕的将领朱超石打败,兵士伤亡很大。太宗听到了这一消息,悔恨没有采纳崔浩的计策。

泰常二年,司马德宗齐郡太守王懿来投降,上书陈述计谋,说刘裕在上洛,劝魏发军断绝他的后路,这样就不经战斗而可消灭刘裕的军队。他的上书上奏后,太宗认为这主意不错。刚好崔浩在太宗面前讲授经书史籍,太宗便问崔浩:"刘裕西伐姚泓,前锋已抵达潼关。这事怎样?就你看来,刘裕会不会成功?"崔浩回答说:"先前姚兴喜欢沽名钓誉,实际上却无用处。他的儿子姚泓又犯这个毛病,搞得众叛亲离。刘裕乘其危,加上兵精将勇,以臣下看来,他肯定能打败姚泓。"太宗说:"刘裕勇武才能比得上慕容垂吗?"崔浩说:"刘裕胜过慕容垂。"太宗说:"请你说说具体情况。"崔浩说:"慕容垂凭借父亲和祖父世代为国君的资本,生下来就尊贵,同族人投靠他,就像夜间灯蛾扑火一样,所以稍稍加以利用,就可以建立功业。刘裕从寒族微贱中挺身而出,没有一尺土地作为资本,也没有一个士兵可以利用,只振臂大呼便消灭了桓玄,在北边活捉了南燕国主慕容超,在南边打败了卢循之辈,趁伪晋衰弱之机,掌握了国家大政。这次刘裕如果消灭姚泓胜利而返，一定会篡夺司马德宗的皇位，形势便是如此。但秦地各少数族混居一处，风俗暴戾，刘裕也难据守。风俗不同，人心难以改变，想把荆、扬一带实行的政策法令推行到三秦之地，就好像没生翅膀却想飞翔，没长双足却想行走，是不可能的。如果留大军驻守，兵众必将为仇敌所得。孔子说过：有德行的人治理国家一百年，才可使凶暴的人化而为善，不会相互仇杀。而今秦地如此难以制服，刘裕岂能在一两年间便治理好呢？我们应该整治军备，按兵不动，减轻百姓负担，派兵防守边境，等刘裕撤军，秦地最终仍将为我国所有，我们可以坐享其成。"太宗说："刘裕的军队已进入函谷关，进退不得，如我派精锐骑兵向南袭击彭城、寿春，刘裕又怎能支持得住呢？"崔浩说："如今我们西边和北边的两家仇敌还未消灭，陛下不能亲自统帅大军前往。我们兵士虽多，但没有韩信、白起那样的将领。长孙嵩虽有治国之才，却没有指挥队伍冲锋陷阵的才能，不是刘裕的对手。臣下认为等待不迟。"太宗笑着说："你分析得已经很透彻了。"崔浩说："我曾私下里对近代人物作过评论，不敢不让陛下知道。像王猛治理国家，好比苻坚的管仲；慕容玄恭辅佐幼主，好比慕容皝的霍光；刘裕平定叛乱，可说得上是司马德宗的曹操。"太宗说："你认为先帝是什么样的人呢？"崔浩说："我一个小人，管中窥天，怎能看得出上天的辽阔。话说回来，太祖统率漠北敦厚纯朴的人向南进入中原，改变风俗，教化周遍四海，自然与伏羲、神农并列，岂是我所能称道的。"太宗问："赫连屈丐怎样呢？"崔浩说："屈丐家破人亡，国家毁灭，一人飘零，得到姚兴的扶持。不想法与邻近的强国联合起来，报仇雪耻，却与蠕蠕结仇，忘记姚兴的恩德。卑劣小人，没有远大的韬略，只不过残暴一时，终将被人消灭。"太宗很高兴，两人谈到半夜，赏赐崔浩御用的缥醪酒十觚，水精戎盐一两，并说："我体味你的话，如同品尝这盐和酒，所以与你分享这美味。"

泰常三年，彗星出现在天津星附近，穿过大微星，经由北斗，掠过紫微星，直达天菀星，八十多天，到银河后才消失。太宗又把各位儒生和方术之士找来，问他们："如今天下没有统一，各地方势力互相对峙，灾异将在哪一国应验呢？这事很让我害怕，你们把真实情况全部说出来，不要隐瞒。"大家都推崔浩来回答。崔浩说："古时候的人说，灾异的发生是由人们的行为造成的。人若没有罪过，怪异就无从形成。所以人在世上有过失，天象就会发生变化。天象变化有一定的原则，经历百代也不会改变。《汉书》上记载王莽篡位以前，彗星出入各个星宿，正好同今日的一样。国家主上尊崇，群臣卑下，上下有秩序，人民没有非分的想法。只有伪晋卑微，主弱臣强，几代衰败不振，所以桓玄篡位，刘裕掌权。彗星是恶气形成的，它是伪晋行将灭亡，刘裕将篡夺帝位的征兆。"其他人没有谁能推翻崔浩这一说法，太宗深表赞同。泰常五年，刘裕果然废掉他的君主司马德文而自立为帝。南边各镇送来刘裕改年号时颁布的大赦令。当时太宗在平城东南的㶟卤池射鸟，听到这消息，用驿马把崔浩找来，对他说："你往年就彗星做出的占辞如今应验了，我到今天才开始相信天道。"

当初，崔浩父亲患了重病，他便剪了指甲，削短头发，夜里在院子中向着北斗祷告，请求用自己的生命换取父亲的生命，不停地叩头，直到流出血来，这样过了一年多，从不间断，家中很少有人知道。父亲死后，他又完全遵照礼仪守丧，当时人都称赞他。崔浩继承了父亲白马公的爵位，朝廷礼仪、优文、策命、诏诰及军国文书,都由崔浩经手办理。他擅于论说,而不长于写文章,对制度、法令和经术都很留心。他还制定家祭的方法,排定五宗次序,考究祭祀的礼节,讲明持家的原则,所讲道理都值得借鉴。他生性不喜欢《老子》《庄子》,每次阅读不到数十行便扔在一边,说:"这是欺骗人的学说,不近人情,肯定不是老子撰写的。老聃明习礼仪,孔子还向他学习,怎会写出败坏法制的著作,以扰乱先代圣王的教义呢?这就像袁生所说的私人杂货篓子中的东西,不能在朝廷中宣讲。"

太宗一直有小病,经常出现怪异现象,于是派宦官暗中问崔浩:"《春秋》上说:彗星扫过北斗,七国君主都将有灾祸。现在日食发生于胃星和昴星一带,在赵、代分野的星宿附近食尽。我患病已整一年,经治疗也未见减轻,担心一旦去世,几个儿子都还年幼,这该怎么办呢?你给我考虑一下身后之计吧。"崔浩说:"陛下年富力强,伟大的事业,正在蒸蒸日上,德能消灾,但愿陛下就会康复。况且天道渺渺,有的应验,有的不应验。以前宋景公见到灾异现象,便修养自己的德行,结果荧惑星退回到原来所在的地方。希望陛下排除种种忧虑,使精神恬淡安和,享受福庆,不要让愚昧的说法,损伤您的思想。但一定要让我说身后事的话,就容许说些瞎话吧:自从国家开创以来,就不重视继承人,所以永兴初年的时候,国家几乎危亡。现在应当早立太子,选拔公卿大臣中忠诚贤能,陛下平常信得过的人做太子的师、傅,选拔左右亲信之臣做太子的宾、友,让太子对内统理国家大政,对外统帅军事,监察国政,统辖军队,掌握生杀予夺的权力。这样,陛下就可以悠闲无事,养神延寿,治疗身体。您不幸去世后,国家有现成的君主,人民也知道该归服谁,奸猾之徒就不会有非分的想法,旁人也不会有觊觎的心理。这是继承万代法则，防备祸乱的好办法。如今长皇子拓跋焘，年龄快十二岁了，聪明睿智，人心所向，尽快把他立为太子，这就是天下大幸。立长子为太子，是古礼的重要原则，假如等到皇子们都成人后才作选择，违反了天伦，便一定会发生祸乱。自古以来，书籍上记载的兴衰存亡，很少不是因为这个缘故。"太宗采纳了他的意见。于是让崔浩带上立拓跋焘的策文敬告宗庙，命令世祖拓跋焘为国家的副主，居于正殿，临朝听政。以司徒长孙嵩、山阳公奚斤、北新公安同为左辅，在正殿东厢向西而坐；崔浩与太尉穆观、散骑常侍丘堆为右弼，坐在正殿西厢，面向东边。百官听命于副主。太宗迁居西宫，时常躲在一旁观察，听副主处理政事。太宗很高兴地对左右侍臣说："长孙嵩是朝中德高望重的老臣，侍奉过四朝君主，对国家立有大功；奚斤能言善辩而有谋略，远近闻名；安同了解世间情状，做事干练；穆观深知为政大体，明白我的意图；崔浩见多识广，记忆力好，又精通天道和人事之间的关系；丘堆虽然没有大的才干，但为公家做事专心谨慎。有这六人辅佐副主，我与你们巡行边境，讨伐叛乱的人，绥抚服从者，这样就可以实现统一天下的志向了。"群臣有时向他报告一些难以处理的事，太宗说："这事不该我管，应当去找你们的国主作决定。"

在听到刘裕死去的消息时，太宗打算攻占洛阳、虎牢、滑台。崔浩说："陛下不因为刘裕一时兴起而不理睬他，接待他的使臣，收取他贡献的物品，刘裕侍奉陛下也很恭敬。他今天不幸死去，趁着丧事出兵讨伐，即便取得城池，也不是好事。据《春秋》记载：晋国士匄统师军队侵略齐国，听到齐侯的死讯，当即撤军，有德的人都赞赏士匄不趁人有丧事而进行讨伐，认为他的恩德足以感动孝子，他的仁义足以激励诸侯。如今我们也不可能一举平定江南,所以应该派人去吊丧,慰问刘裕的孤儿弱子,体恤他们所蒙受的灾祸,使德义之风传遍天下,这是美德之事。这样,我国的教化便可推行到江南,南方的金、象牙、羽毛等珍宝,用不着去索求,自然会送上门来。刘裕刚死,党羽没有离散,如大军压境,他们一定会齐心抵抗,我们并非一定能取胜,倒不如慢慢来,等到他们的罪恶充分暴露以后再说。如果他们强臣相互争权夺利,则必然会发生祸乱,那时再命将出师,奋扬国威,就可以不使士卒劳累,便占有淮河以北的土地。"太宗执意南伐,反驳崔浩说:"刘裕趁姚兴死后,灭亡了他的国家,现在刘裕死了,我进行讨伐,为什么不可以呢?"崔浩坚持说:"姚兴死后,他的两个儿子互相争权,刘裕才起兵讨伐他们。"太宗大怒,不听从崔浩的建议,便派遣奚斤南伐。在监国拓跋焘面前讨论进军事宜,拓跋焘问:"应该先攻占城池呢?还是应该先夺取土地?"奚斤说:"请让我先攻占城池。"崔浩说:"南方人擅长守城,当初苻坚攻襄阳,一年也没攻下。现在用大国的军力去进攻小城池,假如不能立刻攻下来,就会有损我军的势力,敌人便可以慢慢整装而来。那时我军疲惫,敌军士气正盛,可就危险了。不如把军队分散,占据地盘,到淮河为止,于各处设置郡县长官,收纳租谷。滑台、虎牢等城反在我军的北面,没有希望得到南方部队的救援,肯定会沿黄河向东逃窜。如不逃走,就会成为苑囿中的猎物了。"公孙表请求先攻打城池。奚斤等率军渡过黄河,先向滑台发起攻击,过了很久没有攻下,上书请求增派军队。太宗很生气,便亲自率军南下。任命崔浩为相州刺史,加左光禄大夫之官,在军中作为谋主。

当太宗返回时,崔浩随从到达西河、太原。他登上一座高高的山陵,在上面歇息,山下有黄河流过,四望山川土地,感慨顿生，于是和同僚讨论起五等分封制与郡县制的是与非，考察秦始皇与汉武帝的过失。崔浩喜爱古代制度，懂得治国之道，当时人都佩服他的言论。天师寇谦之常同崔浩交谈，倾听崔浩谈说古代治乱的往事，常常从夜晚直到第二天早晨，神情肃敬庄重，没有倦意。过后他赞叹崔浩说："这些话都很好，全都得到实行的话，崔浩该是当今皋陶了。只是世人看重古人而轻忽今人，不能深入地思索他的话罢了。"于是他对崔浩说："我信奉道教，隐居世外，不问世事，现忽然得到神仙秘诀，我应当兼学儒家教义，辅助太平真君，继承断绝千年的道统。求学而不研究古代，遇事就茫然不知。您为我撰写一本记叙先代诸王治国方针的书，并且就这些方针的要旨做出评论。"崔浩便写了二十多篇文章，上自天地开辟之时，下至秦汉改朝换代的历史，主要精神是以恢复五等分封制为治国的根本。

世祖拓跋焘即帝位，左右近臣忌惮崔浩正直，全都排斥诋毁他。世祖虽知道崔浩有才能，但不能不照顾众人的议论，所以罢了崔浩的官，让他以白马公的身份回家。碰上什么疑难之事，才把他找来询问。崔浩身体纤弱俊美，皮肤洁白，像个漂亮女人。但他生性聪明，通达事理，善于谋略，常把自己比作张良，声称自己在研习古事方面还超过了他。被罢免回家后，便想学习道家服食仙药、保养性命的方法。寇谦之又有《神中图录新经》一书，崔浩便拜他为师。

始光年间，世宗把崔浩的爵位升为东郡公，任命他为太常卿。当时讨论讨伐赫连昌一事，群臣都认为这事难办，只有崔浩说："去年以来，荧惑星两次出现在羽林四十五星中，同它们形成钩形，作'已'字状，占辞是秦地国家将灭亡。而且今年金、木、水、火、土五星同时于东方出现，有利于向西方进军。上天和人事相应，四时运行也正和顺，不应失去这大好时机。"于是，世祖派奚斤等进攻蒲坂，而自己亲率轻装骑兵袭击赫连昌的都城，取得重大胜利后退军。当世祖再次讨伐赫连昌时，驻军于他的都城下，召集大军佯作败退。赫连昌的军队擂动战鼓，呼叫着向前冲锋，把阵势冲击成两部分。刚好从东南方向刮过来一阵风雨，尘土飞扬，天昏地暗。宦官赵倪对世祖说："现在风雨从敌人背后刮过来，我军面对风雨而敌军背向风雨，上天不帮助我们。再加上将士饥渴，希望陛下收拢骑兵以避敌锋芒，等他日再说。"崔浩斥责他说："这是什么话！谋略已定，岂能在一天之内加以改变？敌军不断向前冲击，同后续部队已经脱离，应当分一支队伍隐蔽出发，出其不意地袭击敌军。风向因人谋而变化，哪有定准！"世祖说："好。"分骑兵奋勇出击，赫连昌的军队大败。

当初，太祖曾令尚书郎邓渊撰《国记》，有十多卷，按年代记载史事，但体例未臻完善。到太宗时，废弃《国记》，没有继续编写。世祖神䴥二年，令集中文人们撰写国家史书，崔浩及其弟崔览、高谠、邓颖、晁继、范亨、黄辅等人全都参与著作事宜，编撰成三十卷的《国书》。

这一年，讨论进攻蠕蠕之事，内外朝官员们都不愿出兵，保太后也坚决阻止世祖出军，世祖不听他们的意见，只有崔浩帮助他制定进军的策略。尚书令刘洁、左仆射安原等派黄门侍郎仇齐推举原赫连昌的太史张渊与徐辩对世祖说："今年甲子是己巳，为三阴之年，木星遮掩月亮，太白金星在西方出现，不能发兵。北伐的话，肯定会失败，即使打胜了，对主上也不好。"大臣们都赞成附和邓渊等人，说邓渊年轻时曾谏阻苻坚不要南征，苻坚没有听他的话，结果失败了；如今天象和人事都不和谐，哪能轻举妄动。世祖拿不定主意,于是把崔浩叫来,让他就天象之事同邓渊进行辩论。

崔浩驳难邓渊说:"阳就是德义,阴就是刑罚,所以有日食便注意多作德义之事,有月食便整治刑罚。帝王所用刑罚,大刑在原野上施行,小刑在市场或官府实施。战争便是刑罚中的大刑。从这一方面说,三阴之年发动战争,或者正好和天道相符,即有整治刑罚的意义。木星遮掩月亮,将出现饥荒年成,人民将有流散之祸。但这将在其他国家应验,而且远在十二年以后。太白金星行经苍龙七星,从天文上讲,仍在东方,不会妨害北伐。邓渊世俗儒生,志向短浅,为小技巧所束缚,不识大体,很难同他们商量什么远大计划。我观察天象,近年来月亮行经昴星,到现在仍然如此,占辞为:'三年之内,天子将大败旄头之国。'蠕蠕、高车,都是所谓旄头之人。圣明君主掌握住时机,才能做出一般人所不能做的事。古时人说:'非常之原,黎民惧焉,及其成功,天下晏然。'希望陛下不要有所疑虑。"邓渊等人感到羞愧,仍然说:"蠕蠕为荒远无用之物,获取他们的土地,不能耕种而获得粮食,俘获他们的人口,不能役使,他们来去轻捷快速而且反复无常,难以制服,哪里值得慌慌忙忙地让士马劳累呢?"崔浩说:"邓渊谈论天时,是他所主管的,若讨论形势,就不是他所能明白的了。他讲的不过是汉代人的老生常谈,拿到今天来实行,则不合事理。为什么这样说呢?蠕蠕先前是我国北边的逃亡奴隶,现在杀其首恶,收其从善之民,让他们从事先前所服的劳役,并不能说没用。漠北地势高,气候凉爽,不生蚊虫,水草丰美,夏天我们可以向北迁徙,在那儿狩猎放牧,不是不能耕种,得不到食物。蠕蠕子弟来投降的,尊贵的与公主成婚,卑贱的也作将军、大夫等官,满朝都是,而且高车骑兵号称名骑,并不是不能使之臣服而加以役使。如果让南方人去追击他们,倒会担心他们来往轻捷快速,而对于我国军队来说,就不是这样。为什么呢?他们能远远地逃走,我军也能够远远地追击,随他们进退,并非难以制服。而且前些年蠕蠕曾多次侵略我国,使我国人民和官吏都感到震惊。今年夏天若不乘其空虚而进攻,消灭他们的国家,到秋天他们会再来骚扰,使我们不能安宁。从太宗时到今天,没有哪一年我们没受到蠕蠕的惊扰,难道还不算是慌慌忙忙吗!世人都说邓渊、徐辩通晓术数,可以明确地推断事情的成败。那么我请验证一下,试问赫连昌灭亡前可有什么亡国征兆?如果他们当时知道而不说,便是他们不忠;如果确实不知有什么征兆,他们便是没有什么办法。"当时赫连昌正好在座,邓渊等因为自己先前确实没说什么,惭愧地红着脸,说不出话来。世祖很高兴,对公卿们说:"我下定决心了。亡国官吏不应参与谋略,此话不假啊。"但保太后仍阻止出军,又令群臣到保太后面前商量讨论。世祖对崔浩说:"这些人心中还不服气,你要好好地开导他们,让他们明白过来。"

罢朝后,有人责怪崔浩说:"现在吴寇在南边侵犯我国,你却不管他们而主张北伐,千里行军,哪一个会不知道。如果蠕蠕逃得远远的,前面没有掳获物,后边又有南方敌人造成的灾难,可就危险了。"崔浩说:"不对。今年不打垮蠕蠕,就没办法抵御南边的敌人。自从我们吞并西方的赫连昌以来,南方的人很恐惧,大造声势,动用大军以防守淮河以北的土地。他们向北进攻,我们则向南进攻,他们劳苦而我们却安然处之,时势就是这样。等到打败蠕蠕,从出军到退军,一定看不到南方出兵。为什么这样说呢?刘裕夺取关中以后,留下爱子驻守,有数万精兵良将,仍不能坚守,全军覆没。其家属悲伤号哭之声,到现在还未断绝。哪能正当我国政治清明、兵强马壮之时,却打算把马驹牛犊往虎口里送呢?即使把黄河以南的土地送给他们,他们也肯定守不住。他们清楚自己没能力守住,所以肯定不会派军来争。如果说有军队,只不过是为了防备边境罢了。人们看到瓶里的水结了冰,便会知道天下寒冷;尝一块肉,就会知道一锅肉的味道。事物有相同的情形,可以推断而知。而且蠕蠕依仗他们离我国很远,以为我们没有力量打到那儿,自个儿一直放松警惕。所以夏天便解散军队,放牧牲畜。等到秋天马肥壮后才又召集起来,离开寒冷的地方,向温暖的地方迁移,并向南进犯,抢掠财物。如今我们在他们意想不到的情况下攻其不备,大军突然降临,他们必然会惊骇离散,望尘奔逃。而公马护群,母马顾恋小马,奔逃之时难以驯服,又不能饮水吃草,过不了几天便会疲惫不堪,可以一举而加以消灭,一劳永逸,获得长久的益处,机会不能失去。唯恐皇上没有这个主意,现在皇上决心已定,制定空前的谋略,为何还要去阻止他呢?愚昧啊!你们这帮公卿们。"于是各路军队进发。天师问崔浩说:"这次出军究竟怎样?当真能胜吗?"崔浩回答说:"从天时和形势看,一定会成功,只恐众将领卑琐,瞻前顾后,不能乘胜深入,致使不能大获全胜罢了。"

等到大军进入蠕蠕境内,蠕蠕预先没有防备,人员和牲畜遍布在原野上,受惊吓而四处逃散,没有谁能集合起来。于是分散军队,搜索征讨,战线东西长达五千里,南北长达三千里。所俘获的人口和牲畜、马车、穹庐,山野间到处都是,约有数百万之多。高车人杀死蠕蠕人来投降魏军的达三十多万家。蠕蠕人因此离散混乱。世祖沿弱水向西进军,到达涿邪山,各位大将军果然怀疑继续向前进击将会碰上伏兵,劝世祖停军不要追击。天师用崔浩先前说过的话,坚持劝世祖穷追不舍,世祖不听。后来有投降过来的人说，蠕蠕首领事先患有疾病，不知所措，于是烧掉自己居住的穹庐，取来车马载着自己，率领数百人进入山中向南逃窜。人口牲畜疲劳困顿，聚在一起，没有人统辖，离魏军只有一百八十里地，后来追击的军队没有来，才慢慢向西逃亡，因此免遭灭亡之祸。后来又听凉州经商的胡人说，假如当时魏军再向前走两天，就可完全灭掉蠕蠕。世祖极其后悔。直到大军撤回后，南方的敌人竟然没有什么行动，正如崔浩分析的那样。

崔浩通晓天文，喜欢观察星象变化，经常把金、银和铜块放在装醋的器皿中，使之呈现青色，晚上观察天象时有所发现，便用它们在纸上写字，记下天象的变化情况。世祖每次到崔浩家，常问些奇异之事。崔浩有时仓促间来不及穿好衣服，献上的饮食没时间弄得精美一些，世祖还是拿起汤匙筷子就吃，有时站着尝一下就回宫。崔浩如此受到世祖的宠信和亲近。世祖让崔浩进入自己的寝室，加封崔浩侍中、特进、抚军大将军、左光禄大夫等官，以奖赏他出谋划策的功劳。世祖曾不慌不忙地对崔浩说："你的才智精深广博，曾侍奉过我死去的祖父和父亲，忠心显于三代，我因此把你召在自己身边。你应当想办法尽力正言相劝，以辅佐我，不要有什么隐藏在心中。我有时虽会向你发火，或者不听信你的话，但过一段时间后，还是会仔细思索你所说过的话。"于是让唱歌的乐师用歌曲遍颂群臣，这事记叙在《长孙道生传》中。又召集最近投降的几百高车首领，在御前赏赐他们酒和食物。世祖把崔浩指给他们看，说："你们看看这个人，他身材弱小无力，双手拉不开弓箭，舞不动长矛，但他胸中所藏的东西，比甲兵还厉害。我当初虽有出兵的想法，但自个儿下不了决心，几次打胜仗，都是因为这个人指导我，使我获得成功。"于是命令各位尚书："一切军国大计，你们不能做出决定的，都要先向崔浩请示，才加以施行。"

过了不久，南方州镇将军报告说，刘义隆大肆整顿军备，想进取黄河以南的土地。请求发兵三万，在刘义隆的军队未行动前率先发起攻击，并趁机杀掉黄河北边来定居在两国交界处的流民，使南方失去向导，这样足以挫败敌人锐气，使他们不敢深入。世祖令公卿们就此进行讨论，都说应该答应。崔浩说："这事不应该顺从。去年我国大败蠕蠕，而马匹还有剩余，南边的敌人惊恐，总担心我们会轻兵突袭，连觉都睡不安稳，因此率先制造声势，发动军队，以防备意料不到的事件发生，并非胆敢首先对我们发起进攻。而且南方地势低下，气候潮湿，夏天天气闷热如蒸，雨水又多，草木茂盛，肯定会发生疫疾，不是出兵的时候，况且敌方既率先整顿军队，做好了防备，一定会加固城池，拼命抵抗。如果我们驻扎军队进行攻击，粮食会不足；分散军队任其攻击，又没法防备敌军。看不到出军的好处。即使敌人要来进攻，等他们疲倦以后，到秋天气候凉爽、战马肥壮之时，我们再收取敌方的庄稼作为军粮，慢慢地进攻他们。这才是万全之计，一定可以获取胜利。朝中群臣及西边和北边的守将，跟随陛下作战，在西边消灭了赫连氏，在北边打败了蠕蠕，获取了许多漂亮女人和珍宝，还有成群的马匹牲畜。南边各镇将领们听说后，产生羡慕之心，也想向南抢掠，以获得财物。因此吹毛求疵，毫无根据地夸大敌人的声势，企图满足自己的欲望。没有得到允许后，便多次声称敌军有所行动，以使朝廷担心而采取手段。不顾公家利益，为个人私利着想，给国家造成事端，这不是忠臣所为。"世祖听从了崔浩的意见。南边各镇将领又打报告，说敌军已压境，自己的兵员很少，请选幽州以南各地戍守之军到南边助守，在漳水制造战船，以加强防守力量。公卿大臣参与议论的人都认为应该这样做，准备派遣五千骑兵，同时给司马楚之、鲁轨、韩延之等人虚号官职，让他们引诱敌方边境居民。崔浩说："这不是上策。敌方若听说我们幽州以南的精锐部队已全部调动，一定会全国骚动不安，害怕自己被消灭掉，必然会征发所有精锐部队防守北部边境。事后弄清我军只是虚张声势而无实际行动，他们仰仗先聚集起来的军队，定会踊跃进军，一直攻到黄河边，肆意侵略，我们的守将却无力抵抗。假若敌方有人能见机行事，善于搞些机巧诡诈的谋略，乘势深入，估计我们国力虚弱，容易给我们造成灾难。因此，这并不是制服敌人的好策略。如今公卿们想用武力把敌人拒于边境之外，竟促使他们提前进攻。虚张声势却受到实质性的危害，讲的就是这种情况。不能不好好想一想，后悔可就来不及了。我们的使节在敌方境内，按约定时间，当在四月以前回来，可以等使节回来，把事情弄清楚以后再发兵，也还不晚。而且司马楚之这批人，正为敌方所忌惮，你要去夺取他们的国家，他们哪能安坐无事，等闲视之呢？所以司马楚之等人若到南边去，敌方就会派兵来，司马楚之等人不去，敌方便会按兵不动，形势必然如此。而且司马楚之等实为庸才，只能召集一些轻薄无赖之徒，不可能取得重大成功，给国家造成变故，致使兵连祸结的，肯定会是这帮人。我曾听说鲁轨劝姚兴，请求率军进攻南方荆州之地，到那儿后军队就逃散失利，有的竟被蛮人掠取当成奴隶卖了，使姚兴蒙受灾祸，这是明摆着的证验。"崔浩又讲述天时于敌方发兵不利，说："现在灾害之气聚结在扬州一带，我们不宜先发兵，这是其一；今年甲子逢午，为自杀之年，先起兵将给自己造成伤害，这是其二；发生日食，太阳完全失去光泽，白天昏暗，能看见星星，飞鸟从天上自个儿掉了下来，日食又在斗宿和牛宿之间发生，国家将有危亡之患，这是第三；荧惑星藏匿在翼、轸二星座间，这是对祸乱和丧亡提出的警告，这是第四；太白金星还未出现，率先进攻者将遭受失败，这是第五。使国家兴盛的君主，首先应致力于人事，其次应尽量发挥土地的作用，然后观察天象，所以每一次行动都很安全，国家安定而自身强盛。现在刘义隆刚即位，这意味着人事还不完备；不断出现灾祸变化，这就是说天时还不协调；要行船河水却枯竭，这就不能完全发挥有利的地理条件。三件事没哪一件成功，自我防守还恐不安全，哪能先起兵进攻别人呢？他们一定是听到我们大造声势以后，才整治军队，假如我们又因其整治军队而发起攻击，相互推脱责任，都自以为所作不过是根据敌方而采取行动。从兵法上讲，这就是分灾受祸，不能采取行动啊。"

世祖没办法违背大家的意志，就听从公卿们的建议。崔浩又坚持辩驳，世祖还是不听。于是派阳平王杜超镇守邺城，琅盆王司马楚之等屯据颍川。因此敌人进取势头加快，到彦之从清水进入黄河，溯河西上，分兵在黄河南岸据守，西面直达潼关。

世祖听说赫连定与刘义隆预先把黄河以北的土地瓜分了，便整顿军队，想先讨伐赫连定。群臣都说："刘义隆的军队还在黄河中，置之不顾而进攻西方的敌人，未必就能打败前面之敌。如刘义隆乘虚进兵，那么我们就会失去都城东面各州土地。"世祖对此感到疑惑，向崔浩问计。崔浩说："刘义隆与赫连定共同作恶，相互引诱，并联合东边的冯跋和北边的蠕蠕，图谋纵其叛逆之心，相互虚伪地呼应。刘义隆希望赫连定先进攻我们，赫连定却等待刘义隆率先进击，都不敢先来。据我看来，他们好比两只连在一起的鸡，不能一起飞，对我们不会产生危害。我当初认为，刘义隆军队若来进攻的话，应屯军于黄河中游，分两路向黄河以北出击，东路军直指冀州，西边一路攻向邺城。这样的话，陛下就应该亲自率军讨伐，不能缓慢从事。今日之事则不一样，刘义隆军队沿黄河从东到西，到处驻扎，战线长达二千里，一处兵员只不过几千人，形势分散，力量薄弱。这可看出劣才儿的真心，那就是只希望凭借黄河固守，以免除死亡为幸事，没有北渡黄河的打算。赫连定残余之众容易摧毁，如向他发起攻击，肯定会将他击败。灭掉赫连定后，大军东出潼关，席卷而前，其威势将使最南边的人也会感到震恐，长江、淮河以北将望风披靡，陛下自己定下计策，我们这些资质愚昧、见识短浅的人哪能考虑得到，希望陛下西讨赫连定，不要有什么疑虑。"攻取平凉后，于当天举行宴会，世祖拉着崔浩的手，把他指给沮渠蒙逊说："我所说的崔公，就是他，才能谋略出众，当今没人能比得上他，我要不要采取行动，一定要询问他的意见，成败都取决于他，他对事情成败与否做出的判断，与事实完全相符，就像符契一样，没一点差错。"后来冠军将军安颉从南方退军回来，献上俘虏的南方兵士，并讲述南方敌人的话说，刘义隆曾命令他的将领，若北方敌国军队有什么行动，在他们未到达之前，径直向前进入黄河，若敌军不动，便驻扎在彭城，不要前进。正如崔浩分析的那样。世祖对公卿大臣们说："你们这些人说我采纳崔浩的策略是一种错误，很惊恐，坚决阻止。你们总是打胜仗，起初都自认为远远超过别人，但归根结蒂，才知道还是比不上别人。"升崔浩官为司徒。

这时方术之士祁纤上奏，请立四个王，分别以日东、日西、日南、日北作为名称，想以此得到祥瑞，消除灾异。世祖命令崔浩与学士们进行商谈。崔浩回答说:"先代圣王建立封国是把它们作为王室的屏障,不应该借名称来祈求福庆。日月运行,遍照四方,京都所在之地,也在其照耀之内,四王的名称,实际上包括了京城所在地区,这样命名不好,不能采纳他的意见。"在此以前,祁纡还上奏,请求将"代"改称"万年",崔浩说:"当初太祖道武皇帝承受天命,开创大业,他所制定的各项制度,全都遵循古制。因为祖先最初的封地在代,后才改称为魏,所以代、魏均可使用,如同殷和商可通用一样。我国历代君主的德行,在史籍中明明白白地记载着,自会享受亿万年的福庆,不须借名号而取得好处。祁纡所说的,都不是正理。"世祖听从了崔浩的意见。

这时,西河王沮渠牧犍暗中有二心,世祖将出兵讨伐,先问崔浩的意见。崔浩回答说:"沮渠牧犍罪恶之心已经暴露出来,不可不加以讨伐。我国军队去年北伐,虽说没取得胜利,确也没有遭受损失。当时出征的内外军马有三十万匹,在路上死去和受伤的,总共不到八千匹,而平常每年疲病死亡的一般也不少于万匹,竟比出征时死的还要多。可是远方的人听到不实之辞,便认为我们损失很大,再也振作不起来。而今出其不意,他们想不到大军会突然降临,必定会恐惧骚乱,不知所为,肯定能擒获沮渠牧犍。况且沮渠牧犍才能不大,几个弟弟又骄横跋扈,争权夺利,为所欲为,人民离心离德。加上近年来天灾地震都发生在秦、凉一带,沮渠牧犍已成必然灭亡之势了。"世祖说:"好,我也认为如此。"命令公卿大臣加以讨论。弘农王奚斤等三十多人说:"沮渠牧犍是我国西边的小国,尽管内心不是绝对忠诚,但他继续父亲之职,贡献方物,我国也以藩臣礼节对待他,又把公主嫁给他作为王姬。现在沮渠牧犍的罪行并未完全暴露,我们认为应该加以笼络。如今我国兵员和马匹都疲困，应该休整，再说河西为盐碱地，几乎没有水源和草料，大军到达后，不能长期停留。他们听说军队来攻，一定会修筑城池，聚集粮草，据城坚守。我们进攻的话，很难攻得下，而野地里又不可能掳掠到什么。"尚书古弼、李顺等人都说："从温围河以西，到姑臧城南边，只有天梯山冬天有积雪，厚达一丈多，到春天、夏天便消融，流下来汇成河流，引其水灌溉土地。他们听说大军前来，会决开这条水渠，使水流不通，就会使我们人马无水可饮。距姑臧城百里以内，地表呈红色，不生青草，不可能长期驻扎军马，奚斤等人的意见是正确的。"于是，世祖令崔浩用先前的说法同奚斤等相互辩驳。众人不再说什么，只是说："那儿没有饮水和草料。"崔浩说："《汉书·地理志》说：'凉州的牲畜，在天下最为丰富。'假如没有水草，怎样放牧牲畜呢？又汉代的人定居，总不至于在没有水草的地方修筑城池，设置郡县。而且冰雪消融，连尘土都难浸湿，哪能修筑渠道，进行运输，并灌溉数百万顷土地呢？这些话确实是骗人的。"李顺等人又说："耳闻不如目见，我们亲眼所见，你有什么值得同我们争论的！"崔浩说："你们这些人接受了别人贿赂的金银钱财，就想替他说话，以为我未亲见便可以欺骗吗？"世祖躲在一边听他们争论，听完这些话后才出来，亲自接见奚斤等人，声色俱厉，群臣才不敢再说什么，只好唯唯诺诺地应承。于是就出军凉州，加以平定，那里水草丰茂，正如崔浩所说的那样。

于是世祖命令崔浩说："先前皇运初开，世代兴盛于北方，经历许多年后，恩泽遍及苍生，德义之声传遍四海。我太祖道武皇帝协调上天和世人，征讨不服从者，接受天命，拨乱反正，统治中国。太宗继承皇位，发扬先代业绩，改正刑法制度，使天下大业焕然一新。但边远之人，仍未归附。这是祖宗遗志，留待子孙来完成。我以微弱之躯，继承祖宗大业，谨慎小心，如同面对深渊大海，唯恐自己不能担负重任，继续光大祖宗的事业。所以即位初年，没有安居之时，扬国威于北方，消灭了赫连氏。到神䴥时，才命令史臣收集记录以前的功绩，撰成一代大典。从那时以来，战争不断，征服了秦、陇，平定了徐、兖，在龙川消灭了逃亡之敌，在凉土肃清了残余之众。这些哪能是我一人作得到的呢？而是托祖宗在天之灵保佑，群臣尽力的结果。但史官缺职，没有把这些记载下来，常恐这些事会被遗忘。你德行在群臣中居于首位，言论成为世人的楷模，事无大小，望君都留心一下。我命令你留在京都，总管修史工作，撰成史书，务必真实记录。"于是，崔浩监秘书事，中书侍郎高允、散骑侍郎张伟参加编写，续修先前的《国书》。至于增削史事，褒贬评论，处理史实间的分歧，润饰文字等工作，则由崔浩负责。

及恭宗拓跋晃以太子监国，统领百官，崔浩又与宜都王穆寿一起辅佐他处理政务。当时准备讨伐蠕蠕，刘洁又一次表示不同意见。世祖越发想发军征讨，于是把崔浩找来，问他的想法。崔浩说："前次进攻蠕蠕，出师不久，刘洁等人均想退军，后来俘获蠕蠕之人，说我军撤退时，离敌方只有三十里地了。这是刘洁等人计划上的失误。北方经常积雪，到冬天，北方人经常为避开严寒而向南迁移。如果趁这个时候暗中派兵前往，一定会同敌人遭遇，那就可以把他们俘获。"世祖认为这个说法正确，于是分大军为四路，命令各位将领一同到鹿浑海会师。日期确定了，可是刘洁怀恨自己的计策未被采纳，便延误其他将领，大军无功而返。这件事在《刘洁传》中有详细叙述。

世祖率军巡视西边各州镇，令崔浩与顺阳公兰延同为都督行台中外诸军事。世祖到达雍州，亲自到汾河湾，观察叛乱者薛永宗的城堡，进军将其包围。薛永宗派军出来想和魏军交战，世祖问崔浩："今天可以发起进攻吗？"崔浩说："薛永宗不知道陛下亲自率军而来，人心安闲，没有防备，现在北风刮得正猛，应赶快进攻，不一会叛贼就会土崩瓦解。若等到明天，恐怕他们看见官军强盛，一定会在晚间逃走。"世祖听从了他的计策，薛永宗溃亡。世祖渡过黄河，前锋部队报告说叛乱军集中在渭水北边。世祖抵达洛水桥时，叛军已经趁夜间逃走。世祖问崔浩："叛军首领盖吴在长安城北九十里的地方，渭水以北无人，我们又没准备粮草，我打算向南渡过渭河，再向西进击，这样行吗？"崔浩回答说："盖吴叛军驻地离这儿六十里，叛贼头目就在那儿。打蛇的方法，先要打破蛇头，蛇头破碎后，蛇尾怎能再动弹？应乘势先进攻盖吴，现在遣军前去，一天就可到那儿，消灭盖吴后，再挥师长安，一天也就到了。一天之内没有粮草，我军也不会受到多大损失。愚意认为应从北道进军。如果从南道进军，那么盖吴会从容地逃进北方山地，就不可能顺利地加以消灭。"世祖不按他的计策行事，便渡过渭水，从南道进发。盖吴听说世祖率军而来，将部众解散，进入北方山地，果真像崔浩说的那样。魏军没有收获，世祖为此很后悔。后来因为崔浩辅佐太子勤劳，赏赐他缯、絮、布、帛各一千段。

著作令史太原人闵湛和赵郡人郄标平常对崔浩就很谄媚，于是请求建造石刻，把《国书》镌刻在上面，同时还镌刻崔浩撰的《五经》注。崔浩也赞成这件事。恭宗觉得不错，于是在祭天处以东三里的地方营建石刻，方圆一百三十步，用了三百万个劳动日才搞成。

世祖在黄河西边打猎，令崔浩到自己所在的地方来商量军事。崔浩上表说："先前汉武帝因匈奴强盛而感到忧虑,所以开拓凉州五郡之地,沟通西域,鼓励农业生产,聚积粮食,作为消灭敌人的资本。东西轮流进击,所以汉朝没有衰弱,而匈奴已经破败,后来便臣服于汉。以前平定凉州时,我认为北方敌人还没有消灭,战争还未停止,可以不迁徙那儿的人口。根据前汉旧事看,这个计划较好。如果迁走人口,那里空虚,虽然设置镇、戍,只可用来防守边境罢了。若要大举进攻,必然会出现军备不足的情况。陛下当时认为这事情迂阔,竟没有采用。按我的想法,还是应照先前意见,招募迁徙豪强大族,以充实凉州之地,出军之时,东西力量相同,这是好计策。"

崔浩又献上《五寅元历》,并上表说:"太宗即帝位的当年,令臣注解《急就章》《孝经》《论语》《诗》《尚书》《春秋》《礼记》《周易》等书,我用三年时间才完成。太宗又令我学习天文、星历、《易》式、九宫等术,有关之书,我全都看了。如今已有三十九年了,我白天晚上都没停过。臣下生性低劣,力气还比不上一个强壮的妇女,也没其他才能,所以一心一意思考书籍中的问题,废寝忘食,甚至竟梦见和鬼争论问题。因此获得了周公、孔子的精髓,才知道古人文章中有虚有实,胡说八道的时候多,讲真话的时候少。自从秦始皇焚烧《诗》《书》以后,儒家经典便灭绝了。汉高祖以来,世人妄造历法者有十多人,都没有掌握天道正义,大错误有四十项,小错误就多得说不完。我为此感到忧伤。现在欣逢陛下太平之世,消除谬误,遵从真理,也应当修改错误的历法,以顺从天道。所以我先前报告要制定历法,如今才完成。谨把它奉献上来,望陛下加以省察,把我制定的历法向中书博士们公开,然后在全国实施。不仅今世之人,就是天地鬼神知道我弄清了正确的历法,也可以为国家万代声名增添光彩，使陛下超过三皇、五帝啊。"这事记载在《律历志》中。

太平真君十一年六月，杀崔浩，清河崔氏不论远近，范阳卢氏、太原郭氏、河东柳氏都是崔浩联姻的亲戚，全都族灭。当初，郄标等建立石刻，刊载《国记》，崔浩记叙国家之事，详尽却不典雅，而用石刻把这些暴露在交通要道上，来往过路人都谈论上面的事，这件事，便被上边发觉了。有关官员审讯崔浩，取得了秘书郎吏与长历生等数百人的供词。崔浩承认自己曾接受贿赂，秘书郎吏以下全都被杀。

崔浩才二十岁时，太原人郭逸把女儿嫁给他为妻。崔浩大器晚成，不以辞藻自我炫耀，所以当时人知道他的不多。郭逸妻子王氏是刘义隆镇北将军王仲德的姐姐，她常为崔浩的才能而感到惊奇，自认为得了一个好女婿。不久女儿死了，王氏为此深感遗憾，又把小女儿送去，再次联姻。郭逸和亲属都认为要不得，王氏坚持把小女儿送去，郭逸不能违背，于是重新结为姻亲。崔浩诋毁佛教，而其妻郭氏却崇爱佛教经典，经常诵读。崔浩很生气，把佛经拿来烧掉，并把灰烬倒在厕所中。当崔浩被囚禁，用栅笼送到城南时，让几十个看守轮流在栅笼上小便，士兵们大呼小叫，嗷嗷之声路上行人全都听见了。大臣被杀之辱，没有谁像崔浩这么惨。世人都认为这是遭受报应。起先崔浩陷害李顺，事情已基本准备成熟，晚上梦见自己拿着火把去烧李顺的卧室，火燃起后，李顺被烧死了，崔浩与自己一家人都站在一边看。忽然李顺的弟弟和儿子们号哭着冲出来说："这帮家伙是我们的仇人啊！"用戈刺杀崔浩等人，把他们全都扔进了河里。崔浩醒来后，对这个梦感到讨厌，把它告诉自己收养的宾客冯景仁。冯景仁说："这梦确实不好啊，而且并非无中生有。拿火去烧活人，也太残暴了。制造乱事，形成灾祸，都是自己找的。《商书》上说：'不要轻视小恶，否则，好像大火在原野里燃烧起来，不可接近，还能够扑灭吗？'而且最先作恶的人终将遭殃，长期做不好的事也不会有好结果。祸害之因已经形成了，您还是想想办法吧。"可是崔浩不能改正错误，到这时便遭灭族之祸。崔浩善于写字，很多人都请他抄写《急就章》。他从小到老，一点也不怕劳累，大概写了上百遍，（碰到"冯汉强"三字，）他总是写为"冯代强"，表示自己不敢触犯国家忌讳，他就是这样谨慎。崔浩书法的字体和笔势比得上他的先辈，但微妙细巧之处却比不上。世人把他的手迹视为珍宝，大都加以裁割粘贴，作为字帖临摹。

崔浩的母亲卢氏是卢谌的孙女。崔浩曾作《食经叙》说："我从小到成人，各位婶娘和姑姑所做的妇女活计，据我看见的和听到的，都是操作酒食。平日奉养公公、婆婆及一年中祭祀之事，虽要用工夫，下力气，也不让仆人作，经常亲自动手。先前碰到战乱，连年遭受饥荒，只好用稠粥菜蔬糊口，不可能讲究饮食。有十多年中，都不再制作那些精美的食物。我已过世的母亲怕时间长了，这些食物的制作方法将被遗忘，后来的人见不到，而她小时候又没读过书，于是口授为九篇文章，文辞简明，词义通达，这可见她是多么聪慧，记忆力有多好。母亲去世后，喜逢国家开创之机，平暴除乱，开拓平定四方。我位任公卿，参与制定各项重大谋略，获得丰厚的赏赐，牛羊成群，财产达亿万之多。衣服华丽，食物精美。回想此生，再想和季路那样负米赡养父母，也是不可能之事，所以为母亲的遗文作序，把它传给后世。"

当初，崔浩与冀州刺史崔赜、荥阳太守崔模年龄都有差别，崔浩最大，其次是崔模，最后是崔赜。三人不同祖，但崔模与崔赜的关系亲一些。崔浩依仗他家先祖为魏、晋时公卿,常欺侮崔模与崔赜。崔模对人说:"桃简可以看不起我,哪能也轻视我们家的周儿呢?"崔浩小名叫桃简,崔赜小名叫周儿。世祖也听说过不少这种话,所以杀崔浩的时候,崔模、崔赜两家不受牵连。崔浩不信佛教,崔模却一心皈依佛门,经常不顾自己身在粪土当中,而向佛像礼拜。崔浩讥笑他,说:"用这脑袋在不干净的地方向这胡人的神灵朝拜。"

撰史人说:崔浩才艺通博,弄清了上天和人事有关的学问,在处理政务和制定计策方面,当时没有谁比得上他。刚好遇到太宗执政和世祖开拓疆土的时机,对他言听计从,因此使中原得到安宁和统一。崔浩所受到的待遇是相当高了,而他做的事也很多。他谋略虽盖世无双,但并无震主之威势,最后遭不测之祸,以至于不能保全自己性命。这难道是飞鸟尽、良弓藏,人民仇视其统治者?或者是过分盈满,暗中造成的灾祸?为什么他这样的人遭受这么残酷的结局,真是太可悲了啊!

魏书卷五十三

列传第四十一

李 冲

李冲，字思顺，陇西人，敦煌公宝少子也。少孤，为长兄荥阳太守承所携训。承常言："此儿器量非恒，方为门户所寄。"冲沉雅有大量，随兄至官。是时牧守子弟多侵乱民庶，轻有乞夺，冲与承长子韶独清简皎然，无所求取，时人美焉。

显祖末，为中书学生。冲善交游，不妄戏杂，流辈重之。高祖初，以例迁秘书中散，典禁中文事，以修整敏惠，渐见宠待。迁内秘书令、南部给事中。

旧无三长，惟立宗主督护，所以民多隐冒，五十、三十家方为一户。冲以三正治民，所由来远，于是创三长之制而上之。文明太后览而称善，引见公卿议之。中书令郑羲、秘书令高祐等曰："冲求立三长者，乃欲混天下一法。言似可用，事实难行。"羲又曰："不信臣言，但试行之，事败之后，当知愚言之不谬。"太尉元丕曰："臣谓此法若行，于公私有益。"咸称方今有事之月，校比民户，新旧未分，民必劳怨，请过今秋，至冬闲月，徐乃遣使，于事为宜。冲曰："民者，冥也，可使由之，不可使知之。若不因调时，百姓徒知立长校户之勤，未见均徭省赋之益，心必生怨。宜及课调之月，令知赋税之均。既识其事，又得其利，因民之欲，为之易行。"著作郎傅思益进曰："民俗既异，险易不同，九品差调，为日已久，一旦改法，恐成扰乱。"太后曰："立三长，则课有常准，赋有恒分，苞荫之户可出，侥幸之人可止，何为而不可？"群议虽有乖异，然惟以变法为难，更无异义。遂立三长，公私便之。

迁中书令，加散骑常侍，给事中如故。寻转南部尚书，赐爵顺阳侯。冲为文明太后所幸，恩宠日盛，赏赐月至数千万，进爵陇西公，密致珍宝御物以充其第，外人莫得而知焉。冲家素清贫，于是始为富室。而谦以自牧，积而能散，近自姻族，逮于乡间，莫不分及。虚己接物，垂念羁寒，衰旧沦屈由之跻叙者，亦以多矣。时以此称之。

初，冲兄佐与河南太守来崇同自凉州入国，素有微嫌。佐因缘成崇罪，饿死狱中。后崇子护又纠佐赃罪，佐及冲等悉坐幽系，会赦乃免，佐甚衔之。至冲宠贵，综摄内外，护为南部郎，深虑为冲所陷，常求退避，而冲每慰抚之。护后坐赃罪，惧必不济。冲乃具奏与护本末嫌隙，乞原恕之，遂得不坐。冲从甥阴始孙孤贫，往来冲家，至如子侄。有人求官，因其纳马于冲，始孙辄受而不为言。后假方便，借冲此马，马主见冲乘马而不得官，后乃自陈始末。冲闻之，大惊，执始孙以状款奏，始孙坐死。其处要自厉，不念爱恶，皆此类也。

是时循旧，王公重臣皆呼其名，高祖常谓冲为中书而不名之。文明太后崩后，高祖居丧，引见待接有加。及议礼仪律令，润饰辞旨，刊定轻重，高祖虽自下笔，无不访决焉。冲竭忠奉上，知无不尽，出入忧勤，形于颜色，虽旧臣戚辅，莫能逮之，不法服其明断慎密而归心焉。于是天下翕然,及殊方听望,咸宗奇之。高祖亦深相杖信,亲敬弥甚,君臣之间,情义莫二。及改置百司,开建五等,以冲参定典式,封荥阳郡开国侯,食邑八百户,拜廷尉卿。寻迁侍中、吏部尚书、咸阳王师。东宫既建,拜太子少傅。高祖初依《周礼》,置夫、嫔之列,以冲女为夫人。

诏曰:"昔轩皇诞御,垂栋宇之构;爰历三代,兴宫观之式。然茅茨土阶,昭德于上代;层台广厦,崇威于中叶。良由文质异宜,华朴殊礼故也。是以周成继业,营明堂于东都;汉祖聿兴,建未央于咸镐。盖所以尊严皇威,崇重帝德,岂好奢恶俭,苟弊民力者哉?我皇运统天,协纂乾历,锐意四方,未遑建制,宫室之度,颇为未允。太祖初基,虽粗有经式,自兹厥后,复多营改。至于三元庆飨,万国充庭,观光之使,具瞻有阙。朕以寡德,猥承洪绪,运属休期,事钟昌运,宜遵远度,式兹宫宇。指训规模,事昭于平日;明堂、太庙,已成于昔年。又因往岁之丰资,借民情之安逸,将以今春营改正殿。违犯时令,行之惕然。但朔土多寒,事殊南夏,自非裁度当春,兴役徂暑,则广制崇基,莫由克就。成功立事,非委贤莫可;改制规模,非任能莫济。尚书冲器怀渊博,经度明远,可领将作大匠;司空、长乐公亮,可与大匠共监兴缮。其去故崇新之宜,修复太极之制,朕当别加指授。"

车驾南伐,加冲辅国大将军,统众翼从。自发都至于洛阳,霖雨不霁,仍诏六军发轸。高祖戎服执鞭,御马而出,群臣启颡于马首之前。高祖曰:"长驱之谋,庙算已定,今大军将进,公等更欲何云?"冲进曰:"臣等不能折冲帷幄,坐制四海,而令南有窃号之渠,实臣等之咎。陛下以文轨未一,亲劳圣驾,臣等诚思亡躯尽命,效死戎行。然自离都淫雨,士马困弊,前路尚遥，水潦方甚。且伊洛境内，小水犹尚致难，况长江浩汗，越在南境。若营舟楫，必须停滞，师老粮乏，进退为难，矜丧反旆，于义为允。"高祖曰："一同之意，前已具论。卿等正以水雨为难，然天时颇亦可知。何者？夏既炎旱，秋故雨多，玄冬之初，必当开爽。比后月十间，若雨犹不已，此乃天也，脱于此而晴，行则无害。古不伐丧，谓诸侯同轨之国，非王者统一之文。已至于此，何容停驾。"冲又进曰："今者之举，天下所不愿，唯陛下欲之。汉文言，吾独乘千里马，竟何至也？臣有意而无其辞，敢以死请。"高祖大怒曰："方欲经营宇宙，一同区域，而卿等儒生，屡疑大计，斧钺有常，卿勿复言！"策马将出。于是大司马、安定王休，兼左仆射、任城王澄等并殷勤泣谏。高祖乃谕群臣曰："今者兴动不小，动而无成，何以示后？苟欲班师，无以垂之千载。朕仰惟远祖，世居幽漠，违众南迁，以享无穷之美，岂其无心，轻遗陵壤。今之君子，宁独有怀？当由天工人代、王业须成故也。若不南銮，即当移都于此，光宅土中，机亦时矣，王公等以为何如？议之所决，不得旋踵，欲迁者左，不欲者右。"安定王休等相率如右。前南安王桢进曰："夫愚者暗于成事，智者见于未萌。行至德者不议于俗，成大功者不谋于众，非常之人乃能建非常之事。廓神都以延王业，度土中以制帝京，周公启之于前，陛下行之于后，故其宜也。且天下至重，莫若皇居，人之所贵，宁如遗体？请上安圣躬，下慰民望，光宅中原，辍彼南伐。此臣等愿言，苍生幸甚。"群臣咸唱"万岁"。

高祖初谋南迁，恐众心恋旧，乃示为大举，因以胁定群情，外名南伐，其实迁也。旧人怀土，多所不愿，内惮南征，无敢言者，于是定都洛阳。冲言于高祖曰："陛下方修周公之制，定鼎成周。然营建六寝，不可游驾待就；兴筑城郭，难以马上营讫。

愿暂还北都，令臣下经造，功成事讫，然后备文物之章，和玉銮之响，巡时南徙，轨仪土中。"高祖曰："朕将巡省方岳，至邺小停，春始便还，未宜遂不归北。"寻以冲为镇南将军，侍中、少傅如故，委以营构之任。改封阳平郡开国侯，邑户如先。

车驾南伐，以冲兼左仆射，留守洛阳。车驾渡淮，别诏安南大将军元英、平南将军刘藻讨汉中，召雍泾岐三州兵六千人拟戍南郑，克城则遣。冲表谏曰："秦州险厄，地接羌夷，自西师出后，饷援连续，加氐胡叛逆，所在奔命，运粮擐甲，迄兹未已。今复豫差戍卒，悬拟山外，虽加优复，恐犹惊骇，脱终攻不克，徒动民情，连胡结夷，事或难测。辄依旨密下刺史，待军克郑城，然后差遣，如臣愚见，犹谓未足。何者？西道险厄，单径千里，今欲深戍绝界之外，孤据群贼之中，敌攻不可卒援，食尽不可运粮。古人有言，'虽鞭之长，不及马腹'，南郑于国，实为马腹也。且昔人攻伐，或城降而不取；仁君用师，或抚民而遗地。且王者之举，情在拯民；夷寇所守，意在惜地。校之二义，德有浅深。惠声已远，何遽于一城哉？且魏境所掩，九州过八，民人所臣，十分而九。所未民者，惟漠北之与江外耳。羁之在近，岂急急于今日也？宜待大开疆宇，广拔城聚，多积资粮，食足支敌，然后置邦树将，为吞并之举。今钟离、寿阳，密迩未拔；赭城、新野，跬步弗降。所克者舍之而不取，所降者抚之而旋戮。东道既未可以近力守，西蕃宁可以远兵固？若果欲置者，臣恐终以资敌也。又今建都土中，地接寇壤，方须大收死士，平荡江会。轻遣单寡，弃令陷没，恐后举之日，众以留守致惧，求其死效，未易可获。推此而论，不戍为上。"高祖从之。

车驾还都，引见冲等，谓之曰："本所以多置官者，虑有令仆暗弱，百事稽壅，若明独聪专，则权势大并。今朕虽不得为聪明，又不为劣暗，卿等不为大贤，亦不为大恶。且可一两年许，少置官司。"

高祖自邺还京，泛舟洪池，乃从容谓冲曰："朕欲从此通渠于洛，南伐之日，何容不从此入洛，从洛入河，从河入汴，从汴入清，以至于淮？下船而战，犹出户而斗，此乃军国之大计。今沟渠若须二万人以下、六十日有成者，宜以渐修之。"冲对曰："若尔，便是士无远涉之劳，战有兼人之力。"迁尚书仆射，仍领少传。改封清渊县开国侯，邑户如前。及太子恂废，冲罢少传。

高祖引见公卿于清徽堂，高祖曰："圣人之大宝，惟位与功，是以功成作乐，治定制礼。今徙极中天，创居嵩洛，虽大构未成，要自条纪略举。但南有未宾之竖，兼凶蛮密迩，朕夙夜怅惋，良在于兹。取南之计决矣，朕行之谋必矣。若依近代也，则天子下帷深宫之内；准上古也，则有亲行，祚延七百。魏晋不征，旋踵而殒，祚之修短，在德不在征。今但以行期未知早晚。知几其神乎，朕既非神，焉能知也。而顷来阴阳卜术之士，咸劝朕今征必克。此既家国大事，宜共君臣各尽所见，不得以朕先言，便致依违，退有同异。"冲对曰："夫征战之法，先之人事，然后卜筮，今卜筮虽吉，犹恐人事未备。今年秋稔，有损常实，又京师始迁，众业未定，加之征战，以为未可。宜至来秋。"高祖曰："仆射之言，非为不合。朕意之所虑，乃有社稷之忧。然咫尺寇戎，无宜自安，理须如此。仆射言人事未从，亦不必如此。朕去十七年，拥二十万众，行不出畿甸，此人事之盛，而非天时。往年乘机，天时乃可，而阙人事，又致不捷。若待人事备，复非天时，若之何？加仆射之言，便终无征理。朕若秋行无克捷，三君子并付司寇。不可不人尽其心。"罢议而出。

后世宗为太子，高祖宴于清徽堂。高祖曰："皇储所以纂历三才，光昭七祖，斯乃亿兆咸悦，天人同泰，故延卿就此一宴，以畅忻情。"高祖又曰："天地之道，一盈一虚，岂有常泰。天道犹尔，况人事乎？故有升有黜，自古而然。悼往欣今，良用深叹。"冲对曰："东晖承储，苍生咸幸。但臣前忝师传，弗能弼谐，仰惭天日，慈造宽含，得预此宴，庆愧交深。"高祖曰："朕尚弗能革其昏，师传何劳愧谢也。"

后尚书疑元拔、穆泰罪事，冲奏曰："前彭城镇将元拔与穆泰同逆，养子降寿宜从拔罪。而太尉、咸阳王禧等，以为律文养子而为罪，父及兄弟不知情者不坐。谨审律意，以养子于父非天性，于兄弟非同气，敦薄既差，故刑典有降，是以养子虽为罪，而父兄不预。然父兄为罪，养子不知谋，易地均情，岂独从戮乎？理固不然。臣以为：依据律文，不追戮于所生，则从坐于所养，明矣。又律惟言父不从子，不称子不从父，当是优尊厉卑之义。臣禧等以为：'律虽不正见，互文起制，于乞也举父之罪，于养也见子坐，是为互起。互起两明，无罪必矣。若以嫡继，养与生同，则父子宜均，只明不坐。且继养之法云：若有别制，不同此律。又令文云：诸有封爵，若无亲子，及其身卒，虽有养继，国除不袭。是为有福不及己，有罪便预坐。均事等情，律令之意，便相矛盾。伏度律旨，必不然也。'臣冲以为：指例条寻，罪有无疑，准令语情，颇亦同式。"诏曰："仆射之议，据律明矣；太尉等论，于典矫也。养所以从戮者，缘其已免所生，故不得复甄于所养。此独何福，长处吞舟？于国所以不袭者，重列爵，特立制，因天之所绝，推而除之耳，岂复报对刑赏？于斯则应死，可特原之。"

冲机敏有巧思，北京明堂、圆丘、太庙，及洛都初基，安处郊兆，新起堂寝，皆资于冲。勤志强力，孜孜无怠，旦理文簿，兼营匠制，几案盈积，剖刷在手，终不劳厌也。然显贵门族，务益六姻，兄弟子侄，皆有爵官，一家岁禄，万匹有余，是其亲者，虽复痴騃，无不超越官次。时论亦以此少之。

年才四十，而鬓发班白，姿貌丰美，未有衰状。李彪之入京也，孤微寡援，而自立不群，以冲好士，倾心宗附。冲亦重其器学，礼而纳焉，每言之于高祖，公私共相援益。及彪为中尉、兼尚书，为高祖知待，便请非复藉冲，而更相轻背，惟公坐敛袂而已，无复宗敬之意也。冲颇衔之。后高祖南征，冲与吏部尚书、任城王澄并以彪倨傲无礼，遂禁止之。奏其罪状，冲手自作，家人不知，辞甚激切，因以自劾。高祖览其表，叹怅者久之，既而曰："道固可谓溢也，仆射亦为满矣。"冲时震怒，数数责彪前后愆悖，瞋目大呼，投折几案。尽收御史，皆泥首面缚，詈辱肆口。冲素性温柔，而一旦暴恚，遂发病荒悸，言语乱错，犹扼腕叫詈，称李彪小人。医药所不能疗，或谓肝藏伤裂。旬有余日而卒，时年四十九。高祖为举哀于悬瓠，发声悲泣，不能自胜。诏曰："冲贞和资性，德义树身，训业自家，道素形国。太和之始，朕在弱龄，早委机密，实康时务。鸿渐瀍洛，朝选开清，升冠端右，惟允出纳。忠肃柔明，足敷睿范，仁恭信惠，有结民心。可谓国之贤也，朝之望也。方升宠秩，以旌功旧，奄致丧逝，悲痛于怀。既留勤应陟，兼良宿宜褒，可赠司空公，给东园秘器、朝服一具、衣一袭，赠钱三十万、布五百匹、蜡二百斤。"有司奏谥曰文穆。葬于覆舟山，近杜预冢，高祖之意也。后车驾自邺还洛，路经冲墓，左右以闻，高祖卧疾望坟，掩泣久之。诏曰："司空文穆公，德为时宗，勋简朕心，不幸徂逝，托坟邙岭，旋銮覆舟，躬睇茔域，悲仁恻旧，有恸朕衷。可遣太牢之祭，以申吾怀。"及与留京百官相见，皆叙冲亡没之故，言及流泪。高祖得留台启，知冲患状，谓右卫宋弁曰："仆射执我枢衡，总厘朝务，清俭居躬，知宠已久。朕以仁明忠雅，委以台司之寄，使我出境无后顾之忧，一朝忽有此患，朕甚怀怆慨。"其相痛惜如此。

冲兄弟六人，四母所出，颇相忿阋。及冲之贵，封禄恩赐皆以共之，内外辑睦。父亡后同居二十余年，至洛乃别第宅，更相友爱，久无间然。皆冲之德也。始冲之见私宠也，兄子韶恒有忧色，虑致倾败。后荣名日显，稍乃自安。而冲明目当官，图为己任，自始迄终，无所避屈。其体时推运，皆此类也。子延寔等，语在《外戚传》。

史臣曰：燕赵信多奇士。李孝伯风范鉴略，盖亦过人远甚。世祖雄猜严断，崔浩已见诛夷，而入参心膂，出干政事，献可替否，无际可寻，故能从容任遇，以功名始卒。其智器固以优乎？安世识具通雅，时干之良。场以豪俊达，郁则儒博显。李冲早延宠眷，入干腹心，风流识业，固乃一时之秀。终协契圣主，佐命太和，位当端揆，身任梁栋，德洽家门，功著王室。盖有魏之乱臣也。

译文：

李冲，字思顺，陇西人，敦煌公李宝最小的儿子。他很小的时候双亲就去世了，受到大哥荥阳太守李承的抚养教导。李承常说："这小家伙才能气度非同凡响，将成为我们家族的依靠。"李冲深沉儒雅，器量远大，他哥赴任，李冲随兄到任所。当时刺史太守的子弟们大都骚扰老百姓，有巧取豪夺的行为，只有李冲和李承的长子李韶极其清白，不向百姓索取财物，当时人都称赞他们。

显祖献文帝拓跋弘末年，李冲作中书学生。他善于同朋友们相处，不随便开玩笑或说不正经的事，同辈人都尊重他。高祖孝文帝拓跋宏即帝位初年，按惯例升李冲为秘书中散，掌管宫中文书事务，因为他行为严谨，做事机敏，逐渐受到宠信。升任内秘书令、南部给事中。

先前没有设置党、里、邻三长，只有宗主督护制度，因此百姓被豪族隐庇，户籍不实，五十家或三十家才立一个户头。李冲认为通过三正管理人户，历史已经很长了，因此创定三长制，把它上奏给执政者。文明太后看了过后，认为不错，把李冲介绍给公卿大臣们来共同商量这件事。中书令郑羲、秘书令高祐等人说："李冲之所以请求设立三长，是想统一天下法令，这说起来似乎可以采纳，但实际上难以推行。"郑羲又说："不相信我的话，那就试试看，等事情失败之后，会知道我的话没错。"太尉元丕说："我认为这一法令若能推行下去，对公对私都有好处。"他们都说现在正是农活忙的月份，如果清查登记户口，新迁户和原住户都没有区别，老百姓一定会因烦扰而生怨气，请求等这个秋天过后，到冬天没农活的月份，再慢慢派人推行，比较合适。李冲说："所谓民，就是冥，可以让他们怎样做，不可以让他们知道为什么要那样做。假如不趁征发租税的时候设置三长，百姓只知道设立三长清查户口烦人，看不到平均徭役、减少赋敛的好处，心里定会有怨气。应当趁收取租税的月份进行，使百姓知道这将有平摊赋税的好处，他们既知道置三长的事，又因此获得好处，利用百姓的愿望，就容易推行。"著作郎傅思益上前说："古今民俗不同，事情做起来危险和容易也不一样。如今将民户分为九等而征收赋税，已经实行很久了，一下子要加以改变，恐怕会发生动乱。"文明太后说："设立三长，租税徭役就有一定标准,隐匿的人口就可以清查出来,侥幸逃避的人也将停止,有什么不可以的?"大家意见虽仍不一致,但只不过认为变法实行起来不容易,更没有其他反对的说法。于是便设置三长,公家和老百姓都称道这样方便。

李冲升任中书令,加官散骑常侍,南部给事中一职仍保留。不久转任南部尚书,被赐以顺阳侯的爵位。李冲受到文明太后的宠爱,日甚一日,赏赐的财物每月达数千万钱之多,进其爵为陇西公,暗中把珍宝及皇帝所用之物送往他的家中,外面的人无从知道这些事。李冲家一直清贫,这时才开始成为富家。但他做事谦虚,并以此自我约束,把积蓄的财物分散给别人,从姻亲同族到同乡同里的人,都得到他的施舍。他虚己待人,留心照顾漂泊贫寒之士,门第衰落的家族及沦落的士人通过他而得到升迁的为数不少。当时人都为此称赞他。

起先,李冲的哥哥李佐与河南太守来崇一起从凉州来到魏都城,他们俩平时有小矛盾,李佐因一次机会使来崇获罪,来崇饿死于监狱中。其后来崇之子来护又举报李佐犯有贪污罪,李佐与李冲等人均被逮捕入狱,碰到大赦,才免除罪罚,李佐因而痛恨来护。等到李冲受宠尊贵,执掌内外大权,来护为尚书南部郎,非常担心会被李冲陷害,多次请求免官退避,但李冲总都安慰他。来护后来犯了贪污罪,担心自己一定不能免死。于是,李冲将自己与来护间的隔阂原原本本地向上作了报告,请求宽恕来护,来护因此没被判刑。李冲的从甥阴始孙自幼父母双亡,家又穷,常到李冲家去,有如李冲的子侄一样。有人想做官,通过阴始孙向李冲送了一匹马,始孙把马接下,却没向李冲说起这事。后来李冲要乘马方便,阴始孙把这匹马借给李冲,送马的人看到李冲骑着自己送的马,而自己却没有得到官位。后来送马人便自己把事情始末经过给李冲讲了。李冲听说这事后，大吃一惊，把始孙逮捕起来，写成自首状报告朝廷，始孙被判处死刑。李冲身居要职，却严格要求自己，不照顾亲近的人，也不报复旧仇，都像这类情况。

这时还按旧规矩，王公重臣都直呼其名，只有高祖孝文帝常把李冲称作"中书"而不叫他的名字。文明太后逝世后，高祖在守丧期间接见李冲，比先前更为频繁。议定礼仪和律令制度，遣词造句、修改及决定令文的轻重，虽都是高祖亲自动手写定，但没哪一项不是询问李冲后再作决定的。李冲竭尽忠诚，侍奉孝文帝，凡他知道对国家有利的事，都尽心尽力去作，无论是在官府还是在自己家中，都为国事忧心操劳，从他的举止行动就可以看出来。就算朝中的老臣和皇亲国戚，也比不上他，无不佩服他做事明白果断又审慎细致，大家都很相信他。于是所有魏国人及他国来魏使节，都把他看成奇才。高祖对他也极依赖信任，亲敬有加，君臣二人之间的情义，没有谁能比得上。后来重新设置各级官员，创置五等封爵制度，都因李冲参与制定法令条例，而封他为荥阳郡开国侯，食邑八百户，并任命他为廷尉卿。不久又升任侍中、吏部尚书、咸阳王师。设立太子后，又任他为太子少傅。高祖开始根据《周礼》，于后宫设置夫人、九嫔等，以李冲的女儿充作夫人。

孝文帝发布诏书说："先前轩辕皇帝统治臣民时，开始建造房舍；到了夏、商、周三代君主，便兴建宫殿，茅草盖屋，夯土成阶，显示了上古君主的德行；而高楼大厦也体现了中世帝王的威风。这确实因为文采和质朴适应于不同时代，繁华和朴素代表着不同的礼仪制度。所以周成王继承王业后，在东都洛阳修造明堂；汉高祖刚夺得天下，便于咸阳修建未央宫。这是为了尊崇皇帝的威严，使皇帝的品德更为崇高伟大，哪里是因为他们喜欢奢侈、厌恶俭朴而剥夺民力呢？今我皇朝先代承天运命，开创大业，一心开拓疆土，来不及搞建设，使宫室规模，不能令人满意。太祖开创基业之初，虽曾按古制修建了一些，但那以后，又经过多次重新改建。以至于正月朝会，各国使臣齐集的时候，不能向他们显示我国的气派。我德行不高，辱承祖宗大业，恰好遇到国家昌盛的时期，应遵循先代圣王的制度，建造宫室。有关指导思想和规划，早已讲得很明白了；明堂、太庙都已在去年建成。现在我又想利用去年留下来的丰富的财物，趁百姓安定闲适的时机，在今年春天改建正殿。这违反了季节，做起来也让人有些提心吊胆的，但北方寒冷天气多，和南方中原的情况不一样，如果不从春天开工，到夏天完成，那么宏大的宫殿将永远不可能建成。要把事情做好，只有委仗贤才；改变制度，设计规划，也只有能人可胜任。尚书李冲才干超群，胸怀远大，可代理将作大匠；司空、长乐公穆亮，可与将作大匠一起监察修筑之事。至于怎样以新制代替旧制及太极殿的修建规划，我会另外给你们指示。"

孝文帝亲自率军南伐萧齐，加授李冲辅国大将军，让他带一支部队跟随大军以相策应。从平城出发直到抵达洛阳，阴雨连绵，没一个晴天，孝文帝在洛阳又下令大军开拔。他全副武装，手执马鞭，骑马将出军营，群臣都在他马前跪下叩头。孝文帝说："我早就制定好了长驱直入的计划，现在大军将继续前进，你们还要说些什么？"李冲走到前面说："我们臣下不能通过决策帷幄使陛下安居，四海臣服，而让南方还存在僭称皇帝的罪魁，这确实是我们的罪责。陛下因天下仍未统一，亲自率军前往，我们实在想过要舍身忘命，在战场上拼死尽力。但是从离开都城以来,长期下雨不止,战士和马匹都极其疲倦,而前边的道路还很遥远,水势正在上涨,而且在洛阳这儿,小小雨水已使大军难以行动,何况南边还有波涛汹涌的长江。假若要造船只,必定得让大军停留等待,那样会使军队士气低落,给养缺乏,进退两难。考虑到有失败的危险而退军,从道理上讲这才是合理的选择。"高祖说:"我要统一天下的想法,先前已给你们详细地讲过了。现在你们只不过因雨水便感到为难。但时令是可以预知的,怎么说呢?夏天既然炎热大旱,秋天雨水必然会多,初冬之时,一定会有晴朗天气。等到十月间,如雨还是下个不停,那就只好说是天意如此了,假如那时会晴,那么现在进军就没有什么害处。古人不趁人有丧事而发动进攻,讲的是统一政权下诸侯国家之间的事,不是指帝王发动的统一战争。现在事情已经到了这一步,哪能中途停止呢?"李冲又向前说:"这次举兵,天下的人都不愿发生,只有陛下想这样做。汉文帝曾说过:'我一个人就算骑了一匹千里马,又能走到哪儿去呢?'我的想法未能用语言表达出来,只好斗胆以生命请求退军。"孝文帝大怒说:"我正打算经略天下,实现统一,你们这帮儒生多次使此大计不能贯彻执行。按照常轨,你们是应受刑罚的,你不要再说了!"说完就要骑马出去。于是大司马、安定王拓跋休,兼左仆射,任城王拓跋澄等人都哭着不停地谏阻。于是,孝文帝告诉群臣说:"这次行动声势不小,如果有行动而无成就,怎能给后代做出表率?如果就此班师回平城,就不能扬声誉于千载以后了。我想我们先祖,本来居住在极遥远的大漠,后违背众人意愿向南迁徙,给子孙后代留下无穷无尽的好处。难道是他没有恋念故土之情,而轻易地抛弃祖先的坟墓和家乡,而只有今天的有德行的人才有这种情感吗?应当说这是上天的职责要通过人才能完成,帝王大业需有所成就的缘故啊。如今如不继续向南进发，就应把都城迁到这儿，定都于大地正中央，现在正是大好时机，王公们认为如何？谋议决定以后，就不得改变了。愿意迁都的站在左边去，不愿的站到右边。"安定王拓跋休等一同站到了右边。曾做过南安王的拓跋桢走向前说："愚昧的人对已经做成的事情还理解不了，而聪明人在事情还未起因时便能有所觉察。推行大德的人不会和常人商议，要成就大功大业的人就不能和众人谋划。只有不一般的人才能作不一般的事。开拓皇都使帝王之业更为久长，于大地正中营建京城，周公先前曾这样做过，现在陛下您又如此行事，所以本就应该这样。而且天下最重要的莫过于京都，人所最贵重的莫过于父母恩赐的身体，请陛下善自保重，以使天下百姓放心，迁都中原，停止南伐。这是我们的由衷之言，也是天下苍生的幸事。"群臣都齐声高呼"万岁"。

高祖孝文帝开始计划迁都到南边时，怕大家心里依恋旧都，便表示要大举进攻南方，以此相威胁，好让大家取得一致，名义上虽说是南伐，实际上是向南迁都。贵族们依恋北方，很不情愿，但又怕对南方作战，才没有人表示反对，于是定都于洛阳。李冲对高祖说："陛下将效仿周公，于成周洛阳营建都城，但您总不能到处奔走等皇宫建成，也不可能在马背上等城郭完工，希望陛下暂时回到北都平城，命令臣下营建新都，等事情完全做好后，再找个时间，堂而皇之地南迁中原，统治天下。"高祖说："我将巡察四方，到邺城稍作停留，等开春后便回到平城，不可能就此不再回去。"不久任命李冲为镇南将军，侍中、太子少傅等官仍保留，委以建造新都的重任。改其封爵为阳平郡开国侯，食邑户数如先前一样。

孝文帝又亲自率军南伐萧齐，让李冲兼任尚书左仆射，留守洛阳。孝文帝率军渡过淮河,又命令安南大将军元英、平南将军刘藻进攻汉中,并命征发雍、泾、岐三州地方兵共六千人,准备去南郑设防,等元英攻下南郑后就派他们前往。李冲打报告谏阻说:"秦州地势险峻,又接近羌族居住区,自从西面出军以后,转运军饷,增派援军,接连不断,再加上氐人叛乱,西方各州百姓奔走应命,或运送军粮,或裹甲从征,至今仍未停息。现在又预先征发士兵,打算把他们派到秦岭以南的地方去,虽然让他们优免赋税,但我还是担心这会引起他们的恐惧,假如南郑最后攻不下,徒然使民心骚动,若他们联合各少数族起事,事情就难以预料。依照陛下下密令给各州刺史,让他们在大军确已攻克南郑后,才征发士卒加以派遣,就我个人看来,这还是不够的。为什么呢?西边道路险阻,羊肠小道逶迤千里,如今要在远离我方边界的地方,在群敌环伺的情况下孤城独守,若遭敌方进攻,不能立即增援,粮食耗尽又不能运去。古人说过:'虽鞭之长,不及马腹',南郑对我国来说,可说得上是马腹。而且古人发动战争,有时攻克敌方城池也不防守;仁德的君主指挥军队,有时只是为了安抚百姓而不是为了夺取土地。况且陛下举兵,究其本心是要救百姓于水火;而敌人固守,本意在于爱惜土地,比较两种用兵的意义,所显示的德行就有深浅不同。我军好名声已传得很远,又何必忙于争夺一座城池呢?况且魏国疆域,于古代九州已超过八个,所统治的人民,占天下十分之九,还未臣服的,只有漠北和长江以南的人了。要不了多久就会让他们驯服,现在又何必操之过急呢?应等我国边界进一步扩展,攻占敌方更多的城池堡垒,聚积更多的财富粮食,使军粮充足,即使受到敌方的长期进攻也能支持得住,然后再设置机构,委派将领,准备全部消灭敌人。现在敌方钟离、寿阳二城接近我方边境,还未攻下,赭城、新野距洛阳没几步路，也没降服。我军攻下的城池放弃不加驻守，俘获的人员安抚之后旋加杀戮。东边较近的军队还不能坚守，难道调西边远方的兵卒来就可固守？如果真的要置兵防守，我担心最终也会送给敌人。现在定都中原，接近敌境，正须大力招募敢死之士，平定江南。如果轻率地派出势力弱小的部队，等于抛弃他们，使他们落入敌手，恐怕往后有什么行动，大家都会害怕留守，要让他们舍身效力，就非轻易能得了。从此点来说，不戍守南郑为上策。"高祖听从了他的意见。

孝文帝回到都城，接见李冲等人，对他们说："原先设置官员很多，这是担心尚书令、尚书仆射如果是昏庸懦弱的，则会使政事延误；如果是聪明能干的，又怕会出现权势过度集中的现象。现在我虽说不上是聪明的君主，也不能就算昏庸无才，你们说不上是大贤，也不能说成是大恶。姑且再等一两年，便可以精简机构。"

高祖从邺城回到京城洛阳，在洪池里荡舟时，不慌不忙地对李冲说："我想从这儿凿条水道通向洛水，到南伐的时候，不就可以乘船从这儿到洛水，从洛水进入黄河，从黄河进入汴河，从汴河进入清水，再从清水进入淮河了吗？一下船就可战斗，好比出家门而对敌，这是国家的军事战略。今后如有需人在两万以下，六十天内便能修好的渠道，就应该逐渐修造。"李冲回答说："如果那样的话，士兵们就不会受长途跋涉的劳苦，打起仗来一个顶俩。"李冲升任尚书仆射，仍代理太子少傅。改其爵位为清渊县开国侯，食邑户数与先前一样。后太子拓跋恂被废黜，李冲被免去太子少傅。

孝文帝在清徽堂接见公卿，对他们说："圣人最重要的事物是帝位和功业，所以功业成就后便制作音乐，政治安定便制定礼仪。现在我们徙都中原,在洛阳再创帝都,虽然宏大的规划还未全部完成,但总的来说,大的方面已基本做成。但是南方还未降服,而且其他与强悍的少数民族接近,我经常彻夜未眠,想念的就是这件事。我征服南方的决心已下定,进攻的谋略也已做出。若按近代例子,天子是深居宫中不出的,若仿照上古的例子,天子就要亲自率军出征。周武王东征灭商,为后代开创了七百年的基业;魏、晋的君主不亲自出征,结果很快就灭亡了。因此,国运长短,决定于君主的德行,而不在于打不打仗。现在只是不知是早些行动好,还是晚一些行动好。能知道的大概也只有神仙了,我既然不是神仙,当然不可能知道。不过近来阴阳占卜方术之士都劝我,说今年出征一定能成功。这既然是国家的大事,我们君臣应该在一起各抒己见,不要因为我发了话,你们便顺从我,过后又有不同看法。"李冲回答说:"决定打不打仗的方法,应当先分析人事,然后再参考占卜的结果,如今占卜说出军吉利,我还是担心人事还不周全。今年秋收,比往年要差一些,再加上刚迁都,百姓家业还未奠定,又让他们出征,我认为不行。应该等到明年秋天再说。"孝文帝说:"仆射的话不是没有道理。我所考虑的事,是国家的兴亡大事。敌人就在我们身边,不可能安居,道理上就是这样。仆射说人事不顺当,也不一定就如此。我于太和十七年率二十万大军出征,未到达边境便回来了,这主要是人事上的决定,与天时无关。去年又乘有利时机出兵,天时是有了,但人事不足,使此次行动又未能成功。假使等人事周全后,又与天时不合,该怎么办呢?像仆射所说的那样做,便永远不能出征。我若秋天出军不能大获全胜,将把你们拿来问罪。你们一定得人人尽心尽力。"于是宣告议论结束,大家走出清徽堂。

后来世宗元恪被立为太子,孝文帝在清徽堂设宴庆贺。孝文帝说:"设立皇太子,是准备让他继承帝位,协调天地与世人,光大祖宗的事业,这是亿万人民为之高兴,普天同乐的事。所以我把你叫来参加宴聚,共叙欢欣喜悦的心情。"孝文帝又说:"天地的法则,时圆时缺,哪能一直完美呢?天道尚且如此,又何况人事呢?所以有人被提升,就会有人遭贬黜,自古以来就是如此。我为先前的事感到难过,又为今天的事感到欣喜,这真让人感叹不已啊。"李冲回答说:"复置皇太子,如朝日东升,天下百姓都深感万幸。只是先前我忝为废太子的师傅,不能很好地辅导他,有愧陛下托付,陛下宽宏大量,让我参加这个宴会,我真是又高兴又羞愧。"孝文帝说:"我作为父亲还不能阻止他胡作非为,你作为师傅又哪用得着惭愧道歉呢?"

后来尚书们在对元拔、穆泰等人定罪上发生疑问。李冲上奏说:"前彭城镇将元拔与穆泰一起谋反,元拔养子元降寿应该同元拔一起问罪。可是太尉、咸阳王元禧等却认为,法律条文上说养子犯罪,其养父及兄弟不知内情者不连坐。谨按法律条文本意,是说养子与养父之间没有天然的联系,与兄弟之间没有血缘关系,情义既有差别,所以刑法上对其处罚也相应减轻,故养子虽犯了罪,其养父与兄弟不受牵连。那么如果养父和兄弟们犯了罪,养子不知道他们的预谋,关系倒过来,情形还是一样,怎能独在这种情况下而让养子从坐呢?从道理讲不应这样。我认为:按照法律条文,养子犯罪,其生身之父不受诛连,那么很明显,他的养父就应该连坐;而且,法律上只说养父可不因养子有罪而获罪;而没有说养父有罪,养子可以不连坐,法律这种规定应是取对尊长优待而对晚辈严厉之义。臣下元禧等认为:'法律上未见明文规定,但是这是条例互见的原则,在有关收继的条目下列举养父犯罪时的惩罚办法,在有关养育条目下又列举养子犯罪时的惩罚办法,这就叫所谓互起。而律文中互起两项规定都清楚明了,养子肯定可宣判无罪。假如以嫡子身份继承爵位,养子与亲生之子一样对待,那么养父养子应相互连坐,而这一点也可证明养子可以不因养父有罪而受诛连。况且继养的律令条文下的注文说:如果皇上有特别命令,可以不按此律文行事。又令文说:有封爵的人,如果没有亲生儿子,自身死亡之后,其封爵作废,不再由养子继承。这就是说养子有好事赶不上,有罪责逃不了。情形差不多,可是律令条文就自相矛盾了。我们想法律的本意,一定不会是这样的。'臣下李冲认为:根据案例和法律条文,元降寿当连坐无疑,从令文说到据情节定罪,也应该如此。"孝文帝发布诏令说:"仆射的议论,很明显是有法律根据的,太尉等人的议论,则违背了法典本意。养子之所以要与养父连坐,是因他既可不因生父有罪而受诛连,所以不能再免去因养父而所获之罪。要不养子就太有福气了,使他可以长逃法网!养子之所以不能继承养父的爵位,目的是要使爵位受到尊重,所以特别立下规定,趁上天绝其后代,顺势除其封爵罢了,哪能因此而免除其罪罚?元降寿应连坐而死,但可特此赦免他。"

李冲机敏而富有创造性思维,平城的明堂、圆丘、太庙等建筑物以及洛阳划定基址、设置郊庙之地、宫殿建筑等事,都由李冲操办。他矢志勤勉,尽力为公,孜孜不倦,一大早便起来处理文件,并兼掌都城营建的工作,案头文书总是堆得满满的,他审阅批驳,始终不感到劳累厌倦。但他致力于使自己的家族显贵于世,并给自己的亲戚谋求好处,他的兄弟和儿子侄儿们都做了官、封了爵位,一家人每年俸禄收入有一万多匹绢布,只要与他有亲戚关系,不管是呆是聋,无不越级提升。当时人们谈起来,也因此而轻视他。

李冲才四十岁时，两鬓头发就花白了，但他相貌堂堂，没有衰老的迹象。李彪刚到京城来的时候，独自一人，没有名声，又没有朋友援助，但却能保持操守，不随流俗，因李冲喜欢招徕士人，便全心依附于他。李冲也看重李彪的才干学识，对他以礼相待，常在孝文帝面前谈到他，在公事和私事方面都给予帮助。后李彪任御史中尉，兼任度支尚书，被孝文帝熟识并受到亲信，便认为自己并不是凭借李冲才走到这一步，而且轻视李冲，与他发生矛盾。两人在大庭广众见面，李彪只整理一下衣袖算是向李冲表示敬意而已，不再依附尊崇他。李冲为此很恨李彪。后来孝文帝率军南征，李冲与吏部尚书任城王元澄都认为李彪傲慢无礼，把他看押起来。向孝文帝奏说李彪的罪状，奏章是李冲亲自写的，家里人都不知道这事，奏文中言辞激动，并承认自己因推荐李彪也有罪责。孝文帝读完奏章以后，叹息不快了很久，好一会才说："李彪可说是太不检点了，仆射的行为也过分啊！"李冲当时极为愤怒，反复指责李彪历来所犯错误和无礼行为，并瞪着眼睛大声呵斥，把案桌都摔坏了。他还让人把御史们都抓起来，在他们头上涂上泥巴表示有罪，并把他们的双手绑在胸前，对他们破口大骂。李冲平常性情很温和，可是这次突发狂怒，因此生病，神经错乱，胡言乱语，仍紧握双手，大声痛骂，称李彪为小人，吃药也没效果，有人说这是肝脏碎裂所致。过了十多天以后，李冲便死了，当时才四十九岁。孝文帝在悬瓠为他发丧，悲痛得哭出声来。于是发布诏令说："李冲生性坚贞温和，以德义塑造自己，受到家庭的良好教养，节俭朴素，对全国都发生影响。太和初年，我年龄很小，把国家机密大事委托给他，而他把政事都处理得很完美。后来迁都洛阳，朝廷选举区别清流，他官任群臣之首，掌管诏令出纳。他忠诚严谨、文雅聪明，是群臣的好榜样。他仁慈恭敬、取信于民，为他们谋福利，受到人民的衷心爱戴。他可以说是国家的贤臣，朝廷的期望。正准备给他更丰厚的俸禄，以表彰他的功勋的时候，他却忽然间离我们而去，使我内心十分悲痛。他留守辛勤，本应加赏，而且是朝中老臣，更应褒奖，可赠他司空公，送棺椁及朝服一套、上衣一件，赠送他家钱三十万、布五百匹、蜡二百斤。"给李冲"文穆"的谥号。安葬在覆舟山上，坟墓靠近杜预的坟墓，这是孝文帝的主意。后来孝文帝从邺城返回洛阳，途经李冲的墓旁，左右侍臣把这事给他说了，孝文帝当时卧病不起，还是前往探望，伤心地哭了很久。下诏说："司空文穆公德行为当今第一，其功勋我永远也不会忘记，他不幸去世，在邙岭的坟墓中安身，我回程路过覆舟山，亲自来察看他的坟墓，悲仁人早去，伤昔日情谊，使我内心悲恸不已。可用太牢的礼仪祭祀他，以此表示我的心怀。"后来他与京城留守的大臣们见面，都谈到李冲死亡的情况，一说就流眼泪。当初孝文帝收到留台送来的报告，知道李冲的病情，对右卫将军宋弁说："仆射执掌国家大权，总管朝廷政务，他廉洁俭朴，事必躬亲，我很早就了解他，信任他。我正因为他仁慈聪明，忠诚正直，把政府各部门都交给他，使我率军进攻敌人时没有后顾之忧，现在他忽然得了这种病，我深感悲叹。"他如此为李冲痛惜。

李冲兄弟共有六人，是四个母亲生的，相互间很不和气。后来李冲尊贵以后，封邑收入与俸禄及受到的赏赐都同兄弟们一起分享，家里家外都很和睦。父亲死了以后，兄弟们一起住了二十多年，到洛阳后才分家而居，但更加友爱，很长时间都没矛盾，这都是李冲德行所致啊！当初李冲受到文明太后宠爱时，李冲的侄子李韶脸上常有焦虑的表情，怕因此而全家遭祸。后来李冲名声越来越大，李韶才稍稍放心。但李冲本人做官光明正大，一心把自己的事做好，自始至终，都毫不畏缩苟免。他随时运而听命，都是这种情况。李冲的儿子李延实等，其事迹记载在《外戚传》中。

史臣说：……李冲很早就受到文明太后的宠信，成为她的心腹，风度学识，在当时确是最杰出的。最后与圣明的君主亲密无间，为太和时期的佐命大臣，位居百官之上，成为国家的栋梁。德行惠及家族，功业显于王室，真是魏代的治乱之臣啊。

魏书卷六十五

列传第五十三

邢峦

邢峦,字洪宾,河间鄚人也。五世祖嘏,石勒频征,不至。嘏无子,峦高祖盖,自旁宗入后。盖孙颖,字宗敬,以才学知名。世祖时,与范阳卢玄、勃海高允等同时被征。后拜中书侍郎,假通直常侍、宁朔将军、平城子,衔命使于刘义隆。后以病还乡里。久之,世祖访颖于群臣曰:"往忆邢颖长者,有学义,宜侍讲东宫,今其人安在?"司徒崔浩对曰:"颖卧疾在家。"世祖遣太医驰驿就疗。卒,赠冠军将军、定州刺史,谥曰康。子脩年,即峦父也,州主簿。

峦少而好学,负帙寻师,家贫厉节,遂博览书传。有文才干略,美须髯,资貌甚伟。州郡表贡,拜中书博士,迁员外散骑侍郎,为高祖所知赏。兼员外散骑常侍,使于萧赜,还,拜通直郎,转中书侍郎,甚见顾遇,常参座席。高祖因行药至司空府南,见峦宅,遣使谓峦曰:"朝行药至此,见卿宅乃住,东望德馆,情有依然。"峦对曰:"陛下移构中京,方建无穷之业,臣意在与魏升降,宁容不务永年之宅。"高祖谓司空穆亮、仆射李冲曰："峦之此言，其意不小。"有司奏策秀、孝，诏曰："秀、孝殊问，经权异策，邢峦才清，可令策秀。"

后兼黄门郎。从征汉北，峦在新野，后至。高祖曰："伯玉天迷其心，鬼惑其虑，守危邦，固逆主，乃至如此。"峦曰："新野既摧，众城悉溃，唯有伯玉，不识危机，平殄之辰，事在旦夕。高祖曰："至此以来，虽未擒灭，城隍已崩，想在不远。所以缓攻者，正待中书为露布耳。"寻除正黄门、兼御史中尉、瀛州大中正，迁散骑常侍、兼尚书。

世宗初，峦奏曰："臣闻昔者明王之以德治天下，莫不重粟帛，轻金宝。然粟帛安国育民之方，金玉是虚华损德之物。故先皇深观古今，去诸奢侈。服御尚质，不贵雕镂，所珍在素，不务奇绮，至乃以纸绢为帐帟，铜铁为辔勒。训朝廷以节俭，示百姓以忧务，日夜孜孜，小大必慎。轻贱珠玑，示其无设，府藏之金，裁给而已，更不买积以费国资。逮景明之初，承升平之业，四疆清晏，远迩来同，于是蕃贡继路，商买交入，诸所献贸，倍多于常。虽加以节约，犹岁损万计，珍货常有余，国用恒不足。若不裁其分限，便恐无以支岁。自今非为要须者，请皆不受。"世宗从之。寻正尚书，常侍如故。

萧衍梁秦二州行事夏侯道迁以汉中内府，诏加峦使持节、都督征梁汉诸军事、假镇西将军，进退征摄，得以便宜从事。峦至汉中，白马已西犹未归顺，峦遣宁远将军杨举、统军杨众爱、氾洪雅等领卒六千讨之。军锋所临，贼皆款附，唯补谷戍主何法静据城拒守。举等进师讨之，法静奔溃，乘胜追奔至关城之下，萧衍龙骧将军关城流杂疑李侍叔逆以城降。萧衍辅国将军任僧幼等三十余将，率南安、广长、东洛、大寒、武始、除口、平溪、桶谷诸郡之民七千余户，相继而至。萧衍平西将军李天赐、晋寿太守王景胤等拥众七千，屯据石亭。统军韩多宝等率众击之，破天赐前军赵脩，擒斩一千三百。遣统军李义珍讨晋寿，景胤宵遁，遂平之。诏曰："峦至彼，须有板官，以怀初附，高下品第，可依征义阳都督之格也。"拜峦使持节、安西将军、梁秦二州刺史。

萧衍巴西太守庞景民恃远不降，峦遣巴州刺史严玄思往攻之，斩景民，巴西悉平。萧衍遣其冠军将军孔陵等率众二万，屯据深坑，冠军将军鲁方达固南安，冠军将军任僧褒、辅国将军李畎戍石同。峦统军王足所在击破之，枭衍辅国将军乐保明、宁朔将军李伯度、龙骧将军李思贤，贼遂保回车栅。足又进击衍辅国将军范峻，自余斩获殆将万数。孔陵等收集遗众，奔保梓潼，足又破之，斩衍辅国将军符伯度，其杀伤投溺者万有余人。开地定民，东西七百，南北千里，获郡十四、二部护军及诸县戍，遂逼涪城。峦表曰：

扬州、成都相去万里，陆途既绝，唯资水路。萧衍兄子渊藻，去年四月十三日发扬州，今岁四月四日至蜀。水军西上，非周年不达，外无军援，一可图也。益州顷经刘季连反叛，邓元起攻围，资储散尽，仓库空竭，今犹未复，兼民人丧胆，无复固守之意，二可图也。萧渊藻是裙屐少年，未洽治务，及至益州，便戮邓元起、曹亮宗，临戎斩将，则是驾驭失方。范国惠津渠退败，锁执在狱。今之所任，并非宿将重名，皆是左右少年而已，既不厌民望，多行残暴，民心离解，三可图也。蜀之所恃唯剑阁，今既克南安，已夺其险，据彼界内，三分已一。从南安向涪，方轨任意，前军累破，后众丧魂，四可图也。昔刘禅据一国之地，姜维为佐，邓艾既出绵竹，彼即投降。及苻坚之世，杨安、朱彤三月取汉中，四月至涪城，兵未及州，"仲孙逃命。桓温西征，不旬月而平。蜀地昔来恒多不守。况渊藻是萧衍兄子，骨肉至亲，若其逃亡，当无死理。脱军克涪城，渊藻复何宜城中坐而受困？若其出斗，庸蜀之卒唯便刀矟，弓箭至少，假有遥射，弗至伤人，五可图也。

臣闻乘机而动，武之善经；攻昧侮亡，《春秋》明义。未有舍干戚而康时，不征伐而混一。伏惟陛下纂武文之业，当必世之期，跨中州之饶，兼甲兵之盛，清荡天区，在于今矣。是以践极之初，寿春驰款；先岁命将，义阳克辟。淮外谧以风清，荆沔于焉肃晏。方欲偃甲息兵，候机而动，而天赞休明，时来斯速，虽欲靖戎，理不获已。至使道迁归诚，汉境仁拔。臣以不才，属当戎寄，内省文吏，不以军谋自许，指临汉中，惟规保疆守界。事属艰途，东西寇窃，上凭国威，下仗将士，边帅用命，频有薄捷。借势乘威，经度大剑，既克南安，据彼要险，前军长迈，已至梓潼，新化之民，翻然怀惠，瞻望涪益，旦夕可屠。正以兵少粮匮，未宜前出。为尔稽缓，惧失民心，则更为寇。今若不取，后图便难，辄率愚管，庶几殄克，如其无功，分受宪坐。且益州殷实，户余十万，比寿春、义阳三倍非匹，可乘可利，实在于兹。若朝廷志存保民，未欲经略，臣之在此，便为无事，乞归侍养，微展乌鸟。

诏曰："若贼敢窥阋，观机剪扑；如其无也，则安民保境，以悦边心。子蜀之举，更听后敕。方将席卷岷蜀，电扫西南，何得辞以恋亲，中途告退！宜勖令图，务申高略。"峦又表曰：

昔邓艾、钟会率十八万众，倾中国资给，裁得平蜀，所以然者，斗实力故也。况臣才绝古人，智勇又阙，复何宜请二万之众而希平蜀？所以敢者，正以据得要险，士民慕义，此往则易，彼来则难，任力而行，理有可克。今王足前进，已逼涪城，脱得涪城，则益州便是成擒之物，但得之有早晚耳。且梓潼已附，民户数万，朝廷岂得不守之也？若守也，直保境之兵则已一万，臣今请二万伍千，所增无几。又剑阁天险，古来所称，张载《铭》云："世乱则逆，世清斯顺。"此之一言，良可惜矣。臣诚知征戎危事，不易可为，自军度剑阁以来，鬓发中白，忧虑战惧，宁可一日为心。所以勉强者，既得此地而自退不守，恐辜先皇之恩遇，负陛下之爵禄，是以孜孜，频有陈请。且臣之意算，正欲先图涪城，以渐而进。若克涪城，便是中分益州之地，断水陆之冲，彼外无援军，孤城自守，复何能持久哉！臣今欲使军军相次，声势连接，先作万全之计，然后图彼，得之则大克，不得则自全。

又巴西、南郑相离一千四百，去州迢递，恒多生动。昔在南之日，以其统绾势难，故增立巴州，镇静夷獠，梁州藉利，因而表罢。彼土民望，严、蒲、何、杨，非唯五三，族落虽在山居，而多有豪右，文学笺启，往往可观，冠带风流，亦为不少。但以去州既远，不能仕进，至于州纲，无由厕迹。巴境民豪，便是无梁州之分，是以郁怏，多生动静。

比建议之始，严玄思自号巴州刺史，克城以来，仍使行事。巴西广袤一千，户余四万，若彼立州，镇摄华獠，则大帖民情。从垫江已还，不复劳征，自为国有。

世宗不从。又王足于涪城辄还，遂不定蜀。

峦既克巴西，遣军主李仲迁守之。仲迁得萧衍将张法养女，有美色，甚惑之。散费兵储，专心酒色，公事谘承，无能见者。

峦忿之切齿，仲迁惧，谋叛，城人斩其首，以城降衍将谯希远，巴西遂没。武兴氏杨集起等反叛，峦遣统军传竖眼讨平之，语在《竖眼传》。峦之初至汉中，从容风雅，接豪右以礼，抚细民以惠。岁余之后，颇因百姓去就，诛灭齐民，借为奴婢者二百余口，兼商贩聚敛，清论鄙之。征授度支尚书。

时萧衍遣兵侵轶徐兖，缘边镇戍相继陷没，朝廷忧之，乃以峦为使持节、都督东讨诸军事、安东将军，尚书如故。世宗劳遣峦于东堂曰："萧衍寇边，旬朔滋甚，诸军舛互，规致连戍陷没。宋鲁之民尤罹汤炭。诚知将军旋京未久，膝下难违，然东南之寄，非将军莫可。将军其勉建殊绩，以称朕怀，自古忠臣亦非无孝也。"峦对曰："贼虽送死连城，犬羊众盛，然逆顺理殊，灭当无远。况臣仗陛下之神算，奉律以摧之，平殄之期可指辰而待，愿陛下勿以东南为虑。"世宗曰："汉祖有云'金吾击廓，吾无忧矣'，今将军董戎，朕何虑哉？"

先是，萧衍辅国将军萧及先率众二万，寇陷固城；冠军将军鲁显文、骁骑将军相文玉等率众一万，屯于孤山；衍将角念等率众一万，扰乱龟蒙，土民从逆，十室而五。峦遣统军樊鲁讨文玉，别将元恒攻固城，统军毕祖朽讨角念。樊鲁大破文玉等，追奔八十余里，斩首四千余级。元恒又破固城，毕祖朽复破念等，兖州悉平。峦破贼将蓝怀恭于睢口，进围宿豫。而怀恭等复于清南造城，规断水陆之路。峦身率诸军，自水南而进，遣平南将军杨大眼从北逼之，统军刘思祖等夹水造筏，烧其船舫。众军齐进，拔栅填堑，登其城。火起中流，四面俱击，仍陷贼城，俘斩数万。在陈别斩怀恭，擒其列侯、列将、直阁、直后三十余人，俘斩一万。宿豫既平，萧昞亦于淮阳退走，二戍获米四十余万石。

世宗赐峦玺书曰："知大尅丑虏，威振贼庭，淮外雾披，徐方卷壤，王略远恢，混一维始，公私庆泰，何快如之！贼衍此举，实为倾国。比者宿豫陷殁，淮阳婴城，凶狡俙张，规抗王旅。将军忠规协著，火烈霜摧，电动岱阴，风扫沂峄，遂令逋诛之寇，一朝歼夷；元鲸大憝，千里折首。殊勋茂捷，自古莫二。但扬区未安，余烬宜荡，乘胜掎角，势不可遗。便可率厉三军，因时经略，申威东南，清彼江介，忘此仍劳，用图永逸，进退规度，委之高算。"又诏峦曰："淮阳、宿豫虽已清复，梁城之贼，犹敢聚结，事宜乘胜，并势摧殄。可率二万之众渡淮，与征南掎角，以图进取之计。"

及梁城贼走，中山王英乘胜攻钟离，又诏峦帅众会之。峦表曰："奉被诏旨，令臣济淮与征南掎角，乘胜长驱，实是其会。但愚怀所量，窃有未尽。夫图南因于积风，伐国在于资给，用兵治戎，须先计校。非可抑为必胜，幸其无能。若欲掠地诛民，必应万胜；如欲攻城取邑，未见其果。得之则所益未几，不获则亏损必大。萧衍倾竭江东，为今岁之举，疲兵丧众，大败而还，君臣失计，取笑天下。虽野战非人敌，守城足有余，今虽攻之，未易可克。又广陵悬远，去江四十里，钟离、淮阴介在淮外，假其归顺而来，犹恐无粮艰守，况加攻讨，劳兵士乎？且征南军士从戎二时，疲弊死病，量可知已。虽有乘胜之资，惧无远用之力。若臣之愚见，谓宜修复旧戍，牢实边方，息养中州，拟之后举。又江东之衅，不患久无，畜力待机，谓为胜计。"诏曰："济淮掎角，事如前敕，何容犹尔磐桓，方有此请！可速进军，经略之宜听征南至要"。

峦又表曰："萧衍侵境，久劳王师，今者奔走，实除边患，斯由灵赞皇魏，天败寇竖，非臣等弱劣所能克胜。若臣之愚见，今正宜修复边镇，俟之后动。且萧衍尚在，凶身未除，螳螂之志，何能自息。唯应广备以待其来，实不宜劳师远入，自取疲困。今中山进军钟离，实所未解，若能为得失之计，不顾万全，直袭广陵，入其内地，出其不备，或未可知。正欲屯兵，萧密余军犹自在彼；欲言无粮，运船复至。而欲以八十日粮图城者，臣未之前闻。且广陵、任城可为前戒，岂容今者复欲同之。今若往也，彼牢城自守，不与人战，城壍水深，非可填塞，空坐至春，则士自弊苦。遣臣赴彼，粮何以致？夏来之兵，不赍冬服，脱遇冰雪，取济何方？臣宁荷怯懦不进之责，不受败损空行之罪。钟离天险，朝贵所具，若有内应，则所不知，知其无也，必无克状。若其不复，其辱如何！若信臣言也，愿赐臣停；若谓臣难行求回，臣所领兵统悉付中山，任其处分，臣求单骑随逐东西。且俗谚云，耕则问田奴，绢则问织婢。臣虽不武，忝备征将，前宜可否，颇实知之，臣既谓难，何容强遣。"诏曰："安东频请罢军，迟回未往，阻异戎规，殊乖至望。士马既殷，无容停积，宜务神速，东西齐契，乘胜扫珍以赴机会。"峦累表求还，世宗许之。英果败退，时人伏其识略。

初，侍中卢昶与峦不平，昶与元晖俱世宗所宠，御史中尉崔亮，昶之党也。昶、晖令亮纠峦，事成许言于世宗以亮为侍中。亮于是奏劾峦在汉中掠良人为奴婢。峦惧为昶等所陷，乃以汉中所得巴西太守庞景民女化生等二十余口与晖。化生等数人，奇色也，晖大悦，乃背昶为峦言于世宗云："峦新有大功，已经敕宥，不宜方为此狱也。"世宗纳之。高肇以峦有克敌之效，而为昶等所排，助峦申释，故得不坐。

豫州城民白早生杀刺史司马悦，以城南入，萧衍遣其冠军将军齐苟仁率众入据悬瓠。诏峦持节率羽林精骑以讨之。封平舒县开国伯，食邑五百户，赏宿豫之功也。世宗临东堂，劳遣峦曰："司马悦不慎重门之戒，智不足以谋身，匪直丧元隶竖，乃大亏王略。悬瓠密迩近畿，东南藩捍，度公之在彼，忧虑尤深。早生理不独立，必远引吴楚，士民同恶，势或交兵。卿文昭武烈，朝之南仲，故令卿星言电迈，出其不意。卿言早生走也守也？何时可以平之？"峦对曰："早生非有深谋大智能构成此也，但因司马悦虐于百姓，乘众怒而为之，民为凶威所慑，不得已而苟附。假萧衍军入应，水路不通，粮运不继，亦成擒耳，不能为害也。早生得衍军之接，溺于利欲之情，必守而不走。今王师若临，士民必翻然归顺。围之穷城，奔走路绝，不度此年，必传首京师。愿陛下不足垂虑。"世宗笑曰："卿言何其壮哉！深会朕遣卿之意。知卿亲老，频劳于外，然忠孝不俱；才宜救世，不得辞也。"

于是峦率骑八百，倍道兼行，五日次于鲍口。贼遣大将军胡孝智率众七千，去城二百，逆来拒战。峦击破孝智，乘胜长驱，至于悬瓠。贼出城逆战，又大破之，因即渡汝。既而大兵继至，遂长围之。诏加峦使持节、假镇南将军、都督南讨诸军事。征南将军、中山王英南讨三关，亦次于悬瓠，以后军未至，前寇稍多，惮不敢进，乃与峦分兵掎角攻之。衍将齐苟仁等二十一人开门出降，既斩早生等同恶数十人。豫州平，峦振旅还京师。世宗临东堂劳之，曰："卿役不逾时，克清妖丑，鸿勋硕美，可谓无愧古人。"峦对曰："此自陛下圣略威灵，英等将士之力，臣何功之有。"世宗笑曰："卿匪有一月三捷，所足称奇，乃存士伯，欲功成而不处。"

峦自宿豫大捷，及平悬瓠，志行修正，不复以财贿为怀，戎资军实丝毫无犯。迁殿中尚书，加抚军将军。延昌三年，暴疾卒，年五十一。峦才兼文武，朝野瞻望，上下悼惜之。诏赐帛四百匹,朝服一袭,赠车骑大将军、瀛州刺史。初,世宗欲赠冀州,黄门甄琛以峦前会劾己,乃云:"瀛州峦之本邦,人情所欲。"乃从之。乃琛为诏,乃云"优赠车骑将军、瀛州刺史",议者笑琛浅薄。谥曰文定。

史臣曰:邢峦以文武才策,当军国之任,内参机揆,外寄折冲,其纬世之器欤?李平以高明干略,效智于时,出入当官,功名克著,盖赞务之英也。

译文:

邢峦,字洪宾,河间郡鄚县人。他的第五世祖邢嘏,受到石勒的多次召请而不应命。邢嘏没有儿子,邢峦的高祖邢盖,从邢氏其他一支过继给他作为儿子。邢盖的孙子邢颖,字宗敬,以才干学识闻名,世祖太武帝拓跋焘时,同范阳人卢玄、渤海人高允等一同受到召请,后被任命为中书侍郎,以通直常侍、宁朔将军,封为平城子,受命出使宋王刘义隆。后因病回到故乡。过了很久,世祖向群臣问起邢颖说:"我想起先前邢颖,他为人忠厚,有学问德行,应让他做太子侍讲。现在这个人在什么地方?"司徒崔浩回答说:"邢颖生病在家,卧床不起。"世祖便派太医乘驿马赶到他家给他治疗。邢颖死后,封赠冠军将军、定州刺史,谥号为"康"。邢颖子邢修年,就是邢峦的父亲,官至州主簿。

邢峦小时就喜欢学习,带着书到处找老师请教,家里很穷,但他发愤自励,终于博览群书。他有文才和作实际事务的才干,胡须蓄得很漂亮,仪表堂堂。州和郡上表把他荐举到中央,被任命为中书博士,升任员外散骑侍郎,受到孝文帝的知遇和赏识。

以兼员外散骑常侍的身份出使南齐萧赜，回来后，被任命为通直郎，转任中书侍郎，很受孝文帝的亲信宠遇，经常在孝文帝身边作陪。孝文皇帝因服药散，用散步来散发药性，来到司空府南，看见邢峦的住宅，便派人去对邢峦说："我今朝散步散发药性来到这儿，看见你住的宅子便停下来，向东望着你的住所，颇有些感慨。"邢峦回答说："陛下迁都中原，将要创建传之无穷的事业，臣下打算与魏朝同兴衰，哪能不建造可以长期保存的住宅。"孝文帝对司空穆亮、仆射李冲说："邢峦这番话，是很有意义的。"有关机构奏请对秀才和孝廉举行考试，孝文帝发布诏令说："秀才和孝廉考试的内容不一样，邢峦才干较优，可以让他策问秀才。"

后来邢峦兼任黄门郎，随孝文帝讨伐南齐汉水以北的地方，当时邢峦在新野，随后才赶到。孝文帝说："不知是上天把敌南阳太守房伯玉的心给迷住了，还是鬼神让他神志不清，竟这样为行将灭亡的国家坚守，为逆乱的君主卖命。"邢峦说："新野被我军攻克以后，敌方各城守将全都溃退，只有房伯玉一人不知道危险即将来临，我们很快就会将他扫平。"孝文帝说："到今天为止，虽然还没消灭房伯玉，但已把他的城堑毁坏了，我想要抓住他已是眼前的事。之所以放松进攻节奏，正是等中书你来写好捷报罢了。"不久就正式任命他为黄门郎兼任御史中尉、瀛州大中正，又升任散骑常侍，兼任尚书。

世宗宣武帝元恪即帝位初年，邢峦上奏说："臣下听说过去圣明的君主以德治理天下，无不重视粮食布帛，轻视金银珠宝。因为粮食布帛可以使国家安定、人民生存下去，而金银珠宝却是奢靡有损于道德的东西。所以先皇孝文帝深知古今之事，禁止奢侈。他所穿的衣服、所用的物件，不看重其精细华贵，而是看重其朴素，他不追求精美的绮绣，甚至用纸和绢制作蚊帐被面，以铜铁制作鞍马器具。他以节俭教导朝中百官，向老百姓表明自己所关心的只是国家大政，他夜以继日，孜孜不倦，事无大小都慎重处理。轻贱珠玑宝物，不加收藏，府库中的金银珠宝，够用而已，不再收买储积以浪费国家的资财。到景明初年，继承了太平安定的局面，四周边境安宁，境外各国不论远近都来朝贡，不绝于途，外国商人也交替而至，朝贡和贸易所得东西，比往常多达一倍。虽说不算节约，但每年损失仍以万计，珍宝之物总是有余，而国家的开支却不够，如不加减省，便有入不敷出之忧。请求自今以后，如果不是很必要的，都不要接受。"世宗采纳了他的建议。不久正式就任尚书，散骑常侍一职仍保留。

梁萧衍的行梁秦二州诸军事夏侯道迁将汉中向魏投降，世宗命令加邢峦使持节、都督征梁汉诸军事，赐以镇西将军军衔，无论进军、退军还是征发兵员，都可以见机行事。邢峦到汉中后，白马以西各地还未降服，邢峦派宁远将军杨举和统军杨众爱、氾洪雅等率兵六千前往征讨。军队所到之处，敌皆归降，只有补谷戍主何法静据城抵抗。杨举等进军攻打，何法静逃窜溃败，魏军乘胜追击，直到关城之下，萧衍龙骧将军、关城守将李侍叔不等魏军进攻就投降。萧衍辅国将军任僧幼等三十多位将领，率领南安、广长、东洛、大寒、武始、除口、平溪、桶谷等郡民七千多户，也相继向魏军投降。萧衍平西将军李天赐、晋寿太守王景胤等人统帅七千人在石亭驻守。魏统军韩多宝等人率军向他们进攻，打败李天赐的前锋赵腊，俘获杀死一千三百人。邢峦又派李义珍进攻晋寿，王景胤趁夜间逃跑，于是攻克石亭。世宗下诏说："邢峦到汉中，需要委任官员，以招怀新降附的人，官品高低，可以按照征讨义阳时的标准。"任命邢峦为使持节、安西将军、梁秦二州刺史。

萧衍巴西太守庞景民仗势其离魏军很远而不投降，邢峦派巴州刺史严玄思前往攻击，杀了庞景民，巴西全境都被平定。萧衍调遣冠军将军孔陵等人率兵二万，驻扎深坑，冠军将军鲁方达固守南安，冠军将军任僧褒和辅国将军李畎戍守石同。邢峦统军王足把他们全都击败了，杀萧衍辅国将军乐保明、宁朔将军李伯度、龙骧将军李思贤，敌遂防守回车栅。王足又进击萧衍辅国将军范峻，其他将领歼敌也差不多达万人。孔陵等人收集余部，退守梓潼，王足又将他们打败，斩杀萧衍辅国将军符伯度，其兵士被杀或受伤及投水而死者，有一万多人。于是开拓边疆，安定百姓，新增加的疆土面积东西七百里，南北达一千里，收获十四个郡，两个护军统治区及很多县和戍地，魏军遂进逼涪城。邢峦上奏说：

扬州与成都相距万里，陆路不通，只有依靠水路。萧衍侄子萧渊藻去年四月十三日从扬州出发，今年四月四日才抵达蜀地。水军从建康溯长江西上，没有一整年是到不了的。因此，没有外来的军队救援，这是蜀地可以兼并的第一个原因。益州最近遭刘季连的反叛，邓元起对益州的长期围攻，财物和粮食耗尽，仓库空虚，至今还未恢复元气。加上益州居民战乱之后人人丧胆，没有坚守的信心，这是可以兼并的第二个原因。萧渊藻是个穿着漂亮的公子哥儿，不熟悉治理的方法，刚到达益州，便杀了邓元起、曹亮宗，临敌而杀将，是他治理无方；范国惠从津渠退军失败后，又被囚禁在监狱中；现在他所使用的，不是名声很高的旧将，而是围着他转的公子哥儿，这已不能使蜀地百姓满意，而他又做了很多残暴的事，更使人心离散，这是可兼并蜀地的第三个原因。蜀地所依仗的只有剑阁，现在我军已攻克南安，夺取了敌方赖以防守的天险，并夺得剑阁境内三分之一的地方。从南安出军涪城，道路通畅，可随意前往，敌人前方的军队屡遭失败，后边的部队又吓破了胆，这是可以兼并的第四个原因。当初割据蜀地的刘禅，用姜维为辅佐，但当邓艾进军绵竹后，他就立即投降。苻坚的时候，其将杨安、朱彤三月间攻取汉中，四月间抵达涪城，大军还没到达益州，晋益州刺史周仲孙就逃走了。在此以前，桓温西征蜀地，不到一个月就将该地平定。蜀地从先世以来，常守不住。何况萧渊藻是萧衍的侄子，骨肉至亲，假如他逃跑，应该不会被处死。假使我军攻占涪城，萧渊藻又哪会在益州城中坐等受困？如果他想出军和我军对阵，蜀地军队只有刀和矛作武器，弓箭极少，假如在远处放箭，也不可能射伤我方士兵，这是可以兼并蜀地的第五个原因。

　　臣下听说，乘机而采取行动，这是用兵的主要原则；进攻君主昏庸的国家，吞并行将灭亡的国家，这个道理在《春秋》上也说得明明白白。没有不用武器就可使国家安宁，不发动战争便能使天下统一的。现在陛下继承天下大业，碰到统治天下的机会，拥有中原富饶的土地，加上强大的军队，扫平天下，现在就是时候了。所以陛下即位初年，寿春的敌人便来投降；去年命将出征，又攻克义阳。淮河以南得到安宁，荆沔一带也就平定。正打算放下武器，休整军队，待机而动，可是上天帮助政治清明的君主，时机来得太快，即使想不打仗，也是身不由己了，于是夏侯道迁前来投诚，汉中在等待我军接管。我没有什么才能，现在来让我指挥军队，我知道自己是个文吏，不敢以军事谋略自夸，进军汉中，只是想防守疆土。这是艰难的事情，东西两面都有敌人窥伺，只好上凭国威，下仗将士，加上边将服从命令，才不断有小胜利。乘着获胜的时机,越过大剑,又攻克南安,占据了敌方的险要之处。前军长驱深入,已抵达梓潼,新近归附的百姓,返过来就感念朝廷恩德。远望涪城、益州,早晚之间,定可攻下。只是因为兵员少,军粮不足,才未能继续前进。如果为这个原因而拖延时机,恐怕就会失去民心,使他们反过来成为敌人。现在如不攻取蜀地,以后再打主意可就困难了。所以我冒昧陈述管见,也许可以消灭敌人,夺取益州,假如不能成功,我理当受到法律的惩罚。况且益州富饶,人户有十多万,三个寿春和义阳加起来,也抵不上它,有机可乘,而且有利可图,现在正是时候。假如朝廷只想保住已归附的百姓,没有进一步扩大战果的打算,臣下在这儿也就无事可做了。请求让我回家侍候双亲,略申乌鸟反哺之情吧。

世宗下诏说:"如果敌人胆敢侵犯疆土,你可相机加以消灭;如果他们没有行动,你便安抚百姓,守卫边境,以使边境百姓安心。攻取蜀地的行动,等我随后给你下命令。我们正要席卷岷蜀,迅速扫平西南的时候,哪能说为了思念双亲,中途告退呢!你应继续努力,致力寻求更好的策略。"邢峦又报告说:

先前邓艾、钟会率领十八万大军,动用整个中原的财富,才能够平定蜀地,之所以会这样,是因为两国凭实力相争。何况我才能比不上古人,又缺乏智慧和勇猛,又怎会请求以二万人来平定蜀地呢?我之所以敢这样做,正是因为我军已经夺取战略要地,老百姓仰慕正道,要进攻敌方比较容易,而敌方要向我进攻却很困难,量力而行,按理是可以成功的。现在王足率军前进,已逼进涪城,如能攻占涪城,益州便可手到擒来,只不过迟早不同罢了。况且梓潼已经降附,有几万户人家,朝廷怎能不加防守呢?如果要防守,只保卫边境就需要一万兵力,我现在只请求增派二万五千人,也没增加多少。而且剑阁自古以来号称天险,晋张载《剑阁铭》说:"蜀地如世道丧乱便发生叛逆,如世道清明便可安宁。"这句话的确应受到重视。我也完全知道战争很危险,不能轻率从事,自大军越过剑阁以来,我一半头发都白了,总是忧心忡忡,战战兢兢,一天也不敢放松警惕。我之所以尽力去作,是因我军攻取此地后,如自动退却而不加守卫,怕因此辜负先皇孝文帝的知遇之恩和陛下给我的爵位俸禄,所以才勤勉不倦,多次向陛下请战。而且我的打算,只是想先打下涪城,以后才慢慢进军,如果攻克了涪城,便是占有了益州一半的土地,切断了通向益州的水陆要道,益州的敌军得不到增援,独自防守一座孤城,又怎能长期坚持下去呢!我现在打算让各军相继进发,彼此呼应,首先保证我军绝对安全,然后才想法向敌进攻,成功了的话,便可取得重大胜利,不成功我军也能自我保全。

另外,巴西离南郑一千四百里,与州城相距太远,经常出乱子。我先在南方的时候,因难以统辖,所以增置巴州,以镇抚夷獠,但梁州想依赖巴西的财富,因此上表罢除巴州。巴西百姓所敬仰的大族,有严、蒲、何、杨等姓,为数不少,他们虽居住在深山里面,但豪强大族很多,所写文章,还往往值得一读,风流士子,也还不少。但只因他们离州城太远,不能做官,至于州一级重要官吏,更与他们无缘。这样,巴西境内的豪族,实际上和梁州沾不上边,所以他们很不高兴,经常捣乱。夏侯道迁刚刚降附时,严玄思便自称巴州刺史,我军攻克巴西后,仍旧让他代行政务。巴西方圆千里,人户四万多,如在那儿置州,以镇抚统辖汉人和其他各族人民,将使民心大安。自垫江以北,将不须再动用军队，便可为我国所有。

世宗没有接受他的建议。加上王足又擅自从涪城退军，于是没有平定蜀地。

邢峦攻占巴西以后，派军主李仲迁防守。李仲迁掳得萧衍将军张法养的女儿，那姑娘很漂亮，李仲迁被搞得神魂颠倒。他任意使用军备物资，一心贪酒好色，下面人有公事要找他商量，也见不到他的人。邢峦对他恨得咬牙切齿，李仲迁很害怕，图谋叛变，城中的人把他杀了，全城又投降了萧衍的将军谯希远，于是巴西陷落敌人手中。武兴的氐人杨集起等也起兵叛乱，邢峦派统军傅竖眼将他们扫平，这事记在《傅竖眼传》中。邢峦刚到汉中的时候，行止从容风雅，风度翩翩，以礼接待当地豪族，以恩惠安抚百姓。一年多以后，因为当地人时而投靠敌国，没有定准，便杀了很多平民，被没收为奴婢的达二百多人，而且又作生意聚敛财物，当时的一些社会舆论都瞧不起他。朝廷把他召回来，任命他为度支尚书。

这时萧衍派军队侵扰徐、兖一带，魏沿边镇戍相继失陷，朝廷为此很忧虑，又便任命邢峦为使持节，都督东讨诸军事、安东将军，尚书职务仍旧保留。世宗在东堂设宴慰劳邢峦说："萧衍侵略我国边疆，最近日益凶猛，而我们各军却相互牵制，致使各戍连连失守，特别是宋、鲁一带人民遭受水深火热之苦。我确实知道将军刚回京城不久，不愿离开父母，但东南方的事务，除了将军外，无人可以依仗。将军还是努力建立卓越的功勋，以满足我的愿望吧。自古以来，忠臣当中并不是没有孝子啊。"邢峦回答说："虽然前来送死的敌人连接不断，如同犬羊一样众多，但他们违背天理，消灭他们应当要不了太长的时间。何况臣下我仰仗陛下的神机妙算，遵照陛下的指令去攻打他们，平定的时间指日可待,希望陛下不要因东南方的事而忧虑。"世宗说:"汉高祖曾说过'金吾击郾,吾无忧矣',将军总理军事,我还忧虑什么呢?"

在此以前,萧衍辅国将军萧及先率兵二万进犯,攻占固城;冠军将军鲁显文、骁骑将军相文玉等率兵一万,驻扎在孤山;萧衍的将军角念等率兵一万,骚扰龟蒙,当地百姓有一半人帮助梁军。邢峦派统军樊鲁进攻相文玉,别将元恒进攻固城,统军毕祖朽进攻角念。樊鲁大败相文玉等,追击逃亡的敌军达八十多里,杀敌四千多人。元恒又攻下固城,毕祖朽也打败角念等军,兖州全部平定。邢峦亲自率军在睢口打败敌将蓝怀恭,进军包围了宿豫城。而蓝怀恭等人又在清水南筑城,计划切断魏军的水陆交通。邢峦亲自统帅各军,从清水南边进逼敌军,派平南将军杨大眼从清水北岸向敌进攻,统军刘思祖等人沿清水两岸造筏子,以烧毁敌人的船只。各军同时行动,拔起栅栏,填塞敌人的城壕,攻上敌人的城墙。河中大火又燃将起来,四边一齐进攻,于是攻占敌城,俘虏和杀死数万敌军。又在战场上斩杀蓝怀恭,活捉敌方列侯、将军、直阁、直后等三十多人,俘获杀敌一万。宿豫被魏军攻克后,梁将萧昞也从淮阳退走,两戍地共缴获大米四十余万石。

世宗给邢峦亲笔信说:"获悉将军大歼顽敌,威势使敌人老巢为之震动,淮南和徐州一带都已安宁,使我国疆土大大扩展,统一天下的大业已经开始,公私相庆,这是何等令人高兴的事!贼萧衍这次可真说得上是倾国而来,前不久我方宿豫陷落,淮阳被敌围攻,凶恶之徒猖狂至极,想阻挡帝王的军队。将军忠诚和谋略交相辉映,如同烈火严霜,迅速扫荡了泰山以南的敌人,使逃离法网的敌军,一朝全被歼灭;元凶首恶,尸首分离。卓越的功勋，伟大的胜利，从古到今，还没超过这次的。但是扬州一带还未平定，残余之敌还要扫除，你应乘胜进军，与我其他大军成钳形攻击的形势，机会不可失去。你可激励三军，根据时机而做出谋划，申国威于东南，肃清江岸，忘记这连续作战的劳累，以期获得长久的安闲，军队如何行动，由你相机行事。"又命令邢峦说："淮阳、宿豫虽已收复，但梁城之敌仍胆敢聚结顽抗，现在乘胜进击，集中力量加以消灭。令你率兵二万渡过淮河，与征南将军元英所部成夹攻之势，以便乘机进攻。"

等到梁城敌军逃跑，中山王元英乘胜进攻钟离城，世宗命令邢峦率兵与元英汇合。邢峦上表说："我奉悉诏令，命臣渡过淮河与征南将军夹击敌人，乘胜长驱深入，现在确实是一个机会。但我心中所思考的，还有其他问题。盖吞并江南需要通过长期教化，进攻别人国家在于依赖资财，使用武力准备战争，必须事先好好计议。不能想象自己一定会胜利，侥幸敌人的无能。现在我军如想掠取土地，诛杀平民，那是绝对会胜利，如想攻占城邑，就不一定能胜利了。攻下敌人城邑，得不到多少好处；攻不下，就会受到很大的损失。萧衍尽发江东人力物力，采取了今年的行动，结果士卒劳倦丧亡，大败而还，君臣都无计可施，已成为天下的笑柄。萧衍的军队在原野上虽不能与我军对敌，但防守城邑还是绰绰有余的，现在我们发起攻击，将不可能轻易攻下。而且广陵离我方边境太远，离长江只有四十里地，钟离、淮阴二城都在淮河与长江之间，如果这些城邑向我们投诚，我们还担心缺乏军粮，难于固守它，何况对他们发动进攻，劳苦兵卒呢？而且征南的战士已经战斗了六个月，疲倦衰弱，战死疾病，其数量可想而知。我军虽有乘胜前进的本钱，但怕没有长期作战的能力。依臣的愚见，应修复先前的防御工事，加强边境力量，休息养育中原的民力,准备以后的行动。再说梁国的可乘之机,用不着担心会长期没有,我们只要积蓄力量等待时机来临,可说是必胜之计。"世宗下诏对他说:"你部渡过淮河夹击敌军,要依照先前命令行事,哪能如此犹豫不决,而提出这样的请求!令你火速进军,行军作战,应听从征南将军的重要意见。"

邢峦又上表说:"萧衍派军侵略我国边境,使王师长期受劳累,现在他们落荒而逃,真正消除了边界的祸患,这是因为神灵护佑大魏,上天让顽敌失败,并不是我们这些才弱智劣的臣子能够取得这样的胜利。以臣下愚见,如今最好是修复边界镇戍,等候敌人再次采取行动。而且萧衍还没死,凶首还未被消灭,其举螳臂而挡车的想法,哪能就此消除呢?我们所应做的是加强防备以等待他来进攻,实在不该辛苦军队,深入敌境,使自己疲惫困怠。现在中山王进军钟离城,我真不了解其用意,如果说要采取要么成功要么失败的计策,不考虑我军是否绝对安全,那么径直进袭广陵城,深入其后方,攻其不备,结果真还难以预料。如果说要以兵多取胜,敌萧宏所率军队还在那儿;要趁敌无粮而进攻,但他们运粮的船只已经到达,而我军却想以只能支持八十天的粮食进攻敌城,这事我以前还从未听说过。况且广陵、任城二王先前失利的事可作鉴戒,难道今日还要重蹈覆辙?现在如果前往进攻,敌方加固城墙防守,不与我军交战,城壕水又很深,不能填平,我们坐等到春天,士卒自己就会疲惫不堪。派我部前往,粮食怎么运来?夏天出征的士兵,没带冬天穿的衣服,假若碰到结冰下雪的天气,怎样度过?臣下宁可承担畏惧懦弱不敢进军的责任,也不犯吃败仗、损军费、出师无功的罪名。钟离城是天险之地,朝中贵臣很清楚,如果城内有人策应,能否攻得下还难说,如果没人策应,一定不可能攻克。如大军有去无回,我国将受到多大的耻辱!如果相信我的话,希望让我停止前进;如果说我不愿前进而请求回军,可把我率领的部队全部交给中山王元英,听任他的指挥,我一个人乘马随大军行动。况且俗语说:耕种应询问种田的奴隶,织绢应询问纺织的婢女。臣虽不懂军事,但也忝为率军打仗的将领,究竟该不该进军,还是比较清楚的,臣既说这事难办,何必一定要派我去呢?"世宗下诏说:"安东将军邢峦多次请求停止军事行动,徘徊不定,没有立即进军,拖延阻挠军事计划的实施,这太辜负我的厚望了。既然兵马很多,没有理由停止不动,应尽快进击,东西两支部队相互配合,乘胜歼灭敌人,以便抓住时机。"邢峦反复打报告,请求免官回京城,世宗答应了他。元英果真失败退军,当时人叹服邢峦的见识谋略。

起先,侍中卢昶与邢峦关系不和,卢昶和元晖都得到世宗的宠信,御史中尉崔亮是卢昶的同伙。卢昶和元晖让崔亮举发邢峦,答应事情做成后,给世宗讲让崔亮作侍中。于是,崔亮向世宗上奏,弹劾邢峦当初在汉中时把良民掠来做奴婢。邢峦害怕将被卢昶等陷害,便把在汉中获得的梁巴西太守庞景民的女儿庞化生等二十多人送给元晖。庞化生等人长得很漂亮,元晖很是高兴,于是背着卢昶对世宗说:"邢峦刚刚立了大功,再说这事也已经过赦免,不应该现在又立案办理。"世宗接受其意见。高肇认为邢峦有战胜敌人的功勋,却遭到卢昶等人的排挤,于是帮助邢峦申诉,邢峦因此未被判刑。

豫州城民白早生杀豫州刺史司马悦,举豫州悬瓠城向南方的梁投靠,萧衍派冠军将军齐苟仁率军进驻悬瓠城。世宗命令邢峦持节统领羽林军中的精锐骑兵前往征讨,并封邢峦为平舒县开国伯,食邑五百户,以奖赏他在攻克宿豫时所立战功。世宗到东堂，慰劳并向邢峦辞别，说："司马悦不注意自我防卫，其智略不能使自己安全，不仅被仆隶凶徒搞得身首分离，而且使国家疆土遭受重大损失。悬瓠城离京城洛阳很近，是洛阳东南方的屏障，我很为此事忧虑。白早生按理不能独自支撑，一定会招引吴楚之敌，豫州兵士和百姓与白早生一起叛逆，从形势看可能得用武力解决。你文才出众，武功显赫，是我朝的南仲，所以令你火速出发，出其不意地加以攻击。你说说看，白早生将逃跑呢，还是会据城坚守？什么时候才可以将他平定？"邢峦回答说："白早生并非是有深谋远虑的人，这件事不是他策划造成的，只不过是他利用司马悦虐待百姓，激起众怒乘机起事，而百姓为他的凶残和威势所慑服，不得不暂时依从他。假使萧衍派军来接应，由于水路不通，军粮供应不上，也将成为我们的猎物，对我们造不成危害。白早生得到萧衍军队的援助，贪图利益，肯定会坚守，不会逃跑。现在我军兵临悬瓠，那儿的兵士和百姓一定会立即归顺朝廷。然后我们将白早生围困于悬瓠孤城，使他走投无路，不会超过今年，必将他的头送到京城。希望陛下不要为此小事而忧虑。"世宗笑着说："你这话气势好盛啊！你很了解我派你去的意图。我知道你父母年事已高，而你却常在外面操劳，但忠孝不能两全，应用你的才干拯救世难，这是不应推托的。"

于是邢峦率领八百骑兵，两天的路程并作一天走，五天之后便驻军鲍口。白早生派其大将军胡孝智率七千人，在离悬瓠城两百里的地方迎战。邢峦打败胡孝智，乘胜进军，直抵悬瓠。白早生又遣军出城迎战，邢峦再次大败叛军，乘势渡过汝河。不久魏军大队人马接连不断地开来，便合围攻城。世宗命令加邢峦使持节、领镇南将军、都督南讨诸军事等官衔。征南将军、中山王元英率军到南边攻打三关蛮族，也驻扎在悬瓠，因后续部队还未到达，前面的敌人较多，畏惧而不敢进发，于是分部队同邢峦一起夹击悬瓠。萧衍将军齐苟仁等二十一人打开城门向魏军投降，邢峦斩杀白早生等几十个一同叛乱的人。豫州平定后，邢峦整顿部队，凯旋京师。世宗亲临东堂慰劳邢峦，说："你没有用多少时日，便扫清叛逆之徒，丰功伟绩，可称得上不愧于古人了。"邢峦回答说："这自然是由于陛下圣略威灵及元英等将士尽力的结果，臣下何功之有！"世宗笑着说："你不仅在一月之中打了三次胜仗，值得称为奇事，竟想到士伯，不愿把已建立的功勋据为己有。"

邢峦自从在宿豫打了大胜仗及平定悬瓠以后，志向行为都变得善良正派，不再考虑钱财，军用物资丝毫不加侵占。升任殿中尚书，加封抚军将军。延昌三年，暴病身亡，死年五十一岁。邢峦有文武才干，朝廷和民间都仰慕他，故全国都哀悼他，为他感到可惜。世宗令赠送他家中帛四百匹，赠邢峦朝服一件，并赠他车骑大将军、瀛州刺史等官。当初，世宗打算赠邢峦冀州刺史一职，黄门甄琛因邢峦以前曾弹劾过自己，便说："瀛州是邢峦的家乡所在地，人们都想作家乡的官。"于是，世宗按照甄琛的意思办。所以甄琛撰写诏令，就说："优赠车骑将军、瀛州刺史"，谈论此事的人都讥笑甄琛浅薄无能。邢峦谥号为"文定"。

史臣说：邢峦有文才武略，能胜任军务和国政，在内参与朝廷决策，在外征战克敌，可说是治理天下的人才了吧？

魏书卷六十六

列传第五十四

李　崇

李崇，字继长，小名继伯，顿丘人也，文成元皇后第二兄诞之子。年十四，召拜主文中散，袭爵陈留公，镇西大将军。

高祖初，为大使巡察冀州。寻以本官行梁州刺史。时巴氏扰动，诏崇以本将军为荆州刺史，镇上洛，敕发陕秦二州兵送崇至治。崇辞曰："边人失和，本怨刺史，奉诏代之，自然易帖。但须一宣诏旨而已，不劳发兵自防，使怀惧也。"高祖从之。乃轻将数十骑驰到上洛，宣诏绥慰，当即帖然。寻勒边戍，掠得萧赜人者，悉令还之。南人感德，仍送荆州之口二百许人。两境交和，无复烽燧之警。在治四年，甚有称绩。召还京师，赏赐隆厚。

以本将军除兖州刺史。兖土旧多劫盗，崇乃村置一楼，楼悬一鼓，盗发之处，双槌乱击。四面诸村始闻者挝鼓一通，次复闻者以二为节，次后闻者以三为节，各击数千槌。诸村闻鼓，皆守要路，是以盗发俄顷之间，声布百里之内。其中险要，悉有伏人，盗窃始发，便尔擒送。诸州置楼悬鼓，自崇始也。后例降为侯，改授安东将军。

车驾南征，骠骑大将军、咸阳王禧都督左翼诸军事，诏崇以本官副焉。徐州降人郭陆聚党作逆，人多应之，搔扰南北。崇遣高平人卜冀州诈称犯罪，逃亡归陆。陆纳之，以为谋主。数月，冀州斩陆送之，贼徒溃散。入为河南尹。

后车驾南讨汉阳，崇行梁州刺史。氐杨灵珍遣弟婆罗与子双领步骑万余，袭破武兴，与萧鸾相结。诏崇为使持节、都督陇右诸军事，率众数万讨之。崇槎山分进，出其不意，表里以袭。群氐皆弃灵珍散归，灵珍众减太半。崇进据赤土，灵珍又遣从弟建率五千人屯龙门，躬率精勇一万据鹫硖。龙门之北数十里中伐树塞路，鹫硖之口积大木，聚礧石，临崖下之，以拒官军。崇乃命统军慕容拒率众五千，从他路夜袭龙门，破之。崇乃自攻灵珍，灵珍连战败走，俘其妻子。崇多设疑兵，袭克武兴。萧鸾梁州刺史阴广宗遣参军郑猷、王思考率众援灵珍。崇大破之，并斩婆罗首，杀千余人，俘获猷等，灵珍走奔汉中。高祖在南阳，览表大悦，曰："使朕无西顾之忧者，李崇之功也。"以崇为都督梁秦二州诸军事、本将军、梁州刺史。高祖手诏曰："今仇、陇克清，镇捍以德，文人威惠既宣，实允远寄，故敕授梁州，用宁边服。便可善思经略，去其可除，安其可育，公私所患，悉令芟荑。"及灵珍偷据白水，崇击破之，灵珍远遁。

世宗初，征为右卫将军，兼七兵尚书。寻加抚军将军，正尚书。转左卫将军、相州大中正。鲁阳蛮柳北喜、鲁北燕等聚众反叛，诸蛮悉应之，围逼湖阳。游击将军李晖先镇此城，尽力捍御，贼势甚盛。诏以崇为使持节、都督征蛮诸军事以讨之。蛮众数万，屯据形要，以拒官军。崇累战破之，斩北燕等，徙万余户于幽并诸州。世宗追赏平氐之功，封魏昌县开国伯，邑五百户。

东荆州蛮樊安，聚众于龙山，僭称大号，萧衍共为唇齿，遣兵应之。诸将击讨不利，乃以崇为使持节、散骑常侍、都督征蛮诸军事，进号镇南将军，率步骑以讨之。崇分遣诸将，攻击贼垒，连战克捷，生擒樊安，进讨西荆，诸蛮悉降。

诏以崇为使持节、兼侍中、东道大使，黜陟能否，著赏罚之称。转中护军，出除散骑常侍、征南将军、扬州刺史。诏曰："应敌制变，算非一途，救左击右，疾雷均势。今朐山蚁寇，久结未殄，贼衍狡诈，或生诡劫，宜遣锐兵，备其不意。崇可都督淮南诸军事，坐敦威重，遥运声算。"延昌初，加侍中、车骑将军、都督江西诸军事，刺史如故。

先是，寿春县人苟泰有子三岁，遇贼亡失，数年不知所在。后见在同县人赵奉伯家，泰以状告。各言己子，并有邻证，郡县不能断。崇曰："此易知耳。"令二父与儿各在别处，禁经数旬，然后遣人告之曰："君儿遇患，向已暴死，有教解禁，可出奔哀也。"苟泰闻即号咷，悲不自胜；奉伯咨嗟而已，殊无痛意。崇察知之，乃以儿还泰，诘奉伯诈状。奉伯乃款引云："先亡一子，故妄认之。"又定州流人解庆宾兄弟，坐事俱徙扬州。弟思安背役亡归，庆宾惧后役追责，规绝名贯，乃认城外死尸，诈称其弟为人所杀，迎归殡葬。颇类思安，见者莫辨。又有女巫阳氏自云见鬼，说思安被害之苦，饥渴之意。庆宾又诬疑同军兵苏显甫、李盖等所杀，经州讼之，二人不胜楚毒，各自款引。狱将决竟，崇疑而停之。密遣二人非州内所识者，为从外来，诣庆宾告曰："仆住在此州，去此三百。比有一人见过寄宿，夜中共语，疑其有异，便即诘问，迹其由绪。乃云是流兵背役逃走，姓解字思安。时欲送官，苦见求及，称有兄庆宾，今住扬州相国城内，嫂姓徐，君脱矜愍，为往报告，见申委曲，家兄闻此，必重相报，所有资财，当不爱惜。今但见质，若往不获，送官何晚。是故相造，指申此意。君欲见雇几何，当放贤弟。若其不信，可见随看之。"庆宾怅然失色，求其少停，当备财物。此人具以报，崇摄庆宾问曰："尔弟逃亡，何故妄认他尸？"庆宾伏引。更问盖等，乃云自诬。数日之间，思安亦为人缚送。崇召女巫视之，鞭笞一百。崇断狱精审，皆此类也。

时有泉水涌于八公山顶；寿春城中有鱼无数，从地涌出；野鸭群飞入城，与鹊争巢。五月，大霖雨十有三日，大水入城，屋宇皆没，崇与兵泊于城上。水增未已，乃乘船附于女墙，城不没者二板而已。州府劝崇弃寿春，保北山。崇曰："吾受国重恩，忝守藩岳，德薄招灾，致此大水。淮南万里，系于吾身。一旦动脚，百姓瓦解，扬州之地，恐非国物。昔王尊慷慨，义感黄河，吾岂爱一躯，取愧千载。但怜兹士庶，无辜同死，可桴筏随高，人规自脱。吾必守死此城，幸诸君勿言。"时州人裴绚等受萧衍假豫州刺史，因乘大水，谋欲为乱，崇皆击灭之。崇以洪水为灾，请罪解任。诏曰："卿居藩累年，威怀兼畅，资储丰溢，足制劲寇。然夏雨泛滥，斯非人力，何得以此辞解？今水涸路通，公私复业，便可缮甲积粮，修复城雉，劳恤士庶，务尽绥怀之略也。"崇又表请解州，诏报不听。是时非崇，则淮南不守矣。

崇沉深有将略，宽厚善御众，在州凡经十年，常养壮士数千人，寇贼侵边，所向摧破，号曰"卧虎"，贼甚惮之。萧衍恶其久在淮南，屡设反间，无所不至，世宗雅相委重，衍无以措其奸谋。衍乃授崇车骑大将军、开府仪同三司、万户郡公，诸子皆为县侯，欲以构崇。崇表言其状，世宗屡赐玺书慰勉之。赏赐珍异，岁至五三，亲待无与为比。衍每叹息，服世宗之能任崇也。

肃宗践祚，褒赐衣马。及萧衍遣其游击将军赵祖悦袭据西硖石，更筑外城，逼徙缘淮之人于城内。又遣二将昌义之、王神念率水军泝淮而上，规取寿春。田道龙寇边城，路长平寇五门，胡兴茂寇开霍。扬州诸戍，皆被寇逼。崇分遣诸将，与之相持。密装船舰二百余艘，教之水战，以待台军。萧衍霍州司马田休等率众寇建安，崇遣统军李神击走之。又命边城戍主邵申贤要其走路，破之于濡水，俘斩三千余人。灵太后玺书劳勉。

许昌县令兼纻麻戍主陈平玉南引衍军，以戍归之。崇自秋请援，表至十余。诏遣镇南将军崔亮救硖石，镇东将军萧宝夤于衍堰上流决淮东注。朝廷以诸将乖角，不相顺赴，乃以尚书李平兼右仆射，持节节度之。崇遣李神乘斗舰百余艘，沿淮与李平、崔亮合攻硖石。李神水军克其东北外城，祖悦力屈乃降，语在《平传》。朝廷嘉之，进号骠骑将军、仪同三司，刺史、都督如故。衍淮堰未破，水势日增。崇乃于硖石戍间编舟为桥，北更立船楼十，各高三丈，十步置一篱，至两岸，蕃板装治，四箱解合，贼至举用，不战解下。又于楼船之北，连覆大船，东西竟水，防贼火筏。又于八公山之东南，更起一城，以备大水，州人号曰魏昌城。崇累表解州，前后十余上，肃宗乃以元志代之。寻除都督冀定瀛三州诸军事、骠骑大将军、冀州刺史，仪同如故。不行。

崇上表曰：

臣闻世室明堂，显于周夏；二黉两学，盛自虞殷。所以宗配上帝，以著莫大之严；宣布下土，以彰则天之轨。养黄发以询格言，育青襟而敷典式，用能享国久长，风徽万祀者也。故孔子称巍巍乎其有成功，郁郁乎其有文章，此其盛矣。爰暨亡秦，政失其道，坑儒灭学，以蔽黔首。国无黉序之风，野有非时之役，故九服分崩,祚终二世。炎汉勃兴,更修儒术,文景已降,礼乐复彰,化致升平,治几刑措。故西京有六学之美,东都有三本之盛,莫不纷纶掩蔼,响流无已。逮自魏晋,拨乱相因,兵革之中,学校不绝,遗文灿然,方轨前代。

仰惟高祖孝文皇帝禀圣自天,道镜今古,徙驭嵩河,光宅函洛,模唐虞以革轨仪,规周汉以新品制,列教序于乡党,敦诗书于郡国。使揖让之礼,横被于崎岖;歌咏之音,声溢于仄陋。但经始事殷,戎轩屡驾,未遑多就,弓剑弗追。世宗统历,聿遵先绪,永平之中,大兴板筑,续以水旱,戎马生郊,虽逮为山,还停一篑。

窃惟皇迁中县,垂二十祀。而明堂礼乐之本,乃郁荆棘之林;胶序德义之基,空盈牧竖之迹。城隍严固之重,阙砖石之工;墉堞显望之要,少楼榭之饰。加以风雨稍侵,渐致亏坠。又府寺初营,颇亦壮美,然一造至今,更不修缮,厅宇凋朽,墙垣颓坏,皆非所谓追隆堂构,仪形万国者也。伏闻朝议,以高祖大造区夏,道侔姬文,拟祀明堂,式配上帝。今若基宇不修,仍同丘畎,即使高皇神享,阙于国阳,宗事之典,有声无实。此臣子所以匪宁,亿兆所以失望也。

臣又闻官方授能,所以任事,事既任矣,酬之以禄。如此,上无旷官之讥,下绝尸素之谤。今国子虽有学官之名,而无教授之实,何异兔丝燕麦,南箕北斗哉!昔刘向有言:"王者宜兴辟雍,陈礼乐,以风化天下。夫礼乐所以养人,刑法所以杀人,而有司勤勤请定刑法,至于礼乐,则曰未敢,是则敢于杀人,不敢于养人也。臣以为当今四海清平,九服宁晏,经国要重,理应先营;脱复稽延,则刘向之言征矣。但事不两兴,须有进退。以臣愚量,宜罢尚方雕靡之作,颇省永宁土木之功,并减瑶光材瓦之力，兼分石窟镌琢之劳，及诸事役非急者，三时农隙，修此数条。使辟雍之礼，蔚尔而复兴；讽诵之音，焕然而更作。美榭高墉，严壮于外；槐宫棘宇，显丽于中。道发明令，重遵乡饮，敦进郡学，精课经业。如此，则元、凯可得之于上序，游夏可致之于下国，岂不休欤！诚知佛理渊妙，含识所宗，然比之治要，容可小缓。苟使魏道熙缉，元首唯康，尔乃经营，未为晚也。

灵太后令曰："省表，具悉体国之诚。配飨大礼，为国之本，比以戎马在郊，未遑修缮。今四表晏宁，年和岁稔，当敕有司别议经始。"

除中书监、骠骑大将军，仪同如故。又授右光禄大夫，出为使持节、侍中、都督定幽燕瀛四州诸军事、本将军、定州刺史，仪同如故。征拜尚书左仆射，加散骑常侍，骠骑、仪同如故。迁尚书令，加侍中。崇在官和厚，明于决断，受纳辞讼，必理在可推，始为下笔，不徒尔收领也。然性好财货，贩肆聚敛，家资巨万，营求不息。子世哲为相州刺史，亦无清白状。邺洛市鄽，收擅其利，为时论所鄙。

蠕蠕主阿那瓌率众犯塞，诏崇以本官都督北讨诸军事以讨之。崇辞于显阳殿，戎服武饰，志气奋扬，时年六十九，干力如少。肃宗目而壮之，朝廷莫不称善。崇遂出塞三千余里，不及贼而还。

后北镇破落汗拔陵反叛，所在响应。征北将军、临淮王彧大败于五原，安北将军李叔仁寻败于白道，贼众日甚。诏引丞相、令、仆、尚书、侍中、黄门于显阳殿，诏曰："朕比以镇人构逆，登遣都督临淮王克时除翦。军届五原，前锋失利，二将殒命，兵士挫衄。又武川乖防，复陷凶手。恐贼势侵淫，寇连恒朔。金陵在彼，夙夜忧惶。诸人宜谏良策，以副朕怀。"吏部尚书元修义曰："强寇充斥，事须得讨。臣谓须得重贵，镇压恒朔，总彼师旅，备卫金陵。"诏曰："去岁阿那瓌叛逆，遣李崇令北征，崇遂长驱塞北，返旆榆关，此亦一时之盛。崇乃上表求改镇为州，罢削旧贯。朕于时以旧典难革，不许其请。寻李崇此表，开诸镇非异之心，致有今日之事。但既往难追，为复略论此耳。朕以李崇国戚望重，器识英断，意欲还遣崇行，总督三军，扬旌恒朔，除彼群盗。诸人谓可尔以不？"仆射萧宝夤等曰："陛下以旧都在北，忧虑金陵，臣等实怀悚息。李崇德位隆重，社稷之臣，陛下此遣，实合群望。"崇启曰："臣实无用，猥蒙殊宠，位妨贤路，遂充北伐。徒劳将士，无勋而还，惭负圣朝，于今莫已。臣以六镇幽垂，与贼接对，鸣桴声弦，弗离旬朔。州名差重于镇，谓实可悦彼心，使声教日扬，微尘去塞。岂敢导此凶源，开生贼意。臣之愆负，死有余责。属陛下慈宽，赐全腰领。今更遣臣北行，正是报恩改过，所不敢辞。但臣年七十，自惟老疾，不堪敌场，更愿英贤，收功盛日。"

于是诏崇以本官加使持节、开府、北讨大都督，抚军将军崔暹，镇军将军、广阳王渊皆受崇节度。又诏崇子光禄大夫神轨，假平北将军，随崇北讨。崇至五原，崔暹大败于白道之北，贼遂并力攻崇。崇与广阳王渊力战，累破贼众，相持至冬，乃引还平城。渊表崇长史祖莹诈增功级，盗没军资。崇坐免官爵，征还，以后事付渊。

后徐州刺史元法僧以彭城南叛，时除安乐王鉴为徐州刺史以讨法僧，为法僧所败，单马奔归。乃诏复崇官爵，为徐州大都督，节度诸军事。会崇疾笃，乃以卫将军、安丰王延明代之。改除开府、相州刺史，侍中、将军、仪同并如故。孝昌元年薨于位，时年七十一。赠侍中、骠骑大将军、司徒公、雍州刺史，谥曰武康。后重赠太尉公，增邑一千户，余如故。

史臣曰：李崇以风质英重，毅然秀立，任当将相，望高朝野，美矣。

译文：

李崇，字继长，小名继伯，顿丘人，文成皇帝拓跋濬元皇后二哥李诞的儿子。十四岁的时候，文成帝把他找来，任命他为主文中散，后继承其父陈留公的爵位，官任镇西大将军。

高祖孝文帝即位之初，李崇任大使巡察冀州。不久以原来的官职代理梁州刺史。当时巴氏发生骚乱，朝廷命令李崇以镇西大将军的身份出任荆州刺史，镇守上洛，并命令征调陕、秦二州士兵护送李崇到任。李崇推却说："边境百姓不安定，本来就是因怨恨刺史，现在我奉命代替原任刺史，他们自然会和悦顺从。只须宣布一道诏令就可以了，用不着调部队自卫，否则会使边民心里畏惧不安。"高祖接受他的建议。于是李崇只简简单单地带着几十个骑兵，风尘仆仆地赶到上洛，宣传诏令，抚慰百姓，事态迅速平息下来。不久李崇又严令边防各戍，如掳掠到南方齐国的人员，务必全部送还。齐国的人为他的恩德所感动，也把他们在魏荆州掠取的二百多人送回。两国边境地段恢复和平状态，不再有战争警报出现。李崇在荆州刺史任上四年，政绩很不错，受到人们的称许。后被召回京城，得到很丰厚的赏赐。

又以镇西大将军的身份被任命为兖州刺史。兖州一带以前打家劫舍的强盗很多，于是李崇命令每村建一幢高楼，楼上悬挂一面鼓，如果哪个村子出现盗贼，便用两只鼓槌将鼓乱擂。四面各村听到该村鼓声后,最先听到的村子擂一遍鼓,其后听到鼓声的村子擂两遍鼓,再下面听到鼓声的村子则擂三遍,每遍都擂数千下。各村听到鼓声后,都把来往要道把守起来,所以盗贼出现后,很快在百里范围以内就到处都有鼓声。而百里之内各险要地段,都有人埋伏,盗窃案件刚刚发生,罪犯就被捉住送往官府。各州都建楼置鼓以备盗贼,这是李崇创始的。后来按常例降陈留公爵为陈留侯,将镇西大将军改为安东将军。

孝文帝亲自率军南征,骠骑大将军、咸阳王元禧任都督左翼诸军事,诏令李崇以原任官作元禧的副手。从南齐降魏的徐州人郭陆纠集党羽,发动叛乱,很多人都响应他,骚扰南北。李崇派高平人卜冀州谎称自己犯了罪,逃跑到郭陆这儿来。郭陆收纳了他,把他当作主要的参谋。几个月后,卜冀州割了郭陆的人头送给李崇,叛乱的人遂逃散。李崇后来到京城任河南尹。

后来孝文帝亲自率军进攻南齐汉阳,李崇代理梁州刺史,氐人杨灵珍派其弟杨婆罗与儿子杨双率领步兵和骑兵一万多人,发动袭击,攻下武兴,与南齐主萧鸾相互勾结。孝文帝令李崇为使持节、都督陇右诸军事,率领几万大军讨伐杨灵珍。李崇凿山通道,分路进军,出其不意,里应外合地发起袭击,氐人都抛下杨灵珍,各自回到本部落,杨灵珍的部下因此减少多半。李崇进军占领赤土,杨灵珍又派堂弟杨建带五千人屯守龙门,亲自率精锐勇猛一万人守卫鹫硖,并在龙门以北几十里的范围内砍伐树木以阻塞道路,在鹫硖口聚积大木材和巨大的石头,在悬崖上往下施放,以抵抗官军的进攻。于是,李崇命令统军慕容拒率五千士兵,从别的道路乘晚间奇袭龙门,将其攻克;李崇便自己带军进攻杨灵珍,杨灵珍接连打了几仗都失败逃跑,魏军俘虏了他的妻子和儿子。李崇布置了许多佯攻部队,然后突然袭击,攻下武兴。萧鸾梁州刺史阴广宗派其参军郑猷和王思考带军援助杨灵珍。李崇将他们打得大败，并割了杨婆罗的首级，杀敌千余人，俘虏了郑猷等人，杨灵珍逃奔汉中。孝文帝当时在南阳，看完李崇送达的奏章后，极其高兴，说："使我没有西顾之忧，这是李崇的功绩啊！"任命李崇为都督梁秦二州诸军事、安东将军、梁州刺史。孝文帝给李崇的亲笔诏令说："如今仇池和陇右平定，需要有德行的人去镇卫防守，你已宣示了文人的威风和恩德，很适合委以边远州镇的重任，所以我任命你为梁州刺史，以使边地安宁。你应当好好想一想治理的方法，把应该除掉的人除掉，使可以教化的人安下心来。官府和百姓都觉得不好的政策，应全部加以废除。"

世宗宣武帝拓跋恪即帝位之初，把李崇召回京师，任命他为右卫将军，兼任七兵尚书。不久又加抚军将军，正式就任七兵尚书。后又转任左卫将军、相州大中正。鲁阳蛮人柳北喜、鲁北燕等人聚众反叛，蛮族各部落都群起响应，围攻湖阳城。游击将军李晖原先镇守该城，这时全力抵御，而叛乱者力量很强大。世宗下诏，任命李崇为使持节、都督征蛮诸军事，率军讨伐叛乱的蛮族。蛮人数万，屯守地势险要之处，以抵抗政府军。李崇连续作战，将其击败，杀鲁北燕等人，把一万多户蛮人迁徙到幽、并等州。世宗追赏李崇先前平定氐人的功勋，封他为魏昌县开国伯，食邑五百户。东荆州蛮人樊安在龙山召集部众，妄称皇帝，萧衍与他相呼应，派军队接应樊安，众将领前往征讨都失利，便任命李崇为使持节、散骑常侍、都督征蛮诸军事，升其军职为镇南将军，统领步兵和骑兵加以讨伐。李崇派各位将领分头攻击叛军堡垒，连续获得胜利，活捉樊安，又进军讨伐西荆州叛乱的蛮族，各蛮族部落都向魏军投降。

朝廷令李崇为使持节、兼任侍中、东道大使，根据地方官员政绩的好坏加以提升或贬斥,李崇获得明于赏罚的名声。转任中护军,后离京为地方官,任散骑常侍、征南将军、扬州刺史。诏令说:"对付敌人要随机应变,计谋运用要有多种变化,如攻击敌人右边其实是救我方左边,很快就会起到同样的效果。现在朐山云集着大量敌军,长期未加歼灭,萧衍这个强盗很诡诈,很可能会搞什么狡猾的行动,应派出精锐部队,以预防不测事件。令李崇为都督淮南诸军事,坐镇扬州,以加强我军的威势,在远处扩大我军声势并出谋策划。"延昌初,加李崇侍中、车骑将军、都督江西诸军事等职,扬州刺史之职仍旧保留。

先前,寿春县有个叫苟泰的人,他的三岁孩子在碰上强盗时丢失了,几年以后都还不知道孩子在哪儿。后来发现孩子在同县人赵奉伯家里,苟泰把情况写成状子向官府告发。苟泰、赵奉伯二人都说孩子是自己的,而且都有邻居作证,郡和县的官吏不能断案。李崇说:"这很容易弄清楚。"命令把两个父亲和孩子隔离开来,不得见面。几十天后,派人告诉他们说:"你的儿子得了病,已经突然死去。官长命令解除对你的拘留,你可以出来为儿子奔丧。"苟泰一听到这消息,便放声大哭,痛苦得不能自持;赵奉伯只是叹几声气,一点也没悲痛的表情。李崇知道这个情况后,便把孩子还给苟泰,并审讯赵奉伯,追究其诈骗罪。于是,赵奉伯坦白说:"我有一个儿子先丢了,所以冒领了这个孩子。"另外定州流民解庆宾兄弟二人因犯法,都被发配到扬州。弟弟解思安不服劳役,逃跑回家,解庆宾害怕以后有劳役,官府还会找上门来,想把弟弟的名字从户籍簿上划掉,于是诈认城外死尸是他的弟弟,谎称其弟被人杀害了,把死尸接回家安葬。那尸体长像有点像解思安,看到尸体的人也弄不清真相。又有一个姓阳的女巫自称看见过鬼,那鬼叙说解思安被害时受到的痛苦以及又饿又渴的情况。解庆宾又诬告,与其弟同一支部队的苏显甫、李盖等杀死了他弟弟。经州审问后,苏显甫两人受不了过度的皮肉之苦,都承认杀了解思安。将要结案的时候,李崇觉得有问题,便要暂时停止。暗中派两个州城中不认识的人,自称从城外来,找到解庆宾,告诉他说:"我们家就住在本州,离这儿三百里地,最近有一人经过我们家,在我们家投宿,晚上与他谈话时,我们觉得他有点不对劲儿,便当即查问他从哪里来。于是,他说自己是充军的流刑犯人,不愿意服劳役而逃亡,姓解,名字叫思安。当时我们想把他送交官府,他苦苦哀求我们,声称:'我有一个哥哥叫庆宾,现在住在扬州相国城内,嫂嫂姓徐,你们如果怜悯我,去给我送个信儿,把事情经过给我哥哥讲一下。他听到这些后,一定会重重地报答你们,所有的财产,他们都不会爱惜的。现在你们把我留作人质,如果去了没有得到财物,再把我送交官府也不迟。'所以我们来拜访你,把这个意思转达给你,你得给我们多少财物,我们才放了你的弟弟。如果你不相信,可以跟我们去看看。"解庆宾吓得变了脸色,请求他们稍等一等,会给他们筹办财物。这两人将情况向李崇做了汇报,李崇遂逮捕解庆宾,问他:"你弟弟逃跑了,为什么要诈认他人的尸体?"于是,解庆宾服罪招供。再审问李盖等人,他们便说先前是无辜服罪。几天以后,解思安也被人绑着送来。李崇让人把那个女巫也抓起来,打了她一百鞭。李崇判案精确慎重,都像这种情况。

当时八公山顶有泉水涌出,有很多鱼从寿春城中的地下冒出来,野鸭成群地飞入寿春城中,与喜鹊争巢。五月间,大暴雨连着下了十三天,洪水涌进城中,房舍都被淹没。李崇与兵士驻在城头上。大水不断上涨,于是大家乘船依傍城墙上,城墙只差几尺就被全淹没了。

扬州刺史和征南将军府的属官僚吏都劝李崇放弃寿春城,

屯守北山。李崇说:"我受到国家的大恩,忝为一方大镇长官,德行不够,招来天灾,才会出现这次大洪水。淮南大片土地,全都看着我一个人如何动作。我只要一抬脚逃跑,老百姓就会完全失去信心,扬州这块地方,恐怕再也不是魏国的了。先前汉代王尊面对泛滥的洪水,敢于慷慨舍身,其大义使黄河不再为灾,我怎能爱惜这具躯壳,被千年以后的人耻笑呢?我只是怜惜这些百姓,没有罪却和我同死,可以让他们登上筏子,随水上涨,各自找办法逃命。我一定要与此城共存亡,希各位别再说什么了。"当时城中裴绚等人接受了萧衍授予的豫州刺史等职,于是利用发大水的时机,想发动叛乱,李崇把他们全给镇压下去。李崇因为洪水造成灾害,请求追究自己的罪责,解除职务。朝廷诏令说:"你在地方镇抚已有数年,百姓深知你的威风,并受到你的关怀,扬州粮食和财物都很丰富,足以制服强大的敌人。只因夏日雨水泛滥,这不是人力所能阻止的,哪能因这个缘故而辞职?现在大水退尽,道路已畅通,官府和百姓都恢复正常的工作和活动。你应修理兵器,储藏粮食,加固城池,慰劳和救济兵士与百姓,尽力做好安抚的工作。"李崇再次上表请求解除其扬州刺史之职,诏令回答不许。这时要不是李崇,淮南可能就守不住了。

李崇深谋远虑,有将才,他为人宽厚,善于带兵打仗。在扬州总共做了十年刺史,经常养育数千壮士。如遇敌人侵略边境,这支部队所到之处,敌人就一定会败亡,所以李崇号称"卧虎",敌人很害怕他。萧衍讨厌他长期驻守淮南,多次搞反间计,什么方法都使上了,但世宗素来对李崇很放心,委以重任。萧衍找不到使其阴谋成功的办法。于是,萧衍任命李崇为车骑大将军、开府仪同三司、食邑万户的郡公,把李崇的儿子都封为县侯,想以此离间李崇和魏朝的关系。李崇把情况向朝廷做了汇报，世宗多次赐给他亲笔信，对他进行安慰和鼓励，赏赐奇珍异物，每年都有好几次，再没有人能像李崇这样受到亲信的了。萧衍常感慨叹息，佩服世宗能任用李崇。

肃宗孝明帝元诩即帝位，赐给李崇衣服和马匹。萧衍派他的游击将军赵祖悦袭击并占据魏西硖石城，又在原城墙外再筑一道城墙，把沿淮河居住的人家赶到城内；还派昌义之、王神念两位将领带水军溯淮河西进，想攻取寿春城；萧衍将田道龙进攻边城，路长平进攻五门，胡兴茂进攻开霍。扬州各个戍所都遭到围攻。李崇分别派遣众将与敌军相持；暗中装备战船二百多艘，教练战士水上作战，以等待中央军的到来。萧衍霍州司马田休等率兵进攻建安，李崇派统军李神把他打跑，又令边城戍主邴申贤拦断田休逃跑的道路，在濡水将他击败，敌被俘和被杀的共达三千多人。灵太后亲自给李崇写信，加以慰劳鼓励。

许昌县令并兼任纻麻戍主陈平玉，勾引南边的军队，把纻麻戍交给萧衍军。李崇从秋天就请求增援，打了十多次报告。朝廷令镇南将军崔亮率军救援硖石，镇东将军萧宝夤把萧衍军所筑淮河大堰的上游凿开，让淮河之水向东流泻。朝廷因各将领闹纠纷，相互间不能协同作战，便派尚书李平兼任右仆射，持节协调各部队。李崇派李神乘一百多只战舰顺淮河与李平、崔亮合力进攻硖石。李神率领的水军攻占硖石外城的东北角，赵祖悦抵抗不住，便向魏军投降，这事亦载《李平传》中。朝廷嘉奖李崇，晋升为骠骑将军、仪同三司、扬州刺史、都督淮南诸军事等职如前。当时萧衍的军队所筑的淮河大堰还未毁坏，堰以上水位日渐上涨。李崇便在硖石戍所之间，把小船连接起来作为浮桥，于浮桥北边再置十座楼船，每座楼船高三丈，楼船之间，每隔一定距离设一藩篱，直达两岸，均用障板组装而成，四块一组，可以拆散拼合，敌人来攻便组装以御敌，没有战事便拆下。又在楼船以北的水面上，将大船弄翻连接起来，东西直抵两岸，以防止敌军从上游往下施放火筏。另外在八公山的东南方，再建一城，以防备出现大洪水，扬州称之为魏昌城。李崇多次上表朝廷，请求解除扬州刺史的职务，先后打了十多次报告，于是肃宗让元志接替他。不久又任命李崇为都督冀、定、瀛三州诸军事、骠骑大将军、冀州刺史、仪同三司等职如旧，但李崇没有到任。

李崇上表朝廷说：

我听说夏代有世室，周代有明堂；有虞氏和商代都置有二黉，或称为两学。明堂是用来崇奉上帝，配祀先祖，以表示对他们极其崇敬；学校是为了向世人宣传说明皇帝是按上天的法则行事。先代圣王敬养老年人，以征求值得借鉴遵循的意见，并以模范行为教育青少年，所以国家能长治久安，美名万载相传。因此孔子称他们功业伟大，文教昌盛，这是远古盛事。至于短命的秦朝，政治不实行正道，坑杀儒生。灭绝儒学，以使百姓蒙昧无知。国家不置学校以推行教育，又不分时节，役使百姓，所以天下分崩离析，政权只经两代人就灭亡了。汉朝兴起以后，再一次遵循儒术，汉文帝、汉景帝以后，礼仪、雅乐又兴盛起来，教化所至，国家太平，政治上几乎达到不用刑罚的地步。因此西汉有设置六种不同学校的美事，东汉有建造三体石经的盛举，无不浩瀚广博，对后世产生了无穷无尽的影响。到了魏晋时代，不断地消除祸乱，在战争频繁的时候，仍然没有废弃学校，留下来的文章粲然可观，足以和前代并驾齐驱。

敬思高祖孝文皇帝，天赐圣明，洞察今古，迁都于中原的洛阳，以先圣明王唐、虞为楷模，改革法制礼仪，仿照周代和汉代制度，重新制定官员品极，在各地设置学校，鼓励学习儒家经典。这使世道艰难的时代，忽然兴起文德礼仪，卑贱无识的人也盛赞先皇教化。只因创始人时代，事情繁多，又战争不断，来不及作太多的事，先皇就逝世了。世宗继承大位以后，遵循先代事业，永平年中，大搞建设，可是由于水旱灾害，京郊又有战事，大业未成，犹如建造大山，还差一筐土。

我暗想皇都迁于中原已近二十年，可是明堂本是礼乐的本源，却丛生着荆棘树木；学校是实现德义教化的基础，现在只有放牧的人到那儿去。城墙原是保卫帝都，显示都城气势的重要，但却缺少维修的砖工和石工；城上的女墙，是瞭望和守卫的地方，也没高楼台榭设置，再加上风雨逐渐侵蚀，慢慢地就残缺崩毁。另外政府各部门的建筑物，刚建造时也很壮观漂亮，但建成以后直到今日，从来未加修整，房舍朽坏，围墙崩塌，这些都没有使先代建筑更加华美，配不上作为万国楷模。我听朝廷有议论说，高祖大力经营中原，他的德行同于周文王，准备在明堂祭祀他，以配上帝。现在假如对明堂不加整修，仍然如同荒野一样，即使高祖的神灵下降到都城南边的明堂来享受对他的祭献，尊崇先祖的圣典，也有名而无实。这是臣下之所以内心不安，天下百姓之所以失望的原因。

我还听说过，让正直能干的人做官，是为了让他们做事，事情做好后，再用俸禄，作为报酬。这样，朝廷不会受到用人不当的讥议，官员们也不会受到如同白吃饭的嘲讽。现在国子学虽名义上设立了学官，却没有讲授学业的事实，这与认燕麦为菟丝子，说南箕为北斗，又有什么两样！汉代刘向曾说过："帝王应该兴办学校，宣扬礼仪音乐，以教化天下百姓。礼仪音乐是用来教育人民的，而刑法是用来杀人的，可现在官吏们热心于请求制定刑法,至于兴复礼仪音乐,便说不敢有所作为,这实际上是有胆量杀人,没胆量去教育人啊!"臣下认为,现在全国政治清明,天下安宁,有关国家治理的大事,按理应当首先办理;如若再拖延时间,那么刘向所说的话将在今天得到验证。不过两件事情不可能同时做好,必须有所先后。按臣愚见,应罢除尚方雕饰奢靡之物的制作,节省永宁寺的土木工程,并减少修建瑶光寺的材料,抽调开凿石窟及其他一些不是急需工程的劳力,趁春、夏、秋三季农忙之后的闲余时间,完成上举各项建设。使学校复兴,读书之声再起。外有漂亮的台榭、高高的城墙,内有华美的建筑。再发明令,强调遵循乡饮的古礼,鼓励郡学,认真地考查学生的经学成绩。这样,中央学校可以培养出优等之臣,在地方上也可以找到子游、子夏那样的人才,难道不是很好吗!我也确实知道佛教义理精深微妙,为人们所皈依,但这与国家大政相比,似乎可以稍缓一下。若想使大魏兴隆,君主康宁,就马上动手营建,为时还不算晚。

灵太后发布命令说:"看了李崇的上表,完全知道了他为国家着想的心情。以祖宗配祀上帝的大礼,是国家的根本大政,近来因为发生战事,来不及修建。现在各地安宁,连年丰收,应命有关部门专门商议,开工建造。"

任命李崇为中书监、骠骑大将军,仪同三司如前。后又任命他为右光禄大夫。离京出任使持节、侍中、都督定、幽、燕、瀛四州诸军事、骠骑大将军、定州刺史,仪同三司如前。召回京城,又任命他为尚书左仆射,加散骑常侍,骠骑大将军、仪同三司等职如前。升任尚书令,加官侍中。李崇做官温和忠厚,善于做出决定,他接受案子以后,一定要在情理上说得通时,才做出判决,而不是把人逮捕了就完事。但他生性喜爱钱财,经营商业,聚敛财物,家中资财达亿万钱,还不停地追求。其长子李世哲任相州刺史,也不清廉。父子两人在邺城和洛阳市场上,收取暴利,为当时议论所鄙弃。

蠕蠕首领阿那瓌率部侵犯魏塞北一带,朝廷令李崇以原官职为都督北讨诸军事,加以讨伐。李崇在显阳殿辞行,全副武装,意气风发,虽当时已六十九岁,但体力还如同少年。肃宗望着他,称赞他雄壮威武,朝中群臣莫不为之叫好。于是,李崇率军出征到长城以外三千里的地方,没有追上敌人而退军。

后来,北边各镇因破落汗拔陵叛乱,到处都有人响应。征北将军、临淮王元彧在五原被叛军打得大败,不久,安北将军李叔仁在白道又被打败,叛乱的人越来越多。于是令丞相、尚书令、尚书仆射、各位尚书、侍中、黄门都到显阳殿来,肃宗下诏说:"我最近因北镇之人发动叛乱,立即派都督临淮王元彧定期加以扑灭。大军抵达五原,前锋战败,两位将军战死,兵士也受到损失。加上武川镇防守失误,又落入叛贼手里。我担心叛贼的声势日益增大,侵扰到恒、朔两州,先代君主所葬的金陵就在那儿,这使我日夜忧虑,惶恐不安。大家应陈说如何对付的好办法,以满足我的期望。"吏部尚书元修义说:"强敌到处都是,一定得加以讨伐。我认为必须找一个重贵大臣,镇抚恒、朔二州,统帅两州的军队,以守卫金陵。"肃宗下诏说:"去年阿那瓌叛乱,命令李崇率军北征,于是李崇长驱进入塞北,从榆关返回,这也算一时盛举。李崇上表请求将北镇改为州,免除镇人原来的兵籍。我当时因旧制难以改变,不答应他的请求。想起来正是李崇这次上表,激起各镇的非分之心,以至于出现今天的事。不过以往的事,难以补救,我只不过简单地给你们说说而已。我因李崇是皇亲，又是众望所归的重臣，想派李崇再次出征，总统三军，挥师恒、朔之地，铲除那里的叛贼。你们认为可行吗？"尚书仆射萧宝夤等人说："陛下因为旧都在北边，担心金陵将受到破坏，我们臣下也确实惊惧万分。李崇德行和地位都高，是社稷之臣，陛下派他前去，实在和我们所希望的相符。"李崇启禀说："我的确没有才干，受到朝廷过分的恩宠，由于我身在其位，使贤才不能被朝廷任用，只好承担北伐重任。但白白地劳苦将士，无功而回，到现在我还为辜负了朝廷而深感惭愧。当时我因六镇处于遥远的边地，和敌方接近，隔不多长时间，总会发生战斗。而州在名义上较镇要重要一些，以为这确实可以让六镇的人满意，使国家教化在六镇日益深入，塞北安宁。怎敢引发这凶恶之源，使叛贼产生非分的想法。我的过失罪责，死也不能免除。恰遇陛下仁慈宽厚，使我活下来。现在又派我北伐，正是我报答恩遇，改正错误的机会，不敢推托。但臣已七十岁，自想年老有病，不堪在战场对敌，希望陛下再选派英杰贤才和我一道，使能在圣明的时代建功立业。"

于是命令李崇以原任官职加使持节、开府仪同三司、北讨大都督等职，抚军将军崔暹，镇军将军、广阳王元渊二人都受李崇统辖。又令李崇的儿子光禄大夫李神轨以假平北将军之职，跟随李崇北伐。李崇率军到达五原时，崔暹在白道以北打了大败仗，于是叛军合力向李崇进攻。李崇与广阳王元渊奋力作战，多次打败叛军，与他们相持到冬天，才撤军回到平城。元渊向朝廷报告李崇长史祖莹谎报军功和杀敌的数目，侵占军备物资。李崇受到牵连，被免除官职和爵位，召回洛阳，把军务交给元渊。

后来徐州刺史元法僧以鼓城向南方的梁朝投诚，当时任命安乐王元鉴为徐州刺史，讨伐元法僧，被元法僧打败，单身一人乘马逃回。于是朝廷命令恢复李崇的官职与爵位,任命他为徐州大都督,处理有关军事。刚好碰上李崇病重,便让卫将军、安丰王元延明接替他。改任李崇为开府、相州刺史,侍中、骠骑大将军、仪同三司全都如旧。孝昌元年李崇死于任上,终年七十一岁。赠侍中、骠骑大将军、司徒公、雍州刺史等官,谥号为"武康"。后来又重新赠为太尉公,增封邑一千户,其他如前。

史臣说:李崇风度气质,杰出庄重,性格坚毅,超出常人,因此出将入相,朝廷和民间都敬重他,这真是美事啊。

魏书卷七十三

列传第六十一

杨大眼

杨大眼，武都氐难当之孙也。少有胆气，跳走如飞。然侧出，不为其宗亲顾待，颇有饥寒之切。太和中，起家奉朝请。时高祖自代将南伐，令尚书李冲典选征官，大眼往求焉。冲弗许，大眼曰："尚书不见知，听下官出一技。"便出长绳三丈许系髻而走，绳直如矢，马驰不及，见者莫不惊叹。冲曰："自千载以来，未有逸材若此者也。"遂用为军主。大眼顾谓同僚曰："吾之今日，所谓蛟龙得水之秋，自此一举终不复与诸君齐列矣。"未几，迁为统军。从高祖征宛、叶、穰、邓、九江、钟离之间，所经战阵，莫不勇冠六军。世宗初，裴叔业以寿春内附，大眼与奚康生等率众先入，以功封安成县开国子，食邑三百户。除直阁将军，寻加辅国将军、游击将军。

出为征虏将军、东荆州刺史。时蛮酋樊秀安等反，诏大眼为别将，隶都督李崇，讨平之。大眼妻潘氏，善骑射，自诣军省大眼。至于攻陈游猎之际，大眼令妻潘戎装，或齐镳战场，或并驱林壑。及至还营，同坐幕下，对诸僚佐，言笑自得，时指之谓人曰："此潘将军也。"

萧衍遣其前江州刺史王茂先率众数万次于樊雍，招诱蛮夏，规立宛州，又令其所署宛州刺史雷豹狼、军主曹仲宗等领众二万偷据河南城。世宗以大眼为武卫将军、假平南将军、持节，都督统军曹敬、邴虬、樊鲁等诸军讨茂先等，大破之，斩衍辅国将军王花、龙骧将军申天化，俘馘七千有余。衍又遣其舅张惠绍总率众军，窃据宿豫。又假大眼平东将军为别将，与都督邢峦讨破之。遂乘胜长驱，与中山王英同围钟离。大眼军城东，守淮桥东西二道。属水泛长，大眼所绾统军刘神符、公孙祉两军夜中争桥奔退，大眼不能禁，相寻而走，坐徙为营州兵。

永平中，世宗追其前勋，起为试守中山内史。时高肇征蜀，世宗虑萧衍侵轶徐扬，乃征大眼为太尉长史、持节、假平南将军、东征别将，隶都督元遥，遏御淮肥。大眼至京师，时人思其雄勇，喜其更用，台省间巷，观者如市。大眼次谯南，世宗崩。时萧衍遣将康绚于浮山遏淮，规浸寿春，诏加大眼光禄大夫，率诸军镇荆山，复其封邑。后与萧宝夤俱征淮堰，不能克。遂于堰上流凿渠决水而还，加平东将军。

大眼善骑乘，装束雄辣，擐甲折旋，见称当世。抚巡士卒，呼为儿子，及见伤痍，为之流泣。自为将帅，恒身先兵士，冲突坚陈，出入不疑，当其锋者，莫不摧拉。南贼前后所遣督将，军未渡江，预皆畏慑。传言淮泗、荆沔之间有童儿啼者，恐之云"杨大眼至"，无不即止。王肃弟子秉之初归国也，谓大眼曰："在南闻君之名，以为眼如车轮。及见，乃不异人。"大眼曰："旗鼓相望，瞋眸奋发，足使君目不能视，何必大如车轮。"当世推其骁果，皆以为关张弗之过也。然征淮堰之役，喜怒无常，捶挞过度，军士颇憾焉。识者以为性移所致。

又以本将军出为荆州刺史。常缚蒿为人，衣以青布而射之。召诸蛮渠指示之曰："卿等若作贼，吾政如此相杀也。"又北淯郡尝有虎害，大眼搏而获之，斩其头悬于穰市。自是荆蛮相谓曰："杨公恶人，常作我蛮形以射之。又深山之虎尚所不免。"遂不敢复为寇盗。在州二年而卒。

大眼虽不学，恒遣人读书，坐而听之，悉皆记识。令作露布，皆口授之，而竟不多识字也。有三子，长甑生，次领军，次征南，皆潘氏所生，气干咸有父风。

初，大眼徙营州，潘在洛阳，颇有失行。及为中山，大眼侧生女夫赵延宝言之于大眼，大眼怒，幽潘而杀之。后娶继室元氏。大眼之死也，甑生等问印绶所在。时元始怀孕，自指其腹谓甑生等曰："开国当我儿袭之，汝等婢子，勿有所望！"甑生深以为恨。及大眼丧将还京，出城东七里，营车而宿。夜二更，甑生等开大眼棺，延宝怪而问之，征南射杀之。元怖，走入水，征南又弯弓射之。甑生曰："天下岂有害母之人。"乃止。遂取大眼尸，令人马上抱之，左右扶挟以叛。荆人畏甑生等骁勇，不敢苦追。奔于襄阳，遂归萧衍。

译文：

杨大眼，武都氐族首领杨难当的孙子。小时候便有胆量勇气，跳跃奔跑，像是在飞一样。但他母亲不是正妻，所以宗族和亲戚都不照顾他，使他经常受到饥饿和寒冷的苦楚。太和中，开始做官，为奉朝请。当时高祖孝文帝将从平城出发进攻南齐，命令吏部尚书李冲主持选拔出征的军官，杨大眼找到李冲，请求让他出征。李冲不答应，杨大眼说："尚书还不了解我，请让下官显一下本领。"于是拿出三丈左右长的绳子系在发髻上,拔腿便跑,脑后长绳飘起来,直如箭杆,骏马奔驰也赶不上他,观看的人无不惊讶叹服。李冲说:"千年以来,也没见到如此超群的人才啊。"于是让他作军主。杨大眼回过头对他昔日同僚们说:"今天对于我来说,可说是蛟龙得水的日子,从此以后,我就再也不会和各位站在一块儿了。"不久以后,升为统军。跟随高祖进攻宛、叶、穰、邓、九江、钟离等城,凡他所参加的战斗,无不数他最为勇敢。世宗即位初年,南齐裴叔业将寿春城向魏投诚,杨大眼与奚康生等率军最先进驻寿春,因功封为安成县开国子,食邑三百户。任命他为直阁将军,不久又加辅国将军和游击将军。

后离京出任征虏将军、东荆州刺史。当时蛮族首领樊秀安等人造反,朝廷命令杨大眼为别将,隶属于都督征蛮诸军事李崇,将反叛的蛮族镇压下去。杨大眼的妻子姓潘,也善于骑马射箭,亲自到部队探望杨大眼。每当战斗或捕猎的时候,杨大眼便让妻子潘氏穿上军装,两人或在战场上一同挥戈上阵,或在林间山谷并马齐驱。等回到军营,两人同坐于营帐下,面对各位属官,言笑自如。杨大眼常指着妻子对别人说:"这就是潘将军。"

萧衍派他的前任江州刺史王茂先率几万大军驻扎在雍州樊城一带,引诱蛮族和汉人,计划设置宛州,并命令他任命的宛州刺史雷豹狼与军主曹仲宗等率兵二万发动偷袭,占据河南城。世宗任杨大眼为武卫将军、假平南将军、持节,统领军主曹敬、邴虬、樊鲁等几支部队向王茂先发起反击,大败王茂先,杀萧衍的辅国将军王花和龙骧将军申天化,俘获斩首达七千多人。萧衍又派他的舅父张惠绍总领各军,暗中进军,占领宿豫城。魏又假杨大眼为平东将军,为另一路领兵将领,与都督邢峦一道把张惠绍打败，于是乘胜进军，与中山王元英合力围攻钟离城。杨大眼驻军钟离城东面，防守淮河桥的东西两路。刚好碰到洪水猛涨，杨大眼所辖的统军刘神符和公孙祉两支部队在夜间相互争着从桥上逃跑，杨大眼禁止不住，随军而逃，因此犯罪，被发配到营州作军士。

永平年中，世宗追念杨大眼先前的功勋，让他代理中山内史。当时高肇率军进攻梁的蜀地，世宗担心萧衍会派军骚扰徐州和扬州，便召杨大眼回京城，任命他为太尉长史、持节、假平南将军、东征别将，隶属都督元遥，以防御淮南的敌军。杨大眼到达京师，当时人想看看他勇武的样子，又为他再次被起用而高兴，政府机关和街道上，观看他的人多得像市场上一样。杨大眼率军驻扎谯城南边。世宗逝世，当时萧衍派他的将军康绚在浮山筑淮河大堰，计划淹没寿春城。朝廷命令加杨大眼光禄大夫官，统领各军镇守荆山，恢复他原来的封爵和食邑。后来与萧宝夤一起进攻筑堰的梁军，没有成功。于是在堰的上游开一条渠道，使河水东流，然后撤军，加杨大眼平东将军。

杨大眼善于骑马，衣着雄勇整肃，穿着铠甲，转折盘旋，为当时人所称赏。他抚慰巡视战士，把他们称为儿子，看见受伤的人，总是为之伤心流泪。身为将帅，却总是身先士卒，冲锋陷阵，来往没有丝毫疑惧，挡道的敌军，无不破败。南边敌人派出的领兵将领，部队还没渡过长江，便先自恐惧。据说淮泗、荆沔一带，如有小孩哭，人们只要吓他一句"杨大眼来了"，都会马上停止哭闹。王肃侄子王秉刚从南方投奔魏国时，对杨大眼说："我在南边听到你的名字，还以为你的眼睛大如车轮。亲眼相见后，才知和平常人并没不同之处。"杨大眼说:"若两军对阵的时候,我双眼圆睁,怒发冲冠,完全可以让你不敢看着我,为什么一定得大如车轮。"同时代的人推崇他的骁勇果敢,都认为即便是关羽、张飞,也不会超过他。但他率军进攻淮河大堰那次战役,他却喜怒无常,对士兵过多地进行体罚,战士们有些恨他。有识之士认为这是性情改变的缘故。

后来又以平东将军身份出任荆州刺史。他经常将蒿草捆扎成人的形状,给它穿上青布衣服,对草人放箭。把各位蛮族首领找来对他们说:"你们这些人若反叛,我就会像这样把你们给宰了。"荆州北淯郡曾经有虎造成伤害,杨大眼赤手空拳将老虎逮住,砍下虎头,悬挂在穰城的集市上。从此荆州蛮人相互说:"杨公为人凶暴,经常作一些像我们蛮人的物体,向它们射箭。而且深山中的老虎都不能逃脱他的恶手。"于是不敢再作叛逆劫掠的事。杨大眼任荆州刺史两年后便死了。

杨大眼虽没读过书,但常找人读书,他坐着听,而且都能记下来。让人作捷报,都由他口授,但始终认不了几个字。他有三个儿子,长子叫甄生、次子叫领军、第三子叫征南,都是潘氏生的,气度才干都和他们的父亲差不多。

当初,杨大眼发配营州时,潘氏留在洛阳,私生活很有问题。后来杨大眼为中山太守时,杨大眼妾所生女儿的丈夫赵延宝把这事给杨大眼讲了,杨大眼很气愤,把潘氏关起来,然后把她杀了。后娶继妻元氏。杨大眼死的时候,长子杨甄生问元氏杨大眼的印绶放在哪儿了。当时元氏刚怀孕,指着自己的腹部对甄生等人说:"开国县子应由我儿子继承,你们这些婢女所生之子,最好断了念头!"甄生为此很恼火。等到杨大眼的尸体将送回京城,出荆州治所穰城东七里的地方,停车过夜。

夜间二更时分，甄生等打开杨大眼的棺材。赵延宝认为很奇怪，便询问他们，杨征南用箭将他射死。元氏恐惧，逃走躲进水中，征南又举弓射她，甄生说："天下哪有杀母亲的人。"便没再射。于是取出杨大眼的尸体，让人在马上抱着，他们在左右扶持叛逃。荆州人畏惧甄生等人勇猛，不敢穷追。他们逃到襄阳，于是归附萧衍。

史记

汉书

后汉书

三国志

晋书

宋书

南齐书

梁书

陈书

魏书

北齐书

周书

隋书

南史

北史

旧唐书

新唐书

旧五代史

新五代史

宋史

辽史

金史

元史

明史

北齐书

列　传

北齐书卷十七

列传第九

斛律光

光，字明月，少工骑射，以武艺知名。魏末，从金西征，周文帝长史莫者晖时在行间，光驰马射中之，因擒于阵，光时年十七。高祖嘉之，即擢为都督。世宗为世子，引为亲信都督，稍迁征虏将军，累加卫将军。武定五年，封永乐县子。尝从世宗于洹桥校猎，见一大鸟，云表飞飏，光引弓射之，正中其颈。此鸟形如车轮，旋转而下，至地乃大雕也。世宗取而观之，深壮异焉。丞相属邢子高见而叹曰："此射雕手也"。当时传号落雕都督。寻兼左卫将军，进爵为伯。

齐受禅，加开府仪同三司，别封西安县子。天保三年，从征出塞，光先驱破敌，多斩首虏，并获杂畜。还，除晋州刺史。东有周天柱、新安、牛头三戍，招引亡叛，屡为寇窃。七年，光率步骑五千袭破之，又大破周仪同王敬俊等，获口五百余人，杂畜千余头而还。九年，又率众取周绛川、白马、浍交、翼城等四戍。除朔州刺史。十年，除特进、开府仪同三司。二月，率骑一万讨周开府曹回公，斩之。柏谷城主仪同薛禹生弃城奔遁，遂取文侯镇，立戍置栅而还。乾明元年，除并州刺史。皇建元年，进爵巨鹿郡公。时乐陵王百年为皇太子，肃宗以光世载醇谨，兼著勋王室，纳其长女为太子妃。太宁元年，除尚书右仆射，食中山郡干。二年，除太子太保。河清二年四月，光率步骑二万筑勋掌城于轵关西，仍筑长城二百里，置十三戍。三年正月，周遣将达奚成兴等来寇平阳，诏光率步骑三万御之，兴等闻而退走。光逐北，遂入其境，获二千余口而还。其年三月，迁司徒。四月，率骑北讨突厥，获马千余匹。是年冬，周武帝遣其柱国大司马尉迟迥、齐国公宇文宪，柱国庸国公可叱雄等，众称十万，寇洛阳。光率骑五万驰往赴击，战于邙山，迥等大败。光亲射雄，杀之，斩捕首虏三千余级，迥、宪仅而获免，尽收其甲兵辎重，仍以死者积为京观。世祖幸洛阳，策勋班赏，迁太尉，又封寇军县公。先是世祖命纳光第二女为太子妃，天统元年，拜为皇后。其年，光转大将军。三年六月，父丧去官，其月，诏起光及其弟羡并复前任。秋，除太保，袭爵咸阳王，并袭第一领民酋长，别封武德郡公，徙食赵州干，迁太傅。

十二月，周遣将围洛阳，壅绝粮道。武平元年正月，诏光率步骑三万讨之。军次定陇，周将张掖公宇文桀、中州刺史梁士彦、开府司水大夫梁景兴等又屯鹿庐交道，光擐甲执锐，身先士卒，锋刃才交，桀众大溃，斩首二千余级。直到宜阳，与周齐国公宇文宪、申国公擒跋显敬相对十旬。光置筑统关、丰化二城，以通宜阳之路。军还，行次安邺，宪等众号五万，仍蹑军后。光纵骑击之，宪众大溃，虏其开府宇文英、都督越勤世良、韩延等，又斩首三百余级。宪仍令桀及其大将军中部公梁洛都与景兴、士彦等步骑三万于鹿卢交塞断要路。光与韩贵孙、呼延族、王显等合击，大破之，斩景兴，获马千匹。诏加右丞相，并州刺史。其冬，光又率步骑五万于玉壁筑华谷、龙门二城，与宪、显敬等相持，宪等不敢动。光乃进围定阳，仍筑南汾城，置州以逼之，夷夏万余户并来内附。

二年，率众筑平陇、卫壁、统戎等镇戍十有三所。周柱国枹罕公普屯威、柱国韦孝宽等，步骑万余，来逼平陇，与光战于汾水之北，光大破之，俘斩千计。又封中山郡公，增邑一千户。军还，诏复令率步骑五万出平阳道，攻姚襄、白亭城戍，皆克之，获其城主仪同、大都督等九人，捕虏数千人。又别封长乐郡公。是月，周遣其柱国纥干广略围宜阳。光率步骑五万赴之，大战于城下，乃取周建安等四戍，捕虏千余人而还。军未至邺，敕令便放兵散。光以为军人多有勋功，未得慰劳，若即便散，恩泽不施，乃密通表请使宣旨，军仍且进。朝廷发使迟留，军还，将至紫陌，光仍驻营待使。帝闻光军营已逼，心甚恶之，急令舍人追光入见，然后宣劳散兵。拜光左丞相，又别封清河郡公。

光入，常在朝堂垂帘而坐。祖珽不知，乘马过其前。光怒，谓人曰："此人乃敢尔！"后珽在内省，言声高慢，光适过，闻之，又怒。珽知光忿，而赂光从奴而问之曰："相王瞋孝徵耶？"曰："自公用事，相王每夜抱膝叹曰：'盲人入，国必破矣！'"穆提婆求娶光庶女，不许。帝赐提婆晋阳之田，光言于朝曰："此田，神武帝以来常种禾，饲马数千匹，以拟寇难，今赐提婆，无乃阙军务也？"由是祖、穆积怨。

周将军韦孝宽忌光英勇，乃作谣言，令间谍漏其文于邺，曰"百升飞上天，明月照长安"，又曰"高山不推自崩，槲树不扶自竖"。祖珽因续之曰："妄眼老公背上下大斧，饶舌老母不得语。"令小儿歌之于路。提婆闻之，以告其母令萱。萱以饶舌，斥己也，盲老公，谓珽也，遂相与协谋，以谣言启帝曰："斛律累世大将，明月声震关西，丰乐威行突厥，女为皇后，男尚公主，谣言甚可畏也。"帝以问韩长鸾，鸾以为不可，事寝。祖珽又见帝请间，唯何洪珍在侧。帝曰："前得公启，即欲施行，长鸾以为无此理。"珽未对，洪珍进曰："若本无意则可，既有此意而不决行，万一泄露如何？"帝曰："洪珍言是也。"犹豫未决，会丞相府佐封士让密启云："光前西讨还，敕令放兵散，光令军逼帝京，将行不轨，事不果而止。家藏弩甲，奴僮千数，每遣使丰乐、武都处，阴谋往来。若不早图，恐事不可测。"启云"军逼帝京"，会帝前所疑意，谓何洪珍云："人心亦大圣，我前疑其欲反，果然。"帝性至怯懦，恐即变发，令洪珍驰召祖珽告之。又恐追光不从命。珽因云："正尔召之，恐疑不肯入。宜遣使赐其一骏马，语云'明日将往东山游观，王可乘此马同行'，光必来奉谢，因引入执之。"帝如其言。顷之，光至，引入凉风堂，刘桃枝自后拉而杀之，时年五十八。于是下诏称光谋反，今已伏法，其余家口并不须问。寻百发诏，尽灭其族。

光性少言刚急，严于御下，治兵督众，唯仗威刑。版筑之役，鞭挞人士，颇称其暴。自结发从戎，未尝失律，深为邻敌所慑惮。罪既不彰，一旦屠灭，朝野痛惜之。周武帝闻光死，大喜，赦其境内。后入邺，追赠上柱国、崇国公。指诏书曰："此人若在，朕岂能至邺。"

光有四子。长子武都，历位特进、太子太保、开府仪同三司。梁兖二州刺史。所在并无政绩，唯事聚敛，侵渔百姓。光死，遣使于州斩之。次须达，中护军、开府仪同三司，先光卒。次世雄，开府仪同三司。次恒伽，假仪同三司，并赐死。光小子钟，年数岁，获免，周朝袭封崇国公。隋开皇中卒于骠骑将军。

译文：

斛律光，字明月，小时候便擅长骑马射箭，因武艺高强而闻名。北魏末年，随父亲斛律金进攻关中，周文帝宇文泰的长史莫者晖当时参加了战斗，斛律光飞马射中莫者晖，于是在战场上将他擒获，这时斛律光才十七岁。齐高祖神武帝高欢称赞他，当即提升他为都督。世宗文襄帝被封为世子时，任用他为亲信都督。逐渐升为征虏将军，多次加官至卫将军。东魏孝静帝武定五年，封他为永乐县子。斛律光有一次跟随世宗到洹桥围猎，看见一只大鸟在云端翱翔，斛律光弯弓发箭，正中这只鸟的颈项。这鸟就像车轮一样，旋转着滚落下来，落到地上后才发现是只大雕。世宗拿过雕来观看，深感斛律光勇猛非凡。丞相属邢子高见后感叹道："这就是射雕的名家啊！"当时这话传开，大家称斛律光为"落雕都督"。不久兼任左卫将军，进封为永乐县伯。

北齐文高祖宣帝高洋取代东魏孝静帝元善见即皇帝位后，加斛律光开府仪同三司，另封西安县子。天保三年，随文高祖宣帝到塞北进攻突厥，斛律光率军作前锋打败敌人，杀死、俘虏许多敌军，并夺得各种牲畜。退军回来后，朝廷任命他为晋州刺史。晋州东边有北周设置的天柱、新安、牛头等三个戍所，它们招亡纳叛，多次侵犯抢掠。天保七年，斛律光率领步兵和骑兵共五千人发动突然袭击，把它们攻下，又大败北周仪同王敬俊等人，俘获五百多人及牲畜一千多头而回。天保九年，他又带军攻下北周绛川、白马、浍交、翼城等四个戍所。改任朔州刺史。天保十年，被任命为特进、开府仪同三司。二月，率领一万骑兵进攻北周开府曹回公所部，杀曹回公。北周柏谷城主、仪同薛禹生弃城逃跑，于是斛律光攻下文侯镇，设立戍所建置栅栏后才退军。北齐废帝乾明元年，改任并州刺史。孝昭帝皇建元年，将他的爵位提升为巨鹿郡公。当时乐陵王高百年为皇太子,肃宗因斛律光父子都忠厚谨慎,加上他们有功于朝廷,接纳斛律光的大女儿为皇太子妃。武成帝大宁元年,任命斛律光为尚书右仆射,食中山郡干。大宁二年,任命他为太子太保。河清二年四月,斛律光率领步兵和骑兵二万人在轵关以西修筑起勋掌城,并建造了长达二百里的长城,设置十三个戍所。河清三年正月,北周派将军达奚成兴等人进攻北齐平阳城,朝廷命令斛律光率领步兵和骑兵三万人进行抵御,达奚成兴等人闻讯退逃。斛律光乘势追击,深入北国境内,抓获两千多人而回。这年三月,升任司徒。四月,他率骑兵向北进攻突厥,缴获了一千多匹马。这年冬天,北周武帝宇文邕派他的柱国、大司马尉迟迥与齐国公宇文宪,柱国、庸国公可叱雄等人,号称十万大军,进攻洛阳城。斛律光率领五万骑兵奔驰迎击,在邙山相遇而战,尉迟迥等人大败。斛律光亲自射杀可叱雄,杀死俘获周军三千多人,尉迟迥、宇文宪只来得及自己逃身,斛律光将他们的甲兵和军用物资全部缴获,并把杀死的敌军的尸体堆积成京观。世祖武成帝高湛到洛阳,纪功行赏,提升斛律光为太尉,又封他为冠军县公。事前世祖已经命令接纳斛律光的二女儿为太子妃,天统元年,拜为皇后。当年,斛律光转任大将军。天统三年六月,因为他父亲死了而离任服丧,就在此月,令斛律光和他的弟弟斛律羡官恢复原职。这年秋天,任命解律光为太保,继承他父亲咸阳王的爵位,并且继承第一领民酋长的官衔,又封他为武德郡公,改食赵州干,升任太傅。

天统三年十二月,北周派将领围攻洛阳,堵绝向洛阳运送粮食的道路。武平元年正月,诏令斛律光率步兵和骑兵三万人向北周军队发起攻击。大军进驻定陇时,北周将领张掖公宇文桀、中州刺史梁士彦与开府、司水大夫梁景兴等又率军屯守鹿卢交,扼守要道。斛律光穿着铠甲,手执利器,身先士卒,两军刚一交战,宇文桀所部便大败而逃,杀敌二千多人。斛律光率军直抵宜阳,与北周齐国公宇文宪、申国公擒跋显敬对垒达一百天。斛律光修建统关、丰化两城,以打通到宜阳的道路。大军退还,路经安邺驻军时,宇文宪等人率军号称五万,仍尾随于后。斛律光放骑兵加以打击,宇文宪的部队溃败,俘获他的部将开府宇文英、都督越勤世良、韩延等人,又杀三百多人。宇文宪又命令他的部将大将军、中部公梁洛都与梁景兴、梁士彦等人率步兵和骑兵三万在鹿卢交堵住斛律光退军的要路。斛律光与韩贵孙、呼延族、王显等人并力进攻,将他们打得大败,杀梁景兴,缴获战马一千匹。朝廷命令加斛律光右丞相、并州刺史等职。这年冬天,斛律光又率领步兵和骑兵五万人在玉壁筑起华谷、龙门两座城池,与宇文宪、擒跋显敬等人对垒,宇文宪等人不敢采取行动。于是,斛律光进军围攻定阳,并筑南汾城,设置南汾州以进逼定阳,少数族与汉人一万多户都归降了北齐。

武平二年,斛律光率军修筑了平陇、卫壁、统戎等十三座镇戍所。北周柱国、粃罕见普屯威和柱国韦孝宽等人率步兵和骑兵一万多人,来进攻平陇,与斛律光在汾水北边展开战斗,斛律光将他们打得大败,俘虏、杀死上千敌军。又封他为中山郡公,增加食邑户一千。军队退还后,朝廷又命令他率领步兵和骑兵五万人经平阳,进攻北周姚襄、白亭城戍所。斛律光把它们全部攻了下来,俘获北周城主、仪同、大都督等官员九人,抓获几千人。又另封他为长乐郡公。同月,北周派柱国纥干广略围攻宜阳。斛律光又率领步兵和骑兵五万人奔救,大战于宜阳城下,于是攻占北周建安等四个戍所,俘虏一千多人而回。大军还未抵达邺城,后主命令他就地将部队解散。斛律光认为士兵们大都立有战功,没有得到犒赏，如果马上将他们解散，他们就得不到朝廷的恩赏，于是暗中上表朝廷，请求派使宣布朝廷的意图，大军仍就向邺城进发。朝廷派使的速度缓慢，大军回到邺城，将抵达紫陌时，斛律光才驻扎下来，等待朝廷的使者。后主听说斛律光的军营已经逼近邺城，心中对他极感厌恶，急忙命令舍人赶快召斛律光入宫觐见，然后才派人慰劳部队，解散士兵。任命斛律光为左丞相，又另封他为清河郡公。

斛律光入朝任左丞相后，有一次在朝堂里挂着帘子坐着。祖珽不知道，骑马从他面前经过。斛律光很生气，对别人说："这个人竟敢如此！"后来祖珽在宫内，说话时声音既洪亮又缓慢，斛律光正好从那儿经过，听到后，又很愤怒。祖珽知道斛律光怨恨自己，便贿赂斛律光的奴仆，问他说："相王恨我祖孝征吗？"那人说："自从您任职以来，相王每晚都要抱着膝头叹息说：'瞎子掌权，国家肯定要灭亡了！'"穆提婆请斛律光把妾生的女儿嫁给他，斛律光不答应。后主把晋阳附近一些土地赏赐给穆提婆，斛律光在朝堂上说："这些土地，自从神武帝以来一直种植谷物，养马数千匹，以防备祸难，现在赐给穆提婆，岂不是要使军备缺乏吗？"因此祖珽、穆提婆都很恨他。

北周将军韦孝宽忌恨斛律光英勇善战，于是制造谣言，让间谍在邺城把谣言传开，说："百升飞上天，明月照长安。"又说："高山不摧自崩，槲树不扶自竖。"祖珽趁机在后面加话说："盲眼老公背上下大斧，饶舌老母不得语。"让小孩在路上唱着玩。穆提婆听到后，把这些话告诉他的母亲陆令萱。陆令萱认为饶舌讽刺的是自己，盲老公说的是祖珽，于是相互商定好计策，把谣言告诉后主说："斛律氏两代人都做大将，斛律光声势震动关西，斛律羡威风传遍突厥，女儿为皇后，儿子娶公主，民谣所讲的话太可怕了。"后主因此询问韩长鸾的意见,韩长鸾认为不能处理斛律光,事情便被撂了下来。祖珽又面见后主,找了一个空子,只有何洪珍在旁边。后主说:"前次听到你的诉说后,我就想做出处置,但韩长鸾认为没有这种可能。"祖珽还没回答,何洪珍进言道:"如果本来就没有这种意图也就算了,既然有了这种意图却不坚决实行,万一泄露出去又该怎么办呢?"后主说:"何洪珍的话有道理啊。"但仍犹豫不决。刚好丞相府佐封士让送来一封密信说:"斛律光上次讨伐关西回军时,陛下命令他解散部队,斛律光却命令军队进逼京城,想发动叛乱,没有做成便停止行动。他家中藏有弓弩铠甲,奴僮上千,经常派人到他弟弟幽州刺史斛律羡和长子兖州刺史斛律武都那儿去,相互进行密谋。如果不趁早想办法对付,恐怕会出现意想不到的事。"密信中所说的"军队进逼京城",正触动了后主先前心中产生的疑虑,便对何洪珍说:"人的心也太神了,我上次怀疑他想谋反,果然如此。"后主生性极其胆小懦弱,害怕斛律光马上就会发生叛乱,命令何洪珍骑马把祖珽叫进宫来,告诉他这一情况。又担心召斛律光进宫时,他不听从命令。于是,祖珽说:"就这样去叫他,怕他产生疑心,不肯进宫来。应派人赏赐他一匹骏马,告诉他:'明天我准备到东山游览,咸阳王你可乘这匹马和我一同前往。'斛律光肯定会来道谢,便可以趁机让他进宫来,把他擒获。"后主按他的话行事。过不多久,斛律光就来了,被带入凉风堂,刘桃枝从他背后拉住他,将他杀死,当时他五十八岁。于是后主下诏书称斛律光谋反,现在已经伏法,其他家属一概不追究。不久又下诏书,将斛律光一族人全部杀绝。

斛律光生性不爱讲话,刚猛急躁,对部下很严厉,治理军队,统率部众,只依靠威严和刑罚。修筑长城那次,他竟鞭笞士大夫，大家都说他很残暴。自从年轻时参加军队以后，他从未失利过，邻国的敌军十分畏惧。他的罪行既不明显，一时遭到杀戮，朝野之士都为他感到悲痛惋惜。周武帝听说斛律光死了，极为高兴，大赦全国。后周武帝率军进入邺城，追赠斛律光为上柱国、崇国公。他指着追赠斛律光的诏书说："如果这个人还活着，我怎么能进入邺城呢？"

斛律光有四个儿子。长子斛律武都，历任特进、太子太保、开府仪同三司、梁兖二州刺史。在哪儿都没有政绩，只知道收敛钱财，盘剥百姓。斛律光死后，朝廷派人到兖州将他杀了。次子斛律须达，官至中护军、开府仪同三司，死在斛律光之前。第三子斛律世雄，官至开府仪同三司；第四子斛律恒伽，假仪同三司，都被赐死。斛律光的小儿子斛律钟，年龄才几岁，免于一死。北周灭掉北齐以后，继承父亲崇国公的封号，隋文帝开皇年间死于骠骑将军任上。

北齐书卷三十四

列传第二十六

杨愔

杨愔,字遵彦,小名秦王,弘农华阴人。父津,魏时累为司空侍中。愔儿童时,口若不能言,而风度深敏,出入门闾,未尝戏弄。六岁学史书,十一受《诗》《易》,好《左氏春秋》。幼丧母,曾诣舅源子恭。子恭与之饮。问读何书,曰:"诵《诗》。"子恭曰:"诵至《渭阳》未邪?"愔便号泣感噎,子恭亦对之歔欷,遂为之罢酒。子恭后谓津曰:"常谓秦王不甚察慧,从今已后,更欲刮目视之。"愔一门四世同居,家甚隆盛,昆季就学者三十余人。学庭前有奈树,实落地,群儿咸争之,愔颓然独坐。其季父暐适入学馆,见之大用嗟异,顾谓宾客曰:"此儿恬裕,有我家风。"宅内有茂竹,遂为愔于林边别葺一室,命独处其中,常以铜盘具盛馔以饭之。因以督厉诸子曰:"汝辈但如遵彦谨慎,自得竹林别室、铜盘重肉之食。"愔从父兄黄门侍郎昱特相器重,曾谓人曰:"此儿驹齿未落,已是我家龙文。更十岁后,当求之千里外。"昱尝与十余人赋诗,愔一览便诵,无所遗失。及长,能清言,美音制,风神俊悟,容止可观。人士见之，莫不敬异，有识者多以远大许之。

正光中，随父之并州。性既恬默，又好山水，遂入晋阳西悬瓮山读书。孝昌初，津为定州刺史，愔亦随父之职。以军功除羽林监，赐爵魏昌男，不拜。及中山为杜洛周陷，全家被囚絷。未几，洛周灭，又没葛荣，荣欲以女妻之，又逼以伪职。愔乃托疾，密含牛血数合，于众中吐之，仍佯喑不语。荣以为信然，乃止。永安初，还洛，拜通直散骑侍郎，时年十八。元颢入洛，时愔从父兄侃为北中郎将，镇河梁。愔适至侃处，便属乘舆失守，夜至河。侃虽奉迎车驾北渡，而潜欲南奔，愔固谏止之。遂相与扈从达建州。除通直散骑常侍。愔以世故未夷，志在潜退，乃谢病，与友人中直侍郎河间邢邵隐于嵩山。

及庄帝诛尔朱荣，其从兄侃参赞帷幄。朝廷以其父津为并州刺史、北道大行台，愔随之任。有邯郸人杨宽者，求义从出藩，愔请津纳之。俄而孝庄幽崩，愔时适欲还都，行达邯郸，过杨宽家，为宽所执。至相州，见刺史刘诞，以愔名家盛德，甚相哀念，付长史慕容白泽禁止焉。遣队主巩荣贵防禁送都。至安阳亭，愔谓荣贵曰："仆家世忠臣，输诚魏室，家亡国破，一至于此。虽曰囚虏，复何面目见君父之仇。得自缢于一绳，传首而去，君之惠也。"荣贵深相怜感，遂与俱逃。愔乃投高昂兄弟。

既潜窜累载，属神武至信都，遂投刺辕门。便蒙引见，赞扬兴运，陈诉家祸，言辞哀壮，涕泗横集，神武为之改容。即署行台郎中。大军南攻邺，历杨宽村，宽于马前叩头请罪。愔谓曰："人不识恩义，盖亦常理，我不恨卿，无假惊怖。"时邺未下，神武命愔作祭天文，燎毕而城陷。由是转大行台右丞。于时霸图草创，军国务广，文檄教令，皆自愔及崔㥄出。遭离家难，以丧礼自居，所食唯盐米而已，哀毁骨立。神武愍之，恒相开慰。及韩陵之战，愔每阵先登，朋僚咸共怪叹曰："杨氏儒生，今遂为武士，仁者必勇，定非虚论。"

顷之，表请解职还葬。一门之内，赠太师、太傅、丞相、大将军者二人，太尉、录尚书及中书令者三人，仆射、尚书者五人，刺史、太守者二十余人。追荣之盛，古今未之有也。及丧枢进发，吉凶仪卫亘二十余里，会葬者将万人。是日隆冬盛寒，风雪严厚，愔跣步号哭，见者无不哀之。寻徵赴晋阳，仍居本职。

愔从兄幼卿为岐州刺史，以直言忤旨见诛。愔闻之悲惧，因哀感发疾，后取急就雁门温汤疗疾。郭秀素害其能，因致书恐之曰："高王欲送卿于帝所。"仍劝其逃亡。愔遂弃衣冠于水滨若自沉者，变易名姓，自称刘士安，入嵩山，与沙门昙谟徵等屏居削迹。又潜之光州，因东入田横岛，以讲诵为业，海隅之士，谓之刘先生。太守王元景阴佑之。

神武知愔存，遣愔从兄宝猗赍书慰喻，仍遣光州刺史奚思业令搜访，以礼发遣。神武见之悦，除太原公开府司马，转长史，复授大行台右丞，封华阴县侯，迁给事黄门侍郎，妻以庶女。又兼散骑常侍，为聘梁使主。至碻磝戍，州内有愔家旧佛寺，入精庐礼拜，见太传容像，悲感恸哭，呕血数升，遂发病不成行，舆疾还邺。久之，以本官兼尚书吏部郎中。武定末，以望实之美，超拜吏部尚书，加侍中、卫将军，侍学典选如故。

天保初，以本官领太子少傅，别封阳夏县男。又诏监太史，迁尚书右仆射。尚太原长公主，即魏孝静后也。会有雉集其舍，又拜开府仪同三司、尚书左仆射，改封华山郡公。九年，徙尚书令，又拜特进、骠骑大将军。十年，封开封王。文宣之崩，百僚莫有下泪，愔悲不自胜。济南嗣业，任遇益隆，朝章国命，一人而已，推诚体道，时无异议。乾明元年二月，为孝昭帝所诛，时年五十。天统末，追赠司空。

愔贵公子，早著声誉，风表鉴裁，为朝野所称。家门遇祸，唯有二弟一妹及兄孙女数人，抚养孤幼，慈旨温颜，咸出人表。重义轻财，前后赐与，多散之亲族，群从弟侄十数人，并待而举火。频遭迍厄，冒履艰危，一飧之惠，酬答必重，性命之仇，舍百不问。

典选二十余年，奖擢人伦，以为己任。然取士多以言貌，时致谤言，以为愔之用人，似贫士市瓜，取其大者。愔闻，不屑焉。其聪记强识，半面不忘。每有所召问，或单称姓，或单称名，无有误者。后有选人鲁漫汉，自言猥贱，独不见识。愔曰："卿前在元子思坊，骑秃尾草驴，经见我不下，以方曲鄣面，我何不识卿？"漫汉惊服。又调之曰："名以定体，漫汉果自不虚。"又令吏唱人名，误以卢士深为士琛，士深自言。愔曰："卢郎玉润，所以从玉。"自尚公主后，衣紫罗袍，金缕大带。遇李庶，颇以为耻，谓曰："我此衣服，都是内裁，既见子将，不能无愧。"

及居端揆，权综机衡，千端万绪，神无滞用。自天保五年已后，一人丧德，维持匡救，实有赖焉。每天子临轩，公卿拜授，施号发令，宣扬诏册。愔辞气温辩，神仪秀发，百僚观听，莫不悚动。自居大位，门绝私交。轻货财，重仁义，前后赏赐，积累巨万，散之九族，架箧之中，唯有书数千卷。太保、平原王隆之与愔邻宅，愔尝见其门外有富胡数人，谓左右曰："我门前幸无此物。"性周密畏慎，恒若不足，每闻后命，愀然变色。

文宣大渐，以常山、长广二王位地亲逼，深以后事为念。愔与尚书左仆射平秦王归彦、侍中燕子献、黄门侍郎郑子默受遗诏辅政，并以二王威望先重、咸有猜忌之心。初在晋阳，以大行在殡，天子谅闇，议令常山王在东馆，欲奏之事，皆先谘决。二旬而止。仍欲以常山王随梓宫之邺，留长广王镇晋阳。执政复生疑贰，两王又俱从至于邺。子献立计，欲处太皇太后于北宫，政归皇太后。又自天保八年已来，爵赏多滥，至是，愔先自表解其开府封王，诸叨窃恩荣者皆从黜免。由是嬖宠失职之徒，尽归心二叔。高归彦初虽同德，后寻反动，以疏忌之迹尽告两王。可朱浑天和又每云："若不诛二王，少主无自安之理。"宋钦道面奏帝，称二叔威权既重，宜速去之。帝不许曰："可与令公共详其事。"愔等议出二王为刺史。以帝仁慈，恐不可所奏，乃通启皇太后，具述安危。有宫人李昌仪者，北豫州刺史高仲密之妻，坐仲密事入宫。太后以昌仪宗情，甚相昵爱。太后以启示之，昌仪密启太皇太后。愔等又议不可令二王俱出，乃奏以长广王为大司马、并州刺史，常山王为太师，录尚书事。

及二王拜职，于尚书省大会百僚，愔等并将同赴。子默止之，云："事不可量，不可轻脱。"愔云："吾等至诚体国，岂有常山拜职，有不赴之理，何为忽有此虑？"长广旦伏家僮数十人于录尚书后室，仍与席上勋贵数人相知。并与诸勋胄约，行酒至愔等，我各劝双盃，彼必致辞。我一曰"捉酒"，二曰"捉酒"，三曰"何不捉"，尔辈即捉。及宴如之。愔大言曰："诸王构逆，欲杀忠良邪！尊天子，削诸侯，赤心奉国，未应及此。"常山王欲缓之，长广王曰："不可。"于是愔及天和、钦道皆被拳杖乱殴击，头面血流，各十人持之。使薛孤延、康买执子默于尚药局。子默曰："不用智者言，以至于此，岂非命也。"

二叔率高归彦、贺拔仁、斛律金拥愔等唐突入云龙门。见都督叱利骚，招之不进，使骑杀之。开府成休宁拒门，归彦喻之，乃得入。送愔等于御前。长广王及归彦在朱华门外。太皇太后临昭阳殿，太后及帝侧立。常山王以砖叩头，进而言曰："臣与陛下骨肉相连。杨遵彦等欲擅朝权，威福自己，王公以还，皆重足屏气。共相唇齿，以成乱阶，若不早图，必为宗社之害。臣与湛等为国事重，贺拔仁、斛律金等惜献皇帝基业，共执遵彦等领入宫，未敢刑戮，专辄之失，罪合万死。"帝时默然，领军刘桃枝之徒陛卫，叩刀仰视，帝不睨之。太皇太后令却仗，不肯。又厉声曰："奴辈即今头落。"乃却。因问杨郎何在。贺拔仁曰："一目已出。"太皇太后怆然曰："杨郎何所能，留使不好耶！"乃让帝曰："此等怀逆，欲杀我二儿，次及我，尔何纵之？"帝犹不能言。太皇太后怒且悲，王公皆泣。太皇太后曰："岂可使我母子受汉老妪斟酌。"太后拜谢。常山王叩头不止。太皇太后谓帝："何不安慰尔叔。"帝乃曰："天子亦不敢与叔惜，岂敢惜此汉辈？但愿乞儿性命，儿自下殿去，此等任叔父处分。"遂皆斩之。长广王以子默昔谗己，作诏书，故先拔其舌，截其手。太皇太后临愔丧，哭曰："杨郎忠而获罪。"以御金为之一眼，亲内之，曰："以表我意。"常山王亦悔杀之。先是童谣曰："白羊头尾秃，羖𦍑头生角。"又曰"羊羊吃野草，不吃野草远我道，不远打尔脑。"又曰"阿么姑祸也，道人姑夫死也。"羊为愔也，"角"文为用刀，"道人"谓废帝小名，太原公主尝作尼，故曰"阿么姑"，愔、子献、天和皆帝姑夫云。于是乃以天子之命下诏罪之，罪止一身，家口不问。寻复簿录五家，王晞固谏，乃各没一房，孩幼兄弟皆除名。

遵彦死，仍以中书令赵彦深代总机务。鸿胪少卿阳休之私谓人曰："将涉千里，杀骐骥而策蹇驴，可悲之甚。"愔所著诗赋表奏书论甚多，诛后散失，门生鸠集所得者万余言。

译文：

杨愔，字遵彦，小名叫秦王，弘农郡华阴县人。他的父亲杨津，北魏时官至司空、侍中。杨愔幼年的时候，嘴里似乎说不出什么道理，但风度深沉机敏，家里家外，从未做过什么顽皮的事。他六岁时开始学习历史著作，十一岁时跟老师学习《诗经》《周易》，喜爱《左传》。幼年时母亲便去世了。有一次他去拜访舅舅源子恭，源子恭给他酒喝，问他在读什么书，他回答说："诵读《诗经》。"源子恭问："读到《渭阳》篇没有？"顿时嚎啕大哭，哽咽不已，源子恭也伤心地相对抽噎，酒再也喝不下去了。源子恭事后对杨津说："以前常说秦王不怎么聪明，从今以后，应当对他刮目相看。"杨愔一家四代人生活在一起，家业极其兴盛，兄弟辈一起读书的就有三十多人。学校院子前面有柰树，果实掉下来时，小孩们都去争抢，他一个人却动也不动地坐在一旁。他的小叔杨暐碰巧到学校来，见到这一情景，大加感叹，认为这种行为很特别，回过头对客人们说："这孩子安静宽容，具有我们家族的风尚。"住宅里有一片茂密的竹林，于是特为杨愔在竹林边修建一间屋子，让他一个人住，经常用铜盘装着丰盛的食物给他吃。因此督促其他男孩说："你们只要能像遵彦那样谨慎小心，自然会得到独住的竹林小屋，也会得到铜盘盛的美食。"杨愔堂兄、黄门侍郎杨昱对他特别器重，曾对人说："这孩子乳齿未脱，已成为我家的龙文名驹，再过十年，必当一跃千里。"杨昱曾与十多个人一起作诗，杨愔看过一遍便能背下来，没有一点遗漏。杨愔成年以后，善于清谈，声音优美，风度超凡脱俗，容貌举止可观。有名望的人见了他，无不敬重惊奇，有见识的人都认为他前途无量。

北魏孝明帝正光年间，杨愔跟随父亲到并州。他性格本就恬淡文静，加上喜欢山水景致，于是到晋阳西面的悬瓮山读书。孝昌初年，杨津转任定州刺史，杨愔又随父到定州任所。因军功被授以羽林监，赐魏昌男的爵位，但没有接受任命和封赐。后中山城被叛乱的杜洛周攻克，杨愔全家都被关押起来。不久，杜洛周灭亡，杨愔又被葛荣所获，葛荣想把女儿嫁给他，又逼他接受自己委任的官职。杨愔便称自己有病，暗中含着几合牛血，在大庭广众中吐出来，并装哑不说话。葛荣认为确实如此，才没强迫他。北魏孝庄帝永安初年，杨愔回到洛阳，被任命为通直散骑侍郎，当时他十八岁。元颢在梁军的保护下进据洛阳，这时杨愔的堂兄杨侃任北中郎将，镇守河梁。杨愔刚到杨侃那儿，便遇到孝庄帝放弃洛阳，夜间来到黄河边上。杨侃虽然迎接孝庄帝一行向北渡过黄河，但暗地里却想向南投奔元颢，杨愔坚决加以劝阻。于是两人一起随孝庄帝到达建州。杨愔被任命为通直散骑常侍。杨愔因世道变故还未平息，有志于躲避退隐，于是以有病为名而辞职，与他的朋友中直侍郎河间邢邵到嵩山隐居。

后孝庄帝杀尔朱荣，杨愔的堂兄杨侃参与谋议。朝廷任命杨愔的父亲杨津为并州刺史、北道大行台，杨愔随父到任。有个叫杨宽的邯郸人，请求自备资粮随杨津到并州镇守，杨愔请杨津收纳杨宽。不久孝庄帝被囚禁而死，杨愔当时正好要回都城洛阳，到达邯郸，到杨宽家中拜访，被杨宽拘留。杨宽将他送到相州，见相州刺史刘诞，刘诞因杨愔出身名门，德行卓著，对他很怜惜，让长史慕容白泽把他软禁起来。后派队主巩荣贵把杨愔监送到都城去。到达安阳亭时，杨愔对巩荣贵说："我家世代都是忠臣，对魏朝忠心耿耿，现在家族散亡，国家破败，竟到这种地步。我虽说是囚犯，但哪有脸去见君父的仇人。如能让我用一根绳子自杀，你把我的头送去，这就是你给我的恩惠了。"巩荣贵很怜悯他，又为他的话语所感动，便与他一起逃亡。于是，杨愔投靠高昂兄弟。

杨愔隐姓埋名地流亡了几年，碰到北齐神武帝高欢率军到信都，于是到营门递呈名片，当即受到接见。杨愔称颂国家中兴，诉说自己家族所遇到的祸难，言语悲痛而有气势，眼泪滚滚而下，神武帝也不禁为他改变仪容。立即委任他为行台郎中。大军向南攻打邺城，途经杨宽居住的村庄，杨宽在杨愔的马前叩头请罪。杨愔对他说："世上有人不知什么叫恩德道义，这也是很寻常的事，我不恨你，你用不着害怕。"当时邺城还未攻下，神武帝命令杨愔撰写祭天的祭文，刚祭祀完毕，邺城便被攻克。杨愔因此升任大行台右丞。当时神武帝开创大业，军政事务很多，各种文稿都是由杨愔和崔㥄撰写的。杨愔遭受家祸，自行按礼制守丧，只吃加盐的米饭，以致骨瘦如柴。神武帝哀怜他，经常对他进行开导。后在韩陵那次战役中，杨愔每次作战都冲在前面，他的朋友和同僚们都感到奇怪，感叹说："姓杨的本是儒生，现在竟成了武士，仁德的人必然勇敢，这实在不是一句空话。"

随即，杨愔上表请求解除职务把死难的亲属回乡安葬。一家人中，赠太师、太傅、丞相、大将军的有两人，赠太尉、录尚书事和中书令的有三人，赠尚书仆射、尚书的有五人，赠刺史、太守的达二十多人。追赠仪式之盛大，古今未有。当把棺材送往墓地时，送葬的仪仗绵延二十多里地，前来参加葬礼的将近一万人。那是深冬一个严寒的日子，风雪很猛，杨愔赤着双脚，号哭着送葬，看到这一情景的人没有不伤心的。不久他被召到晋阳，仍旧担任原来的职务。

杨愔堂兄杨幼卿任岐州刺史，因言语正直而违背了齐王高欢的旨意被杀。杨愔听到消息既悲痛又恐惧，因伤感而患病，后请急假到雁门温泉去治疗。郭秀平时就妒忌杨愔的才能,趁机写信恐吓他说:"高王想把你拘拿到魏帝那儿去。"并劝他逃走。杨愔便把自己的衣服和帽子扔在水边,仿佛自己投水自尽了,然后改变姓名,自称叫刘士安,到嵩山,与僧人昙谟征等一起隐居,不与外界联系。又暗中到光州,趁势乘船向东到田横岛,以教书谋生。海边一带的人士称他叫刘先生。太守王元景暗地里保护他。

神武帝知道杨愔还活着,派他的堂兄杨宝猗带着信去安慰并开导他。同时派光州刺史奚思业察访杨愔的踪迹,按礼节将他送到都城。神武帝见了杨愔很高兴,任命他为太原公开府司马,转任太原公开府长史,又任命他为大行台右丞,封华阴县侯,升任给事黄门侍郎,把自己妾所生的女儿嫁给杨愔为妻。后杨愔兼任散骑常侍,担任出使梁朝的使团的负责人。到碻磝戍,聚内有一座杨愔家先前出资修建的佛寺,杨愔到僧堂礼拜,看到父亲杨津的仪像,悲从中来,放声大哭,吐出几升鲜血,于是得病,不能出使,抱病乘车返回邺城。过了很久,以原官兼任尚书吏部郎中。东魏孝静帝武定末年,杨愔因声名和才干都不错,越级提升为吏部尚书,加侍中、卫将军等官职,并像从前一样辅导孝静帝读书和掌管铨选。

北齐文高祖宣帝天保初年,以原任官职兼任太子少傅,另封为阳夏县男。朝廷又命令他管理太史,升任尚书右仆射。娶神武帝女太原长公主,即原魏孝静帝的皇后。恰巧有群雉鸟飞到他家的房顶上,杨愔因此又被任命为开府仪同三司、尚书左仆射,改封为华山郡公。天保九年,升任尚书令,拜为特进、骠骑大将军。天保十年,封为开封王。文高祖宣帝逝世时,百官没有谁掉泪,杨愔却悲痛得支持不住。济南王高殷继帝位后,对他更加信任亲待,全国大政,由他一人决定,杨愔以诚心待人,按常理办事，当时没有不同的意见。乾明元年二月，被孝昭帝高演所杀，那年杨愔五十岁。北齐后主高纬天统末年，追赠他为司空。

杨愔为显贵的子弟，很早就有名声，他的风度仪表和见识，受到朝野之士的一致称赞。他的家庭遭到祸事后，只剩下两个弟弟、一个妹妹和几个侄孙女。杨愔抚养孤儿幼弱，内心仁慈，脸色温和，比任何人都作得好。他重义气轻钱财，先后获得的赏赐，大都分给亲戚和族人，跟随他的十多个侄儿侄女，都依靠他而生活。杨愔连遭不幸，亲历危难，别人给他一顿饭的恩情，他总是重重地报答，而对他的死仇，他却不加清算。

杨愔主持铨选达二十多年，以奖励和提拔人士为己任。但他所录用的人大都由于言语容貌的缘故，他也常常因此而受到讥斥，说他录用人才就像穷人买瓜专拣大的一样。杨愔听到这种言论后，毫不介意。他记忆力特别好，只要瞥见过一次的人，再也不会忘记。每当他召铨选的人询问情况时，要么只称姓，要么只称名，从未失误过。后来有个名叫鲁漫汉的候选人，声称自己才能不高，出身低贱，所以只有自己没被杨愔认识。杨愔说："你前次在元子思访，骑着一头秃尾巴的母驴，走过我旁边看到我后也不下来，用方形曲饼把脸遮着，我哪能不认识你呢？"于是，鲁漫汉惊奇叹服。杨愔又开他的玩笑说："名字是用来概括事物本质的，你叫漫汉，果然不假。"他又曾让属下官吏呼叫别人的名字，误把卢士深读成卢士琛，卢士深自己加以辨别。杨愔说："卢郎润泽如玉，所以把你的名字看成玉旁。"自从娶太原长公主后，他穿着紫色的罗袍，系金钱绣制的腰带。后碰见李庶，很为自己的衣着感到羞耻，对李庶说："我这身衣服，都是宫内缝制的，可是看到你李子将后，我不禁感到惭愧。"

后杨愔位居百官之首，执掌国家机密大政，事情千头万绪，但他思想上从没有反应迟钝的时候。从天保五年以后，文高祖宣帝日渐荒淫，维持大局，救正时弊，全仗着杨愔。每当天子亲到朝堂任命公卿，由杨愔发号施令，宣读诏册。他声音温和清楚，神态端庄，百官看到他的表情，听到他的声音，无不惊惧动容。杨愔自从任高官后，没有再凭私人之交办过事。他轻贱钱财，看重仁义，先后得到的巨额赏赐，都分给族人，屋中架子和箱子中，只有几千卷书籍。太保、平原王高隆之的住宅与杨愔的住宅相邻，杨愔曾看到高隆之门外有几个富有的胡人，便对身边的人说："幸好我的门前没有这些家伙。"他性情周密而谨慎，总像做得不够的样子，每当闻知命下，脸色变得很严肃。

文高祖宣帝病危，因常山王高演和长广王高湛二人为亲弟，将威胁到自己的儿子，为身后的事感到深深的忧虑。杨愔与尚书左仆射、平秦王高归彦、侍中燕子献、黄门侍郎郑子默等人受文高祖宣帝遗命辅政。大家都因常山、长广二王本就有很高的威望，对他们二人抱有猜忌心理。最初在晋阳时，因文高祖宣帝还未安葬，而新皇帝守丧不能处理政事，大家商量让常山王住在东馆，如有事需上奏给皇帝，都要先找他商量后再作决定。二十天后，这一办法不再实行。大家又打算让常山王随文高祖宣帝的灵柩回邺城，留下长广王镇守晋阳。但辅政的几个人又觉得这样不妥，于是常山、长广二王又一同随灵柩回到了邺城。燕子献定计，想把太皇太后娄氏迁到北宫，将大政交给皇太后李氏。另外，从天保八年以来，爵位封得很滥，这时，杨愔率先上表，请求朝廷解除他开府仪同三司的职务和王爵，所有无才能而得官受封的人都随之罢免。因此那些因文高祖宣帝宠信而得官现在却失去官职的人，全都拥护新皇帝高殷的这两个叔叔。高归彦开始虽与杨愔等人同心，不久就背叛了他们，把杨愔等人对二王疏远猜忌的情形告诉了二王。尔朱浑天和又常说："如果不杀掉二王，新皇帝就不可能安然无事。"宋钦道又当着皇帝的面进言，说他的两个叔叔声望太高，权势过重，应当尽快把他们除掉。皇帝不答应，说："你可以与令公杨愔将这事再仔细商量一下。"杨愔等人讨论决定让二王离京任刺史。因皇帝仁慈，担心他不同意这样办，于是杨愔等又送一封信给皇太后，详细地分析了安危形势。有一个叫李昌仪的宫人，原是北豫州刺史高仲密的妻子，因高仲密犯罪连坐，被送进后宫服劳役。皇太后因为李昌仪有同宗的情谊，对她很亲近。皇太后把杨愔等人的信给李昌仪看了，李昌仪向太皇太后密报了这件事。杨愔等人又商量了一下，认为不能将二王一起派出去，于是上奏，以长广王为大司马、并州刺史，常山王为太师，录尚书事。

二王受任那天，在尚书省大会百官，杨愔等人都准备前往参加。郑子默阻挡他们说："事情很难测度，不要太轻率了。"杨愔说："我们真诚地为国家办事，难道在常山王受任时，我们有不到场的道理？为什么突然产生这种疑虑？"长广王清晨在录尚书机关后面的屋子中埋伏下几十名家奴，同时把这事通知了几位在座的功臣权贵。并与功臣们的子孙约定："我敬酒走到杨愔等人面前时，劝他们每人喝两杯，他们一定会推辞，我第一句话说'拿酒'，第二句话仍说'拿酒'，第三句说'为什么不拿'。你们便把他们抓起来。"宴席上他们照此行事。杨愔大声说："你们几个封王谋反，想杀害忠良吗！我们尊奉天子，削弱诸侯，赤心为国，不应受到这种待遇。"常山王想把他们放松一下，长广王说："不行。"于是杨愔和尔朱浑天和、宋钦道等人都受到拳头棍棒的胡乱殴打，头部和脸上鲜血直流，每人都被十个人死死揪住。又派薛孤延、康买到尚药局把郑子默抓获。郑子默说:"不听聪明的人的话,以致出现这一局面,难道不是命该如此吗!"

二王带着高归彦、贺拔仁、斛律金揪住杨愔等人横冲直撞地进入云龙门。他们看见都督叱利骚,打手势让他过来,叱利骚不听,便派人将他杀死。开府成休宁挡在云龙门前,高归彦劝开他后,他们一行人才得以进去。杨愔等被送至皇帝面前,长广王与高归彦在朱华门外等候。太皇太后到昭阳殿,皇太后与皇帝侍立在她的旁边。常山王用砖敲打头部表示有罪,向前走几步后说:"臣与陛下骨肉相连。杨遵彦等人想把持朝政,作威作福,王公以下,都不敢随意行动和说话。他们相互依托,制造祸端,如果不趁早对他们采取行动,一定会给国家带来危害。臣与高湛等人认为国家大事最重要,贺拔仁、斛律金等人珍惜献皇帝开创的基业,大家一起将杨遵彦等人捉住带进宫来,不敢擅自把他们杀了。我们专断所犯的罪行,死有余辜。"皇帝当时默不作声,领军刘桃枝等人在他身边侍卫,他们抓着刀柄,抬头看着皇帝,可是皇帝没有瞟他们一眼。太皇太后命令仪卫退下,刘桃枝等人不动。太皇太后又厉声说:"我马上让你们这些奴才人头落地。"刘桃枝等人退去。于是,太皇太后问杨愔在什么地方。贺拔仁说:"他的一只眼珠已被打出来了。"太皇太后悲伤地说:"杨郎能作得了什么,留下他继续做事不好吗?"于是指责皇帝说:"这帮人有谋反的野心,想杀我的两个儿子,然后再杀我,你为什么要放纵他们?"皇帝仍然无话可说。太皇太后又愤怒又悲伤,王公们都哭起来。太皇太后说:"怎能让我们母子听汉人老婆子摆布。"皇太后敬礼道歉。常山王不停地叩头。太皇太后对皇帝说:"为什么不安慰你叔叔。"皇帝才说:"天子也不敢对叔叔吝惜什么,怎敢爱惜这些汉人?我只愿叔叔留儿一命,让我自己下殿而去。这批人随叔叔怎么处置。"于是把他们全都杀掉。长广王因郑子默先前曾说过自己的坏话，撰写过诏书，所以在杀他之前，先割下他的舌头，斩断他的双手。太皇太后到杨愔灵前吊丧，哭着说："杨郎忠心为国却得罪。"用皇帝私人的黄金铸了一只眼珠，亲手将它安在杨愔的眼眶里，说："以此略表我的心意。"常山王也后悔把杨愔杀了。事先有童谣说："白羊头尾秃，羖䍶头生角。"又说："羊羊吃野草，不吃野草远我道，不远打尔脑。"又说："阿麽姑祸也，道人姑夫死也。""羊"说的是杨愔，"角"字可拆成用刀，"道人"指的是废帝高殷的小名，杨愔的妻子太原公主曾做过尼姑，所以称作"阿麽姑"，而杨愔、燕子献、尔朱浑天和都是废帝的姑夫。于是二王便以天子的命令为借口下诏，宣布杨愔等人的罪状，只定他们本人的罪，不追究家里的人。不久又想将杨愔等五家所有人口全部逮捕，王坚决劝阻，才每个家族只抄灭死者本人一房，小孩也全部杀死，他们的兄弟做官的一概罢免。

杨遵彦死后，继续以中书令赵彦深代掌机密事务。鸿胪少卿阳休之私下里对人说："想走千里长的路途，却杀掉良马去骑一头跛足驴子，太可悲了。"杨愔写的诗、赋、表、奏和书论很多，他被杀后都散失了，他的门生收集到的有一万多字。

北齐书卷三十七

列传第二十九

魏　收

魏收，字伯起，小字佛助，巨鹿下曲阳人也。曾祖缉，祖韶。父子建，字敬忠，赠仪同、定州刺史。收年十五，颇已属文。及随父赴边，好习骑射，欲以武艺自达。荥阳郑伯调之曰："魏郎弄戟多少？"收惭，遂折节读书。夏月，坐板床，随树阴讽诵，积年，板床为之锐减，而精力不辍。以文华显。

初除太学博士。及尔朱荣于河阴滥害朝士，收亦在围中，以日晏获免。吏部尚书李神俊重收才学，奏授司徒记室参军。永安三年，除北主客郎中。节闵帝立，妙简近侍，诏试收为《封禅书》，收下笔便就，不立稿草，文将千言，所改无几。时黄门郎贾思同侍立，深奇之，白帝曰："虽七步之才，无以过此。"迁散骑侍郎，寻敕典起居注，并修国史，兼中书侍郎，时年二十六。

孝武初，又诏收摄本职，文诰填积，事咸称旨。黄门郎崔㥄从齐神武入朝，熏灼于世，收初不诣门。㥄为帝登阼赦，云"朕托体孝文"，收嗤其率直。正员郎李慎以告之，㥄深愤忌。时节闵帝殂,令收为诏。悛乃宣言:收普泰世出入帏幄,一日造诏,优为词旨,然则义旗之士尽为逆人;又收父老,合解官归侍。南台将加弹劾,赖尚书辛雄为言于中尉綦俊,乃解。收有贱生弟仲同,先未齿录,因此怖惧,上籍,遣还乡扶侍。孝武尝大发士卒,狩于嵩少之南旬有六日。时天寒,朝野嗟怨。帝与从官及诸妃主,奇伎异饰,多非礼度。收欲言则惧,欲默不能已,乃上《南狩赋》以讽焉,时年二十七,虽富言淫丽,而终归雅正。帝手诏报焉,甚见褒美。郑伯谓曰:"卿不遇老夫,犹应逐兔。"

初神武固让天柱大将军,魏帝敕收为诏,令遂所请。欲加相国,问品秩,收以实对,帝遂止。收既未测主相之意,以前事不安,求解,诏许焉。久之,除帝兄子广平王赞开府从事中郎,收不敢辞,乃为《庭竹赋》以致己意。寻兼中书舍人,与济阴温子昇、河间邢子才齐誉,世号三才。时孝武猜忌神武,内有间隙,收遂以疾固辞而免。其舅崔孝芬怪而问之,收曰:"惧有晋阳之甲。"寻而神武南上,帝西入关。

收兼通直散骑常侍,副王昕使梁,昕风流文辩,收辞藻富逸,梁主及其群臣咸加敬异。先是南北初和,李谐、卢元明首通使命,二人才器,并为邻国所重。至此,梁主称曰:"卢、李命世,王、魏中兴,未知后来复何如耳?"收在馆,遂买吴婢入馆,其部下有买婢者,收亦唤取,遍行奸秽,梁朝馆司皆为之获罪。人称其才而鄙其行。在途作《聘游赋》,辞甚美盛。使还,尚书右仆射高隆之求南货于昕、收,不能如志,遂讽御史中尉高仲密禁止昕、收于其台,久之得释。

及孙搴死,司马子如荐收,召赴晋阳,以为中外府主簿。以受旨乖忤,频被嫌责,加以棰楚,久不得志。会司马子如奉使霸朝,收假其余光。子如因宴戏言于神武曰:"魏收天子中书郎,一国大才，愿大王借以颜色。"由此转府属，然未甚优礼。

收从叔季景，有才学，厉官著名，并在收前，然收常所欺忽。季景、收初赴并，顿丘李庶者，故大司农谐之子也，以华辩见称，曾谓收曰："霸朝便有二魏。"收率尔曰："以从叔见比，便是耶输之比卿。"耶输者，故尚书令陈留公继伯之子也，愚痴有名，好自入市肆，高价买物，商贾共所嗤玩。收忽季景，故方之，不逊例多如此。

收本以文才，必望颖脱见知，位既不遂，求修国史。崔暹为言于文襄曰："国史事重，公家父子霸王功业，皆须具载，非收不可。"文襄启收兼散骑常侍，修国史。武定二年，除正常侍，领兼中书侍郎，仍修史。魏帝宴百僚，问何故名人日，皆莫能知。收对曰："晋议郎董勋《答问礼俗》云：'正月一日为鸡，二日为狗，三日为猪，四日为羊，五日为牛，六日为马，七日为人。'"时邢邵亦在侧，甚恶焉。自魏、梁和好，书下纸每云："想彼境内宁静，此率土安和。"梁后使，其书乃去"彼"字，自称犹著"此"，欲示无外之意。收定报书云："想境内清晏，今万国安和。"梁人复书，依以为体。后神武入朝，静帝授相国，固让，令收为启。启成呈上，文襄时侍侧，神武指收曰："此人当复为崔光。"四年，神武于西门豹祠宴集，谓司马子如曰："魏收为史官，书吾等善恶，闻北伐时，诸贵常饷史官饮食，司马仆射颇曾饷不？"因共大笑。仍谓收曰："卿勿见元康等在吾目下趋走，谓吾以为勤劳，我后世身名在卿手，勿谓我不知。"寻加兼著作郎。

收昔在洛京，轻薄尤甚，人号云"魏收惊蛱蝶"。文襄曾游东山，令给事黄门侍郎颜等宴。文襄曰："魏收恃才无宜适，须出其短。"往复数番，收忽大唱曰："杨遵彦理屈已倒。"憯从容曰:"我绰有余暇,山立不动,若遇当涂,恐翩翩遂逝。"当涂者,魏;翩翩者,蛱蝶也。文襄先知之,大笑称善。文襄又曰:"向语犹微,宜更指斥。"憎应声曰:"魏收在并作一篇诗,对众读讫,云:'打从叔季景出六百斛米,亦不辨此。'远近所知,非敢妄语。"文襄喜曰:"我亦先闻。"众人皆笑。收虽自申雪,不复抗拒,终身病之。

侯景叛入梁,寇南境,文襄时在晋阳,令收为檄五十余纸,不日而就。又檄梁朝,令送侯景,初夜执笔,三更便成,文过七纸。文襄善之。魏帝曾季秋大射,普令赋诗,收诗末云:"尺书徵建邺,折简召长安。"文襄壮之,顾诸人曰:"在朝今有魏收,便是国之光采,雅俗文墨,通达纵横。我亦使子才、子昇时有所作,至于词气,并不及之。吾或意有所怀,忘而不语,语而不尽,意有未及,收呈草皆以周悉,此亦难有。"又敕兼主客郎接梁使谢珽、徐陵。侯景既陷梁,梁鄱阳王范时为合州刺史,文襄敕收以书喻之。范得书,仍率部伍西上,刺史崔圣念入据其城。文襄谓收曰:"今定一州,卿有其力,犹恨'尺书徵建邺'未效耳。"

文襄崩,文宣如晋阳,令与黄门郎崔季舒、高德正,吏部郎中尉瑾于北第掌机密。转祕书监,兼著作郎,又除定州大中正。时齐将受禅,杨愔奏收置之别馆,令撰禅代诏册诸文,遣徐之才守门不听出。天保元年,除中书令,仍兼著作郎,封富平县子。

二年,诏撰魏史。四年,除魏尹,故优以禄力,专在史阁,不知郡事。初帝令群臣各言尔志,收曰:"臣愿得直笔东观,早成《魏书》。"故帝使收专其任。又诏平原王高隆之总监之,署名而已。帝敕收曰:"好直笔,我终不作魏太武诛史官。"始魏初邓彦海撰《代记》十余卷,其后崔浩典史,游雅、高允、程骏、李彪、崔光、李琰之徒世修其业。浩为编年体，彪始分作纪、表、志、传，书犹未出。宣武时，命邢峦追撰《孝文起居注》，书至太和十四年，又命崔鸿、王遵业补续焉。下讫孝明，事甚委悉。济阴王晖业撰《辨宗室录》三十卷。收于是部通直常侍房延祐、司空司马辛元植、国子博士刁柔、裴昂之、尚书郎高孝干专总斟酌，以成《魏书》。辨定名称，随条甄举，又搜采亡遗，缀续后事，备一代史籍，表而上闻之。勒成一代大典：凡十二纪，九十二列传，合一百一十卷。五年三月奏上之。秋，除梁州刺史。收以志未成，奏请终业，许之。十一月，复奏十志：《天象》四卷，《地形》三卷，《律历》二卷，《礼乐》四卷，《食货》一卷，《刑罚》一卷，《灵徵》二卷，《官氏》二卷，《释老》一卷，凡二十卷，续于纪传，合一百三十卷，分为十二帙。其史三十五例，二十五序，九十四论，前后二表一启焉。

所引史官，恐其凌逼，唯取学流先相依附者。房延祐、辛元植、睦仲让虽夙涉朝位，并非史才。刁柔、裴昂之以儒业见知，全不堪编缉。高孝干以左道求进。修史诸人祖宗姻戚多被书录，饰以美言。收性颇急，不甚能平，夙有怨者，多没其善。每言："何物小子，敢共魏收作色，举之则使上天，按之当使入地。"初收在神武时为太常少卿修国史，得阳休之助，因谢休之曰："无以谢德，当为卿作佳传。"休之父固，魏世为北平太守，以贪虐为中尉李平所弹获罪，载在《魏起居注》。收书云："固为北平，甚有惠政，坐公事免官。"又云："李平深相敬重。"尔朱荣于魏为贼，收以高氏出自尔朱，且纳荣子金，故减其恶而增其善，论云："若修德义之风，则韦、彭、伊、霍夫何足数？"

时论既言收著史不平，文宣诏收于尚书省与诸家子孙共加论讨，前后投诉百有余人，云"遗其家世职位"，或云："其家不见记录"，或云"妄有非毁"。收皆随状答之。范阳卢斐父同附出族祖玄《传》下，顿丘李庶家《传》称其本是梁国蒙人，斐、庶讥议云："史书不直。"收性急，不胜其愤，启诬其欲加屠害。帝大怒，亲自诘责。斐曰："臣父仕魏，位至仪同，功业显著，名闻天下，与收无亲，遂不立传。博陵崔绰，位止本郡功曹，更无事迹，是收外亲，乃为《传》首。"收曰："绰虽无位，名义可嘉，所以合传。"帝曰："卿何由知其好人？"收曰："高允曾为绰赞，称有道德。"帝曰："司空才士，为人作赞，正应称扬。亦如卿为人作文章，道其好者岂能皆实？"收无以对，战慄而已。但帝先重收才，不欲加罪。时太原王松年亦谤史，及斐、庶并获罪，各被鞭配甲坊，或因以致死，卢思道亦抵罪。然犹以群口沸腾，敕魏史且勿施行，令群官博议。听有家事者入署，不实者陈牒。于是众口喧然，号为"秽史"，投牒者相次，收无以抗之。时左仆射杨愔、右仆射高德正二人势倾朝野，与收皆亲，收遂为其家并作传。二人不欲言史不实，抑塞诉辞，终文宣世更不重论。又尚书陆操尝谓愔曰："魏收《魏书》可谓博物宏才，有大功于魏室。"愔谓收曰："此谓不刊之书，传之万古。但恨论及诸家枝叶亲姻，过为繁碎，与旧史体例不同耳。"收曰："往因中原丧乱，人士谱牒，遗逸略尽，是以具书其支流。望公观过知仁，以免尤责。"

八年夏，除太子太傅、监国史，复参议律令。三台成，文宣曰："台成须有赋。"愔先以告收，收上《皇居新殿台赋》，其文甚壮丽。时所作者，自邢邵已下咸不逮焉。收上赋前数日乃告邵。邵后告人曰："收甚恶人，不早言之。"帝曾游东山，敕收作诏，宣扬威德，譬喻关西，俄顷而讫，词理宏壮。帝对百僚大嗟赏之。仍兼太子詹事。收娶其舅女，崔昂之妹，产一女，无子。魏太常刘芳孙女,中书郎崔肇师女,夫家坐事,帝并赐收为妻,时人比之贾充置左右夫人。然无子。后病甚,恐身后嫡媵不平,乃放二姬。及疾瘳追忆,作《怀离赋》以申意。文宣每以酣宴之次,云:"太子性懦,宗社事重,终当传位常山。"收谓杨愔曰:"古人云,太子国之根本,不可动摇。至尊三爵后,每言传位常山,令臣下疑贰。若实,便须决行。此言非戏。魏收既忝师传,正当守之以死,但恐国家不安。"愔以收言曰于帝,自此便止。帝数宴喜,收每预侍从。皇太子之纳郑良娣也,有司备设牢馔,帝既酣饮,起而自毁覆之。仍诏收曰:"知我意不?"收曰:"臣愚谓良娣既东宫之妾,理不须牢,仰惟圣怀,缘此毁去。"帝大笑,握收手曰:"卿知我意。"安德王延宗纳赵郡李祖收女为妃,后帝幸李宅宴,而妃母宋氏荐二石榴于帝前。问诸人莫知其意,帝投之。收曰:"石榴房中多子,王新婚,妃母欲子孙众多。"帝大喜,诏收"卿还将来",仍赐收美锦二匹。十年,除仪同三司。帝在宴席,口敕以为中书监,命中书郎李愔于树下造诏。愔以收一代盛才,难于率尔,久而未讫。比成,帝已醉醒,遂不重言,愔仍不奏,事竟寝。

及帝崩于晋阳,驿召收及中山太守阳休之参议吉凶之礼,并掌诏诰。仍除侍中,迁太常卿。文宣谥及庙号、陵名,皆收议也。及孝昭居中宰事,命收禁中为诸诏文,积日不出。转中书监。皇建元年,除兼侍中、右光禄大夫,仍仪同、监史。收先副王昕使梁,不相协睦。时昕弟晞亲密。而孝昭别令阳休之兼中书,在晋阳典诏诰,收留在邺,盖晞所为。收大不平,谓太子舍人卢询祖曰:"若使卿作文诰,我亦不言。"又除祖珽为著作郎,欲以代收。司空主簿李翥,文词士也。闻而告人曰:"诏诰悉归阳子烈,著作复遗祖孝徵,文史顿失,恐魏公发背。"于时诏议二王三恪，收执王肃、杜预义，以元、司马氏为二王，通曹备三恪。诏诸礼学之官，皆执郑玄五代之议。孝昭后姓元，议恪不欲广及，故议从收。又除兼太子少傅，解侍中。

帝以魏史未行，诏收更加研审。收奉诏，颇有改正。及诏行魏史，收以为直置秘阁，外人无由得见。于是命送一本付并省，一本付邺下，任人写之。

大宁元年，加开府。河清二年，兼右仆射。时武成酣饮终日，朝事专委侍中高元海。元海凡庸，不堪大任，以收才名振俗，都官尚书毕义云长于断割，乃虚心倚仗。收畏避不能匡救，为议者所讥。帝于华林别起玄洲苑，备山水台观之丽，诏于阁上画收，其见重如此。

始收比温子昇、邢邵稍为后进，邵既被疏出，子昇以罪幽死，收遂大被任用，独步一时。议论更相訾毁，各有朋党。收每议陋邢邵文。邵又云："江南任昉，文体本疏，魏收非直模拟，亦大偷窃。"收闻乃曰："伊常于《沈约集》中作贼，何意道我偷任昉。"任、沈俱有重名，邢、魏各有所好。武平中，黄门郎颜之推以二公意问仆射祖珽，珽答曰："见邢、魏之臧否，即是任、沈之优劣。"收以温子昇全不作赋，邢虽有一两首，又非所长，常云："会须作赋，始成大才士。唯以章表碑志自许，此外更同儿戏。"自武定二年已后，国家大事诏命，军国文词，皆收所作。每有警急，受诏立成，或时中使催促，收笔下有同宿构，敏速之工，邢、温所不逮，其参议典礼与邢相垺。

既而赵郡。公。增年获免，收知而过之，事发除名。其年又以托附陈使封孝琰，牒令其门客与行，遇昆仑舶至，得奇货猓然褥表、美玉盈尺等数十件，罪当流，以赎论。三年，起除清都尹。寻遣黄门郎元文遥敕收曰："卿旧人，事我家最久，前者之罪，情在可恕。比令卿为尹，非谓美授，但初起卿，斟酌如此。朕岂可用卿之才而忘卿身，待至十月，当还卿开府。"天统元年，除左光禄大夫。二年，行齐州刺史，寻为真。

收以子侄少年，申以戒厉，著《枕中篇》，其词曰：

吾曾览管子之书，其言曰："任之重者莫如身，途之畏者莫如口，期之远者莫如年。以重任行畏途，至远期，惟君子为能及矣。"追而味之，喟然长息。若夫岳立为重，有潜戴而不倾；山藏称固，亦趋负而弗停；吕梁独浚，能行歌而匪惕；焦原作险，或跻蹱而不惊；九陔方集，故眇然而迅举；五纪当定，想宵乎而上征。苟任重也有度，则任之而愈固；乘危也有术，盖乘之而靡恤。彼期远而能通，果应之而可必。岂神理之独尔，亦人事其如一。呜呼！处天壤之间，劳死生之地，攻之以嗜欲，牵之以名利，梁肉不期而共臻，珠玉无足而俱致；于是乎骄奢仍作，危亡旋至。然则上知大贤，唯几唯哲，或出或处，不常其节。其舒也济世成务，其卷也声销迹灭。玉帛子女，椒兰律吕，谄谀无所先；称肉度骨，膏唇挑舌，怨恶莫之前。勋名共山河同久，志业与金石比坚。斯盖厚栋不桡，游刃恚然。逮于厥德不常，丧其金璞。驰骛人世，鼓动流俗。挟汤日而谓寒，包嵚崟而未足。源不清而流浊，表不端而影曲。嗟乎！胶漆讵坚，寒暑甚促。反利而成害，化荣而就辱。欣戚更来，得丧仍续。至有身御魑魅，魂沉狴狱。讵非足力不强，迷在当局。孰可谓车戒前倾，人师先觉。

闻诸君子，雅道之士，游遨经术，厌饫文史。笔有奇锋，谈有胜理。孝悌之至，神明通矣。审道而行，量路而止。自我及物，先人后己。情无系于荣悴，心靡滞于愠喜。不养望于丘壑，不待价于城市。言行相顾，慎终犹始。有一于斯，郁为羽仪。恪居展事，知无不为。或左或右，则耄士攸宜；无悔无吝，故高而不危。异乎勇进忘退，苟得患失，射千金之产，邀万钟之秩，投烈风之门，趣炎火之室，载蹶而坠其贻宴，或蹲乃丧其贞吉。可不畏欤！可不戒欤！

门有倚祸，事不可不密；墙有伏寇，言不可而失。宜谛其言，宜端其行。言之不善，行之不正。鬼执强梁，人因径廷。幽夺其魄，明夭其命。不服非法，不行非道。公鼎为己信，私玉非身宝。过涅为绀，逾蓝作青。持绳视直，置水观平。时然后取，未若无欲。知止知足，庶免于辱。

是以为必察其几，举必慎于微。知几虑微，斯亡则稀。既察且慎，福禄攸归。昔蘧瑗识四十九非，颜子几三月不违。跬步无已，至于千里。覆一篑进，及于万仞。故云行远自迩，登高自卑，可大可久，与世推移。月满如规，后夜则亏。槿荣于枝，望暮而萎。夫奚益而非损，孰有损而不害？益不欲多，利不欲大。唯居德者畏其甚，体真者惧其大。道尊则群谤集，任重而众怨会。其达也则尼父栖遑，其忠也而周公狼狈。无曰人之我狭，在我不可而覆。无曰人之我厚，在我不可而咎。如山之大，无不有也；如谷之虚，无不受也；能刚能柔，重可负也；能信能顺，险可走也；能知能愚，期可久也。周庙之人，三缄其口。漏卮在前，欹器留后。俾诸来裔，传之坐右。

其后群臣多言魏史不实，武成复敕更审，收又回换。遂为卢同立传，崔绰返更附出。杨愔家《传》，本云"有魏以来一门而已"，至是改此八字，又先云"弘农华阴人"，乃改"自云弘农"，以配王慧龙自云太原人。此其失也。

寻除开府、中书监。武成崩，未发丧。在内诸公以后主即位有年，疑于赦令。诸公引收访焉，收固执宜有恩泽，乃从之。掌诏诰，除尚书右仆射，总议监五礼事，位特进。收奏请赵彦深、和士开、徐之才共监。先以告士开，士开惊辞以不学。收曰："天下事皆由王，五礼非王不决。"士开谢而许之。多引文士令执笔，儒者马敬德、熊安生、权会实主之。武平三年死。赠司空、尚书左仆射，谥文贞。有集七十卷。

收硕学大才，然性褊，不能达命体道。见当途贵游，每以言色相悦。然提奖后辈，以名行为先，浮华轻险之徒，虽有才能，弗重也。初河间邢子才及季景与收并以文章显，世称大邢小魏，言尤俊也。收少子才十岁，子才每曰："佛助獠人之伟。"后收稍与子才争名，文宣贬子才曰："尔才不及魏收。"收益得志。自序云："先称温、邢，后曰邢、魏。"然收内陋邢，心不许也。收既轻疾，好声乐，善胡舞。文宣末，数于东山与诸优为猕猴与狗斗，帝宠狎之。收外兄博陵崔岩尝以双声嘲收曰："愚魏衰收。"收答曰："颜岩腥瘦，是谁所生，羊颐狗颊，头团鼻平，饭房笒笼，著孔嘲玎。"其辩捷不拘若是。既缘史笔，多憾于人，齐亡之岁，收冢被发，弃其骨于外。先养弟子仁表为嗣。位至尚书膳部郎中。隋开皇中卒于温县令。

译文：

魏收，字伯起，小字佛助，巨鹿郡下曲阳县人。他的曾祖父是魏缉，祖父是魏韶。他的父亲魏子建，字敬忠，朝廷赠封他为仪同、定州刺史。魏收十五岁的时候，已经很会写文章。跟随父亲去了边疆，又好学习骑马射箭，并想将来能凭武艺取得好前程。荥阳人郑伯跟他开玩笑说："魏郎舞弄了多少支坚戟？"魏收感到不好意思，于是改变习武的志向而读书。夏天，他坐在一只木板凳上，追逐着树荫读书,这样苦读了几年,木板凳都被他磨薄了,而他读书的精力却不止息。魏收终于以文章才华显名当时。

开始时朝廷授给他太学博士的官职。到尔朱荣在河阴滥杀朝官的时候,魏收也在被围困而将被杀的人当中,只是因为天晚了来不及加害而侥幸获免。吏部尚书李神儁很看重魏收的才学,奏请朝廷授给他司徒记室参军的官职。北魏孝庄帝永安三年,又授他北主客郎中的官职。北魏节闵帝即位,为精简身边侍臣,下诏命魏收撰写《封禅书》以考试他的才学。魏收下笔立成,不打草稿,文章将近千字,写毕改动的地方没有几个字。当时黄门郎贾思同在旁侍立,对魏收的才华深感惊奇,对节闵帝说:"即使像曹植走七步就可做成一首诗那样的才华,也不能超过魏收。"因此魏帝提升他做了散骑侍郎,不久又命他掌领《起居注》的撰写,并撰修国史,兼任史书侍郎,当时魏收才二十六岁。

北魏孝武帝初年,又诏命魏收代理司徒记室参军的本职。魏收所撰各种公文越积越多,事事都能符合皇帝的意旨。黄门郎崔㥄是跟随后来北齐的开创者神武帝高欢进入朝廷做官的,在当时势焰煊赫,但魏收当初并没有去登门拜见他。崔㥄为孝武帝登帝位赦免罪犯作诏书,文中有这样的句子,说:"朕托体于孝文皇帝。"魏收笑他写得太率直了。正员郎李慎把这情况告诉了崔㥄,于是崔㥄对魏收深为愤懑忌恨。当时节闵帝死,朝廷令魏收撰写有关诏命。崔㥄于是扬言说:"魏收在普泰年间出入宫禁,每天为被废的节闵帝炮制诏书,以美化废帝的意旨,却把那些举义兵反对废帝而维持正义的人都斥为叛逆之人;又魏收的父亲已经年老,应该解除官职回家侍奉老父。"御史台将对魏收加以弹劾,幸赖尚书辛雄为魏收在中尉綦俊跟前说好话,才没有对魏收加以追究。魏收的父亲有个贱妾为他所生的弟弟名叫仲同,先前没有登记入册，因此这时心中害怕，于是上报户籍，被朝廷打发回乡照顾老父。孝武帝曾调发大批士卒，在嵩山的南边打猎达十六日之久。当时天气严寒，朝廷和地方吏民都叹息怨恨。孝武帝与随从官吏以及嫔妃、公主们，以奇巧的技艺和奇装异服为乐，大多不合礼制法度。魏收想进言劝谏而又感到害怕，想默不作声而又心不能忍，于是作了一篇《南狩赋》上给孝武帝用以讽谏。当时魏收二十七岁，所作的这篇赋虽然文辞过于华丽，而意旨终归于正。孝武帝亲笔书写诏书回报他，对他很是赞扬。郑伯对魏收说："您如果不是遇到了老夫我，还应当去追赶兔子呢。"

当初高欢曾坚决推辞天柱大将军的职位，魏帝就命魏收草拟诏书，下令依从高欢的请求。魏帝又想加给高欢相国的职务，向魏收询问高欢现在的官品和俸禄，魏收照实回答，于是魏帝作罢。魏收没有想到他的回答关系到高欢是否能做相国，再加上前次的事情而内心不安，于是请求辞职，魏帝下诏批准他的请求。过了很久，魏帝任命魏收做帝兄之子广平王元赞的开府从事中郎，魏收不敢推辞，于是写了一篇《庭竹赋》以向魏帝表达自己的意思。不久又命他兼任中书舍人，与济阴人温子瘅、河间人邢子才具有同样的声誉，社会上称他们为"三才"。当时魏孝武帝猜忌高欢，双方内心有矛盾，于是魏收借口有病坚决要求辞职而得免官。他的舅舅崔孝芬对他的做法感到奇怪而问他，他回答说："我是害怕有如春秋时期晋国大夫赵鞅因不满朝廷而调发晋阳兵甲的事情出现。"不久高欢南上，孝武帝西入关中。

魏收兼任通直散骑常侍，作为王昕的副手出使梁朝。王昕风流有文才而又善辩，魏收辞藻富丽超群绝伦，梁朝君主及其群臣都对他俩既尊敬而又感到惊异。前此南、北朝刚和好的时候，北魏派李谐、卢元明出使梁朝，李、卢二人的才器都被邻国所敬重。到这时,梁朝君主称赞说:"卢元明、李谐二人是著名当世之才,王昕、魏收二人则是可使衰朝重振之才,不知以后的使臣又将是何等人才呢?"魏收住在宾馆中,于是买吴地的婢女到馆中玩乐。他的部下有买婢女的,魏收也把她们叫来,遍加淫秽,致使梁朝管理宾馆的官吏都因此而获罪。所以人们都称赞魏收的才能而看不起他的操行。在出使途中,他曾作了一篇《聘游赋》,文辞很华美。出使回来后,尚书右仆射高隆之向王昕和魏收索取南方土物产,不能如愿,于是示意御史中尉高行密把王昕、魏收二人拘禁在御史台,过了很久才把他俩放出去。

等到孙搴死后,司马子如向自称丞相的高欢推荐魏收接替孙搴的职位,于是高欢召他前来晋阳,任命他做中外府主簿。但因魏收常违反高欢的意旨,连连被责难,还被罚挨打,魏收在高欢手下很久不能得志。正巧司马子如奉使到高欢的霸朝来,魏收得以沾他的光。司马子如借宴会之机半开玩笑地对高欢说:"魏收是天子的中书郎,是一国的大才,但愿大王能给他点好颜色看。"魏收由此转为高欢相府属官,然而高欢对他也还是不怎么看重。

魏收的从叔父名叫魏季景,很有才学,历任官职都很有名声,并且凡所任官位置都排在魏收之前,然而魏收却常常看不起他。魏季景、魏收初到并州,顿丘人李庶,是已故大司农李谐的儿子,以华言善辩见称,曾对魏收说:"霸朝这就有二魏了。"魏收不假思索地说:"把从叔父和我并提,那就等于是把耶输和您并提。"耶输是已故尚书令陈留公继伯的儿子,是个有名的愚痴儿,喜欢一个人到街市上去,用高价买东西,商贾们都常常耍笑他。魏收因看不起魏季景,因此拿耶输来打比方,他为人的倨傲不逊大多如此。

魏收本以为凭着自己的文才，一定会脱颖而出而被朝廷重用，现在官位既不能如愿，便向朝廷请求修撰国史。崔暹替魏收向高欢的儿子高澄请求说："修国史是国家很重大的事情，公家父子所建立的霸王功业，都有待载入史册，这项工程非魏收来承担不可。"于是高澄奏请东魏孝静帝命魏收兼任散骑常侍，从事撰修国史的工作。孝静帝武定二年，任命魏收为正常侍，兼领中书侍郎，于是从事国史的修撰工作。有一次孝静帝宴请百官，问由于什么原因而把正月初七定名为"人日"，百官没有人知道。魏收回答说："晋朝的议郎董勋所作的《答问礼俗》中说：'正月一日为鸡日，二日为狗日，三日为猪日，四日为羊日，五日为牛日，六日为马日，七日为人日。'"当时邢邵也在旁，听了魏收的回答甚感惭愧。自从魏朝和梁朝和好以来，双方书信往来常常写道："想彼境内宁静，此率土安和。"后来梁朝的来使，所带来的书信中竟把"彼"字去掉，而自称己方却仍保留"此"字，想通过这种手段来表示天下皆属梁朝而无外域之意。于是，魏收改定魏朝给梁朝的回信说："想境内清晏，今万国安和。"后来梁朝人回信，也就依照这种写法。后来高欢入朝，孝静帝要授给他相国的职位，高欢坚决推辞，并命魏收撰写推辞书。推辞书写好后魏收向高欢呈上，当时高澄在高欢身旁侍立，高欢指着魏收说："此人当成为又一个崔光。"武定四年，高欢在西门豹祠中宴集群僚，对司马子如说："魏收做史官，记载我们行事的善恶。听说北伐的时候，朝廷贵官们常招待史官酒食，不知当时尊祖司马仆射也曾招待过史官没有？"在座的人都大笑。于是高欢对魏收说："您不要看现在元康等人在我眼下奔走，认为是我使他们这么辛勤劳累，我后世的身名全在您的手中掌握着，不要以为我不知道。"不久又加魏收兼任著作郎。

魏收从前在洛阳时，尤其轻薄，人们都说："魏收使蝴蝶（喻女子）担惊害怕。"高澄曾经到东山游玩，令给事黄门侍郎崔颢等人设宴。高澄说："魏收依仗自己的才能而以为没有人能比得上他，必须揭发他的短处。"于是在座的给事黄门杨愔等与魏收辩驳起来，魏收忽然大声呼道："杨遵彦（杨愔字遵彦）理屈，已经被驳倒了。"杨愔从容地说："我用以批驳你的理由绰绰有余，我像矗立的大山一样不可动摇，如果遇到了'当途'，那恐怕就要翩翩然而飞逝了。""当途"，（是借用的谶语，）是指魏（在此暗指魏收）；翩翩而飞，是暗示蝴蝶被吓飞。高澄理解杨愔的意思，大笑着称赞他说得好。高澄又说："刚才杨愔说的意思太隐微了，应该说得更直接些。"杨愔应声说："魏收在并州时曾经作过一首诗，对众人读罢，然后说：'即使让我的从叔季景出六百斛米，也不能明白我这首诗的意思。'这是远近都知道的，我不敢胡乱说。"高澄又高兴地说："我先前也听说过这话。"众人都笑起来。魏收虽然为自己申辩，也再不能抗拒众人之口，因此终身把这件事作为自己的一块心病。

侯景叛变投降了梁朝，又率梁朝之兵侵犯东魏南部边疆。当时高澄在晋阳，令魏收撰写檄文，檄文写了五十张纸，魏收不到一天就完成了。又命魏收写檄文给梁朝，令传送给侯景，魏收刚入夜的时候执笔开始写作，到三更时候便写成了，文章之长超过七张纸。高澄对他很赞扬。魏静帝曾在秋季九月举行大射礼，令朝臣们人人都赋诗。魏收写的诗末尾有这样的句子："尺书征建邺，折简召长安。"（大意是，我一封书信就能征召梁朝或西魏之帝入朝于魏。）高澄称赞这两句诗写得很豪壮，看着大家说："在朝今有魏收，便是国家的光彩，他的文笔不论雅俗，都能通过纵横。我也让邢子才、温子癉常常写些诗文，至于词气，都比不上魏收。我有时心中有所感怀，但不是忘了而不能说出，就是说了而意思不能表达尽，有些意思我自己也未能考虑到，可是经魏收草拟出来，就能把所有意思都表达得彻底而周全，这也是很难得的。"又命魏收兼任主客郎，负责接待梁朝来使谢斑、徐陵。侯景又在梁朝叛乱攻陷了梁的都城，梁朝的鄱阳王萧范当时做合州刺史，高澄命魏收写信向他劝降，萧范得到魏收的书信，便率部队西上，刺史崔圣念得以入据合州城。高澄对魏收说："今天能平定一州，您起了很大的作用，但仍恨您的'尺书征建邺'的诗句还未能表现。"

高澄死，高欢的第二子、北齐的开国皇帝文高祖宣帝高洋到晋阳，命令黄门郎崔季舒、高德正，吏部郎中尉瑾在北府掌管机密。调任魏收为秘书监，兼著作郎，又任命他为定州大中正。这时北齐将接受东魏禅让皇位，杨愔奏请高洋将魏收另外安排在一个馆舍中，令他撰写禅代的诏书和有关文件，命徐之才把守舍门不让魏收外出。北齐天宝元年，任命魏收为中书令，仍兼著作郎之职，并封他为富平县子。

天保二年，文高祖宣帝诏命魏收撰写魏史。天保四年，又任命魏收做了魏郡的郡尹，给予优厚的俸禄，只让他专心在史阁从事撰著，而不过问魏郡的事情。当初文高祖宣帝曾令群臣都谈谈自己的志向，魏收说："臣愿遵循直笔不阿的原则供职于东观，以便早日完成《魏书》。"因此文高祖宣帝使魏收专任史书撰写的工作。文高祖宣帝又下诏命令平原王高隆之总监史书的修撰工作，但不过是挂个名罢了。文高祖宣帝命令魏收说："好好地遵循直笔的原则，我终究不会做北魏的太武帝诛杀直笔的史官。"开始时北魏初年的邓彦海曾撰《代记》十多卷，后来崔浩掌管修史工作，游雅、高允、程骏、李彪、崔光、李琰等人世代相继撰修魏史。崔浩所写的史书用的是编年体，李彪开始改为纪传体而分别撰写纪、表、志、传，但书仍未能问世。到北魏宣武帝的时候，命邢峦追撰《孝文起居法》，该书一直记到孝文帝太和十四年，又命崔鸿、王遵业加以续补，一直补续到北魏孝明帝，事迹记载得十分具体细致。济阴王元辉业又撰写了《辩宗室录》三十卷。于是，魏收安排通直常侍房延祐、司空司马辛元植、国子博士刁柔、裴昂之、尚书郎高孝干等人专门负责对以前各种史书和史料加以斟酌取舍，以撰成《魏书》。魏收通过辨别而确立应撰写的条目名称，然后逐条甄别而列举史实，又搜采散亡和遗失的材料，以继写后来的事迹，这样撰成了一代完备的史籍，然后撰表上奏朝廷。这部《魏书》完成了一代大典，全书总计十二《纪》，九十二《列传》，合计一百一十卷。于北齐天保五年三月上奏朝廷。这年秋，任命魏收为梁州刺史。魏收因为《魏书》的《志》还没有写完，奏请朝廷允许他完成修撰工作，朝廷答应了他的要求。这年十一月，又向朝廷上奏十《志》：《天象志》四卷，《地形志》三卷，《律历志》二卷，《礼乐志》四卷，《食货志》一卷，《刑罚志》一卷，《灵征志》二卷，《官氏志》二卷，《释老志》一卷，总计二十卷，接续在《纪》《传》的后边，全书合计一百三十卷，分为十二帙。这部史书共制定有三十五条书例，撰写了二十五篇《序》，九十四篇《论》，前后还附有上奏朝廷的两篇《表》和一篇《启》。

魏收所聘用的史官，生怕有人与他持不同意见而不服从他，所以只用那些学术流派先已归属于他的人。房延祐、辛元植、眭仲让三人虽早已在朝中做官，但并不具备史才。刁柔、裴昂之二人是以儒学知名的，也全不堪史书编辑之任。高孝干则是个不以正道求进的人。凡参加修撰史书的人，他们的祖宗和亲戚们都被写进了书中，并对他们加以美化。魏收性情很偏激，不太能持平允之论，早先与他有仇怨的人，在史书中记载时大多抹杀他们的功绩和长处。魏收常说："什么样的小子，敢对我魏收不恭！我抬举他就可以使他上天，按压他就可以使他入地。"当初魏收在高欢手下做太常少卿撰修国史，曾得到阳休之的帮助，因此魏收感谢阳休之说："我没有什么可以用来报谢您的厚德，当为您作一篇美好的传。"阳休之的父亲阳固，在北魏时做北平太守，曾因贪婪暴虐而被中尉李平所弹劾而获罪，这情况记载在《魏起居注》中。魏收的史书却记载说："阳固做北平侯，很有一些利民之政，因为公事而免官。"又说："李平对阳固深相敬重。"尔朱荣在北魏是叛贼，但魏收因为北齐皇帝高氏出自尔朱氏的门下，而且魏收曾接受过尔朱氏的高利贷利息钱，因此在《魏书》中记载时就减少尔朱荣的罪恶而多写他的好处，并且评论说："如果尔朱荣能修养德义之风，那么商朝的豕韦、大彭、伊尹和汉代的霍光，又有什么值得称道的呢？"

当时舆论认为魏收著史书而不能持平允之见，于是文高祖宣帝下诏命令魏收到尚书省与有关诸家子孙对史书中的记载共同加以讨论，先后投诉的有一百多人。有的说遗漏了他的家世的职位，有的说他家没有记载，有的还说书中对他家进行了毫无根据的诽谤。魏收都随即对投诉状做了回答。范阳人卢斐的父亲卢同（不得立传，仅仅把他的事迹）附在族祖卢玄的《传》的下边，而顿丘人李庶家的《传》却称李庶本是梁国蒙地人，卢斐、李庶讥刺魏收说："史书不正直。"魏收性急，听到这话气愤得不行，于是启奏文高祖宣帝，诬说他们要对他加以杀害。文高祖宣帝大怒，亲自对卢、李二人加以责问。卢斐说："臣的父亲在魏做官，官位做到了仪同，功业显著，名闻天下，因为与魏收没有亲戚关系,于是不被立传。傅陵人崔绰,只是在本郡做个功曹,没有什么事迹,因为是魏收的外亲,却把他的《传》放在前边。"魏收回答说:"崔绰虽然没有官位,但名义值得称道,所以应当为他作传。"文高祖宣帝说:"你怎么知道他是好人?"魏收说:"高允曾为崔绰作《赞》,称赞他有道德。"文高祖宣帝说:"司空高允是才士,为别人作《赞》,正应当对人加以称扬,也就像您为人作文章,那些赞美人家的话难道都能够符合事实?"魏收答不上话来,只吓得浑身战抖。但文高祖宣帝首先看重的是魏收的才能,所以不想加罪于他。当时太原的王松年也攻击魏收的史书,他和卢斐、李庶都因此而获罪,各被鞭打而后发配甲坊,有的人因此而致死。卢思道也因对《魏书》不满而受罚抵罪。然而仍因众口沸腾,朝廷下令魏史暂且不颁行,而令群官广泛地进行议论,允许家有事迹的人入阁叙说,记载不实的可书面陈述。于是众口哗然,称魏收的史书为"秽史",投递书面材料的人一个接一个,魏收无法辩白。当时左仆射杨愔、右仆射高德正二人权倾朝野,与魏收都是亲戚,于魏收为他们家的人都作了传,因此杨、高二人不希望听到人说史书不实,便按压住来自下面的申诉辞,一直到文高祖宣帝死前都不再讨论史书的问题。又尚书陆超曾对杨愔说:"魏收的《魏书》,可以称得上是博物宏才,对于魏室立有大功。"杨愔对魏收说:"《魏书》称得上是一部不可删削的书,将传之万古。不过令人遗憾的是记载各家枝叶姻亲的事,过于烦琐,与旧史的体例不同罢了。"魏收说:"因为从前中原地区动荡混乱,各方面人士的家谱族谱,差不多都遗失了,因此书中详尽地记载他们的支脉后裔,希望公发现我的过失而能理解我的用心是好的,以免除对我的指责。"

天保八年夏天,文高祖宣帝任命魏收为太子少傅、监国史,又参议律令的修订。当三台建成的时候，文高祖宣帝说："台建成了应当有赋加以歌颂。"杨愔把文高祖宣帝这话告诉魏收，于是魏收写了一篇《皇居新殿台赋》献上，赋的文辞十分壮丽。当时为三台作赋的人，自邢邵以下都比不上魏收。魏收献赋的前几天才把皇帝要求作赋的事告诉邢邵。邢邵后来告诉别人说："魏收甚可恶，不早把作赋的事告诉我。"文高祖宣帝曾游东山，命魏收作诏书，宣扬皇帝威德，并拿关西的北周作比衬，魏收一会工夫就做成了，文辞和所述的道理都很宏壮，文高祖宣帝向百官对魏收写的诏书大加赞叹。于是又命魏收做太子詹事。魏收娶了他舅舅的女儿、崔昂的妹妹为妻，生了一女，没有儿子。魏太常刘芳的孙女，中书郎崔肇师的女儿，都因为夫家有罪，文高祖宣帝把她俩赐给了魏收为妻，当时人把她俩比之为贾充的左右夫人。然而都没有生儿子。后来魏收病得厉害，恐怕自己死后嫡妻和媵妾争位而不平，便把这两个姬妾放逐了。等到病好了追忆起来，便作了一篇《怀离赋》以表达思念之意。文高祖宣帝常常在宴会上酒酣之后，说："太子性情儒弱，宗庙社稷事情重大，最终当传位给常山。"魏收对杨愔说："古人说，太子是国家的根本，不可动摇。皇上三杯过后，常说传位常山，使臣下疑惑而产生贰心。如果皇上真想这样做，就必须果决地实行。这种话不是开玩笑的。魏收既然辱处太子师傅之位，正当以死相守，只恐怕造成国家的不安定。"杨愔把魏收的话告诉了文高祖宣帝，从此以后文高祖宣帝就再没有说过传位给常山的话了。文高祖宣帝多次因高兴而宴会，魏收常常得侍从在旁。皇太子娶郑良娣的时候，有关官吏摆设了充备的三牲盛馔。文高祖宣帝酣饮之后，起身把牲馔都掀翻了，于是问魏收说："知道我的意思吗？"魏收说："臣愚意以为这是表明良娣即是太子的妾，按理不须备设牲牢，仰思陛下的圣意，是因此而毁去牲馔的。"文高祖宣帝大笑，握着魏收的手说："您理解我的意思。"安德王高延宗娶赵郡李祖收的女儿为妃，后来文高祖宣帝到李祖收家宴会，而妃的母亲宋氏献上两个石榴到文高祖宣帝面前。文高祖宣帝问在座的人，却无人知道宋氏的用意，文高祖宣帝便把石榴扔了。魏收说："石榴房中多子，安德王新婚，妃母是希望子孙众多。"文高祖宣帝大喜，告诉魏收说："您把石榴再给我拿来。"于是赐给魏收美锦二匹。天保十年，任命魏收为仪同三司。有一次，文高祖宣帝在宴席上喝醉了酒，口头任命魏收为中书监，又命中书郎李愔在树下草拟诏书。李愔认为魏收是一代大才，难于仓促成文，所以过了很久还没有把诏书写好。等到诏书写成之后，文高祖宣帝酒醉已醒，便不再提这事，李愔写的诏书也就没有上奏，事情就这样搁置下来。

等到文高祖宣帝死在晋阳的时候，驿马驰召魏收和中山郡太守阳休之参议有关丧葬吉凶之礼，并命魏收负责起草诏诰。于是任命魏收为侍中，又迁升为太常卿。文高祖宣帝的谥号、陵墓名称，都是采纳的魏收的意见。等到孝昭帝高演掌管朝政，命魏收在宫禁中负责起草各种诏文，因此魏收多日没有出来。后来转任中书监。皇建元年，又命魏收兼任侍中、右光禄大夫，仍居仪同和监国史之职。魏收先前曾做王昕的副手出使梁朝，两人不能协调和睦。这时王昕的弟弟王晞与孝昭帝的关系亲密。而孝昭帝另外任命阳休之兼中书监，在晋阳负责起草诏诰，把魏收留在邺都，这大概都是王晞起的作用。魏收因此心中大为不平，对太子舍人卢询祖说："如果要是让您作文诰，我也就不说什么了。"孝昭帝又任命祖斑为著作郎，想用他来取代魏收。司空主簿李焘，是个擅长文辞的人，听说了这情况告诉别人说："诏诰全都归阳子烈（阳休之字子烈），著作郎又命祖孝征（祖珽字孝征）担任，撰文和撰史的职务顿时间都失去了，恐怕魏公要气得像范增那样疮发于背了吧。"当时孝昭帝诏命群臣讨论"二王三恪"都是指的谁，魏收坚持王肃和杜预的说法，以元氏、司马氏为"二王"，元、王二氏再下通曹氏为"三恪"。孝昭帝又诏礼学官们来讨论，礼学官们都坚持郑玄将"二王三恪"分属夏、商以及黄帝、尧、舜五代的说法。但因为孝昭皇后姓元，所以议论"三恪"不想更多地涉及其他说法，便决议听从魏收之说。接着又任命魏收做了太子少傅，而解除侍中之职。

孝昭帝因为魏史还没有颁行，下诏书命令魏收重新加以研究审查。魏收接受诏命，对《魏书》很作了一些改正。等到孝昭帝命令颁行魏史，魏收以为只是把《魏书》放置在秘阁中，外人不可能看到，于是他命人送一本到晋阳，又送一本给邺下，任人抄写。

武成帝高湛太宁元年，加给魏收开府的名号。河清二年，又命魏收兼任右仆射。当时武成帝终日嗜酒酣饮，朝政大事专委任侍中高元海去处理。高元海是个平庸之辈，承受不了大任，武成帝以为魏收的才能和名气世人皆知，而都官尚书毕义云则擅长决断，于是虚心倚仗他二人处理朝政。魏收却因为胆小怕事而对时政不能有所匡正补救，被舆论所讥讽。武成帝在华林另又修了个玄洲苑，苑中备置秀丽的山水台观，武成帝还下诏命令在玄洲苑的台阁中画魏收的像，可见武成帝对他多么重视。

开始时魏收比起温子昇、邢邵来稍为后进一些，后来邢邵被疏远而出了朝廷，温子昇又因罪被幽囚而死，于是魏收大被朝政所任用，而超群绝伦于一时。前此他们三人的议论都是互相攻击诋毁，他们都各自树有朋党。魏收常常在议论中把邢邵的文章说得很疏陋。邢邵又说："江南的任昉，文体本来就很疏略，魏收不只是模拟他，还大大偷窃他的文章。"魏收听到这些话后说："他常在《沈约集》中作贼，没想到他却说我偷窃任昉的文章。"任昉和沈约在文坛上都有很高的名望，邢邵、魏收对他二人则各有所好。后主高纬武平年间，黄门郎颜之推拿了邢、魏二公所说的意思去问仆射祖珽，祖珽回答说："看到邢、魏二人肯定什么、否定什么，也就是任、沈二人的优劣所在。"魏收因为温子升从不作赋，邢邵虽然作过一两首，而又非他所长，因此常说："必须等到会作赋，才能成为大才士。只是以写作章表碑志自许，这只不过同儿戏一般。"自从东魏孝静帝武定二年以后，有关国家大事的诏命，以及有关军国大政的一些文辞，都是魏收所作。每当有紧急需要，魏收受诏作文立待可成，有时皇宫中派出的使者来催促他作文，魏收下笔疾书如同早已有腹稿，这种敏速的工作，是邢邵、温子升所比不上的。魏收参与议论典礼所表现的学识和见解，与邢邵不相上下。

不久，赵郡李公统因事被杀，其母虚报年龄而免于为奴。魏收知情而放过了她。这件事被告发后，魏收因此而被除名。这年又因为托身投附将出使陈朝的封季琰，并写信令他的门客与封孝琰同行，正好遇上陈朝的昆仑号船到来，魏收又获得了许多奇物宝货；一种名叫猩然的长尾猿皮制的褥表，还有一尺多长的美玉好几十件。依罪应当流放，最后以出钱物赎罪论处了。河清三年，朝廷又起用魏收，任命他为清河郡尹。不久武成帝又派黄门郎元文遥给魏收传话说："您是故人，侍奉我高家时间最久，以前所犯的罪，情有可原。近来命您为清河尹，并非认为这是个美差，只因为初起用您，经过斟酌而做出这样的决定。朕怎可用您的才能而忘了您这个人呢？等到十月，当恢复您的开府的官职。"到北齐后主高纬天统元年，任命魏收为左光禄大夫，天统二年，又代理齐州刺史，不久便正式做了齐州刺史。

魏收因为自己的子侄们年轻，对他们严加申戒，并特为此而著《枕中篇》，文中说：

我曾读管子的书，书中说："没有比修养自身的任务更重要的了，没有比口舌之途更可怕的了，没有比对寿命的期望更长远的了。身负重任而行走在可怕之途上，而又希望达到长寿的远期，只有君子才能够做到。"现在我追忆回味这几句话，真可令人长声叹息。像那矗立的大山该算是稳重了吧，然而有风雨侵蚀或再加载土石而不倾坍的吗？深山的宝藏人们都认为藏得牢固，然而探山取宝的人却奔走不停。吕梁山独深，能边走边唱而心中无所警惕吗？焦原山险峻，能有人攀登而不心惊的吗？天子才平定，因此当以远大的目光迅速兴举大业。年、月、日、星辰、历数等五纪都当正定，应精思深远而博征古制。如果能够身负重任而言行有节度，那么越负重任地位就会越牢固。登危险之途而能有办法对付危险，那就可以面对危险而不忧。期望实现远大目标的人而又有途径可通往目标，那就一定会获得相应的结果。难道只是依照神理而使事情这样吗？也是靠人的始终如一的努力。啊！处天地之间，辛劳在养生送死之地，（获得成功的人如果）身心被嗜欲所攻，被名利所牵，精美的饭菜不用事先打招呼就一起送到，珠玉没有长脚也都一起到来，于是开始骄奢起来，那么危亡很快就会到来了。然而那些上等智慧的大贤们，能够洞察幽微的事理，或隐居出世，或居官处朝，都能相机而行没有一定之规。他们舒展才智就能够有助于社会而成就功业，他们敛才隐退就能够销声匿迹。对于珠玉丝帛和美女，芳香珍异之物和音乐，以及谄媚阿谀的事决不先于别人。对于毒刻肌骨，挑拨是非，而造成仇恨怨恶的事决不上前。使自己的功勋和名声与山河同样长久，志向和业绩的牢固可与金石比坚。这大概可以称得上是大梁不折，游刃而有余了。至于那些德行无常的人，必将丧失他们所拥有的金玉。他们奔逐于人世，影响着社会风气，拥有火热的太阳还说寒冷，财满山谷还嫌不足。源头不清水流就会混浊，标尺不正日影就会邪曲。啊！胶漆难道能够坚固？寒暑的更迭是很快的。（不重修身正德），必将反利而成害。变光荣而为耻辱。喜和忧是交替而来的，得和失是轮流相续的。有的人竟至于以身试法，而死于刑狱。这难道不是（自身的修养不够以致）足力不强而不能自拔，因此而为现实的利益所迷吗？后车当以前车的倾覆为借鉴，人当以先知先觉者为师。

听说那些君子们，和那些正道之士，都钻研经学，饱读文史之书，下笔有超人之论，谈吐有胜人之理。他们都是孝顺父母和敬爱兄弟的楷模，能够上通神明之理。他们都能先审查好道路而后行，又能衡量道路长短好坏而确定自己的终止处。他们善于推己以及物，先人而后己。他们不计较名利的荣枯，又不为喜怒之情所羁縻，既不借隐居山岩以沽取名望，又不在城中集市中待价而售。他们言行一致，始终谨慎如一。有一位这样的君子在此，就可为国为朝增添光彩。他们敬居官职而展才任事，凡他们知道应该做的事情就没有不努力去做的。不论在帝左还是帝右，都是这样的优异之士所适宜的。（他们对于自己做过的事）既不后悔也不会感到耻辱，因此他们能够处高位而不招致危险。他们不同于那些只知道进而不知后退的人，后一种人常不顾原则去获取利益而生怕有所失，为了博得千金的财产，或月俸万钟的高官厚禄，他们敢于投身风卷烈火的门中，进入火焰熊熊燃烧的危室，结果一开始就跌倒而丧失了遗留给后世的基业，有的人竟屈身缱绻体而丧失了正道善行，这难道不可怕吗！难道不值得引以为戒吗！

门边就有灾祸相依傍，凡事都不可永远保密。墙外就埋伏有寇贼，说话不可有所失。应该审慎自己的言论，应该端正自己的行为。说话不善，行为就不正。恶鬼也会被强梁之神所捕食，"人囚径廷"（这句是原文，意思不明）。对于干坏事的人鬼神必将暗中夺其魂魄，而在明处丧其性命。不做非法的事，不干不合道义的行为。以公正为自己迎得信誉，而个人拥有的珠玉并非护身的法宝。染之过黑就会变成绀色，过蓝就会变成青色。要善于利用墨线来衡量直不直，利用水平仪来观测平不平。时机成熟了再获取，时机不到就不要去想。知道适可而止，知道满足，大概就可以免受侮辱。

因此要想有所作为一定要观察时机，要想有所举动一定要把细枝末节都考虑周全。既善于把握时机而又虑事周全，那就很少有败亡的。既善于观察而又谨慎，那么福禄就会到来。从前蘧远能识别四十九种错误，颜子差不多三个月都不犯这些错误。（按：此句原文作"颜子几三月不讳"，意思不明，兹据原文姑且这样翻译。）半步半步不停地走下去，也可以达到千里之远。用小竹筐盛土不断地累进，也可以累成万仞的高山。因此说行远路从近处开始，登高山从低处开始，坚持不懈就可达到大而长久的目标，就可与世长存而永不败亡。月亮圆到如同用圆规画出来的一样时，第二天的夜里就要亏缺了。木槿树由于它的枝叶而繁茂，到黄昏的时候就凋萎了。什么东西能够只增加而不减少？谁能做到有所损缺而无害？好处不要想得到太多，利益不要想捞得太大。只有居守德操的人才会害怕好处得到太多，体行真道的人才会畏惧利益捞得太大。地位太尊贵就会有各种诽谤集中而来，责任太重大就会有众人的怨恨会聚其身。地位显达的时候即使是孔子也感到忙碌而不得安宁,忠心耿耿即使如周公也会遭疑忌而处境狼狈。不要说人家小看我,在我就不可以报复。也不要说人家厚待我,在我就不可以指出他的过错。要像山那样高大而无所不有,要像谷那样空虚而无所不受。能刚能柔,才可以担负重任。能伸能顺,才可以经历危险。能智能愚,才可以期望长久。要像周庙前的金人那样,把嘴封住以谨防失言。座前要放一只渗漏的酒杯以象征永受而不满,座后应放一只容易倾斜的水杯以警惕自己盛满则覆。以上这些话要使子子孙孙都牢记不忘,作为代代相传的座右铭。

后来群臣又有许多人说魏史记载不实,武成帝又下令对《魏书》重新审查,魏收又对《魏书》作了一些调整改写。于是为卢同立传,反而把崔绰的事迹附在《卢同传》后,杨愔家的传,本来有"有魏以来一门而已"(自建立魏朝以来独此一家而已)的话,现在把这八个字改掉了。又先前书中说:"弘农华阴人",现在改成了"自云弘农"(自己说是弘农人),以便同《王慧龙传》中"自云太原人"的说法相配合。这些都是魏收的失误处。

不久任命魏收为开府、中书监。太上皇武成帝死,还没有发丧。在朝内的诸公认为后主高纬已经即位好几年,因此对于是否还应发布赦免天下罪犯的命令犹豫不定。诸公请魏收来向他讯问,魏收坚持认为后主对天下人仍应施恩泽,于是诸公听从了他的意见。朝廷命魏收掌管起草诏诰,并任命他为右仆射,总掌议论和监察有关吉、凶、宾、军、嘉五礼事,品位为特进。魏收奏请由赵彦深、和士开、徐之才共监五礼。魏收事先告诉了和士开,和士开对这种请求表示惊讶而以不学无术相推辞。魏收说:"天下事都由王做主,五礼大制最后没有王表态都不能决定。"于是,和士开向魏收表示感谢而答应了。魏收又邀请了许多文士来执笔起草各项礼制,而实际是由儒家学者马敬德、熊安生、权会等人具体负责制定礼制。后主武平三年魏收死。朝廷追赠他司空、尚书左仆射的官职,赐谥号为"文贞"。魏收有文集七十卷。

魏收有大学问、大才干,然而心性偏狭,不能体达天命人道。看见当权的王公贵族,常常说恭维话并现出和颜悦色以讨欢心。然而他提拔和奖励后辈,却首先考虑他们的名声和德行,那些华而不实和轻率险恶之徒,即使有才能,也不加重用。当初,河间的邢子才和魏季景与魏收都以文章出名,世称"大邢小魏",这意思是说魏收尤其俊异。魏收小邢子才十岁,邢子才常说:"佛助是同僚中的突出者。"后来魏收渐渐与邢子才争名,文高祖宣帝也贬低邢子才说:"你的才能比不上魏收。"于是,魏收越来越得志。他自己排列名次说:"人们先称温子昇、邢子才,后来又说邢子才、魏收。"然而魏收内心却认为邢才子的才能甚陋,并不赞许他。魏收的性情活泼敏捷,喜欢声乐,又善于跳胡舞。文高祖宣帝末年,他多次在东山一带同艺人们扮演猕猴戏并斗狗以为乐,文高祖宣帝却对他宠惯而不加责备。魏收的外兄博陵人崔岩曾用"双声"称他的姓名以嘲讽他说:"愚魏衰收。"魏收回答说:"面如岩石而又腥臊瘦削,是谁所生?羊下巴而狗面颊,头圆而鼻子平,如同厨房里的竹饭筐,自己浑身都是窟窿,却嘲讽别人有补丁。"魏收口辩的迅捷而又无所顾忌就像这样。他执笔撰写史书后,引起很多人对他不满。北齐灭亡的那一年,魏收的坟墓被人发掘,把他的骨头抛弃在墓外。魏收先前收养他弟弟的儿子魏仁做他的继承人,魏仁做官做到尚书膳部郎中。隋朝开皇年间,魏仁在温县令的职位上死去。

北齐书卷三十九

列传第三十一

祖珽

祖珽，字孝徵，范阳遒人也。父莹，魏护军将军。珽神情机警，词藻遒逸，少驰令誉，为世所推。起家秘书郎，封策高第，为尚书仪曹郎中，典仪注，尝为冀州刺史万俟受洛制《清德颂》，其文典丽，由是神武闻之。时文宣为并州刺史，署珽开府仓曹参军，神武口授珽三十六事，出而疏之，一无遗失，大为僚类所赏。时神武送魏兰陵公主出塞嫁蠕蠕，魏收赋《出塞》及《公主远嫁诗》二首，珽皆和之，大为时人传咏。

珽性疏率，不能廉慎守道。仓曹虽云州局，乃受山东课输，由此大有受纳，丰于财产。又自解弹琵琶，能为新曲，招城市年少歌舞为娱，游集诸倡家。与陈元康、穆子容、任胄、元士亮等为声色之游。诸人尝就珽宿，出山东大文绫并连珠孔雀罗等百余匹，令诸妪掷樗蒲赌之，以为戏乐。参军元景献，故尚书令元世儁子也，其妻司马庆云女，是魏孝静帝姑博陵长公主所生。珽忽迎景献妻赴席，与诸人递寝，亦以货物所致。其豪纵淫逸如此。常云："丈夫一生不负身。"已文宣罢州，珽例应随府，规为仓局之间，致请于陈元康，元康为白，由是还任仓曹。班又委体附参军事摄典签陆子先，并为画计，请粮之际，令子先宣教，出仓粟十车，为僚官捉送。神武亲问之，班自言不受署，归罪子先，神武信而释之。班出而言曰："此丞相天缘明鉴，然实孝徵所为。"性不羁放纵，曾至胶州刺史司马世云家饮酒，遂藏铜叠二面。厨人请搜诸客，果于班怀中得之，见者以为深耻。所乘老马，常称骝驹。又与寡妇王氏奸通，每人前相闻往复。裴让之与班早狎，于众中嘲班曰："卿那得如此诡异，老马十岁，犹号骝驹；一妻耳顺，尚称娘子。"于时喧然传之。后为神武中外府功曹，神武宴僚属，于坐失金叵罗，窦泰令饮酒者皆脱帽，于班髻上得之，神武不能罪也。后为秘书丞，领舍人，事文襄。州客至，请卖《华林遍略》。文襄多集书人，一日一夜写毕，退其本曰："不须也。"班以《遍略》数帙质钱樗蒲，文襄杖之四十。又与令史李双、仓督成祖等作晋州启，请粟三千石，代功曹参军赵彦深宣神武教，给城局参军。事过典签高景略，疑其定不实，密以问彦深，彦深答都无此事，遂被推检，班即引伏。神武大怒，决鞭二百，配甲坊，加钳，其穀倍徵。未及科，会并州定国寺新成，神武谓陈元康、温子昇曰："昔作《芒山寺碑》文，时称妙绝，今《定国寺碑》当使谁作词也？"元康因荐班才学，并解鲜卑语。乃给笔札就禁所具草。二日内成，其文甚丽。神武以其工而且速，特恕不问，然犹免官，散参相府。文襄嗣事，以为功曹参军。及文襄遇害，元康被伤创重，倩班作书属家累事，并云："祖喜边有少许物，宜早索取。"班乃不通此书，唤祖喜私问，得金二十五铤，唯与喜二铤，余尽自入己。盗元康家书数千卷。祖喜怀恨，遂告元康二弟叔谌、季璩等。叔谌以语杨愔，愔嚬眉答曰："恐不益亡者。"因此得停。文宣作相，班拟补令史十余人，皆有受纳，据法处绞，上寻舍之。又盗官《遍略》一部。事发，文宣付从事中郎王士雅推检，并书与平阳公淹，令录珽付禁，勿令越逸。淹遣田曹参军孙子宽往唤，珽受命，便尔私逃。黄门郎高德正副留台事，谋云："珽自知有犯，惊窜是常，但宣一命向秘书，称"奉并州约束须《五经》三部，仰丞亲检校催遣"，如此则珽意安，夜当还宅，然后掩取。珽果如德正图，遂还宅。薄晚，就家掩之，缚珽送廷尉。据犯枉法处绞刑。文宣以珽伏事先世，讽所司命特宽其罚，遂奏免死除名。天保元年，复被召从驾，依除免例，参于晋阳。

珽天性聪明，事无难学，凡诸伎艺，莫不措怀，文章之外，又善音律，解四夷语及阴阳占候，医药之术尤是所长。文高祖宣帝虽嫌其数犯宪，而爱其才伎，令直中书省，掌诏诰。珽通密状，列中书侍郎陆元规，敕令裴英推问，元规以应对忤旨，被配甲坊。除珽尚药丞，寻迁典御。又奏造胡桃油，复为割截免官。文宣每见之，常呼为贼。文宣崩，普选劳旧，除为章武太守。会杨愔等诛，不之官，授著作郎。数上密启，为孝昭所忌，敕中书门下二省断珽奏事。

珽善为胡桃油以涂画，乃进之长广王，因言"殿下有非常骨法，孝徵梦殿下乘龙上天"。王谓曰："若然，当使兄大富贵。"及即位，是为武成皇帝，擢拜中书侍郎。帝于后园使珽弹琵琶，和士开胡舞，各赏物百段。士开忌之，出为安德太守，转齐郡太守，以母老乞还侍养，诏许之。会江南使人来聘，为中劳使。寻为太常少卿、散骑常侍、假仪同三司，掌诏诰。初珽于乾明、皇建之时，知武成阴有大志，遂深自结纳，曲相祗奉。武成于天保世频被责，心常衔之。珽至是希旨，上书请追尊太祖献武皇帝为神武，高祖文宣皇帝改为威宗景烈皇帝，以悦武成，从之。

时皇后爱少子东平王俨,愿以为嗣,武成以后主体正居长,难于移易。珽私于士开曰:"君之宠幸,振古无二,宫车一日晚驾,欲何以克终?"士开因求策焉。珽曰:"宜说主上,云襄、宣、昭帝子俱不得立,今宜命皇太子早践大位,以定君臣。若事成,中宫少主皆德君,此万全计也。君此且微说,令主上粗解,珽当自外上表论之。"士开许诺。因有彗星出,太史奏云除旧布新之征。珽于是上书,言:"陛下虽为天子,未是极贵。按《春秋元命苞》云:'乙酉之岁,除旧革政。'今年太岁乙酉,宜传位东宫,令君臣之分早定,且以上应天道。"并上魏献文禅子故事。帝从之。由是拜秘书监,加仪同三司,大被亲宠。

既见重二宫,遂志于宰相。先与黄门侍郎刘逖友善,乃疏侍中尚书令赵彦深、侍中左仆射元文遥、侍中和士开罪状,令逖奏之。逖惧不敢通,其事颇泄,彦深等先诣帝自陈。帝大怒,执珽诘曰:"何故毁我士开?"珽因厉声曰:"臣由士开得进,本无欲毁之意,陛下今既问臣,臣不敢不以实对。士开、文遥、彦深等专弄威权,控制朝廷,与吏部尚书尉瑾内外交通,共为表里,卖官鬻狱,政以贿成,天下歌谣。若为有识所知,安可闻于四裔!陛下不以为意,臣恐大齐之业赘矣。"帝曰:"尔乃诽谤我!"珽曰:"不敢诽谤,陛下取人女。"帝曰:"我以其俭饿,故收养之。"珽曰:"何不开仓赈给,乃买取将入后宫乎?"帝益怒,以刀环筑口,鞭杖乱下,将扑杀之。大呼曰:"不杀臣,陛下得名,杀臣,臣得名。若欲得名,莫杀臣,为陛下合金丹。"遂少获宽放。珽又曰:"陛下有一范增不能用,知可如何?"帝又怒曰:"尔自作范增,以我为项羽邪!"珽曰:"项羽人身亦何由可及,但天命不至耳。项羽布衣,率乌合众,五年而成霸王业。陛下借父兄资,财得至此,臣以项羽未易可轻。臣何止方于范增,纵张良亦不能及。张良身传太子，犹因四皓，方定汉嗣。臣位非辅弼，疏外之人，竭力尽忠，劝陛下禅位，使陛下尊为太上，子居宸扆，于己及子，俱保休祚。蕞尔张良，何足可数。"帝愈恚，令以土塞其口，斑且吐且言，无所屈挠。乃鞭二百，配甲坊，寻徙于光州。刺史李祖勋遇之甚厚。别驾张奉礼希大臣意，上言："斑虽为流囚，常与刺史对坐。"敕报曰："牢掌。"奉礼曰："牢者，地牢也。"乃为深坑，置诸内，苦加防禁，桎梏不离其身，家人亲戚不得临视。夜中以芜菁子烛熏眼，因此失明。

武成崩，后主忆之，就除海州刺史。是时陆令萱外干朝政，其子穆提婆爱幸。斑乃遗陆媪弟悉达书曰："赵彦深心腹深沉，欲行伊、霍事，仪同姊弟岂得平安，何不早用智士耶？"和士开亦以斑能决大事，欲以为谋主，故弃除旧怨，虚心待之。与陆媪言于帝曰："襄宣、昭三帝，其子皆不得立，今至尊犹在帝位者，实由祖孝徵。此人有大功，宜报重恩。孝徵心行虽薄，奇略出人，缓急真可凭仗。且其双盲，必无反意，请唤取问其谋计。"从之，入为银青光禄大夫、秘书监，加开府仪同三司。和士开死后，仍说陆媪出彦深，以斑为侍中。在晋阳，通密启请诛琅邪王。其计既行，渐被任遇。

又太后之被幽也，斑欲以陆媪为太后，撰魏帝皇太后故事，为太姬言之。谓人曰："太姬虽云妇人，寔是雄桀，女娲已来无有也。"太姬亦称斑为国师、国宝。由是拜尚书左仆射，监国史，加特进，入文林馆，总监撰书，对燕郡公，食太原郡干，给兵七十人。所住宅在义井坊，旁拓邻居，大事修筑，陆媪自往案行。势倾朝野。斛律光甚恶之，遥见窃骂云："多事乞索小人，欲行何计数！"常谓诸将云："边境消息，处分兵马，赵令尝与吾等参论之。盲人掌机密来，全不共我辈语，止恐误他国家事。"又珽颇闻其言，因其女皇后无宠，以谣言闻上曰："百升飞上天，明月照长安。"令其妻兄郑道盖奏之。帝问珽，珽证实。又说谣云："高山崩，槲树举，盲老翁背上下大斧，多事老母不得语"珽并云"盲老翁是臣"，云与国同忧戚，劝上行，语"其多事老母，似道女侍中陆氏"。帝以问韩长鸾、穆提婆，并令高元海、段士良密议之，众人未从。因光府参军封士让启告光反，遂灭其族。

珽又附陆媪，求为领军，后主许之。诏须覆奏，取侍中斛律孝卿署名。孝卿密告高元海，元海语侯吕芬、穆提婆云："孝徵汉儿，两眼又不见物，岂合作领军也。"明旦面奏，具陈珽不合之状，并书珽与广宁王孝珩交结，无大臣体。珽亦求面见，帝令引入。珽自分疏，并云与元海素相嫌，必是元海谮臣。帝弱颜不能讳，曰："然。"珽列元海共司农卿尹子华、太府少卿李叔元、平准令张叔略等结朋树党。遂除子华仁州刺史，叔元襄城郡太守，叔略南营州录事参军。陆媪又唱和之，复除元海郑州刺史。珽自是专主机衡，总和骑兵、外兵事。内外亲戚，皆得显位。后主亦令中要数人扶侍出入，着纱帽直至永巷，出万春门向圣寿堂，每同御榻论决政事，委任之重，群臣莫比。

自和士开执事以来，政体隳坏，珽推崇高望，官人称职，内外称美。复欲增损政务，沙汰人物。始奏罢京畿府，并于领军，事连百姓，皆归郡县。宿卫都督等号位从旧官名，文武章服并依故事。又欲黜诸阉竖及群小辈，推诚朝廷，为致治之方，陆媪、穆提婆议颇同异。珽乃讽御史中丞丽伯律令劾主书王子冲纳贿，知其事连穆提婆，欲使赃罪相及，望因此坐，并及陆媪。犹恐后主溺于近习，欲因后党为援，请以皇后兄胡君瑜为侍中、中领军，又徵君瑜兄梁州刺史君璧，欲以为御史中丞。陆媪闻而怀怒，百方排毁，即出君瑜为金紫光禄大夫，解中领军，君璧还镇梁州。皇后之废，颇亦由此。王子冲释而不问。珽日益以疏，又诸宦者更共谮毁之，无所不至。后主问诸太姬，悯默不对，及三问，乃下床拜曰："老婢合死，本见和士开道孝徵多才博学，言为善人，故举之。比来看之，极是罪过，人实难知。老婢合死。"后主令韩长鸾检案，得其诈出敕受赐十余事，以前与其重誓不杀，遂解珽侍中、仆射，出为北徐州刺史。珽求见后主，韩长鸾积嫌于珽，遣人推出柏阁。珽固求面见，坐不肯行。长鸾乃令军士牵曳而出，立珽于朝堂，大加消责。上道后，令追还，解其开府仪同、郡公，直为刺史。

至州，会有陈寇，百姓多反。珽不关城门，守埤者皆令下城静坐，街巷禁断行人，鸡犬不听鸣状。贼无所闻见，不测所以，疑惑人走城空，不设警备。珽忽然令大叫，鼓噪聒天，贼大惊，登时走散。后复结阵向城，珽乘马自出，令录事参军王君植率兵马，仍亲临战。贼先闻其盲，谓为不能拒抗。忽见亲在戎行，弯弧纵镝，相与惊怪，畏之而罢。时穆提婆憾之不已，欲令城陷没贼，虽知危急，不遣救援。珽且战且守十余日，贼竟奔走，城卒保全。卒于州。

译文：

祖珽，字孝征，范阳郡遒县人。父亲祖莹，官至北魏护军将军。祖珽聪慧机智，文章既有力度，又能文采，小时候便美名远扬，受到世人称赞。初任秘书郎，经过策试，获得高第，任尚书仪曹郎中，掌管仪注。他曾替冀州刺史万俟受洛撰写《清德颂》，文辞雅正华丽，因此神武帝高欢才听说有祖珽这么一个人。当时文高祖宣帝高洋任并州刺史，委任祖珽作他的仓曹参军,神武帝曾向祖珽口头叙述三十六件事,祖珽出去后,把这些事记录下来,没有一件事被遗漏,深受同僚们的赞誉。当时神武帝护送魏兰陵公主到漠北嫁给蠕蠕首领以和亲,魏收写了《出塞》和《公主远嫁诗》两首,祖珽和了两首,被当时人广为传诵。

祖珽性格疏忽轻率,不能廉洁谨慎正直行事。仓曹虽然只不过是州一级的小机构,但却负责接管恒山以东各州交纳的赋税,祖珽因此大肆贪污,家里财产很多。祖珽又通晓弹奏琵琶,能谱写新曲目,召集城中年轻人唱歌跳舞,寻找作乐,并聚集到娼妓家中玩。他与陈元康、穆子容、任胄、元士亮等人凑在一起,迷恋音乐女色。这帮人曾到祖珽家中过夜,祖珽拿出山东产的大文绫和连珠孔雀罗等精美的丝织品一百多匹作赌资,让几位妇女掷樗蒲赌博,以便游戏取乐。参军元景献,是已故尚书令元世隽的儿子,他的妻子是司马庆云的女儿,是魏孝静帝的姑姑博陵长公主所生。祖珽忽然间把元景献的妻子接到宴会上,并与众人轮流睡觉,也是他用财物招诱来的。他就是这样骄奢淫逸。他常说:"大丈夫一辈子不应该亏了自己。"不久文高祖宣帝被免去并州刺史的职务,祖珽按例应随府改任他职,他想继续作仓曹参军,让陈元康代他求情,陈元康把他的想法给文高祖宣帝说了,因此他得以再任仓曹参军。祖珽又倾身巴结参军事、代理典签陆子先,并给陆子先出了一个主意,在发放粮食的时候,让陆子先假传文高祖宣帝的命令,盗取十车仓库中的粟米,被同僚抓获送交官府。祖珽自称没有接到过文高祖宣帝签过名的命令,把罪责推给陆子先,神武帝相信他的话,便将他放了。祖珽出来后便说:"这位丞相天生就明察秋毫,不过这次的事确实是我祖孝征干的。"他生性放荡不羁,有一次到胶州刺史司马世云家喝酒,席间偷藏了两只铜碟子，厨师请将来客挨个搜一下，结果在祖珽怀中查了出来，在场的人都认为这是很大的耻辱。他常把自己乘坐的老马称作宝马，又和一个姓王的寡妇私通，常在人面前相互往来。裴让之早就同祖珽很亲昵，在大庭广众中取笑祖珽说："你怎么这样奇怪，一匹十岁的老马，你却称作宝马；妻子已六十岁了，你竟叫作娘子。"这话一时众口相传。后祖珽任神武帝中外府功曹，神武帝宴请属官，席间丢失了一只金叵罗，窦泰让喝酒的人都取下帽子检查，在祖珽的发髻上找到了那只金叵罗，神武帝也不能就此问他的罪。后来祖珽任秘书丞，代理舍人的职责，侍奉文襄帝高澄。有一客商来，要卖一部《华林遍略》。文襄帝召集很多抄书手，一天一夜便抄了一部，把原本退还给那位客商说："我不要了。"祖珽却在《华林遍略》中抽出几本拿到当铺换了钱去赌博，文襄帝打了他四十棍。祖珽又同令史李双、仓督成祖等人伪造晋州送来的信函，请给三千石粟，代替功曹参军赵彦深宣布神武帝的命令，把粟支给城局参军。这事通过典签高景略那儿，高景略怀疑其中肯定有诈，暗中询问赵彦深，赵彦深回答说根本没有这种事，因此受到审查，祖珽当即招供。神武帝大怒，做出判决，给祖珽两百鞭子，配送造甲的作坊，还要加上镣铐，被盗取的谷物加倍偿还。还未执刑，恰遇并州定国寺刚建成，神武帝对陈元康、温子升说："先前撰写的《芒山寺碑》碑文，当时号称最妙，现在《定国寺碑》该让谁来撰写呢？"于是，陈元康推荐祖珽有文才学识，并且通晓鲜卑话。于是把纸笔送到囚禁祖珽的地方，让他撰写。祖珽在两天内写成，文辞华美。神武帝因他写得又好又快，特加宽恕，不再问罪，但还是免去他的官职，无职参议相府事。文襄帝继任丞相后，任祖珽为功曹参军。后文襄帝遇害的时候，陈元康受重伤，请祖珽帮他写封信，向家属吩咐一些事，信中还说："祖喜那儿还有点东西，你们应早一点去向他要。"祖珽没把这封信交出去，而是把祖喜叫来，私下里盘问，得二十五锭金子，他只给祖喜留下两锭，其余的全部据为己有。他还偷了陈元康家中几千卷书。祖喜怀恨在心，便将这些事告诉了陈元康的弟弟陈叔谌、陈季琚等二人。陈叔谌把情况向杨愔讲了，杨愔皱着眉头回答说："这事捅出去恐怕对死者也没有好处。"因此才没闹下去。文高祖宣帝作丞相时，祖珽负责选十多个人作令史，都分别向他们索取了贿赂，按照法律应处以绞刑，文高祖宣帝不久又将他放了。祖珽又把公家一部《华林遍略》给偷了，这事被发觉后，文高祖宣帝交给从事中郎王士雅审查，并给平阳公高淹写了一封信，让他逮捕祖珽，把他看押起来，不要让他逃了。高淹派田曹参军孙子宽去叫祖珽，祖珽接到命令后，趁机溜走。黄门郎高德正为留台副手，他定计说："祖珽自己知道有罪，惊惧逃窜，是人之常情，只需向秘书省再次送去一道命令，说接到并州的指令，要三部《五经》，希望秘书丞亲自检核校对，督促尽快发书。这样，祖珽心中就会安定，夜里当回到家中，然后乘其不备，前往搜捕。"祖珽果然像高德正谋划的那样，回到家中。傍晚，突然到他家捕捉，把祖珽捆绑起来送给廷尉。根据他犯的枉法之罪，应判处绞刑，文高祖宣帝因祖珽曾服侍前朝，告诉有关机构，让特地放宽对祖珽的处罚，于是上奏朝廷，免除他的死刑，罢去一切官职。天保元年，又被征召。让他随驾，按被免除官职的惯例，到晋阳参见文高祖宣帝。

祖珽天性聪明，什么事很容易就学会了，各种技艺，他没有不留心的，除了写一手好文章外，又擅长音乐律理，懂得四方少数民族的语言及阴阳占卜，特别精通医术。文高祖宣帝虽讨厌他多次犯法，但爱他的才技，命令他到中书省做事，掌管诏诰。祖珽向文高祖宣帝送交了一份密状，陈述中书侍郎陆元规的罪行，文高祖宣帝命令裴英审问，陆元规在回答问题时冒犯了文高祖宣帝，被发配到造甲的作坊。任命祖珽为尚药丞，不久，升任典御。他又上奏，请制造胡桃油，又因私留公家物资，被免去官职。文高祖宣帝每次见到他，都把他叫作贼。文高祖宣帝逝世，朝廷将文高祖宣帝时有勋劳的旧臣都授以官职，祖珽被任命为章武郡太守。刚好碰上杨愔被杀事件，祖珽没有到任，被任命为著作郎。他多次递交密信，受到孝昭帝高演的痛恨，命令中书省和门下省禁止呈交祖珽的奏文。

祖珽善于制胡桃油以染画，于是把胡桃油献给长广王高湛，趁机说："殿下骨相非凡，孝征我曾梦见你乘龙上天。"长广王对他说："如果真的如此，我会让你老兄富贵得了不得。"他即皇帝位后，就是北齐武成皇帝，升任祖珽为中书侍郎。武成帝在后花园让祖珽弹琵琶，叫和士开跳胡人的舞蹈，每人赏赐织锦百段。和士开忌妒祖珽，让他离京任安德郡太守，转任齐郡太守，因母亲年老请求回家奉养，武成帝答应了他的请求。刚好江南陈朝的使节来访，让祖珽接待陈朝使节。不久升任太常少卿、散骑常侍，假仪同三司，掌管诏诰。当初，祖珽在北齐废帝和孝昭帝时，就知道武成帝暗中有夺取帝位的意图，便与武成帝大拉关系，想方设法向他表示敬意。武成帝在天保时期常遭文高祖宣帝的指责，对文高祖宣帝怀恨在心。祖珽这时迎合武成帝的心意，上书请求追尊太祖献武皇帝高欢为神武帝，把高祖文宣皇帝高洋的尊号改为威宗景烈皇帝，以获得武成帝的欢心，武成帝同意了他的请求。

当时皇后喜欢小儿子东平王高俨，想让他继承皇位，武成帝认为当时为太子的后主高纬地位正，年龄又最大，难以改变。

祖珽私下里对和士开说:"你受到皇上的宠幸,自古以来没有人比得上,假如皇上一旦去世,你想得个什么样的结果?"于是,和士开请他出个对策。祖珽说:"应当讨皇上的喜欢,说文襄、文宣及孝昭帝的儿子都未能继承帝位,现在应该让皇太子早点即位,使君臣名分确定下来。如果事情办成了,皇后和小皇帝都会感激你,这是一条万全之策。你现在暂且旁敲侧击,让皇上大致领会你的意见,我会在宫外上表论述此事。"和士开答应了他。由于天上有彗星出现,太史上奏,说这是除旧布新的象征。于是,祖珽上书,说:"陛下虽然身为天子,但还没有获得最尊贵的地位。据《春秋元命苞》说:'乙酉年,革除旧政。'今年太岁星运行为乙酉年,应当把帝位传给太子,使君臣名分早日确立下来,并且能上应天象。"他还把魏献文帝禅位给儿子孝文帝的事迹写出来呈上。武成帝采纳了他的意见。因此任祖珽为秘书监,加仪同三司,很受亲信宠爱。

祖珽被中宫和东宫看重后,便立志要做宰相。他起先与黄门侍郎刘逖关系较好,于是条列侍中、尚书令赵彦深和侍中、左仆射元文遥及侍中和士开的罪状,让刘逖上奏给朝廷。刘逖胆怯,不敢把他的状子送上去,这事严重泄密,赵彦深等人抢先到武成帝那儿为自己作了辩解。武成帝大怒,把祖珽抓来责问他说:"你为什么要诽谤我的和士开?"于是,祖珽厉声说:"臣下因和士开的关系才受到重用,本来没有诽谤他的想法,陛下现在既然问到我,我不敢不据实回答。和士开、元文遥、赵彦深等人专权,作威作福,控制朝廷,同吏部尚书尉瑾内外勾结,互相呼应,出卖官职,凭钱断案,为财物而处理政事,全国各地都有歌谣指斥他们。如果被有见地的人知道了会发生什么事呢,这种事又怎能让四边的邻国知道!陛下还不留意,我担心大齐的江山就要毁灭了。"武成帝说:"你竟敢诽谤我!"祖珽说:"我怎敢诽谤,只是陛下强夺民女。"武成帝说:"我因她们受饥挨饿,所以才收养了她们。"祖珽说:"为什么不打开粮仓赈济她们,却买来要放入后宫呢?"武成帝更加愤怒,拿刀头捣他的嘴巴,用皮鞭棍棒乱打,将把他抽打死。祖珽大叫着说:"陛下如果不杀我,将落个好名声,如果把我杀了,我就会得个好名声。如果想得好名声,就不要杀我,我好给陛下配制金丹。"于是稍稍将他放松了些。祖珽又说:"陛下有个范增那样的人才却不能任用,知道该怎么做吗?"武成帝又发怒说:"你把自己比作范增,难道认为我是项羽!"祖珽说:"项羽本人别人又怎能赶得上,只是他没受天命罢了。项羽是个平民,率领乌合之众,五年中便建立起霸王之业。而陛下凭借父亲和兄长们的身份,才能走到这一步,我认为不应简单地轻视项羽。我又哪止可和范增相比呢,即使是张良也比不上我。张良身为太子的辅导官,仍需通过商山四皓,才能决定汉朝的继承人。我不是辅佐大臣,地位疏远,但竭力尽忠,劝陛下传位给太子,使陛下被尊为太上皇,儿子登上帝位,无论父子,都获得福庆。小小一个张良,哪值一提。"武成帝更加愤恨,命令用泥土塞住他的嘴,祖珽边吐边说,一点也不屈服。于是打了他两百鞭子,发配到造甲的作坊劳动。不久又流放到光州。光州刺史李祖勋对他很好。光州别驾张奉礼迎合朝廷大臣的意图,上奏说:"祖珽虽是被流放的罪犯,但却经常和刺史平坐一起。"朝廷回报说:"把他关在牢里。"张奉礼说:"所谓牢,就是地牢。"于是挖了一个深坑,把祖珽关在里边,严加看管,脚镣手铐从未取下过,家属和亲戚都不准探望。晚上用芜菁子做的烛照明,祖珽双眼被烟火熏烤,因此失明。

武成帝逝世后，后主想起他，派人到光州任命他为海州刺史。这时陆令萱扰乱朝政，陆令萱的儿子穆提婆又受到后主的宠信。于是，祖珽写信给陆媪的弟弟陆悉达说："赵彦深深谋远虑，想像伊尹、霍光那样辅政，仪同你们姐弟怎能平安无事，为什么不早点任用有才干的人呢？"和士开也认为祖珽能决定大事，想依靠他出谋划策，所以抛弃旧怨，毫无成见地待他。与陆媪对后主说："文襄、文宣、昭成三位皇帝的儿子都未能做成皇帝，现在陛下之所以能登上帝位，确实因为祖珽的缘故。这个人立有大功，应报答他的大恩。祖孝征思想行为虽然浮薄，但奇谋妙计超人一等，遇到什么急事还真可以依靠。况且他双目失明，一定不会有谋反的意图，请把他召回来，向他问计。"后主听从了。祖珽回京任银青光禄大夫、秘书监，加开府仪同三司。和士开死后，他又劝陆媪让赵彦深出京到地方做官，任他为侍中。他在晋阳的时候，又送密信谋杀琅邪王高俨。他的计策实现后，逐渐受到后主的信任宠待。

武成皇帝皇后胡太后被囚禁的时候，祖珽想尊陆媪为皇太后，将北魏皇帝尊立皇太后的事迹撰成文章，向陆太姬讲述。并对人说："陆太姬虽说是个女人，确实是英雄豪杰，女娲以后，没有哪个女性比得上她。"陆太姬也把祖珽称为国师、国宝。因此任命他为尚书左仆射，监国史，加特进，到文林馆，总管撰写史书的工作，封他为燕郡公，食太原郡干，给杂役七十人。他家在义井坊，拆了邻居的屋舍拓展地基，大力修建，陆媪亲自前去巡视，威势倾动朝廷和民间。斛律光极其讨厌他，远远地看见他也会悄悄地骂他说："这个搬弄是非四处乞求的家伙，不知又在打什么鬼主意！"他还经常对将领们说："以前边境有什么情况，需要分派人马，赵彦深尚书令有时还与我们这些人商量。

瞎子掌管国家机密以来,一概不给我们讲,唯恐把他的国家大事耽误了。"他这些话祖珽听了不少,便利用斛律光的女儿斛律皇后失宠的时机,把民间流传的谣言说给后主听,谣言说:"百升飞上天,明月照长安。"祖珽让他妻子的哥哥郑道盖把这句谣言上奏给后主,后主询问祖珽,祖珽证明确有其事。并说还有谣言说:"高山崩,槲树举,盲老翁背上下大斧,多事老母不得语。"祖珽还说:"盲老翁讲的是我。"并声称自己与国家共忧患,劝后主做出裁决,而且说:"谣言中说的多事老母,好像讲的是女侍中陆氏。"后主又就这些话询问韩长鸾、穆提婆,并且让高元海、段士良秘密商量,大家都不同意处理斛律光。祖珽又通过斛律光将军府的参军封士让递交密信,告发斛律光谋反,于是将斛律光一族人杀绝。

祖珽又依附陆媪,请让他作领军将军,后主答应了他。诏令实行覆奏制度,并要求侍中斛律孝卿签名。斛律孝卿把这事暗中告诉了高元海,高元海对侯吕芬、穆提婆说:"祖孝征是个汉人,两只眼睛又看不见东西,怎么能做领军将军呢?"第二天早上,高元海当面上奏后主,详细陈述祖珽不宜当领军将军的缘由,而且奏章中还写到祖珽与广宁王高孝珩相交往,没有大臣的规矩。祖珽也请求面见后主,后主命令把他带进宫来。祖珽为自己辩解,并说自己与高元海平时就有仇怨,肯定是高元海说了他的坏话。后主脸皮薄、隐瞒不住,说:"就是。"祖珽便陈述高元海与司农卿尹子华、太府少卿李叔元、平准令张汉略等人拉帮结派。于是贬任尹子华为仁州刺史,李叔元为襄城郡太守,张叔略为南营州录事参军。陆媪又与祖珽相呼应,于是再把高元海贬为郑州刺史。祖珽从此后独掌机密大政,主管骑兵曹、外兵曹的各种事务。他的内亲外亲,都得高官。后主也命令几个宠信的宦官扶祖珽出入皇宫,每次祖珽戴着纱帽，直到官中的长巷，进入万春门后，径直来到后主住的圣寿堂，经常与后主坐在一个榻子上讨论决定政事，极受后主的信任和倚重，大臣们没有谁比得上他。

自从和士开执政以后，政治败坏，祖珽推崇那些名望高的人，他所任命的官员都很称职，朝廷和民间都称赞他治国有方。他又打算增加或废除一些政事，清理官员。最先他上奏请求废除京畿都督府，把它合并到领军府，和百姓有关的事务，都移交郡县处理。宿卫都督等官位名号恢复原名，文武官员的礼服都按原样。他又想罢免参政的阉官恩幸和那些投机钻营的小人，要求官员都忠于朝廷，以此作为实现国家安定的方略。陆媪、穆提婆与祖珽的意见很不相同。于是，祖珽暗示御史中丞郦伯伟，让他弹劾主书王子冲收取贿赂，祖珽知道这事与穆提婆有关系，想让他牵连到这个贪污案中，希望他因此得罪，并想牵涉到陆媪，他还担心后主宠爱这些亲幸的人，想依靠皇后家人的援助，便请求让皇后的哥哥胡君瑜作侍中、中领军。又召胡君瑜的哥哥梁州刺使胡君璧，打算让他作御史中丞。陆媪听说后满腔怒火，千方百计地排斥诋毁他们，立即贬高君瑜为金紫光禄大夫，解除他中领军的职务，胡君璧还任梁州刺史。胡皇后遭到废黜，与此也有很大关系。对王子冲不加追究。祖珽与后主的关系日益疏远，加上宦官们一起说他的坏话，什么手段都用上了。后主向陆媪询问她对祖珽的看法，陆媪做起忧伤的样子，沉默不语，后主连问三次，陆媪才下座拜伏在地说："老婢该死，我原先见和士开称道祖孝征博学多才，说他是个好人，所人才推荐他。从最近来看，这是犯了大错误，一个人确实难看清楚。老婢该死。"后主命令韩长鸾对祖珽进行审查，得到祖珽诈传后主敕令冒领赏赐等十余件罪行。因此后主先前曾对祖珽发过重誓，有罪不杀，于是解除祖珽仆射、侍中等职，贬任北徐州刺史。祖珽请求见后主一面，韩长鸾因为一直对祖珽就不满，派人把他推到柏阁外。祖珽坚决请求面见后主，坐在地上不肯走。于是，韩长鸾命令士兵把他拖出去，让祖珽立在朝堂上，对他大加指责。祖珽出发以后，又命令人把他追回来，解除他开府仪同三司和燕郡公的封爵，只任北徐州刺史。

祖珽到北徐州后，碰到陈朝军队前来侵犯，百姓大多数反叛以响应陈军。祖珽不关城门，命令护守矮墙的士兵都下来静坐，不准人在大街小巷行走，不让鸡狗鸣叫。陈军听不到声音，看不见人影，弄不清是怎么回事，怀疑人都逃走了，留下一座空城，没有防守。祖珽突然命令城中的人击鼓呼喊，响声震天，敌军大吃一惊，立即离散逃跑。后敌军又排开阵势攻城，祖珽骑马走出城门，命令录事参军王君植统领兵马，他自己也亲自到战场。敌军事先听说他是个瞎子，认为他不会抵抗。忽然看见他亲临战阵，弯弓射箭，大家都觉得奇怪感到害怕，便撤走了。当时穆提婆对他还是很恨，想让敌军把城攻下，把祖珽捉走，虽然知道情况危急，还是不派援军。祖珽指挥军队一边作战，一边守城，坚持了十多天，敌军竟自己逃走，城池终于完好无缺。祖珽后死于北徐州。

北齐书卷四十六

列传第三十八

苏 琼

苏琼，字珍之，武强人也。父备，仕魏至卫尉少卿。琼幼时随父在边，尝谒东荆州刺史曹芝。芝戏问曰："卿欲官不？"对曰："设官求人，非人求官。"芝异其对，署为府长流参军。文襄以仪同开府，引为刑狱参军，每加勉劳。并州尝有强盗，长流参军推其事，所疑贼并已拷伏，失物家并识认，唯不获盗脏。文襄付琼更令穷审，乃别推得元景融等十余人，并获赃验。文襄大笑，语前妄引贼者曰："尔辈若不遇我好参军，几致枉死。"

除南清河太守，其郡多盗，及琼至，民吏肃然，奸盗止息。或外境奸非，辄从界中行过者，无不捉送。零县民魏双成失牛，疑其村人魏子宾，送至郡，一经穷问，知宾非盗者，即便放之。双成诉云："府君放贼去，百姓牛何处可得？"琼不理，密走私访，别获盗者。从此畜牧不收，多放散，云："但付府君。"有邻郡富豪将财物寄置界内以避盗，为贼攻急，告曰："我物已寄苏公矣。"贼遂去。平原郡有妖贼刘黑狗，构结徒侣，通于沧海。琼所部人连接村居，无相染累。邻邑于此伏其德。郡中旧贼一百余人，悉充左右，人间善恶，及长吏饮人一盃酒，无不即知。琼性清慎，不发私书。道人道研为济州沙门统，资产巨富，在郡多有出息，常得郡县为徵。及欲求谒，琼知其意，每见则谈问玄理，应对肃敬，研虽为债数来，无由启口。其弟子问其故，研曰："每见府君，径将我入青云间，何由得论地上事。"郡民赵颖曾为乐陵太守，八十致事归。五月初，得新瓜一双自来送。颖恃年老，苦请，遂便为留，仍致于听事梁上，竟不剖。人遂竞贡新果，至门间，知颖瓜犹在，相顾而去。有百姓乙普明兄弟争田，积年不断，各相援引，乃至百人。琼召普明兄弟对众人谕之曰："天下难得者兄弟，易求者田地，假令得地失兄弟心如何？"因而下泪，众人莫不洒泣。普明弟兄叩头乞外更思，分异十年，遂还同住。每年春，总集大儒卫觊隆、田元凤等讲于郡学，朝吏文案之暇，悉令受书，时人指吏曹为学生屋。禁断淫祠，婚姻丧葬皆教令俭而中礼。又蚕月预下绵绢度样于部内，其兵赋次第并立明式，至于调役，事必先办，郡县长吏常无十杖稽失。当时州郡无不遣人至境，访其政术。天保中，郡界大水，人灾，绝食者千余家。琼普集部中有粟家，自从贷粟以给付饥者。州计户徵租，复欲推其贷粟。纲纪谓琼曰："虽矜饥馁，恐罪累府君。"琼曰："一身获罪，且活千室，何所怨乎？"遂上表陈状，使检皆免，人户保安。此等相抚儿子，咸言府君生汝。在郡六年，人庶怀之，遂无一人经州。前后四表，列为尤最。遭忧解职，故人赠遗，一无所受。寻起为司直、廷尉正，朝士嗟其屈。尚书辛述曰："既直且正，名以定体，不虑不申。"

初琼任清河太守，裴献伯为济州刺史，酷于用法，琼恩于养人。房延祐为乐陵郡，过州。裴问其外声，祐云："唯闻太守善，刺史恶。"裴云："得民誉者非至公。"祐答言："若尔，黄霸、龚遂君之罪人也。"后有敕，州各举清能。裴以前言，恐为琼陷，琼申其柱滞，议者尚其公平。毕义云为御史中丞，以猛暴任职，理官忌惮，莫敢有违。琼推察务在公平，得雪者甚众，寺署台案，始自于琼。迁三公郎中。赵州及清河、南中有人频告谋反，前后皆付琼推捡，事多申雪。尚书崔昂谓琼曰："若欲立功名，当更思余理，仍数雪反逆，身命何轻？"琼正色曰："所雪者怨枉，不放反逆。"昂大惭。京师为之语曰："断决无疑苏珍之。"

迁左丞，行徐州事。徐州城中五级寺忽被盗铜像一百躯，有司征检，四邻防宿及纵迹所疑，逮系数十人，琼一时放遣。寺僧怨诉不为推贼，琼遣僧，谢曰："但且还寺，得像自送。"尔后十日，抄贼姓名及赃处所，径收掩，悉护实验，贼徒款引，道俗叹伏。旧制以淮禁不听商贩辄度。淮南岁俭，启听淮北取籴。后淮北人饥，复请通籴淮南，遂得商估往还，彼此兼济，水陆之利，通于河北。后为大理卿而齐亡，仕周为博陵太守。

译文：

苏琼，字珍之，武强郡人。父亲苏备，在魏官至卫尉少卿。苏琼幼年时跟随父亲到边界去，曾拜见东荆州刺史曹芝。曹芝开玩笑问他说："你想不想做官？"苏琼回答说："设立官职，选人以充任，并不是由人去找官做。"曹芝对他的回答感到惊异，便让他做自己将军府的长流参军。北齐文襄帝高澄以仪同的名号开府设置属官，把苏琼召为刑狱参军，经常鼓励并慰劳他。并州曾经发生强盗抢劫的事，长流参军追查此事，被怀疑为强盗的人经过拷问已招认，丢失财物的人家都认定他们是强盗，只是没有找到抢劫的赃物。文襄帝把案子交给苏琼彻底审查，于是另外追查到元景融等十多个人,并且找到了赃物和证据。文襄帝大笑,对先前那些胡乱牵连为强盗的人说:"你们这些人如果没有遇到我的好参军,差一点被冤枉而死。"

朝廷任命他为南清河郡太守,南清河郡盗贼很多,苏琼到任后,百姓和官吏都肃然起敬,犯法偷盗的事再也没有发生过。有时外郡的不法之徒,擅自从南清河郡经过,没有不被捉住送交官府的。零县百姓魏双成丢了一头牛,怀疑是同村人魏子宾偷的,便把他送到郡上,苏琼经过仔细查问,知道魏子宾不是偷牛贼,当即把他放了。魏双成告诉说:"府君你把盗贼放跑了,我们老百姓的牛又往哪儿去找呢?"苏琼不理睬他,暗中下去查访,另外抓到了偷牛的人。从此以后,南清河郡的百姓放牧牲畜时不加收检,大都散放在野外,说:"只管放心地交给苏府君。"有个邻郡的富豪带着财物到南清河郡存放以躲避盗贼,被盗贼追得很紧,便对他们说:"我的财物已经交给苏公保管了。"盗贼便离去。平原郡有一个会法术的巨贼刘黑狗,他招纳党徒,并和海外有联系。苏琼治下百姓虽然和刘黑狗村子靠村子,都没有牵连进去。邻郡的人因此佩服他的德行。南清河郡原来做贼的一百多个,都充当苏琼的耳目,民间好事坏事,及官吏们喝百姓一杯酒,苏琼无不立即就知道,苏琼生性清廉谨慎,找他办私事的信他连拆都不拆。道人道研任济州沙门统,财产极多,在南清河郡放了不少高利贷,先前常得到郡县官吏帮他催债。当他来拜见时,苏琼猜到他的意图,每次见到他便谈论询问佛法,言语极其严肃恭敬,道研虽因讨债多次前来,都没法说出口。他的弟子问他其中的缘由,道研说:"我每次见到苏府君,他就直接把我带到青云中,哪有可能谈论地上的俗事。"南清河郡人赵颖,曾做过乐陵郡太守,八十岁告老归家。五月初,他摘了两只新产的瓜,亲自来送给苏琼。赵颖仗着自己年纪大,竭力请求苏琼收下,于是苏琼把瓜留下了,但还是把瓜放到大堂的梁上,竟不切开吃。于是,人们争先恐后地给他送新摘的瓜果,来到门上,才知赵颖送的两只瓜还放在那儿没有动,大家你看着我,我看着你,只好回去。有个叫乙普明的百姓,兄弟俩为土地发生争执,多年没有争出结果,两人各自寻找证人,竟拉了一百个证人。苏琼把乙普明兄弟叫来。对着那些证人说:"世间兄弟难得,田地易求,假如争到了土地却失去了兄弟,你们的心情如何?"说着便掉下了眼泪,大家无不哭泣。乙普明兄弟磕头请求让他们出去再想一想。两个已分开住了十年,现在又住到了一起。每年春季苏琼召集博学的儒生卫觊隆、田元凤等人到郡学堂讲学,郡吏们处理公务以后的闲余时间,苏琼都让他们来读书,当时人把官衙称为学生宿舍。苏琼禁绝不合礼制的祭祀,教导百姓婚娶丧葬都要讲求节俭,遵守礼仪。养蚕的月份,他预先在全郡公布绵和绢的长度式样,徭役赋税的先后都有明确规定,每当国家收纳赋税、征派徭役时,苏琼总是最先把事情办好,郡县官吏一般不会因延误而受到极轻的处罚。当时其他州郡全都派人到南清河郡,询问苏琼处理政事的方法。文高祖宣帝天保年间,南清河郡内发大水,百姓受灾,有一千多家揭不开锅。苏琼把郡中有粮食的人家全部召集来,亲自向他们贷粮分给挨饿的人。州却按户征收租税,并且想追查苏琼向百姓贷粮的事。郡主簿对苏琼说:"虽说是哀怜那些饥饿不堪的百姓,恐怕要连累府君得罪。"苏琼说:"我一人获罪,便可救活近千家人,还有什么值得怨恨的呢?"于是给朝廷上表,陈述情况,结果州既没有派人征收赋税,也没有派人查问苏琼,受灾的人家也平安地度过了困难。这些人抚爱子女,都说:"是苏府君给了你生命。"苏琼做了六年南清河郡太守,百姓们的心都向着他。所以该郡没有一个人有案子向州申诉过。先后四次上表报告政绩,苏琼都在所有郡太守中排在最最上等。后因居丧离职，老熟人送来的财物，他一概不收。不久又让他出来做官，任命他为司直、廷尉正，朝中官员都为他感到不公平。尚书辛述说："苏琼为人正直，名实相符，不必忧虑他得不到升迁。"

起先苏琼任南清河郡太守时，裴献伯任济州刺史，裴献伯为政严厉，专用刑法，而苏琼却施行恩惠，养育百姓。房延祐就任乐陵郡太守，从济州经过。裴献伯问房延祐自己在外面的名声如何，房延祐说："只听说太守善良，刺史残暴。"裴献伯说："受到百姓称颂的人并非就很公正。"房延祐说："这样说来，黄霸、龚遂这些古代著名的清官在你眼里反倒成为罪人了。"后朝廷有令，让每州推荐清廉而有才干的人。裴献伯因为先前曾说过那些话，担心会遭到苏琼的陷害，而苏琼却为他长期受屈得不到提升向朝廷申诉，谈起这事的人都推崇苏琼为人公正。毕义云任御史中丞，以凶猛残暴为己任，法官们都畏惧他，不敢违背他的意图。而苏琼审理案子却尽量保证公平，得到昭雪的人很多，大理寺各衙门处理的案子须经尚书省复查，便是从苏琼开始实行的。升任尚书三公郎中。赵州、清河、南中等地经常有人来报告有人谋反，先后都交给苏琼追查，很多人被平反昭雪。尚书崔昂对苏琼说："如果你想建立功勋，博取名声，应当再想想其他法子，你却多次为谋反作乱的人洗雪罪名，干吗把自己的生命看得那么不值钱？"苏琼严肃地说："我昭雪的都是被冤枉的人，决不放过那些谋反作乱的人。"崔昂感到极其羞愧。京城里的人称颂他说："判案无疑苏珍之。"

升任左丞，代理徐州刺史的职务。徐州城中五级寺突然有一百座铜像被盗，官吏审察的结果，在五级寺四周防守住宿以及有迹象而受到怀疑的人，被逮捕来的有数十人之多，苏琼一下子把他们全都释放了。五级寺的僧人来抱怨苏琼不给他们追查盗贼,苏琼让僧人们回去,并告诉他们说:"你们只管暂且回去,我查到铜像后自会给你们送来。"过了十天,苏琼将盗贼姓名与赃物存放的地方写出来,派人直接前去搜捕,全都找到真凭实据,盗贼们老实招供,僧人和百姓都惊叹敬服。先前曾有规定,淮河两岸的商贩不得擅自渡过淮河进行贸易。当时淮南发生饥荒,苏琼上奏朝廷,请求让淮南的人到淮北买粮。后来淮北的百姓又受饥荒,他又请求让他们到淮南买粮,于是淮河两岸可以贸易来往,彼此都得到了好处,淮河两岸的水陆物产,竟运到了黄河以北。后来苏琼在任大理卿时北齐便灭亡了,在北周又担任博陵太守。

北齐书卷四十九

列传第四十一

綦母怀文

綦母怀文,不知何郡人。以道术事高祖。武定初,官军与周文战于邙山。是时官军旗帜尽赤,西军尽黑。怀文言于高祖曰:"赤火色,黑水色,水能灭火,不宜以赤对黑。土胜水,宜改为黄。"高祖遂改为赭黄,所谓河阳幡者。

又造宿铁刀,其法烧生铁精以重柔铤,数宿则成刚。以柔铁为刀脊,浴以五牲之溺,淬以五牲之脂,斩甲过三十札。今襄国冶家所铸宿柔铤,乃其遗法,作刀犹甚快利,不能截三十札也。怀文云:"广平郡南干子城是干将铸剑处,其土可以莹刀。怀文官至信州刺史。"

译文:

綦母怀文,不清楚是哪个郡出生的。以方术侍奉高祖神武帝高欢。东魏孝静帝武定初年,东魏军与北周文帝宇文泰率领的军队在邙山会战。当时东魏军队的旗帜全是红色的,而西魏军队的旗帜全是黑色的。綦母怀文对高祖说:"红色代表火的颜色,黑色代表水的颜色,水能灭火,不应以我们红色的旗帜去与敌军黑的旗帜对阵。土能堰水,应将我们的旗帜改为黄色。"于是,高祖把旗帜改为赭黄色,也就是所说的"河阳幡"。

綦母怀文又制造宿铁刀,方法是:将生铁融化成铁水以浸透到熟铁块中,反复几次以后,熟铁块便成了钢。用熟铁作刀脊,并用五种牲畜的便液来洗磨,然后用五种牲畜的油脂来淬火,这样锻铸出来的刀可以一下子斩透三十层铠甲。现在襄国一带冶炼名手所锻铸的钢块,便是綦母怀文留传下来的方法,拿来制造刀还是非常锋利,只是斩不透三十层铠甲。綦母怀文说过:"广平郡南边的干子城是古代铸剑名家干将造剑的地方,那儿的土壤可以用来磨砺刀剑。"綦母怀文官至信州刺史。

北齐书卷五十

列传第四十二

和士开

和士开,字彦通,清都临漳人也。其先西域商胡,本姓素和氏。父安,恭敏善事人,稍迁中书舍人。魏孝静尝夜中与朝贤讲集,命安看斗柄所指,安答曰:"臣不识北斗。"高祖闻之,以为淳直。后为仪州刺史。

士开幼而聪慧,选为国子学生,解悟捷疾,为同业所尚。天保初,世祖封长广王,辟士开府行参军。世祖性好握槊,士开善于此戏,由是遂有斯举。加以倾巧便僻,又能弹胡琵琶,因此亲狎。尝谓王曰:"殿下非天人也,是天帝也。"王曰:"卿非世人也,是世神也。"其深相爱如此。显祖知其轻薄,不令王与小人相亲善,责其戏狎过度,徙长城。后除京畿士曹参军,长广王请之也。

世祖践阼,累除侍中,加开府。遭母刘氏忧,帝闻而悲惋,遣武卫将军吕芬诣宅,昼夜扶侍,成服后方还。其日,帝又遣以辒车迎士开入内,帝见,亲自握手,怆恻下泣,晓喻良久,然后遣还,并诸弟四人并起复本官。其见亲重如此。除右仆射。帝先患气疾，因饮酒辄大发动，士开每谏不从。属帝气疾发，又欲饮，士开泪下歔欷不能言。帝曰："卿此是不言之谏。"因不复饮。言辞容止，极诸鄙亵，以夜继昼，无复君臣之礼。至说世祖云："自古帝王，尽为灰烬，尧、舜、桀、纣，竟复何异。陛下宜及少壮，恣意作乐，纵横行之，即是一日快活敌千年。国事分付大臣，何虑不办，无为自勤苦也。"世祖大悦。其年十二月，世祖寝疾于乾寿殿，士开入侍医药。世祖谓士开有伊、霍之才，殷勤属以后事，临崩，握士开之手曰："勿负我也。"仍绝于士开之手。

后主以世祖顾托，深委仗之。又先得幸于胡太后，是以弥见亲密。赵郡王睿与娄定远等谋出士开，引诸贵人共为计策。属太后觞朝贵于前殿，睿面陈士开罪失，云："士开先帝弄臣，城狐社鼠，受纳货赂，秽乱宫掖，臣等义无杜口，冒死以陈。"太后曰："先帝在时，王等何不道，今日欲欺孤寡耶！但饮酒，勿多言。睿辞色愈厉。或曰："不出士开，朝野不定。"睿等或投冠于地，或拂衣而起，言词咆勃，无所不至。明日，睿等共诣云龙门，令文遥入奏之，太后不听。段韶呼胡长粲传言，太后曰："梓宫在殡，事大忽速，欲王等更思量。"赵郡王等遂并拜谢，更无余言。太后及后主召见问士开，士开曰："先帝群官之中，待臣最重，陛下谅闇始尔，大臣皆有觊觎心，若出臣，正是剪陛下羽翼。宜谓睿等云：'令士开为州，待过山陵，然后发遣。'睿等谓臣真出，必心喜之。"后主及太后然之，告睿等如士开旨，以士开为兖州刺史。山陵毕，睿等促士开就路。士开载美女珠帘及条诸宝玩以诣定远，谢曰："诸贵欲杀士开，蒙王特赐性命，用作方伯。今欲奉别，谨具上二女子、一珠帘。"定远喜，谓士开曰"欲得还入不？"士开曰："在内久，常不自安，今得出,实称本意,不愿更入,但乞王保护,长作大州刺史。今日远出,愿得一辞觐二宫。"定远许之。士开由是得见太后及后主,进说曰:"先帝一旦登遐,臣愧不能自死。观朝贵势欲以陛下为乾明。臣出之后,必有大变,复何面见先帝于地下。"因恸哭。帝及太后皆泣,问计将安出。士开曰:"臣已得入,复何所虑,正须数行诏书耳。"于是诏出定远青州刺史,责赵郡王睿以不臣之罪,召入而杀之。复除士开侍中、右仆射。定远归士开所遗,加以余珍赂之。武平元年,封淮阳王,除尚书令、录尚书事,复本官悉得如故。

世祖时,恒令士开与太后握槊,又出入卧内无复期限,遂与太后为乱。及世祖崩后,弥自放恣,琅邪王俨恶之,与领军库狄伏连、侍中冯子琮、御史王子宜、武卫高舍洛等谋诛之。伏连发京畿军士,帖神武、千秋门外,并私约束,不听士开入殿。其年七月二十五日旦,士开依式早参,伏连前把士开手曰:"今有一大好事。"王子宜便授一函,云:"有敕令王向台。"遣兵士防送,禁于治书侍御厅事。俨遣都督冯永洛就台斩之,时年四十八,簿录其家口。后诛俨等。上哀悼,不视事数日,追忆不已。诏起复其子道盛为常侍,又敕其弟士休入内省参典机密,诏赠士开假黄钺、十州诸军事、左丞相、太宰如故。

士开禀性庸鄙,不阅书传,发言吐论,惟以谄媚自资。河清、天统以后,威权转盛,富商大贾朝夕填门,朝士不知廉耻者多相附会,甚者为其假子,与市道小人同在昆季行列。又有一人士,曾参士开,值疾。医人云:"王伤寒极重,进药无效,应服黄龙汤。"士开有难色。是人云:"此物甚易与,王不须疑惑,请为王先尝之。"一举便尽。士开深感此心,为之强服,遂得汗病愈。其势倾朝廷也如此。虽以左道事之者,不问贤愚无不进擢；而以正理干忤者，亦颇能舍之。士开见人将加刑戮，多所营救，既得免罪，即命讽喻，责其珍宝，谓之赎命物。虽有全济，皆非直道云。

译文：

　　和士开，字彦通，是清都临漳人。他的祖先是西域的胡商，本姓素和氏。父亲和安，小心聪明善于事人，后来升迁为中书舍人。东魏孝静帝元善见曾经在夜间和朝中贤臣谈论，让和安看一看北斗星斗柄指向何方。安回答说："我不认识北斗星。"北齐高祖听了，认为这个人忠厚正直。后来就任他为仪州刺史。

　　士开从小就很聪明，选为国子学生，思路敏捷，受到同学的崇拜。北齐文高祖宣帝天保初年，世祖高湛被封为长广王，征召和士开为府行参军。高湛喜好双陆这一游戏，和士开正善于此道，因此才有这一番征召。加上他乖巧随和，又能弹得一手好胡琵琶，因此得到王的亲近偏爱。他曾经奉承长广王说："殿下可不是天人，而是天帝啊！"王也回答说："您也不是一个世人，而是一个世神啊！"他们之间的相爱就能如此亲密。齐显祖高洋知道和士开是轻薄无赖，不让各王和这些小人亲近，责备和士开与长广王玩弄亲昵过分，把他迁徙到长城去。后来又升任他为京畿士曹参军，那是因为长广王请求的结果。

　　世祖高湛登极后，和士开步步高升为侍中，加开府。士开母刘氏丧丁忧，皇帝听说后就很悲痛，派遣武卫将军吕芬到他家，昼夜侍候，到大殓后才回去。那一天，皇上又派牛犊车迎接和士开进宫。皇帝见了他之后，亲自和他握手，伤心的掉下了眼泪。慰勉解劝了很久，然后才让他回去。官吏丁忧是要辞官居丧的，但皇上特准和士开兄弟四人继任原来的官职。皇帝对他的恩宠就特殊到这种地步。又升他任右仆射。皇帝原先患有气病,每次饮酒就会导致病情大发作。和士开多次劝谏,他总不听。又一次皇上气病犯了,又要饮酒,和士开流着泪抽泣着说不出话来。皇帝说:"您这是无声的劝告啊!"从而不再饮酒。和士开的言谈举动都非常卑鄙龌龊,从黑夜到白天接连不断,没有一点君臣的礼仪。他甚至于劝世祖说:"从古以来的帝王不管好坏都要化为灰烬,尧舜和桀纣到最后也没有什么不同。皇上应该趁现在少壮之年,抓紧时间纵情行乐,随心所欲,这样快活一日抵上他千年。国家大事交给大臣去办,还担心什么事办不成?你就用不着自己辛苦了。"世祖听了非常高兴。这年十二月,世祖卧病于乾寿殿,和士开入宫奉侍医药。世祖认为和士开有伊尹、霍光的才能,谆谆地把后事托付给他。临死的时候,握着和士开的手说:"可不要辜负了我啊!"他就与和士开拉着手断了气。

齐后主高纬因为世祖临死时的重托,把一切重任都委托给和士开。他又事先曾得到胡太后的宠幸,所以关系就更加亲密。赵郡王高睿和娄定远等计谋要把和士开赶出朝廷,请来朝中的权贵共同商量。趁太后在前殿上宴请朝中权贵,高睿当面陈奏和士开的罪行,说:"和士开是先帝时代的奸邪之臣,他是城墙里的狐狸,神社里的老鼠,接受贿赂,污乱后宫,我们出于对国家社稷的关心不能闭口不言,现在冒死陈奏。"太后说:"先帝活着的时候,你们这些王公们怎么不说呢?今天才来说这些,不是来欺侮我们这些孤儿寡母吗?所以还是只管饮酒,不要再多说话了。"高睿的言辞更加严厉,又说:"如果不把和士开赶出朝廷,朝里朝外都不会安宁。"高睿等人,有的把帽子摔在地上,有的拂衣而站了起来,大声喧哗,群情激愤,达到了顶点。第二天,高睿等都到云龙门,又让元文遥入奏，太后不听。段韶叫胡长粲传出话来，太后说："天子的棺材就要殡葬了，事情大，时间紧，你们王公们还是先想想这件大事吧！"赵郡王高睿等只好一同拜谢，无法再说出其他的话来。太后和后主召见并询问和士开，士开说："先帝在一群官僚中，待我最恩重。（现在先帝死了，）陛下三年守丧刚刚开始，大臣们都有羡慕和窃夺帝位之心，如果把我赶出朝廷，正是剪了皇上的翅膀和羽毛。应该先给高睿说：'让和士开出朝去做地方官，等到先帝安葬之后，就马上赶他走。'高睿等人认为我真要被赶走了，一定非常高兴。"后主和太后都很同意，把和士开这番哄骗的话都告诉了他们，并宣布任命和士开为兖州刺史。高祖安葬已毕，高睿等就催促和士开上路出京。和士开先用车载美女、珍珠帘子和其他宝物器玩去见娄定远，向他告辞说："各位权贵都想杀我，特蒙临淮郡王您赏给我一条命，让我出京作一方之长。今天来告别，特意敬上两个美女、一条珠帘作为告别的礼物。"娄定远听了很高兴，告诉和士开说："你还想回京做官吗？"和士开说："在内朝任职时间过长，心里总感到不安。今天能够出京作外官，实在和我的内心想的相合，所以不想再回来了。只希望郡王在朝中保护我，让我永远做一个大州的刺史。今天远出离京，只希望见一见皇帝和太后与他们告别。"娄定远就答应了他。和士开因此又能见到太后和后主高纬，趁机进言说："先帝突然登天远去，我正恨不得跟着先帝去死。我看朝中权贵们是想要把陛下当作废帝高殷（年号乾明）随便害死的。我离开朝廷之后，一定有大的事变，（陛下如果遇害，）我还有什么脸面到阴间去见先帝呢？"从而痛哭失声。皇帝和太后也都哭了。问他该怎么办才好。和士开说："我已经能入官，还有什么值得考虑的！只需要几道诏书罢了。"于是就下诏书,命令娄定远出京任青州刺史,责备赵郡王高睿有不臣之罪,召入宫中杀了。又升和士开为侍中、右仆射。娄定远也把和士开送他的贿赂还给和士开,并且还添上自己的一些珍宝。武平元年,封士开为淮阳王,升尚书令、录尚书事,恢复了他原有官爵,一切都和原来一样。

世祖在世时,经常让和士开与太后一起玩双陆,出入寝宫也没有什么限制,于是就和太后发生淫乱。世祖死后,更加肆无忌惮。琅琊王高俨对此十分憎恶,就与领军厍狄伏连、侍中冯子琮、御史王子宜、武卫高舍洛等要密谋杀死和士开。厍狄伏连调拨京畿军士,埋伏在神武、千秋门外,并暗中约定,设法不让和士开入朝上殿。这年(武平二年)七月二十五日早上,和士开照例上朝参拜,厍狄伏连上前拉住和士开的手说:"现在有一件大好事……"王子宜便给他一封信,说:"有诏令请王到御史台一趟。"并派士兵护送他,于是便把他禁在治书侍御厅事。琅琊王高俨派都督冯永洛在御史台杀了和士开,那年和士开四十八岁。按簿收录了他的家口。后来后主又杀了高俨等人。后主为和士开的死伤心哀悼,几天不理朝政,思念和士开不能自已。下诏起用他的儿子和道盛为常侍,又下令其弟和士休进入内省参予机密。下诏赠和士开假黄钺、十州诸军事、左丞相、太宰和过去一样。

和士开性格粗俗平庸,也不读什么书,说起话来,只知道谄媚就是树功。齐武帝河清、齐后主天统年以来,权势一天大似一天。富商大贾早晚填门塞户。朝中士人不知廉耻地都去巴结奉承他。甚至去做他的干儿子,和街道小人排在兄弟一伙。更有一个士人,曾去看望和士开,正逢士开有病。医生说:

"王害的伤寒病太重了,服其他的药无效,只能服用黄龙汤了。"黄龙汤是把空瓮泡在粪池里多年渗进去的汁水。和士开愁眉苦脸不想喝,这个人就说:"这东西很好喝嘛,王不用疑惑作难,你看我替你先尝尝。"然后一下子把它喝了个精光。和士开心中感动,也勉强喝了这药,然后发过汗病就好了。和士开的威势压倒朝廷。只要以邪道为巴结他,不管人好坏他都提拔;而以正理抵制他,他也能不予追究。和士开见人犯罪将要被杀,他总是多方设法营救。等你免罪了以后,就让人暗示,给你要珍宝贡献,还说是赎命钱。虽然他也救活了人,但走的都不是正道。

史记

汉书

后汉书

三国志

晋书

宋书

南齐书

梁书

陈书

魏书

北齐书

周书

隋书

南史

北史

旧唐书

新唐书

旧五代史

新五代史

宋史

辽史

金史

元史

明史

周书

帝 纪

周书卷五

帝纪第五

武帝上

高祖武皇帝讳邕，字祢罗突，太祖第四子也。母曰叱奴太后。大统九年，生于同州，有神光照室。幼而孝敬，聪敏有器质。太祖异之，曰："成吾志者，必此儿也。"年十二，封辅城郡公。孝闵帝践阼，拜大将军，出镇同州。世宗即位，迁柱国，授蒲州诸军事、蒲州刺史。武成元年，入为大司空、治御正，进封鲁国公，领宗师。甚为世宗所亲爱，朝廷大事，多共参议。性沉深有远识，非因顾问，终不辄言。世宗每叹曰："夫人不言，言必有中。"

武成二年夏四月，世宗崩，遗诏传帝位于高祖。高祖固让，百官劝进，乃从之。壬寅，即皇帝位，大赦天下。冬十二月，改作露门、应门。

是岁，齐常山王高演废其主殷而自立，是为孝昭帝。

保定元年春正月戊申，诏曰："寒暑亟周，奄及徂岁，改元命始，国之典章。朕祇承宝图，宜遵故实。可改武成三年为保定元年。嘉号既新，惠泽宜布，文武百官，各增四级。"以大冢宰、晋国公护为都督中外诸军事，令五府总于天官。庚戌，祠圆丘。壬子，祠方丘。甲寅，祠感生帝于南郊。乙卯，祠太社。辛酉，突厥遣使献其方物。戊辰，诏曰："履端开物，实资元后；代终成务，谅惟宰栋。故周文公以上圣之智，翼彼姬周，爰作六典，用光七百。自兹厥后，代失其绪，俾巍巍之化，历千祀而莫传；郁郁之风，终百王而永坠。我太祖文皇帝禀纯和之气，挺天纵之英，德配乾元，功侔造化，故能舍末世之弊风，蹈隆周之睿典，诞述百官，厥用允集。所谓乾坤改而重构，岂帝王洪范而已哉？朕人嗣大宝，思扬休烈。今可班斯礼于太祖庙庭。"己巳，祠太庙，班太祖所述六官焉。癸酉，吐谷浑、高昌并遣使献方物。甲戌，诏先经兵戎官年六十已上，及民七十已上，节级板授官。乙亥，亲耕籍田。丙子，大射于正武殿，赐百官各有差。

二月己卯，遣大使巡察天下。于洮阳置洮州。甲午，朝日于东郊。乙未，突厥、宕昌并遣使献方物。丙午，省鼍辇，去百戏。弘农上言九尾狐见。

三月丙寅，改八丁兵为十二丁兵，率岁一月役。

夏四月丙子朔，日有食之。庚寅，以少傅、吴公尉迟纲为大司空。丁酉，白兰遣使献犀甲、铁铠。

五月丙午，封孝闵皇帝子康为纪国公，皇子赟为鲁国公。晋公护获玉斗以献。戊辰，突厥、龟兹并遣使献方物。

六月乙酉，遣治御正殷不害等使于陈。

秋七月戊申，诏曰："亢旱历时，嘉苗殄悴。岂狱犴失理，刑罚乖衷欤？其所在见囚：死以下，一岁刑以上，各降本罪一等；百鞭以下，悉原免之。"更铸钱，文曰"布泉"，以一当五，与五铢并行。己酉，追封皇伯父颢为邵国公，以晋公子江陵公会为后；次伯父连为杞国公，以章武孝公子永昌公亮为后；第三伯父洛生为莒国公,以晋公子崇业公至为后;又追封武邑公震为宋国公,以世宗子实为后:并袭封。己巳,荧惑人舆鬼,犯积尸。

九月甲辰,南宁州遣使献滇马及蜀铠。乙巳,客星见于翼。

冬十月甲戌,日有蚀之。戊寅,荧惑犯太微上将,合焉。

十一月乙巳,以大将军、卫国公直为雍州牧。陈遣使来聘。进封柱国、广武公窦炽为邓国公。丁巳,狩于岐阳。是月,齐孝昭帝薨,弟长广王湛代立,是为武成帝。

十二月壬午,至自岐阳。

是岁,追封皇族祖仲为虞国公。

二年春正月壬寅,初于蒲州开河渠,同州开龙首渠,以广灌溉。丁未,以陈主弟顼为柱国,送还江南。

闰月己丑,诏柱国以下,帅都督以上,母妻授太夫人、夫人、郡君、县郡各有差。癸巳,太白入昴。己亥,柱国、大司马、凉国公贺兰祥薨。洛州民周共妖言惑众,假署将相,事发伏诛。

二月壬寅,荧惑犯太微上相。癸丑,以久不雨,降宥罪人,京城三十里内禁酒。梁主萧詧薨。以大将军、蔡国公广为秦州总管。

三月壬午,荧惑犯左执法。

夏四月甲辰,禁屠宰,旱故也。丁巳,南阳献三足乌。湖州上言见二白鹿从三角兽而行。己未,于伏流城置和州。癸亥,诏曰:"比以寇难犹梗,九州未一,文武之官立功效者,虽锡以茅土,而未(及)〔给〕租赋。诸柱国等勋德隆重,宜有优崇,各准别制,邑户听寄食他县。"

五月庚午,以山南众瑞并集,大赦天下,百官及军人,普汎二级。南阳宛县三足乌所集,免今年役及租赋之半。壬辰,以柱国随国公杨忠为大司空,吴国公尉迟纲为陕州总管。

六月己亥,以柱国蜀国公尉迟迥为大司马,邵国公会为蒲州总管。分山南荆州、安州、襄州、江陵为四州总管。

秋七月己巳，封开府贺拔纬为霍国公。乙亥，太白犯舆鬼。

九月戊辰朔，日有蚀之。陈遣使来聘。冬十月戊戌，诏曰："树之元首，君临海内，本乎宣明教化，亭毒黔黎；岂唯尊贵其身，侈富其位。是以唐尧疏葛之衣，粗粝之食，尚临汾阳而永叹，登姑射而兴想。况无圣人之德而嗜欲过之，何以克厌众心，处于尊位，朕甚恶焉。今巨寇未平，军戎费广，百姓空虚，与谁为足。凡是供朕衣服饮食，四时所须，爰及宫内调度，朕今手自减削。纵不得顿行古人之道，岂曰全无庶几。凡尔百司，安得不思省约，勖朕不逮者哉？"辛亥，帝御大武殿大射，公卿列将皆会。戊午，讲武于少陵原。分南宁州置恭州。

十一月丁卯，以大将军卫国公直、大将军赵国公招并为柱国。又以招为益州总管。壬午，荧惑犯岁星于危南。

十二月，益州献赤乌。

三年春正月辛未，改光迁国为迁州。乙酉，太保、梁国公侯莫陈崇赐死。壬辰，于乞银城置银州。

二月庚子，初颁新律。辛丑，诏魏大统九年以前，都督以上身亡而子孙未齿叙者，节级授官。渭州献三足乌。辛酉，诏曰："二仪创辟，玄象著明；三才已备，历数昭列。故《书》称钦若敬授，《易》序治历明时。此先代一定之典，百王不易之务。伏惟太祖文皇帝，敬顺昊天，忧劳庶政，历序六家，以阴阳为首。洎予小子，弗克遵行，惟斯不安，夕惕若厉。自顷朝廷权舆，事多仓卒，乖和爽序，违失先志。致风雨愆时，疾厉屡起，嘉生不遂，万物不长，朕甚伤之。自今举大事、行大政，非军机急速，皆宜依月令，以顺天心。"

三月乙丑朔，日有蚀之。丙子，宕昌遣使献生猛兽二，诏放之南山。乙酉，益州献三足乌。

夏四月乙未，以柱国、郑国公达奚武为太保，大将军韩果为柱国。己亥，帝御正武殿录囚徒。癸卯，大雩。癸丑，有牛足生于背。戊午，幸太学，以太傅、燕国公于谨为三老而问道焉。初禁天下报仇，犯者以杀人论。壬戌，诏百官及民庶上封事，极言得失。

五月甲子朔，避正寝不受朝，旱故也。甲戌，雨。

秋七月戊辰，行幸原州。庚午，陈遣使来聘。丁丑，幸津门，问百年，赐以钱帛，又赐高年板职各有差，降死罪一等。

八月丁未，改作露寝。

九月甲子，自原州登陇山。荧惑犯太微上将。丙戌，幸同州。戊子，诏柱国杨忠率骑一万与突厥伐齐。己丑，蒲州献嘉禾，异亩同颖。初令世袭州郡县者改为五等爵，州封伯，郡封子，县封男。

冬十月壬辰，荧惑犯左执法。乙巳，以开府、杞国公亮为梁州总管。庚戌，陈遣使来聘。

十有二月辛卯，至自同州。遣太保、郑国公达奚武率骑三万出平阳以应杨忠。是月，有人生子男，而阴在背后如尾，两足指如兽爪。有犬生子，腰以后分为二身，两尾六足。

四年春正月庚申，杨忠破齐长城，至晋阳而还。

二月庚寅朔，日有蚀之。甲午，荧惑犯房右骖。

三月己未，荧惑又犯房右骖。庚辰，初令百官执笏。

夏四月癸卯，以柱国、邓公窦炽为大宗伯。

五月壬戌，封世宗长子贤为毕国公，丁卯，突厥遣使献方物。癸酉，以大将军、安武公李穆为柱国。丁亥，改礼部为司宗，大司礼为礼部，大司乐为乐部。

六月庚寅，改御伯为纳言。

秋七月戊午，（栗）〔粟〕特遣使献方物。戊寅，焉耆遣使献名马。

八月丁亥朔，日有蚀之。诏柱国杨忠率师与突厥东伐，至北河而还。戊子，以柱国齐公宪为雍州牧，许国公宇文贵为大司徒。

九月丁巳，以柱国、卫国公直为大司空，封开府李昞为唐国公，若干凤为徐国公。陈遣使来聘。是月，以皇世母阎氏自齐至，大赦天下。

闰月己亥，以大将军韦孝宽、大将军长孙俭并为柱国。

冬十月癸亥，以大将军陆通、大将军宇文盛、蔡国公广并为柱国。甲子，诏大将军、大冢宰、晋国公护率军伐齐，帝于太庙庭授以斧钺。于是护总大军出潼关，大将军权景宣率山南诸军出豫州，少师杨𢾅出（枳）〔轵〕关。丁卯，幸沙苑劳师。癸酉，还宫。

十一月甲午，柱国、蜀国公尉迟迥率师围洛阳，柱国、齐国公宪营于邙山，晋公护次于陕州。

十二月，权景宣攻齐豫州，刺史王士良以州降。壬戌，齐师渡河，晨至洛阳，诸军惊散。尉迟迥率麾下数十骑扞敌，得却，至夜引还。柱国、庸国公王雄力战，死之。遂班师。杨𢾅于轵关战没。权景宣亦弃豫州而还。

五年春正月甲申朔，废朝，以庸国公王雄死王事故也。辛卯，白虹贯日。庚子，令荆州、安州、江陵等总管并隶襄州总管府，以柱国、大司空、卫国公直为襄州总管。甲辰，太白、荧惑、岁星合于娄。乙巳，吐谷浑遣使献方物。以庸国公王雄世子开府谦为柱国。

二月辛酉，诏陈国公纯、柱国许国公宇文贵、神武公窦毅、南安公杨（荐）〔荐〕等，如突厥逆女。甲子，鄜州获绿毛龟。

丙寅，以柱国安武公李穆为大司空，绥德公陆通为大司寇。壬申，行幸岐州。

三月戊子，柱国、楚国公豆卢宁薨。

夏四月，齐武成禅位于其太子纬，自称太上皇帝。

五月丙戌，以皇族父兴为大将军，袭虞国公封。己亥，诏左右武伯各置中大夫一人。

六月庚申，彗星出三台，入文昌，犯上将，后经紫宫西垣入危，渐长一丈余，指室、壁。后百余日，稍短，长二尺五寸，在虚、危灭。辛未，诏曰："江陵人年六十五以上为官奴婢者，已令放免。其公私奴婢有年至七十以外者，所在官司，宜赎为庶人。"

秋七月辛巳朔，日有蚀之。庚寅，行幸秦州。降死罪以下。辛丑，遣大使巡察天下。

八月丙子，至自秦州。

九月乙巳，益州献三足乌。

冬十月辛亥，改函谷关城为通洛防。

十一月庚辰，岐州上言一角兽见。甲午，吐谷浑遣使献方物。丁未，陈遣使来聘。

天和元年春正月己卯，日有蚀之。辛巳，露寝成，幸之。令群臣赋古诗，京邑耆老并预会焉，颁赐各有差。癸未，大赦改元，百官普加四级。己亥，亲耕籍田。丁未，于宕昌置宕州。以柱国、昌宁公长孙俭为陕州总管。遣小载师杜杲使于陈。

二月戊申，以开府、中山公训为蒲州总管。戊辰，诏三公已下各举所知。庚午，日斗，光遂微，日里乌见。

三月丙午，祠南效。

夏四月己酉，益州献三足乌。辛亥，雩。甲子，日有交晕，白虹贯之。是月，陈文帝薨，子伯宗嗣立。

五月庚辰，帝御正武殿，集群臣亲讲《礼记》。吐谷浑龙涸王莫昌率户内附，以其地为扶州。甲午，诏曰："道德交丧，礼义嗣兴。褒四始于一言，美三千于为敬。是以在上不骄，处满不溢，富贵所以长守，邦国于焉乂安。故能承天静地，和民敬鬼，明并日月，道错四时。朕虽庸昧，有志前古。甲子乙卯，礼云不乐。芣弘表昆吾之稔，杜贲有扬觯之文。自世道丧乱，礼仪紊毁，此典茫然，已坠于地。昔周王受命，请闻颛顼。庙有戒盈之器，室为复礼之铭。矧伊末学，而能忘此。宜依是日，省事停乐。庶知为吾之难，为臣不易。贻之后昆，殷鉴斯在。"

六月丙午，以大将军、枹罕公辛威为柱国。

秋七月戊寅，筑武功、郿、斜谷、武都、留谷、津坑诸城，以置军人。壬午，诏："诸胄子入学，但束脩于师，不劳释奠。释奠者，学成之祭，自今即为恒式。"

八月己未，诏："诸有三年之丧，或负土成坟，或寝苫骨立，一志一行，可称扬者，仰本部官司，随事言上。当加吊勉，以厉薄俗。"

九月乙亥，信州蛮冉令贤、向五子王反，诏开府陆腾讨平之。

冬十月乙卯，太白昼见，经天。甲子，初造《山云儛》，以备六代之乐。

十一月丙戌，行幸武功等新城。十二月庚申，还宫。

二年春正月癸酉朔，日有蚀之。己亥，亲耕籍田。

三月癸酉，改武游园为道会苑。丁亥、初立郊丘坛壝制度。

夏四月乙巳，省东南诸州：以颖州、归州、滇州、均州入唐州，油州入纯州，鸿州入淮州，洞州入湖州，睢州入襄州，宪州入昌州。以大将军、陈国公纯为柱国。

五月壬申，突厥、吐谷浑、安息并遣使献方物。丁丑，进封柱国、安武公李穆为申国公。己丑，岁星与荧惑合于井。

六月辛亥，尊所生叱奴氏为皇太后。甲子，月入毕。

闰月庚午，地震。戊寅，陈湘州刺史华皎率众来附，遣襄州总管卫国公直率柱国绥（国）〔德〕公陆通、大将军田弘、权景宣、元定等，将兵援之，因而南伐。壬辰，以大将军、谯国公俭为柱国。丁酉，岁星、太白合于柳。戊戌，襄州上言庆云见。

秋七月辛丑，梁州上言凤凰集于枫树，群鸟列侍以万数。甲辰，立露门学，置生七十二人。庚戌，太白犯轩辕。壬子，以太傅、燕国公于谨为雍州牧。

九月，卫国公直等与陈将淳于量、吴明彻战于沌口，王师失利。元定以步骑数千先度，遂没江南。

冬十月辛卯，日出入时，有黑气一，大如杯，在日中。甲午，又加一焉。经六日乃灭。

十一月戊戌朔，日有蚀之。癸丑，太保、许国公宇文贵薨。

三年春正月辛丑，祠南郊。二月丁卯，幸武功。丁亥，还宫。

三月癸卯，皇后阿史那氏至自突厥。甲辰，大赦天下，亡官失爵，并听复旧。丁未，大会百寮及四方宾客于路寝，赐衣马钱帛各有差。甲寅，以柱国陈国公纯为秦州总管，蔡国公广为陕州总管。戊午，太傅、柱国、燕国公于谨薨。己未，太白犯井北轩第一星。

夏四月辛巳，以太保、郑国公达奚武为太傅，大司马、蜀国公尉迟迥为太保，柱国、齐国公宪为大司马。太白入舆鬼，犯积尸。

五月庚戌，祠太庙。庚申，行幸醴泉宫。

六月甲戌，有星孛于东井，北行一月，至舆鬼，乃灭。

秋七月壬寅，柱国、随国公杨忠薨。戊午，至自醴泉宫。己未，客星见房，渐东行入天市，犯营室，至奎，四十余日乃灭。

八月乙丑，韩国公元罗薨。齐请和亲，遣使来聘，诏军司马陆逞、兵部尹公正报聘焉。癸酉，帝御大德殿，集百僚及沙门、道士等亲讲《礼记》。

九月庚戌，太白与镇星合于角。

冬十月癸亥，祠太庙。丙戌，太白入氐。丁亥，上亲率六军讲武于城南，京邑观者，舆马弥漫数十里，诸蕃使咸在焉。

十一月壬辰朔，日有蚀之。甲辰，行幸岐阳。壬子，遣开府崔彦穆、小宾部元晖使于齐。甲寅，陈安成王顼废其主伯宗而自立，是为高祖宣帝。

十二月丁丑，至自岐阳。是月，齐武成帝薨。

四年春正月辛卯朔，废朝，以齐武成薨故也。遣司会、河阳公李纶等会葬于齐，仍吊赠焉。

二月癸亥，以柱国、昌宁公长孙俭为夏州总管。戊辰，帝御大德殿，集百僚、道士、沙门等讨论释老义。岁星逆行，掩太微上将。庚午，有流星大如斗，出左摄提，流至天津，灭后，有声如雷。

夏四月（乙）〔己〕巳，齐遣使来聘。

五月己丑，帝制《象经》成，集百僚讲说。封魏广平公子元谦为韩国公，以绍魏后。庚戌，行幸醴泉宫。丁巳，柱国、吴国公尉迟纲薨。

六月，筑原州及泾州东城。

秋七月辛亥，至自醴泉宫。丁巳，突厥遣使献马。

八月庚辰，盗杀孔城防主，以其地入齐。

九月辛卯，遣柱国、齐国公宪率众于宜阳筑崇德等城。

冬十一月辛亥，柱国、昌宁公长孙俭薨。

十二月壬午，罢陇州。

五年春二月己巳，邵惠公颢孙胄自齐来归。改邵国公会为谭国公，封胄为邵国公。

三月辛卯，进封柱国韦孝宽为郧国公。甲辰，初令宿卫官住关外者，将家累入京，不乐者，解宿卫。

夏四月甲寅，以柱国宇文盛为大宗伯。行幸醴泉宫。省帅都督官。丙寅，遣大使巡天下。以陈国公纯为陕州总管。六月壬辰，封开府梁睿为蒋国公。庚子，降宥罪人，并免逋租悬调等，以皇女生故也。

七月，盐州献白兔。乙卯，至自醴泉宫。辛巳，以柱国、谯国公俭为益州总管。

九月己卯，太白、岁星合于亢。

冬十月辛巳朔，日有蚀之。丙戌，太白、镇星合于氐。丁酉，太傅、郑国公达奚武薨。

十一月乙丑，追封章武孝公导为豳国公，以蔡国并于豳。丁卯，柱国、豳国公广薨。

十二月癸巳，大将军郑恪率师平越巂，置西宁州。

是冬，齐将斛律明月寇边，于汾北筑城，自华谷至于龙门。

六年春正月己酉朔，废朝，以露门未成故也。诏柱国、齐国公宪率师御斛律明月。丁卯，以大将军张掖公王杰、谭国公会、雁门公田弘、魏国公李晖等并为柱国。

二月己丑夜，有苍云广三尺许经天，自戌加辰。

三月己酉，齐国公宪自龙门度河，斛律明月退保华谷，宪攻拔其新筑五城。

夏四月戊寅朔，日有蚀之。己卯，荧惑犯舆鬼。辛卯，信州蛮渠冉祖喜、冉龙骧举兵反，遣大将军赵𬮿率师讨平之。甲午，以柱国、燕国公于寔为凉州总管，大将军、杞国公亮为秦州总管。庚子，以大将军、荥阳公司马消难为柱国。陈国公纯、雁门公田弘率师取齐宜阳等九城。以大将军武安公侯莫陈琼、太安公阎庆、神武公窦毅、南阳公叱罗协、平高公侯伏侯龙恩并为柱国。封开府斛斯征为岐国公，右宫伯长孙览为薛国公。

五月癸卯，遣纳言郑诩使于陈。丙寅，以大将军唐国公李昞、中山公训、杞国公亮、上庸公陆腾、安义公宇文丘、北平公寇绍、许国公宇文善、犍为公高琳、郑国公达奚震、陇东公杨纂、常山公于翼并为柱国。

六月乙未，以大将军、太原公王柬为柱国。是月，齐将段孝先攻陷汾州。

秋七月乙丑，以大将军、越国公盛为柱国。

八月癸未，镇星、岁星、太白合于氐。

九月庚申，月在娄，蚀之既，光不复。癸酉，省掖庭四夷乐、后宫罗绮工人五百余人。

冬十月壬午，（翼）〔冀〕国公通薨。乙未，遣右武伯谷会琨、御正蔡斌使于齐。壬寅，上亲率六军讲武于城南。

十一月壬子，以大将军梁国公侯莫陈芮、大将军李意并为柱国。丙辰、齐遣使来聘。丁巳，行幸散关。

十二月己丑，还宫。

是冬，牛大疫，死者十六七。

建德元年春正月戊午，帝幸玄都观，亲御法座讲说，公卿道俗论难，事毕还宫。降死罪及流罪一等，其五岁刑已下，并宥之。

二月癸酉，遣大将军、昌城公（孙）深使于突厥，司（宾）〔宗〕李际、小宾部贺遂礼使于齐。乙酉，柱国、安义公宇文丘薨。

三月癸卯朔，日有蚀之。齐遣使来聘。丙辰，诛大冢宰晋国公护、护子柱国谭国公会、会弟大将军莒国公至、崇业公静，并柱国侯伏侯龙恩、龙恩弟大将军万寿、大将军刘勇等。大赦，改元。罢中外府。癸亥，以太傅、蜀国公尉迟迥为太师，柱国邓国公窦炽为太傅，大司空、申国公李穆为太保，齐国公宪为大冢宰，卫国公直为大司徒，赵国公招为大司空，柱国枹罕公辛威为大司寇，绥德公陆通为大司马。诏曰："民亦劳止，则星动于天；作事不时，则石言于国。故知为政欲静，静在宁民；为治欲安，安在息役。顷兴造无度，征发不已，加以频岁师旅，农亩废业。去秋灾蝗，年谷不登，民有散亡，家空杼轴。朕每旦恭己，夕惕兢怀。自今正调以外，无妄征发。庶时殷俗阜，称朕意焉。"

夏四月甲戌，以代国公达、滕国公逌并为柱国。诏荆州、安州、江陵等总管停隶襄州。己卯，以柱国张掖公王杰为泾州总管，魏国公李晖为梁州总管。诏公卿以下各举所知。遣工部代公达、小礼部辛彦之使于齐。丙戌，诏百官军民上封事，极言得失。丁亥，诏断四方非常贡献。庚寅，追尊略阳公为孝闵皇帝。癸巳，立鲁国公赟为皇太子。大赦天下，百官各加封级。

五月，封卫国公直长子宾为莒国公，绍莒庄公洛生后。壬戌，帝以大旱，集百官于庭，诏之曰："盛农之节，亢阳不雨，气序愆度，盖不徒然。岂朕德薄，则赏乖中欤？将公卿大臣或非其人欤？宜尽直言，无得有隐。"公卿各引咎自责。其夜澍雨。

六月庚子，改置宿卫官员。

秋七月辛丑，陈遣使来聘。丙午，辰星、太白合于东井。己酉，月犯心中星。

九月庚子朔，日有蝕之。庚申，扶风掘地得玉杯以献。

冬十月庚午，诏江陵所获俘虏充官口者，悉免为民。辛未，遣小匠师杨勰、齐驭唐则使于陈。柱国、大司马、绥德公陆通薨。

十一月丙午，上亲率六军讲武城南。庚戌，行幸羌桥，集京城以东诸军都督以上,颁赐有差。乙卯,还宫。壬戌,以大司空、赵国公招为大司马。乙未,月犯心中星。

十二月壬申,行幸斜谷,集京城以西诸军都督已上,颁赐有差。丙戌,还宫。己丑,帝御正武殿,亲录囚徒,至夜而罢。庚寅,幸道会苑,以上善殿壮丽,遂焚之。

二年春正月辛丑,祠南效。乙巳,以柱国、雁门公田弘为大司空,大将军、徐国公若干凤为柱国。庚戌,复置帅都督官。乙卯,祠太庙。

闰月己巳,陈遣使来聘。

二月辛亥,白虹贯日。甲寅,诏皇太子赟抚巡西土。壬戌,遣司会侯莫陈凯、太子宫尹郑译使于齐。荧惑犯舆鬼,入积户。省雍州内八郡,并入京兆、冯翊、抚风、咸阳等郡。

三月己卯,皇太子于岐州获二白鹿以献。诏答曰:"在德不在瑞。"癸巳,省六府诸司中大夫以下官,府置四司,以下大夫为之官长,上士贰之。

夏四月己亥,祠太庙。丙辰,增改东宫官员。

五月丁卯,荧惑犯右执法。丁丑,以柱国周昌公侯莫陈琼为大宗伯,荥阳公司马消难为大司寇,上庸公陆腾为大司空。

六月庚子,省六府员外诸官,皆为丞。甲辰,月犯心中星。壬子,皇孙衍生,文武官普加一阶。大选诸军将帅。丙辰,帝御露寝,集诸军将,勖以戎事。庚申,诏诸军旌旗皆画以猛兽、鸷鸟之象。

秋七月己巳,祠太庙。自春末不雨,至于是月。壬申,集百寮于大德殿,帝责躬罪己,问以治政得失。戊子,雨。

八月丙午,改三夫人为三妃。关内大蝗。

九月乙丑,陈遣使来聘。癸酉,太白犯右执法。戊寅,以柱国、郑国公达奚震为金州总管。诏曰："政在节财，礼唯宁俭。而顷者婚嫁竞为奢靡，牢羞之费，罄竭资财，甚乖典训之理。有司宜加宣勒，使咸遵礼制。"壬午，纳皇太子妃杨氏。

冬十月癸卯，齐遣使来聘。甲辰，六代乐成，帝御崇信殿，集百官以观之。

十一月辛巳。帝亲率（大）〔六〕军讲武于城东。癸未，集诸军都督以上五十人于道会苑大射，帝亲临射宫，大备军容。

十二月癸巳，集群臣及沙门、道士等，帝升高座，辨释三教先后，以儒教为先，道教为次，佛教为后。以大将军、乐川公赫连达为柱国。诏曰："尊年尚齿，列代弘规，序旧酬劳，哲王明范。朕嗣承弘业，君临万邦，驱此兆庶，置诸仁寿。军民之间，年多耆耋，眷言衰暮，宜有优崇。可颁授老职，使荣沾邑里。"戊午，听讼于正式殿，自旦及夜，继之以烛。

三年春正月壬戌，朝群臣于露门。册柱国齐国公宪、卫国公直、赵国公招、谯国公俭、陈国公纯、越国公盛、代国公达、滕国公逌并进爵为王。己巳，祠太庙。庚午，突厥遣使献马。癸酉，诏："自今已后，男年十五，女年十三已上，爰及鳏寡，所在军民，以时嫁娶，务从节俭，勿为财币稽留。"乙亥，亲耕籍田。丙子，初服短衣，享二十四军督将以下，试以军旅之法，纵酒尽欢。诏以往岁年谷不登，民多乏绝，令公私道俗，凡有贮积粟麦者，皆准口听留，以外尽粜。

二月壬辰朔，日有食之。丁酉，纪国公康、毕国公贤、鄅国公贞、宋国公实、汉国公赞、秦国公贽、曹国公允并进爵为王。丙午，令六府各举贤良清正之人。癸丑，柱国、许国公宇文善有罪免。乙卯，行幸云阳宫。丙辰，诏曰："民生而静，纯懿之性本均；感物而迁，嗜欲之情斯起。虽复云鸟殊世，文质异时，莫不限以隄防，示之禁令。朕君临万寓，覆养黎元，思振颓纲，纳之轨式。比因人有犯，与众弃之，所在群官有愆过者，咸听首露，莫不轻重毕陈，纤毫无隐。斯则风行草偃，从化无违，导德齐礼，庶几可致。但上失其道，有自来矣，凌夷之弊，反本无由，宜加荡涤，与民更始。可大赦天下。"庚申，皇太后不豫。

三月辛酉，至自云阳宫。癸酉，皇太后叱奴氏崩。帝居倚庐，朝夕共一溢米。群臣表请，累旬乃止。诏皇太子赟总厘庶政。

夏四月乙卯，齐遣使吊赠会葬。丁巳，有星孛于东北紫宫垣，长七尺。

五月庚申，葬文宣皇后于永固陵，帝徒跣至陵所。辛酉，诏曰："齐斩之情，经籍彝训，近代沿革，遂亡斯礼。伏奉遗令，既葬便除，攀慕几筵，情实未忍。三年之丧，达于天子，古今无易之道，王者之所常行。但时有未谐，不得全制。军国务重，庶自听朝。缞麻之节，苫庐之礼，率遵前典，以申罔极。百寮以下，宜依遗令。"公卿上表，固请俯就权制，过葬即吉。帝不许，引古礼答之，群臣乃止。于是遂申三年之制，五服之内，亦令依礼。初置太子谏议员四人，文学十人；皇弟、皇子友员各二人，学士六人。丁卯，荆州献白乌。戊辰，诏故晋国公护及诸子，并追复先封，改葬加谥。丙子，初断佛、道二教，经像悉毁，罢沙门、道士，并令还民。并禁诸淫祀，礼典所不载者，尽除之。

六月丁未，集储军将，教以战阵之法。壬子，更铸五行大布钱，以一当十，与布泉钱并行。戊午，诏曰："至道弘深，混成无际，体包空有，理极幽玄。但歧路既分，派源逾远，淳离朴散，形气斯乖。遂使三墨八儒，朱紫交竞；九流七略，异说相腾。道隐小成，其来旧矣。不有会归，争驱靡息。今可立通道观，圣哲微言，先贤典训，金科玉篆，秘迹玄文，所以济养黎元，扶成教义者，并宜弘阐，一以贯之。俾夫玩培塿者，识嵩岱之崇崛；守碛砾者，悟渤澥之泓澄，不亦可乎？"

秋七月庚申，行幸云阳宫。乙酉，卫王直在京师举兵反，欲突入肃章门。司武尉迟运等拒守。直败，率百余骑遁走。京师运雨三旬，是日霁，戊子，至自云阳宫。

八月辛卯，擒直于荆州，免为庶人。乙未，诏自建德元年八月以前犯罪，未被推纠，于后事发失官爵者，并听复旧。丙申，行幸云阳宫。

九月庚申，幸同州。戊辰，以柱国、大宗伯、周昌公侯莫陈琼为秦州总管。

冬十月丙申，御正杨尚希、礼部卢恺使于陈。戊戌，雍州献苍乌。庚子，诏蒲州民遭饥乏绝者，令向郿城以西，及荆州管内就食。甲寅，行幸蒲州。乙卯，曲赦蒲州见囚大辟以下。丙辰，行幸同州。始州民王鞅拥众反，大将军郑恪讨平之。

十一月戊午，以柱国、大司空、上庸公陆腾为泾州总管。于阗遣使献名马。己巳，大阅于城东。甲戌，至自同州。

十二月戊子，大会卫官及军人以上，赐钱帛各有差。辛卯，月掩太白。诏荆、襄、安、延、夏五州总管内，有能率其从军者，授官各有差。其贫下户，给复三年。丙申，改诸军军士并为侍官。丁酉，利州上言驺虞见。癸卯，集诸军讲武于临皋泽。凉州比年地震，坏城郭，地裂，涌泉出。

译文：

北周高祖武皇帝宇文邕，字祢罗突。他是北周太祖文皇帝宇文泰的第四个儿子。母亲是叱奴太后。西魏大统九年生在同州，当时有神光照耀室内。他从小孝亲敬上，聪明精细，器宇不凡。太祖宇文泰看他了不起，说："完成我的事业的，一定是这个孩子啊！"十二岁上，封辅城郡公。周孝闵帝登上皇位后，任他为大将军，前去镇守同州。世宗皇帝即位后，升为柱国，任蒲州诸军事、蒲州刺史。武成元年，入朝为大司空、治御正，进封为鲁国公，领宗师之职。他很受世宗的喜爱，朝廷的大事，都让他参加讨论。他性格内向稳重，有远见卓识，如果不亲自问他，他决不轻易表态。世宗经常说："这个人不随便说话，但说了就要说中！"

武成二年夏四月，世宗逝世，留下诏书说要传位于他。他一再推让，百官拥护他登帝位，他最后只好答应。壬寅日，登极就位称帝，大赦天下。冬十二月，改建露门、应门。

这一年，北齐常山高演废除了他们的皇帝高殷而自己做了皇帝。那就是孝昭帝。

北周保定元年春正月戊申这一天，下诏书说："寒暑循环又到了一个完整的周期，一年也到了新旧交接的时刻，在这个时候改元做一个新的开始，这是国家典章所规定的。本皇帝承接国家大典，应该遵照先例改定年号。准改武成三年为保定元年。年号既然已经革新，恩赏也应该一起下达，文武百官，都增加四级官爵。"任命大冢宰、晋国公宇文护为都督中外诸军事，太傅、太尉、司徒、司空、大将军……五府公务，统由天官冢宰宇文护掌握。庚戌日，祭天神；壬子日，祭地祇。甲寅日，祭祀感生帝于南郊。乙卯日，祭祀太社。辛酉日，突厥派使臣前来贡献地方奇物。戊辰日，下诏令说："开创我们国家基业的，是我们的第一代天子。完成这个事业的，全仰仗重要的臣宰。所以周文公以他的第一流的聪明才智，帮助姬姓周国建立王业。他所制定的周礼六官之制，照亮了周代七百年的发展前程。自从那时以后，一代一代都丢失了这个传统。使这种高尚的教化,经历了千年而没有继承下来。纯正的风气,经过了一代一代的帝王却被长期抛弃。我们太祖文皇帝(宇文泰)具备了纯正和合的气质,表现出他的天才英明,成绩可以与上天媲美,功劳实际和造化相等。所以他能革除末世的败坏风气,遵循伟大周世的制度典礼,全面的论定百官职责,把有用的人才都聚集起来。这就是天翻地覆一切都重新安排,绝不只是箕子所说的那一点而已。我继承了皇位,总是要考虑发扬光大我国的帝业。现在可以把这种敬祭周文公的典礼,拿到太祖的庙里来敬祀太祖。"己巳日,祭祀太祖宇文泰的太庙,颁布太祖所拟订的六官之制。癸酉日,吐谷浑、高昌都派遣使臣前来贡献地方奇物。甲戌日,下诏书说,以前作战的官员年满六十以上,以及一般人年满七十以上的,分层次以板召授给官爵。乙亥日,皇帝举行籍田典礼,亲自扶犁开耕,丙子日,在正武殿上举行大射典礼,给予百官不同等级的赏赐。

二月己卯日,派遣天使巡察全国各地。在洮阳设置洮州。甲午日,在东郊举行朝拜日神的祭典。乙未日,突厥、宕昌都派使臣前来贡献地方奇物。丙午日,省减皇帝的坐车,去掉皇上的百戏杂耍班子。弘农郡报告说有九尾狐出现。

三月丙寅日,改八丁兵制(每个丁男在八个月中为政府负担劳役一个月)为十二丁兵制(每十二个月为政府负担劳役一个月),每年只有一个月的劳役。

夏四月丙子日是初一,发生了日食。庚寅日,任命少傅吴公尉迟纲为大司空。丁酉日,白兰国派使臣前来贡献犀甲、铁铠。

五月丙午日,封孝闵皇帝宇文觉的儿子宇文康为纪国公,封皇子宇文赟为鲁国公。晋公宇文护得到一个玉斗献给了皇上。戊辰日,突厥、龟兹都派使臣前来贡献地方奇物。

六月乙酉日，派遣治御正殷不害等人出使南朝陈国。

秋七月戊申日，下诏书说："长时间的大旱无雨，禾苗都已干枯，难道是因为判决官司不合理、刑罚有误吗？所有监狱的囚犯，死刑以下，一年徒刑以上的，都减少刑罚一等；笞杖一百鞭以下的，都予宽免。"从新铸造铜钱，钱上写"布泉"两字，以一个当旧钱五个，和五铢钱并行流通。己酉日，追封皇伯父宇文颢为邵国公，以晋公之子江陵公宇文会为其后嗣；追封次伯父宇文连为鱼国公，以章武孝公之子永昌公宇文亮为其后嗣；追封第三伯父宇文洛生为莒国公，以晋公之子崇业公宇文至为其后嗣；又追封武邑公宇文震为宋国公，以世宗之子宇文实为其后嗣。以上诸后嗣，都承袭所嗣者的官爵。己巳日，火星运行到鬼宿，冲犯了积尸星团。

九月甲辰日，南宁州派使臣贡献滇马和蜀铠甲。乙巳日，流星出现在翼宿附近。

冬十月甲戌日，有日食。戊寅日，火星冲犯了太微垣的上将星，并和上将星重合。

十一月乙巳日，任命大将军、卫国公宇文直为雍州牧。南朝陈国派使臣来行礼。进封柱国、广武公窦炽为邓国公。丁巳日，狩猎于岐阳。这个月，北齐孝昭帝死了，孝昭帝的弟弟长广王高湛代立为帝，就是武成帝。

十二月壬午日，皇帝从岐阳回到京师长安。

这一年，追封皇族祖父辈的宇文仲为虞国公。

保定二年，春正月壬寅日，开始在蒲州开挖黄河渠，在同州开挖龙首渠，以扩大灌溉面积。丁未日，以南朝陈国皇帝（陈蒨）的弟弟陈顼为柱国，并把他送还江南。

闰正月己丑日，下诏书，职务在柱国以下帅都督以上的官员,他们的母亲和妻子,都授予太夫人、夫人、郡君、县君各级不等的封号。癸巳日,金星进入了昴宿。己亥日,柱国、大司马、凉国公贺兰祥去世。洛州百姓周共造妖言蛊惑民众,设立将相,事发后被杀。

二月壬寅日,火星冲犯了太微垣的上相星。癸丑日,因为长久不下雨,赦免一些罪人,京城内三十里禁止喝酒。梁主萧𩦎死去。任命大将军、蔡国公宇文广为秦州总管。

三月壬午这一天,火星冲犯了左执法(星名)。

夏四月甲辰日,全国禁止屠宰,那是因为长期干旱的缘故。丁巳日,南阳进献三足乌。湖州报告说看见两只白鹿跟着一只三角兽向前走。己未日,在伏流城设置和州。癸亥日,下诏书说:"一向因为敌寇的阻挠,天下不能统一,文武官员建功效力,虽然也赏赐了他们分封建社的茅土,但没有给他们相应的租赋。各位柱国都是功勋卓著,应该得到优厚的待遇。现在准许对他们另外优待,所封的食邑租赋,让他们先到别县去取。"

五月庚午日,因太行山南各地出现各种祥瑞,大赦天下。百官及军人,每人升爵两级。南阳宛县出现了三足乌,免去今年的劳役及一半租赋。壬辰日,任命柱国随国公杨忠为大司公,任命吴国公尉迟纲为陕州总管。

六月己亥这一天,任命柱国蜀国公尉迟迥为大司马,邵国公宇文会为蒲州总管。分山南荆州、安州、襄州、江陵为四州总管。

秋七月己巳日,封开府贺拔纬为霍国公。乙亥日,金星冲犯了鬼宿。

九月戊辰,这一天是初一,有日食。南朝陈国派使臣来行礼。冬十月戊戌日,下诏书说:"国家拥戴一个皇帝,让他来统治天下,是为了培养人们的美德,化育庶民百姓。难道只是为了尊贵他个人，让他高高在上吗？所以唐尧穿的是简单的衣服，吃的是粗糙的食物。他曾经到汾阳发出感叹，登上姑射之山而生遐想，忘记了自己奄有天下。如果并无圣人之德却贪欲超过了圣人，怎么能够使众人心服？这样处于最高的皇位上，实在叫我羞惭。现今敌寇尚未克服，军费开支巨大，百姓家中空虚，我们和谁去富足去？凡是供应我的衣服饮食，四季的供应，以及宫内的用度，我将亲自一一削减。纵然不能完全学会古人，也不能连一点也学不会。你们百官们，哪能不力求节俭，帮助我尽力赶上古人！"辛亥日，皇帝驾临大武殿举行大射礼，公卿众将都到会。戊午日，在少陵原研讨武事。分南宁州设置恭州。

十一月丁卯日，任命大将军卫国公宇文直、大将军赵国公宇文招都为柱国。又任命宇文招为益州总管。壬午日，火星在危宿的南面冲犯了木星。

十二月，益州来进贡赤乌。

保定三年，春正月辛未日，改光迁国为迁州。乙酉日，赐太保梁国公侯莫陈崇自尽。壬辰日，在乞银城设置银州。

二月庚子日，开始颁布新的律条。辛丑日，下诏令：在西魏文帝大统九年以前，都督以上的官爵身亡后而子孙没有按级授官的，按级授给官爵。渭州贡献三足乌。辛酉日，下诏书说："天地开辟之后，出现了星空；有了天地人，也有了历法的变化。所以《书经》上称'钦若''敬授'，小心的制订历法；《易经》说明要制历知道时序。这都是先代的既定典章，各代帝王不能更改的大事。而太祖文皇帝（宇文泰），敬礼天象，操劳政务，排比六家古历，以阴阳变化为历首。到了我这一代皇帝，不可能不犯错误。这一点很使我不安，所以日夜小心谨慎从事。自从我登极执政，许多事仓促没有准备，违背了人情和天时，也违背了先人的原意。结果风雨不按时而来,疾疫多次传播,禾苗不生,万物不长,我是非常痛恨自己的。今后举办大事,颁布政令,非是军情紧急,都要依照月令办事,这才能顺从天心。"

三月乙丑日,是初一,有日食。丙子日,宕昌派使臣贡献活猛兽两只,下诏令把它放到南山中。乙酉这一天,益州献三足乌来。

夏四月乙未日,任命柱国郑国公达奚武为太保,任命大将军韩果为柱国。己亥日,皇帝驾临正武殿检察省减囚徒。癸卯日,举行大雩之祭求雨。癸丑日,有牛足生在背上。戊午日,皇帝亲临太学,以太傅燕国公于谨为三老而向他问道。开始下令天下,禁止报私仇,违犯者以杀人罪论处。壬戌日,下诏令百官及平民上密封论政事,可以痛言政事得失的意见。

五月甲子日,是初一,避开正殿不接受朝拜,这是因为天下干旱的缘故。甲戌日,下了大雨。

秋七月戊辰日,皇帝驾临原州。庚午日,南朝陈国派使臣来行礼。丁丑日,皇帝来到津门,慰问百岁以上的老人,赏赐给他们钱帛,又赏给他们不等级别的高年板召官职。死罪的犯人减低一等刑罚。

八月丁未日,改建露寝。

九月甲子日,皇帝从原州出发登陇山。火星冲犯了太微垣的上将星。丙戌日,皇帝来到同州。戊子日,下诏令柱国杨忠率骑兵一万与突厥共同伐齐国(北齐)。己丑日,蒲州贡献奇特的庄稼,两株禾干上长出了一个禾穗。开始下令世袭的州、郡、县官改纳入五等爵位,州官封伯爵,郡官封子爵,县官封男爵。

冬十月壬辰日,火星冲犯了左执法星。乙巳日,任命开府杞国公宇文亮为梁州总管。庚戌日,南朝陈国派使臣前来行礼。

十二月辛卯日，皇帝从同州回到京师。派遣太保郑国公达奚武率骑兵三万人出平阳和杨忠军相呼应。这个月，有人生了个男孩，孩子的阴茎却长在背后和尾巴一样，两脚的趾甲就像野兽的爪。另外有狗生下小狗，腰以后分成了两个身子，两条尾巴，六条腿。

保定四年，春正月庚申日，杨忠攻破了齐国的长城，打到晋阳后收兵回来。

二月庚寅日，是初一，有日食。甲午日，火星冲犯了房宿中的右骖星。

三月己未日，火星再次冲犯了房宿中的右骖星。庚辰日，开始让百官执笏上朝。

夏四月癸卯日，任命柱国邓公窦炽为大宗伯。

五月壬戌日，封世宗（宗文毓）长子宇文贤为毕国公。丁卯日，突厥派遣使臣前来贡献地方奇物。癸酉日，任命大将军安武公李穆为柱国。丁亥日，改礼部为司宗，大司礼改为礼部，大司乐改为乐部。

六月庚寅日，改御伯为纳言。

秋七月戊午日，粟特国派遣使臣前来贡献地方奇物。戊寅日，焉耆国派遣使臣前来贡献名马。

八月丁亥日是初一，有日食。下诏令柱国杨忠率军队和突厥一道东伐，到了北河后回师。戊子日，任命柱国齐公宇文宪为雍州牧，任命许国公宇文贵为大司徒。

九月丁巳日，任命柱国卫国公宇文直为大司空，封开府李昞为唐国公，封若干凤为徐国公。南朝陈国派遣使者来行礼。这个月，因为皇帝的伯母阎氏从齐国归来，所以大赦天下。

闰九月己亥日，任命大将军韦孝宽和大将军长孙俭同时升为柱国。

冬十月癸亥日，任命大将军陆通、大将军宇文盛、蔡国公宇文广同时升为柱国。甲子日，下诏令大将军、大冢宰、晋国公宇文护率军队讨伐齐国。皇帝在太庙里授给宇文护象征最高统帅的斧钺。于是宇文护率大军出潼关，大将军权景宣率领山南各军出豫州，少师杨㯟出轵关。丁卯日，皇帝亲临沙苑劳军。癸酉日，皇帝回到宫中。

十一月甲午日，柱国蜀国公尉迟迥率军包围洛阳，柱国齐国公宇文宪扎营于邙山，晋公宇文护驻军于陕州。

十二月，权景宣攻齐国的豫州，豫州刺史王士良以豫州降周。壬戌日，齐军渡过黄河，早晨抵达洛阳，周各军纷纷惊散。尉迟迥率部下数十骑抵挡敌人，使他们退去，到夜里引军退还。柱国庸国公王雄力战阵亡。于是班师回军。杨㯟在轵关阵亡。权景宣也放弃豫州退了回来。

保定五年，春正月甲申日，是初一，停止朝会，因为庸国公王雄死于国事的缘故。辛卯日，天上有白虹横贯于日中。庚子日，命令荆州、安州、江陵等总管都隶属于襄州总管府管辖。任命柱国、大司空、卫国公宇文直为襄州总管。甲辰这一天，金星、火星、木星在娄宿那里会合。乙巳日，吐谷浑派使臣前来贡献地方奇物。任命庸国公王雄的嫡长子开府王谦为柱国。

二月辛酉日，下诏令陈国公宇文纯、柱国许国公宇文贵、神武公窦毅、南安公杨荐等前往突厥，迎接突厥女儿来嫁。甲子日，鄌州发现绿毛龟。丙寅日，任命柱国安武公李穆为大司空，任命绥德公陆通为大司寇。壬申日，皇帝到岐州。

三月戊子日，柱国楚国公豆卢宁去世。

夏四月，北齐武成皇帝高湛，让位给他的太子高纬，他自称太上皇帝。

五月丙戌日，任命皇族父宇文兴为大将军，承继虞国公的封号。己亥日，下诏令左右武伯，各任命中大夫一人。

六月庚申日，彗星在三台星那里出现，进入文昌星座，冲犯了上将星，然后经过紫微西垣进入危宿，渐渐拖长到一丈有余，指向室宿、壁宿。百余日后，彗尾稍短，长约二尺五寸，在虚宿、危宿那里消失。辛未日，下诏书说："江陵人年六十五岁以上的官奴婢，一律下令免除奴籍。那些公私奴婢年在七十以上的，所在的官府机关，应把他们赎出成为一般百姓。"

秋七月辛巳这天是初一，有日食。庚寅这一天，皇帝来到秦州，减免死罪以下。辛丑这一天，派大臣巡察全国各地。

八月丙子日，皇帝从秦州回到京师。

九月乙巳日，益州来献三足乌。

冬十月辛亥日，改函谷关城为通洛坊。

十一月庚辰日，岐州报告发现了一角兽。甲午日，吐谷浑派使臣来贡献地方奇物。丁未日，南朝陈国派使臣来行礼。

天和元年春正月己卯日，有日食。辛巳日，露寝建成，皇帝亲自去看了。让群臣作古体诗，京城老而有德的人都一道参加了这次盛会，颁发了各级不等的赏赐。癸未日，大赦天下，改年号为天和。百官普遍加升四级。己亥日，皇上参加籍田典礼，亲自扶犁开耕。丁未这一天，在宕昌设置宕州。任命柱国昌宁公长孙俭为陕州总管。派遣小载师杜杲出使南朝陈国。

二月戊申日，任命开府中山公宇文训为蒲州总管。戊辰日，诏命三公以下都来推荐自己了解的贤才。庚午日，日光与晕相斗，日光微弱，可以看得见太阳里的三足乌。

三月丙午日，在南郊祭祀。

夏四月己酉日，益州来贡献三足乌。辛亥日，举行求雨的雩祭。甲子日，太阳周围生了两重日晕，白虹横贯其中。这个月，南朝陈文帝（陈蒨）去世。陈蒨的儿子陈伯宗继位为皇帝。

五月庚辰日，皇帝亲临正武殿，召集群臣，亲自给他们讲解《礼记》。吐谷浑龙涸王莫昌率领自己部落归顺，皇上以他们的那块地方划为扶州。甲午日，下诏书说："从原始古朴的道德沦丧之后，接着兴起了礼仪来管制大家的思想。我们赞美风、大雅、小雅、颂为一个字："一言以蔽之曰：思无邪"；歌颂《孝经》三千字落脚点在为敬。因此，在上的不能骄，处于满的不要外溢，这样就能永远守住富贵，国家永远取得安宁。这样就能顺承天地的安宁，和睦民众敬事鬼神，光辉和日月相比，政事符合于四季月令。我虽然平庸愚昧，但有决心照古人行事。甲子日、乙卯日，前者是纣、后者是桀的死难日，《礼记》说在这日子王者不能举乐。苌弘指出乙卯日是毛伯恶贯满盈之日，毛得不应在这一天把这个恶果再取过来；杜蕢曾因此日王者饮酒而扬觯（酒器）示罚。自从世事大乱人心丧尽，礼仪被毁弃，这些制度都丢得无影无踪，完全扔在地上了。从前周王受命登极，就询问颛顼的治国之道。在庙堂上设置有警诫满盈的器具，在室里刻制有克己复礼的铭文。何况我们这些末学之辈，怎能忘掉了这一切！应该在这甲子乙卯的日子，减去祭祀，停止作乐，使人知道做君王的难处，做臣子的不易。并且留给后代，知道殷代灭亡的镜子就在这里。"

六月丙午日，任命大将军粃罕公辛威为柱国。

秋七月戊寅日，修筑武功、郿、斜谷、武都、留谷、津坑等城堡，以安置驻军。壬午日，下诏书说："各个国子学生入国学学习，只对老师进献束脩，不用再按季举行敬祭先师的释奠礼。释奠礼，只在学业告成时举行一次。从此这个制度就决定下来。"

八月己未日，下诏书说："在父母死后行三年之丧的人，有的负土堆成坟山，有的卧苦消瘦，他们每一件特殊的事，凡是可以称颂表扬的，希望该地方官员，随时向上报告。应当慰问鼓励，来教育一般人民。"

九月乙该日，信州蛮人冉令贤、向五子王反叛，诏令开府陆腾讨平他们。

冬十月乙卯日，白天出现金星，行过了天空的正中。甲子这一天，创制《山己儛》，来作为六代之乐。

十一月丙戌，皇上来到武功等新城。十二月庚申日，回到京师宫中。

天和二年，春正月癸酉初一，有日食。己亥日，举行籍田典礼，亲自扶犁开耕。

三月癸酉日，改武游园名为道会苑。丁亥日，开始建立郊丘坛壝制度。

夏四月乙巳日，裁减东南一些州置。颍州、归州、滇州、均州并入唐州；油州并入纯州；鸿州并入淮州；洞州并入湖州；睢州并入襄州；宪州并入昌州。任命大将军陈国公宇文纯为柱国。

五月壬申日，突厥、吐谷浑、安息都派使者前来贡献地方奇物。丁丑日，进封安武公李穆为申国公。己丑日，木星与火星在井宿那儿相会合。

六月辛亥日，尊生身母亲叱奴氏为皇太后。甲子日，月亮进入毕宿。

闰六月庚午日，发生地震。戊寅日，南朝陈国湘州刺史华皎率其民来归降，派遣襄州总管卫国公宇文直，率领柱国绥德公陆通、大将军田弘、权景宣、元定等，带兵前往支援。因而向南攻伐陈国。壬辰日,任命大将军谯国公宇文俭为柱国。丁酉日,木星和金星在柳宿那儿相会合。戊戌日,襄州报告说有五彩的云气在天空出现。

秋七月辛丑日,梁州报告说,有凤凰飞集在枫树上,周围有群鸟围绕侍立,总数以万计。甲辰日,建立露门学,安置了七十二名学生。庚戌日,金星冲犯了轩辕星座。壬子日,任命太傅燕国公于谨为雍州牧。

九月,卫国公宇文直等人和陈国将领淳于量、吴明彻作战于沌口,北周的军队失利。元定带领步骑兵数千人率先渡过长江,结果覆没于江南。

冬十月辛卯日,太阳在东出西没时,有一点黑气,如杯子大小,出现在太阳里边。到了甲午这一天,黑气又增加了一点。这样过了六天黑气才消失。

十一月戊戌,这一天是初一,有日食。癸丑日,太保许国公宇文贵死去。

天和三年春正月辛丑日,祭祀在南效。二月丁卯日,皇帝来到武功。丁亥日,从武功回到京师宫中。

三月癸卯日,从突厥迎来皇后阿史那氏。甲辰日,大赦天下。过去被免去的官爵,一律给予恢复。丁未日,在路寝会见百官及四方各国宾客使臣。赏赐不同等级的衣马钱帛。甲寅日,任命柱国陈国公宇文纯为秦州总管,任命蔡国公宇文广为陕州总管。戊午日,太傅柱国燕国公于谨死去。已未这一天,金星冲犯了井宿、北河、轩辕星座的第一星。

夏四月,辛巳日,任命太保郑国公达奚武为太傅,任命大司马蜀国公尉迟迥为太保,任命柱国齐国公宇文宪为大司马。金星进入鬼宿,冲犯了积尸(星团)。

五月庚戌日,祭祀太庙。庚申这一天,皇帝来到醴泉宫。

六月甲戌日,有彗星在井宿出现,向北流行一个月,到了鬼宿才消失。

秋七月壬寅日,柱国随国公杨忠死去。戊午日,皇帝从醴泉宫回京师。己未日,彗星出现在房宿附近,渐次向东运动,进入天市星座,然后又冲犯了室宿,到了奎宿那里,四十多天后才消失。

八月乙丑日,韩国公元罗死去。北齐请求和北周和亲,派遣使臣前来行礼。下诏令军司马陆逞、兵部尹公正前往答礼。癸酉日,皇帝驾临大德殿,召集百官及和尚、道士等,亲自给大家讲《礼记》。

九月庚戌日,金星和土星在角宿那儿相会合。

冬十月癸亥日,祭礼太庙。丙戌日,金星进入氐宿。丁亥日,皇帝亲率六军在城南讲讨武学,京城参观的人,车马相连数十里,各国使臣都在那里参观。

十一月壬辰,这一天是初一,有日食,甲辰日,皇帝来到岐阳。壬子日,派遣开府崔彦穆、小宾部元晖出使于齐国。甲寅日,南朝陈国安成王陈顼废掉国君陈伯宗自立为皇帝,就是陈高祖宣帝。

十二月丁丑日,皇帝从岐阳回宫。这个月里,北齐武成帝死去。

天和四年春正月辛卯日,是初一,停止朝会,那是为悼念齐国武成皇帝死去的缘故。派遣司会、河阳公李纶等前往齐国参加葬礼,并且致礼凭吊。

二月癸亥日,任命柱国昌宁公长孙俭为夏州总管。戊辰日,皇帝驾临大德殿召集百官、道士、和尚等讨论佛教道教的教义。木星向西倒行,遮掩了太微垣的上将星。庚午日,有流星像斗一样大,出现在左摄提星座,流到天津星座。消失了以后,传来雷鸣般的响声。

夏历四月己巳日,齐国派使臣来行礼。

五月乙丑日,皇帝写成了《象经》一书,召集百官向他们讲说该书的内容。封西魏广平公的儿子元谦为韩国公,让他来接续魏国的后嗣。庚戌日,皇帝前往醴泉宫。丁巳日,柱国吴国公尉迟纲死去。

六月,修建原州以及泾州的东城。

秋七月辛亥日,皇帝从醴泉宫回到京师。丁巳日,突厥派遣使臣前来献马。

八月庚辰日,盗民杀了孔城坊主,把这一带地方献给了齐国。

九月辛卯日,派遣柱国齐国公宇文宪率领军众在宜阳修筑崇德等城堡。

冬十一月辛亥日,柱国昌宁公长孙俭去世。

十二月壬午日,撤销陇州。

天和五年春二月己巳日,邵惠公宇文颢的孙子宇文胄从齐国归来。改封邵国公宇文惠为谭国公,封宇文胄为邵国公。

三月辛卯日,进封柱国韦孝宽为郧国公。甲辰日,开始规定:宿卫官家住在关外的,都要把家属送到京师来;不愿送到京师来的,就解除他的宿卫官职务。

夏四月甲寅日,任命柱国宇文盛为大宗伯。皇帝去到醴泉宫。裁撤帅都督官。丙寅日,派遣大使巡视全国。任命陈国公宇文纯为陕州总管。六月壬辰日,封开府梁睿为蒋国公。庚子日,给罪人们减刑,并免除长久拖欠的租调等,这是因为生了皇女的缘故。

七月,盐州贡献白兔。乙卯日,皇帝从醴泉宫回到京师。辛巳日,任命柱国谯国公宇文俭为益州总管。

九月己卯日，金星、木星在亢宿那里相会合。

冬十月辛巳这一天是初一，有日食。丙戌这一天，金星、土星在氐宿那里相会合。丁酉这一天，太傅郑国公达奚武死去。

十一月乙丑日，追封章武孝公宇文导为酅国公，把蔡国并于酅州。丁卯日，柱国酅国公宇文广死去。

十二月癸巳日，大将军郑恪率军讨平越巂，在那里设置了西宁州。

这年冬天，齐国将领斛律明月攻袭边界，在汾水之北修筑城堡，从华谷排列到龙门。

天和六年春正月己酉，这一天是初一，停止朝会，因为露门尚未建成的缘故。下诏书命令柱国齐国公宇文宪率兵前往抵御斛律明月。丁卯日，任命大将军张掖公王杰、谭国公宇文会、雁门公田弘、魏国公李晖等都升为柱国。

二月己丑这天夜里，有苍色云约三尺长经过天空的正中，从戌时一直到辰时。

三月己酉日，齐国公宇文宪从龙门渡过黄河，齐国斛律明月撤退到华谷死守，宇文宪攻破了他新修的五座城堡。

夏四月戊寅，这一天是初一，有日食。己卯日，火星冲犯了鬼宿。辛卯日，信州蛮兵头子冉祖喜、冉龙骧领兵反叛，派遣大将军赵䚦率兵讨伐平定了他们。甲午日，任命柱国燕国公于寔为凉州总管，任命大将军杞国公宇文亮为秦州总管。庚子日，任命大将军荥阳公司马消难为柱国。陈国公宇文纯、雁门公田弘领兵夺取齐国的宜阳等九城。任命大将军武安分侯莫陈琼、太安公阎庆、神武分窦毅、南阳公叱罗协、平高公侯伏侯龙恩都为柱国。封开府斛斯征为岐国公，封右宫伯长孙览为薛国公。

五月癸卯日，派遣纳言郑诩出使南朝陈国。丙寅日，任命大将军唐国公李晸、中山公宇文训、杞国公宇文亮、上庸公陆腾、安义公宇文丘、北平公寇绍、许国公宇文善、犍为公高琳、郑国公达奚震、陇东公杨纂、常山公于翼皆为柱国。

六月乙未日，任命大将军太原公王柬为柱国。这个月里，齐国将领段孝先攻陷汾州。

秋七月乙丑日，任命大将军越国公宇文盛为柱国。

八月癸未日，土星、木星、金星在氐宿那里相会合。

九月庚申日，月亮在娄宿跟前，月全蚀，没有复光。癸酉日，省减宫廷中四夷之乐及后宫制罗绮的工人五百余人。

冬十月壬午日，冀国公宇文通死去。乙未日，派遣右武伯谷会琨、御正蔡斌出使于齐国。壬寅日，皇帝亲自率领六军在城南研讨武事。

十一月壬子日，任命大将军梁国公侯莫陈芮、大将军李意都为柱国。丙辰日，齐国派使臣前来行礼。丁巳日，皇帝来到散关。

十二月己丑日，皇帝回到京师宫中。

这年冬天，发生了牛瘟，牛死了十之六七。

建德元年春正月戊午日，皇帝来到玄都观，亲自在法座上讲经说道，和公卿百官道士俗人互相质询答辩，结束后回宫。减死罪和流放罪各一等，五年徒刑以下的，都宽免了他们。

二月癸酉日，派大将军昌城公宇文深出使于突厥，派司宗李际、小宾部贺遂礼出使于齐国。乙酉日，柱国安义公宇文丘死去。

三月癸卯，这一天是初一，有日食。齐国派使臣来行礼。丙辰日，诛杀大冢宰晋国公宇文护、宇文护的儿子柱国谭国公宇文会、宇文会之弟大将军莒国公宇文至、崇业公宇文静，以及柱国侯伏侯龙恩、龙恩之弟大将军万寿、大将军刘勇等人。大赦天下，改元为建德元年。撤销中外府。癸亥日，任命太傅蜀国公尉迟迥为太师、柱国邓国公窦炽为太傅、大司空申国公李穆为太保、齐国公宇文宪为大冢宰（宰相）、卫国公宇文直为大司徒、赵国公宇文招为大司空、柱国粃罕公辛威为大司寇、绥德公陆通为大司马。下诏书说："民众负担的劳役过度了，天上的星象也会表现了出来。举办大事不考虑结合时令，连石头也能发出怨言。所以知道办理国事的要求最终是静，静就在于百姓无事。治国的要求最终是安，安就在于停止繁多的劳役。过去兴工造府没有限制，不停地征发劳役，再加上年年征战，农田荒废。去年秋天发生蝗灾，谷物没有收成，百姓只好逃亡，家家织机都空了下来。我做皇帝的每天早上呆坐，不能做主处理朝政，每天小心谨慎心怀不安。从今以后，除了国家规定的赋税外，不准随便加征，让大家富裕充实，才能使我称心如意。"

夏历四月甲戌日，任命代国公宇文达、滕国公宇文逌同为柱国。下诏命令荆州、安州、江陵等地总管，不再隶属于襄州管辖。己卯日，任命柱国张掖公王杰为泾州总管，任命魏国公李晖为梁州总管。诏令公卿以下各级官员推荐所了解的人才。派遣工部代公宇文达、小礼部辛彦之出使于齐国。丙戌日，诏令百官军民上密封提建议，彻底讨论政事得失。丁亥日，下诏令禁止四方不属于正常赋税的贡献。庚寅日，追尊略阳公宇文觉为孝闵皇帝。癸巳日，立鲁国公宇文赟为皇太子。大赦天下，百官都加了封爵的级别。

五月，封卫国公宇文直的长子宇文宾为莒国公，继莒庄公宇文洛生为后嗣。壬戌日，皇帝因为大旱，召集百官在朝廷上，下诏令说："正是农作物生长的重要时刻，天气却干旱不下雨，气候失常，一切生产耕作都是枉然。这是因为我的德薄所致吗？还是刑罚和奖赏不公造成的呢？还是所用的公卿大臣不当呢？你们应该尽情直言，不要有什么隐瞒。"结果大家纷纷引咎自责，这一夜降了大雨。

六月庚子日，改置那些宿卫的官员。

秋七月辛丑日，陈国派使臣前来行礼。丙午日，水星和金星在井宿那里相会合。己酉日，月亮冲犯了心宿最中间那颗星。

九月庚子，这一天是初一，有日食。庚申日，扶风人掘地时挖出了玉杯，拿来贡献给皇帝。

冬十月庚午日，下诏令江陵作战所俘虏而弃官奴者，一律赦免为民。辛未日，派遣小匠师杨勰、齐驭唐则出使陈国。柱国大司马绥德公陆通去世。

十一月丙午日，皇上亲率六军研讨武事于城南。庚戌日，皇上来到羌桥，集合京城中各军都督以上的官员，分别给予不同的赏赐。乙卯日，皇上回到宫中。壬戌日，任命大司空赵国公宇文招为大司马。乙未日，月亮冲犯了心宿中间那一颗星。

十二月壬申日，皇帝来到斜谷，召集京城以西各军都督以上的官员，分别给予不同的赏赐。丙戌日，皇帝回到宫中来。己丑日，皇帝来到正武殿，亲自检查囚犯档案予以减免，忙到夜里才罢休。庚寅日，皇上来到道会苑，因为上善殿过于富丽堂皇，于是便将它焚毁。

建德二年，春正月辛丑日，在南郊祭祀。乙巳日，任命柱国雁门公田弘为大司空，任命大将军徐国公若干凤为柱国。庚戌这一天，重新设置帅都督官。乙卯。祭祀太庙。

闰正月己巳日，陈国派使臣前来行礼。

二月辛亥日，白虹横贯日中。甲寅日，下诏令皇太子宇文赟巡抚西部疆土。壬戌日，派遣司会侯莫陈凯、太子宫尹郑译出使齐国。火星冲犯了鬼宿，直入积尸星团中。撤裁雍州内八郡，并入京兆、冯翊、扶风、咸阳等郡。

三月乙卯日，皇太子在岐州得到两只白鹿来献给皇上。皇上诏书回答说："君王治理天下，在于德行不在什么祥瑞。"癸巳日，裁减六府中诸司中大夫以下的官员，每府设置四司，以下大夫为他们的官长，上士做副手。

夏四月己亥日，祭祀太庙。丙辰日，增改东宫的官员。

五月丁卯日，火星冲犯了右执法星。丁丑日，任命柱国周昌公侯莫陈琼为大宗伯。任命荥阳公司马消难为大司寇，任命上庸公陆腾为大司空。

六月庚子日，裁减六府里员外等官，都改为丞。甲辰这一天，月亮冲犯了心宿中间的那颗星。壬子这一天，皇孙宇文衍诞生，文武百官同时加升一级。检选各军将帅。丙辰日，皇帝亲临露寝，召集各军将领，勉励他们努力于国家的军事。庚申日，下诏令各军的军旗，都画以猛兽、凶鸟的图像。

秋七月己巳日，祭祀太庙，从春末以来不下雨，及至这个月还未落雨。壬申日，召集百官到大德殿，皇帝把一切罪责归于自己，询问大家还有哪些政治过失。戊子日，下雨了。

八月丙午日，改三夫人为三妃。关内发生了蝗灾。

九月乙丑日，陈国派使臣前来行礼。癸酉日，金星犯了右执法星。戊寅日，任命柱国郑国公达奚震为金州总管。下诏书说："为政之道在节财，为礼之道要俭省。但过去婚嫁之礼都比赛奢侈，酒肉的开支，使人倾家荡产，这样做完全违背了古代的典训。有关机关应该严肃宣布（不准奢华），使大家都来遵守古制。"壬午日，纳娶杨氏为皇太子妃。

冬十月癸卯日，齐国派使者来行礼。甲辰日，制成六代乐，皇上亲临崇信殿，召集百官来看。

十一月辛巳日,皇上亲率六军研讨武事于城东。癸未日,召集各军都督以上的军官五十人于道会苑举行大射典礼,皇帝亲临射宫,军容大为整齐。

十二月癸巳月,召集群臣以及和尚、道士,皇帝登上高座,辨别释道儒三教的先后。结论以儒教为先,道教次之,佛教为后。任命大将军乐川公赫连达为柱国。下诏书说:"尊重年高齿长的人,是历代的好风尚。按次序酬谢劳绩,圣人有明确榜样。我继承了大业,统治全国,领导众多的百姓,使大家都能活得愉快长寿。在军民里面,都有年老的长者。他们到了衰老的暮年,应该受到优厚的待遇。可以颁授老年人的职位,使他们的荣誉传遍家乡。"戊午日,听查狱讼于正武殿,从早上进行到晚上,没有亮光就点上蜡烛。

建德三年,春正月壬戌日,在露门接受群臣朝见。册封柱国齐国公宇文宪、卫国公宇文直、赵国公宇文招、谯国公宇文俭、陈国公宇文纯、越国公宇文盛、代国公宇文达、滕国公宇文荄,以上诸人,都晋爵为王。己巳日,祭祀太庙。庚午日,突厥派遣使臣来贡献名马。癸酉这一天,下诏书说:"从今以后,男子年满十五,女子年满十三,以及那些鳏夫寡妇,所有军民,都要按时娶嫁,一定要节俭办事,不能因凑不起婚礼费用而耽误婚事。"乙亥日,皇上兴办籍田之礼,亲自扶犁开耕。丙子日,开始穿短衣。宴会请到二十四军督将以下将领,都按军旅的方法,纵情饮酒尽情欢乐。下令往年收成不好,人民穷困乏粮,命令公家、私人、僧道、俗人,凡是储存有米粮者,听任留足自己的口粮,口粮以外的都拿出来卖。

二月壬辰,这一天是初一,有日食。丁酉日,纪国公宇文康、毕国公宇文贤、酆国公宇文贞、宋国公宇文实、汉国公宇文赞、秦国公宇文贽、曹国公宇文允，以上诸人，都晋爵为王。丙午日，令六府各自推荐贤良清正之人。癸丑日，柱国许国公宇文善有罪免爵。乙卯日，皇帝驾临云阳宫。丙辰日，皇帝下诏书说："人生来都是宁静的，纯朴善美的本性人人都具有。但由于受到社会的影响，本性就变了，嗜好情欲就产生了。即令是白云与飞鸟隔世，文和质不属同一时代，也要处处提防，严加限令。我统治天下，保护万民百姓，要振兴纲纪，把思想纳入正确轨道。如果有人犯了这些贪欲的过失，我们一定共同抛弃他。所有在职官员有这一类过失，听任大家自由检举，不管轻重一起揭发出来，丝毫不能隐瞒。这样做就会像风吹草伏一样，大家接受教化不予违背，倡导真善美整齐礼治，这样基本上就可以恢复人的纯懿本性。但现在治国者失去这些治国之道，已经很久了。强制压抑这种弊病，也就没有方法加以改正。应该把这些贪婪、强迫的旧俗加以扫荡，和百姓开始一种新的政治生活。可以大赦天下。"庚申日，皇太后生病不愈。

三月辛酉日，从云阳宫回到了京城宫中。癸酉日，皇太后叱奴氏去世。皇帝居住草庐，从早到晚吃饭很少，群臣上表劝谏，经十多天才罢。下令皇太子宇文赟总理政事。

夏历四月乙卯这一天，齐国派使臣前来吊唁，参加葬礼。丁巳日，有彗星出现于东北紫微垣，彗星长七尺。

五月庚申日，在永固陵安葬了文宣皇后，皇帝去冠赤足到陵所。辛酉日，下诏说："齐衰、斩衰这样的丧礼，经典彝铭上都有古训。一代一代流传到现在，也就忘掉了这些礼节。虽然我接受母亲临终的遗命，要我安葬罢就除去丧服，但扶着母亲的灵床，实在于心不忍。古代三年守丧之制，是包括天子在内的。这是古今不能更改的规矩，做皇帝的最基本的规矩。只是由于有时情况特殊，才不能完全遵守这些制度。现在军国大事，我可以上朝主持。至于披麻戴孝这项制度，卧苫居庐这种礼节，一律遵照古礼服丧，以报答父母的最大恩惠。百官以下，你们的服丧还照皇太后的遗命执行。"公卿大臣上表，一再要求暂且服从这个临时办法，过了葬日即除丧服穿吉服。皇帝不答应，引用古礼制来回答大家，群臣不再说什么。于是就申明三年服丧的制度，凡亲属五服之内，都依礼制服丧。开始设置太子谏议员四人，文学十人；皇弟、皇子每人设置友员各二人，学士各六人。丁卯日，荆州来贡献白乌。戊辰日，下诏令恢复晋国公宇文护及其子的封爵，对死者改葬、加封谥号。丙子日，开始决定禁止佛道二教的流行，把他们的经典、国像统统烧毁，禁止和尚、道士，统令他们的还俗为民。并且禁止一切淫祀，凡是礼法上没有记载的，统统废除。

六月丁未日，召集各军将领，教练战斗布阵的方法。壬子日，改铸五行大布钱，以一个当十个，与布泉钱同时流通。戊午日，下诏书说："最高的道是既大又深的，混沌的天是无边的。宇宙中包含着的、空冥中存在着的，那些理都是高深莫测的。但这些事理分枝不同，来源久远，离开了原始的淳朴，使外形和本质背离。于是就产生了三墨八儒各种学派，争相为用；九流七略，各派学说纷纷亮相，有的说不出什么道理，也有的能说出一点道理，这已经是旧话了。不把他们放在一起比较，他们之间的争论就不会停止。现在设立一个通道观，凡是圣人的一言一语，先贤留下来的重要经典，法令玉条，秘籍奇文，只要是对养育万民有用的、有助于培养道德礼仪的，都应该加以宣扬，贯彻下去。这样做使那些只见过小山包的，知道中岳、东岳的高大，守着一块沙海的，知道渤海的弘广。这样做不是很好吗？"

秋七月庚申日，皇上来到云阳宫。乙酉日，卫王宇文直在京师领兵反叛，要突入肃章门。司武尉迟运等把守不让进。宇文直失败，率领百余骑人马逃走。京师连着下了三十天雨，这一天才晴了。戊子日，皇帝从云阳宫回到京师。

八月辛卯日，在荆州擒获了宇文直，免去他的官爵，废为一般百姓。乙未日，下令凡是建德元年八月以前犯罪，没有被审问纠察，而在以后被发觉治罪失去了官爵的，都准许他们恢复官爵。丙申日，皇帝驾临云阳宫。

九月庚申日，皇帝驾临同州。戊辰日，任命柱国大宗伯周昌公侯莫陈琼为秦州总管。

冬十月丙申日，御正杨尚希、礼部卢恺出使于陈国。戊戌日，雍州来献苍乌。庚子日，下诏令蒲州饥民向鄌州城以西以及荆州管区内移民就食。甲寅日，皇上驾临蒲州。乙卯日，赦免蒲州一地的大辟以下的囚犯。丙辰日，皇上来到同州。始州民王鞅拥众谋反，大将军郑恪讨平了他。

十一月戊午日，任命柱国大司空上庸公陆腾为泾州总管。于阗派使臣来贡献名马。己巳日，在城东大阅兵。甲戌日，皇上从同州回到京师。

十二月戊子日，集会卫员及军人以上者，给予他们以级别不同的赏赐。辛卯日，月亮掩盖了金星。下诏令荆、襄、安、延、夏五州总管区内，有人能率众从军，授给各级不同的官职。那些贫穷的小民，免除租税三年。丙申日，改各军的军士为侍官。丁酉日，利州上报他们那里出现了驺虞。癸卯日，皇上召集各军在临皋泽研讨武事。凉州连续两年地震，城郭崩塌，大地开裂，地泉上涌。

周书卷六

帝纪第六

武帝下

建德四年春正月戊辰,以柱国枹罕公辛威为宁州总管,太原公王康为襄州总管。初置营军器监。壬申,诏曰:"今阳和布气,品物资始,敬授民时,义兼敦劝。《诗》不云乎:'弗躬弗亲,庶民弗信。'刺史守令,宜亲劝农,百司分番,躬自率导。事非机要,并停至秋。鳏寡孤独不能自存者,所在量加赈恤。逋租悬调,兵役残功,并宜蠲免。"癸酉,行幸同州。

二月丙戌朔,日有蚀之。辛卯,改置宿卫官员。己酉,柱国、广德公李意有罪免。

三月丙辰,遣小司寇淮南公元(卫)〔伟〕、纳言伊娄谦使于齐。郡县各省主簿一人。丙寅,至自同州。甲戌,以柱国、赵王招为雍州牧。

夏四月甲午,柱国、燕国公于寔有罪免。丁酉,初令上书者并为表,于皇太子以下称启。

六月,诏东南道四总管内,自去年以来新附之后,给复三年。

秋七月丙辰,行幸云阳宫。己未,禁五行大布钱不得出入关,布泉钱听入而不听出。丁卯,至自云阳宫。甲戌,陈遣使来聘。

丙子,召大将军以上于大德殿,帝曰:"太祖神武膺运,创造王基,兵威所临,有征无战。唯彼伪齐,犹怀跋扈。虽复戎军屡驾,而大勋未集。朕以寡昧,纂承鸿绪,往以政出权宰,无所措怀。自亲览万机,便图东讨。恶衣菲食,缮甲治兵,数年已来,虞备稍足。而为主昏虐,恣行无道,伐暴除乱,斯实其时。今欲数道出兵,水陆兼进,北拒太行之路,东扼黎阳之险。若攻拔河阴,兖、豫则驰檄可定。然后养锐享士,以待其至。但得一战,则破之必矣。王公以为何如?"群臣咸称善。丁丑,诏曰:

高氏因时放命,据有汾、漳,擅假名器,历年永久。朕以亭毒为心,遵养时晦,遂敦聘好,务息黎元。而彼怀恶不悛,寻事侵轶,背言负信,窃邑藏奸。往者军下宜阳,衅由彼始;兵兴汾曲,事非我先。此获俘囚,礼送相继;彼所拘执,曾无一反。加以淫刑妄逞,毒赋繁兴,齐、鲁轸珍悴之哀,幽、并启来苏之望。既祸盈恶稔,众叛亲离,不有一戎,何以大定。

今白藏在辰,凉风戒节,厉兵诘暴,时事惟宜。朕当亲御六师,龚行天罚。庶凭祖宗之灵,潜资将士之力,风驰九有,电扫八纮。可分命众军,指期进发。

以柱国陈王纯为前一军总管,荥阳公司马消难为前二军总管,郑国公达奚震为前三军总管,越王盛为后一军总管,周昌公侯莫陈琼为后二军总管,赵王招为后三军总管,齐王宪率众二万趣黎阳,随国公杨坚、广宁侯薛回舟师三万自渭入河,柱国梁国公侯莫陈芮率众一万守太行道,申国公李穆帅众三万守河阳道,常山公于翼帅众二万出陈、汝。壬午,上亲率六军,众六万,直指河阴。

八月癸卯，入于齐境。禁伐树践苗稼，犯者以军法从事。丁未，上亲率诸军攻河阴大城，拔之。进攻子城，未克。上有疾。

九月辛酉夜，班师，水军焚舟而退。齐王宪及于翼、李穆等所在克捷，降拔三十余城，皆弃而不守。唯以王药城要害，令仪同三司韩正守之。正寻以城降齐。戊寅，至自东伐。己卯，以华州刺史、毕王贤为荆州总管。

冬十月戊子，初置上柱国、上大将军官，改开府仪同三司为开府仪同大将军，仪同三司为仪同大将军，又置上开府、上仪同官。甲午，行幸同州。

闰月，齐将尉相贵寇大宁，延州总管王庆击走之。以柱国齐王宪、蜀国公尉迟迥为上柱国，柱国代王达为益州总管，大司寇荥阳公司马消难为梁州总管。诏诸畿郡各举贤良。

十一月己亥，改置司内官员。

十二月辛亥朔，日有食之。庚午，至自同州。丙子，陈遣使来聘。

是岁，岐、宁二州民饥，开仓赈给。

五年春正月癸未，行幸同州。辛卯，行幸河东涑川，集关中、河东诸军校猎。甲午，还同州。丁酉，诏曰："朕克己思治，而风化未弘。永言前古，载怀夕惕。可分遣大使，周省四方，察讼听谣，问民恤隐。其狱犴无章，侵渔黎庶，随事究验，条录以闻。若政绩有施，治纲克举；及行宣圭荜，道著丘园：并须捡审，依名腾奏。其鳏寡孤独，寔可哀矜，亦宜赈给，务使周赡。"废布泉钱。戊申，初令铸钱者绞，其从者远配为民。

二月辛酉，遣皇太子赟巡抚西土，仍讨吐谷浑，戎事节度，并宜随机专决。

三月庚子，月犯东井第一星。壬寅，至自同州。文宣皇后服再期，戊申，祥。

夏四月乙卯，行幸同州。开府、清河公宇文神举攻拔齐陆浑等五城。

五月壬辰，至自同州。

六月戊申朔，日有食之。辛亥，祠太庙。丙辰，利州总管、纪王康有罪，赐死。丁巳，行幸云阳宫。月掩心后星。庚午，荧惑入舆鬼。

秋七月乙未，京师旱。

八月戊申，皇太子伐吐谷浑，至伏俟城而还。乙卯，至自云阳宫。乙丑，陈遣使来聘。

九月丁丑，大醮于正武殿，以祈东伐。

冬十月，帝谓群臣曰："朕去岁属有疹疾，遂不得克平逋寇。前入贼境，备见敌情，观彼行师，殆同儿戏。又闻其朝政昏乱，政由群小，百姓嗷然，朝不谋夕。天与不取，恐贻后悔。若复同往年，出军河外，直为抚背，未扼其喉。然晋州本高欢所起之地，镇摄要重，今往攻之，彼必来援，吾严军以待，击之必克。然后乘破竹之势，鼓行而东，足以穷其窟穴，混同文轨。"诸将多不愿行。帝曰："几者事之微，不可失矣。若有沮吾军者，朕当以军法裁之。"

己酉，帝总戎东伐。以越王盛为右一军总管，杞国公亮为右二军总管，随国公杨坚为右三军总管，谯王俭为左一军总管，大将军窦（泰）〔恭〕为左二军总管，广化公丘崇为左三军总管，齐王宪、陈王纯为前军。庚戌，荧惑犯太微上将。戊午，岁星犯太陵。癸亥，帝至晋州，遣齐王宪率精骑二万守雀鼠谷，陈王纯步骑二万守千里径，郑国公达奚震步骑一万守统军川，大将军韩明步骑五千守齐子岭，（焉）〔乌〕氏公尹升步骑五千守（钟）鼓〔钟〕镇，凉城公辛韶步骑五千守蒲津关，柱国、赵王招步骑一万自华谷攻齐汾州诸城，柱国宇文盛步骑一万守汾水关。遣内史王谊监六军，攻晋州城。帝屯于汾曲。齐王宪攻洪洞、永安二城，并拔之。是夜，虹见于晋州城上，首向南，尾入紫微宫，长十余丈。帝每日自汾曲赴城下，亲督战，城中惶窘。庚午，齐行台左丞侯子钦出降。壬申，齐晋州刺史崔景嵩守城北面，夜密遣使送款，上开府王轨率众应之。未明，登城鼓噪，齐众溃，遂克晋州，擒其城主特进、开府、海昌王尉相贵，俘甲士八千人，送关中。甲戌，以上开府梁士彦为晋州刺史，加授大将军，留精兵一万以镇之。又遣诸军徇齐诸城镇，并相次降款。

十一月己卯，齐主自并州率众来援。帝以其兵新集，且避之，乃诏诸军班师，遣齐王宪为后拒。是日，齐主至晋州，宪不与战，引军度汾。齐主遂围晋州，昼夜攻之。齐王宪屯诸军于涑水，为晋州声援。河东地震。癸巳，至自东伐。献俘于太庙。甲午，诏曰："伪齐违信背约，恶稔祸盈，是以亲总六师，问罪汾、晋。兵威所及，莫不摧殄，贼众危惶，乌栖自固。暨元戎反斾，方来聚结，游魂境首，尚敢趑趄。朕今更率诸军，应机除剪。"丙申，放齐诸城镇降人还。丁酉，帝发京师。壬寅，度河，与诸军合。

十二月戊申，次于晋州。初，齐攻晋州，恐王师卒至，于城南穿堑，自乔山属于汾水。庚戌，帝帅诸军八万人，置阵东西二十余里。帝乘常御马，从数人巡陈处分，所至辄呼主帅姓名以慰勉之。将士感见知之恩，各思自厉。将战，有司请换马。帝曰："朕独乘良马何所之？"齐主亦于堑北列阵。申后，齐人填堑南引。帝大喜，勒诸军击之，齐人便退。齐主与其麾下数十骑走还并州。齐众大溃,军资甲仗,数百里间,委弃山积。

辛亥,帝幸晋州,仍率诸军追齐主。诸将固请还师,帝曰:"纵敌患生。卿等若疑,朕将独往。"诸将不敢言。甲寅,齐主遣其丞相高阿那肱守高壁。帝麾军直进,那肱望风退散。丙辰,师次介休,齐将韩建业举城降,以为上柱国,封郇国公。丁巳,大军次并州,齐主留其从兄安德王延宗守并州,自将轻骑走邺。是日,诏〔齐王公以下〕曰:

〔夫树之以君,司牧黔首,盖以除其苛慝,恤其患害。朕君临万国,志清四海,思济一世之人,置之仁寿之域。嗟彼齐赵,独为匪民,乃睠东顾,载深长想。伪主凉德早闻,丑声夙著,酒色是耽,盘游是悦。阉竖居阿衡之任,胡〕人寄喉唇之重。栋梁骨鲠,翦为仇雠;狐、赵绪余,降成皂隶。民不见德,唯虐是闻。朕怀兹漏纲,置之度外,正欲各静封疆,共纾民瘼故也。

尔之主相,会不是思,欲构厉阶,反贻其梗。我之率土,咸求偋刃,帷幄献兼弱之谋,爪牙奋干戈之勇,赢粮坐甲,若赴私雠。是以一鼓而定晋州,再举而摧逋丑。伪丞相高阿那肱驱逼余烬,窃据高壁;伪定南王韩建业作守介休,规相抗拟。聊示兵威,应时崩溃,那肱则单马宵遁,建业则面缚军和,尔之逃卒,所知见也。

若其怀远以德,则尔难以德绥;处邻以义,则尔难以义服。且天与不取,道家所忌,攻昧侮亡,兵之上术。朕今亲驭群雄,长驱宇内,六军舒旆,万队启行。势与雷电争威,气逐风云齐举。王师所次,已达近郊,望岁之民,室家相庆,来苏之后,思副厥诚。伪主若妙尽人谋,深达天命,牵羊道左,衔璧辕门,当惠以焚榇之恩,待以列侯之礼。伪将相王公已下,衣冠士民之族，如有深识事宜，建功立効，官荣爵赏，各有加隆。若下愚不移，守迷莫改，则委之执宪，以正刑书。嗟尔庶士，胡宁自弃。或我之将卒，逃彼逆朝，无问贵贱，皆从荡涤。善求多福，无贻后悔。玺书所至，咸使闻知。

自是齐之将帅，降者相继。封其特进、开府贺拔伏恩为郙国公，其余官爵各有差。

戊午，高延宗僭即伪位，改年德昌。己未，军次并州。庚申，延宗拥兵四万出城抗拒，帝率诸军合战，齐人退，帝乘胜逐北，率千余骑入东门，诏诸军绕城置阵。至夜，延宗率其众排阵而前，城中军却，人相蹂践，大为延宗所败，死伤略尽。齐人欲闭门，以阃下积尸，扉不得阖。帝从数骑，崎驱危险，仅得出门。至明，率诸军更战，大破之，擒延宗，并州平。壬戌，诏曰：

昔天厌水运，龙战于野，两京圮隔，四纪于兹。朕垂拱岩廊，君临宇县，相邻民于海内，混楚弓于天下，一物失所，有若推沟。方欲德绥未服，义征不谖。伪主高纬，放命燕齐，怠慢典刑，傲扰天纪，加以背惠怒邻，弃信忘义。朕应天从物，伐罪吊民，一鼓而荡平阳，再举而摧勍敌。伪署王公，相继道左。高纬智穷数屈，逃窜草间。伪安德王高延宗扰攘之间，遂窃名号，与伪齐昌王莫多娄敬显等，收合余烬，背城抗敌。王威既振，鱼溃鸟离，破竹更难，建瓴非易，延宗众散，解甲军门。根本既倾，枝弃自賫，幽青海岱，折简而来，冀北河南，传檄可定。八纮共贯，六合同风，方当偃伯灵台，休牛桃塞，无疆之庆，非独在余。

汉皇约法，除其苛政，姬王轻典，刑彼新邦。思覃惠泽，被之率土，新旧臣民，皆从荡涤。可大赦天下。高纬及王公以下，若释然归顺，咸许自新。诸亡入伪朝，亦从宽宥。官荣次序，依例无失。其齐伪制令，即宜削除。邹鲁缙绅，幽并骑士，一介可称，并宜铨录。百年去杀，虽或难希，期月有成，庶几可勉。

丙寅，出齐宫中金银宝器珠翠丽服及宫女二千人，班赐将士。以柱国赵王招、陈王纯、越王盛、杞国公亮、梁国公侯莫陈芮、庸国公王谦、北平公寇绍、郑国公达奚震并为上柱国。封齐王宪子安城郡公质为河间王，大将军广化公丘崇为潞国公，神水公姬愿为原国公，广业公尉迟运为卢国公。诸有功者，封授各有差。癸酉，帝率六军趣邺。以上柱国、陈王纯为并州总管。

六年春正月乙亥，齐主传位于其太子恒，改年承光，自号为太上皇。壬辰，帝至邺。齐主先于城外掘堑竖栅。癸巳，帝率诸军围之，齐人拒守，诸军奋击，大破之，遂平邺。齐主先送其母并妻子于青州，及城陷，乃率数十骑走青州。遣大将军尉迟勤率二千骑追之。是战也，于阵获其齐昌王莫多娄敬显。帝责之曰："汝有死罪者三：前从并走邺，携妾弃母，是不孝；外为伪主戮力，内实通启于朕，是不忠；送款之后，犹持两端，是不信。如此用怀，不死何待。"遂斩之。是日，西方有声如雷者一。

甲午，帝入邺城。齐任城王湝先在冀州，齐主至河，遣其侍中斛律孝卿送传国玺禅位于湝。孝卿未达，被执送邺。诏去年大赦班宣未及之处，皆从赦例。封齐开府、洛州刺史独孤永业为应国公。丙申，以上柱国、越王盛为相州总管。己亥，诏曰："自晋州大阵至于平邺，身殒战场者，其子即授父本官。"尉迟勤擒齐主及其太子恒于青州。

庚子，诏曰："伪齐之末，奸佞擅权，滥罚淫刑，动挂罗网，伪右丞相、咸阳王故斛律明月，伪侍中、特进、开府故崔季舒等七人，或功高获罪，或直言见诛。朕兵以义动，翦除凶暴，表闾封墓，事切下车。宜追赠谥，并窆措。其见存子孙，各随荫叙录。家口田宅没官者，并还之。"

辛丑，诏曰："伪齐叛涣，窃有漳滨，世纵淫风，事穷彫饰。或穿池运石，为山学海；或层台累构，概日凌云。以暴乱之心，极奢侈之事，有一于此，未或弗亡。朕非食薄衣，以弘风教，追念生民之费，尚想力役之劳。方当易兹弊俗，率归节俭。其东山、南园及三台可并毁撤。瓦木诸物，凡入用者，尽赐下民。山园之田，各还本主。"

二月丙午，论定诸军功勋，置酒于齐太极殿，会军士以上，班赐有差。丁未，齐主至，帝降自阼阶，以宾主之礼相见。高湝在冀州拥兵未下，遣上柱国、齐王宪与柱国、随公相坚率军讨平之。齐定州刺史、范阳王高绍义叛入突厥。齐诸行台州镇悉降，关东平。合州五十五，郡一百六十二，县三百八十五，户三百三十万二千五百二十八，口二千万六千（六）〔八〕百八十六。乃于河阳、幽、青、南兖、豫、徐、北朔、定并置总管府，相、并二总管各置宫及六府官。

癸丑，诏曰："无侮茕独，事显前书；哀彼矜人，惠流往训。伪齐末政，昏虐寔繁，灾甚滔天，毒流比屋。无罪无辜，系虏三军之手；不饮不食，僵仆九逵之门。朕为民父母，职养黎人，念甚泣辜，诚深罪己。除其苛政，事属改张，宜加宽宥，兼行赈恤。自伪武平三年以来，河南诸州之民，伪齐被掠为奴婢者，不问官私，并宜放免。其住在淮南者，亦即听还，愿（往）〔住〕淮北者，可随便安置。其有癃残孤老，饥馁绝食，不能自存者，仰刺史守令及亲民长司，躬自检校。无亲属者，所在给其衣食，务使存济。"

乙卯，帝自邺还京。丙辰，以柱国、随公杨坚为定州总管。

三月壬午，诏山东诸州，各举明经干治者二人。若奇才异术，卓尔不群者，弗拘多少。

夏四月乙巳，至自东伐。列齐主于前，其王公等并从，车輂旗帜及器物以次陈于其后。大驾布六军，备凯乐，献俘于太庙。京邑观者皆称万岁。戊申，封齐主为温国公。庚戌，大会群臣及诸蕃客于露寝。乙卯，废蒲、陕、泾、宁四州总管。己巳，祠太庙。诏曰："东夏既平，王道初被，齐氏弊政，余风未殄。朕劬劳万机，念存康济。恐清净之志，未形四海，下民疾苦，不能上达，寝兴轸虑，用切于怀。宜分遣使人，巡方抚慰，观风省俗，宣扬治道。有司明立条科，务在弘益。"

五月丁丑，以柱国、谯王俭为大冢宰。庚辰，以上柱国杞国公亮为大司徒，郑国公达奚震为大宗伯，梁国公侯莫陈芮为大司马。柱国应国公独孤永业为大司寇，郧国公韦孝宽为大司空。辛巳，大醮于正武殿，以报功也。己丑，祠方丘。诏曰："朕钦承丕绪，寝兴寅畏，恶衣菲食，贵昭俭约。上栋下宇，土阶茅屋，犹恐居之者逸，作之者劳，讵可广厦高堂，肆其嗜欲。往者，冢臣专任，制度有违，正殿别寝，事穷壮丽。非直雕墙峻宇，深戒前王，而缔构弘敞，有逾清庙。不轨不物，何以示后。兼东夏初平，民未见德，率先海内，宜自朕始。其露寝、会义、崇信、含仁、云和、思齐诸殿等，农隙之时，悉可毁撤。雕斲之物，并赐贫民。缮造之宜，务从卑朴。"癸巳，行幸云阳宫。戊戌，诏曰："京师宫殿，已从撤毁。并、邺二所，华侈过度，诚复作之非我，岂容因而弗革。诸堂殿壮丽，并宜除荡，甍宇杂物，分赐穷民。三农之隙，别渐营构，止蔽风雨，务在卑狭。"庚子，陈遣使来聘。是月，青城门无故自崩。

六月丁未，至自云阳宫。辛亥，御正武殿录囚徒。癸亥，于河州鸡鸣防置旭州，甘松防置芳州，广川防置弘州。甲子，帝东巡。丁卯，诏曰："同姓百世，婚姻不通，盖惟重别，周道然也。而娶妻买妾，有纳母氏之族，虽曰异宗，犹为混杂。自今以后，悉不得娶母同姓，以为〔妻〕妾。其已定未成者，即令改聘。"

秋七月己卯，封齐王宪第四子广都公贲为莒国公，绍莒庄公洛生后。癸未，应州献芝草。丙戌，行幸洛州。己丑，诏山东诸州举有才者，上县六人，中县五人，下县四人，赴行在所，共论治政得失。戊戌，以上柱国、庸公王谦为益州总管。

八月壬寅，议定权衡度量，颁于天下。其不依新式者，悉追停。诏曰："以刑止刑，世轻世重。罪不及嗣，皆有定科。杂役之徒，独异常宪，一从罪配，百世不免。罚既无穷，刑何以措。道有沿革，宜从宽典。凡诸杂户，悉放为民。配杂之科，因之永削。"甲子，郑州献九尾狐，皮肉销尽，骨体犹具。帝曰："瑞应之来，必昭有德。若使五品时叙，四海和平，家识孝慈，人知礼让，乃能致此。今无其时，恐非实录。"乃命焚之。

九月壬申，以柱国邓国公窦炽、申国公李穆并为上柱国。戊寅，初令民庶已上，唯听衣绸、绵绸、丝布、圆绫、纱、绢、绡、葛、布等九种，余悉停断。朝祭之服，不拘此例。甲申，绛州献白雀。壬辰，诏东土诸州儒生，明一经已上，并举送，州郡以礼发遣。癸卯，封上大将军、上黄公王轨为郯国公。吐谷浑遣使献方物。

冬十月戊申，行幸邺宫，戊午，改葬德皇帝于冀州。帝服缌，哭于太极殿，百官素服哭。是月，诛温国公高纬。

十一月庚午，百济遣使献方物。壬申，封皇子充为道王，兑为蔡王。癸酉，陈将吴明彻侵吕梁，徐州总管梁士彦出军与战，不利,退守徐州。遣上大将军、郯国公王轨率师讨之。是月,稽胡反,遣齐王宪率军讨平之。

诏自永熙三年七月已来,去年十月已前,东土之民,被抄略在化内为奴婢者;及平江陵之后,良人没为奴婢者:并宜放免。所在附籍,一同民伍。若旧主人犹须共居,听留为部曲及客女。

诏曰:"正位于中,有圣通典。质文相革,损益不同。五帝则四星之象,三王制六宫之数。刘、曹已降,等列弥繁,选择遍于生民,命秩方于庶职。椒房丹地,有众如云。本由嗜欲之情,非关风化之义。朕运当浇季,思复古始,无容广集子女,屯聚宫掖。弘赞后庭,事从约简。可置妃二人,世妇三人,御妻三人,自兹以外,悉宜减省。"

己亥晦,日有蚀之。

初行刑书要制。持杖群强盗一匹以上,不持杖群强盗五匹以上,监临主掌自盗二十匹以上,小盗及诈伪请官物三十匹以上,正长隐五户及十丁以上、隐地三顷以上者,至死。《刑书》所不载者,自依律科。

十二月戊午,吐谷浑遣使献方物。己未,东寿阳土人反,率众五千袭并州城,刺史东平公宇文神举破平之。庚申,行幸并州宫。移并州军人四万户于关中。丙寅,以柱国、滕王逌为河阳总管。丁卯,以柱国、随国公杨坚为南兖州总管,上柱国、申国公李穆为并州总管。戊辰,废并州宫及六府。是月,北营州刺史高宝宁据州反。

宣政元年春正月癸酉,吐谷浑伪赵王他娄屯来降。壬午,行幸邺宫。分相州广平郡置洺州,清河郡置贝州,黎阳郡置黎州,汲郡置卫州;分定州常山郡置恒州;分并州上党郡置潞州。辛卯,行幸怀州。癸巳,幸洛州。诏于怀州置宫。

二月甲辰，柱国、大冢宰谯王俭薨。丁巳，帝至自东巡。乙丑，以上柱国越王盛为大冢宰，陈王纯为雍州牧。

三月戊辰，于蒲州置宫。废同州及长春二宫。壬申，突厥遣使献方物。甲戌，初服常冠。以皁纱为之，加簪而不施缨导，其制若今之折角巾也。上大将军、郯国公王轨破陈师于吕梁，擒其将吴明彻等，俘斩三万余人。丁亥，诏："柱国故豆卢宁征江南武陵、南平等郡，所有民庶为人奴婢者，悉依江陵放免。"壬辰，改元。

夏四月壬子，初令遭父母丧者，听终制。庚申，突厥入寇幽州，杀掠吏民。议将讨之。

五月己丑，帝总戎北伐。遣柱国原公姬愿、东平公宇文神举等率军，五道俱入。发关中公私驴马，悉从军。癸巳，帝不豫，止于云阳宫。丙申，诏停诸军事。

六月丁酉，帝疾甚，还京。其夜，崩于乘舆。时年三十六。遗诏曰：

人肖形天地，禀质五常，脩短之期，莫非命也。朕君临宇县，十有九年，未能使百姓安乐，刑措周用，所以昧旦求衣，分宵忘寝。昔魏室将季，海内分崩，太祖扶危翼倾，肇开王业。燕赵榛芜，久窃名号。朕上述先志，下顺民心，遂与王公将帅，共平东夏。虽复妖氛荡定，而民劳未康。每一念此，如临冰谷。将欲包举六合，混同文轨。今遘疾大渐，气力稍微，有志不申，以此叹息。

天下事重，万机不易。王公以下，爰及庶僚，宜辅导太子，副朕遗意。令上不负太祖，下无失为臣。朕虽瞑目九泉，无所复恨。

朕平生居处，每存菲薄，非直以训子孙，亦乃本心所好。丧事资用，须使俭而合礼，墓而不坟，自古通典。随吉即葬，葬讫公除。四方士庶，各三日哭。妃嫔以下无子者，悉放还家。

谥曰武皇帝，庙称高祖。己未，葬于孝陵。

帝沉毅有智谋。初以晋公护专权，常自晦迹，人莫测其深浅。及诛护之后，始亲万机。克己励精，听览不怠。用法严整，多所罪杀。号令恳恻，唯属意于政。群下畏服，莫不肃然。性既明察，少于恩惠。凡布怀立行，皆欲逾越古人。身衣布袍，寝布被，无金宝之饰，诸宫殿华绮者，皆撤毁之，改为土阶数尺，不施栌栱。其雕文刻镂。锦绣纂组，一皆禁断。后宫嫔御，不过十余人。劳谦接下，自强不息。以海内未康，锐情教习。至于校兵阅武，步行山谷，履涉勤苦，皆人所不堪。平齐之役，见军士有跣行者，帝亲脱靴以赐之。每宴会将士，必自执杯劝酒，或手付赐物。至于征伐之处，躬在行阵。性又果决，能断大事。故能得士卒死力，以弱制强。破齐之后，遂欲穷兵极武，平突厥，定江南，一二年间，必使天下一统，此其志也。

史臣曰：自东西否隔，二国急强，戎马生郊，干戈日用，兵连祸结，力敌势均，疆场之事，一彼一此。高祖缵业，未亲万机，虑远谋深，以蒙养正。及英威电发，朝政惟新，内难既除，外略方始。乃苦心焦思，克己励精，劳役为士卒之先，居处同匹夫之俭。脩富民之政，务强兵之术，乘雠人之有衅，顺大道而推亡。五年之间，大勋斯集。摅祖宗之宿愤，拯东夏之陷危，盛矣哉，其有成功者也。若使翌日之瘳无爽，经营之志获申，黩武穷兵，虽见讥于良史，雄图远略，足方驾于前王者欤。

译文：

建德四年，春正月戊辰日，任命柱国粃罕公辛威为宁州总管，任命太原公王康为襄州总管。开始设立营军器监。壬申日，下诏书说："现今阳春生气，万物开始生长，教给大家历法时序，目的还在于劝民耕作。《诗经》不是说了吗？'不亲自耕作，百姓是不信的。'所以州官郡官，都要亲自鼓励人民耕作，各机关分班轮流，都要亲自率领督导生产。不是当紧要办的公事，一律停止到秋后办理。鳏寡孤独不能养活自己的，所在地方官酌量予以救济。所欠的租税、兵役、劳役，都应该免除。"癸酉日，皇上来到同州。

二月丙戌，这天是初一，有日食。辛卯日，改置宿卫官员。己酉日，柱国广德公李意有罪免去官爵。

三月丙辰日，派遣小司寇淮南公元伟、纳言伊娄谦出使齐国。郡县各撤裁主簿一名。丙寅日，皇帝从同州回到京师。甲戌日，任命柱国赵王宇文招为雍州牧。

夏历四月甲午日，柱国燕国公于寔有罪免除官爵。丁酉日，开始规定上书都称表，对皇太子以下的人的书，都称启。

六月，下诏令东南道四总管辖区内，从去年以来新归附的民户，免除租税三年。

秋七月丙辰日，皇帝来到云阳宫。己未日，禁止五行大布钱不得出入关，布泉钱准入不准出。丁卯日，皇上自云阳宫回到京师。甲戌日，陈国派使臣前来行礼。

丙子这一天，召集大将军以上的官员于大德殿上，皇帝说："太祖（宇文泰）英明神圣，创建立帝王的基业。他的矛头所向，（敌人望风而降，）只有征讨而并无战斗。只有这个伪齐国，还在横行不屈服。虽然多次统兵讨伐，但大功尚未告成。我以自己的愚昧,继承了辉煌的帝业。往年因为大冢宰专权执政,致我不能有所作为。自从我亲自总统万事,便考虑要东征讨贼。节衣缩食筹集军备,修甲练兵,几年以来,战备已经充足。而伪齐皇帝昏庸暴虐,横行无道。征伐暴虐讨平祸乱,现在正是时候。我们准备几道出兵,水陆并进。北面占据太行通道,东面扼守黎阳险关。只要能攻克河阴要地,那么兖州、豫州宣布一道命令就可以收复。然后养精蓄锐犒奖士卒,等待着他们来投降了。所以只要能决心一战,那么攻破整个敌人则是一定的。王公们,你们认为怎样?"群臣一致赞成说好。丁丑日,下诏书说:

高姓投机取巧抓住机会,占据着汾水、漳水,擅自窃取王权,已经有好些年了。我要教育感化他,让他自生自灭,和他修好结交,目的是让百姓安宁。但是他恶性不改,寻衅滋事,背信弃义,夺我土地收纳奸人。往年我军下宜阳,那是由他们挑起的战端;在汾河作战,战斗也不是由我们开头。那些活捉的战俘,我们一个一个都依礼送了回去。而他们抓我们的人,却一个也不放回来。加上他在国内乱施刑威,滥征钱粮,齐鲁一带到处是民不聊生的哀声,幽州、并州的人民产生了盼我们前去解放的希望。他们已经恶贯满盈,众叛亲离,但没有一支军队前去,当然还不能平定他们。

现在秋高气爽,到了凉风到来的季节,整顿兵马去质问暴君,这是个最合适的时间。我要亲自统率六军将士,执行上天对他们的惩罚。上凭祖宗在天之灵,下仗将士的同心协力,将风行九州,电扫八方。分头传达给众将士,定期出发前进。

任命柱国陈王宇文纯为前一军总管、荥阳公司马消难为前二军总管、郑国公达奚震为前三军总管、越王宇文盛为后一军总管、周昌公侯莫阵琼为后二军总管、赵王宇文招为后三军总管。令齐王宇文宪率两万人马直捣黎阳,随国公杨坚、广宁侯薛迥的水军三万从渭河进入黄河,柱国梁国公侯莫陈芮率领一万人马守太行山道,申国公李穆率领三万人马守河阳道,常山公于翼帅二万人马出击陈州、汝州。壬午日,皇上率领六军、人马六万直指河阴。

八月癸卯日,大军进入齐国境内。禁止军队伐树践踏庄稼禾苗,违犯者用军法制裁。丁未日,皇上亲自指挥攻打河阴大城,攻克了。进攻河阴子城,却没有攻克。皇上病了。

九月辛酉那天夜里,班师回军,水军焚烧舟船退了回去。齐王宇文宪及于翼、李穆等在他们那方面都取得了胜利,攻克收复了三十多个城邑,但又都放弃了没有驻守。只有王药城是个要害,命令仪同三司韩正守卫。不久韩正就据城投降了齐国。戊寅日,从东方的前线回到京师。己卯日,任命华州刺史毕王宇文贤为荆州总管。

冬十月戊子日,开始设置上柱国、上大将军的官制。改开府仪同三司为开府仪同大将军,仪同三司为仪同大将军,又设置上开府、上仪同的官制。甲午日,皇上驾临同州。

闰十月,齐国将领尉相贵侵犯大宁,延州总管王庆将他击退。任命柱国齐王宇文宪、蜀国公尉迟迥为上柱国,任命柱国代王宇文达为益州总管,任命大司寇荥阳公司马消难为梁州总管。下诏令京畿及各郡推荐贤良。

十一月己亥日,改置各司内官员。

十二月辛亥,这一天是初一,有日食。庚午日,皇帝从同州回到京师。丙子日,陈国派使臣前来行礼。

这一年,岐州、宁州人民饥馑,开仓放赈救济。

建德五年,春正月癸未日,皇帝驾临同州。辛卯日,皇上驾临河东涑州,会集关中、河东军队校阅狩猎。甲午日,皇上回到同州。丁酉日,下诏书说:"我自我克制要治理好天下,但教育和王道还没有得到发扬。总想着恢复古代的德治,心里始终感到不安。现在分别派出使者,到四方去周游检察,听取官司收集民谣,调查民间的疾苦和隐情。那些判决官司不依章法的、侵夺百姓利益的,随时都要弄清事实真相,写成表章回报上来。如果政绩卓著,办事干练,他的行为在民间传颂,他的思想在隐者中间出名,这些都要挑选查实,把名字事迹奏报上来。那些鳏寡孤独,值得同情和可怜的人,应该给予救济,一定要让他们很好的活下去。"废除布帛钱。戊申日,开始规定私自铸钱者要处以绞刑,他们的从犯要配发边疆为民。

二月辛酉日,派皇太子宇文赟巡抚西部国境,再讨伐吐谷浑,军事调度,根据情况有自主的权力。

三月庚子日,月亮冲犯了井宿的第一颗星。壬寅日,皇上从同州回到京师。为文宣皇后服丧满二年。戊申日,为皇太后之丧举行大祥之祭。

夏四月乙卯日,皇上驾临云同州。开府清河公宇文神举攻克了齐国的陆浑等五城。

五月壬辰日,皇帝从同州回到京师。

六月戊申日是初一,有日食。辛亥日,祭祀太庙。丙辰日,利州总管纪王宇文康有罪,令其自杀。丁巳日,皇上驾临云阳宫。月亮掩盖了心宿的后星。庚午日,火星进入鬼宿。

秋七月乙未日记载,京师大旱。

八月戊申日,皇太子讨伐吐谷浑,兵至伏俟城而班师回朝。乙卯日，皇上从云阳宫回到京师。乙丑日，陈国派使臣前来行礼。

九月丁丑日，大祭于正武殿，来祈祷东伐齐国的成功。

冬十月，皇帝告诉群臣说："我去年有病，才没有讨平那些草寇。那次进入敌人境地，看到了他们的国内情况。他们的行军作战，简直同儿戏一样。还听说他们在朝政混乱，政治操纵在一群小人手里，百姓们嗷嗷待哺，朝不保夕。这是老天给了我们机会，我们如果不趁机将它拿过来，恐怕是要后悔的。如果还像往年一样，出军黄河南，等于打击了他的背部，但没有扼到他的喉咙。今天看，晋州是高欢发迹的地方，镇守着晋地的重要城市。现在我们去攻打它，他们一定前来援救。我军严阵以待，进击一定会取得成功。然后乘着破竹的形势，击鼓向东进军，足可以扫荡他们的巢穴，以实现统一全国的大业。"但是将领们很多人不愿出征。皇帝说："一点小事可以看出大事的征兆，这是一次不可多得的机会。如果还有人阻挡我们此次出兵，我就要用军法处治他。"

己酉日，皇帝统兵东伐齐国。任命越王宇文盛为右一军总管，杞国公宇文亮为右二军总管，随国公杨坚为右三军总管，谯王宇文俭为左一军总管，大将军窦恭为左二军总管，广化公丘崇为左三军总管，齐王宇文宪、陈王宇文纯为前军。庚戌日，火星冲犯了太微垣的上将星，戊午日，木星冲犯了太陵。癸亥日，皇帝到了晋州，派遣齐王宇文宪率精锐骑兵二万人守雀鼠谷，派陈王宇文纯步兵、骑兵两万人守千里径，派郑国公达奚震步兵、骑兵一万人守统军川，派大将军韩明步兵、骑兵五千人守齐子岭，派乌氏公尹升步兵、骑兵五千人守鼓锺镇，派凉城公辛韶步兵、骑兵五千人守蒲津关，派柱国赵王宇文招率步兵、骑兵一万人从华谷攻打齐国汾州等城，派柱国宇文盛步兵、骑兵一万人守汾水关。派遣内史王谊监督六军，攻打晋州城。皇帝屯兵于汾水岸边。齐王宇文宪攻打洪洞、永安二城，皆攻克。这一夜，长虹出现在晋州城上，首向南方，尾向紫微垣，长数十丈。皇上每天都从汾河边到晋州城下，亲自督战，城中人惶恐不安。庚午日，齐国行台左丞侯子钦出城投降。壬申日，齐国晋州刺史崔景嵩守晋州北城，夜里暗暗派人接洽，上开府王轨领人马响应，天还未明，登城大喊，齐兵溃逃，这样攻克了晋州，活捉齐国城主特进、开府、海昌王尉相贵，俘虏带甲的齐兵八千人，都送往关中。甲戌日，任命上开府梁士彦为晋州刺史，加授大将军衔，留下一万精兵守晋州。又派诸军到齐人各城邑武装巡查，众城邑一个个都来接洽投降。

十一月己卯日，齐国主从并州率领人马来援救晋州。皇上认为敌人的兵众刚到，应该避开他们的锋芒，于是下令各军退兵，派齐王宇文宪为后卫。这一天，齐军到了晋州，宇文宪不和他们交战，引军渡过汾水。于是，齐军包围晋州，昼夜攻打。宇文宪屯军于涑水，作为晋州的声援。河东发生地震。癸巳日，皇上从东伐前线回到京师。在太庙举行献俘的典礼。甲午日，下诏书说："伪齐国背信弃义，恶贯满盈。所以我亲率六军，在汾水、晋州一带向他们兴师问罪。我军所到之处，没有不被摧垮的。贼兵惶惶自危，像乌鸦一样集在一起躲命。等到他们的国主回来，才敢来重新集结。这些都是没命的送死鬼，却敢来这里走动。我要再次领兵，把他们消灭干净。"丙申日，释放从齐国各城邑收容的降人。丁酉日，皇帝从京师出发。壬寅日，渡过黄河，和各路大军会合。

十二月戊申日，周军到达晋州。开始的时候，齐军攻打晋州，担心周军突然来袭，在城南挖了沟堑，从乔山挖到汾水边。

庚戌日，皇帝领兵八万人，摆开阵势东西二十多里。皇帝乘坐御马，由几人跟随巡视阵地处理问题，每到一个地方都能叫出主帅的名字并加以慰问勉励。将士们都感到皇上对自己的亲近和信任，纷纷激励自己。战斗即将开始，有关人员要皇帝换匹快马，皇帝说："我一个人骑匹快马往什么地方去呢？"齐国君主在沟堑北面列成阵势。申时以后，齐军填平沟堑向南出击。皇帝大喜，部署军队攻击，齐兵便退了下去。齐国君主和他的部下几十骑人马跑回了并州。齐国军队全线崩溃，丢弃的武器、盔甲，一路数百里，到处堆如山。

辛亥日，皇上进晋州城，仍然要率领军队追击齐军。许多将领都请求班师回朝。皇帝说："放敌人逃走就会生下祸根。你们如果怕打不好，我就一个人追击。"各将领都不敢再说了。甲寅日，齐君派他的丞相高阿那肱守卫高壁。皇帝指挥大军一直追击，那肱听到风声就退兵溃散。丙辰日，周军到了介休，齐国将领韩建业以全城投降，任命他为上柱国，封他为郇国公。丁巳日，大军到了并州，齐国君主留下他的堂兄安德王高延宗守并州，自己领着轻骑兵跑回了邺城。这一天，皇帝下诏书给齐国王公以下大臣说：

国家拥立一个君主，是让他来领导百姓的。所以要除去苛政奸邪，同情人民的患难。我统治天下，志在使四海安宁，要拯救一世的人，把他们安置在安居长寿的国家里。但是在东方的齐地、赵地的百姓，就不是我的亲人吗？我看着东方，一年年常想着你们。伪主们的薄德寡恩我全都知道，他们的丑闻也早已出名。他们沉醉在酒色中，迷恋着游乐淫逸。宦官却坐在宰相的位上，胡人却担任着国家喉舌的重任。真正有才干的耿直之士，都被当作仇敌予以剪除；狐偃、赵衰的后代，沦落为马夫小民。百姓看不到君主的好处，只能感受到他的暴虐。我知道他们有罪，暂时对他们没有惩罚，是为了使各自的边疆平静，共同减轻百姓的痛苦。

你们的君主和大臣，却不这样想。他有意挑起战端，结果给自己造成了恶果。我全国上下，一致要求大动干戈，军帐内献出兼并弱小的谋略，战士们备发出刀兵之勇，背着口粮守着铠甲，为公作战就像为个人报仇。因此一鼓作气而攻下晋州，再一举兵而摧毁了那些丑类。伪齐丞相高阿那肱逼使残兵败将窃据高壁，伪齐定南王韩建业困守介休，企图与我大军抗衡。我们随便显示了一下军威，他们就立即土崩瓦解，那肱匹马单枪乘夜逃走，建业自己绑好自己前来投降。你们逃回去的兵卒，把这一切都看清楚了。

如果对远方要以德来感化他，但你们却不是用德就能感化了的。邻国相处要用义来让人信服，你们也不是用义就能顺服的。况且上天所给的自己却不去拿过来，这是道家所忌讳的。攻击黑暗势力，就是兵家所要采取的上策。我今天亲自统帅众将，长驱横行天下，六军展开战旗，千军万马一齐出发。势若雷电，气吞山河。王师所到，以抵达近郊，盼着我们就像盼丰收一样的人民，家家户户互相庆贺。来解救人民苦难的君主，总是要以诚待人。伪齐国主如果知道人心所向，知道天命所归，就应该牵羊在道旁表示投降，衔璧玉在辕门顺应王师。我们就会把他抬来表示自己死后入殓棺材烧掉，仍把他封为列侯，以礼看待。伪齐的将相王公以下各级官吏，官宦豪绅之类世家，如果深明世事大体，投顺我们建立功业，我们将给他封官赐爵，分外的隆重优厚。如果顽固不化，执迷不悟，我们将任用执法人员，用他们来确立刑法的权威。呼吁你们这些百姓，不要自己抛弃自己。我们有些将士，从前逃奔到伪齐国，不问贵贱，要一律加以清除。你们要小心给自己打算，不要将来后悔莫及。皇上的文告所到之处，要让大家统统知道。

从此以后，齐国的将帅就接连不断向周国投降。周皇帝封齐国的特进、开府贺拔伏恩为郲国公，其余各官都有不同级别的封赏。

戊午日，高延宗窃取伪齐皇位，改年号为德昌。己未日，周军抵达并州。庚申日，高延宗率兵四万出城抗拒，皇上率各路大军和他们会战。齐兵退却，皇上乘胜追击，率领千余骑兵进入东门，下诏令各军绕城布置阵势。到了夜里，高延宗领兵排阵向前，周人进入城内的向后退却，互相践踏，被高延宗打得大败，死伤殆尽。齐人要闭城门，但门下堆有尸体，门合不住。周皇帝带领几个随从，艰难崎岖，刚刚撤出城门。至天明以后，皇上率兵再战，大破齐军，活捉高延宗。并州就此攻克。壬戌日，下诏书说：

过去皇天放弃水运，阴阳交战血染大地，东京洛阳、西京长安遭到彻底破坏，到现在已四十多年了。如今我坐镇于天子庙堂，统治天下。像周族在豳地那样创业开发，像孔子那样，认为楚弓丢失了，只要有人捡到就是一样，把天下人看作一家。一件事没有办妥当，就像掉在沟里一样令人着急。正准备以德来感化那些不归服的地区，以义来征服那些不顺从的国家。伪齐国主高纬，在燕齐之地违抗天命，不遵照纲常法制，扰乱天时历序，加上忘恩激怒邻国，背信弃义。朕上应天时下顺人心，讨伐罪人抚恤万民，一鼓作气扫荡平阳，再一次动手而摧毁强敌。伪齐所封的王公，相继站在道左俯首迎接我们。高纬智拙无计，逃窜在草野。伪齐安德王高延宗在这纷争之间，窃取名号僭称齐王，和伪齐齐昌王莫多娄敬显等人，收集齐军残部背城顽抗。我大周王威振动，他们像鸟兽一样溃散，我军像破竹一样破敌不难做到，以高屋建瓴之势东下更为容易。高延宗等兵散束手，在军营放下武器。齐国的根本已经倾倒，那些枝叶自然都将陨落，幽、青、海、岱各州，捎封信就可让他们来归顺，冀北、河南各地，传张文告就可以来归附。从此八方一致，天下统一，正要偃息王师于灵台，放牛于桃塞，国家没有疆界，这个庆贺不独是为我自己啊！

汉高祖约法三章，除去苛政。周武王轻用刑典，治理新克之殷。我们要把对臣民的恩泽，延长到这片新收服的土地上，不管是新旧臣民，都一齐荡涤旧的苛政，沐浴新的阳光。可以大赦天下。高纬以及伪齐王公以下，如果放手来归顺，都给他们以自新的机会。一些逃亡到齐国伪朝的官员，也予以宽大不再追究。各人官阶及荣誉级别，都照例保持不使失去。那些伪齐的法制命令，都应该全部废除。邹鲁一带的豪绅，幽州并州一带的骑士，只要有一个可用的，都要登记录用。百年不用刀兵，或许难于做到；一两月之内见效，只要努力是完全做到的。

丙寅日，拿出齐宫中的金银宝器珠翠华服及两千宫女，分赏给将士们。任命柱国赵王宇文招、陈王宇文纯、越王宇文盛、杞国公宇文亮、梁国公侯莫陈芮、庸国公王谦、北平公寇绍、郑国公达奚震都晋升为上柱国。封齐王宇文宪之子安城郡公宇文质为河间王，封大将军广化公丘崇为潞国公、神水公姬愿为原国公、广业公尉迟运为卢国公。各有功人等，封赏给各级不同的爵位奖品。癸酉日，皇帝率领六军直捣邺城。任命上柱国陈王宇文纯为并州总管。

建德六年，春正月乙亥日，齐国国君传位给其太子恒，改年号为承光，他自号为太上皇。壬辰日，周皇帝抵达邺城。齐国国君先在城外挖堑沟竖栅栏。癸巳日，皇帝率领大军围邺城。齐人坚守，各军奋勇攻击，大败齐军，攻克邺城。齐国国君先送他母亲和妻子到青州去，到邺城失守时，率领数十人马奔向青州。周军派大将军尉迟勤率两千骑兵追击他们。这一战，在阵前活捉伪齐齐昌王莫多娄敬显。皇帝数其罪说："你犯了死罪三条：一、前次你从并州逃向邺城，不带你母亲却携上你小妾，这是不孝；二、你表面为你主子效力，暗中写信和我接洽，这是不忠；三、送信之后，你又脚登两家船，这是不信。像你这样的居心行事，不死还等什么？"于是就斩了他。这一日，西方有一声响如雷震。

甲午日，皇帝进入邺城，齐国任城王高湝先在冀州，齐国国君到了黄河，派遣齐国侍中斛律孝卿送传国玉玺，要禅位给高湝。孝卿没有走到冀州，就被抓住送到邺城。皇上下诏令去年大赦令没有宣布执行的地方，都照那次的赦令赦免。封齐国开府洛州刺史独孤永业为应国公。丙申日，任命上柱国越王宇文盛为相州总管。已亥日，下诏书说："从晋州大战到平邺之战结束，凡是在战场牺牲的，准他的儿子继承父亲的官职。"尉迟勤擒齐国君主及太子恒于青州。

庚子日，下诏书说："伪齐的末年，奸邪小人专权，滥用刑罚，动辄就遭到罗网。伪右丞相、咸阳王、已故的斛律明月，伪侍中、特进、开府、已故的崔季舒等七人，有的功高得了罪，有的直言被杀戮。朕为仁义而动兵，剪除残暴的元凶，旌表他们于乡里，封竖其坟墓，这是皇帝下车就该马上做的。对以上众人，应追赠谥号，并加以安葬。他们活着的子孙，各人随着荫封按级录用。家族人口田宅没收入官的，一律发还给原主。"

辛丑日，下诏书说："伪齐叛乱分离，占据着漳河岸边。他们纵情淫乐，极尽奢华雕饰之能事。既有挖池运石，造假山假海；又有高楼重台，修筑的齐天穿云。以暴乱之心，极尽奢侈享受。只要有一条在这里，国家就不能不亡。朕薄衣粗食，以王道教化万民。长想着百姓的生活不易，又念到力役的劳苦。正当改变这种弊端，大家一同爱好节俭。齐国君主修建的东山、南园及三台可以一并拆除毁掉。瓦木一类东西，凡能够用的，都赏给小民百姓。山园田亩，各自归还本主。"

二月丙午日，评定各军的功劳，在齐人的太极殿置酒大会。召集军士以上，分别给予不同的赏赐。丁未日，齐国国君被送来。皇上走下阶台，以宾主之礼相见。齐将高湝在冀州拥兵不降，派遣上柱国齐王宇文宪和柱国随公杨坚领兵讨平他。齐国的定州刺史范阳王高绍义叛变投奔突厥。齐国的一些行台州镇都投降了，关东从此平定。共有五十五个州，一百六十二个郡，三百八十五个县，三百三十万二千五百二十八户，人口二千万六千八百八十六口。在河阳、幽州、青州、南兖州、豫州、徐州、北朔州、定州，都设置总管府。相州、并州两个总管各设置王宫及六府官。

癸丑日，下诏书说："不要欺侮孤独无靠的人，这事在过去的诏书里已经写明。同情那些可怜的人，这种美早已流传在古训中。伪齐末年政治混乱，昏庸暴虐举不胜举，灾难滔天，处处流毒。无罪无辜的人，被三军抓来，不给吃喝，一个个倒在都城大道上。朕为民父母，要保护黎民百姓，想到这里着实要伤心痛哭，深深的从内心责备自己。除去这些苛政，一切事都要推倒重作，应该宽大待遇他们，同时加以救济。从伪齐武平三年以来，黄河以南各州的人民，被伪齐掠夺去成为奴婢，不问官奴婢、私奴婢，统统应该释放，免除奴籍。那些家住淮水之南的，也应该任他们回去。他们愿意住在淮河北岸，可以随处安置他们。其中的老弱病残，饥饿没有饭吃不能养活自己的人，由刺史、守令及亲民的长官，亲自点验。没有亲属者，由所在地方给予衣食。一定要照顾好他们。"

乙卯日，皇帝从邺回到京师。丙辰日，任命柱国随公杨坚为定州总管。

三月壬午日，下诏令太行山以东各州，各自推荐明经干治二人。如果是奇才异术，卓越超群的，就不拘多少一一加以推荐。

夏四月乙巳日，皇帝从东伐前线回到京师。把齐国君主列在队伍前面，齐国的王公等都跟随着，缴获的车舆旗帜及器物依次陈列在他们后边。皇帝的大驾前后分布着六军，布置着凯旋的乐曲。在太庙举行献俘典礼。京城参观盛典的都高喊万岁。戊申日，封齐国国君为温国公。庚戌日，在露寝举行大会，招待群臣和一些外国使节。乙卯日，撤销蒲、陕、泾、宁四州总管。己巳日，祭祀太庙。下诏书说："东夏已经平定，王道刚刚普及，但齐氏的弊政，还没有完全消灭。朕辛苦理政，思念着如何能济世救民。恐怕清静无为的想法，还不能在四海这内普遍形成。下民的疾苦，不能上达到朝廷。朝思暮想，切切于心不安。最好是分头派遣使者，巡查四方加以抚慰，观察乡风民俗，宣扬治世之道。有关衙门应明确建立制度，一定要使这样的做法发扬光大。"

五月丁丑日，任命柱国谯王宇文俭为大冢宰。庚辰日，任命上柱国鲩国公宇文亮为大司徒、郑国公达奚震为大宗伯、梁国公侯莫陈芮为大司马、柱国应国公独孤永业为大司寇、郧国公韦孝宽为大司空。辛巳日,在正武殿举行大醮典礼,这是报功的。己丑日,举行夏至祭地的祭礼。下诏书说:"朕承继了皇业大统,早起晚睡都在担心。粗衣薄食,主要的追求节俭。上下殿堂,土阶茅屋,总害怕居住的人过于安逸,而修建者却过于劳苦。哪里还敢建广厦高楼,任意满足个人欲望!但在过去,大臣专权,所作所为有违以上原则。那些正殿别寝,建造的尽量华丽。不但有雕饰的墙高耸的殿堂,并用深屋高墙来封锁前王,而且构造宽大敞亮,超过了祖宗庙宇的规模。不按法度办事,怎么给后人以榜样。现在东夏已经平定,百姓还没有得到恩惠。在全国领先节俭,应该从我开始。那露寝、会义、崇信、含仁、云和、思齐等宫殿,在农闲季节,都把它拆掉。拆下的雕梁,可以赏给贫民。从今后修缮建造的标准,一律从简朴实用出发。"癸巳日皇上驾临云阳宫。戊戌日,下诏书说:"京师的华丽宫殿,已经拆毁。并、邺二地的宫殿,也过于奢侈华丽,虽然不是我们建的,也不能因此不把它拆除。那些过于壮丽的殿堂,都应该除掉,拆下来的砖瓦木料,分别赏赐给穷人。在春耕、夏耘、秋收之外的闲暇日子,另外再去修造殿堂,只要能遮风避雨就行了,一定要建造低矮狭窄的房子。"庚子日,陈国派使臣前来行礼。这个月,青城门无故坍塌下来。

六月丁未日,皇帝从云阳宫回到京师。辛亥日,来到正武殿检察囚犯的案卷,能予减罪的给予减罪。癸亥日,在河州鸡鸣防设置旭州,在甘松防设置芳州,广川防设置弘州。甲子日,皇帝东巡。丁卯日,下诏书说:"同姓的人虽经历百世,但也不能互通婚姻。这是为了严加区分不使同姓混乱,西周的制度就是这样。但后来娶妻买妾,有人收纳母氏同族的人。虽然说和自己并非同一宗族，但也是一种混杂。从今以后，都不准娶母亲同姓人为妻妾。已经定亲但还没有成亲的，令其另外改聘。"

秋七月己卯日，封齐王宇文宪第四子广都公宇文贡为莒国公，以继嗣莒庄公宇文洛生。癸未日，应州贡献芝草。丙戌日，皇上驾临洛州。己丑日，下诏令太行山东各州推荐有才干的人，上等县推荐六人，中等县五人，下等县四人，一齐到天子外出的临时住所，共同讨论治国得失。戊戌日，任命上柱国庸公王谦为益州总管。

八月壬寅日，议定统一的度量衡制度，颁布天下执行。谁不依新式，一律命令停止。下诏书说："以刑罚来制止刑罚，各代的轻重不一。但罪罚不能罚及下代，那是有一定科条规定的。现在因其上代犯法而仍担任杂役的人，这就突出地违背了一般法律。他们因上代人犯罪而一旦发配充当杂役，就世世代代都成了杂役户。这种罪罚就永无穷尽，这种刑罚如何去执行呢？一切的制度都有沿革，这一项也应该加以宽大处理。凡是以前的杂户，统统放还为民。发配杂户的科名，永远废除。"甲子日，郑州贡献九尾狐，皮肉已经消尽，但骨架还在。皇帝说："祥瑞的兆应，一定出现在德治的年代。如果父母兄弟儿子一家和睦，四海和平，户户父慈子孝，人人知道礼让，那才能使祥瑞出现。现在国家还没有达到那样的时代，这祥瑞恐怕不是真实的！"立即命令将此物烧毁。

九月壬申日，任命柱国邓国公窦炽、申国公李穆，同时为上柱国。戊寅日，开始准许一般百姓以上，都可以穿用绸、绵绸、丝布、圆绫、纱、绢、绡、葛、布等九种衣料，而其他的高级衣料一律不许织造，只有朝祭之服，不抱限于此例。甲申日，绛州贡献白雀。壬辰日，下诏令东土各州的儒生，通晓一经以上的，都推荐送来，州郡都以礼派遣他们。癸卯日，封上大将军上黄公王轨为郯国公。吐谷浑派使臣来贡献地方奇物。

冬十月戊申日，皇帝驾临邺城宫殿。戊午日，改葬德皇帝宇文肱在冀州。皇帝服丧服，哭于太极殿上，百官着素服哭祭。这个月，杀温国公高纬。

十一月庚午日，百济国派使臣前来贡献地方奇物。壬申日，封皇子宇文充为道王，宇文兑为蔡王。癸酉日，陈国将领吴明彻侵犯吕梁，徐州总管梁士彦出兵抗敌，出师不利，退守徐州。派遣上大将军郯国公王轨出兵讨伐。这个月，稽胡反叛，派齐王宇文宪出兵讨平他们。

下诏令从永熙三年七月以来，到去年十月以前，东部的百姓，被抄卖在统治区内为奴婢的，以及平江陵之后良民被没收为奴婢的，都一律放免。就近入民籍，和其他百姓一样。如果旧主人还需要和她共同生活，可以允许留下为部曲之民或客女。

下诏书说："皇帝后宫要有明确位置，这是圣人有明文规定的。但名分、实质的沿革变化，增加减少都不尽相同。五帝有四星的天象，每人有四妃；三王则有六宫的制度，每人有六妻。从刘氏、曹操以来，后妃的等级名分越业越繁多，甚至普遍从民间来选嫔妃，给她们的名号级别也和行政的级别一样。后宫的房里，女人多得如云。本来是因为性欲人情，也不是什么伤风败俗的事。我在这世风日下的情况下做皇帝，想恢复古代原始的礼制，不允许把那么多的女子，都藏在后宫里不见天日。明确告诉后宫中，凡事都从简约出发。可以设妃二人，世妇三人，御妻三人。除此之外，一切宫女都予省减。"

己亥日是月底，有日食。

开始执行《刑书要制》。拿武器的盗窃团伙偷盗一匹以上、不拿武器的盗窃团伙偷盗五匹以上、看守人员自盗二十匹以上、小盗及诈骗官财三十匹以上、乡里的正长隐瞒户口五户以及十丁以上、隐瞒土地三顷以上的……都判死罪。《刑书》上没有指明的，都按原来的科条执行。

十二月戊午日，吐谷浑派使臣前来贡献地方奇物。己未日，东寿阳当地土人谋反，率领五千人众攻击并州城，刺史东平公宇文神举领兵讨平了他们。庚申日，皇上驾临并州宫中，迁移并州军人四万户到关中地区。丙寅日，任命柱国滕王宇文荌为河阳总管，丁卯日，任命柱国随国公杨坚为南兖州总管，任命上柱国申国公李穆为并州总管。戊辰日，撤销并州王宫及六府。这个月，北营州刺史高宝宁占据北营州反叛。

宣政元年，春正月癸酉日，吐谷浑伪赵王他娄屯来投降。壬午日，皇上驾临邺宫。分相州广平郡设置洺州、清河郡设置贝州、黎阳郡设置黎州、汲郡设置卫州；分定州常山郡设置恒州；分并州上党郡设置潞州。辛卯日，皇上来到怀州。癸巳日，皇上驾临洛州。下诏令在怀州设置王宫。

二月甲辰日，柱国、大冢宰谯王宇文俭去世。丁巳日，皇帝从东巡回到京师。乙丑日，任命上柱国越王宇文盛为大冢宰，任命陈王宇文纯为雍州牧。

三月戊辰，在蒲州设王宫。撤销同州和长春两宫。壬申日，突厥派遣使臣前来贡献地方奇物。甲戌日，皇帝开始戴一般的帽子，以黑纱制成，加簪而不缀以缨导，它的样子就像后来的折角巾一样。上大将军郑国公王轨攻破陈国军队于吕梁。活捉其将领吴明彻等，俘掳、斩获三万多人。丁亥日，下诏书说："已故柱国豆卢宁征江南武陵、南平等郡时，所有被俘庶民百姓被收作奴婢的，一律按江陵之例释放，免于奴籍。"壬辰日，改换年号。

夏四月壬子日，开始准遭父母丧的人，完成三年服丧之制。庚申日，突厥人袭击幽州，杀戮掠夺官吏百姓。决议要讨伐他们。

五月己丑日，皇帝统兵北伐。派遣柱国原公姬愿、东平公宇文神举分兵五路进剿。征发关中地区公私驴马，全部随军行动。癸巳日，皇帝患病，住在云阳宫。丙申日，下诏令停止一切军事行动。

六月丁酉日，皇帝病重，回到京师。这一夜，死在天子的乘车上。享年三十六岁。遗诏说：

人成形于天地之间，得到五行的气质，长短的寿限，不都是命吗？我统治天下，共十九年，没有能使百姓安乐，刑罚废而不用，所以天不明就连忙找衣服起床，半夜里还忘了睡觉。从前西魏王朝到了末年，天下分崩离析，太祖宇文泰扶持危难，开创了周王室的基业。此时燕赵荒乱之地，伪政权擅立名号。我上承先祖遗志，下顺民心，和王公将帅们，共同平定了东夏。虽然清除了那些敌人，但人民劳苦没有得到恢复。每次想到这里，我就像面临着冰谷一样难受着急。正想要统一天下，建立统一的制度，却得了不治之症，气力消减，有志不能实现，因此叹息。

天下事至关重要，政治中枢不能无人，王公以下及百官大臣，要辅佐好太子，实现我的遗志。这样才能对上不负太祖皇恩，对下不失为臣之节。我虽然瞑目于地下，也没有什么遗憾了。

我平生的生活住处，都非常简单。并不是要子孙们都这样，而是我本心的爱好。丧事的费用，需要俭省又合乎礼法。墓上不起坟,这是古来规矩。遇着吉日就安葬,葬后就除去丧服。四方士人百姓,作三日的哀悼。嫔妃以下没有为我生过子女的,都放她们回家。

谥称武皇帝,庙号叫作高祖。己未日,安葬在孝陵。

周武帝稳重刚毅而有智谋。当初晋公宇文护专权,皇帝韬晦敛迹,别人摸不着他的深浅。等到杀了宇文护之后,他亲自执政,努力励精图治,亲临政事从不倦懒。他用法非常严厉,很多犯法者都被他杀掉。但他的号令却都是通情达理的,目的都是为了把国家治好。所以他的下属都怕他,对他肃然从命。他能明察秋毫,不多给人恩惠。凡是他立身行事,总想超过古人。身穿布袍,盖布被,不用金宝等装饰品,那些奢华的宫殿,都拆毁了,改为土阶几尺,不用斗拱。那些雕画文饰,锦绣衣带,统统禁绝不用。后宫的嫔妃,只有十几个人。谦劳待人,自强不息。因天下尚没有统一,集中精力在武事教练上,至于他亲自校阅士兵,登山爬谷,跋山涉水的辛苦,都是别人不能忍受的。平齐的那次战役,看见军士有赤脚步行的,他亲自脱下靴子给士兵穿。每次宴会犒赏将士,一定要亲自执杯劝酒,或亲手赏赐分发奖品。到了征伐的前线,一定要亲临战场。他生性又果断,能处置大事。所以能使士卒效命沙场,以弱胜强。破齐之后,就想最后一次用兵,平定突厥,平定江南,一二年之间,要让天下统一,这就是他的志向。

史臣评论说:自从东京洛阳和西京长安分割开来,北齐和北周二国争胜,戎马生在郊野,干戈无日不用,兵马战争不断,双方势均力敌。边界上的争夺,一此一彼互有胜负。高祖武皇帝登极之后，并没有亲自执掌政权。但他深谋远虑，外表愚蒙而内养正气。等到他的英明威力爆发出来，朝政彻底革新，内难已经消除，对外的方略开始实施。于是他处心积虑，克己励精图治，劳役时身先士卒，住所和一般百姓一样简陋。政治力求富民，治兵务求强盛。乘敌人政治失道，顺行天道而消灭对方。五年当中，在功告成，完成了祖宗的夙愿，拯救了东夏的危亡。实在太盛大了，这才是真正的成功。如果是后来不生那样的病，经营天下的志愿实现，常年用兵，即令受到史官的攻击，但他的大智大勇，就足可以超过前代的君主。

列 传

周书卷二十三

列传第十五

苏 绰

苏绰字令绰,武功人,魏侍中则之九世孙也。累世二千石。父协,武功郡守。

绰少好学,博览群书,尤善算术。从兄让为汾州刺史,太祖饯于东都门外。临别,谓让曰:"卿家子弟之中,谁可任用者?"让因荐绰。太祖乃召为行台郎中。在官岁余,太祖未深知之。然诸曹疑事,皆询于绰而后定。所行公文,绰又为之条式。台中咸称其能。后太祖与仆射周惠达论事,惠达不能对,请出外议之。乃召绰,告以其事,绰即为量定。惠达入呈,太祖称善,谓惠达曰:"谁与卿为此议者?"惠达以绰对,因称其有王佐之才。太祖曰:"吾亦闻之久矣。"寻除著作佐郎。

属太祖与公卿往昆明池观渔,行至城西汉故仓地,顾问左右,莫有知者。或曰:"苏绰博物多通,请问之。"太祖乃召绰。具以状对。太祖大悦,因问天地造化之始,历代兴亡之迹。绰既有口辩,应对如流。太祖益喜。乃与绰并马徐行至池,竟不设网罟而还。遂留绰至夜,问以治道,太祖卧而听之。绰于是指陈帝王之道，兼述申、韩之要。太祖乃起，整衣危坐，不觉膝之前席。语遂达曙不厌。诘朝，谓周惠达曰："苏绰真奇士也，吾方任之以政。"即拜大行台左丞，参典机密。自是宠遇日隆。绰始制文案程式，朱出墨入，及计帐、户籍之法。

大统三年，齐神武三道入寇，诸将咸欲分兵御之，独绰意与太祖同。遂并力拒窦泰，擒之于潼关。四年，加卫将军、右光禄大夫，封美阳县子，邑三百户。加通直散骑常侍，进爵为伯，增邑二百户。十年，授大行台度支尚书，领著作，兼司农卿。

太祖方欲革易时政，务弘强国富民之道，故绰得尽其智能，赞成其事。减官员，置二长，并置屯田以资军国。又为六条诏书，奏施行之。

其一，先治心，曰：

凡今之方伯守令，皆受命天朝，出临下国，论其尊贵，并古之诸侯也。是以前世帝王，每称共治天下者，唯良宰守耳。明知百僚卿尹，虽各有所司，然其治民之本，莫若宰守之最重也。凡治民之体，先当治心。心者，一身之主，百行之本。心不清净，则思虑妄生。思虑妄生，则见理不明。见理不明，则是非谬乱。是非谬乱，则一身不能自治，安能治民也！是以治民之要，在清心而已。夫所谓清心者，非不贪货财之谓也，乃欲使心气清和，志意端静。心和志静，则邪僻之虑，无因而作。邪僻不作，则凡所思念，无不皆得至公之理。率至公之理以临其民，则彼下民孰不从化。是以称治民之本，先在治心。

其次又在治身。凡人君之身者，乃百姓之表，一国之的也。表不正，不可求直影；的不明，不可责射中。今君身不能自治，而望治百姓，是犹曲表而求直影也；君行不能自修，而欲百姓修行者，是犹无的而责射中也。故为人君者，必心如清水，形如白玉。躬行仁义，躬行孝悌，躬行忠信，躬行礼让，躬行廉平，躬行俭约，然后继之以无倦，加之以明察。行此八者，以训其民。是以其人畏而爱之，则而象之，不待家教日见而自兴行矣。

其二，敦教化，曰：

天地之性，唯人为贵。明其有中和之心，仁恕之行，异于木石，不同禽兽，故贵之耳。然性无常守，随化而迁。化于敦朴者，则质直；化于浇伪者，则浮薄。浮薄者，则衰弊之风；质直者，则淳和之俗。衰弊则祸乱交兴，淳和则天下自治。治乱兴亡，无不皆由所化也。

然世道彫丧，已数百年。大乱滋甚，且二十岁。民不见德，唯兵革是闻；上无教化，惟刑罚是用。而中兴始尔，大难未平，加之以师旅，因之以饥馑，凡百草创，率多权宜。致使礼让弗兴，风俗未改。比年稍登稔，徭赋差轻，衣食不切，则教化可修矣。凡诸牧守令长，宜洗心革意，上承朝旨，下宣教化矣。

夫化者，贵能扇之以淳风，浸之以太和，被之以道德，示之以朴素。使百姓叠叠，中迁于善，邪伪之心，嗜欲之性，潜以消化，而不知其所以然，此之谓化也。然后教之以孝悌，使民慈爱；教之以仁顺，使民和睦；教之以礼义，使民敬让。慈爱则不遗其亲，和睦则无怨于人，敬让则不竞于物。三者既备，则王道成矣。此之谓教也。先王之所以移风易俗，还淳反素，垂拱而治天下以至太平者，莫不由此。此之谓要道也。

其三，尽地利，曰：

人生天地之间，以衣食为命。食不足则饥，衣不足则寒。饥寒切体，而欲使民兴行礼让者，此犹逆坂走丸，势不可得也。是以古之圣王，知其若此，故先足其衣食，然后教化随之。夫衣食所以足者，在于地利尽。地利所以尽者，由于劝课有方。主此教者，在乎牧守令长而已。民者冥也，智不自周，必待劝教，然后尽其力。诸州郡县，每至岁首，必戒敕部民，无问少长，但能操持农器者，皆令就田，垦发以时，勿失其所。及布种既讫，嘉苗须理，麦秋在野，蚕停于室，若此之时，皆宜少长悉力，男女并功，若援溺、救火、寇盗之将至，然后可使农夫不废其业，蚕妇得就其功。若有游手怠惰，早归晚出，好逸恶劳，不勤事业者，则正长牒名郡县，守令随事加罚，罪一劝百。此则明宰之教也。

夫百亩之田，必春耕之，夏种之，秋收之，然后冬食之。此三时者，农之要也。若失其一时，则谷不可得而食。故先王之戒曰："一夫不耕，天下必有受其饥者；一妇不织，天下必有受其寒者。"若此三时不务省事，而令民废农者，是则绝民之命，驱以就死然。单劣之户，及无牛之家，劝令有无相通，使得兼济。三农之隙，及阴雨之暇，又当教民种桑、植果，艺其菜蔬，修其园圃，畜育鸡豚，以备生生之资，以供养老之具。

夫为政不欲过碎，碎则民烦；劝课亦不容太简，简则民怠。善为政者，必消息时宜而适烦简之中。故《诗》曰："不刚不柔，布政优优，百禄是求。"如不能尔，则必陷于刑辟矣。

其四，擢贤良，曰：

天生蒸民，不能自治，故必立君以治之。人君不能独治，故必置臣以佐之。上至帝王，下及郡国，置臣得贤则治，失贤则乱，此乃自然之理，百王不能易也。

今刺史守令，悉有僚吏，皆佐治之人也。刺史府官则命于天朝，其州吏以下，并牧守自置。自昔以来，州郡大吏，但取门资，多不择贤良；末曹小吏，唯试刀笔，并不问志行。夫门资者，乃先世之爵禄，无妨子孙之愚瞽；刀笔者，乃身外之末材，不废性行之浇伪。若门资之中而得贤良，是则策骐骥而取千里也；若门资之中而得愚瞽，是则土牛木马，形似而用非，不可以涉道也。若刀笔之中而得志行，是则金相玉质，内外俱美，实为人宝也；若刀笔之中而得浇伪，是则饰画朽木，悦目一时，不可以充栋橼之用也。今之选举者，当不限资艺，唯在得人。苟得其人，自可起厮养而为卿相，伊尹、傅说是也，而况州郡之职乎？苟非其人，则丹朱、商均虽帝王之胤，不能守百里之封，而况于公卿之胄乎？由此而言，观人之道可见矣。

凡所求材艺者，为其可以治民。若有材艺而以正直为本者，必以其材而为治也；若有材艺而以奸伪为本者，将由其官而为乱也，何治之可得乎？是故将求材艺，必先择志行。其志行善者，则举之；其志行不善者，则去之。

而今择人者多云"邦国无贤，莫知所举"。此乃未之思也，非适理之论。所以然者，古人有言：明主聿兴，不降佐于昊天；大人基命，不擢才于后土。常引一世之人，治一世之务。故殷、周不待稷、契之臣，魏、晋无假萧、曹之佐。仲尼曰："十室之邑，必有忠信如丘者焉。"岂有万家之都，而云无士，但求之不勤，择之不审，或用之不得其所，任之不尽其材，故云无耳。古人云："千人之秀曰英，万人之英曰隽。"今之智效一官，行闻一邦者，岂非近英隽之士也。但能勤而审察，去虚取实，各得州郡之最而用之，则民无多少，皆足治矣。孰云无贤！

夫良玉未剖，与瓦石相类；名骥未驰，与驽马相杂。及其剖而莹之，驰而试之，玉石驽骥，然后始分。彼贤士之未用也，混于凡品，竟何以异。要任之以事业，责之以成务，方与彼庸流较然不同。昔吕望之屠钓，百里奚之饭牛，宁生之扣角，管夷吾之三败，当此之时，悠悠之徒，岂谓其贤。及升王朝，登霸国，积数十年，功成事立，始识其奇士也。于是后世称之，不容于口。彼环伟之材，不世之杰，尚不能以未遇之时，自异于凡品，况降此者哉？若必待太公而后用，是千载无太公；必待夷吾而后任，是百世无夷吾。所以然者，士必从微而至著，功必积小以至大，岂有未任而已成，不用而先达也。若识此理，则贤可求，士可择。得贤而任之，得士而使之，则天下之治，何向而不可成也。

然善官人者必先省其官。官省，则善人易充，善人易充，则事无不理；官烦，则必杂不善之人，杂不善之人，则政必有得失。故语曰："官省则事省，事省则民清；官烦则事烦，事烦则民浊。"清浊之由，在于官之烦省。案今吏员，其数不少。昔民殷事广，尚能克济，况今户口减耗，依员而置，犹以为少。如闻在下州郡，尚有兼假，扰乱细民，甚为无理。诸如此辈，悉宜罢黜，无得习常。

非直州郡之官，宜须善人，爰至党族闾里正长之职，皆当审择，各得一乡之选，以相监统。夫正长者，治民之基。基不倾者，上必安。

凡求贤之路，自非一途。然所以得之审者，必由任而试之，考而察之。起于居家，至于乡党，访其所以，观其所由，则人道明矣，贤与不肖别矣。率此以求，则庶无怨悔矣。

其五，恤狱讼，曰：

人受阴阳之气以生，有情有性。性则为善，情则为恶。善恶既分，而赏罚随焉。赏罚得中，则恶止而善劝；赏罚不中，则民无所措手足。民无所措手足，则怨叛之心生。是以先王重之，特加戒慎。夫戒慎者，欲使治狱之官，精心悉意，推究事源。先之以五听，参之以证验，妙睹情状，穷鉴隐伏，使奸无所容，罪人必得。然后随事加刑，轻重皆当，赦过矜愚，得情勿喜。又能消息情理，斟酌礼律，无不曲尽人心，远明大教，使获罪者如归。此则善之上也。然宰守非一，不可人人皆有通识，推理求情，时或难尽。唯当率至公之心，去阿枉之志，务求曲直，念尽平当。听察之理，必穷所见，然后拷讯以法，不苛不暴，有疑则从轻，未审不妄罚，随事断理，狱无停滞。此亦其次。若乃不仁恕而肆其残暴，同民木石，专任捶楚。巧诈者虽事彰而获免，辞弱者乃无罪而被罚。有如此者，斯则下矣，非共治所寄。今之宰守，当勤于中科，而慕其上善。如在下条，则刑所不赦。

又当深思远大，念存德教。先王之制曰，与杀无辜，宁赦有罪；与其害善，宁其利淫。明必不得中，宁滥舍有罪，不谬害善人也。今之从政者则不然。深文巧劾，宁致善人于法，不免有罪于刑。所以然者，皆非好杀人也，但云为吏宁酷，可免后患。此则情存自便，不念至公，奉法如此，皆奸人也。夫人者，天地之贵物，一死不可复生。然楚毒之下，以痛自诬，不被申理，遂陷刑戮者，将恐往往而有。是以自古以来，设五听三宥之法，著明慎庶狱之典，此皆爱民甚也。凡伐木杀草，田猎不顺，尚违时令，而亏帝道；况刑罚不中，滥害善人，宁不伤天心、犯和气也！天心伤，和气损，而欲阴阳调适，四时顺序，万物阜安，苍生悦乐者，不可得也。故语曰，一夫吁嗟，王道为之倾覆，正谓此也。凡百宰守，可无慎乎？

若有深奸巨猾，伤化败俗，悖乱人伦，不忠不孝，故为背道者，杀一利百，以清王化，重刑可也。识此二途，则刑政尽矣。

其六，均赋役，曰：

圣人之大宝曰位。何以守位曰仁，何以聚人曰财。明先王必以财聚人，以仁守位。国而无财，位不可守。是故（五）三

〔五〕以来，皆有征税之法。虽轻重不同，而济用一也。今逆寇未平，军用资广，虽未遑减省，以恤民瘼，然令平均，使下无匮。夫平均者，不舍豪强而征贫弱，不纵奸巧而困愚拙，此之谓均也。故圣人曰："盖均无贫。"

然财货之生，其功不易。织纴纺绩，起于有渐，非旬日之间，所可造次。必须劝课，使预营理。绢乡先事织纴，麻土早修纺绩。先时而备，至时而输，故王赋获供，下民无困。如其不预劝戒，临时迫切，复恐稽缓，以为己过，捶扑交至，取办目前。富商大贾，缘兹射利，有者从之贵买，无者与之举息。输税之民，于是弊矣。

租税之时，虽有大式，至于斟酌贫富，差次先后，皆事起于正长，而系之于守令。若斟酌得所，则政和而民悦；若检理无方，则吏奸而民怨。又差发徭役，多不存意。致令贫弱者或重徭而远戍，富强者或轻使而近防。守令用怀如此，不存恤民之心，皆王政之罪人也。

太祖甚重之，常置诸座右。又令百司习诵之。其牧守令长，非通六条及计帐者，不得居官。

自有晋之季，文章竞为浮华，遂成风俗。太祖欲革其弊，因魏帝祭庙，群臣毕至，乃命绰为大诰，奏行之，其词曰：

惟中兴十有一年，仲夏，庶邦百辟，咸会于王庭。柱国泰洎群公列将，罔不来朝。时乃大稽百宪，敷于庶邦，用绥我王度。皇帝曰："昔尧命羲和，允厘百工。舜命九官，庶绩咸熙。武丁命说，克号高宗。时惟休哉，朕其钦若。格尔有位，胥暨我太祖之庭，朕将丕命女以厥官。"

六月丁巳，皇帝朝格于太庙，凡厥具僚，罔不在位。

皇帝若曰："咨我元辅、群公、列将、百辟、卿士、庶尹、御事，朕惟寅敷祖宗之灵命，稽于先王之典训，以大诰于尔在位。昔我太祖神皇，肇膺明命，以创我皇基。列祖景宗，廓开四表，底定武功。暨乎文祖，诞敷文德，龚惟武考，不賮其旧。自时厥后，陵夷之弊，用兴大难于彼东丘，则我黎人，咸坠涂炭。惟台一人，缵戎下武，夙夜祗畏，若涉大川，罔识攸济。是用稽于帝典，揆于王廷，拯我民瘼。惟彼哲王，示我彝训，曰天生蒸民，罔克自乂，上帝降鉴睿圣，植元后以乂之。惟时元后弗克独乂，博求明德，命百辟群吏以佐之。肆天之命辟，辟之命官，惟以恤民，弗惟逸念。辟惟元首，庶黎惟趾，股肱惟弼。上下一体，各勤攸司，兹用克臻于皇极。故其彝训曰：'后克艰厥后，臣克艰厥臣，政乃乂'。今台一人，膺天之嘏，既陟元后。股肱百辟又服我国家之命，罔不咸守厥职。嗟夫，后弗艰厥后，臣弗艰厥臣，于政何弗戁，呜呼艰哉！凡尔在位，其敬听命。"

皇帝若曰："柱国，唯四海之不造，载繇二纪。天未绝我太祖列祖之命，用锡我以元辅。国家将坠，公惟栋梁。皇之弗极，公作相。百揆罍度，公惟大录。公其允文允武，克明克乂，迪七德，敷九功，龛暴除乱，下绥我苍生，旁施于九土。若伊之在商，周之有吕，说之相丁，用保我无疆之祚。"

皇帝若曰："群公、太宰、太尉、司徒、司空。惟公作朕鼎足，以弼乎朕躬。宰惟天官，克谐六职。尉惟司武，武在止戈。徒惟司众，敬敷五教。空惟司土，利用厚生。惟时三事，若三阶之在天；惟兹四辅，若四时之成岁。天工人其代诸。"

皇帝若曰："列将，汝惟鹰扬，作朕爪牙，寇贼奸宄，蛮夷猾夏，汝徂征，绥之以惠，董之以威。刑期于无刑，万邦咸宁。

俾八表之内，莫违朕命，时汝功。"

皇帝若曰："庶邦列辟，汝惟守土，作民父母。民惟不胜其饥，故先王重农；不胜其寒，故先王贵女功。民之不率于孝慈，则骨肉之恩薄；弗惇于礼让，则争夺之萌生。惟兹六物，寔为教本。呜呼！为上在宽，宽则民怠。齐之以礼，不刚不柔，稽极于道。"

皇帝若曰："卿士、庶尹、凡百御事，王省惟岁，卿士惟月，庶尹惟日，御事惟时。岁月日时，罔易其度，百宪咸贞，庶绩其凝。呜呼！惟若王官，陶均万国，若天之有斗，斟元气，酌阴阳，弗失其和，苍生永赖；悖其序，万物以伤。时惟艰哉！"

皇帝若曰："惟天地之道，一阴一阳；礼俗之变，一文一质。爰自三五，以迄于兹，匪惟相革，惟其救弊，匪惟相袭，惟其可久。惟我有魏，承乎周之末流，接秦汉遗弊，袭魏晋之华诞，五代浇风，因而未革，将以穆俗兴化，庸可暨乎？嗟我公辅、庶僚、列侯，朕惟否德，其一心力，祗慎厥艰，克遵前王之丕显休烈，弗敢怠荒。咨尔在位，亦协乎朕心，惇德允元，惟厥艰是务。克捐厥华，即厥实，背厥伪，崇厥诚。勿谖勿忘，一乎三代之彝典，归于道德仁义，用保我祖宗之丕命。荷天之休，克绥我万方，永康我黎庶。戒之哉！戒之哉！朕言不再。"

柱国泰泊庶僚百辟拜手稽首曰："'亶聪明作元后，元后作民父母。'惟三五之王，率繇此道，用臻于刑措。自时厥后，历千载而未闻。惟帝念功，将反叔世，遄致于雍。庸锡降丕命于我群臣。博哉王言，非言之难，行之实难。罔不有初，鲜克有终。《商书》曰：'终始惟一，德乃日新。'惟帝敬厥始，慎厥终，以跻日新之德，则我群臣，敢不夙夜对扬休哉！惟兹大谊，未光于四表，以迈种德，俾九域幽遐，咸昭奉元后之明训，率迁于道，永膺无疆之休。"

帝曰："钦哉！"

自是之后，文笔皆依此体。

绰性俭素，不治产业，家无余财。以海内未平，常以天下为己任。博求贤俊，共弘治道，凡所荐达，皆至大官。太祖亦推心委任，而无间言。太祖或出游，常预署空纸以授绰，若须有处分，则随事施行，及还，启之而已。绰尝谓治国之道，当爱民如慈父，训民如严师。每与公卿议论，自昼达夜，事无巨细，若指诸掌。积思劳倦，遂成气疾。十二年，卒于位，时年四十九。

太祖痛惜之，哀动左右。及将葬，乃谓公卿等曰："苏尚书平生谦退，敦尚俭约。吾欲全其素志，便恐悠悠之徒，有所未达；如其厚加赠谥，又乖宿昔相知之道。进退惟谷，孤有疑焉。"尚书令史麻瑶越次而进曰："昔晏子，齐之贤大夫，一狐裘三十年。及其死也，遗车一乘。齐侯不夺其志。绰既操履清白，廉挹自居，愚谓宜从俭约，以彰其美。"太祖称善，因荐瑶于朝廷。及绰归葬武功，唯载以布车一乘。太祖与群公，皆步送出同州郭门外。太祖亲于车后酹酒而言曰："尚书平生为事，妻子兄弟不知者，吾皆知之。惟尔知吾心，吾知尔意。方欲共定天下，不幸遂舍我去，奈何！"因举声恸哭，不觉失卮于手。至葬日，又遣使祭以太牢，太祖自为其文。

绰又著《佛性论》《七经论》，并行于世。明帝二年，以绰配享太祖庙庭。子威嗣。

史臣曰：《书》云："惟后非贤弗乂，惟贤非后罔食。"是以知人则哲,有国之所先;用之则行,为下之常道。若乃庖厨、胥靡、种德、微管之臣,罕闻于世;黜鲁、逐荆、抱关、执戟之士,无乏于时。斯固《典》《谟》所以昭则,《风》《雅》所以兴刺也。诚能监前事之得丧,劳虚己于吐握,其知贤也必用,其授爵也勿疑,则舜禹汤武之德可连衡矣,稷契伊吕之流可比肩矣。

太祖提剑而起,百度草创。施约法之制于竞逐之辰,修治定之礼于鼎峙之日。终能斫彫为朴,变奢从俭,风化既被,而下肃上尊;疆场屡扰,而内亲外附。斯盖苏令绰之力也。名寇当时,庆流后嗣,宜哉!

译文:

苏绰,字令绰,武功人,三国魏侍中苏则的第九世孙。他家世代都有人作二千石的官,父亲苏协,曾任武功郡太守。

苏绰小时候喜欢学习,博览群书,特别擅长算术。他的堂兄苏让出任汾州刺史,周太祖宇文泰在都城东门外设宴欢送。苏让将辞别,宇文泰问他说:"你家子弟当中,有谁可以出来做官吗?"于是,苏让把苏绰推荐给他。宇文泰便把苏绰召来,任命他行台郎中。苏绰任行台郎中一年多后,宇文泰对他仍没有很深的了解。但行台各官署有什么疑难的事,都要找苏绰商量后才做出决定,颁行的各种公文,格式也是苏绰制定的。行台中的官员都称赞他的才干。后来,宇文泰同行台尚书仆射周惠达讨论事情,周惠达回答不上来,请求到外面找人商量一下。于是把苏绰找来,把事情告诉他,苏绰当即给他分析情况并做出裁决。周惠达再进去向宇文泰秉告,宇文泰为他做出的决定叫好,对周惠达说:"这个主意是谁给你出的?"周惠达回答说是苏绰,并趁机称赞苏绰有辅佐帝王的才干。宇文泰说:"我也很久就听说过这个人了。"随即任命苏绰为著作佐郎。

恰遇宇文泰同公卿们一起前往昆明池看捕鱼，来到京城长安西边一个汉代叫仓池的地方，宇文泰回过头向左右的人录问有关仓池的事，没有谁知道。有人说："苏绰懂得的事情很多，请问问他吧。"于是，宇文泰把苏绰找来，苏绰详细地作了回答。宇文泰很高兴，于是从天地开辟、万物初生的情况，问到历代兴亡的事迹。苏绰口才本来就好，随问随答。宇文泰越加高兴，于是与苏绰一起信马由缰，边走边谈，来到昆明池，竟没有看捕鱼，又往回走。于是，宇文泰把苏绰留下交谈，直到夜间，他向苏绰询问治理国家的方法，自己躺着听苏绰说。于是，苏绰谈起帝王法术，并说到申不害、韩非等人法家学说的要点。于是，宇文泰爬起来，整理好衣衫，端端正正地坐着听，双膝不知不觉地向前移动。两个人谈到天亮还谈个没完。第二天早上，宇文泰对周惠达说："苏绰确实是一个奇才，我将让他执掌大政。"当即任命苏绰为大行台左丞，参掌机密，从此对苏绰越来越信任。苏绰第一次制定了文案的书写规则，用红色表示支出，黑色表示收入，他还制定了记账及编制户籍的方法。

西魏文帝大统三年，北齐神武帝高欢统帅三路大军向西魏发起进攻，西魏各位将领都打算分兵御敌，只有苏绰与宇文泰意见相同。于是集中兵力迎战窦泰指挥的那支部队，在潼关将窦泰活捉。大统四年，朝廷加苏绰卫将军、右光禄大夫等官，封他为美阳县子，食邑三百户。后又加通直散骑常侍，将他的爵位提升为美阳县伯，增加食邑二百户。大统十年，任命苏绰为大行台度支尚书、领著作，兼任司农卿。

太祖宇文泰当时正想改革政治，致力于探求使国家强大、百姓富足的方法，所以苏绰得以发挥他的全部智慧和才能，辅助宇文泰把事业做成功。削减官员,设置党长、里长,开办屯田给军队和政府提供开支。苏绰还撰写了《六条诏书》,上奏给朝廷,加以施行。

第一条,首先整顿思想,内容说:

如今所有的刺史、太守、县令,都受朝廷的任命,到地方实行统治,从他们地位的尊贵方面来讲,都可以说是古代的诸侯。因此,前代帝王常常说,与他们一起治理国家的,正是那些优秀的地方官。从这可以清楚地知道,朝廷百官卿尹,虽然各有各的职责,但从治理百姓的根本上说,没有谁比地方官吏重要。一般来说,治理百姓的根本,首先在于端正思想,思想是身体的主宰,各种行为的本源。思想上不纯洁,就会胡思乱想。如果胡思乱想,见到正理也不会明白。如果见到正理都还弄不明白,就将混淆是非。是非一旦混淆,自己本身都不可能做好,又怎么去治理百姓呢?所以治理百姓的关键,在于各位地方官吏纯洁自己的思想。这里所说的纯洁思想,并不只是说不要贪图金钱财物,而是指思想清净安和,意志沉静。如果做到思想安和,意志沉静,那么不正当的想法,将无从产生。思想上如不会产生不正当的想法,那么心中出现的任何念头,都将符合最公正的原则。按照最公正的原则去统治百姓,百姓有谁会不服从教诲呢?所以说治理百姓的根本,首先在于整顿思想。

处于次要地位的是端正行为。大凡君主的行为,对百姓来说,就好比测日影用的标杆,对全国来讲,就好像射箭用的靶子。标杆不竖直,不可能测到端正的日影;靶子不明显,不可能要求别人一发而中。现在假如君主自己的行为不端正,却希望把百姓治理好,这就像用一根弯曲的标杆却想测得端正的日影;君主自己的行为不加检点，却想要百姓注意自己的行为，这就像没有靶子却要求别人射中。所以，作为君主，一定要做到思想像清水一样没有杂质，形像如宝玉一样洁白无瑕。亲自实践仁义，亲自实践孝悌，亲自实践忠信，亲自实践礼让，亲自实践廉平，亲自实行节俭。此外，还需孜孜不倦，明察秋毫。把以上八个方面都做好，并以此教诲百姓。所以他统治下的百姓才会畏惧他，爱戴他，以他为楷模，向他学习，不需要他挨门逐户教育，也不要他天天去见百姓，这些美德自然就会风行起来。

第二条，加强教育感化，内容是：

从天地的本性上说，人是最贵重的，这一点很清楚。因为人有正直和善的心灵，有仁慈宽恕的行为，有别于朽木顽石，不同于飞禽走兽。所以天地之中，以人为最贵。但人性不是一成不变的，会随不同的感化而改变。受到敦厚质朴美德感化的人，将变得仆实正直；受到虚假欺诈行为熏陶的人，将变得轻浮狡诈。人们轻浮狡诈，就会出现衰亡丧乱的风俗；人们朴实正直，就将形成质朴和厚的风气。衰亡丧乱的风俗一经出现，祸乱将连接不断地产生；质朴和厚的风气一旦形成，国家自然就会安定。国家是安定还是混乱，是兴盛还是衰亡，没有不是因为人们受到不同感化的缘故。

但社会风气衰败已达几百年。近二十年来，祸乱变得越来越严重。百姓没见过德政，只听说过接连不断的战争；官吏们对百姓不进行教育感化，只对他们使用刑法。现在刚刚开始拨乱反正，大乱还未平息，加上战争不断，灾荒频繁，许多事情必须从头做起，因此各项政策大都随时事而变通。这样，礼让的风气还未兴起，而旧的风俗也还没有改变。近几年收成较好，百姓所承担的徭役赋税较轻，对于衣服和食物的要求不那么迫切，就此可以对他们进行教育感化了。各位刺史、太守、县令或县长，你们应当清除思想中不正当的东西，遵照朝廷的意图，对老百姓进行教育和感化。

要感化百姓，重在提倡淳朴的风气，用和厚的精神去熏陶他们，用道德行为感召他们，给他们做出朴素的榜样。使百姓随着教化，本性不断地向善的方面转变，使他们不正当的思想和贪图享受的本性，不知不觉地消失，而他们自己还弄不清是怎么回事，这就是我们所说的感化。随后教育百姓要孝敬父母、善待兄弟，使他们相互慈爱；教育他们要仁善顺从，使他们相互和睦；用礼节和道义教育他们，使他们相互敬让。百姓们慈爱，便不会抛弃他们的亲人，和睦便不会怨恨别人，敬让变不会因财物而发生争执。假如这三个方面都做到了，王道也就实现了。这就是我们说的教育。先代圣王之所以能够移风易俗，使社会风气变得淳和朴素，毫不费力便能使国家安定，甚至天下太平，无不因为教育感化。这可说是最关键的办法。

第三条，全部发挥土地的潜力，内容是：

人生活在世上，吃的、穿的便是性命所在。食物不足便会饥饿，衣服不够就会受冻。饥寒交迫，却想让百姓实行礼让，这就好比让一个圆球自动往斜坡上滚，是绝对不可能的。所以古代圣王知道情况如此，才率先使百姓足衣足食，然后才对他们进行教育感化。之所以能够做到足衣足食，在于全部发挥土地的生产潜力，土地的生产能力之所以能够全部发挥出来，在于鼓励百姓耕种得法。而对鼓励百姓耕种负主要责任的，正是刺史、太守、县令或县长。"民"也就是"冥"，他们的智力不足以保全自己，必须加以督促教育，才会全力耕种。各州、各郡、各县，每年年初，一定要命令治下百姓，不管年龄大小，只要拿得起农具，都要让他们下地干活，按季节耕种，不要误了农时。播种完毕后，长势好的禾苗还须管理，地里的麦子黄了，家中的蚕子老了，像这种时候，无论男女老少，都应该全力以赴，就像从水中救人、扑灭大火、防备即将到来的强盗一样，这样才可能使农夫进行正常的生产，养蚕的妇女也可以顺利地获得收成。如果有人游手好闲，晚出早归，好逸恶劳，不辛勤从事生产，那么正长应把他们的名字申报给郡县，太守、县令应根据事情大小加以处罚，惩办一人，以鼓励更多的人，这便是一个优秀的地方官所应做的。

即使有一百亩土地，也必须在春天耕垦，在夏天播种，在秋天收获，冬天才会有吃的。春、夏、秋这三季，是农业生产的关键季节。如果哪一季没抓好，就种不出谷物来以供食用。所以古代圣王告诫说："一个男子不耕种，天下就肯定有人会因此挨饿；一个妇女不纺织，天下就肯定会有人因此受冻。"如果在这三个农忙季节不力求减少徭役，反而让百姓放弃农活，这实际上是夺去百姓的生命，把他们往死路上赶。劳动人手少而弱的农户，以及没有耕牛的人家，应当鼓励他们互通有无，使大家都能渡过难关。三个农忙季节的空闲时间，以及阴雨连绵无事可做的时候，还应当教百姓栽种桑树、果树，种植蔬菜瓜果，饲养鸡猪，为生儿育女和赡养老人准备必要的财物。

政事不应太琐碎，太琐碎百姓就会厌烦；鼓励百姓耕种时也不宜过分简略，过分简略百姓就会懈怠。善于执政的人，一定会根据不同的情况，使政事繁简适宜。所以《诗经》上说："既不刚猛也不软弱，政事宽缓，得到优厚的俸禄。"如果地方官吏们做不到这一点，必将受到法律的制裁。

第四条，选择德才兼备的人，内容是：

上天创造了百姓，他们不可能自己管理自己，所以必须设置君主对他们进行统治。君主不可能一个人进行统治，所以必须设置属官来协助他。上自帝王，下至地方长官，属官选得好，政治就清明，选得不好就混乱，这是自然而然的道理，任何一位君主都不可能更改。

如今刺史、太守、县令，都各有僚吏，这些僚吏都是分别协助他们处理政事的人。刺史带将军名号，将军府的属官都由朝廷直接任命，而刺史、太守本来就有的属官，全都由刺史、太守自己选置。从先代以来，州和郡的主要属官，只取门第高、祖先有官位的人，大都没有选拔有才德的人；那些不重要的官署卑职，也只看他们是否能处理公文，一概不问他们的志向和行为。门第资荫，只不过是祖先的爵位官阶，并不能说明子孙就不会愚昧无知；善于处理公文，只不过是身外的小本事，同样无助于消除浮躁欺诈的本性。如果在有门第资荫的家族中选拔到有才德的人，真可说是快马加鞭，一日千里；如果在有门第资荫的家族中选取了一个愚昧无知的人，那简直就是土牛木马，虽然外表像牛马，但不能让它们到路上驰骋。如果在刀笔小吏中找到一位志向远大、行为高洁的人，这可说是外表如金、本质似玉，本质和才干都很好，是真正的人中之宝；如果在刀笔小吏中选到一位浮躁欺诈的人，那就像用美丽的画面装饰起来的一块朽木，虽然一时好看，但终究不能用来建造房屋。当今选举，应该不受门第资荫的限制，以选到人才为唯一的宗旨。如果确实是人才，自然可以从奴隶而官至卿相，古代伊尹、傅说就是如此，何况州郡属官呢？假如不是人才，那么像丹朱、商均这些帝王的后代，竟不能守住方圆百里的封地，又何况公卿的子孙呢？从这方面讲，选拔官吏的原则也就清楚了。

大凡选择有才干的人，是因为他们可以治理百姓。如果既有才干,本质又正直,那么这人肯定会用他的才干去治理百姓;如果有才干,本质上却奸猾狡诈,那么这人将利用他的官职制造混乱,哪有可能去治理百姓呢?所以要选择有才干的人,一定要先看他的志向行为如何。如果他的志向和行为都很好,就任用他;如果他的志向和行为不好,就不任用他。

如今选择人才的人大都说:"本地没有贤才,不知选哪个才好。"这是没有认真思考的缘故,并不是符合情理的言论。所以要这样讲,是因为古人就曾说过这样的话:圣明的君主开创大业,上天不会给他另降辅佐他的人;帝王奠定基业,也不会从后土那儿去选拔人才。他们总是招来当时的人才,以处理当时的政务。所以商、周时代的帝王不需稷、契来做自己的臣子,魏、晋时代的君主也不用萧何、曹参去辅佐。孔子说过:"有十家人聚居的地方,就肯定会有像我孔丘这样忠信的人。"怎么会在万家人居住的都市,却声称没有人才呢?只不过没有辛勤地寻访,认真地选拔罢了,或者说没有把人才用到恰当的地方,没有把可以完全发挥他们才干的官职委任给他们,所以才会说没有人才。古人说:"一千人当中首屈一指的叫'英',一万人当中的英就可以称为'杰'。"当今那些才智足以承担一个职务,德行被一地百姓所知晓的人,不就和古代的英杰差不多吗?只要勤奋认真地查访,都能把一州、一郡最有才干的人找出来并任用他们,那么百姓不论多少,都完全治理得好。怎么能说没有贤才!

美玉未经剖开,与石头瓦块差不多;名马没有驰骋时,同劣马没有什么分别。经过剖开磨治,驰骋检验,美玉与顽石,劣马与良马,才分辨得出来。那些贤才未受到任用的时候,和平庸的人混在一起,究竟用什么办法才可以将他们区别出来呢?关键在于给他们职责,考察他们的政绩,他们才会与那些平庸之辈完全区别开来。古代吕望宰猪钓鱼，百里奚喂牛，宁戚敲着牛角唱歌，管仲三战皆败，在这种时候，那些庸俗的人，岂有可能称他们为贤才。当他们被帝王或强大的诸侯所任用，经过几十年后，建功立业，才认识到他们原来是奇才。于是后代的人称颂他们，不绝于口。他们这些杰出的人才，并非每代都有，尚且不能在未被委任的时候，把自己与平庸的人区别开来，何况那些才智比他们差一些的士人呢？如果一定要等到吕望出现才加以委任，那么等上一千年也不会出现一个吕望；一定要等管仲出现才加以委任，那么百代也不会出现一个管仲。之所以会这样，是因为士人必须从默默无闻的境地慢慢地获得声誉，他们建立的功勋也必须慢慢地积累，哪有可能不经委任便已成名，不经任用便官高位显呢？如果认识到这个道理，那么贤才可以找到，士人也可以选择出来。求得贤才加以任用，选拔士人让他们做事，那么要把国家治理得无论怎样好，也是办得到的。

不过善于选任官吏的人，肯定首先会减少官吏的数量。官吏数量减少了，就容易找到好人来担任各种职务，如果各种职务都容易找到好人来担任，那么任何事情都能做好；官吏多了，就一定会混进一些坏人，坏人一混进来，政事就肯定会出现失误。所以俗话说："官少则事少，事少则百姓安宁；官多则事多，事多则百姓混乱。"百姓安宁还是混乱的原因，就在于官吏数量的多少。考察今日官吏，数目很大。先前百姓多，事情繁杂，尚且能把事情做好，而今日民户减少了，官吏仍按先前的数目设置，还认为不够。又听说地方州郡，还有兼官假官，骚扰百姓，这太没道理了。像这种人，应将他们全部清除出去，不得一如既往。

不仅州郡一级的官吏应该选拔有才德的人，即便党长、里长、正长这些乡里小吏，都应当仔细挑选，选拔一乡中最有才德的人，使他们互相统辖。正长是治理百姓的基础，基础如不倾斜，国家就会安宁。

要选拔贤才，自然不止一个途径。但能保证得到贤才，必须经过任用来检验他们的才能，并对他们进行考察。从他们在家中的情况到他们在乡里的活动，进行询问观察，他们的为人处事就可以弄清楚，贤与不贤也就能分辨出来。按照这一办法去选拔贤才，大概就不会出现什么差错了。

第五条，慎用刑法，准确判案，内容是：

人禀受阴阳二气，然后降生，有情有性。人的本性是善的，但情却趋向于恶。善与恶既然分别出来，赏与罚也就相应地产生。赏罚准确无误，恶的方面将受到阻止而善的方面将得到鼓励。赏罚不准确，百姓将不知往哪儿放手脚才好，如果百姓被搞得不知往哪儿放手脚，他们就会产生怨恨和叛上作乱的想法。所以先代圣王很重视赏罚，特别告诫要慎用刑法。所谓慎用刑法，就是让判案的官员专心致志，探究事情的来源。首先要通过辞、色、气、耳、目来把握民情，并参考各种证据，准确地掌握事件的真实情况，完全弄清案件中不明白的地方，使奸巧无处藏身，罪犯一定会被查出来。然后再根据罪责量刑，轻重准确，宽恕那些过失犯罪的人，怜悯那些因愚昧而触犯刑法的人，查清了案情也不要沾沾自喜。还要根据人心和公理，参照礼仪与法律，使一切处置都是符合人意，宣传国家的教令，使被判刑的人也觉得理应如此。这是最好的一种判案方式。不过地方长官不止一人，不可能人人都有这样全面的认识，判案的时候，推断事理，探求真实情况，有时也难做到十分准确。只是应该本着最公正的思想，放下徇私枉法的意图，致力弄清是非曲真，尽量想法把案子办准确。听取口供，查问情由，一定要把自己发现的疑点弄明白，然后再按照法律程序进行拷问，不要严酷残暴，有疑问没弄清便从轻发落，事情没搞确实不要妄加处罚，根据事情大小进行裁决，使案子不至于拖得太久。这是较差的一种判案方式。对百姓不讲仁慈宽恕，任意采取残暴的手段，把他们当成树木石块，把拷打当成唯一的办法，花言巧语的人尽管罪责明白却逃脱法网，不善言辞的人竟无罪而受惩罚，如果有这种情况，那便是最差的一种判案方式了，这些地方官不是和君上共治天下的人。当今各位地方官，应当努力做到中等，并向最好的那种判案方式看齐。如果所作所为与最差的那一种相同，法律将不饶恕。

执法者还需把目光放远一些，要想到用德行教育百姓。先王的法则说：与其滥杀无辜，不如放掉罪犯；与其残害好人，不如让坏人占便宜。这说明如果案子肯定判不准确，宁可让罪犯逃脱，也不错误地残害好人。但现在执政的人就不是这样，他们搜罗法律条款，舞文弄墨，即使把好人送进法网，也不让罪犯免受惩罚。他们之所以这样，并不是他们全都想杀人，而是说做官最好严厉点，这样可以免除后患。这是为自己打算，没有想到公理，像这样执法的人，都是奸恶之徒。人是天地中最宝贵的东西，一旦死去，便不可能再活过来。但在严刑拷打之下，有人吃不住痛，自认有罪，得不到申诉，于是遭到杀害，这种事恐怕随时都有。所以，从古代以来，便创立了五听三宥等办案原则，强调要慎用刑罚，这都是极其爱护百姓的举动。大凡砍伐树木、清除杂草、捕猎野兽，如果不正常进行，尚且会违背时令，有损帝王之道；何况判案不准确，滥杀好人，难道会不伤天的心，破坏万物的和谐吗！上天的心被伤害，万物的和谐被破坏，却仍想阴阳协调，四季顺序，万物茁壮成长，百姓一片欢乐，是不可能的。所以俗话说：即使一个人叹息，帝王之道也会因此被倾覆，说的正是这种情况。各位地方长官，难道不该慎重其事吗？

如有罪大恶极，伤风败俗，违背上下尊卑的等级秩序，不忠不孝，故意背弃原则的，杀掉这样的一人，有利于一百人，使帝王的教化得以推行，采用重刑也是可以的。了解量刑定罪这两个方面以后，用刑的原则也就彻底清楚了。

第六条，平均赋税徭役，内容是：

圣人最大的宝贝是地位，用来守住地位的是仁慈，用来召集百姓的是财富。先代圣王必须用财富聚集百姓，用仁慈保住地位。国家如果没有财富，地位就保不住。所以从三皇五帝以来，便有征收赋税的办法。虽然赋税轻重不一样，但都是为了满足国家的开支。现在仇敌还未消灭，军用开支很大，虽然来不及减少赋税，以体念百姓的疾苦，但应使赋税平均，使百姓不致穷困。平均，就是不要避开豪强而向贫弱的人家征税，也不要放任奸巧的人而使愚笨的人受欺压，这就是我们所讲的平均。所以圣人说："若是平均便没有穷人。"

但财富被生产出来，并不是轻而易举的事。织布纺麻，得从一丝一线做起，并非在一朝一夕之间仓促可成。地方长官一定要督促百姓，让他们事先便着手生产。种桑的地方要趁早织造绢帛，出麻的地方应尽早纺织布匹。在交纳赋税以前就把该交的东西准备好，到该交的时候便上交，所以国家赋税能得到保证，老百姓也不会感到窘迫。如果预先不对百姓进行督促指示，到交纳赋税时期限紧迫，官吏又怕拖延时间，使自己犯错误，便对百姓进行拷打，让他们一下子就准备好。富商大贾，乘机牟取暴利，有钱的人只好出高价向他们购买，没钱的人则只有向他们借高利贷。向国家纳赋税的百姓，被弄穷苦不堪。

征收租税的时候，国家虽定有总的标准，但衡量各个家庭的贫富，排列各家应缴的先后次序等事情，都得由正长着手办理，由太守县令掌握。如果处理得好，政治将会稳定，百姓也将高兴；如果处理不得法，刀笔小吏将投机取巧，百姓将怨声载道。另外，在选派人服徭役时，大都不关心百姓，致使贫穷力弱的人徭役重，服役的地方远，而财富势强的人徭役轻，服役的地方近，如果地方长官怀着这样的心肠，没有体察百姓疾苦的想法，都是国家的罪人。

太祖宇文泰极其重视《六条诏书》，掌把它放在座位右边（以备随时翻检）。又命令百官学习背诵。刺史、太守、县令或县长，如果不通晓《六条诏书》及记账的方法，就不能做官。

自从西晋末年以来，文章竞为浮华，成为一时风气。宇文泰想改变这种弊病，趁西魏文帝祭祀祖庙、官员们汇集到都城的时候，命令苏绰撰成《大诰》，上奏朝廷，加以颁行。《大诰》说：

中兴十一年，仲夏，各地长官都聚集在朝廷。柱国宇文泰及群公与各位将军，没有谁没到会。便在这时全面考查各种制度，颁布给各地，以辅助国家的政教。皇帝说："古代帝尧任命羲和，使百官各尽其职，舜任命皋陶等九人为官，各种事情都顺利做成，武丁任用傅说，使自己被尊为高宗。现在是个好时机，我敬顺天时，告诉你们各位官长，让大家都到我太祖的庙庭中来。我将对你们宣布重大的命令。

六月丁巳，皇帝清晨来到太庙，所有的官员，无不各就其位。

皇帝说："唉，我的元辅、群公、百官、卿士、庶尹及御事们，我敬承先祖遗命，考查了先代圣王的制度，对各位官员下达这一重大命令。先前我太祖神皇帝，开始接受上天的大命，开创大业。烈祖景宗，向四方开拓疆土，完成了武功。到了我祖文皇帝，大兴文教，敬思先父武皇帝，也没有败坏先祖们的基业。从那以后，日益衰弱，东土出现大乱，黎民百姓，遭受涂炭。我继承祖先遗业，日夜警惧，就像要过一条大河，不知该从哪儿下水。所以参考古代帝王的制度，揣度先王的政教，以解救百姓的疾苦。那些贤明的先王，给过我的教诲，说上天创造出百姓，不能自己治理自己，上帝深察下情，明晓事理，设置天子以治理百姓。天子不可能一个人治理百姓，于是广求德行完美的人，设置百官及各种官吏来辅佐自己。上天设立天子，天子设置百官，都是为了体察百姓，不是为了贪图安逸。天子就像头，百姓就像脚，百官就像胳膊和大腿一样辅助天子。上下连为一体，各自把自己该做的事做好，从而达到最高的原则。所以先王经常教导说：'天子能够努力把天子的事做好，臣子能够把臣子的事做好，国家就会被治理好。'如今我受上天的福佑，登上帝位。辅佐我的百官又服从国家的政令，都恪尽职守。唉，要是天子不用心把天子的事做好，臣下不用心把臣下的事做好，政治哪会不败坏呢，唉，艰难呀！各位官员，请恭敬地听取命令。"

皇帝说："柱国，四海不宁，已有二十年，上天没有绝我太祖以下列祖历代相传的大命，让我作天子。国家有灭亡的危险，你成为国家的栋梁。朝廷缺乏最高的准则，你便担任宰相。百官没有秩序，于是你总率百官。你文武兼备，英明善治，宣扬七种德行，创建九种功绩，剪暴除乱，使百姓安宁，九州以外的人，也享受你的恩惠，好像伊尹在商代，吕望在周代，傅说辅佐武丁，使我享受无穷的福庆。"

皇帝说："群公、太宰、太尉、司徒、司空，群公对于我，就像鼎的三足辅佐我。太宰是天官府的首脑，要做好治、教、礼、政、刑、事六种职务。太尉掌管军事,职在消除战争。司徒掌管百姓,要认真宣布父义、母慈、兄友、弟恭、子孝五种教化。司空掌管土地,要开发地利,为百姓谋利益。朝廷三公,就像天上有三台星;朝廷四辅,就像一年有四季。一切官职虽然是按上天的意志设立的,但需人去作。"

皇帝说:"各位将军,你们雄壮英武,如雄鹰飞扬,充当我的武臣,盗贼为非作歹,蛮夷乱乱中原,你们前往征讨,用恩惠安抚他们,用威刑监督他们。战争的最终目的是消除战争,各国实现和平。使全国各地没有人违抗我的命令,这便是你们的功绩。"

皇帝说:"各位地方长官,你们的职责是为国家治理疆土,充当百姓的父母。百姓不能忍受饥饿,所以先代圣王重视农耕;百姓不能忍受寒冷,所以先代圣王重视纺织。百姓如果不孝敬慈爱,亲人之间就会缺乏恩情;如果不尊崇礼让,就会产生争夺的念头。这六件事,确实是教化的根本。唉!治理百姓应当宽厚,但太宽厚百姓又会懈怠。你们应该用礼仪治理百姓,不要太刚猛,也不要太软弱,一切行为都要尽量符合事物的规律。"

皇帝说:"卿士、庶尹及御事们,帝王好比年,卿士就像一年中的十二月,庶尹就像一年有三百六十五日,御事就像一天有十二个时辰。年、月、日、时,先后不发生错乱,各种制度就将符合时宜,一切事情都将顺畅。唉!你们这些天子的官员,宰治各地,就像天上的北斗,调和元气阴阳,使他们保持和谐,百姓永远仰仗你们;如果违背正常秩序,万物就会遭受伤害。世道艰难呀!"

皇帝说:"天地运行的规律,阴阳更替;礼俗风尚变化的原则,文采与质朴代兴。从三皇五帝以来,一直到如今,风俗制度发生变化,并不是后代必须更改前代的教令,而是为了设法挽救前代的弊端,风俗制度没有发生变化,并不是前后因循,而是这些风俗制度本身就能长期存在。我大魏上承周代衰亡时期的世风，又吸取了秦汉时代的陋俗，因循了魏晋两朝奢华怪诞的风气，这五代浮薄的社会风气，历代相承，未加改变。要使风俗和厚，宣扬教化，哪有可能办到呢？唉！公辅、庶僚及列侯们，我自思德行鄙劣，全心尽力，努力继承先王的伟大业绩，不敢松懈享乐。唉，你们各位官员，应当与我的想法一样，使德行淳朴，恭谨地坚守自己的职责。不要奢华，要讲究朴实，不要虚伪，要讲究真诚。不要犯错误，不要忘记自己的职责，用夏、商、周三代常用的法则来统一世风，使社会风气归向道德仁义，以此保全我祖宗传下来的大命。承上天的福佑，使国家安宁，百姓永远康乐。要慎重呀！要慎重呀！我就不多说了。"

柱国宇文泰与群官敬礼后说：'天降圣明的人作天子，天子是百姓的父母。'三皇五帝，都遵循这一原则，以至于不用刑法便使天下大治。从那以后，已经过千年，再也没听说哪个帝王遵循这一原则了。陛下想建立功业，将改正乱世风俗，使社会风气变得和厚，向我们群臣颁布重大命令。陛下的话真博大，说起来并不难，做起来才难。任何事情都有开头，但很少有善始善终的。《商书》上说：'始终如一，德行日进。'我们希望陛下慎终如始，使德行日益光大，我们臣下怎敢不日夜称扬陛下的美德。这重大的命令，还未传遍四方，以远布陛下的恩德。应当使全国最偏远的百姓，也清楚地领会陛下的教诲，行为都向正确的方向转变，永远获得无穷无尽的好处。"

皇帝说："好啊。"

从此以后，文章都按这种体裁撰写。

苏绰生性节俭朴素，不治家产，家中没有多余的财物。他因为全国还未平定,常把统一天下作为自己的责任。广求贤才俊杰,一起探寻治理国家的办法,凡是他推荐的人,都受到重用。太祖宇文泰也推心置腹地任用他,从未说过不满意他的话。宇文泰有时到都城外去游玩,经常都预先在空白纸上签上自己的名字交给苏绰,如果有什么事需要处理,苏绰便根据情况做出裁决,加以实行,等宇文泰回来后,告诉他一声就可以了。苏绰曾说,治理国家的方法是,官员们应该像慈祥的父亲那样爱护百姓,像严格的老师那样教诲百姓。他每次与公卿议论政事,都是从白天一直谈到晚上,事情无论大小,他都了如指掌。他长期用脑过度,身体疲劳至极,于是得了支气管炎。大统十二年,苏绰死在任上,当时他四十九岁。

太祖宇文泰为苏绰的死感到悲痛惋惜,他的悲伤影响到身边的人。当要安葬苏绰的时候,他对公卿们说:"苏尚书一生谦虚逊让,崇尚节俭,我想保全他平日的志向,又怕平庸之辈不理解,如果对他进行隆重的追赠,又与我们以前相互间了解相违背,我进退两难,拿不准该怎么办才好。"尚书令史麻瑶逾越次序走上前来说:"古代晏子是齐国德行卓著的大夫,一件狐皮袄子穿了三十年。他死的时候,遗嘱只需一辆马车运载灵柩。齐侯没有改变他的志向。苏绰既然操行纯洁,以谦虚退让自处,愚意认为应当从俭办理,从此宣扬他的美德。"太祖认为他的意见很好,于是把麻瑶推荐给朝廷。当苏绰的遗体被送回武功老家安葬时,只用一辆布车载着他的灵柩。太祖与群公都步行把他的灵车送出同州外城门外。太祖亲自在灵车后面洒酒祭奠,他说:"尚书平时所做的事,他的妻子儿女和兄弟们不知道的,我全知道。只有你知道我的心,我知道你的心。正想与你一起平定天下,你却不幸离开我去了,该怎么办呢!"于是放声痛哭,竟不知道酒杯从手中掉到了地上。到下葬那天，他又派人去用牛、羊、猪三种牲畜祭奠他。祭文是太祖亲手写的。

苏绰还撰有《佛性论》《七经论》等文章，都传于世。北周明帝二年，让苏绰配祭于太祖庙庭。他的儿子苏威继承了他美阳伯的爵位。

史臣说：《尚书》上说："帝王不用贤才就治理不好国家，贤才不被帝王任用便没有俸禄。"所以知人善任便是圣明的君主，这是治理国家最首要的事。贤才如受到任用就应奋发有为，这是作臣子的应尽职责。至于像伊尹、傅说、皋陶、管仲这些古代名臣，从微贱而升至高位，世上很少听说过；而孔子、韩信等贤才却受到驱逐，服事卑职，这种事时时都有。《尚书·尧典》《皋陶谟》之所以要昭示古代圣王用人的准则，《诗经·国风》《小雅》之所以要对贤才得不到任用进行讥刺，正是因为这个原因啊。君主们如果真的能借鉴前代事迹的得失，不辞辛劳，虚己待人，像周公纳才那样，一饭三吐哺，一沐三握发，知道有人是贤才就一定加以任用，授给他们爵位时不要有所疑虑，这样，他们的德行就可与舜、禹、商汤、周武王这些古代圣王媲美，稷、契、伊尹、吕望这样的名臣也就能并肩出现了。

周太祖宇文泰仗剑起事，各种制度都需着手制定。他在各种势力相互争夺的时候颁行简便的法律制度，在三方鼎峙的时候创建使国家安定的礼仪。最终能铲除浮华衰弊的习俗，树立起质朴的新风，使奢侈的社会风气趋于俭朴。新的礼俗制度在全国推行后，百姓们变得恭敬守法，官长受到尊重，边疆虽多次受到敌人的骚扰，但百姓亲附，邻国归顺。这些可以说是苏令绰的功劳啊。他名冠当世，恩泽惠及后代，确也应该啊！

周书卷三十一

列传第二十三

韦孝宽

韦叔裕字孝宽，京兆杜陵人也，少以字行。世为三辅著姓。祖直善，魏冯翊、扶风二郡守。父旭，武威郡守。建义初，为大行台右丞，加辅国将军、雍州大中正。永安二年，拜右将军、南（幽）〔豳〕州刺史。时氐贼数为抄窃，旭随机招抚，并即归附。寻卒官。赠司空、冀州刺史，谥曰文惠。

孝宽沉敏和正，涉猎经史。弱冠，属萧宝夤作乱关右，乃诣阙，请为军前驱。朝廷嘉之，即拜统军。随冯翊公长孙承业西征，每战有功。拜国子博士，行华（阴）〔山〕郡事。属侍中杨侃为大都督，出镇潼关，引孝宽为司马。侃奇其才，以女妻之。永安中，授宣威将军、给事中，寻赐爵山北县男。普泰中，以都督从荆州刺史源子恭镇襄城，以功除（浙）〔析〕阳郡守。时独孤信为新野郡守，（司）〔同〕荆州，与孝宽情好款密，政术俱美，荆部吏人，号为联璧。孝武初，以都督镇城。

文帝自原州赴雍州，命孝宽随军。及尅潼关，即授弘农郡守。从擒窦泰，兼左丞，节度宜阳兵马事。仍与独孤信入洛阳城守。复与宇文贵、怡峰应接颍州义徒，破东魏将任祥、尧雄于颍川。孝宽又进平乐口，下豫州，获刺史冯邕。又从战于河桥。时大军不利，边境骚然，乃令孝宽以大将军行宜阳郡事。寻迁南兖州刺史。

是岁，东魏将段琛、尧杰复据宜阳，遣其（扬）〔阳〕州刺史牛道恒扇诱边民。孝宽深患之，乃遣谍人访获道恒手迹，令善学者伪作道恒与孝宽书，论归款意，又为落烬烧迹，若火下书者，还令谍人送于琛营。琛得书，果疑道恒，其所欲经略，皆不见用。孝宽知其离阻，日出奇兵掩袭，擒道恒及琛等，崤、渑遂清。

大统五年，进爵为侯。八年，转晋州刺史，寻移镇玉壁，兼摄南汾州事。先是山胡负险，屡为劫盗，孝宽示以威信，州境肃然。进授大都督。

十二年，齐神武倾山东之众，志图西入，以玉壁冲要，先命攻之。连营数十里，至于城下，乃于城南起土山，欲乘之以入。当其山处，城上先有两高楼。孝宽更缚木接之，命极高峻，多积战具以御之。齐神武使谓城中曰："纵尔缚楼至天，我会穿城取尔。"遂于城南凿地道。又于城北起土山，攻具，昼夜不息。孝宽复掘长堑，要其地道，仍饬战士屯堑。城外每穿至堑，战士即擒杀之。又于堑外积柴贮火，敌人有伏地道内者，便下柴火，以皮鞴吹之。吹气一冲，咸即灼烂。城外又造攻车，车之所及，莫不摧毁。虽有排盾，莫之能抗。孝宽乃缝布为缦，随其所向则张设之。布既悬于空中，其车竟不能坏。城外又缚松于竿，灌油加火，规以烧布，并欲焚楼。孝宽复长作铁钩，利其锋刃，火竿来，以钩遥割之，松麻俱落。外又于城四面穿地，作二十一道，分为四路，于其中各施梁柱，作讫，以油灌柱，放火烧之，柱折,城并崩坏。孝宽又随崩处竖木栅以扞之,敌不得入。城外尽其攻击之术,孝宽咸拒破之。

神武无如之何,乃遣仓曹参军祖孝征谓曰:"未闻救兵,何不降也?"孝宽报云:"我城池严固,兵食有余,攻者自劳,守者常逸。岂有旬朔之间,已须救援。适忧尔众有不反之危。孝宽关西男子,必不为降将军也。"俄而孝征复谓城中人曰:"韦城主受彼荣禄,或复可尔,自外军士,何事相随入汤火中耶?"乃射募格于城中云:"能斩城主降者,拜太尉,封开国郡公,邑万户,赏帛万匹。"孝宽手题书背,反射城外云:"若有斩高欢者,一依此赏。"孝宽弟子迁,先在山东,又锁至城下,临以白刃,云若不早降,便行大戮。孝宽慷慨激扬,略无顾意。士卒莫不感励,人有死难之心。

神武苦战六旬,伤及病死者十四五,智力俱困,因而发疾。其夜遁去。后因此忿恚,遂殂。魏文帝嘉孝宽功,令殿中尚书长孙绍远、左丞王悦至玉壁劳问,授骠骑大将军、开府仪同三司,进爵建忠郡公。

废帝二年,为雍州刺史。先是,路侧一里置一土候,经雨颓毁,每须修之。自孝宽临州,乃勒部内当候处植槐树代之。既免修复,行旅又得庇荫。周文后见,怪问知之,曰:"岂得一州独尔,当令天下同之。"于是令诸州夹道一里种一树,十里种三树,百里种五树焉。

恭帝元年,以大将军与燕国公于谨伐江陵,平之,以功封穰县公。还,拜尚书右仆射,赐姓宇文氏。(二)〔三〕年,周文北巡,命孝宽还镇玉壁。周孝闵帝践阼,拜小司徒。明帝初,参麟趾殿学士,考校图籍。

保定初,以孝宽立勋玉壁,遂于玉壁置勋州,仍授勋州刺史。齐人遣使至玉壁,求通互市。晋公护以其相持日久,绝无使命,一日忽来求交易，疑别有故。又以皇姑、皇世母先没在彼，因其请和之际，或可致之。遂令司门下大夫尹公正至玉壁，共孝宽详议。孝宽乃于郊盛设供帐，令公正接对使人，兼论皇家亲属在东之意。使者辞色甚悦。时又有汾州胡抄得关东人，孝宽复放东还，并致书一牍，具陈朝廷欲敦邻好。遂以礼送皇姑及护母等。

孝宽善于抚御，能得人心。所遣间谍入齐者，皆为尽力。亦有齐人得孝宽金货，遥通书疏。故齐动静，朝廷皆先知。时有主帅许盆，孝宽托以心膂，令守一戍。盆乃以城东入。孝宽怒，遣谍取之，俄而斩首而还。其能致物情如此。

汾州之北，离石以南，悉是生胡，抄掠居人，阻断河路。孝宽深患之。而地入于齐，无方诛翦。欲当其要处，置一大城。乃于河西征役徒十万，甲士百人，遣开府姚岳监筑之。岳色惧，以兵少为难。孝宽曰："计成此城，十日即毕。既去晋州四百余里，一日创手，二日伪境始知；设令晋州征兵，二日方集；谋议之间，自稽三日；计其军行，二日不到。我之城隍，足得办矣。"乃令筑之。齐人果至南首，疑有大军，乃停留不进。其夜，又令汾水以南，傍介山、稷山诸村，所在纵火。齐人谓是军营，遂收兵自固。版筑克就，卒如其言。

四年，进位柱国。时晋公护将东讨，孝宽遣长史辛道宪启陈不可，护不纳。既而大军果不利。后孔城遂陷，宜阳被围。孝宽乃谓其将帅曰："宜阳一城之地，未能损益。然两国争之，劳师数载。彼多君子，宁乏谋猷。若弃崤东，来图汾北，我之疆界，必见侵扰。今宜于华谷及长秋速筑城，以杜贼志。脱其先我，图之实难。"于是画地形，具陈其状。晋公护令长史叱罗协谓使人曰："韦公子孙虽多，数不满百。汾北筑城，遣谁固守？"事遂不行。天和五年，进爵郧国公，增邑通前一万户。

是岁，齐人果解宜阳之围，经略汾北，遂筑城守之。其丞相斛律明月至汾东，请与孝宽相见。明月云："宜阳小城，久劳战争。今既入彼，欲于汾北取偿，幸勿怪也。"孝宽答曰："宜阳彼之要冲，汾北我之所弃。我弃彼图，取偿安在？且君辅翼幼主，位重望隆，理宜调阴阳，抚百姓，焉用极武穷兵，构怨连祸！且沧、瀛大水，千里无烟，复欲使汾、晋之间，横尸暴骨？苟贪寻常之地，涂炭疲弊之人，窃为君不取。"

孝宽参军曲岩颇知卜筮，谓孝宽曰："来年，东朝必大相杀戮。"孝宽因令岩作谣歌曰："百升飞上天，明月照长安。"百升，斛也。又言："高山不摧自崩，槲树不扶自竖。"令谍人多赍此文，遗之于邺。祖孝征既闻，更润色之，明月竟以此诛。

建德之后，武帝志在平齐。孝宽乃上疏陈三策。其第一策曰：

臣在边积年，颇见间隙，不因际会，难以成功。是以往岁出军，徒有劳费，功绩不立，由失机会。何者？长淮之南，旧为沃土，陈氏以破亡余烬，犹能一举平之。齐人历年赴救，丧败而反，内离外叛，计尽力穷。《传》不云乎："雠有衅焉，不可失也。"今大军若出轵关，方轨而进，兼与陈氏共为掎角；并令广州义旅，出自三鵶；又募山南骁锐，沿河而下；复遣北山稽胡绝其并、晋之路。凡此诸军，仍令各募关、河之外劲勇之士，厚其爵赏，使为前驱。岳动川移，雷骇电激，百道俱进，并趋虏庭。必当望旗奔溃，所向摧殄。一戎大定，实在此机。

其第二策曰：

若国家更为后图，未即大举，宜与陈人分其兵势。三鵶以北，万春以南，广事屯田，预为贮积。慕其骁悍，立为部伍。彼既东南有敌，戎马相持，我出奇兵，破其疆埸。彼若兴师赴援，我则坚壁清野，待其去远，还复出师。常以边外之军，引其腹心之众。我无宿舂之费，彼有奔命之劳。一二年中，必自离叛。且齐氏昏暴，政出多门，鬻狱卖官，唯利是视，荒淫酒色，忌害忠良。阖境嗷然，不胜其弊。以此而观，覆亡可待。然后乘间电扫，事等摧枯。

其第三策曰：

窃以大周土宇，跨据关、河，蓄席卷之威，持建瓴之势。太祖受天明命，与物更新，是以二纪之中，大功克举。南清江、汉，西龛巴、蜀，塞表无虞，河右底定。唯彼赵、魏，独为梗榛者，正以有事三方，未遑东略。遂使漳、滏游魂，更存余昝。昔勾践亡吴，尚期十载；武王取乱，犹烦再举。今若更存遵养，且复相时，臣谓宜还崇邻好，申其盟约。安人和众，通商惠工，蓄锐养威，观衅而动。斯则长策远驭，坐自兼并也。

书奏，武帝遣小司寇淮南公元（卫）〔伟〕、开府伊娄谦等重币聘齐。尔后遂大举，再驾而定山东，卒如孝宽之策。

孝宽每以年迫悬车，屡请致仕。帝以海内未平，优诏弗许。至是复称疾乞骸骨。帝曰："往已面申本怀，何烦重请也。"

五年，帝东伐，过幸玉壁。观御敌之所，深叹美之，移时乃去。孝宽自以习练齐人虚实，请为先驱。帝以玉壁要冲，非孝宽无以镇以，乃不许。及赵王招率兵出稽胡，与大军掎角，乃敕孝宽为行军总管，围守华谷以应接之。孝宽克其四城。武帝平晋州,复令孝宽还旧镇。

及帝凯还,复幸玉壁。从容谓孝宽曰:"世称老人多智,善为军谋。然朕唯共少年,一举平贼。公以为何如?"孝宽对曰:"臣今衰耄,唯有诚心而已。然昔在少壮,亦曾输力先朝,以定关右。"帝大笑曰:"实如公言。"乃诏孝宽随驾还京。拜大司空,出为延州总管,进位上柱国。

大象元年,除徐兖等十一州十五镇诸军事、徐州总管。又为行军元帅,狗地淮南。乃分遣杞公宇文亮攻黄城,郕公梁士彦攻广陵,孝宽率众攻寿阳,并拔之。初孝宽到淮南,所在皆密送诚款。然彼五门,尤为险要,陈人若开塘放水,即津济路绝。孝宽遽令分兵据守之。陈刺史吴文育果遣决堰,已无及。于是陈人退走,江北悉平。

军还,至豫州,宇文亮举兵反,潜以数百骑袭孝宽营。时亮圉官茹宽密白其状,孝宽有备。亮不得入,遁走,孝宽追获之。诏以平淮南之功,别封一子滑国公。

及高祖宣帝崩,隋文帝辅政,时尉迟迥先为相州总管,诏孝宽代之。又以小司徒叱列长义为相州刺史,先令赴邺。孝宽续进,至朝歌,迥遣大都督贺兰贵赍书候孝宽。孝宽留贵与语以察之,疑其有变,遂称疾徐行。又使人至相州求医药,密以伺之。既到汤阴,逢长义奔还。孝宽兄子魏郡守艺又弃郡南走。孝宽审컏其状,乃驰还。所经桥道,皆令毁撤,驿马悉拥以自随。又勒(骑)〔驿〕将曰:"蜀公将至,可多备肴酒及刍粟以待之。"迥果遣仪同梁子康将数百骑追孝宽,驿司供设丰厚,所经之处,皆辄停留,由是不及。

时或劝孝宽,以为洛京虚弱,素无守备,河阳镇防,悉是关东鲜卑,迥若先往据之,则为祸不小。乃入保河阳。河阳城内旧有鲜卑八百人,家并在邺,见孝宽轻来,谋欲应迥。孝宽知之,遂密造东京官司,许称遣行,分人指洛阳受赐。既至洛阳,并留不遣。因此离解,其谋不成。

六月,诏发关中兵,以孝宽为元帅东伐。七月,军次河阳。迥所署仪同薛公礼等围逼怀州,孝宽遣兵击破之。进次怀县永〔桥〕城(桥)之东南。其城既在要冲,雉堞牢固,迥已遣兵据之。诸将士以此城当路,请先攻取。孝宽曰:"城小而固,若攻而不拔,损我兵威。今破其大军,此亦何能为也。"于是引军次于武陟,大破迥子惇,惇轻骑奔邺。军次于邺西门豹祠之南。迥自出战,又破之。迥穷迫自杀。兵士在小城中者,尽坑于游豫园。诸有未服,皆随机讨之,关东悉平。十月,凯还京师。十一月薨,时年七十二。赠太傅、十二州诸军事、雍州牧。谥曰襄。

孝宽在边多载,屡抗强敌。所有经略,布置之初,人莫之解;见其成事,方乃惊服,虽在军中,笃意文史,政事之余,每自披阅,末年患眼,犹令学士读而听之。又早丧父母,事兄嫂甚谨。所得俸禄,不入私房。亲族有孤遗者,必加振赡。朝野以此称焉。长子谌年已十岁,魏文帝欲以女妻之。孝宽辞以兄子世康年长。帝嘉之,遂以妻世康。孝宽有六子,总、寿、霁、津知名。

译文:

韦叔裕,字孝宽,京兆杜陵人,自小别人便用他的字称呼他,于是把字作为名。韦孝宽祖祖辈辈都是三辅大族。他的祖父韦直善,曾任北魏冯翊、扶风二郡太守,父亲韦旭,曾任武威郡太守。北魏孝庄帝建义年间初,韦旭任大行台右丞,加辅国将军、雍州大中正等官职。永安二年,被任命为右将军、南幽州刺史。当时氐族多次抢掠财物,韦旭根据情况,加以安抚,氐人都迅速地降附他。不久,韦旭死于任上。朝廷赠他司空、冀州刺史等官,谥号为"文惠"。

韦孝宽为人深沉机敏,温和正直。他二十岁时,遇到萧宝夤在关中发动叛乱,于是他前往都城洛阳,请求朝廷让他作为大军的前锋去平定叛乱。朝廷很欣赏他这种行为,便任命他为统军。韦孝宽随冯翊公长孙承业挥师西进,每次战斗,他都有战功。被任命为国子博士,代理华山郡太守的职务。恰好侍中杨侃以大都督的身份离开京城,镇守潼关,让韦孝宽作他的都督府司马。杨侃对韦孝宽的才干感到惊奇。把自己的女儿嫁给他做妻子。永安年间,朝廷任命韦孝宽为宣威将军、给事中,不久又授予他山北县男的爵位。北魏节闵帝普泰年间,韦孝宽以都督的身份隶属荆州刺史源子恭,镇守襄城。因功被任命为析阳郡太守。当时独孤信任新野郡太守,二郡同属荆州,独孤信与韦孝宽很要好,亲密无间,而且政绩都很好,荆州的官吏和百姓称他们二人为"联璧"。北魏孝武帝初年,韦孝宽以都督的身份,独自镇守襄城。

北周文帝宇文泰从原州进军雍州,命令韦孝宽随大军前往。攻下潼关后,当即任命他为弘农郡太守。后随宇文泰俘获东魏大将窦泰,兼任行台左丞,统辖宜阳郡兵马。随即与独孤信进驻洛阳,据城而守。后又与宇文贵、怡峰接应在颍州起事响应西魏的人,在颍川打败了东魏的将领任祥、尧雄。韦孝宽又进军攻下东口,夺得豫州,擒获东魏豫州刺史冯邕。后又随文帝宇文泰在河桥同东魏军会战,西魏军队打了败仗,边界一带极不安宁,于是命令韦孝宽以大将军的身份代理宜阳郡太守的职务。不久升任南兖州刺史。

就在这一年，东魏将领段琛、尧杰再次攻占宜阳，派阳州刺史牛道恒鼓动招诱西魏边界百姓。韦孝宽为此深感忧虑，于是派间谍寻求到牛道恒的手迹，让善于模仿别人笔迹的人伪造了一封牛道恒给韦孝宽的信，信中说到牛道恒向西魏投诚的意图，并在信纸上弄了些火星烧灼的痕迹，好像这封信是牛道恒在灯火下写的一样，再令间谍把这封信扔到段琛的军营中。段琛得到这封信后，果然对牛道恒产生怀疑，牛道恒想做什么事，都得不到段琛的许可。韦孝宽知道敌方已经离心，相互牵制，于是出奇兵突施袭击，俘获牛道恒及段琛等人，崤山、渑池一带因而安定。

西魏文帝大统五年，将韦孝宽的男爵升为侯爵。大统八年，转任晋州刺史，不久改任到玉壁镇守，兼任南汾州刺史。在此以前，山胡依仗地势险阻，经常作打家劫舍的事，韦孝宽既用武力镇压，又以信义招抚，使南汾州境内极其清静。朝廷提升韦孝宽为大都督。

大统十二年，北齐神武帝高欢统帅东魏所有军队，立志要攻占关中，因玉壁扼守要道，首先命令大军攻下玉壁。东魏军连营数十里，直抵玉壁城下，于是在城南边垒土为山，打算在土山造成后，登上山顶攻入玉壁城中。正对着东魏军修筑土山的地方，玉壁城墙上本有两座高楼，韦孝宽命令在楼上捆扎树木，尽量增加高度，在那儿聚积许多武器，加以抵御。北齐神武帝派人对城中守军说："任你们把楼增到天那么高，我也会挖地道把你们抓获。"于是在城南边挖掘地道，并在城北修造土山和攻城器械，昼夜不停。韦孝宽又命令在城中挖一道长长的堑壕，以拦截敌方的地道，并告诫战士在堑壕边防守，城外敌军把地道挖到堑壕时，西魏兵便将他们捉住，并杀掉他们。另外在堑壕外堆积柴草,准备火种,如有敌军隐藏在地道中,便扔下柴草,点燃后,用皮制的风箱鼓风,大火一拥而入,地道里的敌军全都被烧伤。城外敌军又造出攻城车,城墙被攻城车撞到的地方,全都崩毁,即使用排栅也抵敌不住。韦孝宽便用布缝制帐幕,敌方攻城车往哪儿攻,便在哪儿把帐幕展开。布幕悬挂在空中,敌方攻城车始终不能将它损坏。城外敌军又在长竿上绑着松木和麻,浸灌油脂,点上火,想用来烧毁布幕,并试图烧毁城楼。韦孝宽又制造一种长铁钩,将铁钩的刃口磨得很锋利,敌方将火竿伸来时,便远远地用铁钩割截,使火竿上的松木和麻掉下。城外敌军又在玉壁城四周挖掘了二十一条地道,分为四个方向,在各条地道中用横梁和立柱作支撑,地道掘成后,把油脂浇在立柱上,再点火烧,立柱烧断后,地道上面的城墙都崩塌了。韦孝宽又在城墙崩毁的地方竖起木栅,加以防御,敌军不能攻进城中。城外进攻的敌人用尽了一切手段,韦孝宽都一一粉碎了。

神武帝高欢拿韦孝宽没办法,便派他的仓曹参军祖孝征对韦孝宽说:"没听说有救兵来,你为什么不投降呢?"韦孝宽回答说:"我方城池坚固,兵粮有余,攻城的人空自劳苦,守城的人总是安闲,哪有没几天便不得不要援军的道理?我只是担心你的部下有回不去的危险。我韦孝宽为关西大丈夫,绝不会当投降将军。"不一会祖孝征又对城中的兵士说:"韦城主受到他主上的恩宠俸禄,或许该那样做,而其他战士,又为什么要跟他赴汤蹈火呢?"于是用箭把悬赏标准射进城中,说:"如有人能杀城主向我军投降,将任命他为太尉,封开国郡公,食邑万户,赏赐帛一万匹。"韦孝宽亲手在敌方射进城中的字纸背面写上字,再射到城外,说:"如有人能杀高欢,按此行赏。"韦孝宽弟弟的儿子韦迁事先在东魏,这时被戴上枷锁,带到玉壁城下,敌军用刀抵住韦迁的身体，声称韦孝宽如不趁早投降，便将他杀死。韦孝宽言辞慷慨，意气昂扬，一点也没有顾念的意思。战士们无不为之感动激励，人人都有拼死的决心。

神武帝苦战两个月，他的部下受伤及患病而死者达十之四五，智竭力穷，于是生了病，趁夜间逃走了。后来因这事愤恨至极，竟至死去。西魏文帝嘉奖韦孝宽的功勋，令殿中尚书长孙绍远和尚书左丞王悦到玉壁慰劳，任命韦孝宽为骠骑大将军、开府仪同三司，爵位升为建忠郡公。

西魏废帝二年，韦孝宽就任雍州刺史。在此以前，路边每隔一里便设一土堆作为标志，土堆被雨水冲刷后便崩毁，经常需要修补。韦孝宽任雍州刺史后，便命令雍州各地在原土堆处种植槐树，代替土堆作为标志。这样既不需反复修补，来往行人又可以躲避日晒雨淋。周文帝宇文泰后来看到这一情况，感到奇怪，便加询问，得知事情缘由，说："哪能仅一州如此，应让全国各地都照此办理。"于是命令各州在道路两边每隔一里种一株树，每隔十里种三株树，一百里种五株树。

西魏恭帝元年，任命韦孝宽为大将军，与燕国公于谨一起进攻江陵的梁朝，将它消灭，因功封为穰县公。回到长安，被任命为尚书右仆射，恩准他改姓宇文。恭帝三年，北周文帝宇文泰率军到北边巡视，命令韦孝宽再次镇守玉壁。北周孝闵帝宇文觉即帝位以后，任命韦孝宽为小司徒。周明帝宇文毓即位初年，韦孝宽兼任麟趾殿学士，考订校勘地图书籍。

北周武帝宇文邕保定年间初，因韦孝宽曾在玉壁建立功勋，于是在玉壁设置勋州，并任命韦孝宽为勋州刺史。北齐派使节到玉壁，请求两国通商。晋公宇文护因为两国长期敌对，互不通使，现在忽然请求贸易往来，怀疑其中别有缘故。又因周武帝的姑姑和伯母先前一直留在北齐境内，趁北齐派人求和的时机，也许可以将她们接来。于是命令司门下大夫尹公正到玉壁，与韦孝宽详加讨论。韦孝宽便在城郊摆上丰盛的酒食和华丽的帷帐，让尹公正在那儿会见北齐使节，并谈到皇室亲戚在北齐境内的情况。北齐使节的言语和脸色都显得很高兴。当时又出现汾州胡人抢掠北齐人口的事，韦孝宽把抢来的人口又放回，并让他们带去一封信，详细阐述了周愿与齐和好的本意。齐国便将周武的姑姑及宇文护的母亲等人礼送到周。

韦孝宽善于领导，能让人归心于他。他派到北齐的间谍，都为他尽力。也有齐国人得到韦孝宽给的金银钱财后，与他远通书信。所以齐国有什么行动，周朝都预先知道。当时有支部队的长官叫许盆，韦孝宽把他作为自己的心腹，让他镇守一座戍所。许盆竟把城纳入北齐。韦孝宽很愤怒，派间谍去杀他，不一会，许盆的头便被割了送来。他就是这样能得人心。

汾州以北，离石以南一带地方，居住的都是没有编入户籍的胡人，他们抢掠居民财物，隔断黄河通道。韦孝宽为此深感忧虑。可是该地属于北齐疆土，又没办法出军加以剿除。韦孝宽想在胡人往来的要道上筑一座大城以资防守。于是在黄河西面各地征发十万民夫，配甲士一百人，派开府姚岳监督筑城事宜。姚岳表现出畏惧的神色，因所率战士太少而感到为难。韦孝宽说："算来要筑好此城，十天时间也就够了。那儿距齐国晋州治所有四百多里地，我们第一天开始动工，第二天敌境才会得知此事；假如北齐晋州征调军队，要用两天时间才可能召集起来；而敌方商议对策，又得用三天时间；从晋州派军队来，两天之内不可能到达。我方城墙，是完全有时间筑好的。"于是下令筑城。北齐果然派军队南来，因怀疑北周有大军，便停下来不敢继续进军。

当晚，韦孝宽又命令汾水以南，介山、稷山下各村，到处烧起火堆，齐国的人认为那都是北周的军营，于是聚结军队，加强防守。北周终于将城筑成，结果像韦宽所说的一样。

保定四年，授韦孝宽勋为柱国。当时晋公宇文护将向北齐发动进攻，韦孝宽派长史辛道宪陈述不能出兵的意见，宇文护不加采纳，后大军果然失利。随即孔城被北齐攻占，宜阳也受到围攻。韦孝宽便对麾下将领说："宜阳城这地方，有它没多少好处，没它也没多少坏处，可是两国为争夺它，竟打了几年的仗。敌方有识之士很多，难道会缺乏好的谋略。假如他们放弃崤山以东，径直向汾水以北发起攻击，我国疆界，一定会受到侵扰。现在应当在华谷及长秋两地尽快地筑起城池，以便使敌方打消这一念头。假如他们在我们之前采取行动，再想消灭他们就很困难了。"于是画出地形图，把情况向朝廷详细地作了汇报。晋公宇文护让他的长史叱罗协对韦孝宽派来的人说："韦公子孙虽然很多，也不足一百人。他要在汾水以北筑城，准备派谁去坚守呢？"于是这事便没实行下去。周武帝天和五年，将韦孝宽的爵位升为郧国公，增加他食邑户数，加上以前的共达一万户。

这一年，齐国果真解除对宜阳的围攻，占有汾水以北的土地，并筑城据守。北齐丞相斛律明月到汾水东边，请求与韦孝宽会见。斛律明月说："宜阳一座小城，使我们长期交战，现在宜阳既然被你方获取，我们想在汾水北边取得补偿，希望你们不要怪罪才是。"韦孝宽回答说："宜阳是你们的要镇，汾水以北的土地是我们自动放弃了的。我们抛弃的东西，你们却想方设法得到它，哪能说是得到了补偿呢？况且阁下辅佐幼主，职位很重，声望也高，按理该协调阴阳，安抚百姓，为什么要穷兵黩武，招来怨恨，使祸事不断呢！而且阁下国内沧、瀛二州一带发大水，致使方圆千里范围内，人烟断绝，难道现在又想在汾、晋二州造成尸骨遍地的景象？假如贪图不要紧的土地，使本来穷困已极的百姓再遭涂炭，我私下里认为阁下是不会这样做的。"

韦孝宽的参军曲岩很熟悉卜筮的方法，他对韦孝宽说："明年东边的齐国定将发生大屠杀。"于是，韦孝宽让曲岩制造童谣说："百升飞上天，明月照长安。"百升，就是斛。又说："高山不摧自崩，槲树不扶自竖。"让间谍带上很多写有这些谣言的纸张，在北齐都城散发。北齐祖孝征听到后，又添枝生叶，斛律明月竟因此被杀。

周武帝建德年间以后，立志要吞并齐国，于是韦孝宽上书陈述三个策略。他的第一项策略说：

臣下镇守边疆多年，对齐国的弱点了解得比较清楚，不利用时机，是难以成功的。所以去年出兵，白白地使战士劳苦，物资耗费，没获得任何胜利，正是因为没抓住机会。为什么呢？淮河以南，原来是肥沃的土地，陈朝依靠破败伤亡之后的残余力量，竟还能一举从北齐手中把它夺取，北齐连年派军救援，都大败而回，内部离心，盟国背叛，搞得智穷力竭。《左传》上不是说过这样的话吗："敌方已露出破绽，机不可失。"现在我国大军如果从轵关进击，各军齐头并进，并且与陈国军队形成夹击的形势；再命令广州义军从三鸦发起进攻，招募华山以南勇悍果敢的人，让他们沿黄河东进；另外派北边山地的稽胡部落阻断北齐并州与晋阳之间的交通。同时命令以上各支部队，招募敌境勇猛的人，多给他们一些爵位和赏赐，让他们作前锋。其势足以使山岳震动，河水倒流。各路大军都指向敌方老巢，迅如雷电。敌军看到我们的旗帜也肯定会奔逃，使我们所向无敌。一次战役便可以夺取彻底的胜利，现在正是大好时机。

他的第二项策略说:

如果朝廷准备以后再作打算,不能立即大举进攻,就应当联合陈国,分散齐国的兵力。我国应在三鸦以北、万春以南的地区,大力屯田,预先储备粮食。招募这一地区勇武强悍的人,编成部队。齐国东南边有陈国与之为敌,两国军队对垒,我国再出奇兵,攻击它的边界,齐国若调集大军救援,我方便坚壁清野,等到它的军队退回去以后,再派军进击。经常用我边界以外的部队,调动齐国内部的大军。我军没有丝毫损失,便可使敌人疲于奔命。这样,在一两年中,敌军肯定会出现逃跑叛降的情况。而且齐国君主昏庸残暴,大臣各执己见。断案视钱多少,出售官职,唯利是图,沉溺于酒色,猜忌残害忠良。齐国百姓处于水深火热之中,忍受不了这种腐败的政治。从这方面看,其灭亡指日可待。我们到时再乘机迅速加以消灭,这有如摧枯拉朽。

他的第三项策略说:

我私下里认为,大周疆域包有潼关、黄河,拥有席卷天下、高屋建瓴的有利形势。太祖承受上天大命,革新政治,所以在二十多年中,便能建立宏伟的功业。在南边平定了长江和汉水交汇的一带地区,在西边夺取了巴蜀,黄河以西地区也纳入了版图。只剩下赵、魏还未接受统治。而这正因为我国致力于征服其他三方,来不及经营东边,于是使他们能逃命于漳水边的邺城,苟延残喘。先前勾践立志灭吴,尚且以十年为期;周武王攻取丧乱的商朝,还需先后发动两次进攻。现在朝廷若打算等敌人恶贯满盈的时候,再相机行动,我认为最好还是再次与它讲和,缔结条约。使百姓安居乐业,贸易往来,使手工业者和商人获得益处,发现可以利用的时机,便采取行动。这是从长计议,坐着便消灭别人国家的办法。

他的奏章送达朝廷以后,周武帝派小司寇、淮南公元伟、开府伊娄谦等人带上厚礼,出使齐国。以后大举进攻,两次行动后,便灭掉齐国,和韦孝宽制定的策略相符。

韦孝宽经常因为自己快到七十岁了,多次请求朝廷免去他的职务。周武帝因全国还未统一,总是好言相劝,不许他辞职。到这时,韦孝宽又声称有病,请求回家休养。周武帝说:"以前我已当着你的面把我心里话给你说了,你为什么还要再提这个要求呢?"

建德五年,周武帝率军向东进攻齐国,经过玉壁,在那儿停留。他视察了先前韦孝宽抵抗北齐军队的地方,对韦孝宽大加称赞,过了好一会才离开。韦孝宽认为自己很熟悉北齐军队的情况,请武帝让他带部队作先锋。武帝认为玉壁是军队往来的要道,除韦孝宽外没人能镇守,于是拒绝了他的请求。后赵王宇文招统帅部队,联合稽胡,与武帝所帅大军夹击北齐,武帝便命令韦孝宽为行军总管,围攻齐国华谷各城,以接应宇文招。韦孝宽攻占北齐四座城池。武帝攻下北齐晋州以后,又命令韦孝宽回军镇守玉壁。

后周武帝帅军凯旋,再到玉壁。武帝随随便便地对韦孝宽说:"世上的人说老年人智慧多,善于军事谋略。可是我和一批年轻人,一举消灭敌人。韦公你认为怎样?"韦孝宽回答说:"臣下如今老朽不堪,只剩下一颗忠诚的心。不过,当初我年轻力壮的时候,也曾经为先皇出力,从而平定关中。"武帝大笑着说:"你说的确是实话。"于是命令韦孝宽跟随自己返回京城长安。任命他为大司空,后离京任延州总管,将他的军勋升为上柱国。

周静帝大象元年，任命韦孝宽为徐、兖等十一州十五镇诸军事、徐州总管。又任行军总管，进军淮河以南。于是分别派杞公宇文亮进攻黄城，绊公梁士彦进攻广陵，韦孝宽率大军进攻寿阳，这些城池全被攻下。开始的时候，韦孝宽刚到达淮南，陈国各城守将都暗中派人联系，表示降服。其中以五门尤其重要，陈国若打开水库的堤岸，渡口和道路就将被淹没。韦孝宽立即分派部队前往防守。陈刺史吴文育果然派军掘堤，但已经来不及了。于是陈国军队退走，长江以北的地区都被平定。

韦孝宽从淮南撤军而回，到达豫州时，宇文亮举兵反叛，率几百骑兵秘密袭击韦孝宽的营帐。当时宇文亮封国的属官茹宽已把情况密报韦孝宽，使他预先有所防备，宇文亮攻不进去，便逃走了，韦孝宽追击，将他抓获。朝廷因为他夺取淮河以南的功勋，再封他的一个儿子为滑国公。

周宣布死后，隋文帝杨坚辅政，在此以前尉迟迥已任相州总管，朝廷命令韦孝宽去接替他，又任命小司徒叱列长义为相州刺史，让他先到相州治所邺城去。韦孝宽随后出后，到达朝歌时，尉迟迥派大都督贺兰贵带着书信在那儿迎接他。韦孝宽把贺兰贵留下，与他交谈，察言观色，怀疑事情不妙，便声称自己有病，慢慢前行。又派人到相州，借口寻医生和药物，暗中观察动静。到达汤阴时，碰上从相州逃回来的叱列长义。韦孝宽的侄子、魏郡太守韦艺又弃职南逃。韦孝宽弄清真实情况后，便乘马奔回。他所经过的桥梁，都下令拆毁，驿站马匹全部带走。又告诫驿将说："蜀公快到了，你们得多准备些酒菜和饲料，以便接待他。"尉迟迥果然派仪同梁子康率领几百骑兵追捕韦孝宽，各驿主管人都给他们以丰盛的款待，追兵每到一处，都擅自停留，因而没有追上。

这时有人劝韦孝宽说，洛阳兵员很少，平时就没有多少守卫力量，在河阳城镇守的，都是原北齐的鲜卑兵，尉迟迥如果先一步占据河阳，将带来很大的危害。于是，韦孝宽进入河阳，据城而守。河阳城中原有鲜卑族士兵八百人，他们的家属都在邺城，见韦孝宽没带多少人马，暗中商议，准备响应尉迟迥。韦孝宽知道他们的密谋，于是暗中伪造东京洛阳下达的公文，谎称将派他们出征，分一批人到洛阳接受赏赐。被派出的人到洛阳后，全被留下，不让他们回到河阳。鲜卑兵因此力量分散，他们的阴谋也就没有实现。

大象二年六月，朝廷命令征调关中的军队，委任韦孝宽为元帅，率军东征。七月，大军进驻河阳城。尉迟迥所任命的仪同薛公礼等人围攻怀州，韦孝宽派军队将他们打败。大军又进驻怀县永桥城的东南边，永桥城因为地理位置极其重要，城墙建造得很坚固，尉迟迥已经派兵将它占据。众将领认为该城处在进军路线上，请求首先将它攻拔。韦孝宽说："永桥城虽小却很坚固，如果我们发起攻击却攻不下，将使我军声威受到损害。现在我们打败他们的主力部队，永桥小城又能有什么作为呢？"于是率军进驻武陟，大败尉迟迥之子尉迟惇所部，尉迟惇单马逃回邺城。大军进驻邺城西门豹祠的南边。尉迟迥亲自出城应战，韦孝宽将他击败。尉迟迥因走投无路而自杀。尉迟迥部下在邺城内城中的，全被活埋在游豫园中。各地还有降服的，韦孝宽都根据情况，派军攻打，使关东完全安定下来。十月，韦孝宽凯旋长安，十一月逝世，终年七十二岁。朝廷赠他太傅、十二州诸军事、雍州牧等官。谥号为"襄"。

韦孝宽在边疆镇守多年，多次抵御了强敌的进攻。他所做的一切事情，在开始布置的时候，别人都觉得不可理解；看见他把事情办成后，才感到惊奇，因而很佩服他。他虽身在军营中，却一心一意地学习文学和历史著作，在处理政事后的闲暇时间，常常亲自翻览。晚年的时候，他得了眼病，仍让有文化的人读书给他听。此外，韦孝宽的父母死得很早，他对哥嫂极恭谨。获得的俸禄，也不放进自己的小家。亲戚和同族如有孤儿，他定会救济。朝廷和民间都因此称赞他。韦孝宽的大儿子韦谌已年满十岁，西魏文帝元宝炬想把自己的女儿嫁给他做妻子。韦孝宽推辞，说自己哥哥的儿子韦世康比韦谌年龄大，比较合适。文帝称赏他，便把女儿嫁给韦世康。韦孝宽有六个儿子，其中以韦总、韦寿、韦霁、韦津比较有名气。

- 史记
- 汉书
- 后汉书
- 三国志
- 晋书
- 宋书
- 南齐书
- 梁书
- 陈书
- 魏书
- 北齐书
- 周书
- **隋书**
- 南史
- 北史
- 旧唐书
- 新唐书
- 旧五代史
- 新五代史
- 宋史
- 辽史
- 金史
- 元史
- 明史

隋书

帝　纪

隋书卷三

帝纪第三

炀帝上

炀皇帝讳广，一名英，小字阿𡡉，高祖第二子也。母曰文献独孤皇后。上美姿仪，少敏慧，高祖及后于诸子中特所钟爱。在周，以高祖勋，封雁门郡公。

开皇元年，立为晋王，拜柱国、并州总管，时年十三。寻授武卫大将军，进位上柱国、河北道行台尚书令，大将军如故。高祖令项城公韶、安道公李彻辅导之。上好学，善属文，沉深严重，朝野属望。高祖密令善相者来和遍视诸子，和曰："晋王眉上双骨隆起，贵不可言。"既而高祖幸上所居第，见乐器弦多断绝，又有尘埃，若不用者，以为不好声妓，善之。上尤自矫饰，当时称为仁孝。尝观猎遇雨，左右进油衣，上曰："士卒皆沾湿，我独衣此乎！"乃令持去。

六年，转淮南道行台尚书令。其年，征拜雍州牧、内史令。八年冬，大举伐陈，以上为行军元帅。及陈平，执陈湘州刺史施文庆、散骑常侍沈客卿、市令阳慧朗、刑法监徐析、尚书都令史暨慧，以其邪佞，有害于民，斩之右阙下，以谢三吴。于是封府库，资财无所取，天下称贤。进位太尉，赐辂车、乘马，衮冕之服，玄珪、白璧各一。复拜并州总管。俄而江南高智慧等相聚作乱，徙上为扬州总管，镇江都，每岁一朝。高祖之祠太山也，领武候大将军。明年，归藩。后数载，突厥寇边，复为行军元帅，出灵武，无虏而还。

及太子勇废，立上为皇太子。是月，当受册。高祖曰："吾以大兴公成帝业。"令上出舍大兴县。其夜，烈风大雪，地震山崩，民舍多坏，压死者百余口。

仁寿初，奉诏巡抚东南。是后高祖每避暑仁寿宫，恒令上监国。

四年七月，高祖崩，上即皇帝位于仁寿宫。八月，奉梓宫还京师。并州总管汉王谅举兵反，诏尚书左仆射杨素讨平之。九月乙巳，以备身将军崔彭为左领军大将军。十一月乙未，幸洛阳。丙申，发丁男数十万掘堑，自龙门东接长平、汲郡，抵临清关，度河，至浚仪、襄城，达于上洛，以置关防。癸丑，诏曰：

乾道变化，阴阳所以消息，沿创不同，生灵所以顺叙。若使天意不变，施化何以成四时，人事不易，为政何以厘万姓！《易》不云乎："通其变，使民不倦。""变则通，通则久。""有德则可久，有功则可大。"朕又闻之，安安而能迁，民用丕变。是故姬邑两周，如武王之意，殷人五徙，成汤后之业。若不因人顺天，功业见乎变，爱人治国者可不谓欤！

然洛邑自古之都，王畿之内，天地之所合，阴阳之所和。控以三河，固以四塞，水陆通，贡赋等。故汉祖曰："吾行天下多矣，唯见洛阳。"自古皇王，何尝不留意，所不都者盖有由焉。或以九州未一，或以困其府库，作洛之制所以未暇也。我有隋之始，便欲创兹怀、洛，日复一日，越暨于今。念兹在兹，兴言感哽！

朕肃膺宝历，纂临万邦，遵而不失，心奉先志。今者汉王谅悖逆，毒被山东，遂使州县或沦非所。此由关河悬远，兵不赴急，加以并州移户复在河南。周迁殷人，意在于此。况复南服遐远，东夏殷大，因机顺动，今也其时。群司百辟，佥谐厥议。但成周墟堋，弗堪葺宇。今可于伊、洛营建东京，便即设官分职，以为民极也。

夫宫室之制本以便生，上栋下宇，足避风露，高台广厦，岂曰适形。故《传》云："俭，德之共；侈，恶之大。"宣尼有云："与其不逊也，宁俭。"岂谓瑶台琼室方为宫殿者乎，土阶采椽而非帝王者乎？是知非天下以奉一人，乃一人以主天下也。民惟国本，本固邦宁，百姓足，孰与不足！今所营构，务从节俭，无令雕墙峻宇复起于当今，欲使卑宫菲食将贻于后世。有司明为条格，称朕意焉。

十二月乙丑，以右武卫将军来护儿为右骁卫大将军。戊辰，以柱国李景为右武卫大将军。以右卫率周罗睺为右武候大将军。

大业元年春正月壬辰朔，大赦，改元。立妃萧氏为皇后。改豫州为溱州，洛州为豫州。废诸州总管府。丙申，立晋王昭为皇太子。丁酉，以上柱国宇文述为左卫大将军，上柱国郭衍为左武卫大将军，延寿公于仲文为右卫大将军。己亥，以豫章王暕为豫州牧。戊申，发八使巡省风俗。下诏曰：

昔者哲王之治天下也，其在爱民乎？既富而教，家给人足，故能风淳俗厚，远至迩安。治定功成，率由斯道。朕嗣膺宝历，抚育黎献，凤夜战兢，若临川谷。虽则聿遵先绪，弗敢失坠，永言政术，多有缺然。况以四海之远，兆民之众，未获亲临，问其疾苦。每虑幽仄莫举，冤屈不申，一物失所，乃伤和气，万方有罪，责在朕躬，所以寤寐增叹，而夕惕载怀者也。

今既布政惟始，宜存宽大。可分遣使人，巡省方俗，宣扬风化，荐拔淹滞，申达幽枉。孝悌力田，给以优复。鳏寡孤独不能自存者，量加振济。义夫节妇，旌表门闾。高年之老，加其版授，并依别条，赐以粟帛。笃疾之徒，给侍丁者，虽有侍养之名，曾无赒赡之实，明加检校，使得存养。若有名行显著，操履修洁，及学业才能，一艺可取，咸宜访采，将身入朝。所在州县，以礼发遣。其有蠹政害人，不便于时者，使还之日，具录奏闻。

己酉，以吴州总管宇文弼为刑部尚书。

二月己卯，以尚书左仆射杨素为尚书令。

三月丁未，诏尚书令杨素、纳言杨达、将作大匠宇文恺营建东京，徙豫州郭下居人以实之。戊申，诏曰："听采舆颂，谋及庶民，故能审政刑之得失。是知昧旦思治，欲使幽枉必达，彝伦有章。而牧宰任称朝委，苟为徼幸以求考课，虚立殿最，不存治实，纲纪于是弗理，冤屈所以莫申。关河重阻，无由自达。朕故建立东京，躬亲存问。今将巡历淮海，观省风俗，眷求谠言，徒繁词翰，而乡校之内，阙尔无闻。悁然夕惕，用忘兴寝。其民下有知州县官人政治苛刻，侵害百姓，背公徇私，不便于民者，宜听诣朝堂封奏，庶乎四聪以达，天下无冤。"又于皂涧营显仁宫，采海内奇禽异兽草木之类，以实园苑。徙天下富商大贾数万家于东京。辛亥，发河南诸郡男女百余万，开通济渠，自西苑引谷、洛水达于河，自板渚引河通于淮。庚申，遣黄门侍郎王弘、上仪同于士澄往江南采木，造龙舟、凤䑵、黄龙、赤舰、楼船等数万艘。

夏四月癸亥，大将军刘方击林邑，破之。

五月庚戌，民部尚书乂丰侯韦冲卒。

六月甲子，荧惑入太微。

秋七月丁酉，制战亡之家给复十年。丙午，滕王纶、卫王集并夺爵徙边。

闰七月甲子，以尚书令杨素为太子太师，安德王雄为太子太傅，河间王弘为太子太保。丙子，诏曰：

君民建国，教学为先，移风易俗，必自兹始。而言绝义乖，多历年代，进德修业，其道寖微。汉采坑焚之余，不绝如线，晋承板荡之运，扫地将尽。自时厥后，军国多虞，虽复黉宇时建，示同爱礼，函丈或陈，殆为虚器。遂使纡青拖紫，非以学优，制锦操刀，类多墙面。上陵下替，纲维靡立，雅缺道消，实由于此。

朕纂承洪绪，思弘大训，将欲尊师重道，用阐厥繇，讲信修睦，敦奖名教。方今宇宙平一，文轨攸同，十步之内，必有芳草，四海之中，岂无奇秀！诸在家及见入学者，若有笃志好古，耽悦典坟，学行优敏，堪膺时务，所在采访，具以名闻，即当随其器能，擢以不次。若研精经术，未愿进仕者，可依其艺业深浅，门荫高卑，虽未升朝，并量准给禄。庶夫恂恂善诱，不日成器，济济盈朝，何远之有！其国子等学，亦宜申明旧制，教习生徒，具为课试之法，以尽砥砺之道。

八月壬寅，上御龙舟，幸江都。以左武卫大将军郭衍为前军，右武卫大将军李景为后军。文武官五品已上给楼船，九品已上给黄篾。舳舻相接，二百余里。

冬十月己丑，赦江淮已南。扬州给复五年，旧总管内给复三年。十一月己未，以大将军崔仲方为礼部尚书。

二年春正月辛酉，东京成，赐监督者各有差。以大理卿梁毗为刑部尚书。丁卯，遣十使并省州县。

二月丙戌，诏尚书令杨素、吏部尚书牛弘、大将军宇文恺、内史侍郎虞世基、礼部侍郎许善心制定舆服。始备辇路及五时副车。上常服，皮弁十有二琪，文官弁服，佩玉，五品已上给犊车、通幰，三公亲王加油络，武官平巾帻，裤褶，三品已上给瓢槊。下至胥吏，服色皆有差。非庶人不得戎服。戊戌，置都尉官。

三月庚午，车驾发江都。先是，太府少卿何稠、太府丞云定兴盛修仪仗，于是课州县送羽毛。百姓求捕之，网罗被水陆，禽兽有堪氅眊之用者，殆无遗类。至是而成。

夏四月庚戌，上自伊阙，陈法驾，备千乘万骑，入于东京。辛亥，上御端门，大赦，免天下今年租税。癸丑，以冀州刺史杨文思为民部尚书。

五月甲寅，金紫光禄大夫、兵部尚书李通坐事免。乙卯，诏曰："旌表先哲，式存飨祀，所以优礼贤能，显彰遗爱。朕永鉴前修，尚想名德，何尝不兴叹九原，属怀千载。其自古已来贤人君子，有能树声立德、佐世匡时、博利殊功、有益于人者，并宜营立祠宇，以时致祭。坟垄之处，不得侵践。有司量为条式，称朕意焉。"

六月壬子，以尚书令、太子太师杨素为司徒。进封豫章王暕为齐王。

秋七月癸丑，以卫尉卿卫玄为工部尚书。庚申，制百官不得计考增级，必有德行功能，灼然显著者，擢之。壬戌，擢藩邸旧臣鲜于罗等二十七人官爵有差。甲戌，皇太子昭薨。乙亥，上柱国、司徒、楚国公杨素薨。

八月辛卯，封皇孙倓为燕王，侗为越王，侑为代王。

九月乙丑，立秦孝王俊子浩为秦王。

冬十月戊子，以灵州刺史段文振为兵部尚书。

十二月庚寅，诏曰："前代帝王，因时创业，君民建国，礼尊南面。而历运推移，年世永久，丘垄残毁，樵牧相趋，茔兆堙芜，封树莫辨。兴言沦灭，有怆于怀。自古已来帝王陵墓，可给随近十户，蠲其杂役，以供守视。"

三年春正月癸亥，敕并州逆党已流配而逃亡者，所获之处，即宜斩决。丙子，长星竟天，出于东壁，二旬而止。是月，武阳郡上言，河水清。

二月己丑，彗星见于奎，扫文昌，历大陵、五车、北河，入太微，扫帝坐，前后百余日而止。

三月辛亥，车驾还京师。壬子，以大将军姚辩为左屯卫将军。癸丑，遣羽骑尉朱宽使于流求国。乙卯，河间王弘薨。

夏四月庚辰，诏曰："古者帝王观风问俗，皆所以忧勤兆庶，安集遐荒。自蕃夷内附，未遑亲抚，山东经乱，须加存恤。今欲安辑河北，巡省赵、魏。所司依式。"甲申，颁律令，大赦天下，关内给复三年。壬辰，改州为郡。改度量权衡，并依古式。改上柱国已下官为大夫。甲午，诏曰：

天下之重，非独治所安，帝王之功，岂一士之略。自古明君哲后，立政经邦，何尝不选贤与能，收采幽滞。周称多士，汉号得人，常想前风，载怀钦伫。朕负扆凤兴，冕旒待旦，引领岩谷，置以周行，冀与群才共康庶绩。而汇茅寂寞，投竿罕至，岂美璞韬采，未值良工，将介石在怀，确乎难拔？永鉴前哲，怃然兴叹！凡厥在位，譬诸股肱，若济巨川，义同舟楫。岂得保兹宠禄，晦尔所知，优游卒岁，甚非谓也。祁大夫之举善，良史以为至公，臧文仲之蔽贤，尼父讥其窃位。求诸往古，非无褒贬，宜思进善，用匡寡薄。

夫孝悌有闻，人伦之本，德行敦厚，立身之基。或节义可称，或操履清洁，所以激贪厉俗，有益风化。强毅正直，执宪不挠，学业优敏，文才美秀，并为廊庙之用，实乃瑚琏之资。才堪将略，则拔之以御侮，膂力骁壮，则任之以爪牙。爰及一艺可取，亦宜采录，众善毕举，与时无弃。以此求治，庶几非远。文武有职事者，五品已上，宜依令十科举人。有一于此，不必求备。朕当待以不次，随才升擢。其见任九品已上官者，不在举送之限。

丙申，车驾北巡狩。丁酉，以刑部尚书宇文弼为礼部尚书。戊戌，敕百司不得践暴禾稼，其有须开为路者，有司计地所收，即以近仓酬赐，务从优厚。己亥，次赤岸泽。以太牢祭故太师李穆墓。

五月丁巳，突厥启民可汗遣子拓特勤来朝。戊午，发河北十余郡丁男凿太行山，达于并州，以通驰道。丙寅，启民可汗遣其兄子毗黎伽特勤来朝。辛未，启民可汗遣使请自入塞，奉迎舆驾。上不许。癸酉，有星孛于文昌上将，星皆动摇。

六月辛巳，猎于连谷。丁亥，诏曰：

聿追孝飨，德莫至焉，崇建寝庙，礼之大者。然则质文异代，损益殊时，学灭坑焚，经典散逸，宪章湮坠，庙堂制度，师说不同。所以世数多少，莫能厘正，连室异宫，亦无准定。

朕获奉祖宗，钦承景业，永惟严配，思隆大典。于是询谋在位，博访儒术。咸以为高祖文皇帝受天明命，奄有区夏，拯群飞于四海，革凋敝于百王，恤狱缓刑，生灵皆遂其性，轻徭薄赋，比屋各安其业。恢夷宇宙，混壹车书。东渐西被，无思不服，南征北怨，俱荷来苏。驾毳乘风，历代所弗至，辫发左衽，声教所罕及，莫不厥角关塞，顿颡阙庭。译靡绝时，书无虚月，韬戈偃武，天下晏如。嘉瑞休征，表里祺福，狩欤伟欤，无得而名者也。

朕又闻之，德厚者流光，治辨者礼缛。是以周之文、武，汉之高、光，其典章特立，谥号斯重，岂非缘情称述，即崇显之义乎？高祖文皇帝宜别建庙宇，以彰巍巍之德，仍遵月祭，用表蒸蒸之怀。有司以时创造，务合典制。又名位既殊，礼亦异等。天子七庙，事著前经，诸侯二昭，义有差降，故其以多为贵。王者之礼，今可依用，贻厥后昆。

戊子，次榆林郡。丁酉，启民可汗来朝。己亥，吐谷浑、高昌并遣使贡方物。甲辰，上御北楼，观渔于河，以宴百僚。

秋七月辛亥，启民可汗上表请变服，袭冠带。诏启民赞拜不名，位在诸侯王上。甲寅，上于郡城东御大帐，其下备仪卫，建旌旗，宴启民及其部落三千五百人，奏百戏之乐。赐启民及其部落各有差。丙子，杀光禄大夫贺若弼、礼部尚书宇文弼、太常卿高颎。尚书左仆射苏威坐事免。发丁男百余万筑长城，西距榆林，东至紫河，一旬而罢，死者十五六。

八月壬午，车驾发榆林。乙酉，启民饰庐清道，以候乘舆。帝幸其帐，启民奉觞上寿，宴赐极厚。上谓高丽使者曰："归语尔王，当早来朝见。不然者，吾与启民巡彼土矣。"皇后亦幸义城公主帐。己丑，启民可汗归蕃。癸巳，入楼烦关。壬寅，次太原。诏营晋阳宫。九月己未，次济源。幸御史大夫张衡宅，宴享极欢。己巳，至于东都。壬申，以齐王暕为河南尹、开府仪同三司。癸酉，以民部尚书杨文思为纳言。

四年春正月乙巳，诏发河北诸郡男女百余万开永济渠，引沁水南达于河，北通涿郡。庚戌，百僚大射于允武殿。丁卯，赐城内居民米各十石。壬申，以太府卿元寿为内史令，鸿胪卿杨玄感为礼部尚书。癸酉，以工部尚书卫玄为右候卫大将军，大理卿长孙炽为民部尚书。

二月己卯，遣司朝谒者崔毅使突厥处罗，致汗血马。

三月辛酉，以将作大匠宇文恺为工部尚书。壬戌，百济、倭、赤土、迦罗舍国并遣使贡方物。乙丑，车驾幸五原，因出塞巡长城。丙寅，遣屯田主事常骏使赤土，致罗刹。

夏四月丙午，以离石之汾源、临泉，雁门之秀容，为楼烦郡。起汾阳宫。癸丑，以河内太守张定和为左屯卫大将军。乙卯，诏曰："突厥意利珍豆启民可汗率领部落，保附关塞，遵奉朝化，思改戎俗，频入谒觐，屡有陈请。以毡墙毳幕，事穷荒陋，上栋下宇，愿同比屋。诚心恳切，朕之所重。宜于万寿戍置城造屋，其帷帐床褥已上，随事量给，务从优厚，称朕意焉。"

五月壬申，蜀郡获三足乌，张掖获玄狐，各一。

秋七月辛巳，发丁男二十余万筑长城，自榆谷而东。乙未，左翊卫大将军宇文述破吐谷浑于曼头、赤水。

八月辛酉，亲祠恒岳，河北道郡守毕集。大赦天下。车驾所经郡县，免一年租调。

九月辛未，征天下鹰师悉集东京，至者万余人。戊寅，彗星出于五车，扫文昌，至房而灭。辛巳，诏免长城役者一年租赋。

冬十月丙午，诏曰："先师尼父，圣德在躬，诞发天纵之姿，宪章文、武之道。命世膺期，蕴兹素王，而颓山之叹，忽逾于千祀，盛德之美，不存于百代。永惟懿范，宜有优崇。可立孔子后为绍圣侯。有司求其苗裔，录以申上。"辛亥，诏曰："昔周王下车，首封唐、虞之胤，汉帝承历，亦命殷、周之后。皆所以褒立先代，宪章在昔。朕嗣膺景业，傍求雅训，有一弘益，钦若令典。以为周兼夏、殷，文质大备，汉有天下，车书混一，魏、晋沿袭，风流未远。并宜立后，以存继绝之义。有司可求其胄绪列闻。"乙卯，颁新式于天下。

五年春正月丙子，改东京为东都。癸未，诏天下均田。戊子，上自东都还京师。己丑，制民间铁叉、搭钩、㯢刃之类，皆禁绝之。太守每岁密上属官景迹。

二月戊戌，次于阌乡。诏祭古帝王陵及开皇功臣墓。庚子，制魏、周官不得为荫。辛丑，赤土国遣使贡方物。戊申，车驾至京师。丙辰，宴耆旧四百人于武德殿，颁赐各有差。己未，上御崇德殿之西院，愀然不怡，顾谓左右曰："此先帝之所居，实用增感，情所未安，宜于此院之西别营一殿。"壬戌，制父母听随子之官。

三月己巳，车驾西巡河右。庚午，有司言，武功男子史永遵与从父昆弟同居。上嘉之，赐物一百段，米二百石，表其门闾。乙亥，幸扶风旧宅。

夏四月己亥，大猎于陇西。壬寅，高昌、吐谷浑、伊吾并遣使来朝。乙巳，次狄道，党项羌来贡方物。癸亥，出临津关，渡黄河，至西平，陈兵讲武。

五月乙亥，上大猎于拔延山，长围周亘二千里。庚辰，入长宁谷。壬午，度星岭。甲申，宴群臣于金山之上。丙戌，梁浩亹，御马度而桥坏，斩朝散大夫黄亘及督役者九人。吐谷浑王率众保覆袁川，帝分命内史元寿南屯金山，兵部尚书段文振北屯雪山，太仆卿杨义臣，东屯琵琶峡，将军张寿西屯泥岭，四面围之。浑主伏允以数十骑遁出，遣其名王诈称伏允，保车我真山。壬辰，诏右屯卫大将军张定和往捕之。定和挺身挑战，为贼所杀。亚将柳武建击破之，斩首数百级。甲午，其仙头王被围穷蹙，率男女十余万口来降。

六月丁酉，遣左光禄大夫梁默、右翊卫将军李琼等追浑主，皆遇贼死之。癸卯，经大斗拔谷，山路隘险，鱼贯而出。风霰晦冥，与从官相失，士卒冻死者太半。丙午，次张掖。辛亥，诏诸郡学业该通、才艺优洽，膂力骁壮、超绝等伦，在官勤奋、堪理政事，立性正直、不避强御四科举人。壬子，高昌王麹伯雅来朝，伊吾吐屯设等献西域数千里之地。上大悦。癸丑，置西海、河源、鄯善、且末等四郡。丙辰，上御观风行殿，盛陈文物，奏九部乐，设鱼龙曼延，宴高昌王、吐屯设于殿上，以宠异之。共蛮夷陪列者三十余国。戊午，大赦天下。开皇已来流配，悉放还乡，晋阳逆党，不在此例。陇右诸郡，给复一年，行经之所，给复二年。

秋七月丁卯，置马牧于青海渚中，以求龙种，无效而止。

九月癸未，车驾入长安。

冬十月癸亥，诏曰："优德尚齿，载之典训，尊事乞言，义彰胶序。鬻熊为师，取非筋力，方叔元老，克壮其猷。朕永言稽古，用求至治，是以庞眉黄发，更令收叙，务简秩优，无亏药膳，庶等卧治，伫其弘益。今岁耆老赴集者，可于近郡处置，年七十以上，疾患沉滞，不堪居职，即给赐帛，送还本郡；其官至七品已上者，量给廪，以终厥身。"

十一月丙子，车驾幸东都。

六年春正月癸亥朔，旦，有盗数十人，皆素冠练衣，焚香持华，自称弥勒佛，入自建国门。监门者皆稽首。既而夺卫士仗，将为乱。齐王暕遇而斩之。于是都下大索，与相连坐者千余家。丁丑，角抵大戏于端门街，天下奇伎异艺毕集，终月而罢。帝数微服往观之。己丑，倭国遣使贡方物。

二月乙巳，武贲郎将陈棱、朝请大夫张镇州击流求，破之，献俘万七千口，颁赐百官。乙卯，诏曰："夫帝图草创，王业艰难，咸仗股肱，协同心德，用能拯厥颓运，克膺大宝，然后畴庸茂赏，开国承家，誓以山河，传之不朽。近代丧乱，四海未一，茅土妄假，名实相乖，历兹永久，莫能惩革。皇运之初，百度伊始，犹循旧贯，未暇改作，今天下交泰，文轨攸同，宜率遵先典，永垂大训。自今已后，唯有功勋乃得赐封，仍令子孙承袭。"丙辰，改封安德王雄为观王，河间王子庆为郇王。庚申，征魏、齐、周、陈乐人，悉配太常。三月癸亥，幸江都宫。甲子，以鸿胪卿史祥为左骁卫大将军。

夏四月丁未，宴江淮已南父老，颁赐各有差。

六月辛卯，室韦、赤土并遣使贡方物。壬辰，雁门贼帅尉文通聚众三千，保于莫壁谷。遣鹰扬杨伯泉击破之。甲寅，制江都太守秩同京尹。

冬十月壬申，刑部尚书梁毗卒。壬子，民部尚书、银青光禄大夫长孙炽卒。

十二月己未，左光禄大夫、吏部尚书牛弘卒。辛酉，朱崖人王万昌举兵作乱，遣陇西太守韩洪讨平之。

七年春正月壬寅，左武卫大将军、光禄大夫、真定侯郭衍卒。

二月己未，上升钓台，临扬子津，大宴百僚，颁赐各有差。庚申，百济遣使朝贡。乙亥，上自江都御龙舟入通济渠，遂幸于涿郡。壬午，诏曰："武有七德，先之以安民。政有六本，兴之以教义。高丽高元,亏失藩礼,将欲问罪辽左,恢宣胜略。虽怀伐国,仍事省方。今往涿郡,巡抚民俗。其河北诸郡及山西、山东年九十已上者,版授太守;八十者,授县令。"

三月丁亥,右光禄大夫、左屯卫大将军姚辩卒。

夏四月庚午,至涿郡之临朔宫。

五月戊子,以武威太守樊子盖为民部尚书。

秋,大水,山东、河南漂没三十余郡,民相卖为奴婢。

冬十月乙卯,底柱山崩,偃河逆流数十里。戊午,以东平太守吐万绪为左屯卫大将军。

十二月己未,西面突厥处罗多利可汗来朝。上大悦,接以殊礼。于时辽东战士及馈运者填咽于道,昼夜不绝,苦役者始为群盗。甲子,敕都尉、鹰扬与郡县相知追捕,随获斩决之。

译文:

炀皇帝名广,一名英,小名叫阿㝱,隋高祖的第二个儿子。母亲是文献独孤皇后。皇上的容貌仪表很美,从小就机敏聪慧,在诸王子中他特别得到高祖及皇后的宠爱。在北周,凭借高祖的功勋,他被封为雁门郡公。

开皇元年,他被立为晋王,授予柱国、并州总管职务,当时他才十三岁。不久他被授予武卫大将军,职位又晋升为上柱国、河北道行台尚书令,大将军头衔依旧。隋高祖责令项城公王韶、安道公李彻二人辅助、诱导他。皇上爱学习,善于写文章,性格深沉隐晦,严肃庄重,引起朝野注目。高祖秘密安排擅长相术的来和普遍地审视各个王子,来和说:"晋王眉毛上端一对骨头高高突起,富贵之极,无法用语言表达。"此后不久,高祖到皇上的府宅,看到乐器的丝弦大多断绝,又沾满尘埃,好像是弃置不用的，就以为皇上不喜好歌舞伎，觉得他很好。皇上特别爱故意做作，掩盖真相，以致当时被称为仁爱孝谨。有一次他去观看狩猎活动，赶上下雨，左右侍臣送上涂有桐油的雨衣，皇上却说："士兵们都浸湿了衣衫，我能一个人穿这防雨衣吗？"于是叫左右侍臣把雨衣拿走。

开皇六年，皇上改任淮南道行台尚书令。这一年，又征召任命他为雍州牧、内史令。八年冬，高祖大规模地进军攻打陈国，委任皇上做行军元帅。当平定陈国后，拘捕了陈的湘州刺史施文庆、散骑常侍沈客卿、市令阳慧朗、刑法监徐析、尚书都令史暨慧，因为他们奸邪诡佞，祸害人民，在陈皇宫门前右边的望楼下面将他们斩决，借此向三吴人民谢罪。于是封闭官府的仓库，没有取用任何财物，天下人都称赞他贤明。晋升为太尉，高祖赐给他大车、四匹马，绣龙的礼服和礼帽，黑玉、白玉各一块。又任命他为并州总管。不久江南高智慧等人聚众叛乱，高祖调皇上任扬州总管，坐镇江都，每年进京朝见一次天子。高祖祭祀泰山的时候，他兼任武候大将军。下年，才回到江都，其后数年，突厥侵犯边境，皇上再次出任行军元帅，率兵出灵武，没有遇到敌兵而回师。

等到太子杨勇被废黜后，高祖立皇上为皇太子。这月，应当接受封立太子的策命。高祖说："我凭借大兴公的爵位成就帝业。"于是令皇上出宫住在大兴县。那天晚上，狂风大雪，地动山塌，居民房屋大多损坏，压死一百多人。

仁寿初年，奉高祖命令巡视安抚东南地区。此后高祖每逢在仁寿宫避暑时，经常令皇上留守，代行处理国政。

仁寿四年七月，高祖逝世，皇上于仁寿宫即皇帝位。八月，护送高祖的灵柩回京城。并州总管汉王杨谅起兵谋反，命令尚书左仆射杨素率兵讨伐并平定了叛乱。九月乙巳，任用备身将军崔彭为左领军大将军。十一月乙未，驾临洛阳。丙申，征调成年男子数十万人挖掘壕沟，从龙门向东连接长平、汲郡，抵达临清关，渡过黄河后，再延至浚仪、襄城，最后通向上洛，用以设置关卡加强防卫。癸丑，下诏令说：

> 天道演变化成，阴阳因而有消有长；治国有因袭旧制与创立新法的不同，人民因而顺从和谐。假若上天的旨意一成不变，推演变化怎么能形成一年四季，人世间各种事情如果丝毫不变，处理政务怎么能管好千家万户。《周易》不是说过吗："事情不断变化，使人民不懈怠。""变化就能通畅，通畅就能持久。""有道德就能长久，有功业就能壮大。"朕又听说过，安置得舒适然后能迁移，人民生活因此而发生大的变化。因此，姬氏建立了周朝的两个国都，是依循了武王的旨意，殷人五次迁都，完成了汤王开创的事业。如果不依靠人力，顺遂天意，使功业显现在变革之中，那么，爱民治国的人能不说话吗！

> 洛邑是自古以来的都城，王城周围千里之内，是天地汇合的中心，阴阳调和。控制着洛河、伊河、瀍水三河流域，凭借四面险要而坚固无比，水陆路通畅，四方贡赋同样能送到。所以汉祖说："我走过天下很多地方，唯独看中了洛阳。"自古帝王，何曾不留意此地，所以不在这里建都大概是有缘由的。或者认为九州尚未统一，或者因为府库困乏，建造洛京的规则因而无暇顾及。我隋朝立国之始，就想创建这怀、洛二邑，日子一天又一过去了，事情拖到了今天，朕念念不忘这件事，提起来就感叹气结！

> 我恭敬地接受了帝王之位，继承了治理全国各地的重任，遵

循祖制而不违失，一心奉行先君的志略。现在汉王杨谅叛乱，危害崤函以东地区，竟使有的州县沦为非法处所。这是由于山遥水远，军队不能奔赴危急的地区，加以移居并州的民户仍在黄河以南地区无法协助防止叛乱。周朝迁徙殷朝遗民于周都成周，用意就在于此。况且南方遥远，东部地区富裕而辽阔，乘机顺势而行动，现在正是好时机。百官诸侯，都赞同营建洛京的主张。但是成周已经荒废贫瘠不能在那里修建宫室。现在可以在伊、洛地区营建东京，以便于建立官府，分掌各自的事务，让它们成为万民的法则。

宫室的构造本来是为了方便生活，上有房梁，下有屋檐，就足以遮蔽风霜雨露了，修建高台大厦，难道说就是合适的式样。所以《左传》说："节俭是大德，奢侈是大恶。"孔子曾说："与其奢侈而不恭敬，毋宁节俭。"难道说只有用美玉修筑的华丽楼台才是宫殿，而居住土阶木椽的简朴房屋的就不是帝王了吗？由此可知不是用全国的财物来供养皇帝一人，而是皇帝一人要主管国家大事啊。人民是国家的根本，根本牢固国家才能安宁，百姓富足了，还有哪一个不富足呢！如今营造东京，务必采取节俭的方针，不要让修建高墙华屋的风气在今天重又兴起，而要使住低矮宫室、吃简单饮食的作风留传给后代。主管官吏把这明确定为法规，就符合朕的心意了。"

十二月乙丑，任命右武卫将军来护儿为右骁卫大将军。戊辰，任命柱国李景为右武卫大将军。任命右卫率周罗睺为右武候大将军。

大业元年春正月壬辰初一，实行大赦，更改年号。立妃子萧氏为皇后。改豫州为溱州，洛州为豫州。废除各州的总管府。丙申,立晋王杨昭为皇太子。丁酉,任命上柱国宇文述为左卫大将军,上柱国郭衍为左武卫大将军,延寿公于仲文为右卫大将军。己亥,任命豫章王杨暕为豫州牧。戊申,派遣八位使臣巡回视察各地风尚习俗。颁布诏书说:

从前贤明的君王治理国家,关键是在于爱护百姓吧?既使人民富裕,又进而施行教化,家家丰裕,人人富足,所以能使风尚淳朴,习俗敦厚,远方的人前来,近处的人安定。凡政治稳定,事业成功的,大都经由这一途径。我恭敬地承继了帝王之位,要抚养培育众多贤能的人,日日夜夜,恐惧戒慎,好像面临大河深谷。虽然努力遵奉前辈的功业,不敢出现差错,从长远来看,处理政事的策略、手段,还有许多缺欠。况且国家幅员这么辽远,人民如此众多,朕未得亲临各地,询问民间的疾苦,常常考虑那些隐居不仕的人尚未被举荐,受冤枉的人还不曾申诉,一人一物没有安置好,就会损害谐和的气氛,四方有作恶犯法的事,责任在朕身上,所以日夜增多叹息,戒慎恐惧的念头充满胸怀。

现在刚刚开始施行政教,应考虑实行宽大政策。可以分头派遣使臣,巡视各地风土民情,宣扬优良的风俗教化,举荐选拔那些沉抑下层不得升进的人才,为无辜被囚的人申奏昭雪。孝顺父母、敬爱兄长,努力耕田的人,要给予优待,免除其徭役。鳏寡孤独不能自力维持生活的,要酌量加以救济。对信守节义的男人、气节高尚的妇女,要在其家族乡里中予以表彰。对高年的老人,要授给名誉官衔,并且依据另外的条款,赐给他们谷物和丝织物。患重病的人,供给一个豁免徭役的人侍候他,如果只有侍养之名,而无救济供养之实,要查核清楚,使他们得到真正的抚恤侍养。如果有声名行止显著,操守品行美好纯洁,以及在学业才能上，有一技可取的，都应当访问选择，引领他们入朝任职。所在州县的官员，要按一定的礼仪来送遣他们。对那些败坏政事、危害人民，不利于时世的，使臣还朝的时候，应全部记录在案，奏报朕知。

己酉，任命吴州总管宇文弼为刑部尚书。

二月己卯，任命尚书左仆射杨素为尚书令。

三月丁未，命令尚书令杨素、纳言杨达、将作大匠宇文恺营建东京，迁徙豫州城下的居民来充实它。戊申，下诏令说："倾听收集众人的议论，有事与平民百姓商量，所以能审辨政治、刑罚的得失。由此可知每日天未全明就思考治理天下之事，是想使无辜被囚的冤情得以上达，天地人的常道发扬光大。而州县长官肩负朝廷的委托，如果想凭侥幸求取考核的成绩，而虚报等次，并无实绩，那么，国家的法纪就不能维系，被冤屈的人也因此得不到申雪。山河重重阻隔，受害者的冤情无法自己上达。所以朕建立东京，以便亲自问候处理。现在我将要巡视淮海地区，观察了解那里的风尚习俗，着重访求正直的言论，但徒然有许多辞章，在乡学之内，根本听不到这种言论。我感到恐惧，谨慎行事不敢怠慢，因而忽视了饮食起居。如果老百姓知道州县官员行政措施苛刻，侵扰危害百姓，违背公义徇私枉法，不利于百姓的，应当听任他们密封呈文奏进，这样就差不多能广开四方视听，使上下沟通，天下就没有冤情了。"又在杬涧营建显仁宫，采集全国各地珍奇的禽兽和花草树木，来充实皇家园林。把各地几万家富商巨贾迁徙到东京。辛亥，征调黄河以南各郡县的男女民工百余万人，开凿通济渠，从西苑引谷水、洛水通向黄河，从板渚引黄河水通向淮河。庚申，派黄门侍郎王弘、上仪同于士澄往江南采伐树木，建造龙舟、凤䑽、黄龙、赤舰、楼船等各类大船数万艘。

夏四月癸亥，大将军刘方攻打林邑，击败了它。

五月庚戌，民部尚书义丰侯韦冲去世。

六月甲子，荧惑星进入太微星的位置。

秋七月丁酉，下令免除阵亡士卒的家庭十年徭役。丙午，滕王杨纶、卫王杨集被一齐剥夺爵位，流放到边境。

闰七月甲子，任命尚书令杨素为太子太师，安德王杨雄为太子太傅，河间王杨弘为太子太保。丙子，下诏书说：

管理人民，建设国家，教育和学习应当先抓，要改变风尚习俗，也必须从这里起步。然而正确的言论断绝，合宜的做法被背离，已经历了许多年代。君子应增进道德，修治功业，但这条道已日渐衰微。汉代收录了焚书坑儒后的剩残典籍和人才，文化传承尚不绝如缕。晋代承受着政局变乱的命运，文教事业被扫除殆尽。自这以后，军事政治颇多忧患，虽然也时常修建学舍，不过表示人们共同的爱重之意而已。老师的手杖有的虽还摆在学舍里，但几乎都成为虚设的器物。于是造成了做佩带青紫印绶的贵官，并非由于学习优秀；当县令的人，大多是不学无术之徒。朝廷上下衰落，纲纪法度未能确立，文明缺废正道消失，实由于教育不力所致。

朕继承了盛大的事业，想弘扬先王的教令，准备尊师重道，以开创治国之路，讲究信用，谋求亲善，督促奖励礼教的兴立。当今宇宙太平统一，文字、车轨相同，十步之内，必有芳草，四海之内，岂无出众的奇才！众多在家及现在在学校学习的人，如有专心致志好尚古道，爱好和沉浸在古代文籍中，学业品行优秀勤勉，能够承受当世的要务，所在之地要认真搜求寻访，把他们的姓名全部上报。应当立即根据他们各自的才能，加以破格提拔任用。如有精深地研究经学，不愿入朝做官的，可以根据他才艺学业的深浅，凭借祖先功勋应得官职的高低，即使他们并未登朝，也都应酌情给予薪俸。希望经过有步骤的好好引导，不久就能使这些人成为有用之才，众多的人才充盈朝廷，这日子会是遥远的吗！国子监等学校，也应郑重申明原先的制度，教授学生，完备考查的方法，以充分达到磨炼的目的。

八月壬寅，皇上乘龙舟，驾临江都。任命左武卫大将军郭衍为前军统领，右武卫大将军李景为后军统领。随行的文武官员，五品以上的供给楼船，九品以上的供给黄蔑大船。船只首尾相接，迤逦二百余里。

冬十月己丑，赦免江淮以南地区的罪犯。扬州免除徭役五年，旧扬州总管的辖区内免除徭役三年。十一月己未，任命大将军崔仲方为礼部尚书。

二年春正月辛酉，东京建成，按等级赏赐监督营建的官员。任命大理卿梁毗为刑部尚书。丁卯，派遣十位使臣一起去检查州县工作。

二月丙戌，下诏命令尚书令杨素、吏部尚书牛弘、大将军宇文恺、内史侍郎虞世基、礼部侍郎许善心制定各级官员车乘衣冠章服的规范。这才使天子的车驾以及春、夏、季夏、秋、冬五个时节皇帝侍从的车辆完备。皇上的常服，皮帽上饰有十二块美玉，文官的礼帽礼服，以佩玉为饰，五品以上官员供给牛车，车前设帷幔，三公亲王的车上加悬垂的丝质绳网，武官戴平巾，穿骑服，三品以上官员供给作仪饰的击杖。往下直至小官吏，服饰都有等次。不是官府的吏役不许穿军服。戊戌，设置都尉官。

三月庚午，皇帝的车队从江都出发。在这之前，太府少卿何稠、太府丞云定兴大力修饰了仪仗，为此督促各州县交送羽毛。百姓为捕捉鸟兽，在水陆各处遍布网罗，凡是其羽毛、皮毛能做装饰之用的禽兽，几乎没有幸存的。修治仪仗的事直到现在才完成。

夏四月庚戌，皇上从伊阙开始陈列车驾，准备了千军万马，浩浩荡荡进入东京。辛亥，皇上到端门，宣布大赦，免收天下今年全年租税。癸丑，任命冀州刺史杨文思为民部尚书。

五月甲寅，金紫光禄大夫、兵部尚书李通因事获罪被免职。乙卯，下诏令说："表彰古代贤人，保存对他们的祭祀，是要借此优待礼遇贤能的人，使他们遗留及于后世的爱得以传扬。朕永远借鉴前贤，尊崇怀念德高望重的人，何尝不面对九州大地感叹，归心于千百年来的圣哲。那些自古以来的贤人君子，凡是能树立声名、建立贤德、佐治世务、匡救时弊、广利他人、创建殊勋、有益于人民的人，都应为他们修建祠堂庙宇，按时祭祀。他们的陵墓所在地，不许干犯践踏。有关官员据此商酌订出具体条规，就符合朕的心意了。"

六月壬子，任命尚书令、太子太师杨素为司徒。进封豫章王杨暕为齐王。

秋七月癸丑，任命卫尉卿卫玄为工部尚书。庚申，下令规定，百官不能凭一般考核而增高品级，必须具有显著的道德品行、功绩才能，才可以提拔。壬戌，提拔自己为晋王时的王府旧臣鲜于罗等二十七人，授予不同的官职爵位。甲戌，皇太子杨昭去世。乙亥，上柱国、司徒、楚国公杨素去世。

八月辛卯，封皇孙杨倓为燕王，杨侗为越王、杨侑为代王。

九月乙丑，立秦孝王杨俊的儿子杨浩为秦王。

冬十月戊子，任命灵州刺史段文振为兵部尚书。

十二月庚寅，下诏令说："前代的帝王，依凭时机创立帝业，统治人民，建立国家，南面执政，倍受礼尊。然而经历历史世运的变迁，年代长久，前代帝王的坟墓已残破毁坏，成了樵夫、牧童前去打柴放牧的地方。墓地荒芜，坟头标记也分辨不清了。提起这种沉沦破灭的情景，内心无比凄怆。对从古以来的帝王陵墓，可供给附近十户人家，免除他们的杂役，让他们看守陵墓。"

三年春正月癸亥，诏令对并州逆党中已被发配到边远地区而又逃跑了的人，在抓获他们地方，即行斩决。丙子，长星掠过天空，它是从东壁星那里出现的，这现象二十天后才终止。这月，武阳郡呈报说：黄河水清。

二月己丑，彗星出现于奎宿位置，掠过文昌星，经大陵、五车、北河诸星，进入太微星，又掠过帝坐星，前前后后百余天，这现象才终止。

三月辛亥，皇上的车驾返回京城。壬子，任命大将军姚辩为左屯卫将军。癸丑，派遣羽骑尉朱宽出使流求国。乙卯，河间王杨弘去世。

夏四月庚辰，下诏书说："古代帝王观察民风询问习俗，都是为广大百姓而忧愁劳苦，也为了要安抚召集边远地区的人民。自从蕃夷等族归附以来，未及亲自抚慰，崤山以东地区经历动乱，更须加以慰问抚恤。现在打算去安抚黄河以北地区，巡视赵、魏两地。主管官员要按规矩办事。"甲申，颁布法律条令，大赦天下，关内免除徭役三年。壬辰，改州制为郡制，改变度、量、衡制，全都依照古代的规格。改上柱国以下官职为大夫。甲午，下诏令说：

国家十分重要，绝不是靠一人独自治理所能安定的。帝王的功业，岂能只依靠一人的谋略。自古以来，贤明的君王在推行政事、治理国家的时候，何尝不选用有道德、有才能的人，吸收有才德而失意不得仕进的人。周朝被称颂为士子众多，汉代号称能得人才，朕常追念前代风范，而满怀敬仰思慕之情。朕未明即起，背依屏风，整理衣冠，等待天明，伸颈远望居于岩谷的隐士，想使他们置身于朝官的行列，希望与众多的人才一道安治各种事务。然而进用贤才的事显得寂寞冷清，垂钓的隐士很少前来，难道是美玉藏匿其光彩，尚未遇到优秀的工匠，抑或他们隐居不仕的志操坚确似石，实在难于改变？长期借鉴前代哲人访求贤才的经验（却收效甚微），不禁使朕失望和叹息！举凡在职的官员，好比是朕的大腿和手臂，如果朕要渡过大河，大臣们就如同是船和桨。怎么能保有荣华富贵，却隐藏着你们所知道的人才，只知终年悠闲自得，这是很没有意思的。从前祁奚大夫竭力举荐贤才，优秀的史官认为他大公无私，臧文仲埋没贤才，孔夫子讥刺他窃取官位。探求古代历史，对用人的事并非没有褒贬，你们要考虑举荐贤才，以辅佐朕这寡德之人。

孝顺父母、尊敬兄长而获得好名声，这是人伦的根本，道德品行诚朴宽厚，这是立身的基础。有的人气节道义值得称道，有的人操守品行纯洁，可借助他们遏止贪欲、振奋习俗，有益于风俗教化。为人刚强正直，执行法令，从不屈服，学问优异聪慧，写作才能美好出众，这些人才都可为朝廷任用，确实是具有堪当大任的资质。如果有人具有用兵的谋略就选拔他率兵抵御外侮，如果有人四肢有力、勇猛健壮，就让他做武臣。以至于有一种技能可取的，也应选择录用。各类优秀人才全都被举荐任用，那时将没有被弃置的人才，靠这些措施来追求达到天下大治，大概不会是很遥远的事吧。有具体职务的文武官员，五品以上，应当按照法令在规定的十项科目中荐举人才。只要有一项要求即可，不必求其全能。朕对待他们不会按寻常的次序，而是根据各自的才能提升任用。那些现任的九品以上官员，不在被举送的范围之内。

丙申，皇上的车驾到北方巡视。丁酉，任命刑部尚书宇文㢸为礼部尚书。戊戌，命令百官不许践踏损害庄稼，遇到须开辟成道路的田地，主管官员要核算被占土地的收成，就从附近的仓库拨粮食偿付其主人，务必从优酬偿。己亥，皇上车队驻扎在赤岸泽。用牛、羊、猪三牲祭奠已故太师李穆的陵墓。

五月丁巳，突厥启民可汗派遣儿子拓特勤入京朝见天子。戊午，征调黄河以北十余郡的成年男子开凿太行山，直达并州，以使驰道畅通。丙寅，启民可汗派遣他的侄子毗黎伽特勤来京朝见天子。辛未，启明可汗派使者请求允许他亲自入塞，奉迎皇帝车驾。皇上不允许。癸酉，有彗星进入文昌座上将宿，众星都晃动。

六月辛巳，皇上在连谷打猎。丁亥，下诏书说：

追行孝道，合祭先祖，是最高的道德；崇拜祖先，建立宗庙，是最大的礼节。然而，质朴与文采在不同时代各有所重，增减变易因时而异，坑儒焚书使学说毁灭，文献典籍散失，典章制度埋没，有关宗庙的制度，经师的说法各不相同。所以应立多少代祖先的庙，谁也不能确切说明，祖先们是应同在一庙中连室而居，还是每人各立一庙，也没有定准。

朕获得奉祀祖宗的权利，恭敬地继承帝位，永远想庄严地祭享祖先，使祭祀大典隆盛。为此，与众多居官任职的人商议，广泛访问精通儒术之士。大家都认为高祖文皇帝承受上天的圣明之命，全部占有了中原地区，拯救了四海的生灵，革除掉百王的弊政。抚恤囚犯，减缓刑罚，人民都得以顺遂他们的习性，减轻徭役和赋税，家家户户全都安居乐业。廓清平定天下，车轨、文字统一。中原文明向东流布，向西传播，没有不信服的。征伐南方，则北方人民埋怨（王师不早来解救自己），都盼望王师来到使自己获得重生。乘风驾橇的边远地方，历代帝王不曾去过，头上梳辫、前襟向左开的少数民族区域，声威和教化很少传播到，现在这些地方的人无不到边关叩头请降，到朝廷跪拜称臣。译文交换从未断绝，书信往返每月都有，收藏兵器，停息武备，天下太平。祥瑞吉利的征兆屡见，内外安福。这成就真是太宏大壮美了。无法用言语表达。

朕又听说，道德淳厚的人，他的福泽能流传后世，治事明察的人，他的礼节繁多。因此，周朝的文王、武王，汉代的高祖、光武帝，他们的法令制度卓异出众，他们的谥号都很尊贵高尚，这难道不是依据实情加以称述，亦即尊崇德高望重之人的意思吗？高祖文皇帝应当另立庙宇，来表彰他崇高的道德，仍遵守每月祭祀的规矩，以表达朕孝顺的心怀。主管官员依据时令创制新的礼仪一定要符合典章制度。另外声名地位既异，所用的礼仪也要有不同等级。古时天子建立七代祖先的宗庙，这在前人经典中已明白记载，诸侯二昭、二穆，共立有五代祖先的宗庙，礼仪有差别，所以古时以庙多为贵。往昔帝王的礼仪，如今可以沿用，还要传给后代。

戊子，皇上车驾驻扎在榆林郡。丁酉，启民可汗前来朝拜。己亥，吐谷浑、高昌等国都派使臣来贡献土产。甲辰，皇上登北楼，观看人们在黄河捕鱼，随后宴请百官。

秋七月辛亥，启民可汗上表请求改变服饰，沿用汉族的帽子和腰带。下诏规定启民朝见皇帝时可不自称名字,地位在诸侯王之上。甲寅,皇上在郡城东设大帐,帐下设仪仗、卫队,竖立旌旗,亲临帐中宴请启民及其部落三千五百人,表演散乐杂技助兴。依等级赏赐启民及其部落成员。丙子,杀光禄大夫贺若弼、礼部尚书宇文䯝、太常卿高颎。尚书左仆射苏威因事犯罪被免职。征调成年男子百余万人修筑长城,西到榆林,东至紫河,十天就停止了,民工死亡的有十之五六。

八月壬午,皇上车驾从榆林出发。乙酉,启民装饰庐舍,清扫道路,等候皇上的车驾。皇帝驾莅他的帐篷,启民捧杯为皇上祝寿,皇帝在宴会上给启民极为丰厚的赏赐。皇上对高丽使者说:"回去后告诉你们国王,应当及早来朝拜。不然的话,我要同启民一起去巡视你那国土了。"皇后也驾临义城公主的大帐。己丑,启民可汗回突厥。癸巳,皇上进入楼烦关。壬寅,在太原停留。下诏命令营建晋阳宫。九月己未,在济源停留。驾临御史大夫张衡的住宅,大宴群臣,极为欢乐。己巳,到达东都。壬申,任命齐王杨暕为河南尹、开府仪同三司。癸酉,任命民部尚书杨文思为纳言。

四年春正月,乙巳,下令征调黄河北部各郡男女百余万人开凿永济渠,引沁水南达黄河,北通涿郡。庚戌,在允武殿同百官举行大射礼。丁卯,赐给东都城内居民每户各十石米。壬申,任命太府卿元寿为内史令,鸿胪卿杨玄感为礼部尚书。癸酉,任命工部尚书卫玄为右候卫大将军,大理卿长孙炽为民部尚书。

二月己卯,派遣司朝谒者崔毅出使突厥处罗,求取汗血马。

三月辛酉,任命将作大匠宇文恺为工部尚书。壬戌,百济、倭、赤土、迦罗舍等国一起派使臣前来进贡土产。乙丑,皇上车驾莅五原,趁势出塞巡视长城。丙寅,派屯田主事常骏出使赤土，招致罗刹人。

夏四月丙午，把离石的汾源、临泉，雁门的秀容等地并为楼烦郡。建造汾阳宫。癸丑，任命河内太守张定和为左屯卫大将军。乙卯，下诏书说："突厥意利珍豆启民可汗率领部落归附边关要塞，遵奉朝廷教化，想改变本族习俗，经常入京朝拜，多次上言请求。因他们住在毡帐中，物资困乏，荒凉简陋。汉人住处上有正梁，下有屋檐，他们希望同汉人成为邻居，住相同的房屋。这真诚的心愿十分恳切，朕很重视他们的要求。应当在万寿戍建立城镇修造房屋，帷幕、床铺、被褥以上用品，根据办事的需要酌量配给，务必从优从厚对待，这才符合朕的心意。"

五月壬申，蜀郡捕获三足乌鸦，张掖捕获黑狐，各一只。

秋七月辛巳，征调成年男子二十余万人修筑长城，从榆谷向东修。乙未，左翊卫大将军宇文述在曼头、赤水打败吐谷浑。

八月辛酉，皇上亲自祭祀恒岳，河北道的郡守全部聚集侍驾。对全国实行大赦。皇上车驾所经过的郡县，免收一年租税。

九月辛未，征召全国的驯鹰师，全部集中在东京，有万余人应征。戊寅，彗星从五车星座出现，掠过文昌星，到房星后陨灭。辛巳，下诏免收在长城服役的人一年租税。

冬十月丙午，下诏说："先师尼父，具有最高的智慧和道德，发挥了天赋的资质，效法文王、武王的思想。著名于当世，承受天命，积聚上述品质而成素王。他在临终前发出了'泰山其颓乎'的叹息声，很快已超越千年，而他那极美好的品德，却未能保存于百代之后。我长久地思念他美好的风范，认为应当对他优礼尊崇。可以封孔子的后代为绍圣侯。主管官员应去访求他的后裔，登记好上报朝廷。"辛亥，下诏说："从前周王即位，首先分封唐、虞的后代，汉帝承继帝位，也授给殷、周的后代名号。这样做都是为了褒扬树立前代的明君，效法古时的贤王。朕继承帝位，多方寻求雅正的教诲，只要略有一点增益，朕即恭谨地对待，看成像国家的宪章法令一样。朕认为周的礼制兼有夏、殷的长处，文采与质朴齐备，汉建立政权后，使车辙文字统一，魏、晋沿袭汉制，风俗教化相去不远。都应当封立他们的后代，以维护使已断绝了的世禄得到接续的道理。主管官员应该去访求周、汉、魏、晋帝王的子孙，列名上报。"乙卯，向全国颁布新的度、量、衡规格。

五年春正月丙子，改东京为东都。癸未，下诏命令天下耕田春播。戊子，皇上从东都回京城。乙丑，命令民间使用的铁叉、搭钩、小矛一类铁器，全部禁绝。太守每年要向朝廷密报其下属官员的业绩。

二月戊戌，皇上的车驾在阌乡停留。命令祭奠古代帝王的陵墓以及文帝开皇年间功臣的坟墓。庚子，下诏规定魏、周两朝官员不能享受荫庇子孙承袭官爵的待遇。辛丑，赤土国派使者前来贡献土产。戊申，皇上车驾抵达京城。丙辰，在武德殿宴请年老的旧好四百人，分等第赐给他们财物。乙未，皇上到崇德殿的西院，满脸忧伤很不高兴，回过头对侍从说："这是先帝居住的地方，来到这里实在令人增加感慨，（看到房舍如此简陋，）朕实在感到不安，应该在这院的西边另外营建一座享殿。"壬戌，下诏令规定，父母亲可任意跟随做官的儿子赴任。

三月己巳，皇上向西巡视黄河西部地区。庚午，主管官员报告，武功一位名叫史永遵的男子与其叔伯兄弟同住在一起，皇上嘉奖他，赐给布帛等物一百段，米二百石，旌表他的家族乡里。乙亥，驾临扶风旧宅。

夏四月己亥，在陇西举行大型狩猎活动。壬寅，高昌、吐谷浑、伊吾一起派使臣来朝见天子。乙巳，车驾停驻狄道，党项羌前来进贡地方特产。癸亥，车驾出临津关，渡黄河，到达西平，在那里陈兵布阵，讲习武艺。

五月乙亥，皇上在拔延山会猎，打猎的围场方圆二百里。庚辰，进入长宁谷。壬午，翻越星岭，甲申，在金山之上大宴群臣。丙戌在浩亹架桥，皇上的马过桥后桥就坏了，杀掉朝散大夫黄亘及监督施工的官员九人。吐谷浑王率兵守卫覆袁川，皇上分别命令内史元寿在南边驻守金山，兵部尚书段文振在北边驻守雪山，太仆卿杨义臣东屯琵琶峡，将军张寿在西边驻守泥岭，从四面围困吐谷浑的军队。浑王伏允带领几十名骑兵逃跑，派他的一个著名的王冒充伏允，在车我真山据守。壬辰，皇上命令右屯卫大将军张定和前去捉拿。定和挺身挑战，被贼寇所杀。副将柳建武击败浑部，斩杀数百人。甲午，浑部仙头王被围，感到无路可走，只得率领男女十余万人投降。

六月丁酉，派左光禄大夫梁默、右翊卫将军李琼等追击浑王，都遭遇贼寇而战死。癸卯，皇上车驾经大斗拔谷，山路狭窄险要，只得像游鱼一样，一个挨一个走出。风雪弥漫，天昏地暗，皇上与随从官员失去联系，士兵冻死一大半。丙午，驻扎在张掖。辛亥，命令各郡按照下列四科来推举人才：学业完备通达，才能技艺优秀广博；四肢有力，勇猛健壮，超群出众远胜同辈；居官勤奋，完全能办好政事；秉性正直，不畏强暴。壬子，高昌王麹伯雅前来朝见天子，伊吾吐屯设等进献西域数千里土地。皇上十分高兴。癸丑，设置西海、河源、鄯善、且末等四个郡。丙辰，皇上到观风行殿，大摆文物，演奏九部乐，表演鱼龙曼延百戏，在殿上宴请高昌王、吐屯设，以示对他们的特殊宠爱优待。有三十多个异族国家的首领陪席。戊午，全国实行大赦。

凡开皇年间以来流放的人，一律放回故乡，只有晋阳叛逆集团，不在被宽赦之列。陇西各郡，免除徭役一年，皇帝巡行经过的地方，免除徭役二年。

秋七月丁卯。置备马匹在青海的小岛上放牧，想借以求得良种马，结果无效而中止。

九月癸未，皇上车驾进入长安。

冬十月癸亥，下诏令说："优待品德高尚的人和尊崇老年人的做法，记载在前代的文献典籍中，尊奉德高望重的老人，认真地向他们求教，这一正确的做法应当在学校里弘扬。鬻熊做周文王的老师，所用的并不是他的筋骨气力，方叔虽然老了，却仍能订出宏伟计谋。朕长久地考察古事，以期达到最完美的政治。因此，对眉发皆黄的老人，更要收录叙用，务必给予优厚的待遇，不能欠缺了药物饮食，使他们差不多等于不劳而治，盼能对他们有所补益。今年前来京师汇集的老人，可在京师附近的郡里安置，年龄在七十岁以上，身患重病，不能任职的，就赐给布帛，送回本郡，那些官位达到七品以上的，由官府酌量供给粮食，以保证他们的终身生活。"

十一月丙子，皇上车驾莅临东都。

六年春正月癸亥初一，早晨，有数十名强盗，都戴着白色生绢帽子，穿着白色熟绢衣服，点着香拿着花，自称是弥勒佛，从建国门入城。守城门的人都向他们叩头致意。不久，他们抢夺卫士的兵器，准备作乱。齐王杨𬀩遇到了，就杀了他们。于是京都进行大搜捕，与此事牵连而判罪的有一千多家。丁丑，在端门街表演摔跤杂技，天下奇特怪异的技艺全部汇集，演了整整一个月才结束。皇上曾多次穿着便服前去观看。己丑，倭国派使臣前来贡献土产。

二月乙巳，虎贲郎将陈棱、朝请大夫张镇州率兵攻打流求，攻克了它。凯旋时在太庙献俘虏一万七千人，皇上把他们分赐给百官为奴。乙卯，下诏书说："天子的计谋、方略刚刚开始创立，帝王的事业十分艰难，全仗辅佐大臣同心同德，所以能挽救那衰败的命运，承受帝位，然后酬报功劳，大加赏赐，创建帝国，承继家业，对山河立誓，要使国家政权永不衰败。近代丧乱频仍，四海未能统一，受封的王侯，颇多虚假，名实不符，经历了很长的时间，也未能处治变革。先皇立国之初，百事刚刚起步，仍然依循旧制，无暇改立新制。现在天下太平，时运亨通，文字、车轨相同，应当遵循前代的典章制度，使先王的教令永远流传。从今以后，只有有功勋的人才能赐给封爵，仍旧让其子孙承袭。"丙辰，改封安德王杨雄为观王，河间王的儿子杨庆为郇王。庚申，征调魏、齐、周、陈等地善歌舞的艺人，全部分配到太常寺。三月癸亥，皇上驾莅江都宫。甲子，任命鸿胪卿史祥为左骁卫大将军。

夏四月丁未，宴请江淮以南负责乡里事务的有名望的老人，并颁发给不同的赏赐。

六月辛卯，室韦、赤土一起派使臣来贡献土产。壬辰，雁门贼帅尉文通聚众三千人，在莫壁谷据守。派鹰扬府杨伯泉率部击败了贼寇。甲寅，下诏规定江都太守的品第俸禄与京尹相同。

冬十月壬申，刑部尚书梁毗去世。壬子，民部尚书、银青光禄大夫长孙炽去世。

十二月己未，左光禄大夫、吏部尚书牛弘去世。辛酉，朱崖人王万昌起兵作乱，派陇西太守韩洪讨伐平定了它。

七年春正月壬寅，左武卫大将军、光禄大夫、真定侯郭衍去世。

二月己未，皇上登钓台，驾莅扬子津，大宴百官，颁赏各有等第。庚申，百济派使臣前来朝贡。乙亥，皇上从江都乘龙舟驶入通济渠，最后驾莅涿郡。壬午，下诏书说："军事工作有七件大事，首要的是安民。政治有六件基础的东西，要靠教化道义来振兴。高丽国的高元，缺失了属国应有的礼节，朕想前往辽东问罪，弘扬我克敌制胜的谋略。虽然怀有讨伐敌国的念头，但仍旧从事视察四方的工作。现在到涿郡去，巡视安抚民心习俗。黄河北部各郡及崤山东西部地区的年满九十的人，授给名誉太守官衔；八十岁的人，授给名誉县令官衔。"

三月丁亥，右光禄大夫、左屯卫大将军姚辩去世。

夏四月庚午，皇上到涿郡的临朔宫。

五月戊子，任命武威太守樊子盖为民部尚书。

秋天，发生大水灾，崤山以东、黄河以南地区淹没了三十多郡，幸存的百姓交互卖为奴婢。

冬十月乙卯，底柱山崩塌，积土成堰，迫使黄河水倒流数十里。戊午，任命东平太守吐万绪为左屯卫大将军。

十二月己未，西面突厥处罗多利可汗前来朝见天子。皇上大为高兴，以特殊礼仪接待。此时辽东战士及运送物资的人堵塞在路上，昼夜不断，苦于兵役徭役的人开始成群为盗。甲子，责令都尉、鹰扬府与郡县配合追捕，一旦抓获，随即斩决。

隋书卷四

帝纪第四

炀帝下

八年春正月辛巳，大军集于涿郡。以兵部尚书段文振为左候卫大将军。壬午，下诏曰：

天地大德，降繁霜于秋令，圣哲至仁，著甲兵于刑典。故知造化之有肃杀，义在无私，帝王之用干戈，盖非获已。版泉、丹浦，莫匪龚行，取乱覆昏，咸由顺动。况乎甘野誓师，夏开承大禹之业，商郊问罪，周发成文王之志。永监前载，属当朕躬。

粤我有隋，诞膺灵命，兼三才而建极，一六合而为家。提封所渐，细柳、盘桃之外，声教爰暨，紫舌、黄枝之域。远至迩安，罔不和会，功成治定，于是乎在。而高丽小丑，迷昏不恭，崇聚勃、碣之间，荐食辽、獩之境。虽复汉、魏诛戮，巢窟暂倾，乱离多阻，种落还集。萃川薮于往代，播实繁以迄今，眷彼华壤，翦为夷类。历年永久，恶稔既盈，天道祸淫，亡征已兆。乱常败德，非可胜图，掩慝怀奸，唯日不足。移告之严，未尝面受，朝觐之礼，莫肯躬亲。诱纳亡叛，不知纪极，充斥边垂，亟劳烽候，关柝以之不静，生人为之废业。在昔薄伐，已漏天网，既缓前擒之戮，未即后服之诛，曾不怀恩，翻为长恶，乃兼契丹之党，虔刘海戍，习靺鞨之服，侵轶辽西。又青丘之表，咸修职贡，碧海之滨，同禀正朔，遂复夺攘琛赆，遏绝往来，虐及弗辜，诚而遇祸。轺轩奉使，爰暨海东，旌节所次，途经藩境，而拥塞道路，拒绝王人，无事君之心，岂为臣之礼！此而可忍，孰不可容！且法令苛酷，赋敛烦重，强臣豪族，咸执国钧，朋党比周，以之成俗，贿货如市，冤枉莫申。重以仍岁灾凶，比屋饥馑，兵戈不息，徭役无期，力竭转输，身填沟壑。百姓愁苦，爰谁适从？境内哀惶，不胜其弊。回首面内，各怀性命之图，黄发稚齿，咸兴酷毒之叹。省俗观风，爰届幽朔，吊人问罪，无俟再驾。于是亲总六师，用申九伐，拯厥阽危，协从天意，殄兹逋秽，克嗣先谟。

今宜授律启行，分麾届路，掩勃澥而雷震，历夫余以电扫。比戈按甲，誓旅而后行，三令五申，必胜而后战。左第一军可镂方道，第二军可长岑道，第三军可海冥道，第四军可盖马道，第五军可建安道，第六军可南苏道，第七军可辽东道，第八军可玄菟道，第九军可扶余道，第十军可朝鲜道，第十一军可沃沮道，第十二军可乐浪道。右第一军可粘蝉道，第二军可含资道，第三军可浑弥道，第四军可临屯道，第五军可候城道，第六军可提奚道，第七军可踏顿道，第八军可肃慎道，第九军可碣石道，第十军可东暆道，第十一军可带方道，第十二军可襄平道。凡此众军，先奉庙略，骆驿引途，总集平壤。莫非如豺如貔之勇，百战百胜之雄，顾眄则山岳倾颓，叱咤则风云腾郁，心德攸同，爪牙斯在。朕躬驭元戎，为其节度，涉辽而东，循海之右，解倒悬于遐裔，问疾苦于遗黎。其外轻赍游阙，随机赴响，卷甲衔枚，出其不意。又沧海道军舟舻千里，高帆电逝，臣舰云飞，横断浿江，径造平壤，岛屿之望斯绝，坎井之路已穷。其余被发左衽之人，控弦待发，徽、卢、彭、濮之旅，不谋同辞。杖顺临逆，人百其勇，以此众战，势等摧枯。

然则王者之师，义存止杀，圣人之教，必也胜残。天罚有罪，本在元恶，人之多僻，胁从罔治。若高元泥首辕门，自归司寇，即宜解缚焚榇，弘之以恩。其余臣人归朝奉顺，咸加慰抚，各安生业，随才任用，无隔夷夏。营垒所次，务在整肃，刍荛有禁，秋毫勿犯，布以恩宥，喻以祸福。若其同恶相济，抗拒官军，国有常刑，俾无遗类。明加晓示，称朕意焉。

总一百一十三万三千八百，号二百万，其馈运者倍之。癸未，第一军发，终四十日，引师乃尽，旌旗亘千里。近古出师之盛，未之有也。乙未，以右候卫大将军卫玄为刑部尚书。甲辰，内史令元寿卒。

二月甲寅，诏曰："朕观风燕裔，问罪辽滨。文武协力，爪牙思奋，莫不执锐勤王，舍家从役，罕蓄仓廪之资，兼损播殖之务。朕所以夕惕愀然，虑其匮乏。虽复素饱之众，情在忘私，悦使之人，宜从其厚。诸行从一品以下，饮飞募人以上家口，郡县宜数存问。若有粮食乏少，皆宜赈给；或虽有田畴，贫弱不能自耕种，可于多丁富室劝课相助。使夫居者有敛积之丰，行役无顾后之虑。"壬戌，司空、京兆尹、光禄大夫观王雄薨。

三月辛卯，兵部尚书、左候卫大将军段文振卒。癸巳，上御师。甲午，临戎于辽水桥。戊戌，大军为贼所拒，不果济。右屯卫大将军、左光禄大夫麦铁杖，武贲郎将钱士雄、孟金叉等，皆死之。甲午，车驾渡辽。大战于东岸，击贼破之，进围辽东。乙未，大顿，见二大鸟，高丈余，皓身朱足，游泳自若。上异之，命工图写，并立铭颂。

五月壬午，纳言杨达卒。

于时诸将各奉旨，不敢赴机。既而高丽各城守，攻之不下。

六月己未，幸辽东，责怒诸将。止城西数里，御六合城。

七月壬寅，宇文述等败绩于萨水，右屯卫将军辛世雄死之。九军并陷，将帅奔还亡者二千余骑。癸卯，班师。

九月庚辰，上至东都。己丑，诏曰："军国异容，文武殊用，匡危拯难，则霸德攸兴，化人成俗，则王道斯贵。时方拨乱，屠贩可以登朝，世属隆平，经术然后升仕。丰都爰肇，儒服无预于周行，建武之朝，功臣不参于吏职。自三方未一，四海交争，不遑文教，唯尚武功。设官分职，罕以才授，班朝治人，乃由勋叙，莫非拔足行阵，出自勇夫，教学之道，既所不习，政事之方，故亦无取。是非暗于在己，威福专于下吏，贪冒货贿，不知纪极，蠹政害民，实由于此。自今已后，诸授勋官者，并不得回授文武职事，庶遵彼更张，取类于调瑟，求诸名制，不伤于美锦。若吏部辄拟用者，御史即宜纠弹。"

冬十月甲寅，工部尚书宇文恺卒。

十一月己卯，以宗女华容公主嫁于高昌王。辛巳，光禄大夫韩寿卒。甲申，败将宇文述、于仲文等并除名为民，斩尚书右丞刘士龙以谢天下。是岁，大旱，疫，人多死，山东尤甚。密诏江、淮南诸郡阅视民间童女，姿质端丽者，每岁贡之。

九年春正月丁丑，征天下兵，募民为骁果，集于涿郡。壬午，贼帅杜彦冰、王润等陷平原郡，大掠而去。辛卯，置折冲、果毅、武勇、雄武等郎将官，以领骁果。乙未，平原李德逸聚众数万，称"阿舅贼"，劫掠山东。灵武白榆妄，称"奴贼"，劫掠牧马，北连突厥，陇右多被其患。遣将军范贵讨之，连年不能克。戊戌，大赦。己亥，遣代王侑、刑部尚书卫玄镇京师。辛丑，以右骁骑将军李浑为右骁卫大将军。

二月己未，济北人韩进洛聚众数万为群盗。壬午，复宇文述等官爵。又征兵讨高丽。

三月丙子，济阴人孟海公起兵为盗，众至数万。丁丑，发丁男十万城大兴。戊寅，幸辽东。以越王侗、民部尚书樊子盖留守东都。庚子，北海人郭方预聚徒为盗，自号卢公，众至三万，攻陷郡城，大掠而去。

夏四月庚午，车驾渡辽。壬申，遣宇文述、杨义臣趣平壤。

五月丁丑，荧惑入南斗。己卯，济北人甄宝车聚众万余，寇掠城邑。

六月乙巳，礼部尚书杨玄感反于黎阳。丙辰，玄感逼东都。河南赞务裴弘策拒之，反为贼所败。戊辰，兵部侍郎斛斯政奔于高丽。庚午，上班师。高丽犯后军，敕右武卫大将军李景为后拒。遣左翊卫大将军宇文述、左候卫将军屈突通等驰传发兵，以讨玄感。

秋七月己卯，令所在发人城县府驿。癸未，余杭人刘元进举兵反，众至数万。

八月壬寅，左翊卫大将军宇文述等破杨玄感于阌乡，斩之。余党悉平。癸卯，吴人朱燮、晋陵人管崇拥众十万余，自称将军，寇江左。甲辰，制骁果之家蠲免赋役。丁未，诏郡县城去道过五里已上者，徙就之。戊申，制盗贼籍没其家。乙卯，贼帅陈瑱等众三万，攻陷信安郡。辛酉，司农卿、光禄大夫、葛国公赵元淑以罪伏诛。

九月己卯，济阴人吴海流、东海人彭孝才并举兵为盗，众数万。庚辰，贼帅梁慧尚率众四万，陷苍梧郡。甲午，车驾次上谷，以供费不给，上大怒，免太守虞荷等官。丁酉，东阳人李三儿、向但子举兵作乱，众至万余。

闰月己巳，幸博陵。庚午，上谓侍臣曰："朕昔从先朝周旋于此，年甫八岁，日月不居，倏经三纪，追惟平昔，不可复希！"言未卒，流涕呜咽，侍卫者皆泣下沾襟。

冬十月丁丑，贼帅吕明星率众数千围东郡，武贲郎将费青奴击斩之。乙酉，诏曰："博陵昔为定州，地居冲要，先皇历试所基，王化斯远，故以道冠《豳风》，义高姚邑。朕巡抚氓庶，爰届兹邦，瞻望郊廛，缅怀敬止，思所以宣播德泽，覃被下人，崇纪显号，式光令绪。可改博陵为高阳郡。赦境内死罪已下。给复一年。"于是召高祖时故吏，皆量材授职。壬辰，以纳言苏威为开府仪同三司。朱燮、管崇推刘元进为天子。遣将军吐万绪、鱼俱罗讨之，连年不能克。齐人孟让、王薄等众十余万，据长白山，攻剽诸郡，清河贼张金称众数万，渤海贼帅格谦自号燕王，孙宜雅自号齐王，众各十万，山东苦之。丁亥，以右候卫将军郭荣为右候卫大将军。

十一月己酉，右候卫将军冯孝慈讨张金称于清河，反为所败，孝慈死之。

十二月甲申，车裂玄感弟朝请大夫积善及党与十余人，仍焚而扬之。丁亥，扶风人向海明举兵作乱，称皇帝，建元白乌。遣太仆卿杨义臣击破之。

十年春正月甲寅，以宗女为信义公主，嫁于突厥曷娑那可汗。

二月辛未，诏百僚议伐高丽，数日无敢言者。戊子，诏曰："竭力王役，致身戎事，咸由徇义，莫匪勤诚，委命草泽，弃骸原野，兴言念之，每怀愍恻。往年出车问罪，将届辽滨，庙算胜略，具有进止。而谅惛凶，罔识成败，高颎愎很，本无智谋，临三军犹儿戏，视人命如草芥，不遵成规，坐贻挠退，遂令死亡者众，不及埋藏。今宜遣使人分道收葬，设祭于辽西郡，立道场一所。恩加泉壤，庶弭穷魂之冤，泽及枯骨，用弘仁者之惠。"辛卯，诏曰：

黄帝五十二战，成汤二十七征，方乃德施诸侯，令行天下。卢芳小盗，汉祖尚且亲戎，隗嚣余烬，光武犹自登陇，岂不欲除暴止戈，劳而后逸者哉！

朕纂成宝业，君临天下，日月所照，风雨所沾，孰非我臣，独隔声教。蕞尔高丽，僻居荒表，鸱张狼噬，侮慢不恭，抄窃我边陲，侵轶我城镇。是以去岁出军，问罪辽、碣，殪长蛇于玄菟，戮封豕于襄平。扶余众军，风驰电逝，追奔逐北，径逾浿水，沧海舟楫，冲贼腹心，焚其城郭，污其宫室。高元伏锧泥首，送款军门，寻请入朝，归罪司寇。朕以许其改过，乃诏班师。而长恶靡悛，宴安鸩毒，此而可忍，孰不可容！便可分命六师，百道俱进。朕当亲执武节，临御诸军，秣马丸都，观兵辽水，顺天诛于海外，救穷民于倒悬，征伐以正之，明德以诛之，止除元恶，余无所问。若有识存亡之分，悟安危之机，翻然北首，自求多福；必其同恶相济，抗拒王师，若火燎原，刑兹无赦。有司便宜宣布，咸使知闻。

丁酉，扶风人唐弼举兵反，众十万，推李弘为天子，自称唐王。
三月壬子，行幸涿郡。癸亥，次临渝宫，亲御戎服，祃祭黄帝，斩叛军者以衅鼓。
夏四月辛未，彭城贼张大彪聚众数万，保悬薄山为盗。遣榆林太守董纯击破，斩之。甲午，车驾次北平。

五月庚子，诏举郡孝悌廉洁各十人。壬寅，贼帅宋世谟陷琅邪郡。庚申，延安人刘迦论举兵反，自称皇王，建元大世。

六月辛未，贼帅郑文雅、林宝护等众三万，陷建安郡，太守杨景祥死之。

秋七月癸丑，车驾次怀远镇。乙卯，曹国遣使贡方物。甲子，高丽遣使请降，囚送斛斯政。上大悦。

八月己巳，班师。庚午，右卫大将军、左光禄大夫郑荣卒。

冬十月丁卯，上至东都。己丑，还京师。

十一月丙申，支解斛斯政于金光门外。乙巳，有事于南郊。己酉，贼帅司马长安破长平郡。乙卯，离石胡刘苗王举兵反，自称天子，以其弟六儿为永安王，众至数万。将军潘长文讨之，不能克。是月，贼帅王德仁拥众数万，保林虑山为盗。

十二月壬申，上如东都。其日，大赦天下。戊子，入东都。庚寅，贼帅孟让众十余万，据都梁宫。遣江都郡丞王世充击破之，尽虏其众。

十一年春正月甲午朔，大宴百僚。突厥、新罗、靺鞨、毕大辞、诃咄、传越、乌那曷、波腊、吐火罗、俱虑建、忽论、诃多、沛汗、龟兹、疏勒、于阗、安国、曹国、何国、穆国、毕衣密、失范延、伽折、契丹等国并遣使朝贡。戊戌，武贲郎将高建毗破贼帅颜宣政于齐郡，虏男女数千口。乙卯，大会蛮夷，设鱼龙曼延之乐，颁赐各有差。

二月戊辰，贼帅扬仲绪率众万余，攻北平，滑公李景破斩之。庚午，诏曰："设险守国，著自前经，重门御暴，事彰往策，所以宅土宁邦，禁邪固本。而近代战争，居人散逸，田畴无伍，郭郭不修，遂使游惰实繁，寇歔未息。今天下平一，海内晏如，宜令人悉城居，田畴近给，使强弱相容，力役兼济，穿窬无所厝其奸宄，萑蒲不得聚其逋逃。有司具为事条，务令得所。"丙子，上谷人王须拔反，自称漫天王，国号燕，贼帅魏刀儿自称历山飞，众各十余万，北连突厥，南寇赵。

五月丁酉，杀右骁卫大将军、光禄大夫、郕公李浑，将作监、光禄大夫李敏，并族灭其家。癸卯，贼帅司马长安破西河郡。己酉，幸太原，避暑汾阳宫。

秋七月己亥，淮南人张起绪举兵为盗，众至三万。辛丑，光禄大夫、右御卫大将军张寿卒。

八月乙丑，巡北塞。戊辰，突厥始毕可汗率骑数十万，谋袭乘舆，义成公主遣使告变。壬申，车驾驰幸雁门。癸酉，突厥围城，官军频战不利。上大惧，欲率精骑溃围而出，民部尚书樊子盖固谏乃止。齐王暕以后军保于崞县。甲申，诏天下诸郡募兵，于是守令各来赴难。

九月甲辰，突厥解围而去。丁未，曲赦太原、雁门郡死罪已下。

冬十月壬戌，上至于东都。丁卯，彭城人魏骐驎聚众万余为盗，寇鲁郡。壬申，贼帅卢明月聚众十余万，寇陈、汝间。东海贼帅李子通拥众度淮，自号楚王，建元明政，寇江都。

十一月乙卯，贼帅王须拔破高阳郡。

十二月戊寅，有大流星如斛，坠明月营，破其冲车。庚辰，诏民部尚书樊子盖发关中兵，讨绛郡贼敬盘陀、柴保昌等，经年不能克。谯郡人朱粲拥众数十万，寇荆襄，僭称楚帝，建元昌达。汉南诸郡多为所陷焉。

十二年春正月甲午，雁门入翟松柏起兵于灵丘，众至数万，转攻傍县。

二月己未，真腊国遣使贡方物。甲子夜，有二大鸟似雕，飞入大业殿，止于御幄，至明而去。癸亥，东海贼卢公暹率众万余，保于苍山。

夏四月丁巳，显阳门灾。癸亥，魏刁儿所部将甄翟儿复号历山飞，众十万，转寇太原。将军潘长文讨之，反为所败，长文死之。

五月丙戌朔，日有蚀之，既。癸巳，大流星陨于吴郡，为石。壬午，上于景华宫征求萤火，得数斛，夜出游山，放之，光遍岩谷。

秋七月壬戌，民部尚书、光禄大夫济北公樊子盖卒。甲子，幸江都宫，以越王侗、光禄大夫段达、太府卿元文都、检校民部尚书韦津、右武卫将军皇甫无逸、右司郎卢楚等总留后事。奉信郎崔民象以盗贼充斥，于建国门上表，谏不宜巡幸。上大怒，先解其颐，乃斩之。戊辰，冯翊人孙华自号总管，举兵为盗。高凉通守洗珤彻举兵作乱，岭南溪洞多应之。己巳，荧惑守羽林，月余乃退。车驾次氾水，奉信郎王爱仁以盗贼日盛，谏上请还西京。上怒，斩之而行。

八月乙巳，贼帅赵万海众数十万，自恒山寇高阳。壬子，有大流星如斗，出王良阁道，声如焉墙。癸丑，大流星如瓮，出羽林。

九月丁酉，东海人杜扬州、沈觅敌等作乱，众至数万。右御卫将军陈棱击破之。戊午，有二枉矢出北斗魁，委曲蛇形，注于南斗。壬戌，安定人荔非世雄杀临泾令，举兵作乱，自号将军。

冬十月己丑，开府仪同三司、左翊卫大将军、光禄大夫、许公宇文述薨。

十二月癸未，鄱阳贼操天成举兵反，自号元兴王，建元始兴，攻陷豫章郡。乙酉，以右翊卫大将军来护儿为开府仪同三司、行左翊卫大将军。壬辰，鄱阳人林士弘自称皇帝，国号楚，建元太平，攻陷九江、庐陵郡。唐公破甄翟儿于西河，虏男女数千口。

十三年春正月壬子，齐郡贼杜伏威率众渡淮，攻陷历阳郡。丙辰，勃海贼窦建德设坛于河间之乐寿，自称长乐王，建元丁丑。辛巳，贼帅徐圆朗率众数千，破东平郡。弘化人刘企成聚众万余人为盗，傍郡苦之。

二月壬午，朔方人梁师都杀郡丞唐世宗，据郡反，自称大丞相。遣银青光禄大夫张世隆击之，反为所败。戊子，贼帅王子英破上谷郡。己丑，马邑校尉刘武周杀太守王仁恭，举兵作乱，北连突厥，自称定杨可汗。庚寅，贼帅李密、翟让等陷兴洛仓。越王侗遣武贲郎将刘长恭、光禄少卿房崱击之，反为所败，死者十五六。庚子，李密自号魏公，称元年，开仓以振群盗，众至数十万，河南诸郡相继皆陷焉。壬寅，刘武周破武贲郎将王智辩于桑乾镇，智辩死之。

三月戊午，庐江人张子路举兵反。遣右御卫将军陈棱讨平之。丁丑，贼帅李通德众十万，寇庐江，左屯卫将军张镇州击破之。

夏四月癸未，金城校尉薛举率众反，自称西秦霸王，建元秦兴，攻陷陇右诸郡。己丑，贼帅孟让，夜入东都外郭，烧丰都市而去。癸巳，李密陷回洛东仓。丁酉，贼帅房宪伯陷汝阴郡。是月，光禄大夫裴仁基、淮阳太守赵佗等并以众叛归李密。

五月辛酉，夜有流星如瓮，坠于江都。甲子，唐公起义师于太原。丙寅，突厥数千寇太原，唐公击破之。

秋七月壬子，荧惑守积尸。丙辰，武威人李轨举兵反，攻陷河西诸郡，自称凉王，建元安乐。

八月辛巳，唐公破武牙郎将宋老生于霍邑，斩之。

九月己丑，帝括江都人女寡妇，以配从兵。是月，武阳郡丞元宝藏以郡叛归李密，与贼帅李文相攻陷黎阳仓。彗星见于营室。

冬十月丁亥，太原杨世洛聚众万余人，寇掠城邑。丙申，罗令萧铣以县反,鄱阳人董景珍以郡反,迎铣于罗县,号为梁王,攻陷傍郡。戊戌,武贲郎将高毗败济北郡贼甄宝车于岹山。

十一月丙辰,唐公入京师。辛酉,遥尊帝为太上皇,立代王侑为帝,改元义宁。上起宫丹阳,将逊于江左。有乌鹊来巢幄帐,驱不能止。荧惑犯太微。有石自江浮入于扬子。日光四散如流血。上甚恶之。

二年三月,右屯卫将军宇文化及,武贲郎将司马德戡、元礼,监门直阁裴虔通,将作少监宇文智及,武勇郎将赵行枢,鹰扬郎将孟景,内史舍人元敏,符玺郎李覆、牛方裕,千牛左右李孝本、弟孝质,直长许弘仁、薛世良,城门郎唐奉义,医正张恺等,以骁果作乱,入犯宫闱。上崩于温室,时年五十。萧后令宫人撤床箦为棺以埋之。化及发后,右御卫将军陈棱奉梓宫于成象殿,葬吴公台下。发敛之始,容貌若生,众咸异之。大唐平江南之后,改葬雷塘。

初,上自以藩王,次不当立,每矫情饰行,以钓虚名,阴有夺宗之计。时高祖雅信文献皇后,而性忌妾媵。皇太子勇内多嬖幸,以此失爱。帝后庭有子,皆不育之,示无私宠,取媚于后。大臣用事者,倾心与交。中使至第,无贵贱,皆曲承颜色,申以厚礼。婢仆往来者,无不称其仁孝。又常私入宫掖,密谋于献后,杨素等因机构扇,遂成废立。自高祖大渐,暨谅暗之中,烝淫无度,山陵始就,即事巡游,以天下承平日久,士马全盛,慨然慕秦皇、汉武之事。乃盛治宫室,穷极侈靡,召募行人,分使绝域。诸蕃至者,厚加礼赐,有不恭命,以兵击之。盛兴屯田于玉门、柳城之外。课天下富室,益市武马,匹直十余万,富强坐是冻馁者十家而九。帝性多诡谲,所幸之处,不欲人知。每之一所,辄数道置顿,四海珍羞殊味,水陆必备焉,求市者无远不至。郡县官人，竞为献食，丰厚者进擢，疏俭者获罪。奸吏侵渔，内外虚竭，头会箕敛，人不聊生。于时军国多务，日不暇给，帝方骄怠，恶闻政事，冤屈不治，奏请罕决。又猜忌臣下，无所专任，朝臣有不合意者，必构其罪而族灭之。故高颎贺若弼先皇心膂，参谋帷幄，张衡、李金才藩邸惟旧，绩著经纶，或恶其直道，或忿其正议，求其无形之罪，加以刎颈之诛。其余事君尽礼，謇謇匪躬，无辜无罪，横受夷戮者，不可胜纪。政刑弛紊，贿货公行，莫敢正言，道路以目。六军不息，百役繁兴，行者不归，居者失业。人饥相食，邑落为墟，上不之恤也。东西游幸，靡有定居，每以供费不给，逆收数年之赋。所至唯与后宫流连耽湎，惟日不足，招迎姥媪，朝夕共肆丑言，又引少年，令与宫人秽乱，不轨不逊，以为娱乐。区宇之内，盗贼蜂起，劫掠从官，屠陷城邑，近臣互相掩蔽，隐贼数不以实对。或有言贼多者，辄大被诘责，各求苟免，上下相蒙，每出师徒，败亡相继。战士尽力，必不加赏，百姓无辜，咸受屠戮。黎庶愤怨，天下土崩，至于就擒而犹未之寤也。

史臣曰：炀帝爰在弱龄，早有令闻，南平吴、会，北却匈奴，昆弟之中，独著声绩。于是矫情饰貌，肆厥奸回，故得献后锺心，文皇革虑，天方肇乱，遂登储两，践峻极之崇基，承丕显之休命。地广三代，威振八纮，单于顿颡，越裳重译。赤仄之泉，流溢于都内，红腐之粟，委积于塞下。负其富强之资，思逞无厌之欲，狭殷、周之制度，尚秦、汉之规摹。恃才矜己，傲狠明德，内怀险躁，外示凝简，盛冠服以饰其奸，除谏官以掩其过。淫荒无度，法令滋章，教绝四维，刑参五虐，锄诛骨肉，屠剿忠良，受赏者莫见其功，为戮者不知其罪。骄怒之兵屡动，土木之功不息，频出朔方，三驾辽左，旌旗万里，征税百端，猾吏侵渔，人不堪命。乃急令暴条以扰之，严刑峻法以临之，甲兵威武以董之，自是海内骚然，无聊生矣。俄而玄感肇黎阳之乱，匈奴有雁门之围，天子方弃中土，远之扬、越。奸宄乘衅，强弱相陵，关梁闭而不通，皇舆往而不反。加之以师旅，因子以饥馑，流离道路，转死沟壑，十八九焉。于是相聚萑蒲，猬毛而起，大则跨州连郡，称帝称王，小则千百为群，攻城剽邑，流血成川泽，死人如乱麻，炊者不及析骸，食者不遑易子。茫茫九土，并为麋鹿之场，悢悢黔黎，俱充蛇豕之饵。四方万里，简书相续，犹谓鼠窃狗盗，不足为虞，上下相蒙，莫肯念乱，振蜉蝣之羽，穷长夜之乐。土崩鱼烂，贯盈恶稔，普天之下，莫匪仇雠，左右之人，皆为敌国。终然不悟，同彼望夷，遂以万乘之尊，死于一夫之手。亿兆靡感恩之士，九牧无勤王之师。子弟同就诛夷，骸骨弃而莫掩，社稷颠陨，本枝殄绝，自肇有书契以迄于兹，宇宙崩离，生灵涂炭，丧身灭国，未有若斯之甚也。《书》曰："天作孽，犹可违，自作孽，不可逭。"《传》曰："吉凶由人，祆不妄作。"又曰："兵犹火也，不戢将自焚。"观隋室之存亡，斯言信而有徵矣！

译文：

八年春正月辛巳，声势浩大的军队在涿郡集结。任命兵部尚书段文振为左候卫大将军。壬午，下诏书说：

天地对人类有大恩大德，也要在秋季降落浓霜，圣明贤哲对人民极为仁爱，也要把武备战争的事写在法典上。因此知道自然界所以有天气寒冷草木枯落，意思是表明天地无私。帝王之所以动用干戈，大概都是出于不得已。版泉、丹浦之战，无不是恭敬地执行上天的惩罚，征服暴乱颠覆昏君，全是应天顺人的行动。何况在甘地原野誓师讨伐有扈，夏启承继了大禹的事业，在商地郊外责问殷纣的罪过，周发完成了文王的志愿。学习借鉴前贤典籍，征服暴乱的使命恰好落在朕的肩上。

我堂堂隋朝，膺受了神灵的命令。兼有天地人三才而立法治国，统一天地四方而成为一家天下。我管辖的疆域所在之处，已在细柳、盘桃之外；声威教化所及，包括了紫舌、黄枝等域外之地。远方归顺，近处安定，无不协和会同，功业告成，政治稳定，在此已成为现实。然而高丽这小小丑类，却糊涂昏聩不肯恭顺，聚集在勃海、碣石之间，多次吞食辽水、濊貊地区。虽然汉、魏两代一再诛讨杀戮，他的巢穴暂时倾覆，但由于中原政治混乱，人民遭难，路遥多阻，高丽部族得以再次集聚。从前他们聚集于河川湖泽，流布繁衍直到如今。眼看那华夏的土地，将沦灭为夷狄的邦国。经历了长久岁月，他业已罪恶满盈，上天的原则是降祸给恶人，看来高丽灭亡的征兆已显现。他们搅乱纲常败坏道德，难以完全描状；掩盖过错怀藏邪恶，日日只觉得不够。朝廷的文书告示，从未当面接受，朝拜皇帝的礼仪，不肯亲身参与。招诱接纳逃亡叛变之徒，没有穷极之时。这类人充斥边地，使边防哨所劳碌不堪，边关巡夜的木梆子，时常报警，不得安静，人民因此而荒废生业。从前加以讨伐，天网疏漏，既宽免了他先前被擒后应遭的诛戮，又未让他承受归顺滞后所应得的惩罚，竟然不感念皇恩，反而经常作恶。于是纠合契丹的同伙，掠杀我海防人员，穿上靺鞨族的衣服，侵袭辽西。又青丘国以外地区，都全来朝贡，碧海之滨，一起实行我隋朝的历法。高丽竟又抢夺他人献给天子的财宝，阻拦隔绝人们的往来，肆虐危及无辜，使那些诚心归顺的人反而遭祸害。天子的使臣奉命出使，来到海东，沿途停留的地方，多经过属国的境土，而高丽竟然堵塞道路，拒绝帝王派出的使臣，简直没有丝毫侍奉君上的心思，这难道是做臣下应有的礼节！这种现象如果可以忍受，那还有什么不可以容忍的呢！而且高丽国法令苛刻严酷，赋税繁重，强臣豪族，都把持着国家的权力。他们结党营私，这已形成风俗。公开行贿，犹如市场上做买卖，人民的冤枉得不到昭雪。又加上连年有灾害，家家饿肚子，征战不停，无尽无休地服徭役，为运输物资耗尽了精力，身死野外抛尸于山沟。百姓忧愁痛苦，不知道依从谁才好？国境之内，人民哀怨惶恐，实在承受不住这些沉重灾难。他们回顾往事，面对国内当前的景象，都各怀有保全性命的打算，老人幼儿，都发出了惨痛的叹息。如今朕视察风俗，来到幽州北部，慰问人民，责问罪臣，不必再等待第二次驾临了。于是亲自统领六军，以九种办法制裁违犯王命的诸侯，拯救面临危险的人民，顺从天意，消灭这些不守法的丑类，继承先贤的谋略。

现在应当命将出征，分发旌旗踏上征途，大军要如迅雷震击一般突袭勃遬，像闪电掠过一样飞度夫余。检查干戈铠甲，誓师而后出发，三令五申，要有必胜把握然后才开战。左路第一军应往镂方道，第二军应往长岑道，第三军应往海冥道，第四军应往盖马道，第五军应往建安道，第六军应往南苏道，第七军应往了辽东道，第八军应往玄菟道，第九军应往扶余道，第十军应往朝鲜道，第十一军应往沃沮道，第十二军应往乐浪道。右路第一军应往黏蝉道，第二军应往含资道，第三军应往浑弥道，第四军应往临屯道，第五军应往候城道，第六军应往提奚道，第七军应往踏顿道,第八军应往肃慎道,第九军应往碣石道,第十军应往东暆道,第十一军应往带方道,第十二军应往襄平道。凡是此次出征的各军,首先要遵循朝廷的作战方略,然后络绎出发,最后在平壤会师。我军将士无不像豺豹那样勇猛,具有百战百胜的雄心,眼睛一瞪就会使山岳崩塌,大声怒吼就会让风云升腾,同心同德,猛士俱在。朕亲自担任主帅,为军队指挥调度,渡过辽水向东进发,沿着大海西边进军。解救边远地区处境极端困苦危急的人民,慰问亡国之民的疾苦。此外,在那些轻装前进、游动于敌军的空隙中的部队,应当见机行事,趋赴战场,藏好铠甲,衔枚噤声,出其不意进行突然袭击。还有海上一路军队,船只首尾相接,长达千里,风帆高扬,迅如闪电,巨舰奔驰,疾若云飞,大小船只横断溯江,径直开赴平壤,敌人躲进岛屿的希望已绝,像青蛙那样藏入废井的路子已断。其他随朕出征的异族部队,无不拉弓待发,徼山、卢龙、彭城、濮阳等地的军队,不用商量就众口一词。我军依顺天意,讨伐叛逆,人人都百倍的勇敢,凭借这样强大的队伍来同敌人作战,那势头就等于摧枯拉朽。

　　然而,实行王道的军队,它的宗旨在于制止杀戮,圣人教诲我们,如果动用武力,那也是为了遏止残暴的人继续作恶。上天惩罚有罪的人,从根本上说是在于处治元凶,至于多数人的毛病,作为胁从就不必惩处了。假如高丽首领高元以泥涂首,到军营门口请罪,到司寇那里去自首的话,就应解开他的绑绳,烧掉棺材,扩大给他的恩惠。其余臣民归附朝廷恭敬顺从的,都加以安慰抚恤,使他们各安其业,根据才能予以任用,没有夷夏的分别。军营驻扎的地方,务必整齐严肃,禁止搅扰百姓,做到秋毫勿犯,宣告朝廷如何施恩恕罪,向他们说明怎样才能远祸得福。如果他们相助为恶,抗拒官军,那么依照国家的刑法,将使他们中不再有存活的人。以上种种，要明明白白地告诉他们，这才符合朕的心意。

这次出兵总共有一百一十三万三千八百人，号称二百万人，那些运送物资的人还要加倍。癸未，第一军出发，四十天后，所率部队才全部上路，旌旗绵亘长达千里。近古以来，出兵打仗从来没有见过这么盛大的规模。乙未，任命右候卫大将军卫玄为刑部尚书。甲辰，内史令元寿去世。

二月甲寅，下诏书说："朕在燕的边远之地观察民风得失，在辽河之滨兴师问罪。文臣武将，同心协力，助手亲信，共思奋勉，无不手持兵器为王事尽力。舍家服役，家中粮仓里没多少粮食，又耽搁了播种栽植等农活。朕因此戒慎恐惧，不敢怠慢，老惦念着那些缺衣少食的人家。虽然以素食果腹的民众，毫无怨言，忘却私利，但对那些愉快受命、离家远征的人，应当给予优厚的待遇。众位出征的人，凡副一品以下，应募的伙飞（武官）以上人员的家属，郡县应当经常慰问。若有人粮食缺少，都应救济。有的家庭虽然有田地，但由于贫困体弱而不能自力耕种，可劝说成年男子多的富裕人家纳税相助。要使留守的人有丰厚的贮积，服役在外的人无后顾之忧。"壬戌，司空、京兆尹、光禄大夫观王杨雄去世。

三月辛卯，兵部尚书、左候卫大将军段文振去世。癸巳，皇上到军中。甲午，两军在辽水桥对阵。戊戌，大军遭敌寇抵抗，未能渡过辽水。右屯卫大将军、左光禄大夫麦铁杖，虎贲郎将钱士雄、孟金叉等，皆战死。甲子，皇上车驾渡过辽水。两军大战于东岸，击破贼军，进兵围困辽东城。乙未，部队大休整，看到两只大鸟，有一丈多高，白身红足，无拘无束地在水中游泳。皇上感到惊奇，命画工描绘它，并立铭碑颂赞。

五月壬午，纳言杨达去世。

当时众将领各奉旨行事，不敢自寻机会出击。不久，高丽各城都固守，攻打不下来。

六月己未，皇上到辽东城，怒责诸将领。车驾停留在城西边数里地，控制六合城。

七月壬寅，宇文述等在萨水打了大败仗，右屯卫将军辛世雄战死。渡过辽水的九支军队全部被攻破，将帅奔亡逃回的仅两千余人。癸卯，全军撤回。

九月庚辰，皇上到东都。已丑，下诏书说："军务与政事有不同的法度，文臣武将有不同的作用。匡扶危险，拯救急难，则霸道兴盛，教化人民，养成良好习俗，就以王道为贵。当治理乱世之时，屠夫商贩可以上朝秉政，而在升平的时世，只有掌握经学才能入仕。周文王在灭崇缔建丰都时，儒生不能加入朝官的行列，汉光武帝建武时的朝廷，有武功的大臣不参与治国的职事。我隋朝立国之初，因三方未曾统一，四海还在交战，无暇顾及礼乐法度、文章教化，唯有崇尚武功。当时设立官位，分别职守，很少根据才能授给，在朝廷治理人民的官员，乃是根据功勋大小依次叙用，这些官员无非选拔于军队，来自武夫，教学的道理，既未曾学习，处理政务的方法，因此也无可取之处。是非不明在于自身糊涂，刑赏大权被下属专擅。贪污受贿，没有限度。败坏政治，危害人民，实由于这个原因。从今以后，各个被授给勋官的人，都不得再授给文武职务。希望遵循改弦更张的原则，采取类似调瑟的办法。寻找裁剪能手，是因为他们不会损伤美锦。如果吏部总给上述人员拟定文武职务，御史即应检举弹劾。"

冬十月甲寅，工部尚书宇文恺去世。

十一月己卯，以同宗的女儿华容公主嫁给高昌王。辛巳，光禄大夫韩寿去世。甲申，败将宇文述、于仲文等一并除去名籍，成为百姓，斩杀尚书右丞刘士龙来向天下谢罪。这一年，天大旱，瘟疫流行，许多人病死，崤山以东地区尤为严重。密令江、淮南各郡官员察看民间少女，形貌品质端庄秀丽的，每年进献朝廷。

九年春正月丁丑，征调天下兵士，招募百姓为敢死队成员，在涿郡集结。壬午，贼帅杜彦冰、王润等攻陷平原郡，大肆掳掠后离去。辛卯，在禁卫军中设置折冲、果毅、武勇、雄武等郎将官，以统领敢死队。乙未，平原李德逸聚集几万人，人称"阿舅贼"，在崤山以东地区进行抢掠。灵武白榆妄，人称"奴贼"，专门劫掠牧马，又勾结北方的突厥使陇西地区多受其害。皇上派将军范贵去讨伐他，连年未能战胜。戊戌，实行大赦。乙亥，派代王杨侑、刑部尚书卫玄镇守京城。辛丑，任命右骁骑将军李浑为右骁卫大将军。

二月己未，济北人韩进洛聚集万人为强盗。壬午，恢复宇文述等人的官职爵位。又调兵征讨高丽。

三月丙子，济阴人孟海公起兵为盗，人数多达数万。丁丑，派十万成年男子修筑大兴城墙。戊寅，驾莅辽东。命越王杨侗、民部尚书樊子盖留守东都。庚子，北海人郭方预聚集徒众为盗，自称卢公，人数多达三万，攻破郡城，大肆掳掠后离开。

夏四月庚午，皇上车驾渡过辽河。壬申，派宇文述、杨义臣率部奔赴平壤。

五月丁丑，荧惑星切入南斗。己卯，济北人甄宝车聚集万余人，骚扰掠夺城镇。

六月乙巳，礼部尚书杨玄感在黎阳反叛。丙辰，玄感率部逼近东都。河南赞务裴弘策进行抵抗，反被贼兵打败。戊辰，兵部侍郎斛斯政逃亡到高丽。庚午，皇上率军撤退。高丽侵扰后军，命令右武卫大将军李景殿后抵御。派左翊卫大将军宇文述、左候卫将军屈突通等驾驿站车马急行回国，调兵遣将讨伐杨玄感。

秋七月己卯，命令各地派人修筑城防，保护县府驿站。癸未，余杭人刘元进起兵造反，人数多达数万。

八月壬寅，左翊卫大将军宇文述等在阌乡打败杨玄感，杀了他。余部全部平息。癸卯，吴人朱燮、晋陵人管崇，聚众十万余人，自称将军，侵犯江左。甲辰，规定敢死队员的家庭免除租税徭役。丁未，诏令郡县城距离驰道德超过五里以上的，要迁移到驰道附近。戊申，下令没收盗贼家庭的财物送入官府。乙卯，贼帅陈瑱等三万人，攻陷信安郡。辛酉，司农卿、光禄大夫、葛国公赵元淑因犯罪被诛杀。

九月己卯，济阴人吴海流、东海人彭孝才一同起兵当强盗，多达数万人。庚辰，贼帅梁慧尚率领四万人，攻陷苍梧郡。甲午，皇上车驾驻扎在上谷，因供给费用不丰足，皇上大怒，免去太守虞荷等人的官职。丁酉，东阳李三儿、向但子起兵作乱，多达万余人。

闰月己巳，驾莅博陵。庚午，皇上对侍奉左右的人说："朕过去跟随先帝在此处与人应酬时，才刚刚八岁，光阴易逝，很快过了三十六年，追思往日生活，已不可再得了！"话未说完，就泪流满面，低声哭泣，侍臣卫士们都感慨流泪，浸湿了衣襟。

冬十月丁丑，贼帅吕明星率领几千人围困东都，虎贲郎将费青奴出击并斩杀了明星。乙酉，下诏书说："博陵从前叫定州，地处军事、交通要冲，先帝曾普遍考察建立基业的地方，这里先王的德化深远，所以认为它的道德超过齑地的风尚，仁义高于舜住过姚邑。我巡视抚慰百姓，来到这一邦国，瞻望郊野民宅，追思前代遗风，顿生敬意。朕在考虑如何宣扬传播先帝的德化和恩惠，使它福及世间百姓，尊崇建立基业的地方，使它的名称高贵显赫，以光大先帝留下的美好事业。可把博陵改为高阳郡，赦免境内死罪以下犯人。免除一年徭役。"于是征召高祖时代的老官吏，都衡量其才能授予相当的职务。壬辰，任命纳言苏威为开府仪同三司。朱燮、管崇推举刘元进为天子。皇上派将军吐万绪、鱼俱罗去讨伐他，连年不能战胜。齐人孟让、王薄等聚众十余万，占据长白山，攻击抢劫各郡，清河贼张金称聚众数万，渤海贼帅格谦自称燕王，孙宣雅自称齐王，聚众各十万人，崤山以东地区人民对此感到痛苦。丁亥，任命右候卫将军郭荣为右候卫大将军。

十一月己酉，右候卫将军冯孝慈在清河讨伐张金称，反被张打败，孝慈战死。

十二月甲申，对杨玄感之弟朝请大夫杨积善及党羽十余人，车裂处死，再焚尸扬灰。丁亥，扶风人向海明起兵作乱，自称皇帝，立年号为"白乌"。派遣太仆卿杨义臣率兵打败了他。

十年春正月甲寅，封同宗的女子为信义公主，嫁给突厥曷娑那可汗。

二月辛未，命令百官商议进攻高丽的事，几天当中没有敢说话的。戊子，下诏书说："尽力从事君王的事务，投身于战争，都是出于舍生取义，无不勤勉忠诚，牺牲在草泽之中，弃尸于原野之上，感慨追念他们，我心中常充满了悲痛之情。往年出兵，兴师问罪，将至辽水之滨，由朝廷制定的克敌制胜的谋略，都有进退去留的部署。然而杨谅糊涂凶恶，不懂得成败的关键，高颎刚愎凶暴，根本没有智谋，他们统领三军如同儿戏，把士兵的生命视同小草一样轻微，不遵守作战的常规，以致留下了屈服败退的结局，让士兵们死亡惨重，来不及掩埋尸骨。现在应当派使者分道收葬阵亡士兵，在辽西郡设祭坛，建一所道场。把恩惠施加于九泉之下，期望能安抚坟墓中的冤魂，使恩泽降及枯骨，以此来宏大仁者的恩惠。"辛卯，下诏书说：

黄帝进行了五十二次战争，成汤发动了二十七次征讨，这才使王德施及诸侯，号令行于天下。卢芳乃小股盗贼，汉高祖尚且亲自征讨，隗嚣虽然已是残余势力，汉光武帝还亲登陇地西征。难道不正是为了铲除暴虐，停止干戈，先辛劳然后安适吗？

我继承了帝王的事业，统治着全国各地，凡是日月所能照临，风雨所能浸润的地方，谁不是我的臣民，怎能隔断声威和教化。小小的高丽，偏居在边远地区，嚣张贪婪，轻慢不恭，掠取我边疆财富，侵袭我城镇居民。因此我去年出兵，问罪于辽水、碣石，在玄菟射死凶残的首恶，在襄平诛杀贪暴的元凶。扶余各部，风驰电掣，追逐逃敌，一直流过浿水，再从海上乘船，直冲敌人腹心之地，焚毁他的城郭，污损他的宫室。高元用泥涂首，趴在锧刀上，到营门认罪求降，随即请求入朝，到司寇处听从罪罚。我已允许他改正过错，于是下令撤退军队。然而高元却经常作恶，不思悔改，贪图逸乐，就像服毒药自杀。这等恶行如可容忍，那还有什么不可容忍！即可分别命令六军，从各道同时进兵。朕要亲自掌握调兵的符节，指挥众军，在丸都喂马备战，在辽水阅兵示威。顺应天意在海外诛杀顽劣，解救处境极困苦危急的人民，进行征伐是为了纠正邪恶，彰明德威来诛灭残暴，只铲除元凶，其余人等不予追究。如有人能认识到存亡的分际，领悟安危预兆，迅速、坚决地北面称臣，这是自己争取得到福佑。如果与恶人狼狈为奸，抗拒朕的军队，我军将如燎原大火，所到之处,坚决惩处,决不宽恕。主管官员适时宣布我的诏令,使他们全都知道这一精神。

丁酉,扶风人唐弼起兵反朝廷,人数多达十万。推举李弘为天子,自称唐王。

三月壬子,皇上巡行驾莅涿郡。癸亥,驻扎在临渝宫,皇上亲自穿上军装,在驻地祭祀黄帝,斩杀叛军的人并用其血来涂抹战鼓。

夏四月辛未,彭城贼张大彪聚集数万人,在悬薄山筑城堡当强盗。皇上派榆林太守董纯打败他们,杀了张大彪。甲午,皇上车驾驻扎在北平。

五月庚子,下诏令各郡举拔孝敬父母、顺从兄长、操守廉洁的各十人。壬寅,贼帅宋世谟攻陷琅邪郡。庚申,延安人刘迦论起兵反叛,自称皇王,建年号为"大世"。

六月辛未,贼帅郑文雅、林宝护等三万人,攻陷建安郡,太守杨景祥战死。

秋七月癸丑,皇上车驾驻扎在怀远镇。乙卯,曹国派使臣贡奉土产。甲子,高丽派使臣乞降,押送斛斯政来请罪。皇上十分高兴。

八月己巳,大军凯旋。庚午,右卫大将军、左光禄大夫郑荣死。

冬十月丁卯,皇上驾莅东都。己丑,返回京城。

十一月丙申,在金光门外肢解斛斯政。乙巳,在南郊祭天。己酉,贼帅司马长安攻破长平郡。乙卯,离石胡人刘苗王起兵反叛,自称天子,命其弟六儿为永安王,人数多达数万。派将军潘长文去讨伐,未能战胜。这一月,贼帅王德仁拥有数万之众,据守林虑山当强盗。

十二月壬申，皇上到东都去。那一天，对天下实行大赦。戊子，皇上进入东都。庚寅，贼帅孟让率众十余万，占据都梁宫。皇上派江都郡丞王世充打败了他，全部俘虏了他众多的部属。

十一年春正月甲午初一，大宴百官。突厥、新罗、靺鞨、毕大辞、诃咄、传越、乌那曷、波腊、吐火罗、俱虑建、忽论、诃多、沛汗、龟兹、疏勒、于阗、安国、曹国、何国、穆国、毕、衣密、失范延、伽折、契丹等国一齐派使臣朝贡。戊戌，虎贲郎将高建毗在齐郡打败贼帅颜宣政，俘虏男女数千人。乙卯，大会蛮夷，表演鱼龙曼延百戏之乐，颁赏各不相同。

二月戊辰，贼帅扬仲绪率万余人攻北平，滑公李景击败并杀了他。庚午，下诏书说："设置险阻守卫国家，前代经典早已写明，设置层层门户抵御强暴，昔往的简策上已有明确记载。凭借它可使国土安定，邦国安宁，禁绝邪恶，稳固根基。然而近代由于战争频仍，居民逃散，田地上没有成群耕种的人，城郭没有整治，遂使游手好闲之徒大量涌入，偷盗抢劫行为屡发不止。现在天下统一，海内安然，应当让百姓全部筑城而居，就近供给田地，使强弱互相容纳，劳役合力互助。这样一来，穿壁翻墙的盗窃者将无处藏匿那些伙同为非作歹的人，盗贼聚众出没的芦苇丛密之地也不得再聚集逃亡的罪人。主管官员要准备好办事条例，务令百姓各得其所。"丙子，上谷人王须拔造反，自称"漫天王"，国号"燕"，贼帅魏刁儿自称"历山飞"，各率十余万之众，北边联合突厥，向南侵扰赵地。

五月丁酉，杀右骁卫大将军、光禄大夫、郕公李浑，将作监、光禄大夫李敏，并消灭他们的家族。癸卯，贼帅司马长安攻破西河郡。己酉，皇上驾莅太原，在汾阳宫避暑。

秋七月己亥，淮南人张起绪起兵为盗，聚众三万。辛丑，光禄大夫、右御卫大将军张寿死。

八月乙丑，皇上巡视北部要塞。戊辰，突厥始毕可汗率领数十万骑兵，谋划袭击皇上车驾，义成公主派使臣来报告事变。壬申，皇上车驾疾行至雁门。癸酉，突厥围困城池，官军屡战不胜。皇上十分恐惧，想率领精锐骑兵突围出去，因民部尚书樊子盖坚持劝阻才放弃突围的打算。齐王杨暕率后军在崞县牵制敌人。甲申，诏令天下各郡招募士兵，于是，郡守县令各自率部赶去拯救危难。

九月甲辰，突厥解除对雁门的包围，撤走了部队。丁未，因特殊情况而赦免太原、雁门郡死罪以下犯人。

冬十月壬戌，皇上到达东都。丁卯，彭城人魏骐驎聚众万余人当强盗，骚扰鲁郡。壬申，贼帅卢明月聚众十余万，侵扰陈留、汝南地区。东海贼帅李子通拥有众兵渡过淮河，自号"楚王"，建年号为"明政"，侵扰江都。

十一月乙卯，贼帅王须拔攻破高阳郡。

十二月戊寅，有像斛那样大的流星，坠入卢明月的兵营，砸坏了他攻城用的战车。庚辰，诏令民部尚书樊子盖征调关中兵士，讨伐绛郡贼敬盘陀、柴保昌等，过了一年也不能战胜。谯郡人朱粲拥有数十万人，侵扰荆州襄阳，超越本分自称"楚帝"，建年号为"昌达"。汉南诸郡多被他攻陷。

十二年春正月甲午，雁门人翟松柏在灵丘起兵，众达数万人，流转进攻附近各县。

二月己未，真腊国派使臣进贡土产。甲子夜，有两只像雕的大鸟，飞入大业殿，停在御前的帐幕上，天明后飞走。癸亥，东海贼卢公暹率领万余人，据守苍山。

夏四月丁巳，显阳门发生火灾。癸亥，魏刁儿部下的将领甄翟儿又自称"历山飞",率领十万之众,反复侵犯太原。将军潘长文率兵讨伐,反被打败,长文战死。

五月丙戌初一,有日食,是全蚀。癸巳,大流星陨落在吴郡,变成石头。壬午,皇上在景华宫求取萤火虫,侍从们捕得数斛,晚间皇上出宫游山时,把萤光虫放了,萤光遍照高山低谷。

秋七月壬戌,民部尚书、光禄大夫济北公樊子盖死。甲子,皇上驾莅江都宫,命越王杨侗、光禄大夫段达、太府卿元文都、检校民部尚书韦津、右武卫将军皇甫无逸、右司郎卢楚等人统领后方留守事宜。奉信郎崔民象以盗贼比比皆是为由,于建国门上表,劝谏皇上不宜巡游。皇上大怒,叫人先割去崔的下巴,再砍头。戊辰,冯翊人孙华自称"总管",起兵当强盗。高凉通守冼珧彻起兵作乱,岭南溪洞人大多响应他。己巳,荧惑星停在羽林星座,一个多月才退走。皇上车驾驻扎在汜水,奉信郎王爱仁因盗贼日益猖獗,劝请皇上返回西京。皇上愤怒,杀了王爱仁,而后继续巡行。

八月乙巳,贼帅赵万海率众数十万,从恒山出发,侵犯高阳。壬子,有斗大的流星,出现在王良、阁道星座,声音宏大好像墙垣倒塌。癸丑,像瓮一样的大流星,出现在羽林星座。

九月丁酉,东海人杜扬州、沈觅敌等作乱,人数达数万。右御卫将军陈睒击败了他们。戊午,有两颗枉矢星出现在北斗星座的魁星处,运行轨迹曲折辗转像蛇的形状,然后,集向南斗星座。壬戌,安定人荔非世雄杀临泾县令,起兵作乱,自称"将军"。

冬十月己丑,开府仪同三司、左翊卫大将军、光禄大夫、许公宇文述死。

十二月癸未,鄱阳贼操天成起兵反叛,自称"元兴王",建年号"始兴",攻陷预章郡。乙酉,任命右翊卫大将军来护儿为开府仪同三司、行左翊卫大将军。壬辰，鄱阳人林士弘自称"皇帝"，国号楚，建年号为"太平"，攻陷九江、庐陵郡。唐公李渊在西河打败甄翟儿，俘虏男女数千人。

十三年春正月壬子，齐郡贼杜伏威率部众渡过淮河，攻陷历阳郡。丙辰，勃海贼窦建德在河间的乐寿设立坛台，自称"长乐王"，建年号为"丁丑"。辛巳，贼帅徐圆朗率领数千人，攻破东平郡。弘化人刘企成聚众万余人当强盗，邻郡感到苦恼。

二月壬午，朔方人梁师都杀郡丞唐世宗，占据郡府造反，自称"大丞相"。皇上派银青光禄大夫张世隆去攻打他，反被打败。戊子，贼帅王子英攻破上谷郡。己丑，马邑校尉刘武周杀太守王仁恭，起兵作乱，向北联合突厥，自称"定杨可汗"。庚寅，贼帅李密、翟让等攻占兴洛仓。越王杨侗派虎贲郎将刘长恭、光禄少卿房崱进攻他们，反被打败，十之五六的官军战死。庚子，李密自称"魏公"，建年号，打开粮仓，赈救群盗，其部属多达数十万人，黄河以南各郡相继被他攻占。壬寅，刘武周在桑乾镇打败虎贲郎将王智辩，智辩战死。

三月戊午，庐江人张子路起兵造反。皇上派右御卫将军陈棱征讨平定了他。丁丑，贼帅李通德率众十万，侵扰庐江，左屯卫将军张镇州击败了他。

夏四月癸未，金城校尉薛举率众造反，自称"西秦霸王"，建年号"秦兴"，攻陷陇右诸郡。己丑，贼帅孟让，夜入东都外城，焚烧丰都市后离去。癸巳，李密攻陷回洛东仓。丁酉，贼帅房宪伯攻陷汝阴郡。这一个月，光禄大夫裴仁基、淮阳太守赵佗等都率众叛归李密。

五月辛酉，夜间有大如瓮的流星，坠入江都。甲子，唐公在太原率师起义。丙寅，突厥数千人侵犯太原，唐公打败了他们。

秋七月壬子，荧惑星停在积尸星的位置。丙辰，武威人李轨起兵造反，攻陷河西诸郡，自称"凉王"，建年号为"安乐"。

八月辛巳，唐公在霍邑打败武牙郎将宋老生，将他斩首。

九月己丑，皇上搜求江都百姓的女儿及寡妇，强行与他的随从士兵婚配。这一月，武阳郡丞元宝藏叛变，带全郡归降李密，并与贼帅李文相并力攻陷黎阳仓。彗星显现于营室星座。

冬十月丁亥，太原杨世洛聚集万余人，侵扰掠夺城邑。丙申，罗县县令萧铣据县反叛，鄱阳人董景珍据郡反叛，随即到罗县迎接萧铣，称为"梁王"，攻陷附近的郡县。戊戌，虎贲郎将高毗在嵫山打败济北郡贼甄宝车。

十一月丙辰，唐公进入京城。辛酉，唐公遥尊皇上为太上皇，立代王杨侑为皇帝，改年号为"义宁"。皇上在丹阳兴建宫室，准备在江左退位。有乌鸦来帐幕上筑巢，驱赶也不能止住。荧惑星进入太微星座。有石头从长江浮入扬子江。阳光四射光芒赤如流血。皇上对此十分厌恶。

义宁二年三月，右屯卫将军宇文化及，虎贲郎将司马德戡、元礼，监门直阁裴虔通，将作少监宇文智及，武勇郎将赵行枢，鹰扬郎将孟景，内史舍人元敏，符玺郎李覆、牛方裕，千牛左右李孝本及其弟孝质，直长许弘仁、薛世良，城门郎唐奉义，医正张恺等，率敢死队作乱，进犯皇宫。皇上驾崩于温室，当时年仅五十。萧后命宫人撤掉床板做棺材来埋葬皇上。宇文化及最后离开，右御卫将军陈眒在成象殿奉侍皇上的灵柩，埋葬在吴公台下。开棺入殓之时，皇上容貌好像活着似的，大家都觉得奇怪。大唐平定江南之后，将其遗体改葬于雷塘。

当初，皇上自认为凭藩王身份，按等次不应立为帝，于是常常掩饰真情，粉饰行为，用手段猎取虚名，暗中有夺取王室的计划。当时高祖非常宠信文献皇后，而秉性上就忌恨其他侍妾。皇太子杨勇在宫内有许多宠爱的侍妾，因此失去帝后的喜爱。皇上有儿子住在后宫，他都不亲自抚养，以表示自己无偏爱之情，以此来讨好皇后。对当权的大臣，他倾心同他们结交。凡王宫中派到他住宅的使者，无论贵贱，皇上都委曲己意摆出一副奉承的脸色，并一再以厚礼相赠。来来往往的婢女仆人，没有不称赞他仁厚孝敬。他又常常私下进入宫中，与文献后密谋，杨素等人乘机勾结煽动，于是就实现了废杨勇而立杨广为太子的计谋。自从高祖病危，以致他竟然在父死居丧之际与高祖的妃嫔淫乱无休。高祖的陵墓刚修好，他就去各地巡游，认为天下太平日子很久了，士卒兵马正当全盛时期，心情激昂地仰慕秦皇、汉武的事业。于是大造宫室，任意挥霍，极其奢侈，招募使者，分别派往极远的地方。各蕃国来京朝拜的，给予隆重的礼遇，赐给极丰厚的物品，如有不肯恭顺从命的，就派兵去攻打。在玉门、柳城以外地区大兴屯田活动。向天下富裕人家抽税，资助国家买军马，每匹马价值十余万钱，富强之家十之八九因此而受冻挨饿。皇上的性格十分奸猾诡诈，他所到的地方，不愿别人知道。每到一个地方，总是几路设立停留食宿之所，四海珍贵的食物，特出的美味，水陆产品必须齐备，为采购这些食品，无论多远也没有不去的。郡县官员，竞先来贡献食物，贡物丰厚的晋爵升官，粗疏俭朴的受到惩处。邪恶的官吏趁机大肆侵吞财物，致使朝廷内外财力枯竭，赋税繁苛，民不聊生。那时候的军务与国政有很多事情要办理，时间根本不够用。皇上正处在骄奢怠情的心态中，很厌恶听到政务方面的事，于是冤屈案件不能申诉处治，大臣们的奏章请示皇上很少决断。他又猜忌臣下，对谁也不一心信任，朝廷大臣有不合他心意的，必罗织罪名而消灭他整个家族。所以像高赵、贺若弼等先皇的亲信骨干，曾参与谋划指挥的重臣，张衡、李金才等原晋王府旧臣，筹划治理国家大事政绩卓著，对这些良臣，皇上或者厌恶他们耿直的道理，或者气忿他们刚正的议论，给他们搜罗些无根据的罪名，施以斩首的惩罚。其余的人或奉事君王完全合于礼节，或正言直谏，尽忠而不顾自身，无辜无罪而横遭杀戮的人，无法全部计算。政事刑罚松弛紊乱，贿赂公开进行，没有人敢正言相谏，国人慑于暴政，敢怒而不敢言。六军征战不息，各种徭役繁多，服役远行的不能回家，在家留居的失去生业。人们饿极了就互相残食，城镇村落沦为废墟，这都是因为皇上不体恤百姓的缘故。皇上东西游玩，没有固定的居室，常常因供应费用不足而预收几年的赋税。他所到之处，只是与后宫妃妾在一起，沉迷酒色，依恋不舍，唯恐享乐时日不够，竟招迎一些年老的妇女，朝夕在一起放肆地讲那些丑恶污秽的下流话。又引来一些年轻人，让他们与宫中妇女大肆淫乱，所有这些既不合法度，也不恭敬，皇上却以此为娱乐。疆土境域之内，盗贼蜂起，抢劫掠夺各级僚属，攻陷城镇大肆屠杀，皇上身边侍臣互相掩盖真相，隐瞒盗贼数目，不把实情告诉皇上。间或有人说盗贼很多，立即遭到严厉追问责罚，各自为求苟且免祸，上下互相蒙骗，每次出兵打仗，失败丧亡的事相继发生（而皇上并不知道）。战士们尽力作战，从不给奖赏，百姓们无罪，却都遭屠杀。民众愤怒怨恨，天下土崩瓦解，直到被人捉拿却仍未醒悟！

史官说：炀帝在少年时代，早有好名声。向南平定吴郡、会稽郡，向北打退匈奴，在诸兄弟中，他的名声业绩特别显著。从这时起，他就掩饰真情，伪装面貌，肆行其邪恶，所以得到文献后的钟爱，文帝也改变想法，上天正开始降下祸乱，于是杨广当上了太子,继而登上了崇高的皇帝宝座,承继了文皇伟大光明的美善之命令。领土比三代宽广,声威振及八方极远之地,北方单于入朝跪拜,南海越裳经过辗转翻译来通好。赤仄之类钱币,充溢京都,到处流散。食用不完腐烂变质的粟米,堆积在塞下。倚仗国家富强的资本,想放纵那无尽的欲望,嫌殷、周的制度狭小,追求秦、汉的宏大气象。仗恃才能自我夸耀,用倨傲凶狠来显示德行。内心充满邪恶骄躁情绪,外表上却摆出凝重简朴的姿态。以冠服严整来掩饰他的邪恶,铲除谏官来遮掩他的过错。贪恋酒色毫无节制,法令更加显著繁苛,教化中断绝礼、义、廉、耻四维之教,刑罚里参用了断耳、截鼻、宫、黥、大辟五种酷刑。铲锄诛杀亲骨肉,屠戮剿灭忠良。受赏赐的看不到他有什么功劳,被杀戮的不知他犯了什么罪。骄狂气盛的军队多次出征,大兴土木,工程不息,频繁出巡朔方,三次驾临辽东,旌旗万里相接,苛捐杂税多种多样,奸猾官吏侵夺吞没,人民不堪重负。于是用紧急的命令、猝发的条文去骚扰百姓,用严厉的刑法来对付百姓,用军队的威势来督察百姓,从此就海内骚动不安,民不聊生了。不久,杨玄感首先发动黎阳之乱,匈奴在雁门围困皇上,天子准备舍弃中原,远赴扬、越地区。为非作歹的人趁机作乱,强弱互相侵犯,关卡桥梁关闭不通,皇上的车驾去而不回。加上征战频仍,饥馑连年,人民流转离散于道路,辗转死亡在大沟深谷中的,已达十之八九。于是,这些饥寒交迫的百姓相聚在芦苇丛生的地方,聚众起事的多如猬毛,大的造反队伍则跨州连郡,称帝称王,小的造反队伍就千百人会合为群,攻城掠邑,血流成河成泽,死人堆积如乱麻,做饭的来不及把骨头劈开就做柴禾烧,饥饿的人没空闲交换儿子就把他们当饭吃了。茫茫九州的土地,都成了麋鹿的场苑,被踩躏得不像样子。满怀恐惧的平民百姓，都充当了长蛇大猪的饵食，任凭贪婪残暴之徒宰割。四面八方，万里之外，告急文书，相续不断，仍然认为那是小窃小盗，不值得担忧，上上下下，互相蒙骗，不肯考虑如何收拾这混乱的局面。像蜉蝣振动翅膀一样，他们穿上漂亮的衣裳，享受彻夜的欢乐。结局是国家土崩瓦解，像鱼烂一样，由内乱而覆亡。恶贯满盈，罪孽深重。普天之下，没有人不是他的仇敌，左右侍奉他的人，似乎都变成了敌对国。他最终也未醒悟，同那望夷宫前被杀的秦二世一样，竟以天子这样尊贵的地位，而死在一个人手中。亿兆人中没有对炀帝感恩的人，九州没有救援王朝的军队。他的子弟同时遭诛杀，他们的尸骸暴露街头而无人掩埋。国家灭亡，嫡庶子孙，全部灭绝。自从有文字记载迄今，宇宙分崩离析，人民处于极端困苦境地，帝王身死国灭，还从没有像这样严重的。《书经》说："上天造成的灾害，还可以躲避，自己酿成的祸乱，就不可能逃避了。"《左传》说："吉凶祸福，缘由在人，怪异现象，不会胡乱兴起。"又说："战争好比是烈火，如不止息必将自焚。"观察隋朝存亡的历史，说明这些话真确而得到了验证。